de Gruyt

Corinna Dahlgrün

Christliche Spiritualität
Formen und Traditionen der Suche nach Gott

Mit einem Nachwort von Ludwig Mödl

Walter de Gruyter · Berlin · New York

∞ *Gedruckt auf säurefreiem Papier,
das die US-ANSI-Norm über Haltbarkeit erfüllt.*

ISBN 978-3-11-017802-9

Bibliografische Information der Deutschen Nationalbibliothek

Die Deutsche Nationalbibliothek verzeichnet diese Publikation in der
Deutschen Nationalbibliografie; detaillierte bibliografische Daten sind
im Internet über http://dnb.d-nb.de abrufbar.

© Copyright 2009 by Walter de Gruyter GmbH & Co. KG, D-10785 Berlin

Dieses Werk einschließlich aller seiner Teile ist urheberrechtlich geschützt. Jede Verwertung außerhalb der engen Grenzen des Urheberrechtsgesetzes ist ohne Zustimmung des Verlages unzulässig und strafbar. Das gilt insbesondere für Vervielfältigungen, Übersetzungen, Mikroverfilmungen und die Einspeicherung und Verarbeitung in elektronischen Systemen.

Printed in Germany

Einbandgestaltung unter Verwendung des Tryptichons *Raum + Zeit = Ewigkeit* (1990) von Klaus Zolondowski.
Druck und buchbinderische Verarbeitung: AZ Druck und Datentechnik GmbH,
Kempten.

Inhaltsverzeichnis

Dank		xiii
1	Phänomenologische Annäherung	1
1.1	Gott suchen in der Einsamkeit	6
1.1.1	Thomas Merton	6
1.1.2	Symeon Stylites	12
1.1.3	Auswertung	14
1.2	Gott suchen im anderen	16
1.2.1	Mutter Teresa	17
1.2.2	Elisabeth von Thüringen	23
1.2.3	Auswertung	24
1.3	Gott suchen in der Gemeinschaft	25
1.3.1	Die Shaker	26
1.3.2	Die Regula Benedicti	33
1.3.3	Auswertung	36
1.4	Gott suchen in mir selbst	37
1.4.1	Athanasius von Alexandrien	38
1.4.2	Evagrius Ponticus	40
1.4.3	Bernhard von Clairvaux	43
1.4.4	Meister Eckhart	44
1.4.5	Gerhard Tersteegen	47
1.4.6	Auswertung	48
1.5	Gott vergebens suchen	50
1.5.1	Johannes vom Kreuz	51
1.5.2	Thérèse von Lisieux	60
1.5.3	Heinrich Schütz und Heinrich Posthumus Reuß	62
1.5.4	Auswertung	64

1.6	Gott suchen im Alltag	66
1.6.1	Hartmann von Aue	66
1.6.2	Martin Luther	68
1.6.3	Dietrich Bonhoeffer	75
1.6.4	Auswertung	80
1.7	Ertrag für das Verständnis des Begriffes „Spiritualität"	83
2	Was ist Spiritualität? Versuch einer Definition	99
2.1	Verwandte Begriffe	101
2.1.1	Biblische Termini	101
2.1.2	Hellenistische Termini	105
2.1.3	Moderne Termini	110
2.2	Zum gegenwärtigen Verständnis von „Spiritualität"	115
2.2.1	Zur Begriffsgeschichte	115
2.2.2	Das weite Verständnis	118
2.2.3	Christliche Spiritualität	123
2.3	Der Versuch einer eigenen Definition	131
2.3.1	„Erfahrung"	132
2.3.2	„Beziehung"	146
2.3.3	„Gestaltung"	149
2.3.4	„Prozeß"	150
2.3.5	Was ist christliche Spiritualität?	152
3	Christliche Spiritualität in historischer Perspektive	155
3.1	Biblische Spiritualität	157
3.1.1	Gewaltphantasien als Gottesdienst in der Fremde?	161
3.1.2	„Entrückt bis in den dritten Himmel"	169
3.1.3	Ertrag	177
3.2	Spiritualität in der Zeit der Alten Kirche	179
3.2.1	Durch Sterben zu neuem Leben geboren werden	183
3.2.2	Die Ordnung erkennen, um aufzusteigen	195
3.2.3	Durch Demut und Gehorsam sich zum Guten gewöhnen	201
3.2.4	Ertrag	209

3.3	Spiritualität in der Zeit des Mittelalters	211
3.3.1	„Wahrlich, dieser ist Gottes Sohn gewesen"	218
3.3.2	Schenken aus der Fülle der Liebe	223
3.3.3	Eine sichere Zuflucht	234
3.3.4	Die Ewigkeit vor Augen	240
3.3.5	Ertrag	247
3.4	Spiritualität zwischen Mittelalter und Moderne	248
3.4.1	Christussehnsucht	253
3.4.2	Gottesfreunde	265
3.4.3	Zukunftskirche	272
3.4.4	Pilgerreise	278
3.4.5	Herzensgebet	285
3.4.6	Gottesverehrungen	293
3.4.7	Ertrag	300
3.5	Spiritualität in der Neuzeit	301
3.5.1	Liebeshandeln und Qualitätsmanagement	310
3.5.2	Politisches Engagement und geistliche Suchbewegung	326
3.5.3	Ökumenische Weite und Verbindlichkeit	334
3.5.4	Kampf und Poesie	341
3.5.5	Geistesgaben und Leiblichkeit	347
3.5.6	Zweifel und Glaubenssprachen	357
3.5.7	Ertrag	365
4	Die *praxis pietatis* in theologischer Reflexion	369
4.1	Spirituelle Erfahrung und die Unterscheidung der Geister	370
4.1.1	Das Heilige suchen	372
4.1.1.1	Der Heilige	373
4.1.1.2	Heilige Zeiten	373
4.1.1.3	Heilige Orte	374
4.1.1.4	Die Heiligen und die „Gemeinschaft der Heiligen"	375
4.1.1.5	Heilige Handlungen	377
4.1.1.6	Präparation	378

4.1.2	Das Heilige finden	381
4.1.2.1	Die *discretio*	384
4.1.2.2	Erscheinungsformen des Gefundenen	390
4.1.3	Vom Heiligen gefunden werden	392
4.1.3.1	Verbrennung	393
4.1.3.2	Blendung	394
4.1.3.3	Überwältigung	395
4.1.3.4	Schonung	397
4.2	Rechtfertigung und Heiligung – eine Verhältnisbestimmung	398
4.2.1	Heiligung biblisch	399
4.2.2	Heiligung bei Luther und in den lutherischen Bekenntnisschriften	400
4.2.3	Heiligung als geistliche Notwendigkeit	404
4.3	Geistliche Führung, Begleitung, Beratung	408
4.3.1	Erforderliche Voraussetzungen	409
4.3.1.1	Der Ertrag der Quellen	409
4.3.1.2	Suchen und Finden	411
4.3.2	Begleitung oder Führung?	413
4.3.3	Gehorsam und Verantwortung	416
4.4	Kriterien christlicher Spiritualität	420
5	Methoden und Medien christlicher Spiritualität	423
5.1	Kirchenjahr	426
5.1.1	Ein erstes Beispiel: Advent	426
5.1.2	Fest	429
5.1.2.1	Feste im Alten Testament und im Judentum	432
5.1.2.2	Feste im Urchristentum und in der Geschichte der Kirche	434
5.1.2.3	Säkularisierte Feste und Festelemente	437
5.1.2.4	Das Fest in liturgischer und dogmatischer Perspektive	438
5.1.2.5	Der soziologische und sozialethische Blickwinkel	441
5.1.2.6	Das Fest in phänomenologischer Betrachtung	443

5.1.3	Ein zweites Beispiel: Karfreitag	447
5.1.4	Folgerungen	451
5.2	Andacht	456
5.2.1	Eine Konkretion: Andacht im Kirchenchor	458
5.2.2	Die Andacht in der Geschichte des Protestantismus	461
5.2.2.1	Protestantische Frömmigkeit nach der Reformation	462
5.2.2.2	Die Wirkung von Pietismus und Aufklärung	463
5.2.2.3	Das 19. Jahrhundert	464
5.2.3	Heutige Formen der Andacht	465
5.2.3.1	Kalender	466
5.2.3.2	Gebetswürfel	467
5.2.3.3	Andachtsbücher	467
5.2.3.4	Herrnhuter Losungen	468
5.2.3.5	Podcast-Andachten	471
5.2.3.6	Choräle	472
5.2.3.7	Geprägte Gebete	472
5.2.3.8	Luthers Morgen- und Abendsegen	473
5.2.3.9	Stille Zeit	475
5.2.3.10	Individuelles Stundengebet	475
EXKURS:	Stundenliturgie	476
5.2.3.11	Rosenkranzgebet	482
5.2.3.12	Perlen des Glaubens	485
5.2.3.13	Adaptierte Formen	488
5.2.4	Zur Einschätzung	488
5.3	Beichte	493
5.3.1	Zur Entwicklung der Beichte	496
5.3.1.1	Neutestamentliche Grundlegung	497
5.3.1.2	Die Entwicklung in der Alten Kirche und im Mittelalter	498
5.3.1.3	Beichte in den reformatorischen Theologien	499
5.3.1.4	Neuzeitliche Entwicklungen	502
5.3.2	Die Praxis der Beichte	505
5.3.3	Die Bedeutung der Beichte für eine *praxis pietatis*	509

5.4	Meditation	512
5.4.1	Lernen vom Fremden	513
5.4.2	Stationen der Entwicklung der Meditation im Christentum	517
5.4.3	Orte, Haltungen, Medien	523
5.4.4	Inhalte und Ziele	525
5.4.5	Christliche Meditation	529
5.5	Kunst	532
5.5.1	Ikonen, Einhörner und Sonnenuntergänge	535
5.5.2	An der Krippe und unter dem Kreuz	540
5.5.3	Der große Spaß und „Die große Stille"	546
5.5.4	Glaubenssprachen der Kunst und die Unterscheidung der Geister	549
5.6	Wallfahrt	552
5.6.1	Eine kurze Skizze der Geschichte des Pilgerns	555
5.6.2	Der Weg ist das Ziel?	559
5.6.3	Wallfahrts-Folgen	565
5.7	Bibliodrama	566
5.7.1	„Sei Zacharias" – „Sei Elisabeth"	567
5.7.2	Bibliodrama-Methoden	569
5.7.3	„Engelschule"	573
5.7.4	Möglichkeiten und Grenzen	575
5.7.5	„Bist du noch da?"	578
5.7.6	Chancen geistlichen Erlebens	579
5.8	Heilige und Heiligenverehrung	581
5.8.1	Ein Fall protestantischer Heiligenverehrung und seine Beurteilung	581
5.8.2	Der Umgang mit den Heiligen in der Geschichte	585
5.8.2.1	Die Praxis der ersten Gemeinden	585
5.8.2.2	Die Kirche im Mittelalter	586
5.8.2.3	Der Pietismus	588
5.8.3	Heilige in der Neuzeit	588
5.8.4	Heiligenverehrung heute?	590
5.8.5	Bitte um Fürbitte?	592

6	Nachwort von Ludwig Mödl	599
6.1	Kirche und Spiritualität	602
6.1.1	Kirchenpolitischer Kontext	602
6.1.2	Spirituelle Tendenzen	604
6.2	Die Bedeutung der Orden für die Spiritualität	608
6.2.1	Die Ordensbewegung im vierten Jahrhundert	609
6.2.1.1	Hintergründe und Motive	610
6.2.1.2	Entwicklung und Bedeutung	612
6.2.2	Das Benediktinische Mönchtum	614
6.2.2.1	Die Regel des Benedikt	616
6.2.2.2	Das Besondere der benediktinischen Spiritualität	618
6.2.3	Varianten und Reformen im westlichen Mönchtum	620
6.2.3.1	Mönchtum und Mission	620
6.2.3.2	Mönche und Kultur	621
6.2.3.3	Reform der Reform – die Zisterzienser	622
6.2.4	Franziskanische Spiritualität	624
6.2.5	Ignatianische Spiritualität	628
6.3	Volksfrömmigkeit als Element katholischer Spiritualität	635
6.3.1	Kirchenjahr als spirituelle Leitlinie	636
6.3.2	Religiöse Events	637
6.3.3	Heiligenverehrung, besonders Marienverehrung	638

Bibelstellenregister 641

Personenregister 647

Stichwortregister 659

Dank

1. Herr Christ, der einig Gotts Sohn,
Vaters in Ewigkeit,
aus seim Herzen entsprossen,
gleichwie geschrieben steht,
er ist der Morgensterne,
sein Glänzen streckt er ferne
vor andern Sternen klar;

2. für uns ein Mensch geboren
im letzten Teil der Zeit,
daß wir nicht wärn verloren
vor Gott in Ewigkeit,
den Tod für uns zerbrochen,
den Himmel aufgeschlossen,
das Leben wiederbracht:

3. laß uns in deiner Liebe
und Kenntnis nehmen zu,
daß wir im Glauben bleiben,
dir dienen im Geist so,
daß wir hier mögen schmecken,
dein Süßigkeit im Herzen
und dürsten stets nach dir.

4. Du Schöpfer aller Dinge,
du väterliche Kraft,
regierst von End zu Ende
kräftig aus eigner Macht.
Das Herz uns zu dir wende
und kehr ab unsre Sinne,
daß sie nicht irrn von dir.

5. Ertöt uns durch dein Güte,
erweck uns durch dein Gnad.
Den alten Menschen kränke,
daß der neu' leben mag
und hier auf dieser Erden
den Sinn und alls Begehren
und G'danken hab zu dir.[1]

Am Zustandekommen dieses Buches, das mich in den vergangenen sechs Jahren beschäftigt hat, sind viele in der einen oder anderen Weise beteiligt gewesen. Ich danke ihnen allen. Namentlich danke ich sehr herzlich dem Lektor des de Gruyter-Verlages, Dr. Albrecht Döhnert, für die Anregung des Projekts und für seine stets geduldige und hilfsbereite Begleitung; Prof. Dr. Ludwig Mödl für sein Nachwort, das die Darstellung um entscheidende Akzente bereichert und das Buch wirklich zu einem ökumenischen macht; für

---

1 Elisabeth Cruciger 1524, EG 67.

die mühevolle Arbeit des Korrekturlesens und die noch erheblich mühevollere Erstellung der Register stud. theol. Miriam Aust und Pastorin Christiane Eilrich sowie besonders stud. theol. Michael Schreiter, der nicht nur meiner immer wieder ausbrechenden Hilflosigkeit gegenüber dem Textverarbeitungsprogamm abgeholfen, sondern auch das Manuskript eingerichtet hat (alle verbliebenen Fehler gehen nicht zu Lasten dieser Mitarbeiterinnen und Mitarbeiter, sondern ausschließlich zu meinen eigenen); und schließlich, wieder einmal, für seine immer hilfreichen, anregenden, klärenden Kommentare zu jedem einzelnen Abschnitt und die weiterführenden Gespräche zu allen möglichen (und manchen unmöglichen) Fragen dem Freund von Vikariatszeiten her, PD Dr. Volker Stümke.

Allen, die mich in diesen sechs Jahren begleitet haben, danke ich für ihr Ermutigen, für ihr Mitdenken und für ihr Gebet.

Widmen möchte ich das Buch Prof. Dr. Manfred Josuttis, als Dank dafür, daß er meine nüchterne Wahrnehmung der Atmosphären und Kräfte wesentlich befördert und meinen Blick für das geschärft hat, worauf es im Leben und Sterben ankommt.

Jena, im September 2008   Corinna Dahlgrün

1 Phänomenologische Annäherung: Erscheinungsformen der Spiritualität

Was ist „christliche Spiritualität"? Eine individuelle Form von Religiosität? Bestimmte religiöse Übungen, die man zu Hause für sich macht? Eine irgendwie geartete Beschäftigung mit irgendwelchen „höheren", geistigen Wirklichkeiten? Wer die heutige Verwendung des Begriffs betrachtet, kann leicht zu dem Schluß kommen, daß es sich bei „Spiritualität" jedenfalls vor allem um eine Privatsache handelt, die unabhängig von ihrer Form und inhaltlichen Füllung dem einzelnen überlassen bleiben muß, weil es dabei um die Art und Weise geht, wie das Individuum eine beliebige geistige Dimension (vielleicht sogar eine geistliche Dimension) in seinem Leben gestaltet.

Bei einer solchen Sicht der Dinge wird jedoch mancherlei übersehen, das nach meinem Eindruck zum Verstehen christlicher Spiritualität unbedingt einzubeziehen ist:

1. Spiritualität ist keine Erfindung der Christen, doch sie gehört zu den christlichen Gemeinschaften vom ersten Moment an untrennbar hinzu, zu ihrem Leben, zu ihrem Feiern und zu der daraus erwachsenden Theologie. Spiritualität und Theologie sind von ihren Ursprüngen her nicht zu trennen.

2. Christliche Spiritualität ist seit jeher nicht ohne die Gemeinschaft zu denken, vielmehr ist sie aus ihr erwachsen. Bei der heute oft anzutreffenden Verwendung des Begriffs wird dies Moment meist übersehen; damit wird der Begriff jedoch unzulässig verkürzt verwendet. Generell möchte ich das Feld der Spiritualität nicht von den vorfindlichen Defiziten her erörtern. Natürlich ist vor allem den protestantischen Kirchen in diesem Bereich – teils aus theologischer Notwendigkeit, teils aus einem Mißverstehen

zentraler Aussagen heraus (wie vor allem der von der Rechtfertigung allein aus Glauben, die oft zu einem Vergessen der Heiligung führte) – vieles verlorengegangen. Doch vor allem von dorther zu argumentieren brächte die Gefahr mit sich, den Defiziten und Abgrenzungen gerade verhaftet zu bleiben.

3. Dennoch sind Abgrenzungen nötig. Es ist nicht alles gut oder wahr und schon gar nicht alles mit dem christlichen Glauben vereinbar, was unter diesem Schlagwort begegnet. Das Wahrgenommene ist also kritisch zu sichten und theologisch zu werten, entsprechend der ebenfalls zur Spiritualität immer schon gehörenden Gabe der *diakrisis*, der *discretio*, der Unterscheidung der Geister. Nötig scheint mir eine solche Suche nach Kriterien auch, damit nicht das Resultat der gegenwärtigen eklektischen, mitunter synkretistischen Vermischung der Traditionen die Sache selbst in Mißkredit bringt und als etwas letztlich Außerkirchliches und Außerchristliches erscheinen läßt, sondern damit vielmehr dieses sehr alte Thema der christlichen Kirchen für die Christen, insbesondere diejenigen, die einer der Kirchen der Reformation angehören, zurückgewonnen wird.

4. Ein solches theologisch verantwortetes Zurückgewinnen des Themas „Spiritualität" ist unverzichtbar, weil das geistliche Leben innerhalb unserer Kirche, verstärkt seit der Zeit der Aufklärung, immer ärmer geworden ist, bis dahin, daß beispielsweise immer weniger Menschen wissen, wie sie eigentlich beten sollen. Die persönliche Frömmigkeit scheint in vieler Hinsicht ausgetrocknet zu sein – es ist also der Reichtum der Tradition wenigstens in Ausschnitten für die Gegenwart zu erschließen.

5. Das betrifft nicht nur das Leben der Christinnen und Christen. Eine sich selbst absolut setzende wissenschaftliche Theologie, die die Dimension der Spiritualität, des gelebten Glaubens, aus dem Blick verliert, verarmt. Umgekehrt wird natürlich die Spiritualität auch durch die Theologie geprägt, denn was nicht denkmöglich scheint, kann auch nicht ohne weiteres gelebt werden.

6. Schließlich ist es ein ökumenisches Anliegen, die Vielfalt der verschiedenen ausdifferenzierten Formen, auch die konfessionellen Ausprägungen und Besonderheiten im Bereich der Spiritualität in ihren Stärken wahrzunehmen, doch vor allem ihre gemeinsamen Wurzeln und Grundthemen zu erkennen, um gemeinsam und voneinander zu lernen und auch auf diesem Wege daran zu arbeiten, die Trennung der Kirchen zu überwinden.

Doch was ist nun „christliche Spiritualität"? Wie sieht sie aus, in welchen Formen begegnet sie? Aus welchen Wurzeln und in welche Richtungen hat sie sich entwickelt? Was kann ein Mensch tun, der sein Leben im Sinne einer christlichen Spiritualität führen möchte? Und wie sind die Erscheinungsformen, die dabei zu beobachten sind, zu beurteilen, wie ist es theologisch zu verstehen und zu begründen, daß manche geistlich lebenden Menschen unter schwierigsten Bedingungen froh erscheinen, andere aber äußerst bedrückt? Wie ist es zu verstehen, daß einige nur mehr schweigen und andere unendlich produktiv werden? Gibt es Kriterien zum Erkennen richtiger und falscher, oder vorsichtiger: Kriterien geeigneter und ungeeigneter, christlicher Spiritualität? Einsetzen möchte ich mit der Frage nach den Erscheinungsformen, da eine Definition des Begriffes immer von dem Vorverständnis beeinflußt sein wird, das aus der Wahrnehmung gelebter Spiritualität erwächst[1].

Doch auch jede phänomenologische Annäherung an einen Sachverhalt erfolgt auf der Grundlage eines Vorverständnisses, das offenzulegen ist. Nach meiner Auffassung gehören zum Phänomen „Spiritualität" verschiedene Komponenten: 1. eine Beziehung zwischen Gott, oder vorsichtiger formuliert: einer als transzendent wahrgenommenen Macht und Mensch, 2. eine dadurch konstituierte Gottes- bzw. Transzendenzerfahrung auf Seiten des Menschen,

---

[1] Die Literatur zum Thema füllt ganze Räume, daher konnte ich sie nur in Teilen zur Kenntnis nehmen. Wie Manfred Seitz einmal zutreffend feststellte: „Ich habe nicht alles gelesen, da ich berufstätig bin." (Manfred Seitz, Praxis des Glaubens. Gottesdienst, Seelsorge und Spiritualität, Göttingen 1978, 218)

3. eine Gestaltung dieser Beziehung im Lebensverlauf durch den Menschen, 4. damit zusammenhängend, vielleicht daraus resultierend eine Gestaltung des Weltverhältnisses, und 5. die Reflexion des entsprechenden Erlebens und Tuns.

Nach christlichem Verständnis hat die Transzendenz einen Namen und ein Gesicht, das des dreieinigen Gottes. Spiritualität hat es also mit dem Gottesverhältnis des Menschen zu tun. Der Mensch sucht Gott[2]. Immer wieder scheint es der Fall, daß er, als ein Ergebnis dieser Suche, Gott findet. Dies ist (denk)möglich, weil wir von der theologischen Voraussetzung ausgehen können, daß Gott seinerseits den Menschen sucht und sich vom Menschen finden lassen will (vgl. II Chr 15,2; Jes 55,6; Lk 11,10 u.ö.). Diese Gottsuche des Menschen hat Konsequenzen für sein ganzes Leben, für sein Verhältnis zu sich selbst, zum Mitmenschen und zur Welt. Die Ergebnisse der Suchbewegungen haben natürlich wiederum Einfluß auf sein Verhältnis zu Gott, so daß man im Laufe eines Lebens diesen Kreis immer von neuem durchlaufen und bedenken kann. Dabei ist es möglich, Pfade mit je anderen Schwerpunkten einzuschlagen.

Generell ist zu beobachten, daß Menschen Gott auf sehr verschiedene Weise und an unterschiedlichen Orten suchen, wohl – so wird man vermuten dürfen – ihrer jeweiligen Berufung entsprechend, doch ist dies nicht aus der Beobachtung als solcher zu folgern, sondern eher aus den Auskünften der Suchenden. Sechs verschiedenen Wege möchte ich zur Annäherung an das Phänomen „Spiritualität" vorstellen. Diese Wege sind nicht exklusiv zu verstehen, so als könne man nur den einen Weg gehen. Es kann im Laufe eines Lebens zu Veränderungen kommen, und wer zuerst Gott in der Einsamkeit gesucht hat, sucht ihn später vielleicht in der Gemeinschaft. Ebenso ist zu beobachten, daß verschiedene Wege in einer Biographie kombiniert begegnen – diejenigen, die den Weg

---

[2] Diese Gottsuche des Menschen ist freilich das Resultat einer vorausgegangenen eindrücklichen oder andeutungsweisen Gotteserfahrung; s. dazu auch unten in Abschnitt IV.1.1.

der Nächstenliebe gehen, finden die Kraft dazu häufig im Schweigen. Und die, die Gott in sich selbst finden, finden ihn genauso oft gar nicht, so daß ihr Weg von vergeblicher Suche bestimmt scheint. Die im folgenden aufgeführten Beispiele sind nicht als Vorbilder zu verstehen, lediglich als Idealtypen der Gottsuche, der Gestaltung eines Lebens im hellen oder verborgenen, im freundlich zugewandten, im leidenden Angesicht Gottes.

Um die Beispiele auszuwerten, lehne ich mich an die Methode an, die Michael J. Buckley verwendet:

„Jede christliche Spiritualität ist eine Aussage (1) über Gott, (2), darüber, was es bedeutet, ein Mensch zu sein und (3) die Form oder die Mittel oder den Weg, auf dem der Mensch mit dem Göttlichen vereint wird. [...] Die Konstellation der drei Elemente macht das Wesen oder die Form jedes spirituellen Lebens und der anschließenden reflektierenden Betrachtung aus. Es geht sogar weiter: Jedes dieser drei Themen oder Variablen erhält durch einen Komplex von vier zusammenhängenden Einflüssen seinen Wert oder seine Bedeutung. 1. Welche *Erfahrung* liegt diesen Werten zugrunde, welches sind die für diese Spiritualität entscheidenden Erfahrungen? 2. Welches ist der *Ausdruck*, durch den diese Erfahrungen geformt und artikuliert werden? Erreichen doch die grundlegenden Erfahrungen ihre eigene Vollendung in dem ihnen gemäßen Ausdruck! 3. Welches ist die wissenschaftliche Methode, *Hermeneutik oder die Theologie*, durch die diese Erfahrung und ihre entsprechenden Ausdrucksformen untersucht und erklärt werden, die gedankliche Vorgehensweise, die diese Erfahrung strukturiert? 4. Und schließlich, welches sind die Wege, Instrumentarien und Ratschläge, durch die diese Dreiheit aus Erfahrung-Ausdruck-Erklärung *kommunizierbar* gemacht werden, verfügbar für andere?"[3]

Ich frage also nach den Gottes- und Menschenbildern, die bei den Vertretern der verschiedenen Wege explizit oder implizit zu finden sind und versuche, ihren jeweiligen Weg der Gottsuche, über die erste Einordnung hinaus, möglichst genau zu charakterisieren.

---

3   Die französische Spiritualität des 17. Jahrhunderts: drei Vertreter, in: Louis Dupré und Don E. Sailers (Hg.) in Verbindung mit John Meyendorff, Geschichte der christlichen Spiritualität 3 – Die Zeit nach der Reformation bis zur Gegenwart. Mit einem Vorwort von Josef Sudbrack, Würzburg 1997, 56. Hervorhebungen im Original.

Ebenso werde ich die Fragen nach der auslösenden Erfahrung und der Form ihres Ausdrucks, der Gestaltung, zu bedenken versuchen, sowie die Frage nach der darauf folgenden theologischen Annäherung an die Erfahrung und an den Ausdruck, den sie erhält (um das heute mißverständliche Wort ‚Deutung' zu vermeiden) und – gegenüber Buckley etwas modifiziert – die Frage nach den Gefahren, die die Wege implizieren und die nach den Folgerungen für die gegenwärtige menschliche Suche nach Gott.

1.1 „Das Gebet blüht in der Wüste" – Gott suchen in der Einsamkeit

So wie sich Jesus, vom Geist geführt, in die Wüste zurückgezogen hat (Mt 4 parr.), wie er immer wieder die Menge (z.B. Mt 8,18; Mt 14,13) und sogar die Jüngergemeinschaft verließ, um in der Stille und Einsamkeit Gott zu suchen (z.B. Mt 14,23 parr., Mk 1,35), haben dies zu allen Zeiten auch Menschen getan und tun es bis heute. Sie befolgen damit ein Gebot Jesu, das immer wieder als anstößig empfunden, aber dennoch befolgt worden ist: „Wenn jemand zu mir kommt und haßt nicht seinen Vater, Mutter, Frau, Kinder, Brüder, Schwestern und dazu sich selbst, der kann nicht mein Jünger sein. Und wer nicht sein Kreuz trägt und mir nachfolgt, der kann nicht mein Jünger sein." (Lk 14,26f.)

1.1.1 Thomas Merton

Einen solchen Weg aus der Welt heraus ist im 20. Jahrhundert der Mönch Thomas Merton gegangen, ein viel rezipierter und einflußreicher theologischer Autor und Dichter, der aus den vielfältigen Quellen der mystisch-prophetischen bis hin zur hesychastischen[4] Tradition schöpft und diese in neuzeitlicher Terminologie erschließt. Er selbst hat seinen Weg in seiner Autobiographie[5] auf Geheiß seiner Ordensoberen beschrieben.

Geboren wird Thomas Merton am 31.1.1915 in Prades, einer Kleinstadt in der Nähe der südfranzösischen Pyrenäen. Seine Eltern, die Amerikanerin Ruth Jenkins und der Neuseeländer Owen Merton, sind beide Artisten, sie gehören keiner Kirche oder religiösen Vereinigung an. Durch ihren Beruf ist die Familie viel unterwegs, Merton besucht Schulen in den USA, auf den Bermudas, in Frankreich und England. Früh verliert er beide Eltern, sein jüngerer Bruder fällt im Zweiten Weltkrieg. Merton studiert englische Literatur im Clare College in Cambridge und an der Columbia Universität in New York; nach Beendigung des Studiums läßt er sich 1938 in einer römisch-katholischen Kirche in New York taufen. Am 10.12.1941 tritt er unter dem Ordensname Brother Louis in die Abtei Gethsemani in Louisville, Kentucky, ein, ein Kloster des Zisterzienserordens der strengen Befolgung (Ordo Cisterciensium Reformatorum seu Strictioris Observantiae, OCSO), also der Trappisten, die er bei einer Einkehrzeit kennen gelernt hatte. Die Regel dieses Ordens legt die Schwerpunkte auf Kontemplation, auf strenge Askese, d.h. Fasten, vegetarische Kost, stetes Schweigen und auf körperliche Arbeit in Landwirtschaft und Industrie. Nach seiner Aufnahme in den Orden empfängt er die Priesterweihe und wird nach einiger Zeit Novizenmeister, Ausbilder für die jungen Mönche. Innerhalb seines Klosters wird er für viele zum geistlichen Begleiter und Ratgeber.

In der Zurückgezogenheit seines Ordens betätigt sich Merton auf Wunsch seines Abtes schriftstellerisch, als Essayist, Dichter und Sozialkritiker. Mindestens 300 Bücher[6], acht Bände mit poetischen Texten[7] und mehr als 600 Artikel, darunter zahlreiche Stellungnahmen zu wichtigen theologischen Fragen, entstehen. Die Schwer-

---

4   Hesychasmus ist eine Sonderform der byzantinischen Mystik; s. dazu auch unten in Abschnitt III.4.5.
5   Thomas Merton, The Seven Storey Mountain. An Autobiography of Faith,[1]1948, San Diego/New York/London [50]1998, dt.: Der Berg der sieben Stufen, 1950.
6   In der Literatur finden sich unterschiedliche Angaben, die sich zwischen 300 und 600 Buchveröffentlichungen bewegen.
7   „Einige seiner Gedichte enthüllen eine leidenschaftliche Beziehung zu einer Frau aus Louisville", Anand Nayak, Art. Merton, Thomas, in:

punkte seines Arbeitens, denen er sich stets neu annähert, sind die Meditation und eine apophatisch (bildlos) zu nennende Spiritualität, die „in der Tradition der Dunkelheit" steht[8].

In den 50er Jahren ändert sich sein Verhältnis zur Welt, nicht, was seine Lebensform – er bleibt im Kloster –, jedoch was seine Einstellung angeht. Er schreibt über das auslösende Erlebnis, in einer Einkaufspassage in Louisville habe er voller Freude das Einssein mit den Menschen gespürt. „Es war, als erwachte ich aus einem Traum des Abgetrenntseins, des Isoliertseins als Partikel in einer Eigenwelt für mich, in der Welt der Entsagung und der vorgeblichen Heiligkeit. Die Vorstellung, man könne abgetrennt von der übrigen Menschheit eine heilige Existenz führen, ist ein frommes Wunschbild, eine Illusion"[9].

Sehr bekannt werden seine politischen Äußerungen, die sich aus dieser Einsicht und aus seiner Grundüberzeugung ergeben, nämlich daß jeder Mensch, wie entstellt und entfremdet auch immer, in Christus das Ebenbild Gottes ist und darum Anspruch auf Liebe und Gerechtigkeit hat. Er übt Kritik an der Politik der amerikanischen Regierung, protestiert gegen den Kalten Krieg und den Vietnamkrieg, gegen die nukleare Aufrüstung und gegen die wirtschaftliche Ungerechtigkeit in der amerikanischen Gesellschaft. 1963 wird er mit einem kirchlichen Äußerungsverbot hinsichtlich der politischen Themen belegt, doch läßt er weiterhin hektographierte Aufsätze in einem großen Freundeskreis zirkulieren.

In seiner Theologie sind zunehmend eine ökumenische Ausrichtung und ein starkes Engagement für den interreligiösen Dialog zu erkennen, vor allem in Hinblick auf den tibetanischen Buddhismus, auf Hinduismus und Zen, in dessen bildloser Spiritualität er eine Möglichkeit sieht, die christliche Spiritualität zu stärken.

Seine Veröffentlichungen machen ihn ebenso bekannt wie populär und ziehen einen Besucherstrom in das Kloster, dessen er sich nicht anderes erwehren kann als durch einen erneuten Rückzug. 1965 bekommt er die Genehmigung, auf dem Klostergelände als Eremit zu leben, allerdings beteiligt er sich weiterhin an der Stundenliturgie.

Biographisch-Bibliographisches Kirchenlexikon Bd. 5, Herzberg 1993, 1340.
8   David Tracy, Neuere katholische Spiritualität: Einheit in Vielheit, in: Geschichte der christlichen Spiritualität Bd. 3, 186.
9   Thomas Merton, Mutmaßungen eines schuldigen Zuschauers, zit. nach: Die Geschichte der christlichen Spiritualität, 340.

1.1 Gott suchen in der Einsamkeit

Am 10.12.1968 stirbt er, genau 27 Jahre nach seinem Eintritt ins Kloster, während der Teilnahme am ersten internationalen monastischen Kongress in Bangkok bei einem Unfall mit einem defekten Ventilator in seinem Hotelzimmer.

Merton verbindet seinen Rückzug in die Einsamkeit und sein inneres Leben mit Gott mit einem sozialen und politischen Engagement, das sich vor allem schriftstellerisch äußert. Eine rein quietistische (d.h. äußerlich völlig selbstgenügsam-passive, nur an der Erlangung und Erhaltung der eigenen Seelenruhe interessierte) Spiritualität lehnt er schroff ab: „Das spirituelle Leben ist nicht ein Leben des Rückzugs in die Stille, ein Dasein in einem Gewächshaus, in dem man sich künstlichen asketischen Praktiken widmet, abgetrennt vom gewöhnlichen Alltagsleben der Menschen. In Wirklichkeit kann und sollte der Christ sein spirituelles Einssein mit Gott inmitten der alltäglichen Pflichten und Mühen seines Lebens entwickeln. [...] Die christliche Heiligkeit besteht in unserer Zeit mehr denn je darin, unsere gemeinsame Verantwortung wahrzunehmen, mit den geheimnisvollen Absichten Gottes für das Menschengeschlecht mitzuwirken. Diese Verantwortung kann man aber nur dann realistisch wahrnehmen, wenn man von der Gnade Gottes erleuchtet wird"[10]. Diese Gnade hat eine imperativische Seite: „Der Christ, sogar der Mönch [...], ist von der Welt befreit *für* die Welt und ist dazu verpflichtet, in welcher Weise auch immer im Interesse der Unterdrückten und für einen gewaltlosen christlichen Dienst des Friedens und der Gerechtigkeit zu sprechen, zu schreiben und zu handeln."[11] Doch genauso betont Merton, auch unter Hinweis auf zahlreiche Aussagen der Literatur[12], die Notwendigkeit der Stille und der Einsamkeit: „The climate in

---

10 Thomas Merton, Life and Holiness, zit. nach: Die Geschichte der christlichen Spiritualität, 340.
11 Tracy, 187.
12 Z.B. Bernhard von Clairvaux, der darauf hingewiesen habe, daß Christus nur im Geheimen zu dem komme, der die innere Kammer seines Herzens aufgesucht und die Tür hinter sich geschlossen habe; a.a.O., 56.

which monastic prayer flowers is that of the desert."[13] – Das Klima, in dem das Gebet der Mönche[14] erblühen kann, ist das der Wüste, der Einsamkeit, der Zurückgezogenheit aus der Welt.[15] Notwendig ist ein solcher Rückzug nach Merton gerade angesichts des Drucks des modernen städtischen Lebens, denn nur so kann die menschliche und christliche Identität und die spirituelle Freiheit aufrechterhalten werden. Das Ziel ist, sich die Reinheit des Herzens immer neu zu erkämpfen, sich selbst zu vergessen, um sich allein der Liebe zu Gott und dem Gottesdienst (nicht nur als liturgisches Geschehen verstanden) zu widmen. Diese Liebe äußert sich zunächst als Liebe zu Gottes Wort, der Schrift, die meditativ angeeignet und betend wiederholt wird, dies nicht so sehr als Weg der Gottsuche, denn vielmehr als Weg, in ihm zu ruhen, den wir gefunden haben und der uns liebt[16]. Dazu werden die Stationen des Lebens Jesu bedacht, Passion, Tod und Auferstehung – auf diese Weise folgt der Mensch Christus betend nach. Dabei gibt es zahlreiche Anfechtungen, sogar Gefährdungen, das Gefühl von Leere etwa, von Glaubensverlust, die Erfahrung von Langeweile oder spiritueller Desorientierung, sogar die Gefahr tiefer und völliger Verzweiflung. Die Antwort auf diese Anfechtungen kann nur sein, sich ihnen zu stellen im demütigen und flehentlichen Gebet. Dann kommt aus dem Abgrund die unverfügbare, geheimnisvolle Gabe von Gottes Geist, der alles neu macht, der das Geschaffene wandelt und die Welt wiederherstellt und alle Dinge wieder aufbaut in Christus. Ein Leben im Gebet, ein Leben „in der Wüste" ist demnach zu suchen, ungeachtet möglicher Gefahren. Merton warnt – im Grunde gut reformatorisch – in diesem Zusammenhang allerdings vor einer zu sicheren Haltung: Das Gebet bleibt bestimmt von einem doppelten Bewußtsein, dem der Sünde und der Erlösung von den Sünden, dem Bewußtsein des Zorns Gottes

---

13 Thomas Merton, Contemplative Prayer, New York 1996, 27.
14 Und auch das anderer Menschen, denn jeder Christ soll ein „man of prayer", ein „Mensch des Gebets" sein, a.a.O., 19.
15 Vgl. zum folgenden a.a.O., Introduction, 19-26.
16 Vgl. a.a.O., 29.

über die Sünde und dem seiner Gnade, seines Erbarmens für den Sünder[17].
So sehr Merton aber auch den Wert der Zurückgezogenheit, der Wüste betont, einer Leere, die angefüllt ist mit der Realität von Gottes Gegenwart in Gebet, geistlicher Schriftlesung, Meditation und Kontemplation, weist er doch auch darauf hin, daß das Gebet der Wüste nicht ohne eine betende und feiernde Gemeinschaft als seine Basis denkbar ist[18]. In jedem Fall wird das Handeln Mertons, sei es das der Zuwendung zum anderen, sei es das des Verlassens der Gemeinschaft, von der Liebe bestimmt.

> Es kann für den hier beschriebenen Weg der Gottsuche allerdings auch einen anderen Antrieb geben. So nennt die Mystikerin Gertrud von Helfta im 13. Jahrhundert als Motiv für ihren Rückzug aus der Welt einen Grund, den man als Weltekel bestimmen könnte: „Mich ekelt vor aller Kreatur, allein das Beisammensein mit Dir, das Gespräch mit Dir möchte ich genießen (frui). Daher sage ich aller Kreatur Lebewohl und wende mich einzig Dir zu"[19]. Dieser Weltekel kann befremden, doch sollte aufgrund einer solchen Aussage kein Urteil abgegeben werden über einen Menschen, dessen Gottesliebe jedenfalls sehr groß gewesen sein muß. Vorstellbar ist ja, daß die Zuwendung zum Geschaffenen für Gertrud eine ernstliche Barriere auf dem Weg zum Schöpfer darstellte, etwas, daß sie tatsächlich hinderte, Gott von ganzem Herzen zu lieben, und daß ihre einzige Möglichkeit zur Gottesliebe in der Weltflucht, der Weltverneinung lag.

---

17 Vgl. a.a.O., 27.
18 Auch die Trappistenmönche nehmen, wie gesagt, an Stundenliturgie und Messe teil. Entsprechendes gilt übrigens auch für die Reklusinnen im Mittelalter, deren Zellen an der Kirche häufig ein Fenster zum Altar aufwiesen, so daß sie die Messe mitfeiern konnten, vgl. Peter Dinzelbacher, Christliche Mystik im Abendland. Ihre Geschichte von den Anfängen bis zum Ende des Mittelalters, Paderborn/München/Wien/Zürich 1994, 256ff.
19 Zit. nach Dinzelbacher, 224.

1.1.2 Symeon Stylites

Die Motive des Symeon Stylites sind demgegenüber allenfalls aus seinem Handeln zu erschließen[20]. Seit dem vierten Jahrhundert zogen sich im christlichen Osten, in Palästina und Ägypten, Menschen in die Wüste zurück, die „Wüstenväter", deren Ratschläge für ein spirituelles Leben in den Apophthegmata patrum gesammelt sind[21]. Ihre Gründe für diese Entscheidung waren durchaus vielgestaltig und wohl keineswegs nur spirituell: Die Suche nach Armut und Unbehaustheit in der Nachfolge Jesu; die empfundene Unmöglichkeit, in einer belebten Stadt oder einem Fellachendorf nach den Weisungen Jesu zu leben, in Keuschheit, das stille Gebet suchend; aber auch das Wissen darum, daß ohne Grundbesitz und Einkommen keine Abgaben an den Staat zu leisten waren. Manche lebten als Einsiedler (Eremiten, Anachoreten von ἀναχωρεῖν zurückweichen), beispielsweise in Fels- oder Erdhöhlen, andere sammelten Gemeinschaften um sich und praktizierten eine eher klösterliche, dabei streng asketische Lebensweise (Zönobiten, von κοινός gemeinsam), einige lebten innerhalb der Wüste in einer noch weitergehenden Distanz von den Menschen, nämlich auf Säulen (Säulenheilige, Styliten). Der wohl bekannteste unter diesen ist Symeon Stylites in Syrien, der 30 Jahre lang auf einer Säule lebte.

> Symeon fällt erstmals 412 auf, als er seine Klostergemeinschaft in Teleda, in den Bergen Syriens, durch seine besonders schroffe Form der Askese erschreckt: Er fastet strenger als die anderen, und er trägt unter seinem Rock einen Gürtel aus Palmblättern, die sein Fleisch zerschneiden. Sein Abt ermahnt ihn immer wieder, nicht so aus der Gemeinschaft hervorzustechen, doch selbst Strafen nützen nichts. Mit Anfang 20 verläßt Symeon die klösterliche Gemeinschaft und zieht sich in eine verschlossene Lehmzelle in der Nähe

---

20 Vgl. zum folgenden Hans Conrad Zander, Als die Religion noch nicht langweilig war. Die Geschichte der Wüstenväter, Köln ²2001, 203ff.
21 Dt.: Weisung der Väter, eingeleitet und übersetzt v. Bonifaz Miller, Freiburg/Br. 1985; s. auch die Collationes patrum, Cassians Sammlung seiner Gespräche mit den Wüstenvätern.

1.1 Gott suchen in der Einsamkeit

eines kleinen Dorfes zurück, versehen mit einer Öffnung zur Ver- und einer kleinen Traufe zur Entsorgung. Nach drei Jahren teilt er der Dorfgemeinschaft mit, vierzig Tage und Nächte fasten zu wollen, und bittet, ihn in seiner Zelle vollständig einzumauern. Brot und Wasser, das man ihm in die Zelle stellt, läßt er unberührt. Nach Ende der Fastenzeit strömen Menschen zu dem neuen Mose, dem neuen Elia, doch diesen stört die Menge. Er will mit Gott allein sein und zieht sich auf einen kahlen Berg oberhalb des Dorfes zurück, ohne dadurch der immer größeren Menschenmenge zu entkommen. Dann hat er den Einfall, sich auf eine Säule zu stellen – diese wird im Laufe der Jahre neu und immer höher gebaut, den Berichten zufolge schließlich zwanzig Meter, versehen mit einem entlang der Säule verlaufenden Rohr zur Entsorgung des Unrats. Versorgt wird er mittels einer Leiter. Auf seiner Säule, die oben eine große Plattform mit einem Geländer hat, lebt er, hoch über den ihn umdrängenden Menschen, allein. Es bildet sich mit der Zeit ein geregelter Tagesablauf heraus, der mit unzähligen Verneigungen Symeons vor Gott beginnt. Dann hält Symeon den täglich andrängenden Pilgerinnen und Pilgern eine Predigt, anschließend wirkt er Wunder. Darauf folgen Prophezeiungen und schließlich Richtersprüche. Nur in der Fastenzeit, in der er während 40 Tagen auch auf seine sparsame vegetarische Kost und auf Wasser verzichtet, kann er diese Zuwendung nicht leisten. Im Laufe der Jahre erblindet Symeon infolge ständiger Entzündungen der Augen durch die Sonneneinstrahlung; seine Füße sind von Geschwüren zerfressen. Gegen Ende seines Lebens stellt er das Predigen oft für Tage ein, er bemerkt die zahllosen Menschen kaum mehr und bleibt ins Gebet versunken. Ende August 459 stirbt er auf seiner Säule, unbemerkt von der Menge.

Symeon hat seine Säule nie verlassen, er hat seine einmal gefundene Lebensform nicht wieder geändert. Auch er wird nicht frei von Anfechtungen gewesen sein, allerdings ist darüber nichts überliefert. Generell sind die geistlichen Lehrer aus der Wüste eher zurückhaltend mit Angaben über ihr eigenes spirituelles Leben. Zugleich sind sie – das hat das Beispiel Symeons ebenso gezeigt wie das der anderen in den Apophthegmata zu Worte kommenden Wüstenväter – sehr gesuchte Ratgeber, deren Worte als wegweisende Wahrheit akzeptiert wurden. Wie konnten sie „einem solchen ihnen entgegengebrachten Vertrauen gerecht werden? Zunächst durch Mißtrauen ihren eigenen Gefühlen gegenüber; sodann in der Zuflucht zum Schweigen oder zu allgemeinen Weisheiten, bis das Heilswort sich ihnen in der Einfalt ihres Herzens offenbarte. Glaube und Vertrauen der Schüler stärkten den Blick und die Einsicht der Meister. Für keinen von ihnen rührte die Antwort von menschlicher Weisheit her: Sie wurde vom Heiligen Geist offenbart, den man angerufen hatte; man empfing sie durch das Evangelium, in dem diese Weisheit sich bereits kundgetan hatte."[22] Damit ein solches Wort heiliger Weisheit ergehen konnte, mußte der Fragende sein Leben vor dem Wüstenvater offenlegen, wobei diese Beichte häufig als geradezu beglückend erlebt wurde, und dieser hatte seinerseits jeder Nachsicht und Weichherzigkeit zu widerstehen, damit Gott zu Wort kommen konnte.

1.1.3 Auswertung

Menschen auf dem Weg der Gottsuche in der Einsamkeit scheinen Gott als überwältigend groß zu erleben, als majestätisch und herrlich, sich selbst dagegen als unwürdig und nichtig[23]. Da es nun wahres Leben nur in der Nähe Gottes geben kann und da diese Nähe nur realisierbar ist in Abkehr von der Welt und von einem Leben, das um das eigene Ich kreist oder jede Konzentration durch Zerstreuung verhindert, gehen sie den Weg aus der Welt heraus. Das bedeutet Trennungen, sicher auch Opfer, doch werden diese gern gebracht, sogar als glückhaft erlebt. Glückserfahrungen liegen zunächst in der Reue über die eigene Unwürdigkeit und in der As-

---

22 Jean Gribomont, Mönchtum und Aszese – Östliches Christentum, in: Bernard McGinn / John Meyendorff / Jean Leclercq (Hg.), Geschichte der christlichen Spiritualität 1 – Von den Anfängen bis zum 12. Jahrhundert. Mit einer Einführung für die deutsche Ausgabe von Josef Sudbrack, Würzburg 1993, 135.
23 Inwieweit dies durch das Erleben von räumlicher Weite und großer Stille, wie etwa in der Wüste, rein physiologisch unterstützt wird, muß hier nicht erörtert werden.

kese, dann in der daraus resultierenden, jedenfalls darauf folgenden Erfahrung der Vereinigung mit Gott, die in Zusammenhang mit einer neuen liebenden Zuwendung zu der Schöpfung Gottes auftreten kann[24]. Der Weg zu dieser Vereinigung mit dem Göttlichen ist ein Leben der Hingabe an die Einsamkeit, in der Gott spricht, meist verbunden mit einer großen Liebe zu den Nächsten (verschiedentlich folgt daraus explizit politisches Handeln), wobei die Balance zwischen der Gottsuche im Alleinsein und der Zuwendung zu den Menschen offenkundig schwer beizubehalten ist. Dies gilt um so mehr, als die Gottsuche in der Einsamkeit bei vielen eine Vollmacht hervorbringt, die mehr Menschen anzieht, als für sie verkraftbar ist. In der Versuchung, über der Gotteserfahrung den Menschen zu vergessen, in der Abwendung von dem konkreten Nächsten und der Gemeinschaft besteht darum auch die spezifische Gefahr, die dieser Weg mit sich bringt. Die entscheidende Erfahrung, die den Weg initiiert, scheint die Selbsterkenntnis des sündigen Menschen im Gegenüber zu einer Erfahrung der Größe und Herrlichkeit Gottes zu sein, also eine eindrückliche Differenzerfahrung, und die daraus folgende Überwältigung durch Reue. Artikuliert wird diese Erfahrung oft nonverbal, durch eine Änderung in den Lebensumständen, durch die Aufnahme eines Lebens, das eben dieser Erfahrung des eigenen Kleinseins, der eigenen Nichtigkeit entspricht. Gewählt wird dazu meist eine Unterordnung unter machtvolle Forderungen, sei es einer Ordensregel, sei es harter Naturgegebenheiten. Die Theologie, mit der jedenfalls Thomas Merton seine Erfahrungen und die daraus resultierenden Lebensentscheidungen erklärt, ist vor allem apophatisch, vor der

---

24 Eine neuzeitliche Variante dieses Weges könnte das neuzeitliche „Gott-Suchen-in-der-Natur" sein, jedoch in umgekehrter Abfolge: Gott wird vermittelt durch die intensive, gelegentlich schwärmerisch getönte Wahrnehmung von Blumen, Sonnenuntergängen, Vogelgesang etc. erlebt, und erst dieses Erleben löst dann möglicherweise ein Gefühl der Liebe aus. Allerdings führt diese Liebe meist nicht in einer Gemeinschaft zusammen, vgl. die Beobachtungen des Soziologen Geoffrey K. Nelson, Der Drang zum Spirituellen. Über die Entstehung religiöser Bewegungen im 20. Jahrhundert, Olten 1991, 129.

Größe Gottes verstummend, die Annäherung durch Bilder hinter sich lassend, eine Theologie, die auf Christus sieht und zugleich mit dem *Deus absconditus* rechnet. Dennoch kommunizierbar ist sie, das zeigen viele Schriften Mertons, in den Empfehlungen für ein Leben zunächst der Meditation, dann der der Kontemplation in einer wenigstens sporadisch aufgesuchten Einsamkeit, in der der Mensch in eine demütige, passiv-empfangende Haltung gegenüber Gott hineinfinden soll – auch und gerade in den Zeiten, in denen die Gotteserfahrung ausbleibt.

An diesem Weg der Gottsuche in der Einsamkeit ist gegenwärtig zweierlei besonders zu betonen: Erstens macht er deutlich, daß die Liebe zu Gott nichts ist, das in einem Leben nachgeordnet werden darf – Gott ist über alle Dinge zu fürchten, zu lieben, ihm ist über alle Dinge zu vertrauen, und das hat Konsequenzen für die Art, wie ich mein Leben gestalte. Und zweitens rechnet er mit dem Wirken des lebendigen Gottes – dies ist hervorzuheben in einer Zeit, in der die Allgegenwart der Rede vom immer nur liebenden Gott ihre Entsprechung in einer offenkundigen Belanglosigkeit Gottes für das Leben der einzelnen findet.

1.2 „Dem obdachlosen Christus ein Zuhause geben" – Gott suchen im anderen

Christus zu suchen im bedürftigen Nächsten, ihm in diesem zu dienen, ganz im Sinne von Mt 25,31ff., sein Kreuz auf sich zu nehmen (Mt 16,24) und dem Doppelgebot der Liebe zu folgen (Mt 22,35ff. parr.) bewegte und bewegt viele Menschen zu einer grundsätzlichen Änderung ihres Lebens.

1.2.1 Mutter Teresa

Das Leben, das diese Menschen aufnehmen, geht völlig im Dienst am Nächsten auf – die eigene Biographie erfüllt sich gerade im Absehen vom eigenen. Doch sind die entsprechenden Biographien oft gut dokumentiert, was aus der Faszination der Mitmenschen resultiert. Ein Beispiel dafür ist Mutter Teresa.

Agnes Gonxha Bojaxhieu wird am 26. August 1910 in Skopje geboren und wächst als jüngstes von drei Geschwistern in einem gutbürgerlichen Elternhaus auf. Nach dem Tod des Vaters arbeitet die Mutter hart, um der Achtjährigen den Besuch einer höheren Schule zu ermöglichen. Das häusliche Leben bleibt von praktizierter Frömmigkeit und – trotz wirtschaftlicher Not – tätiger Nächstenliebe geprägt. Bereits mit zwölf Jahren tritt Agnes der Marianischen Kongregation bei; von da an betet sie sechs Jahre lang täglich um ihre Berufung[25]. Beeindruckt durch die Lektüre von Berichten jugoslawischer Jesuiten aus dem bengalischen Gangesdelta entscheidet sie sich mit 18 Jahren für den Eintritt ins Kloster mit dem Ziel der Missionsarbeit bei den Armen in Indien und verläßt ihre Familie.

Am 29. November 1928 wird sie in die Loreto-Kongregation aufgenommen und zunächst für sechs Wochen in ein Kloster bei Dublin geschickt, um englisch zu lernen, ihr Noviziat verbringt sie in Darjeeling im Himalaya. 1931 legt sie die zeitlichen Gelübde ab und erhält den Ordensnamen Teresa, nach Thérèse von Lisieux[26]. Schwester Teresa wird als Lehrerin in eine Schule des Ordens nach Kalkutta geschickt, an deren Gelände Slumgebiete grenzen. Sie gründet, erschüttert von dem Kontrast zwischen Komfort in der Schule und krasser Armut in deren Nachbarschaft, eine Aktionsgruppe für Sozialarbeit und besucht ein- bis zweimal in der Woche mit Schülerinnen die Slums. Am 24. Mai 1937 legt sie ihre ewigen Gelübde ab, von diesem Zeitpunkt an heißt sie, wie bei den Loreto-Schwestern üblich, „Mutter" Teresa.

---

25 So berichtet ihr Biograph T.T. Mundakel, Der Engel der Armen. Mutter Teresa. Die Biografie, München 2003 – die Biographie ist von den Missionaries of Charity als offizielle Lebensbeschreibung ihrer Gründerin anerkannt; eine geringfügig abweichende, eher journalistisch aufbereitete Darstellung findet sich bei Christian Feldmann, Mutter Teresa. Die Heilige von Kalkutta, Freiburg u.a. 1997.
26 Zu Thérèse von Lisieux s.u. in Abschnitt I.5.2.

Bei einer nächtlichen Eisenbahnfahrt am 10. September 1946 erlebt sie über der Lektüre von Mt 25,31ff. eine zweite Berufung: Sie soll und will Christus in die Slums folgen. Zunächst verhindert der Widerstand des Erzbischofs und der Ordensleitung, daß sie diesem Ruf Folge leistet, aber am 18. August 1948 steht sie, bekleidet mit dem weiß-blauen Sari der Armen, allein vor der Klosterpforte, ohne Geld, ohne Wohnung, ohne präzisen Plan[27].

Die folgenden zwei Jahre sind mit härtester Arbeit unter härtesten Bedingungen in den Slums von Kalkutta erfüllt, mit Unterricht für Kinder, bei dem sie mit Stecken auf den Lehmboden schreibt in Ermangelung anderen Materials, mit Betteln, um Armen Essen geben zu können, mit Krankenpflege. Oft verzweifelt sie an der Größe der Aufgabe. Doch bereits nach einem halben Jahr kommt eine ehemalige Schülerin, um mit ihr zu leben und zu arbeiten, weitere folgen. Die Gemeinschaft wächst immer weiter an, immer öfter treffen auch Spenden ein – eine wichtige Unterstützung der Arbeit, für die, gemäß der Regel der 1950 gegründeten Kongregation der „Carriers of Christ's Love in the Slums" („Missionaries of Charity"), kein Geld angenommen werden darf. Das Gelübde der Armut wird bei den Missionaries besonders betont, weil nach Mutter Teresas Überzeugung die Armen nur kennen und lieben kann, wer selbst arm ist, sich wie die Armen kleidet, wie die Armen ißt. Einige Sätze aus der Ordensregel, die im wesentlichen von Mutter Teresa selbst verfaßt wurde: „Du bist gesendet, zu dienen und nicht, dich bedienen zu lassen: diene demütigen Herzens! Geh der anstrengenden Arbeit nicht aus dem Weg. Sei immer als erste bereit, sie zu tun. [...] Wähle die schwierigsten Dinge. Mach dich auf mit demütigem, mit großmütigem Herzen. Zieh nicht los mit Ideen, die deiner Lebensweise nicht gemäß sind: mit hohen theologischen Leitsätzen über das, was du lehren möchtest, geh vielmehr, um zu lernen und zu dienen. Teile, was du empfangen hast, mit demütigem Herzen. Geh zu den Armen mit großer Zärtlichkeit. Diene ihnen mit zarter, mitfühlender Liebe. Sag ja zum Frieden mit deiner Zunge. Halte lieber den Mund, als ein Wort zu sagen, das jemanden verletzen wird. Gib dich selbst hin ohne Vorbehalte. Verschenke dich, großmütig, bedingungslos."[28]

---

27 Am Ende ihres Lebens, nicht ganz 50 Jahre später, arbeiten mehr als 3000 Schwestern ihres Ordens in 123 Ländern der Welt für Kranke, Sterbende, verlassene Kinder, für Hungernde und Gefangene.
28 Zit. nach Feldmann, 46.

1.2 Gott suchen im anderen

Nach diesen Regeln lebt sie selbst. Sie trägt Sterbende, die wie ein Haufen Lumpen auf der Straße lagen, in ihr Hospiz, reinigt sie, zieht die Maden aus ihren offenen Wunden, gibt ihnen Nähe und versorgt sie mit dem Trost ihrer jeweiligen Religion. Sie versorgt die verfaulenden Gliedmaßen der Leprakranken[29]. Der Gedanke an das neugeborene Kind zu Bethlehem führt sie zu der Überzeugung, daß kein Kind sterben solle, ohne geliebt worden zu sein. Also beginnt sie damit, die ausgesetzten, ungewollten und oft mehr als nur halbverhungerten Kinder und Säuglinge von den Straßen und Müllkippen aufzusammeln, sie gesund zu pflegen oder ihnen jedenfalls vor ihrem Tod Liebe und Fürsorge zu geben. Ein sterbender alter Mann formuliert die Erfahrung, die er hier machen kann, so: „Gelebt habe ich wie ein Tier auf der Straße, aber nun kann ich wie ein Engel sterben."[30]

Für ihr Tun findet sie im Laufe der Zeit immer mehr Anerkennung[31], was ihre Einflußmöglichkeiten vergrößert. Kontakte zu Politikern auf höchster Ebene nutzt sie, ohne sich in politische Fragen einzumischen, für Hilfeleistungen. Bei jeder Gelegenheit tritt sie für das ein, was ihr am wichtigsten ist, Liebe gegenüber Gott und Liebe gegenüber seinen Geschöpfen, besonders den leidenden und wehrlosen. Sie macht sich damit nicht nur Freunde. So löst etwa ihre Rede bei der Verleihung des Friedensnobelpreises 1979 gegen die Abtreibung gerade bei vielen Frauen erhebliche Irritationen aus. Auffällig ist, daß sie nicht alle Aufmerksamkeit für Slumbewohner, Leprakranke und Hungernde einfordert. Sie plädiert vielmehr dafür, zunächst die Probleme des je eigenen Umfelds zu lösen, sich also der Aids-Kranken in den westlichen Großstädten anzunehmen und auch die spirituell Armen, die Einsamen nicht zu vergessen. Friede beginnt für sie in den Familien, in der Nachbarschaft: „Um dem obdachlosen Christus ein Zuhause zu geben, müssen wir zu-

---

29 Auf die Feststellung eines Besuchers, er würde nicht für 1000 Pfund einen Leprakranken anfassen, antwortet sie: „Das würde ich auch nicht, aber ich würde ihn für die Liebe Gottes gerne berühren." (Mundakel, 133.)
30 Feldmann, 54.
31 Natürlich wird auch Kritik laut, hinsichtlich des Umgangs mit den Kranken (christlicher Trost anstelle palliativer Maßnahmen) wie auch des Umgangs mit dem sehr erheblichen Spendenaufkommen; allerdings sind diese Einwände für den hier in Frage stehenden Gegenstand nicht erheblich, weil davon auszugehen ist, daß das Handeln jedenfalls bestens Wissens geschah.

nächst unsere Wohnungen zu Orten voll Frieden, Glück und Liebe machen, durch unsere Liebe zu jedem Familienmitglied und zu unseren Nachbarn."[32] Mutter Teresa stirbt am 5. September 1997 in ihrem Konvent in Kalkutta; nur sechs Jahre später, am 19. Oktober 2003 wird sie selig gesprochen.

Wie kann ein Mensch so leben? Möglich wird dieser Frau ihr Engagement durch ihren Glauben, durch die Gabe der Gottesliebe und durch die Gabe, Gott, Christus, in jedem der von ihr umsorgten Leidenden zu sehen. Der Tagesablauf der Schwestern ist ein Ausdruck dessen. Der Tag beginnt um 4.40 Uhr mit einem meditativen Gebet von einer Stunde Dauer, gefolgt von der gemeinsamen Eucharistiefeier, die beschlossen wird von dem Franziskus von Assisi zugeschriebenen Gebet „O Herr, mache mich zum Werkzeug deines Friedens". Die Arbeit des Tages, die nach diesem Gottesdienst in Freude getan wird, wird von einer kurzen Mittagspause unterbrochen, an die sich eine Zeit für geistliche Lektüre anschließt. Um 18 Uhr kommen die Schwestern zum Rosenkranzgebet erneut zusammen und vor dem Schlafengehen findet um 21.45 Uhr das gemeinsame Abendgebet statt[33]. Der Tag ist also gerahmt von Zeiten der Stille vor Gott, von Lob und Dank und von gemeinsamer Feier. Auf die dem entsprechende Geisteshaltung legt Teresa großen Wert. So schärft sie ihren Schwestern ein:

> „Du musst immer glücklich sein, Jesus dienen zu dürfen, denn nicht du hast unseren Herrn erwählt, sondern er hat dich auserkoren. Wenn diese Überzeugung fest in deinem Herzen verwurzelt ist, wenn du bereit bist, Jesu Nachfolge anzutreten, indem du dein Kreuz auf dich nimmst, und wenn du auf die liebliche Stimme unseres Herrn hörst, werden alle Hindernisse und alle Mängel verschwinden, so wie Nebelschleier, wenn die Sonne im Zenit steht, und Freude wird in dein Herz eindringen und es total erfüllen. *Danke Gott.*"[34]

---

32 Mutter Teresa, Im Dienst an den Armen, in: Mutter Teresa / Frère Roger, Gebet – Quelle der Liebe, Freiburg u.a. ³2003, 109.
33 Vgl. Mundakel, 109-112.
34 A.a.O., 102; Hervorhebung im Original.

Neben diese Betonung der Freude tritt zugleich eine Hochschätzung des Leidens, eine vielleicht schwerer verständliche Seite der Spiritualität von Mutter Teresa. Die Not der Armen zu teilen, selbst zu leiden, ist das Kreuz, das die Schwestern nach Teresas Überzeugung aufnehmen sollen, denn eine Nachfolge Christi ist vom Kreuz nicht zu trennen. In der Konsequenz dieses Gedankens gründet sie eine Gruppe der „Mitarbeiter im Leiden"[35], Menschen, die infolge schwerer Krankheit nicht aktiv tätig werden können, deren Leiden aber als eine Unterstützung der Arbeit aufgefaßt wird. So schreibt sie an eine bettlägerige Freundin, die ständig Schmerzen hat: „Du musst glücklich sein, denn du wurdest vom Herrn auserwählt, der dich so liebt, dass er dich Anteil an seinem Leiden nehmen lässt. Sei tapfer und fröhlich und bete viel, damit wir viele Seelen zu Gott bringen."[36] Zu ergänzen ist die folgende Aussage, die Passion und Ostern zusammenhält: „Das Leiden hat keinen Sinn in sich selbst; aber Leiden als Teilnahme an der Passion Christi ist eine herrliche Gabe. Ja, eine Gabe und ein Zeichen seiner Liebe [...]. Gemeinsam angenommenes, gemeinsam getragenes Leiden ist Freude. Denk daran, daß die Passion Christi immer in die Freude über die Auferstehung Christi mündet"[37].

> Was Mutter Teresa gelebt hat, hat sie also – in knappen, klaren Sätzen – auch gelehrt: Das Ziel des christlichen Lebens ist die Heiligkeit. „Die Kirche Gottes braucht heutzutage Heilige. Dies bürdet uns eine große Verantwortung auf. Wir müssen heilig werden; nicht, weil wir uns heilig fühlen wollen, sondern weil Christus die Möglichkeit haben muß, sein Leben in Fülle in uns zu leben."[38] Am Anfang dieses Weges steht das Gebet, das das Herz lauter macht[39], dazu Gotteserkenntnis, die zur Liebe und Selbsterkenntnis, die zur

---

35 1969 vom Vatikan anerkannt, vgl. Mundakel, 98f.
36 A.a.O., 96.
37 Gebet, 34f. Daß dem Glaubensleben Mutter Teresas diese Freude meist fehlte, geht aus neueren Veröffentlichungen hervor (Mutter Teresa, Komm, sei mein Licht. Hg. und kommentiert von Brian Kolodiejchuk MC, München 2007), doch ist es für das hier Gesagte nicht relevant.
38 Gebet, 87.
39 A.a.O., 73. Von besonderer Bedeutung ist ihr auch das Gebet zu Maria, vgl. Mundakel, 58.

Demut führen[40]. Etwas anderes tritt hinzu: „Wenn ihr die Kunst der Zuvorkommenheit lernt, werdet ihr Christus immer ähnlicher, denn er war von Herzen gütig und dachte immer an die Bedürfnisse der anderen."[41] Vor allem aber bedeutet heilig zu werden, sich immer mehr, immer ausschließlicher von Gott bestimmen zu lassen. „Heilig werden wollen heißt: Mich von allem entblößen, was nicht Gott ist."[42]

So wie das Gebet am Anfang des Weges zur Heiligkeit steht, steht am Anfang des Gebets die Stille, denn Gott ist nur in der Stille zu hören. Aus dieser Stille wächst die Kraft zum Tun. „Durch die Kontemplation schöpft die Seele geradewegs aus dem Herzen Gottes jene Gnade, die das aktive Leben austeilen muß."[43] Als vollkommenes Gebet bezeichnet sie einmal den Satz „Ich schaue auf ihn [Christus], und er schaut auf mich."[44]. Von großer Bedeutung ist die Feier der Eucharistie: „Wo findet ihr die Freude zu lieben? In der Eucharistie, bei der Kommunion."[45] Die Kommunion führt zum Einssein mit Christus, das Ziel des Weges ist: „Und wenn mein Herz lauter ist, wenn Jesus in meinem Herzen lebendig ist, wenn mein Herz ein Zelt des lebendigen Gottes ist, sind Jesus und ich eins. [...] Christus betet in mir, Christus wirkt in mir, Christus denkt in mir, Christus schaut aus meinen Augen, Christus spricht durch meine Worte, Christus arbeitet mit meinen Händen, Christus geht mit meinen Füßen, Christus liebt mit meinem Herzen. [...] Gebet ist nichts anderes als vollkommene Ergebung, vollkommenes Einssein mit Christus. Und das macht uns zu kontemplativen Menschen mitten in der Welt"[46]. Dieses Gebet ist die Liebe selbst, die ins Handeln führen wird und die es ermöglicht, Gott im anderen zu finden.

---

40 Gebet, 74.
41 A.a.O., 80.
42 Feldmann, 106.
43 Gebet, 62; vgl. auch 49.
44 A.a.O., 61.
45 A.a.O., 56.
46 A.a.O., 21f.

1.2.2 Elisabeth von Thüringen

Ein Leben der Nächstenliebe wie das Mutter Teresas ist etwas Besonderes, doch nicht singulär. Das zeigt etwa das Beispiel der Heiligen Elisabeth von Thüringen, einer 1207 geborenen ungarischen Prinzessin.

> Bereits im Alter von vier Jahren wird sie zu ihrem künftigen Gemahl auf die Wartburg gebracht; als dieser früh stirbt, wird sie im Alter von 14 Jahren mit seinem Bruder Ludwig, ebenfalls einem Sohn des Landgrafen von Thüringen verheiratet. Unter dem starken Einfluß ihrer eher strengen Beichtväter widmet sie sich ab 1226 von der Wartburg aus der tätigen Nächstenliebe, wobei sie immer wieder mit den höfischen Gepflogenheiten in Konflikt gerät. So weigert sie sich, Speisen oder Getränke zu sich zu nehmen, die nicht aus den rechtmäßigen Gütern des Landgrafen stammen, sondern erpreßt worden sind und verzichtet gemeinsam mit den ihr ergebenen Mädchen statt dessen auf Essen oder Trinken (mitunter auch auf beides). Dieses ostentative Eintreten für die Armen wird nicht nur auf Wohlwollen gestoßen sein. Die Legenden, die sich um Elisabeth gebildet haben, geben von der eher ambivalenten Haltung ihrer Umgebung Ausdruck. So heißt es z.B., daß sie einmal einen Aussätzigen zur Versorgung und Pflege in das eigene Ehebett legt. Doch als ihr Gatte sich empört von dieser ihm eiligst zugetragenen Ungeheuerlichkeit überzeugen will, sieht er nicht den Kranken, sondern den gekreuzigten Christus im Bett liegen. In Reaktion auf dieses Wunder segnet er seine Frau, die vor ihm auf die Knie gesunken ist, und heißt ihr Tun gut. Dieser von ihr sehr geliebte Ehemann stirbt 1227 auf dem Kreuzzug. Ein Jahr später verläßt Elisabeth die Burg und ihre drei Kinder, verzichtet auf allen Besitz, schließt sich in Marburg den Terziarinnen des Dritten Ordens des Hl. Franziskus an und widmet sich nur noch der Pflege von Armen, Kranken und Aussätzigen. 1228/29 gründet sie ein Hospital und arbeitet dort ohne Rücksicht auf ihre sehr angegriffene Gesundheit und ihre schnell abnehmenden Kräfte. Sie stirbt am 17.11.1231, gerade 24 Jahre alt.

Weniger bekannt als die mittelalterliche Heilige in Thüringen und die neuzeitliche Nonne in Indien sind die zahlreichen Menschen, Priester wie Laien, die in den südamerikanischen Basisgemeinden, unter den Arbeitern in Frankreich oder in afrikanischen Missionsstationen gelebt haben und leben, die Armut der Menschen dort teilen und in ihnen Christus finden.

1.2.3 Auswertung

Gott wird als leidender, bedürftiger Christus erkannt im leidenden, bedürftigen Menschen; die Menschen unterteilen sich daraufhin in die, die Zuwendung empfangen und in die, die sie geben sollten. Letztere Gruppe könnte im Sinne von Mt 25,31ff. nochmals unterteilt werden in die „Schafe", die diese Hilfe gewährt haben, und in die „Böcke", die sie verweigerten, doch sind das Perspektive und Urteil Gottes, denen Menschen nicht vorgreifen können und dürfen. Die Liebe zum Nächsten, nicht als idealistische Grundhaltung oder persönliche Zuneigung, sondern als ein Tun an jeweils dem Menschen, der mir begegnet und Hilfe braucht[47], wird gewährt um Christi willen, doch sie wird vom Empfangenden erfahren als ihm persönlich, ihm als Subjekt zugewandt. Zu beachten ist dabei der politische Aspekt dieser Lebensform, sei sie dem einzelnen zugewandt (Mutter Teresa) oder verbunden mit der Forderung struktureller Veränderungen (Theologen der südamerikanischen Basisgemeinden). Der Weg zur Vereinigung mit Gott ist ein Leben der Hingabe an die Nächstenliebe, über der freilich, hier liegt die Gefahr, der Helfende sich in ungesundem Altruismus selbst zu lieben vergessen kann. Die entscheidende Erfahrung setzt sich zusammen aus der eindrücklichen Wahrnehmung menschlicher Not als mich betreffend und, so geht aus etlichen Berichten hervor, dem Hören des Wortes – oft Mt 25,31ff. – als an mich ergehend. Artikuliert wird diese Erfahrung in verändertem Handeln, in selbstvergessener Hinwendung zu den Notleidenden und in einem auch verbalen Einstehen für Gerechtigkeit im Sinne von

---

[47] Entsprechend dem Gleichnis vom barmherzigen Samariter: „Wer wurde dem Überfallenen zum Nächsten", Lk 10,36.

Prov 31,8f.[48] Die hinter dieser Haltung stehende Theologie ist vor allem christozentrisch, dabei kann die Passion oder die Inkarnation stärker betont werden; Nachdruck liegt in jedem Fall auf dem Gedanken der *imitatio Christi* hinsichtlich seines helfenden und heilenden Handelns, hinsichtlich seiner Gemeinschaft mit den Geringsten. Dies wird nicht unbedingt kommuniziert, Menschen auf diesem Weg können sehr unauffällig und von der Mehrheit fast unbemerkt leben und arbeiten, das Notwendige tun. Gewinnen sie allerdings den Eindruck, durch Worte ihrem Ziel besser dienen zu können, wie es bei Mutter Teresa in zunehmendem Maße der Fall war, versuchen sie, für andere ihre Ursprungserfahrung nachzuformen, indem sie Menschen auf konkrete Not hinweisen und zeigen, daß diese Not ihre Zuhörer betrifft.

Der Weg der Gottsuche im anderen führt zwei Dinge vor Augen, die leichter theoretisch zuzugestehen als in das eigene Leben praktisch zu integrieren sind. Zum einen macht er die Armen sichtbar, Menschen, die Opfer des Weltwirtschaftssystems und damit auch unserer Lebensweise sind. Dies könnte nun vor allem Ohnmachtsgefühle und Resignation bewirken („Was kann ich schon tun?"). Zum anderen aber zeigen Menschen auf diesem Weg, daß zur konkreten Hilfe im Einzelfall oft nicht viel gehört, daß sie also auch uns möglich ist – selbst wenn wir nicht unser ganzes Leben in den Dienst der Notleidenden stellen.

1.3 „Wir verbinden unsere Herzen" – Gott suchen in der Gemeinschaft

Immer wieder haben Christinnen und Christen als ihren Weg der Suche nach Gott den Weg in die Gemeinschaft erkannt, entsprechend dem Bild vom Leib Christi und seinen Gliedern (I Kor 2),

---

48 „Tu deinen Mund auf für die Stummen und für die Sache aller, die verlassen sind. Tu deinen Mund auf und richte in Gerechtigkeit und schaffe Recht dem Elenden und Armen."

nach dem ein einzelner nicht viel ausrichten kann. Auch die Verheißung Jesu, selbst bei einer geringen Zahl in seinem Namen Versammelter anwesend sein zu wollen (Mt 18,20) ist bei diesem Lebensentwurf von großem Gewicht. Das konkrete Leben wird oft nach dem Vorbild der ersten Christengemeinschaften (Act 2,42ff.), nach den „drei evangelischen Räten" (Armut, Keuschheit, Gehorsam) und nach der Mahnung in Kol 3,16 gestaltet: „Laßt das Wort Christi reichlich unter euch wohnen: lehrt und ermahnt einander in aller Weisheit; mit Psalmen, Lobgesängen und geistlichen Liedern singt Gott dankbar in euren Herzen."

1.3.1 Die Shaker

Ein eindrückliches Beispiel für die Gestaltung dieses Weges ist die spirituelle Gemeinschaft der Shaker, die im 18. Jahrhundert von Ann Lee gegründet worden ist.

Die Fabrikarbeiterin Ann Lee, geboren 1736 in Manchester, England, war verheiratet und Mutter von vier Kindern gewesen, die sämtlich früh starben. Sie hatte sich daraufhin 1758 einer Quäkergemeinschaft angeschlossen, die den baldigen Anbruch des tausendjährigen Reiches (Apc 20) erwartete. Wegen ihrer religiösen Überzeugungen wurde sie verfolgt und in Haft genommen. Im Gefängnis erlebte sie eine Vision des Einsseins mit Christus und ihre Berufung zu prophetischer Rede, die von Heilungsgaben begleitet war. Daraufhin begann sie, eine neue Lebensweise zu verkünden, bei der Männer und Frauen gleich sein sollten, frei von aller Lust, Habgier und Gewalt; zugleich begann sie gemeinsam mit anderen religiösen Dissidenten, u.a. Quäkern und Methodisten, einen sehr einfachen, gemeinschaftlichen Lebensstil zu entwickeln. Sie war davon überzeugt, daß nur durch den Zölibat Menschen dazu gebracht werden konnten, Gottes Reich auf Erden zu errichten. In den Gottesdiensten wurde regelmäßig ein Wirken des Heiligen Geistes erfahren, das sich in zunächst ekstatischem, zunehmend (ab etwa 1790) aber geordnetem Tanz äußerte. Außenstehende bezeichneten die Gemeinschaft daraufhin als „shaking Quakers" bzw. als „Shakers". 1770 machte sich Mother Ann Lee mit acht Anhängern auf

1.3 Gott suchen in der Gemeinschaft

den Weg nach New York und gründete dort in der Nähe des Ortes Albany, New York, die erste Shaker-Community. Mother Ann starb 1783 an den Folgen von Verletzungen, die sie bei den Angriffen feindseliger Nachbarn auf die Shaker-Gemeinschaft davongetragen hatte. Unter ihren Anhängern, die sich die Selbstbezeichnung „The United Society of Believers in Christ's Second Appearing" zulegten, verbreitete sich die Überzeugung, daß in ihr, der Gründerin der Gemeinschaft, Christus wiedergekehrt sei.

Die Gemeinschaft wuchs zum einen infolge von Mission, glaubwürdig durch die Lebensform, zum anderen infolge der Aufnahme von Waisen und Kindern, deren Eltern wegen wirtschaftlicher Not nicht für sie sorgen konnten. Diese Kinder wurden in den Shaker-Glauben eingeführt, jedoch ohne Zwang auszuüben, und an den Anfang des 19. Jahrhunderts eingerichteten Schulen ausgebildet – wie alle Shaker-Einrichtungen den höchsten Standards entspechend und oft auch von Familien der Umgebung genutzt[49]. Von diesen bei den Shakern aufgewachsenen Kindern wurden etliche, vor allem Mädchen, später Mitglieder der Gemeinschaft. Es gab noch eine weitere Variante des Mitgliederzuwachses: Oft kamen bei Winteranbruch Menschen und baten um Aufnahme, die ihnen selbstverständlich gewährt wurde; viele zogen im Frühjahr wieder weiter, doch etliche blieben. Die Gemeinschaft wuchs bis Mitte des 19. Jahrhunderts; 1826 gab es 18 Gemeinden, vor allem in Neuengland, doch auch in Kentucky und Ohio, mit insgesamt etwa 6000 Mitgliedern[50]. Veränderte Lebensumstände nach dem Ende des Bürgerkrieges und auch die zölibatäre Lebensform ließen die Gemeinschaften danach immer kleiner werden; zu Beginn des 21. Jahrhunderts lebten nur noch einige wenige Shaker-Schwestern in Sabbathday Lake, Maine.

Die pazifistischen Shaker-Gemeinschaften lebten in Distanz zu den Zeitgenossen, die sie mit ihrer äußerst fortschrittlichen Lebensform häufig schockierten. Allerdings waren sie, obwohl insgesamt weitestgehend autark, nicht völlig von der Welt getrennt. Die Geschäfte mit den „Menschen aus der Welt" wurden in einem eigenen

---

49 Ursprünglich waren ein antiintellektueller Affekt und Mißtrauen gegenüber schulischer Bildung vorherrschend gewesen – Arbeit galt als wertvoller denn Bildung.
50 In Canterbury, New Hampshire, lebten und arbeiteten beispielsweise um 1850 etwa 300 Menschen in hundert Gebäuden, sie bebauten über 1200 Hektar Land.

Gebäude, dem Trustees' Office (Verwaltungsbüro) getätigt[51]. Die Mitglieder lebten nicht in Armut, doch der Wohlstand, der sich ansammelte, wurde nicht in Privateigentum überführt – die Shaker lebten in Gütergemeinschaft –, sondern zur Weiterentwicklung der expandierenden Unternehmungen und zur Fürsorge für die Armen genutzt. In den Gemeinschaften wurde die Gleichberechtigung von Schwestern und Brüdern – der gesellschaftlichen Entwicklung weit voraus – verwirklicht, männliche und weibliche Älteste teilten sich die Leitung der in „Familien" organisierten Gemeinschaft und die Verantwortung zu gleichen Teilen. Da die Gottesdienste – wie bei den Quäkern – keine Predigt und keine Sakramente enthielten, gab es auch kein geistliches Amt und keine gottesdienstliche Funktion, die nur einem Geschlecht vorbehalten gewesen wären. Insgesamt war die Gemeinschaft von größerer Bedeutung als das Individuum, eindrucksvoll sichtbar wird das am Friedhof der Canterbury-Shaker, auf dem ein einziger Grabstein zu sehen ist mit der Inschrift „The Shakers"[52].

Die Shaker waren keine kontemplative Gemeinschaft, das Leben in ihren Ansiedlungen bedeutete harte Arbeit, denn sie bemühten sich, entsprechend einem Ausspruch von Mother Ann, „to put hands to work and hearts to God". Die Produkte ihrer Arbeit waren von besonderer Qualität und darum gesucht: Saatgut von ihren Modellfarmen, ebenso formschöne wie funktionale gemeinschaftlich angefertigte Möbel, Körbe, Holzdosen, Textilien. Diese Produkte waren nicht nur zum Verkauf, sondern auch für den internen Gebrauch bestimmt, denn die Shaker legten Wert auf eine stete Verbesserung der Lebensumstände, dem hereinbrechenden Gottesreich entsprechend. So entwarfen sie beispielsweise staubgeschützte Einbauschränke und eine weitgehend automatisierte Wäscherei. Insgesamt waren sie äußerst innovativ: Samentüten, die Kreissäge und Wäscheklammern gehören zu ihren Erfindungen. Ihr Ideal war – an ihren Produkten ablesbar –, nächst einem Leben entsprechend der christlichen Wahrheit aus der Kraft des Glaubens, vor allem Einfachheit, mit Worten des wohl bekanntesten Shaker-Tanzliedes:

---

51 Etliche Shaker waren gute und erfolgreiche Geschäftsleute im Hinblick auf den Verkauf landwirtschaftlicher Produkte, Möbel, Textilien (z.B. Pullover mit Universitätswappen für Yale, Harvard, Princeton).
52 Die ursprünglich verwendeten individuellen Grabsteine waren entfernt und – da alle Dinge zu etwas Nutze sein mußten – etwa als Bügelbretter und als Untersatz für Töpfe weiterverwendet worden.

„Schlichtheit ist eine Gabe"[53]. Unnötigen Luxus gab es weder in der Einrichtung der Räume noch in der Kleidung oder der Nahrung, doch der Standard der technischen Errungenschaften und mancher hygienischer Maßnahmen war hoch. So kamen vor dem Essen, zu dem übrigens auch Fleischgerichte und Süßspeisen wie Eiscreme (aus einer selbsterfundenen motorisierten Eiscrememaschine) gehörten, die Männer und Frauen je für sich für eine halbe Stunde zusammen, um vor der Mahlzeit zur Ruhe zu kommen. Das Essen wurde zu festgelegten Zeiten schweigend eingenommen, Männer und Frauen an getrennten Tischen[54]. Von großer Bedeutung im Leben der Gemeinschaften war die Freude, die in vielen Kleinigkeiten gefunden wurde, so in der allabendlich gemeinsam verbrachten Zeit der Schwestern bzw. Brüder im Dwelling House[55] und im gemeinsamen Musizieren; selbst Alkohol war nicht grundsätzlich verboten. Wie Sister Lillian Phelps von den Canterbury Shakers es formulierte: „The religous life of the Shakers opened up greater enjoyment of the simple amusements, created by the cooperation of the members. There were various forms of recreation, which added variety to a happy home life, made more enjoyable because of the bonds of Christian fellowship, which bound the members to a mutual respect and regard."[56]

Eine besondere Rolle in den Shaker-Gemeinschaften spielte die Musik. „Everyone who could play or sing has always taken part. Music brings everyone together. Everyone can understand the language of song." Tausende von Liedern, Tänzen, Märschen entstanden im Laufe der Jahre und wurden unter den verschiedenen Shaker-Gemeinschaften ausgetauscht; die Melodien sind zumeist sehr geeignet, die Gottesdienstgemeinde in einheitlicher Anbetung zusam-

---

53 Simple Gifts, Elder Joseph Brackett, 1848.
54 Natürlich waren auch die Wohnbereiche nach Geschlechtern getrennt, ebenso die Zugänge zu den Wohnhäusern und zum Meeting House.
55 Das gemeinschaftliche Wohnhaus mit Küche, Speisesaal, Gemeinschaftsräumen für Männer und Frauen und beheizbarem Meeting Room, der Kapelle für den Winter.
56 Interviews mit Sister Mildred Baker, Sister Lillian Phelps und Eldress Bertha Lindsay, CD „Let Zion Move: Music of the Shakers". Die verwendeten Zitate und zahlreiche Auskünfte über die Gemeinschaft sind ebenfalls dieser CD entnommen. Vgl. aber auch eine Dokumentation von Quellentexten: The Shakers. Two Centuries of Spiritual Reflection, edited, with an Introduction by Robley Edward Whitson, Mahwah/NJ 1983.

menzuführen. Die ältesten Lieder sind in einer eigenen Notation festgehalten, doch wurde ab 1871 die Notation mit „round notes" übernommen, um die Shaker-Musik weiter bekannt zu machen[57].

Zunächst gab es außerhalb der Gottesdienste keine Musik, generell keine mehrstimmige, instrumental begleitete oder ausgeführte. Zu den Gesängen wurde getanzt, zunächst spontan und unorganisiert, dann in Tanzfiguren geordnet, Männer und Frauen je für sich. Diese Tänze brachten in den Augen der Shaker ihre gemeinschaftliche, ihre eben nicht individualisierte Beziehung zu Gott zu angemessenem Ausdruck. Sie verteidigten diesen Brauch unter Hinweis auf David und Miriam, die, wie das Alte Testament berichtet, im Angesicht des Herrn getanzt hatten[58]. Als einige Mitglieder der Gemeinschaften wegen ihrer abnehmenden Kräfte und Beweglichkeit sich an diesen Tänzen nicht mehr beteiligen konnten, wurde das Tanzen ganz eingestellt, „as it was felt necessary to maintain a perfect union among the members". Im Laufe der Zeit änderte sich die puristische Haltung der Beschränkung auf einstimmige Gesänge; Orgel, Klavier und andere Instrumente wurden erworben. Jedes Kind konnte Musikunterricht bekommen, jede der Gemeinschaften machte das Musikstudium zu einem wichtigen Teil ihres Lebens, überall bildeten sich Instrumentalgruppen und Chöre[59]. Die von den Shakern verwendeten Lieder stammen von verschiedenen Mitgliedern der Gemeinschaft; ihre Namen sind zwar oft vermerkt, doch ist dies nach dem Selbstverständnis der Shaker nicht von großer Bedeutung: Die Lieder entstanden infolge von Inspiration, die einzelnen für die Gemeinschaft zuteil wurde. „When a person is consecrated, we believe, the personality of the individual is lost in the spirit of Christ."

---

57 Die Lieder werden heute als wichtige Dokumente amerikanischer Volksmusik angesehen und sind recht bekannt. In einigen Fällen reicht der Einfluß weiter; so sind aus Elementen von Shaker-Liedern neue Titel entstanden, das wohl bekannteste Beispiel ist „Lord of the Dance".
58 II Sam 6,14; Ex 15,20; übrigens wird auch von einer Begine berichtet, daß sie im Überschwang des Geistes ihre Freude mitunter spontan im Tanz ausgedrückt habe, vgl. die Beschreibungen in einem Brief des Jakob von Vitry, zit. bei Dinzelbacher, 198.
59 Zu den großen Festen wurden Ausschnitte bekannter Oratorien aufgeführt (Haydns „Schöpfung", Händels „Messias", Mendelssohns „Elias").

1.3 Gott suchen in der Gemeinschaft

Da die Gemeinschaften keine Lieder anderer Denominationen verwendeten, läßt sich aus den Texten der Hymnen, Balladen und Spirituals viel über den Glauben und die Theologie der Shaker entnehmen[60]:

Zentral ist der Gedanke einer Gemeinschaft, die auf ihrem Weg in das Gottesreich ist: „Wir vereinen unsere Herzen in einem fröhlichen Lied und ziehen gemeinsam weiter" – „We'll join our hearts in a cheerful song / And all move on together."[61] Der Weg ist nicht nur leicht, doch er ist auf Wahrheit und Hoffnung gegründet und von Segen und Gnade begleitet und fügt die auf ihm Gehenden immer fester zusammen. „Gerade genug Leiden auf dem Weg, um die Seele im Licht zu verankern. Gerade genug Arbeit am Tag, um uns vom Irrtum zum Recht zu führen. Gerade genug Gnade für Dich und gerade genug Segen für mich. Gerade genug Wahrheit, uns zusammenzufügen und uns alle glücklich und frei zu machen."[62] Die Gemeinschaft auf diesem Weg hinaus aus der Welt ist in Liebe verbunden und erfährt bereits die Freude des kommenden Reiches: „Hinaus aus den Schatten, kalt und grau, hinein in das Licht eines neugeborenen Tages, dort hinauf, wo die Sonne immer hell scheint, laßt uns weiterziehen. Unser ist eine Freude, die die Welt nicht kennt, eine Liebe, die wächst, während wir weiterziehen, ein Frieden, der den Geist des guten Willens schenkt, während wir froh weiterziehen."[63] Sie konzentriert dabei nicht alle Aufmerksamkeit allein auf sich selbst. Die leidende Welt wird mit Anteilnahme wahrgenommen, und im geistgewirkten Gebet begleitet: „Der Geist ruft, ruft ernsthaft, O Zion, breite [deine Arme] aus in tiefem Gebet. O bete für die Väter, die Schwestern und Brüder, bete für die ganze Gemeinschaft (household). O bete

---

60 Ihre heterodoxe Überzeugung, in der Zeit nach dem zweiten Kommen Christi zu leben, findet sich in den mir bekannten Liedern übrigens nicht.
61 Shaker-Hymnus „My dear companions, let's move on" von 1914; der Autor ist unbekannt. Alle Lieder sind zitiert nach dem Booklet zur CD „Let Zion Move: Music of the Shakers"; Übersetzung die Verfasserin.
62 Just enough cross by the way, Autor unbekannt, 1908.
63 Out of the Shadows, Autor unbekannt, 1884.

für die Mütter, denke an alle anderen, bete für die ganze Welt. O heiligster Geist, der ernsthaft ruft und so zärtlich für alle bittet: in betender Hingabe beugen wir uns Deinem Gebot und bitten, daß Deine reiche Gnade herabkommen möge, bis Gemeinschaft und Nation Dein Heil sehen und Deine Macht die ganze Welt (the whole, whole world) erreicht."[64]

Neben der Gemeinschaft ist auch das Leben des einzelnen, sein Tun von großer Bedeutung. Immer wieder wird in den Liedern um den Geist wahrer Nachfolge, wahrer Jüngerschaft gebeten, um ein Herz voller Reinheit und Liebe[65], um die Fähigkeit zur Hilfbereitschaft gegenüber Bedürftigen, um eine Haltung, die Segen, Freude und Frieden nicht nur empfängt, sondern auch weitergibt[66] und die immer von Aufmerksamkeit geprägt ist: „Laß mich behutsam gehen und weise sprechen, damit ich den Starken nicht verletze oder den Schwachen verwunde. Denn alle diese Wunden muß ich selbst fühlen und in Liebe baden, bis sie heilen. Warum sollte ich unachtsam verletzen, wenn doch so viel Freude im Leben von freundlichen Worten und einer friedlichen Art abhängt, die solches Licht über unseren Tagen ausgießt."[67] Christus selbst unterrichtet seine Gläubigen und zeigt ihnen, wie ein reines, vollkommenes Leben geführt werden kann, in dem Gerechtigkeit regiert. Das Herz des Gläubigen ist der Arbeit für Gott verpflichtet, seine Hände finden nur in diesem Dienst Ruhe – „Giving heart and hand in service"[68]. Ein solcher Alltag ist von Hoffnung erfüllt und mündet in den Gottesdienst: „Keine mißtönende Musik wird laut, wo süßer Friede und Liebe herrschen; Freude und Gottesdienst, Lobgesang und Gebet steigen wie Weihrauch aus der Seele auf."[69]

---

64 Prayer universal, Autor unbekannt, 1890. Das Lied hat vor allem in Kriegszeiten eine wichtige Rolle gespielt.
65 Star of Purity, Susanna M. Brady / Ezra T. Leggett, 1868.
66 Cup of Blessing, Dorothea Cochran, um 1900.
67 May I softly walk and wisely speak, Autor unbekannt, 1869.
68 The Hymn eternal, Lizzie Horton, um 1900.
69 O tarry not, Dorothea Cochran / Lillian Phelps, 1908.

Nach diesem Leben erwarten die Gläubigen in größter Zuversicht das Leben im Reich Gottes, das ihnen auch aufgrund ihres in Treue gegenüber den Weisungen Gottes geführten Lebens zuteil wird: „Laß meinen Namen aufgezeichnet sein in dem Buch, das die Engel führen, in dem jede Tat ihren Lohn zugesprochen bekommt und die Saat, die ich gesät habe, geerntet wird. Und wenn der Schnitter-Engel kommt und es Erntezeit ist, dann werde ich in meines Vaters Haus eine Wohnung für mich vorbehalten finden."[70] In diesen künftigen Wohnungen finden die Gläubigen ihr ewiges Zuhause, dorthin führt sie der Weg, den sie gehen, ohne zurückzublicken: „Mein Marsch führt zum Himmel, in dieses schöne Land, in dem Rosen und Lilien ewig blühen und es Schmerz und Seufzen nie mehr geben wird."[71]

1.3.2 Die Regula Benedicti

Auch zahlreiche klösterliche Gemeinschaften verbinden Alltag und Gottesdienst, Arbeit und Gebet[72]. Geleitet und geschützt werden sie von Ordensregeln wie der Regula Benedicti[73]. Diese Regeln ordnen alle Zeit und alles Tun mit einem eindrucksvollen Sinn für ein gesundes, humanes Maß. Zwischen den Erfordernissen der Gemeinschaft und der Situation wie den Bedürfnissen des einzel-

---

70 Let my Name be recorded, Mary Ann Gillespie, um 1880.
71 I will go on my Way, Autor unbekannt, 1833.
72 Es gibt die Möglichkeit der Schwerpunktsetzung, etwa auf der Liturgie (Gott suchen im Gottesdienst), wie in evangelischen Kommunitäten. Ein anderes Phänomen ist das Erleben einer Gemeinschaft auf Zeit wie beispielsweise in den Zeltlagern von Taizé oder bei dem Besuch von Einkehrzeiten in Klöstern.
73 Benedikt von Nursia hat diese Regeln Mitte des 6. Jahrhunderts für seine Mönchsgemeinschaft abgefaßt, sie basieren im wesentlichen auf den drei evangelischen Räten, allerdings finden sich ‚Armut' und ‚Ehelosigkeit' im ‚klösterlichen Lebenswandel' zusammengefaßt, die *stabilitas*, Beständigkeit im Hinblick auf den Ort und die Verwurzelung in Christus und der Gemeinschaft, tritt hinzu. Die Regeln gehen auf die älteren Regula Magistri zurück.

nen wird durch die *discretio* (die maßvolle Unterscheidung) immer wieder eine Balance gefunden[74]. Das Ziel dieses Lebens ist, daß die Angehörigen der Gemeinschaft im Hören auf Christus das Heil erreichen, in der Vorstellung Benedikts: zu ihrer ursprünglichen, verlorengegangenen Heimat zurückkehren, was eine tägliche Umkehr erfordert. Alles, was diesem Ziel abträglich sein kann, soll vermieden werden. Darüber zu wachen, ist Aufgabe des Abtes, der etwa darauf zu sehen hat, daß alle Traurigkeit und alles ‚Murren', das Ausdruck einer ebenso grundsätzlich möglichen wie situativ verursachten Lebens-Unlust sein kann, zum Einstimmen in das gemeinsame Gotteslob, das Zentrum des Lebens, überführt werde. Ebenso formuliert die Regel sehr nüchtern und realistisch Forderungen für das alltägliche Zusammenleben aller, so z.B. die Brüder mit allen ihren Unzulänglichkeiten zu ertragen (RB 61,14; 70,7). Die Aufgabe des Abtes ist verantwortungsvoll und nicht leicht:

> „Er wisse, wie schwer und mühevoll die Aufgabe ist, die er übernommen hat; Seelen zu leiten und der Eigenart vieler zu dienen, dem einen mit freundlichen Worten, einem anderen mit Tadel, einem dritten mit gutem Rat. Dem Charakter und der Fassungskraft jedes einzelnen suche er zu entsprechen und sich allen so verständnisvoll anzupassen [...]. Mit größter Sorge muß der Abt sich um die Brüder kümmern, die sich verfehlen [...]. Er schicke Senpekten, d.h. ältere weise Brüder. Diese sollen den schwankenden Bruder im persönlichen Gespräch trösten und ihn zu Demut und Buße bewegen. Sie sollen ihn trösten, damit er nicht in zu tiefe Traurigkeit versinkt. [...] Alle sollen für ihn beten. Der Abt sei sich bewußt, daß er die Sorge für gebrechliche Menschen übernommen hat, nicht die Ge-

---

[74] So urteilt etwa Jean Leclercq, Mönchtum und Aszese – Westliches Christentum, in: Geschichte der christlichen Spiritualität 1, 143: „Die erteilten Ratschläge sind maßvoll, um die Schwachen zu kräftigen und die Kraftvollen anzuspornen. Das ganze Werk zeigt ein bewunderungswürdiges Gleichgewicht zwischen Gebet und Arbeit, Gehorsam und persönlicher Verantwortung, Alleinsein mit Gott und Leben in Gemeinschaft, Entsagung und Aszese, Schweigen und liebevolle[n] zwischenmenschliche[n] Beziehungen, zwischen der Autorität des Abtes und dem Recht der Brüder auf Meinungsäußerung."

waltherrschaft über gesunde. [...] Er muß sich im göttlichen Gesetz auskennen und ein Wissen besitzen, aus dem er Altes und Neues hervorholen kann. Er sei selbstlos, nüchtern, barmherzig, und das Erbarmen übertreffe immer das Richten, damit auch er Gleiches erfahre. Er hasse die Fehler, er liebe die Brüder. Muß er aber zurechtweisen, handle er klug und gehe nicht zu weit; sonst könnte das Gefäß zerbrechen, wenn er den Rost allzu heftig auskratzen will. [...] Er sei nicht aufgeregt und nicht ängstlich, nicht maßlos und nicht engstirnig, nicht eifersüchtig und allzu argwöhnisch, sonst kommt er nie zur Ruhe. In seinen Befehlen sei er vorausschauend und besonnen. Bei geistlichen wie bei weltlichen Aufträgen unterscheide er genau und halte Maß [...], damit die Starken finden, wonach sie verlangen, und die Schwachen nicht davonlaufen."[75]

Wichtig für ein Leben in der Gemeinschaft ist das Übernehmen einer Ordnung, als Schutz gegen Ausschweifungen ebenso wie als Hilfe zur Sammlung und Anerkennung der eigenen Grenzen. Wichtig ist weiter die Demut, die Humilitas, von Benedikt von *humus* / Erdboden abgeleitet, eine Erinnerung an die Herkunft des Menschen und damit eine „Erdung", die vor einem Abheben vom Boden mit anschließendem Fall bewahrt. In den Ausführungen zur Demut wird die Korrespondenz von Leib und Seele besonders betont. Wichtig ist schließlich die *Oboedientia*, die Gehorsamkeit, als eine Sensibilität des Herzens, die Gottes Gegenwart in allen Menschen wahrnimmt[76].

---

[75] Regula Benedicti. Die Benediktusregel lateinisch/deutsch, hg. im Auftag der Salzburger Äbtekonferenz, Beuron 1992, aus den Regeln 2, 27 und 64.

[76] Vgl. William James, Die Vielfalt religiöser Erfahrung. Eine Studie über die menschliche Natur, Frankfurt/M. 1997, 321: „Gehorsam kann dem allgemeinreligiösen Phänomen des Zur-Ruhe-Kommens, des Sich-Hingebens und Sich-Unterwerfens unter höhere Mächte entspringen. Diese Haltungen werden als so heilsam erlebt, daß sie, abgesehen von ihrer Nützlichkeit, zu Idealen erhoben werden".

1.3.3 Auswertung

Gott wird auf diesem Weg im Leib Christi gefunden, dem Leib, der aus der Gemeinschaft der Glaubenden gebildet ist, geformt durch das Wirken des Heiligen Geistes. So sehr jeder einzelne Mensch für sein Tun, für seinen Glauben, für seine Hoffnung verantwortlich ist[77] – das beginnende Gottesreich auf dieser Welt kann er nicht für sich allein finden, dazu braucht er die Brüder, die Schwestern, die gemeinsame Arbeit, das gemeinsame Beten. Denn der Mensch ist auf die Beziehung zu Gott und zu den anderen Menschen und schließlich auf die Gemeinschaft im Gottesreich hin geschaffen. Der Weg, um Gott zu finden, kann also nur ein Leben der Hingabe an die Gemeinschaft sein, an gegenseitige Liebe und Fürsorge, an gemeinsamen Gottesdienst, über denen jedoch, die Gefahr dieses Weges, im Falle der Absolutsetzung das eigene Ich ebenso vergessen werden kann wie schließlich auch Gott. Die auslösende Erfahrung für das Beschreiten des Weges ist die Wahrnehmung der eigenen Angewiesenheit auf andere verbunden mit der Wahrnehmung der anderen als Geschenke Gottes, in deren Gesellschaft man Gott näher ist. Ihren Ausdruck findet diese Erfahrung in verwirklichter Gemeinschaft, in einem friedvollen, rücksichtsvollen, liebenden und sogar freudigen Miteinander – nicht als eine Selbstverständlichkeit, sondern als ein immer neues Geschenk des Geistes, das die menschliche Mitarbeit braucht. Zum Verstehen dieses Konzeptes spielt die Pneumatologie eine wichtige Rolle: Der Geist Gottes ist es, der die Gemeinschaft zusammenführt und zusammenhält, der den einzelnen die Gaben gibt, die für die Gesamtheit notwendig sind, der in den Gottesdiensten herabgerufen wird[78]. Kommuniziert wird das an dieser Lebensform Wesentliche zunächst durch das Beispiel, das die Gemeinschaften geben, in zweiter Linie durch Texte, mittels derer sie sich selbst ihrer Überzeugungen vergewis-

---

77 Bei den Shakern wird dieser Punkt insofern überbetont, als es möglich scheint, sich durch ein entsprechendes Leben den Himmel zu verdienen.
78 Vgl. das Prayer universal der Shaker bzw. die Epiklese im Meßgottesdienst.

sern oder die ihrem Leben zugrundeliegen, im Falle der Shaker also durch die Lieder, im Falle der klösterlichen Gemeinschaften durch die Ordensregeln. Diese Kommunikation geschieht jedenfalls teilweise in missionarischer Intention: Zwar sollten nie alle Menschen den Orden beitreten, in der Einsicht, daß nicht jedem Menschen diese Lebensform entspricht, doch die Werte, die den Ordensregeln zugrundelagen, wurden durchaus verbreitet. Und die Shaker nahmen tatsächlich jeden auf, der zu ihnen kam, und wollten, daß möglichst viele Menschen an ihrem Weg teilhaben sollten.

Der Blick auf die Gemeinschaften kann in einer Zeit des dominierenden Individualismus und Subjektivismus, auch innerhalb der Kirchen (Glaube als „Privatsache") daran erinnern, daß das Reich Gottes „mitten unter euch", unter uns ist, nicht in dir oder mir (Lk 17,21), und daß in der gemeinsam erlebten Freude das beginnende Gottesreich erfahren werden kann.

1.4 „Daß der Mensch Gott werde" – Gott suchen in mir selbst

Die Vorstellung, daß der Mensch Gott in sich selbst finden könne, weil er auf seinem Weg der Heiligung Gott immer mehr gleich werde, hat ihre biblischen Wurzeln zum einen im Gedanken der *imago Dei*, der Gottebenbildlichkeit, entsprechend dem ersten Schöpfungsbericht (Gen 1,26f.), zum anderen im Topos der Inkarnation, der Fleischwerdung des Logos bzw. Menschwerdung Gottes in Christus (Joh 1) und schließlich in der Paränese des zweiten Petrusbriefes (II Petr 1,3f.): „Alles, was zum Leben und zur Frömmigkeit dient, hat uns seine göttliche Kraft geschenkt durch die Erkenntnis dessen, der uns berufen hat durch seine Herrlichkeit und Kraft. Durch sie sind uns die teuren und allergrößten Verheißungen geschenkt, damit ihr dadurch Anteil bekommt an der göttlichen Natur, die ihr entronnen seid der verderblichen Begierde in der Welt." In ähnliche Richtung weisen die Aufforderung

Jesu an die Volksmenge in Mt 5,48, vollkommen zu werden wie der Vater im Himmel, und die Erfahrung des Paulus in Gal 2,20 („Ich lebe, doch nun nicht ich, sondern Christus lebt in mir").

1.4.1 Athanasius von Alexandrien

Die Vorstellung, daß der Mensch göttlich werden könne und solle, ist bei Athanasius von Alexandrien (ca. 296-373) zu lesen. Für die griechische Aussage finden sich unterschiedliche Übersetzungsvarianten, doch der Inhalt bleibt derselbe: „Gott wurde Mensch, damit / so daß wir (der Mensch) Gott / vergottet werde(n)."[79] Der später für diesen Sachverhalt gebräuchlich gewordene Ausdruck „Theosis" („Vergöttlichung", „Vergottung") für die Vereinigung mit Gott war schon zuvor von Origenes (ca. 185-254) dem theologischen Diskurs hinzugefügt worden; allgemeiner bekannt wurde er im 5. Jahrhundert durch die sehr einflußreichen Schriften des Pseudo-Dionysius Areopagita, eines unter dem Pseudonym des von Paulus bekehrten Atheners aus Act 17,34 schreibenden Autors[80]. Wie kam Athanasius, der als „Vater der Orthodoxie" gilt, zu einer solchen Aussage?

> Athanasius kämpfte nach seiner Bekehrung zum Christentum während seiner Erwachsenenjahre unausgesetzt gegen die Irrlehren seiner Zeit, vor allem auf dem Gebiet der Christologie. Ein wichtiger Gegner war der Arianismus[81], demgegenüber er immer für den nicänischen Glauben eintrat, dafür, daß Christus wahrer Gott und wahrer Mensch gewesen war, weder ein Halbgott (also nur eingeschränkt leidensfähig) noch ein bloßer Mensch wie wir alle – in beiden Fällen war nach seiner Überzeugung die Erlösung der Menschheit in Frage gestellt. Nur wenn Christus wahrer Mensch war, konnte er unser Geschick auf sich nehmen, konnte in ihm Gott uns nahe

---

79 Athanasius, De incarnatione 54, PG 25, 192B.
80 Zu Pseudo-Dionysius Areopagita s.u. Abschnitt III.2.2.
81 Eine Bewegung, die auf dem Gedankengut des zeitgenössischen Priesters Arius gründete, nach der der Logos Gott unähnlich sei, von diesem aus Nichts erschaffen, also ein Geschöpf, das nicht Gott zu nennen sei.

1.4 Gott suchen in mir selbst

kommen, konnte er uns zeigen, wie wir gemeint waren. Nur wenn Christus wahrer Gott war, konnte er die Unvergänglichkeit in diese Welt bringen, die seit dem Sündenfall dem Tod verfallen war. Nur dann konnten wir erlöst werden, d.h. Anteil bekommen am Wesen Gottes. Mit anderen Worten: Die geschehene Erlösung des Menschen kann an ihm selbst – bei entsprechender Lebensform – schon während dieses Lebens sichtbar werden. Sie zeigt sich darin, daß der Mensch Gott bzw. Christus, der Menschsein vollkommen verwirklicht hatte, immer ähnlicher wird, also dem Bild, zu dem er ursprünglich geschaffen ist, immer mehr entspricht. Natürlich war Athanasius, wie auch den anderen Theologen in der frühen Kirche, durchaus bewußt, daß es sich angesichts der weiterbestehenden Geschöpflichkeit des Menschen auf dieser endlichen Welt bei der Rede von der Theosis lediglich um eine Sprachfigur handelte, um ein Paradox. „Doch im Paradoxon liegt die Überzeugung, daß die Menschen trotz ihrer Begrenztheit in eine Beziehung zu Gott treten können, in der sie, ohne ihre eigene Natur zu verlieren, in voller Einheit mit der göttlichen Wirklichkeit sind."[82]

Zur Zeit des Athanasius waren Religion und Politik eng verknüpft – die wechselnden Machthaber in Konstantinopel nahmen an theologischen Fragen der neuen Staatsreligion insofern Anteil, als sie die dahinterstehenden kirchlichen Parteien nach eigenem Interesse stützten oder verfolgten. Damit gerieten Exponenten christlicher Lehre wie Athanasius in starkem Maße in politische Auseinandersetzungen hinein. Der Bischof saß also während seiner (immer wieder unterbrochenen) 45 Amtsjahre keineswegs ruhig am Schreibtisch, nachdenkend über das Ziel des Menschen und die Methode, dorthin zu gelangen. Ruhmreiche Einsetzung bzw. Wiedereinsetzung in das Amt des Erzbischofs von Alexandrien und schmachvolle Absetzungen, Exkommunikationen, Bann und Exile wechselten sich in steter Folge ab[83]. Die in dieser Zeit verfaßten Schriften sind, der Kampfsituation entsprechend, meist eher polemisch, auch die im Exil zur Stärkung seiner verlassenen Gemeinde geschriebenen und diese für den Glaubenskampf argumentativ ausrüstenden Texte. Die Methodik eines Lebens, das zur Vergöttlichung des Men-

---

[82] Lars Thunberg, Der Mensch als Abbild Gottes –Die östliche Christenheit, in: Geschichte der christlichen Spiritualität 1, 315.
[83] Bei der ersten Einsetzung war er 33 Jahre alt, im Laufe von 30 Jahren mußte er fünfmal unter teils dramatischen Umständen fliehen, die letzten sieben Jahre seines Lebens blieb er unangefochten im Amt.

schen führen könnte, wird allenfalls am Rande berührt. Geradezu populär wurde die eine Ausnahme, die Vita Antonii, die den ersten Wüstenvater als einen exemplarischen, vollkommenen Christen auf dem Weg der *imitatio Christi* zeichnet. Der Eremit wird gezielt heroisiert, um die Gemeinde in schweren Zeiten mit der Verheißung eines letztlichen Sieges zu einem Leben der Christusnachfolge zu ermutigen; dazu entwirft Athanasius monastische Lebensregeln als Schutz und Ordnung für Antonius-Nachfolger[84].

1.4.2 Evagrius Ponticus

Die griechische Theologie hat insgesamt die Vorstellungen des Athanasius rezipiert. Für sie können folgende Grundüberzeugungen festgehalten werden: Der Mensch, von Gott nach seinem Bild und Gleichnis geschaffen, ist dieser Berufung untreu geworden und hat seine ursprüngliche reine Schönheit beschmutzt und versehrt. Gott hat jedoch in Christus Natur und Mensch gereinigt, damit der Mensch zu seiner ursprünglichen Würde und zu Gott zurückkehren kann; außerdem führt das Wirken Christi und des Heiligen Geistes zu seiner Vergöttlichung.

So heißt es in einer Rede von Gregor von Nazianz (ca. 329-391), einem der drei Kappadokier, die die christologische Theologie des Athanasius weiterführten: „Er, der Reichtümer verteilt, wird arm; denn er nimmt die Armut meines Fleisches an, damit ich den Reichtum seiner Gottheit annehme. Er, der die Fülle ist, entäußert sich; denn er entäußert sich seiner Herrlichkeit für eine Zeitlang, damit ich Anteil erhalte an seiner Fülle."[85] Noch deutlicher heißt es bei Gregor von Nyssa (ca. 335-394), ebenfalls einem Kappadokier und Freund des anderen Gregor: „So werden Geist-tragende, von Ihm erleuchtete Seelen schließlich selbst geistlich, und ihre Gnade geht auf andere über. Daraus erwächst Kenntnis des Zukünftigen, Verstehen der Geheimnisse, Erfassen des Verborgenen, Aus-

---

[84] Hier wie auch in anderen Texten empfiehlt Athanasius eine gemeinschaftliche Lebensform und eine maßvolle Askese.

[85] Gregor von Nazianz, Rede 38, Über die Theophanie, zit. nach Thomas Hopko, Die Dreieinigkeit bei den Kappadokiern, in: Geschichte der christlichen Spiritualität 1, 282.

teilung herrlicher Geschenke, himmlisches Bürgerrecht, ein Platz im Chor der Engel, nie endende Freude in Gottes Gegenwart, ein Gott-ähnlich-Werden und als Krone aller Sehnsüchte: ein Gott-Werden"[86].

Wie können sich Menschen verhalten, die dieses Ziel erreichen möchten? Darüber gibt Evagrius Ponticus (346-399) Auskunft, ein Schüler der Kappadokier, der auf ihrer Lehre fußt, jedoch konkrete Ratschläge für die Umsetzung erteilt, die dann von Cassian in den christlichen Westen vermittelt werden. Evagrius beschreibt in seinen Werken (vor allem dem „Praktikos" und den „Kapiteln über das Gebet") drei Stufen, die aufeinander folgen. Die erste Stufe auf dem geistlichen Weg ist das aktive Leben ($\pi\rho\alpha\kappa\tau\iota\kappa\eta$), die zweite Stufe ist die der Kontemplation der Natur, ihrer bildlosen Betrachtung ($\varphi\upsilon\sigma\iota\kappa\eta$) und die dritte Stufe ist die der Kontemplation im eigentlichen Sinne, der Schau Gottes ($\theta\epsilon\omega\rho\iota\alpha$), des spirituellen Wissens ($\gamma\nu\tilde{\omega}\sigma\iota\varsigma$). Die erste Stufe beginnt mit der Reue, der inneren Umkehr als vollständiger Ausrichtung des ganzen Lebens auf Gott als Mitte des Menschen. Dazu muß der Mensch gegen die Leidenschaften, die seine Gottebenbildlichkeit trüben, mittels Askese kämpfen, und zwar nicht erst gegen die Gefühle oder die daraus resultierenden Handlungen, sondern bereits gegen den ersten Gedanken an sie. Diese Gedanken fallen nach Überzeugung des Evagrius den Menschen an wie die Dämonen, von denen sie herrühren[87]:

> „Die Dämonen versuchen den in der Welt lebenden Menschen hauptsächlich durch ihre äußeren Taten zu schaden, jedoch im Fall der Mönche tun sie das vorwiegend durch ihre Gedanken; denn das Leben in der Wüste schließt viele Taten aus. Aber genau wie es leichter ist, in Gedanken als in der Tat zu sündigen, so ist auch der auf dem Feld der Gedanken zu führende Krieg viel heftiger und

---

86 Gregor von Nyssa, Über den Heiligen Geist, zit. nach Hopko, a.a.O., 284.
87 Eine neuzeitliche, diesen Vorstellungen entsprechende Sicht der Dinge vertritt der Phänomenologe Hermann Schmitz in seinem „System der Philosophie": Gefühle sind Atmosphären, die außerhalb des Menschen vorhanden sind und auf ihn einwirken.

schwieriger als der Krieg gegen Dinge und Taten. Du siehst ja, der Geist läßt sich sehr leicht bewegen und nur schwer im Griff halten, wenn sich ihm sündige Phantasien vorstellen. Bedenke das."[88]

Evagrius' Liste der zu bekämpfenden Leidenschaften entspricht in etwa den Todsünden der katholischen Tradition (Hochmut, Verdrossenheit/Trägheit, Unzucht, Zorn, Völlerei, Neid und Habgier/Geiz), denen die Traurigkeit hinzugefügt ist. Der Mensch bemüht sich zunächst um Selbsterkenntnis und erwirbt auf diese Weise ebenso Wachsamkeit wie die Fähigkeit, zwischen guten und bösen Gedanken zu unterscheiden; zugleich wächst seine Reue über die bösen Gedanken. Am Ende dieser Stufe erreicht der Mensch einen Zustand, den Evagrius als „Leidenschaftslosigkeit", Freiheit von Leidenschaften (ἀπαθεία) beschreibt, nicht im Sinne von Apathie, „Fühllosigkeit", sondern als Befreitsein von eigenen Antrieben zugunsten des Handelns Gottes. Auf der zweiten Stufe wendet sich der Mensch der ihn umgebenden Schöpfung zu, zunächst der sichtbaren (die Heilige Schrift eingeschlossen), später der unsichtbaren (Engel) und lernt, Gott darin zu erkennen, als eine Macht, die in allem Geschaffenen wohnt, doch zugleich größer ist als es – die Gabe der Unterscheidung ist also weiterzuentwickeln, nicht die Natur als solche ist zu betrachten, sondern die Natur als gotterfülltes Zeichen, als Hinweis auf Gott. Auf der dritten Stufe nähert sich der Mensch Gott unmittelbar, in ständigem, „reinen" Gebet, das Worte, Gefühle, Bilder und Gedanken hinter sich gelassen hat:

> „Gebet ist die ständige Kommunion des Geistes mit Gott. Kannst du dir die Seelenverfassung vorstellen, die ein Geist braucht, um unbeirrt auf seinen Meister ausgerichtet zu sein und ständig wie von Angesicht zu Angesicht mit ihm zu leben? Mose versuchte, sich dem brennenden Dornbusch zu nähern, durfte das aber erst, nachdem er die Schuhe von den Füßen gestreift hatte. Das gilt auch für dich: Du mußt jeden von deinen Leidenschaften gefärbten Gedanken ablegen, denn du begehrst doch den Einen zu sehen,

---

[88] Evagrius Ponticus, Praktikos, zit. nach: Die Geschichte der christlichen Spiritualität, 135.

der jenseits aller Gedanken und Wahrnehmungen ist. Gib dir alle Mühe, zur Zeit des Gebets deinen Geist taub und stumm werden zu lassen, denn nur dann kannst du beten."[89]

Gott wird in apophatischem (sprach-, bildlosem, verneinendem) Gebet erfaßt, „von Angesicht zu Angesicht in unmittelbarer Vereinigung der Liebe"[90]. Auf dieser Stufe muß die Unterscheidung nicht beibehalten werden, „an ihre Stelle tritt ein Gefühl einer allesumfassenden Einheit"[91]. Dieses bildlose Gebet und die darin geschehende Einswerdung des Menschen mit Gott wird in den griechischen Quellen oft als ἡσυχία (daher „Hesychasmus"), als schweigendes Hören auf die Gegenwart Gottes bezeichnet. Das Interesse des Evagrius ist naturgemäß nicht auf das Erleben der Erfahrung als solcher gerichtet, denn diese wäre wiederum nur als menschliches Fühlen zu beschreiben, das ausgeschaltet werden sollte zugunsten der Einswerdung mit Gott.

1.4.3 Bernhard von Clairvaux

Was aber haben Menschen erlebt, die für sich die Erfahrung in Anspruch nehmen, wenigstens in Momenten Gott gleich geworden zu sein? Im christlichen Westen finden sich im Mittelalter eine Reihe von Texten aus der Mystik[92], die von Erfahrungen der Einswerdung mit Gott sprechen und ekstatische Erlebnisse der Vereinigung beschreiben, nachdem sie vorübergegangen sind. Zunächst Bernhard von Clairvaux[93]:

---

89 Evagrius Ponticus, Kapitel über das Gebet, zit. nach: Die Geschichte der christlichen Spiritualität, 134f.
90 Kallistos Ware, Weisen des Gebetes und der Kontemplation – In der Ostkirche, in: Geschichte der christlichen Spiritualität 1, 397.
91 A.a.O., 398.
92 Die Mystik ist diejenige religiöse Richtung u.a. im Christentum, zu deren Inhalt das unmittelbare Erleben Gottes wesentlich hinzugehört.
93 Ca. 1090-1153, ein Zisterzienserabt von großem theologischen und politischen Einfluß; s. ausführlicher zu Bernhard unten in Abschnitt III.3.2.

„So erfüllt zu werden heißt vergottet zu werden. Wie ein kleiner Wassertropfen, in viel Wein gegossen, ganz seine Natur zu verlieren scheint, indem er Geschmack und Farbe des Weines annimmt, und wie glühend erhitztes Eisen dem Feuer ganz ähnlich wird, indem es seine frühere, seine eigene Form verliert, und wie die vom Sonnenlicht durchflutete Luft sich in dieselbe Helle des Lichtes umwandelt, so daß sie nicht so sehr erleuchtet wie selbst Licht zu sein scheint, so wird sich dann notwendigerweise in den Heiligen jeder menschliche Affekt auf unaussprechliche Weise von sich selbst verflüssigen und ganz in den Willen Gottes umgegossen werden."[94]

„Vergottet" werden heißt für Bernhard, daß der Mensch dasselbe will wie Gott, folgerichtig auch, daß er mit derselben Liebe begabt ist, die Gott ausmacht. Um diesen Vorgang nachvollziehbar zu beschreiben, wählt er Beispiele, die deutlich machen, daß der Mensch bei diesem Geschehen seine Substanz nicht grundsätzlich verändert, sich aber durchaus, im Sinne von Mt 10,39, in Gott verliert[95].

1.4.4 Meister Eckhart

Meister Eckhart (um 1260-1328), ein schon zu seiner Zeit umstrittener dominikanischer Philosoph und Mystiker, goß seine Erfahrungen in teilweise sehr steile Sätze, deren Rechtgläubigkeit mitunter in Frage stand. Die Vereinigung mit Christus geschieht bei ihm nicht in Liebe oder Leiden, sondern sie ist ein eher kognitives Geschehen, eines der Erkenntnis, das jedoch größtes Glück zur Folge hat. Zur Voraussetzung hat diese Vereinigung, den Vor-

---

94 Zit. nach Dinzelbacher, 113.
95 Vor allem Mystiker*innen* beschreiben immer wieder die Erfahrung des liebenden Einswerdens, der zutiefst beglückenden Verschmelzung mit dem himmlischen Bräutigam, bei dem die Gläubige in dem Geliebten, in Christus, ganz und ohne Rest aufgeht (*unio mystica*). Die zahlreichen Dokumente der Braut- oder Minnemystik sprechen von intensivsten seelischen, aber auch von körperlich-erotischen Erfahrungen (vgl. Dinzelbacher, passim), die jedoch keinen dauerhaften Zustand darstellen.

1.4 Gott suchen in mir selbst

stellungen des Evagrius sehr ähnlich, die Fähigkeit des Menschen zur Gotteserkenntnis, weiterhin ein Leerwerden des Menschen, ein Freiwerden von Bildern, von Willen und Gefühl:

> „Ich habe eine Kraft in meiner Seele, die Gottes ganz und gar empfänglich ist. [...] Gott ist mir näher, als ich mir selber bin; mein Sein hängt daran, daß mir Gott ‚nahe' und gegenwärtig ist." Auch einem Stein sei Gott nahe, doch dieser erfahre es nicht als Seligkeit, weil er nicht darum wisse, weil er es nicht erkennen könne. „Und um soviel seliger bin ich, je mehr ich das erkenne [...]. Nicht dadurch bin ich selig, daß Gott in mir ist und daß er mir ‚nahe' ist und daß ich ihn habe, sondern dadurch daß ich *erkenne*, wie ‚nahe' er mir ist und daß ich um Gott *‚wisse'*."[96] Da Gott nun allen Kreaturen gleich nahe sei, solle der Mensch sich bemühen, Gott in allem gleicherweise zu erkennen; dazu müsse die Seele sich weiten und sich nur mehr auf Gott konzentrieren. „So auch muß die Seele, die Gott erkennen soll, so gefestigt und gestetigt sein in Gott, daß nichts sich in sie einzudrücken vermag, weder Hoffnung noch Furcht, weder Freude noch Jammer, weder Liebe noch Leid noch irgend etwas, das sie aus der Bahn zu bringen vermöchte."[97] Die Seele müsse sich dazu von allen Gefühlen, von allem Irdischen fern halten. „Soll die Seele Gott erkennen, so muß sie sich selbst vergessen und muß sich selbst verlieren; denn, erkennte sie sich selbst, so erkennte sie Gott nicht; in Gott aber findet sie sich wieder. Indem sie Gott erkennt, erkennt sie sich selber und alle Dinge, von denen sie sich geschieden hat, in ihm."[98] Auf die Frage des Wie antwortet Meister Eckhart mit einer Ermutigung: „Niemand soll denken, daß es schwer sei, hierzu zu gelangen, wenngleich es schwer und bedeutsam klingt. Es ist wohl wahr, daß es am Anfang etwas schwer ist mit dem Abscheiden [von sich und allen Dingen]. Wenn man aber hineinkommt, so hat es nie ein leichteres noch lustvolleres noch liebenswerteres Leben gegeben [...]. Nie hat ein Mensch nach irgend etwas so sehr begehrt, wie Gott danach begehrt, den Menschen dahin zu bringen, daß er ihn erkenne. Gott ist allzeit bereit, wir aber sind sehr unbereit; Gott ist uns ‚nahe', wir aber sind ihm sehr fern; Gott ist drinnen, wir aber

---

[96] Predigt 68 „Scitote, quia prope est regnum dei", in: Meister Eckhart, Werke II. Texte und Übersetzungen, hg. von Niklaus Largier (Bibliothek des Mittelalters 21), Frankfurt a.M. 1993, 33,21-35,3; Hervorhebungen im Original.
[97] A.a.O., 37, 17-21.
[98] A.a.O., 39,16-21.

sind draußen; Gott ist [*heimelich*] das Vertraute, wir aber sind in der Fremde."[99] Läßt sich der Mensch auf den beschriebenen Weg ein, kann er erkennen, daß er selbst Gottes Sohn ist wie Christus. „Darunter ist zu verstehen, daß wir ein einziger Sohn sein sollen, den der Vater ewiglich geboren hat. Als der Vater alle Kreaturen gebar, da gebar er mich, und ich floß aus mit allen Kreaturen und blieb doch drinnen in dem Vater."[100] In einem anderen Bild gesagt: Geht der Mensch den Weg der Trennung von der Welt und zugleich den Weg der Liebe zu Gott, geschieht die Christusgeburt geistig in ihm, ja, er wird Christus, denn Gott will in jedem Menschen geistig geboren werden: „Gott gebiert seinen eingeborenen Sohn in dir, es sei dir lieb oder leid"[101]. Der Mensch könne dies oft nicht empfinden, was seine Ursache darin habe, „daß seine Zunge mit anderem Schmutz, d.h. mit den Kreaturen, beklebt sei; ganz so, wie bei einem Menschen, dem alle Speise bitter ist und nicht schmeckt. Was ist schuld daran, daß uns die Speise nicht schmeckt? Schuld daran ist, daß wir kein Salz haben. Das Salz ist die göttliche Liebe. Hätten wir die göttliche Liebe, so schmeckte uns Gott und alle Werke, die Gott je wirkte, und wir empfingen alle Dinge von Gott und wirkten alle dieselben Werke, die er wirkt. In dieser Gleichheit sind wir alle ein einiger Sohn."[102] Noch weitergehend kann Eckhart formulieren: „Das Auge, mit dem ich Gott sehe, ist dasselbe Auge, mit dem mich Gott sieht; mein Auge und Gottes Auge, das ist nur ein Auge und ein Schauen und ein Erkennen und ein Lieben."[103]

---

99 A.a.O., 41,13-26. Die Übersetzung der Edition, „Gott ist bei uns daheim", scheint mir hier, ungeachtet der parallelen Konstruktion der Aussagen, nicht ganz glücklich.
100 Predigt 22 „Ave, gratia plena", in: Meister Eckhart, Werke I. Texte und Übersetzungen hg. von Niklaus Largier (Bibliothek des Mittelalters 20), Frankfurt a.M. 1993, 255,25-28.
101 A.a.O., 263,16f.
102 A.a.O., 263,20-29.
103 Die deutschen Werke, hg. im Auftrag der DFG, Bd 1, Stuttgart 1936, 201,5-8: „*Daz ouge, dâ inne ich got sihe, daz ist daz selbe ouge, dâ inne mich got sihet; mîn ouge und gotes ouge daz ist éin ouge und éin gesiht und éin bekennen und éin minnen.*"

1.4.5 Gerhard Tersteegen

Auch im Evangelischen Gesangbuch findet sich ein Beispiel dieses Erlebens, als Bitte formuliert, nämlich in dem Lied „Gott ist gegenwärtig" (EG 165) des protestantischen Mystikers Gerhard Tersteegen (1697-1769). Das Lied beginnt mit der Feststellung der Anwesenheit des großen, des heiligen Gottes. Für den Menschen resultiert aus dieser Feststellung die Aufopferung seines Selbst: „Wir entsagen willig allen Eitelkeiten, aller Erdenlust und Freuden; da liegt unser Wille, Seele, Leib und Leben dir zum Eigentum ergeben. Du allein sollst es sein, unser Gott und Herre, dir gebührt die Ehre." (Strophe 3) Daraufhin wagt das singende, betende „Ich", Gott zu bitten, in ihm (dem Ich) zu wohnen und ebenso es (das Ich) in ihm (Gott) wohnen zu lassen. Die Strophe 5, der nach meinem Eindruck offenkundig eine entsprechende Erfahrung zugrundeliegt, formuliert die Bitte um vollständiges Einssein: „Luft, die alles füllet, drin wir immer schweben, aller Dinge Grund und Leben, Meer ohn Grund und Ende, Wunder aller Wunder: ich senk mich in dich hinunter. Ich in dir, du in mir, laß mich ganz verschwinden, dich nur sehn und finden."

> Eine besondere Variante der Theosis ist in einer extremen Form der *imitatio Christi* zu sehen, in dem Versuch nämlich, das eigene Leben bis an seine äußerste Grenze christusförmig zu gestalten, Gott zu suchen, indem der Mensch Christus, dem leidenden und dem sterbenden Christus, gleich wird. Beispiele für diesen Weg sind auf jeden Fall die Märtyrer (Gott suchen im Opfer des eigenen Lebens[104]), in anderer Weise aber auch diejenigen, bei denen nach einem Leben in äußerster Armut, oft in Unbehaustheit, in der bewußt gesuchten Umarmung der Krankheit[105] meist am Ende des

---
104 S. dazu unten in Abschnitt III.2.1.
105 Etliche Berichte wirken heute mindestens erschreckend, so etwa der über die Klarissin Angela von Foligno (1248–1309), die in äußerster Armut und härtester Askese lebte. Sie folgte dem Beispiel des Franziskus und umarmte nicht nur einen Aussätzigen, sondern trank sein Waschwasser, wobei sie sich nach eigener Aussage Christus beglückend, überwältigend nah fühlte. Die mitempfindende Betrachtung des Lei-

Lebens die Stigmatisierungen auftreten (z.B. Franziskus von Assisi, Gott suchen im Kreuz).

1.4.6 Auswertung

Gott ist in Christus dem Menschen unvorstellbar nah gekommen, er ist Mensch geworden, damit der Mensch aus seiner Gottesferne gerettet werden und zu seiner ursprünglichen Bestimmung, Gott gleich zu sein, gelangen kann. Die theologischen Grunddaten dieses Weges sind also die Inkarnation und – als Weg der Erlösung – die Passion bis hin zum Tod am Kreuz. Der Mensch, gemeint als Bild, als Gleichnis Gottes, ist infolge seines Gefangenseins in die Sünde allenfalls ein Zerrbild. In Christus kommt der vollkommene Mensch in die Welt, um den Menschen zu erlösen. Diese Erlösung befreit den Menschen und ermöglicht ihm, so zu werden wie Christus – gottgleich, „vergottet", hinsichtlich der Liebe, hinsichtlich des Willens zum Guten, hinsichtlich der Erkenntnis, die sich nur noch Gott zuwendet und in ihm alles erkennt. Der Mensch muß Christus-förmig werden, damit Christus in ihm geboren werden kann, damit er mit den Augen Gottes sehen lernt. Der Weg zu dieser Vereinigung mit dem Göttlichen ist ein Leben der Hingabe an Gott auf dem Weg des völligen Absehens vom eigenen Ich, der Entfernung von den eigenen Leidenschaften, der Durchformung, der Umformung des eigenen Selbst. Darüber kann der Nächste vergessen werden, das ist die Gefahr dieses Weges. Die entscheidende Erfahrung, die Menschen den Weg beschreiten läßt, ähnelt der den ersten Weg begründenden, der Selbsterkenntnis als Sünder und Erfahrung von der Größe Gottes; allerdings spielt hier Christus eine größere Rolle: Am Anfang stehen die Ein-

---

dens Christi ist für sie der Weg der Vereinigung mit Christus: „Bei der Betrachtung des blutüberströmt vom Kreuze Abgenommenen ist die Charismatikerin gänzlich von Leidenssüßigkeit überwältigt, ja selbst verwundet und gekreuzigt, und damit vergottet (‚deificata')." Dinzelbacher, 249.

1.4 Gott suchen in mir selbst

sicht in den Charakter der Person und des Werkes Christi – der wahre Gott und vollkommene Mensch leidet und stirbt zur Befreiung des Menschen, damit der Mensch zu Gott gelangen und so ebenfalls wahrhafter Mensch werden kann – und die Selbsterkenntnis, die Wahrnehmung des eigenen entstellten Menschseins, die wiederum, wie beim Weg der Gottsuche in der Einsamkeit, Reue auslöst. Auch hier wird die Erfahrung zum einen durch ein verändertes Handeln und eine veränderte Haltung artikuliert – Askese gehört untrennbar zu diesem Weg hinzu –, zum anderen durch Beschreibungen des Weges oder des Zieles. Die hinter diesem Weg stehende Theologie ist bereits zur Sprache gekommen: Das Erlösungshandeln Christi ermöglicht die volle Verwirklichung der *imago Dei*; diese Verwirklichung wird im Begriff der Theosis, der „Vergottung", zu fassen versucht. Die altkirchlichen Vertreter dieses Weges sehen ihn als heilsnotwendig und zugleich als jedem Menschen möglich an, entsprechend rufen sie dazu auf, ihn zu beschreiten. Die Mystikerinnen und Mystiker wissen zudem darum, daß die Erfahrung der Einheit mit Gott eine Spitzenerfahrung darstellt, die nicht von Dauer ist, die ein Geschenk ist, das Gott gewährt.

Insbesondere für Protestanten enthält dieser Weg einen wichtigen Hinweis, neben der erneuten Betonung der Bedeutung der Liebe zu Gott im Leben des Menschen: Zwar liebt Gott den Menschen als Sünder, so sehr, daß er in Christus für ihn stirbt, zwar rechtfertigt Gott den Menschen ohne dessen Zutun, ohne dessen Verdienst, allein aus Gnade, zwar kann der Mensch durch sein Handeln nichts tun, um sich den Himmel zu verdienen, zwar nimmt Gott den Menschen so an, wie er ist, weil er weiß, daß der Mensch aus sich selbst heraus nicht anders sein kann, doch das alles bedeutet nicht, daß der Mensch bleiben dürfte, wie er ist. Die Zeugen dieses Weges stehen dafür, daß der durch Christi Handeln erlöste Mensch, gerade weil er „teuer erkauft" ist, Gott nun „mit seinem Leibe preisen" soll (I Kor 6,20), daß er in der von Gottes Geist geschenkten Gnade „im Geist wandeln" soll (Gal 5,25) als die „neue Kreatur" die er in Christus ist (II Kor 5,17).

Auch Martin Luther fordert das Bemühen um Heiligung als Ausdruck der Dankbarkeit für das von Gott geschenkte Heil[106] – solange sichergestellt bleibt, daß sie nicht zu einem eigenen Weg zu Gott wird, solange sie das Vertrauen in die allein wirksame Barmherzigkeit Gottes nicht mindert[107]. Die Rechtfertigung setzt den Menschen auf den Weg der Heiligung, den er mit Gottes Hilfe und im immer neuen Bedenken seiner eigenen Sündhaftigkeit und Hilflosigkeit zu gehen hat, der ihm jedoch nur zu gehen möglich ist, weil und insoweit er bereits „angefangen hat, fromm zu sein"[108]. Mehr als ein Anfang könne, so fährt Luther fort, die Taufe oder Buße nicht sein, wir würden durch sie nicht ganz gesund, sondern lediglich mit der ‚ersten Gnade' auf eine Weise verbunden, daß wir täglich mehr heilten und gesund würden. Wir seien ein angefangenes, nicht aber ein bereits vollbrachtes Werk Gottes. Es verhalte sich wie beim Gleichnis vom Sauerteig in Mt 13,33, so daß „alszo diß leben nit ist ein frumkeit, szondern ein frumb werden, nit ein gesundtheit, szondernn eyn gesunt werden, nit eyn weszen [Sein], sunderen ein werden, nit ein ruge [Ruhe], szondernn eyn ubunge [Übung], wyr seyns noch nit, wyr werdens aber. Es ist noch nit gethan unnd geschehenn, es ist aber ym gang und schwannck. Es ist nit das end, es ist aber der weg, es gluwet [glüht] und glintzt noch nit alles, es segt [kommt unter den Segen] sich aber allesz."[109]

1.5 „In einer Nacht, dunkel" – Gott vergebens suchen

Immer wieder haben Menschen trotz aufrichtigen Bemühens um ein Leben der Hingabe an Gott die Erfahrung eines verborge-

---

106 Vgl. zur Sicht Luthers Peter Zimmerling, Evangelische Spiritualität. Wurzeln und Zugänge, Göttingen 2003, 49-73.
107 In dem Vergessen des bleibenden Angewiesenseins auf Gottes Vergebung liegt eine weitere Gefahr dieses Weges.
108 So in der Schrift „Grund und Ursach aller Artikel D. Martin Luthers, so durch römische Bulle unrechtlich verdammt sind" von 1521, WA 7,337,5ff.
109 A.a.O., 337, 30-35.

nen Gottes gemacht, entsprechend der von Jeremia festgehaltenen Selbstaussage Gottes „Bin ich nur ein Gott, der nahe ist, spricht der Herr, und nicht auch ein Gott, der ferne ist?" (Jer 23,23) Diese Erfahrung ist unterschiedlich gedeutet worden, besonders verbreitet scheint ein Verständnis entsprechend Hos 2,8-18 – Gott zeigt sich dunkel zum Zweck der Bekehrung, der Reinigung, der Erziehung des Menschen bzw. des Volkes. Doch gelegentlich, vor allem, solange das Dunkel andauert, wird die erlebte Abwesenheit Gottes, ohne den Versuch einer Erklärung zu unternehmen, nur in eine Klage gebunden (Ps 89,39ff., Mt 27,46), eine Klage allerdings, die sich zumeist immer noch an den abwesenden, den dunklen Gott wendet und Gott gegen Gott ruft.

1.5.1 Johannes vom Kreuz

Diese Erfahrung der Abwesenheit Gottes wie des Leidens überhaupt wird von Menschen auf unterschiedliche Weise in ihren Glauben integriert, eher destruktiv als Strafe oder als ein Beweis für die letztliche Abwesenheit – wenn nicht Nicht-Existenz – Gottes, konstruktiver als Prüfung oder als Erziehungsmaßnahme. Eine sehr eindrucksvolle konstruktive Interpretation, die dabei von der Dunkelheit der Erfahrung nichts wegnimmt, formuliert einer der bedeutendsten spanischen Dichter, der Karmelit Johannes vom Kreuz.

> Johannes wird als Juan de Yepes 1542 in der Kleinstadt Fontiveros in der Nähe von Avila in Kastilien geboren. Sein Vater stirbt in seinen frühen Kinderjahren und läßt seine Frau, eine Weberin, mit den drei Söhnen in einer bedrängten wirtschaftlichen Situation zurück. In Medina del Campo arbeitet Juan als Pfleger im Seuchenhospital der Stadt, nebenbei besucht er die Schule der Jesuiten und erwirbt sich eine solide Bildung. 1563 tritt er in den Konvent der Karmeliten ein[110]; nach dem Noviziat studiert er in Salaman-

---

110 Der Ordo Fratrum Beatae Mariae Virginis de Monte Carmelo, OC, ist ein wohl im 13. Jahrhundert aus einer Einsiedlergemeinschaft auf

ca Theologie und Philosophie und legt bereits in dieser Zeit einen Schwerpunkt auf die Theologie des geistlichen Lebens. Er lernt seine ältere Ordensschwester Teresa von Avila kennen, eine Mystikerin und geistliche Lehrerin hohen Ranges[111], die 1565 innerhalb ihres Ordens mit der Gründung von Reformkonventen begonnen hatte, dem später „teresianisch" oder „unbeschuht" genannten, streng asketischen und kontemplativen Ordenszweig des Karmel. Für diesen Weg der Reform gewinnt sie Fray Juan de la Cruz bald nach dessen Priesterweihe. Mit zwei Mitbrüdern beginnt er 1568 in Duruelo karmelitanisches Leben nach den Vorgaben Teresas, wird Novizenmeister und Studienleiter, dann 1572 auch Beichtvater und Spiritual im Konvent in Avila, in dem Teresa ein Jahr zuvor Priorin geworden war. Allerdings wird sein Tun in seinem eigenen Orden nicht von allen geschätzt: 1577 wird er von Mitbrüdern, die Gegner seiner Reformen waren, als „Rebell" gefangengenommen und in Toledo in einem klostereigenen Verließ eingesperrt, um seinen Einfluß auszuschalten. Erst nach neun in tatsächlicher Dunkelheit verbrachten Monaten gelingt ihm die Flucht. Danach hat er verschiedene Leitungsämter in dem 1580 als selbständiger Orden anerkannten Ordenszweig der unbeschuhten Karmeliten inne, er ist Seelenführer und geistlicher Begleiter, doch ebenso Handwerker und Baumeister, Klostergründer, Prior und Provinzvikar, was mit einer erheblichen Reisetätigkeit verbunden ist, Ordensmann mit allen dazugehörigen Pflichten und nebenbei schließlich auch Dichter und theologisch-seelsorglicher Schriftsteller. Als es auch im neuen Orden zu Richtungsstreitigkeiten kommt, wird er aller Ämter enthoben; er stirbt am 14. Dezember 1591 in Ubeda/Andalusien, 1675 wird er selig-, 1726 heiliggesprochen.

In seinen Schriften erweist er sich als ebenso sprachmächtiger wie sensibler Seelenführer; sie sind ganz in der von ihm gelebten Liebe zu Gott und den Menschen und aus tiefer Erfahrung heraus verfaßt. Insgesamt sieht er darin die Spiritualität – dies könnte von Luther ebenso gesagt werden – als ein allgemeines Gut eines jeden Christen, er „betont, daß jeder Christ, der die ihm gestellten Aufgaben bereitwillig und engagiert auf sich nimmt, ‚spirituell' ist. Nächstenliebe drücke sich in allen Werken des christlichen Le-

---

dem Berg Karmel hervorgegangener Bettelorden, der die Verehrung der Gottesmutter als eine besondere Aufgabe betrachtete.
111 Besonders bekannt wurde „Die Seelenburg", die vollständige Beschreibung ihres spirituellen Weges.

bens aus, und nicht alle Menschen hätten eine spezielle Begabung für stilles Gebet oder inbrünstige Anbetung."[112] Wie immer der Weg des einzelnen jedoch gestaltet ist – das Ziel, zu dem die Seelen nach seiner Überzeugung zu führen sind (hier kommt Johannes dem Athanasius nahe), ist das der Teilhabe an Gott: „Was Gott erstrebt, ist, uns zu Göttern durch Teilhabe zu machen, wie er Gott von Natur ist"[113]. Allerdings wird dieses Ziel erst in der Ewigkeit erreicht werden, dann werden wir „an Gott selber teilnehmen, zugesellt der Heiligsten Dreifaltigkeit, mitwirkend an deren Werke"[114], in Liebe und Wahrheit. Das gesamte menschliche Leben ist für ihn nur von diesem Ziel her zu verstehen, es ist eine „Umformung in Gott hinein"[115]: „Es kommt darauf an, himmelsfähig zu werden, sich einzuleben in das bereits begonnene, der Vollendung harrende Reich Gottes, d.h. beziehungsfähig zu Vater, Sohn und Geist, zu jedem Mitmenschen, zu aller Schöpfung."[116] Dieses Einleben geschieht auf dem Weg der Gottesliebe (in der Form der Mystik) und, damit untrennbar verbunden, der Nächstenliebe (in der Form der Geschwisterlichkeit). Eine solche Liebe erfordert die Trennung von allen egoistischen, auf das eigene Ich ausgerichteten Bestrebungen, auch und gerade dann, wenn sie Gott gelten, sie erfordert die Übung der Askese während des ganzen Lebens. Doch ist diese Askese nicht bereits das Mittel der Umformung des Menschen auf Gott hin, sie ist lediglich eine Begleiterin, die immer wieder zu prüfen ist: „Geistliche Übungen und religiöse Vollzüge – worum auch immer es sich handelt – sind dem Weg auf das Ziel hin nicht schon in sich förderlich; sie können auch geeignet sein, sich Gottes zu bemächtigen und am Reich Gottes in aller ‚Frömmigkeit' schnurgerade vorbeizuleben"[117]. Der Mensch ist also auf seinem Weg zu Gott immer in

---

112 Simon Tugwell, Die Spiritualität der Dominikaner, in: Geschichte der christlichen Spiritualität 2, 49.
113 Weisungen 2,27, zit. nach Ulrich Dobhan OCD / Reinhard Körner OCD, Einführung. Der Autor der *Dunklen Nacht* – sein Leben und sein Vermächtnis, in: Johannes vom Kreuz, Die dunkle Nacht. Vollständige Neuübersetzung. Sämtliche Werke Band 1, hg. und übersetzt von Ulrich Dobhan OCD, Elisabeth Hense, Elisabeth Peeters OCD, Freiburg u.a. 1995, 13.
114 Geistlicher Gesang 39,6, zit. nach ebd.
115 Aufstieg zum Berg Karmel I, 4,3, zit. nach ebd.
116 Ebd.
117 A.a.O., 15.

Gefahr, auf unterschiedliche Irrwege zu geraten[118]. Es sind Irrwege des unvollkommenen Geistes, Weisen der Frömmigkeit, die das Ziel verfehlen lassen, sowohl der Weg des religiösen Utilitarismus (Zuwendung zu Gott, nur um die eigenen Anliegen durchzusetzen), wie der Weg des religiösen Hedonismus (Zuwendung zu Gott, nur weil ich mich dabei gut fühle, Erfüllung finde, schöne Erfahrungen mache o.ä.). Was „um Gottes willen" ein Heilsweg ist, ist um eines anderen Zieles willen ein Weg zum Unheil. Selbst in der Nähe Gottes bleibt der Mensch in Gefahr, den Heilsweg zu verlassen, der in sich selbst allenfalls ein Pfad ist, weniger ein Tun als ein Lassen – nicht allerdings ein Lassen der spirituellen Praktiken oder der Askese, lediglich ein in der Askese vollzogenes Lassen der falschen Motivation[119].

---

118 S. dazu die Berg-Karmel-Skizze, deren Beschreibung Reinhard Körner, „Wenn der Mensch Gott sucht ...". Glaubensorientierung an der Berg-Karmel-Skizze des hl. Johannes vom Kreuz, Leipzig 2001, folgt. Sie zeigt ein von oben gesehenes Gipfelplateau, auf dem verschiedene Wege zu erkennen sind. Johannes leitet damit dazu an, das geistliche Leben aus der Perspektive Gottes zu sehen; der Gipfel bezeichnet „die hohe Verfassung der Vollkommenheit [...], die wir hier Einung des Menschen mit Gott nennen" (Johannes vom Kreuz, Aufstieg auf den Berg Karmel. Vollständige Neuübertragung. Ges. Werke 4, hg., übersetzt und eingeleitet von Ulrich Dobhan OCD, Elisabeth Hense, Elisabeth Peeters OCD, Freiburg u.a. 1999, 44). Der Begriff Einung steht für „unión con Dios", was ebensosehr Eins-Sein wie Eins-Werden meinen kann. Diese Einung mit Gott ist infolge des göttlichen Wirkens unvollendet bereits zu Lebzeiten des Menschen gegeben, ein gesonderter Aufstieg vor Erreichen dieser Einung ist nicht erforderlich: „das Gipfel-Leben selbst ist der *Weg*, zu dem Juans Gott den Menschen einlädt, der Weg aus der anderen Perspektive, der uns – vor allen menschlichen Wegen – von Gott her angeboten [und der in einer Haltung steter Hinwendung, immerwährenden Gebets, liebender Achtsamkeit zu begehen] ist. Es ist der *Weg der Lebensgemeinschaft mit Gott* [und der gleichzeitigen Hinwendung zum Nächsten und zur Welt], getragen von dem Vertrauen, daß Gott uns in Liebe zugewandt ist, daß er ‚eins' mit uns ist. Die *Wege*, die am ‚Berghang' der Skizze zu sehen sind, wollen [...] lediglich darauf hinweisen, wovor man sich hüten muß, will man zu dieser Lebensart finden." (Körner, 43; Hervorhebungen im Original.)

119 „Den Pfad hat Juan nur deshalb zwischen die Holzwege gezeichnet, weil er darauf hinweisen möchte, daß man die egozentrierten utilitaristischen und hedonistischen Motive zurücklassen muß, um den Fuß auf den Weg setzen bzw. um auf diesem Weg *bleiben* zu können. [...] Das

Durch die „dunkle Nacht" verhilft Gott dem Menschen zum Loslassen der falschen Wege, denn: „Wenn der Mensch Gott sucht – viel mehr noch sucht Gott den Menschen"[120]. Das Bildwort „dunkle Nacht" bezeichnet damit „jene schmerzlichen Lebensphasen, in denen der Mensch scheinbar Gott nicht mehr ‚erfährt'. Gerade in solchen Zeiten kann er lernen, herzugeben und loszulassen, was sich in seiner Frömmigkeit, in seinem Denken, Empfinden und Handeln als zu eng und zu unzulänglich erweist, um so zu aufrichtiger Liebe zu reifen."[121] Die Schrift „Die dunkle Nacht" folgt in zwei Durchgängen kommentierend einem mystischen Gedicht, das Johannes, die Erfahrungen seiner Klosterhaft verarbeitend, nach der Flucht geschrieben hat:

„In einer Nacht, dunkel, / in brennender Liebessehnsucht entflammt, / – o glückliches Geschick! / ging ich hinaus, ohne bemerkt zu sein; / mein Haus war schon zur Ruh' gekommen."[122] Das Lied wird nur von denjenigen gesungen, darauf weist der Autor hin, die durch die Nacht bereits hindurchgegangen sind. Er oder sie hat dadurch den Zustand eines Anfängers im Glauben hinter sich gelassen und findet sich – ermöglicht durch die Erfahrung der Nacht, in die Gott ihn hineingeführt hat – im Zustand der Fortschreitenden wieder. Notwendig ist die Erfahrung wegen verschiedener Unvollkommenheiten, die sich bei Menschen auf dem geistlichen Weg finden. Johannes beschreibt zunächst Unvollkommenheiten der „Anfänger", etwa die Überheblichkeit: „Es stimmt zwar, daß heilige Dinge von sich aus demütig machen, doch weil diese Anfänger so unvollkommen sind, löst dieses [durch fromme Übungen ausgelöste] Wohlergehen bei ihnen oft eine Anwandlung verborgener Überheblichkeit aus. So fangen sie an, eine gewisse Zufriedenheit mit ihren

---

Lassen kann freilich ein sehr aktives *Tun* bedeuten – zumal, wenn die Holzwege bereits begangen werden. Dann ist ein Verlassen und Loslassen nötig. Der Pfad steht dann für *den Schritt, den einer tun muß, um vom falschen auf den richtigen Weg zu wechseln* – und dieser Schritt ist ein Leben lang nötig, auch für denjenigen, der den Weg zur Einung grundsätzlich längst gefunden hat." (A.a.O., 74; Hervorhebungen im Original.)

120 Johannes vom Kreuz, Lebendige Flamme der Liebe 3,28, zit. nach a.a.O., 16.
121 Körner, 15.
122 Johannes vom Kreuz, Die dunkle Nacht, Strophe 1 des Liedes, 27.

Werken und mit sich selbst zu empfinden. Auch erwächst ihnen daraus die ein wenig eitle (und manchmal sehr eitle) Lust, vor anderen über geistliche Dinge zu sprechen, ja manchmal sogar andere lieber über geistliche Dinge zu belehren, als diese selbst zu lernen."[123] Sie möchten perfekt sein, vor allem um ihrer selbst willen, sie suchen das Lob und die Bewunderung anderer. Menschen, die diesen Fehler nicht aufweisen, sind von wirklicher Liebe zu anderen und von Demut erfüllt, sie möchten nicht über ihre Erfahrungen sprechen, weil sie diese für unwichtig und nicht der Rede wert halten, statt dessen möchten sie von jedem lernen, der vielleicht etwas zu sagen hat. Eine andere Unvollkommenheit ist die geistliche Habgier. Sie zeigt sich in einer ständigen Unzufriedenheit mit dem Empfangenen. Es werden immer noch mehr geistliche Bücher gelesen oder Methoden erprobt, die Wege sollen möglichst genau beschrieben sein, die erreichbaren Stufen sollen theoretisch dargestellt werden. Menschen auf dem richtigen Weg legen demgegenüber „keinen Wert darauf, mehr zu wissen, als man wissen muß, damit man ans Werk gehen kann."[124] Auch geistliche Genußsucht führt er auf, die sich in einem übertriebenen Praktizieren von spirituellen Methoden äußert, eher starke Gefühle suchend als einer Gehorsamspflicht nachkommend. „Wenn solche Menschen kommunizieren, geht es ihnen mehr darum, etwas zu spüren und zu schmecken, als demütig Gott in sich selbst zu verehren und zu loben. So sehr machen sie sich diese Haltung zu eigen, daß sie meinen, es wäre nichts gewesen, wenn sie einmal keinen Geschmack und kein spürbares Gefühl für sich herausholen konnten, was bedeutet, keine hohe Meinung über Gott zu haben. Sie begreifen nicht, daß das, was den Sinnenbereich berührt, der geringste Nutzen dieses Allerheiligsten Sakramentes ist"[125].

Um Menschen aus allen diesen Unvollkommenheiten zu befreien und sie auf dem geistlichen Weg weiterzubringen, führt Gott sie in den ersten Abschnitt der dunklen Nacht, der auf die Wurzel dieser Unvollkommenheiten, nämlich auf die Sinne, bezogen ist und der mit den bereits erworbenen geistlichen Kräften ertragen werden

---

123 A.a.O., 34.
124 A.a.O., 41.
125 A.a.O., 52. Weitere Unvollkommenheiten, die Johannes beschreibt, sind Empfindungen der Liebe zu anderen Menschen, die nicht aus der Liebe zu Gott, sondern aus dem eigenen Begehren kommen; der Affekt des Zornes, ausgelöst durch ein inneres Unbehagen über noch nicht erreichte Vollkommenheit bei sich oder anderen; geistlicher Neid oder geistliche Trägheit.

1.5 Gott vergebens suchen

kann, ohne hinter den Anfang im Glauben zurückzufallen. „Die erste Läuterung oder Nacht ist bitter und fürchterlich für das Reich der Sinne, wie wir jetzt sagen werden."[126] Dies kann sich so äußern, daß aller Fortschritt, etwa in der Meditation, aufhört: „Gott läßt sie in solcher Trockenheit zurück, daß sie in geistlichen Dingen und guten Übungen, in denen sie früher wonniglichen Geschmack zu finden pflegten, nicht nur keinen Saft und Geschmack mehr finden, sondern im Gegenteil in diesen Dingen Unbehagen und Bitterkeit empfinden."[127] Auch an anderen Dingen findet der Mensch keinen Geschmack mehr – ein Zeichen dafür, daß das Unbehagen nicht von Sünden oder Überdruß herrührt – und zugleich quält ihn die Sorge, Rückschritte zu machen auf dem geistlichen Weg und Gott nicht mehr recht zu dienen. „Die Ursache für diese Trockenheit ist, daß Gott die Güter und die Kraft des Sinnenbereichs auf den Geist überträgt, so daß der Sinnenbereich ebenso wie die natürliche Kraft deshalb nahrungslos, trocken und leer bleibt, weil er dadurch überfordert ist. Das Reich der Sinne hat nun einmal keine Begabung für das, was reiner Geist ist"[128]. Die Kraft wird also dem Geist zugeführt, doch dieser kann sie erst nach einer Phase der Gewöhnung wahrnehmen, so daß der Mensch während der „Nacht" den Eindruck hat, keinerlei Güter zu empfangen. Allerdings bemerkt er an sich, ein weiteres Anzeichen für die „Nacht", das Bedürfnis nach Ruhe und Alleinsein. Diesem sollte er nachgeben, er sollte das Bemühen um diskursives Nachdenken einstellen, ebenso auf Erkenntnis und auf Empfindung verzichten, dann lernt er, die Mitteilungen, die Gott ihm – durch den reinen Geist, nicht mit Hilfe von Sinnen oder Gedanken – macht, wahrzunehmen. Die Seelenvermögen nehmen zu, die Fähigkeit zum Nachdenken nimmt ab. Das bedeutet nicht, daß alle, die dies erfahren, zum Leben des Geistes, zur Kontemplation geführt werden[129], viele können Gedanken und Betrachtungen nur für Momente hinter sich lassen.

Wichtig ist, daß Menschen nicht aus Angst, Gott zu verlieren, an den sinnlos gewordenen Übungen festhalten. Stattdessen sollten sie „die Seele ruhig sein und ausruhen lassen [...]. Sie tun nämlich bereits sehr viel, wenn sie geduldig im Gebet ausharren, ohne dabei

---

126 Er fährt fort: „Mit der zweiten Nacht kann man nichts vergleichen, weil sie grauenvoll und schauderhaft für den Geist ist" (a.a.O., 58).
127 A.a.O., 60.
128 A.a.O., 63.
129 Nicht einmal die Hälfte wird dorthin geführt, so schätzt Johannes es nüchtern ein, und die Gründe wisse Gott allein.

etwas zu tun. [...] Sie sollen sich einzig mit einem liebevollen und ruhigen Aufmerken auf Gott zufriedengeben", die „Gemühtsruhe [zu] wahren und in der Weite des Geistes [zu] bleiben" und das Einströmen Gottes in die Seele zulassen, das den Menschen im Geist der Liebe entflammen wird[130]. Zunächst wird er diese Liebe nur als Sehnsucht, als Leere wahrnehmen, als Nacht und als ein Leiden, während dessen er seine Unzulänglichkeit und Armseligkeit erkennt, seine Unfähigkeit, mit seinen eigenen Kräften Gott zu dienen. So wird er von Unvollkommenheiten geheilt und mit Tugenden ausgestattet, und damit fähig, die Liebe Gottes aufzunehmen.

Auch wenn der Weg dann nicht in die Kontemplation führt, hat das Durchleiden dieser Nacht viele gute Folgen. Denn es zeigt sich, „daß diese dunkle Nacht mit ihren Trockenheiten und ihrer Leere das Mittel ist, um Gott und sich selbst zu erkennen", geistliche Demut zu lernen und im Vergleich zur eigenen Armut die Nächsten endlich nach ihrem Wert zu schätzen. Es wächst außerdem eine geistliche Nüchternheit und Gelassenheit, denn die eigenen Bestrebungen und Begierden erlöschen, die Gedanken wenden sich vor allem Gott zu, das Urteil wird milder, und der Geist gelangt in die Freiheit. Die Dauer dieser Nacht ist individuell verschieden, ebenso ihre Intensität, abhängig von der Stärke des jeweiligen Menschen, vom Grad seiner Unvollkommenheiten wie auch von dem Grad der Liebe, den Gott geben will. Diese erste Nacht erlebt jeder Glaubende, allerdings nicht unbedingt in der eben beschriebenen Weise: Die Schwachen wird Gott nur schwach versuchen, sie „lange durch diese Nacht führen und ihnen dauernd Erfrischungen für das Reich der Sinne geben, damit sie nicht zurückfallen. Sie gelangen spät zur Lauterkeit der Vollkommenheit in diesem Leben, manche von ihnen wohl nie, denn sie stehen weder richtig innerhalb noch richtig außerhalb der Nacht. Damit sie aber in der Demut und Selbsterkenntnis bleiben, übt Gott sie stunden- und tageweise in diesen Versuchungen und Trockenheiten"[131].

Die zweite, dunklere Nacht, die in die Einung mit Gott mündet, erwartet eine noch geringere Zahl von Menschen. Sie läutert den Geist und schließt die Läuterung der davon nicht zu trennenden Sinne ab; sie entblößt vom „alten Menschen" und bekleidet mit dem neuen, der „erneuert wird zur Erkenntnis nach dem Ebenbild dessen, der ihn geschaffen hat" (Kol 3,10). Sie macht die Menschen

---
130 A.a.O., 69f.
131 A.a.O., 92.

1.5 Gott vergebens suchen

innerlich zunichte, leer, so daß sie sich in der Hölle, in völliger unentrinnbarer Verlorenheit fühlen. Dazu entblößt Gott „ihre Seelenvermögen, Neigungen und Sinne im Bereich des Geistes wie in dem der Sinne, äußerlich wie innerlich, und versetzt ihr Erkenntnisvermögen in Dunkelheit, ihr Empfindungsvermögen in Leere sowie die Neigungen des Menschen in höchste Trübsal, Bitterkeit und Bedrängnis"[132]. Die natürlichen Möglichkeiten, Gott zu denken, zu fühlen, zu erfahren versagen vollständig. Der Mensch liebt nicht mehr mit seiner natürlichen Kraft, eine neue Liebe wird ohne sein Zutun oder sein Verstehen in ihn eingegossen, ein Licht, das jedoch zunächst als Dunkelheit und Schmerz wahrgenommen wird, zum einen, weil es wegen der beschränkten menschlichen Wahrnehmungsmöglichkeiten nicht bzw. nur als Finsternis erfaßt wird, zum anderen, weil das Licht in ein ungeläutertes Behältnis fällt, was dem Behältnis, dem immer noch sündigen Menschen, Schmerz zufügt und ihn etwas wie einen „grausamen geistlichen Tod"[133], wie ein Verworfensein von Gott erleben läßt. Trost gibt es in diesen Phasen nirgends, nicht bei Menschen und nicht im Gebet, das gar nicht zu Gott durchzudringen scheint; nicht einmal Tränen bringen Erleichterung. Ein Ende der Einsamkeit, Dunkelheit und Verlassenheit ist nicht abzusehen[134]. Dem Menschen bleibt nur, die Dunkelheit für sich anzunehmen und mit Geduld zu ertragen, daß Gott ihm alles aus den Händen nimmt – solange, bis alles Eigene geschwunden ist, bis die Finsternis den tiefsten Wesenskern des Geistes erreicht hat. Dann wächst in ihm eine brennende Liebe zu Gott, die er zunehmend zu spüren beginnt, zunächst nur als sehnsuchtsvollen Schmerz, doch nach einiger Zeit auch als Wärme und Kraft, die ihn von allem befreit, was nicht Gott ist.

Beide Formen der dunklen Nacht sind Ergebnis und Ausdruck der Liebe Gottes zum Menschen: „Wie höchst verwunderlich und schade ist es doch, daß die Schwäche und Ungeläutersein des Menschen hier so groß sind, daß er die Hand Gottes, die von sich aus so sanft und zärtlich ist, hier als so schwer und ablehnend empfindet, obwohl Gott sie nicht auf ihn niederdrückt noch schwer auf ihn legt, sondern ihn nur anrührt, und da noch voller Erbarmen. Denn er

---

132 A.a.O., 100.
133 A.a.O., 108.
134 Das Ende kommt tatsächlich erst nach längerer Zeit, oft nach Jahren, auch wenn zwischendurch Phasen der Erleichterung auftreten.

tut dies ja, um dem Menschen Gnaden zu schenken, und nicht um ihn zu bestrafen!"[135]

1.5.2 Thérèse von Lisieux

Die dunkle Nacht, Zeiten, die als Gottferne und Schweigen Gottes erlebt werden, – die *tentatio*, die Anfechtung, wie Luther, der sie gut kannte, sie nennt, gehört zum Leben im Glauben für die meisten Menschen hinzu, in unterschiedlich starker Ausprägung. Besonders schwer lastet diese Nacht wohl, wenn sie am Ende des Lebens, im Sterben auftritt, wie beispielsweise im Fall der 1925 heilig gesprochenen Thérèse von Lisieux.

Thérèse Martin wurde 1873 in Nordfrankreich als neuntes Kind einer frommen Familie geboren und wuchs in Lisieux auf. Ihre Mutter starb, als sie vier Jahre alt war, der Vater und die beiden ältesten Schwestern zogen sie auf. Mit vierzehn Jahren erfuhr sie die Berufung, Karmelitin zu werden, wie es zuvor auch die beiden Schwestern geworden waren; sie wurde, vor der offiziellen Altersgrenze, 1888 in den Orden aufgenommen. 1890 leistete sie ihre ewigen Gelübde als Theresia vom Jesuskind und vom Heiligen Antlitz. 1893 wurde sie Novizenmeisterin, zwei Jahre später schrieb sie auf Bitten ihrer älteren Schwester, die zu diesem Zeitpunkt Priorin war, ihre spirituelle Autobiographie, in der sie einen kurzen Weg zu Gott höchst einfach beschrieb. Sie habe, formulierte sie, „nach einem Aufzug gesucht, mit dem ich zu Gott hinaufgehoben werde, denn ich bin zu klein, um aus eigener Kraft die steile Treppe der Vollkommenheit zu besteigen." Die Antwort auf ihre Suche fand sie in Prov 9,4[136] und in Jes 66,12f.[137] Sie folgert aus diesen Worten, daß Jesus selbst sie in den Himmel heben wird: „Um den Himmel zu erreichen, muß ich gar nicht groß werden; im Gegenteil, ich muß klein bleiben, ja noch kleiner werden, als ich schon bin." Sie wollte dar-

---

135 A.a.O., 107.
136 Vulgata: „*si quis est parvulus veniat ad me*" – wer klein ist, der komme zu mir; Lutherbibel: „Wer noch unverständig ist, der kehre hier ein".
137 „... Ihre Kinder sollen auf dem Arme getragen werden, und auf den Knien wird man sie liebkosen. Ich will euch trösten, wie einen seine Mutter tröstet ..."

aufhin den „kleinen Weg" lehren, den Weg geistlicher Kindschaft, der gekennzeichnet sei durch Vertrauen und absolute Auslieferung, einen Weg der kleinen Opfer[138]. Für viele Menschen bietet dieser Entwurf die Möglichkeit, mit kleinen Handlungen aufrichtiger Liebe Spiritualität im Alltag zu leben. Thérèse selbst hatte am Ende ihres Lebens mehr als genug Gelegenheit, diesen Weg der absoluten Auslieferung zu gehen. Im Frühjahr 1896 erkrankt sie an Tuberkulose; ihre letzten Monate sind nicht nur von physischen Schmerzen, sondern auch von spirituellen Leiden geprägt – sie erlebt die dunkle Nacht in ungemilderter Härte, als eine „dunkle Wand", durch die nichts dringt. Doch die Lehre des Johannes hilft ihr, dieses Leiden anzunehmen als Erfahrung der Läuterung; sie liebt Gott in diese Finsternis hinein, die sich im Todeskampf noch einmal steigert[139]. Sie stirbt im September 1897 im Alter von 24 Jahren, ohne ein Ende der Nacht erlebt zu haben, und sie nimmt dies an als Zeichen der Transzendenz und Andersheit Gottes, zugleich auch als Zeichen ihrer eigenen Liebe zu diesem Gott. Ihre Priorin berichtet von Worten während der letzten zwei Lebenstage, die davon Ausdruck geben: „Meine Mutter, der Kelch ist gefüllt. Ach, ich kann nicht mehr! – Aber wenn Jesus wünscht, daß er überfließt? – dann will ich es auch, will ich es auch."[140]

---

138 Zitate aus den Schriften Thérèses nach: Die Geschichte der christlichen Spiritualität, 242f. Die genannten Texte machen deutlich, warum die Karmelitin die „kleine" Thérèse genannt wird, im Gegenüber zu Teresa von Avila und dem von ihr beschriebenen sehr komplexen geistlichen Weg. S. auch Jean François Six, Theresia von Lisieux. Ihr Leben, wie es wirklich war, Freiburg/Basel/Wien 1976.
139 Vgl. Josef Sudbrack, Gottes Geist ist konkret. Spiritualität im christlichen Kontext, Würzburg 1999, 113.
140 Zit. nach ebd. Eindrucksvoll kommt die Erfahrung der Abwesenheit, der Fremdheit Gottes auch in Worten des Dichters Reinhold Schneider zum Ausdruck, geschrieben wenige Monate vor seinem Tod. Er beschreibt zunächst seine Schwierigkeiten mit dem Gebet, das er dennoch fortführt als Fürbitte für andere, Lebende und Tote, als Gebet über den Glauben hinaus oder sogar gegen den Glauben. Dann fährt er fort: „Ich habe ein tiefes Bedürfnis danach; es ist das, was mich hält, was mich morgens in die Kirche ruft; für mich kann ich nicht beten; und des Vaters Antlitz hat sich ganz verdunkelt; es ist die schreckliche Maske des Zerschmeißenden, des Keltertreters; ich kann eigentlich nicht ‚Vater' sagen." (Reinhold Schneider, Winter in Wien, in: ders. Gesammelte Werke 10, Frankfurt a.M. 1978, 271.)

Gott ängstigt und erschreckt in der dunklen Nacht, oder er ist stumm, abwesend. Trotzdem aber bleibt er die einzige Zuflucht.

1.5.3 Heinrich Schütz und Heinrich Posthumus Reuß

Dieses „Trotzdem" findet einen ruhigen, geklärten Ausdruck in den „Musicalischen Exequien" (SWV 279-281) von Heinrich Schütz (1585-1672), einer sehr eigenständigen Form der lateinischen Totenmesse, zugleich das erste deutschsprachige Requiem auf der Basis von Bibel- und Choraltexten, das auf Heinrich Posthumus Reuß zurückgeht[141]. Er schreibt es 1636 im Auftrag der Witwe Reußens, mitten in der Zeit des Dreißigjährigen Krieges (1618-48), die im selben Jahr vom Dichter Andreas Gryphius in seinem Sonett „Tränen des Vaterlandes"[142] wohl noch zurückhaltend geschildert wird:

> „Wir sind doch nunmehr ganz, ja mehr denn ganz verheeret! [...] Die Türme stehn in Glut, die Kirch ist umgekehret, / Das Rathaus liegt im Graus, die Starken sind zerhaun, / Die Jungfern sind geschändt, und wo wir hin nur schaun, / ist Feuer, Pest und Tod, der Herz und Geist durchfähret. [...] Doch schweig ich noch von dem, was ärger als der Tod, / Was grimmer denn die Pest und Glut und Hungersnot: / Daß auch der Seelen Schatz so vielen abgezwungen."

In der letzten Zeile ist – neben der Nacht, die über dem Land liegt – die dunkle Nacht für die einzelnen angesprochen, die auch Schütz in reichlichem Maße erlebte angesichts des Todes etlicher seiner Schüler und auch seiner Kinder.

> Die Exequien beginnen verhalten, fast still, mit grundlegenden Aussagen zur Conditio humana, in die der dreifache Kyrie-Ruf kraftvoll und drängend hineingeflochten ist: „Nacket bin ich vom Mutterleibe kommen, nacket werde ich wiederum dahinfahren" (Hi 1,21), „Christus ist mein Leben, Sterben ist mein Gewinn" (Phil 1,21)

---

141 Ich beziehe mich vor allem auf den ersten Teil, das „Concert in Form einer teutschen Begräbniss-Missa".
142 Deutsche Dichtung der Neuzeit, hg. von Ernst Bender, Karlsruhe 1955, 41.

1.5 Gott vergebens suchen

und „Leben wir, so leben wir dem Herren" (Röm 14,8). Darauf folgen als Gloria, intoniert mit „Also hat Gott die Welt geliebt" (Joh 3,16), zuversichtlich und gewiß komponierte Aussagen zur Erlösung des Menschen durch Geburt und Tod, durch das Blut Christi und Aussagen zu der Folge, die dies für den Menschen hat: „Unser Wandel ist im Himmel" (Phil 3,20f.). Dennoch gelten für das Leben auf der Erde, das von Krieg und Sterben bestimmt ist, die sehr streng und herb vertonten Choralworte: „Es ist allhier ein Jammertal, Angst, Not und Trübsal überall, des Bleibens ist ein kleine Zeit, voller Mühseligkeit, und wer's bedenkt, ist immer im Streit". Dagegen wird wiederum solistisch die Erlösungszusage eingeschärft: „Wenn eure Sünde gleich blutrot wäre, soll sie doch schneeweiß werden", vom Chor angeeignet durch Choralworte: „Sein Wort, sein Tauf, sein Nachtmahl dient wider allen Unfall". Der folgende Dialog bringt die Verarbeitung der dunklen Nacht durch Schütz beispielhaft zum Ausdruck. Der Altus beginnt mit den Worten aus Jes 26,20: „Gehe hin, mein Volk, in eine Kammer und schleuß die Tür nach dir zu! Verbirge dich einen kleinen Augenblick, bis der Zorn vorübergehe." Die Dunkelheit des Zornes und die Vereinsamung des Menschen angesichts dessen klingen in dieser Komposition, die ganz der Textdeutung verpflichtet ist, deutlich an. Soprane und Baß setzen in sehr gewissem Gestus die Verheißung aus Sap-Sal 3,1 dagegen: „Der Gerechten Seelen sind in Gottes Hand und keine Qual rührt sie an". Der Baß singt dann ernst und gewichtig die im apokryphen biblischen Buch folgenden Verse: „für den Unverständigen werden sie angesehen, als stürben sie, und ihr Abschied wird für eine Pein gerechnet, und ihr Hinfahren für Verderben", immer wieder unterbrochen von dem weichen, lichten, tröstenden Einspruch der Soprane „aber sie sind in Frieden", in den er schließlich einstimmt. Das Fazit dieser Sequenz bindet in einem Solistenquartett das Angefochtensein und das Festhalten an Gott, aus dem aller Trost bezogen wird, zusammen: „Herr, wenn ich nur dich habe, so frage ich nichts nach Himmel und Erden. Wenn mir gleich Leib und Seele verschmacht', so bist du, Gott, allzeit meines Herzens Trost und mein Teil." (Ps 73,25f.) Dieses Ineinander der Nacht- und der Trostseite bestimmt den Charakter der Exequien ebenso in den folgenden Abschnitten, auch das Festhalten an dem dunkel gewordenen Gott wird eindrücklich thematisiert mit den Worten aus Gen 32,27, „Ich lasse dich nicht, du segnest mich denn". Das Werk endet mit dem Ausdruck der an Christus gewonnenen Zuversicht, den Worten des Canticum Simeonis (Lk 2,27ff.) und dem „Selig sind die Toten, die in dem Herrn sterben" (Apc 14,13) aus der Offenbarung sowie der bekräftigenden Wiederholung von SapSal 3,1, „Sie sind in der Hand des Herren und keine Qual rühret sie an".

1.5.4 Auswertung

Gott erscheint Menschen, die sich in einer Phase der „dunklen Nacht" befinden – oft übrigens im Zusammenhang mit von Menschen verursachtem Leiden –, als verborgen oder sogar abwesend, bestenfalls als schweigend und unerreichbar. Die Gottferne wird als quälend erlebt, denn der Mensch spürt in einer solchen Zeit, wie sehr er von der Gottesbeziehung, dem Licht, der wahrgenommenen Liebe Gottes lebt. Ob Gott tatsächlich als abwesend oder verborgen auszusagen ist, ist eine Frage der theologischen Perspektive. Johannes vom Kreuz beispielsweise verneint diese Frage – es liegt an der sündigen Beschaffenheit des Menschen, daß er Gottes lichterfüllte Nähe nicht oder nur als scharfen Schmerz wahrnehmen kann. Heinrich Schütz beantwortet die Frage in großer Nähe zu Luther und dessen Unterscheidung zwischen dem *Deus absconditus* und dem *Deus revelatus*, der Unterscheidung zwischen dem in Christi Erlösungshandeln liebend offenbaren, Sünde und Tod vertreibenden und dem – vor allem angesichts der Theodizeefrage, der Frage nach dem „woher" des Bösen – in seiner Erhabenheit verborgenen, Leben und Tod wirkenden Gott[143]. An den offenbaren Gott sollen wir uns nach Luther halten, der verborgene gehe uns nichts an. Immer wieder resultiert auch bei Schütz der Trost angesichts der Leiden im „Jammertal" aus der bewußten Erinnerung an das Heilshandeln Christi und aus der willentlichen Lenkung des Blickes nur auf ihn. Menschsein und menschliches Leben erscheinen auf diesem Weg der Reifung, Läuterung oder auch Prüfung oft als vor allem oder sogar ausschließlich schwer

---

[143] Luther entfaltet diese Gedanken in der Schrift „De servo arbitrio" von 1525, WA 18, 685, 18-24.

und dunkel, der Mensch ist gegenüber dieser Dunkelheit hilflos, und die Gefahr, aus Verzweiflung den Weg ganz zu verlassen, ist zweifellos gegeben. Die einzig erkennbare Möglichkeit, die Nähe zu Gott vom Menschen aus weiterhin anzustreben, besteht auf diesem Weg in einem Leben der Hingabe an die Sehnsucht nach Gott, wie verborgen er sich immer zeigen mag. In dieser Sehnsucht innerhalb der Nacht ist er allenfalls noch erlebbar, so wie sich im Negativ eines Photos das Licht als Dunkel zeigt. Die auslösende Erfahrung ist die der Gottferne, der Konfrontation mit dem *Deus absconditus*, die artikuliert wird als Klage, als Festhalten am „Dennoch", als schmerzvolle Sehnsucht. Die nach außen erkennbare Lebenshaltung in einer solchen Phase dürfte sich von der des zuvor eingeschlagenen Weges nicht sehr unterscheiden – der Mensch hält fest an dem zuvor Geübten, auch wenn es nicht mehr die selben Erfahrungen zu vermitteln vermag. Zum theologischen Verständnis ist das Nötige bereits im Zusammenhang mit dem Gottesbild gesagt worden – die Dunkelheit Gottes mag in Gott selbst verlegt (die *absconditus-revelatus*-Unterscheidung) oder als lediglich in der menschlichen Wahrnehmung gegeben angenommen werden, ein Resultat der Sündhaftigkeit des Menschen.

Diesen Weg oder Wegabschnitt der Gottsuche des Menschen sorgsam wahrzunehmen ist besonders wichtig, denn er macht deutlich, daß sich Christinnen und Christen keinen Illusionen hingeben dürfen. Das Leben ist nie nur leicht, nie ohne Dunkelheiten und Anfechtungen, und für das Leben im Glauben gilt das vielleicht sogar vermehrt, aus Gründen, die Menschen jetzt und hier nicht verstehen können und nicht verstehen werden. Sie können nur versuchen, die Nacht zu überstehen. Die Möglichkeit dazu liegt, daß belegen alle Zeugen dieses Weges sehr eindrücklich, in einem Ertragen der Dunkelheit, in einem Festhalten an dem fern oder finster gewordenen Gott. Der Mensch kann einer solchen Nacht nicht ausweichen, zugeich ist es wichtig, sich nicht hineinfallen zu lassen, sich nicht schwelgerisch der Dunkelheit auszuliefern, sondern sich darin an das Licht zu erinnern und gegen die Dunkelheit, gegen den dunklen Gott, auf dem Licht, auf Christus zu bestehen.

1.6 „Was in Gottes Gebot gefaßt ist, das muß heilig sein" – Gott suchen im Alltag

Paulus ermahnt im Römerbrief die Gemeinde, daß ihre Leiber lebendige, heilige Opfer sein, daß sie ihren Sinn erneuern sollten, um nicht der Welt gleich zu sein, sondern dem Willen Gottes immer zu entsprechen. „Das sei euer vernünftiger Gottesdienst." (Röm 12,1f.) Unmittelbar auf den täglichen Umgang mit dem Leib bezogen heißt es in I Kor 6,20: „Denn ihr seid teuer erkauft; darum preist Gott mit eurem Leibe". Der Kolosserbrief weist in eine ähnliche Richtung: Alles Tun des Menschen, das näher bezeichnete wie jedes andere, soll im Namen Jesu Christi zum Dank an Gott geschehen[144]. Das ganze Leben der Christinnen und Christen wird also zu einem Gottesdienst, denn wer in der Taufe Christus angezogen hat (Gal 3,27), ist eine neue Kreatur und lebt als eine solche (II Kor 5,17), und wer im Geist lebt, der wandelt auch im Geist (Gal 5,25).

1.6.1 Hartmann von Aue

Seit der Zeit der Alten Kirche haben Menschen versucht, nicht nach dem Gesetz der Welt, sondern nach dem Gesetz Gottes zu leben. Lange galt als einzig erfolgversprechende Möglichkeit dazu der Eintritt in die geistliche Gemeinschaft eines Klosters, denn Weltliches – Orte, Dinge und Menschen gleichermaßen – konnte

---

[144] Kol 3,16f.: „Laßt das Wort Christi reichlich unter euch wohnen: lehrt und ermahnt einander in aller Weisheit; mit Psalmen, Lobgesängen und geistlichen Liedern singt Gott dankbar in euren Herzen. Und alles, was ihr tut mit Worten oder mit Werken, das tut alles im Namen des Herrn Jesus und dankt Gott, dem Vater, durch ihn."

nur durch eine besondere Weihe aus dem Bereich der Welt ausgesondert und dem Bereich des Geistes zugewiesen werden[145]. Eine erste Einweisung des Menschen in den geistlichen Bereich vollzogen Taufe und Firmung, doch nur das monastische Leben, das dem immerwährenden Gebet gewidmet war und in dem selbst die Arbeit betend verrichtet wurde, brachte den Menschen in eine dauerhafte Nähe zu Gott. Menschen, die sich weltlichen Geschäften widmeten, dem Bebauen des Landes, der Verwaltung, dem Regieren, dem Kriegshandwerk, waren zwar ebenfalls gefordert, „fromm" zu leben, doch sie erfuhren Nähe zum Bereich des Heiligen nur in der Messe, vermittelt durch die Sakramente, bei bestimmten Handlungen wie der Teilnahme an einer Prozession oder Pilgerfahrt und im persönlichen Gebet, das ihren Alltag, ihr weltliches Leben unterbrach. Selten nur findet sich die Vorstellung der Möglichkeit eines gottgefälligen oder gar „heiligen" weltlichen Leben, eben weil der Bereich der Welt als dem Bereich Gottes entgegengesetzt gesehen wurde.

Eine solche Ausnahme bietet eine höfische Dichtung des 12. Jahrhunderts, die legendenhafte Erzählung „Der Arme Heinrich" des Hartmann von Aue. Hartmann beschreibt darin das Leben des schwäbischen Adligen Heinrich, der reich, von untadeliger Geburt und großen Fähigkeiten ist, ein in jeder Hinsicht vollkommener Ritter. Jugend, Klugheit, höfische Vorzüge und soziales Verhalten verhelfen ihm zu höchstem Ansehen in der Welt. Doch dann sendet Gott ihm den Aussatz, sein weltliches Ansehen ist vernichtet. Heinrich sucht, weil er die Krankheit nicht als von Gott gesandt versteht, im Bereich der Welt, bei Ärzten, Heilung. Er erfährt, daß die Medizin eine solche Heilung nicht ermöglichen könne; nur das freiwillige Blutopfer einer heiratsfähigen Jungfrau könne ihn heilen. Er verschenkt seinen Besitz und zieht sich auf den Hof eines seiner Freibauern zurück. Als sich dort in der Tochter des Bauern eine solche opferbereite Jungfrau findet, ohne daß er sie gesucht hätte, lehnt er ihr Opfer ab. Daraufhin wird er gesund und reicher als zuvor; er heiratet das Mädchen und nach einem langen, glücklichen Leben kommen sie gemeinsam in das ewige Reich. – Vor der Erkrankung sind Heinrichs Tugenden ohne Bestand, weil

---

145 S. dazu unten Abschnitt IV.1.1.1.-6.

sie nicht im Glauben an Gott verankert sind. Doch bringt ihn die Prüfung Gottes, die Krankheit, schließlich zur Unterordnung unter den Willen Gottes, zum Verzicht auf die erreichbare Heilung. Darum wird er gesund, darum erhält er seine Gaben und seinen Reichtum vermehrt zurück. Sein Bestehen der Prüfung und die daraus resultierende beständige Hinwendung zu Gott sowie die Erkenntnis seiner bleibenden Abhängigkeit überwinden die Vergänglichkeit irdischer Werte, seine Ehre ist damit nicht mehr nur weltlich und als solche fragil, sie hat Bestand. Die Ehe mit dem opferbereiten Mädchen zeichnet der Dichter als Bild des Gottesreiches auf Erden, in dem das Leben in der Welt und das Heil der Seele in Gott vereint sind.[146]

1.6.2 Martin Luther

Da Welt und Heiliges als streng geschieden erschienen, zeichneten sich die Heiligen gerade dadurch aus, daß sie – oft nach einer weltlichen Freuden zugewandten Jugend – schließlich in der Welt lebten, ohne an ihr teilzuhaben, das „Haben, als hätte man nicht" aus I Kor 7,29ff. noch überbietend. Diese Trennung zwischen weltlichem und geistlichem Bereich war sachgemäß verbunden mit dem Gedanken einer Abstufung hinsichtlich der Nähe der verschiedenen Lebensformen zum ewigen Heil. Dies hatte in einer Gesellschaft, in der die Kirche eine auch weltliche Macht war, Konsequenzen für das gesellschaftliche Ansehen.

Eine der gesellschaftlich vielleicht nachhaltigsten Wirkungen der Reformation hatte darum die faktische Aufhebung der Sonderung von Welt und Heiligem, die sich zuerst bei Martin Luther findet.

---

146 Vgl. ausführlich zu den theologischen Implikationen dieser Dichtung Corinna Dahlgrün, ‚Hoc fac, et vives – *vor allen dingen minne got*'. Theologische Reflexionen eines Laien im *Gregorius* und in *Der Arme Heinrich* Hartmanns von Aue (Hamburger Beiträge zur Germanistik 14), Frankfurt/M. 1991. Die kritische Ausgabe: Hartmann von Aue, Der arme Heinrich, hg. von Hermann Paul, 15. neu bearbeitete Auflage besorgt von Gesa Bonath (Altdeutsche Textbibliothek 3), Tübingen 1984.

1.6 Gott suchen im Alltag

Luther, geboren 1483 in Eisleben, gestorben 1546 in Mansfeld, war Priester und Universitätslehrer, Prediger und Seelsorger, Kirchenreformer und – unfreiwillig – Reformator und Kirchengründer. Er steht auf dem Hintergrund der mittelalterlichen, spätscholastischen Theologie, hat wesentliche Impulse von Augustin und Bernhard von Clairvaux empfangen, doch vor allem durch intensive Auseinandersetzung mit der Bibel, hierin vom Humanismus angeregt, seine theologische Position formuliert. Er benennt sie als „theologia crucis", Theologie des Kreuzes, wobei die Auferstehung mit dem Kreuz für ihn untrennbar verbunden ist, im Unterschied zur „theologia gloriae", der Theologie der Herrlichkeit[147]. Es ist eine Kampfformel, die die Position Luthers hinsichtlich der Sünden- und Gnadenlehre scharf zum Ausdruck bringt. „Die ‚Theologia gloriae' will Gott auf Grund seiner Schöpfung erkennen. Die ‚Theologia crucis' hingegen sieht in dem Versuch einer Gotteserkenntnis von der Schöpfung her eine Bemühung, abgesehen von der Sünde und dem göttlichen Gericht zu Gott zu gelangen; ihrerseits hält sie sich allein an das Kreuz, wo Gott sich zugleich verbirgt und offenbart. Die Verwendung der Begriffe ‚Theologia gloriae' und ‚Theologia crucis' macht also die Heilsfrage mit zum Thema der Theologie."[148] Generell besteht das Neue von Luthers Theologie darin, daß bei allen Problemen, mit denen die Theologie es zu tun hat, jeweils die Frage nach dem Heil des Menschen den Skopus, die entscheidende Mitte, darstellt. Denn angetrieben wurde Luther bei seinem theologischen Bemühen durch die existentiellen Frage nach der Gerechtigkeit des sündigen Menschen vor Gott, die an der unerfüllbaren Bußdisziplin seiner Zeit aufbrach. Seine Erkenntnis war: Keine noch so harte lebenslange Buße kann die Schuld des Menschen gegenüber Gott tilgen, also ist der Mensch verloren. Die darauf folgende Frage lautete: Wie bekomme ich dennoch einen gnädigen Gott? Die Antwort gibt er mit der Rechtfertigungslehre: Die Gerechtigkeit wird dem Menschen von Gott zugesprochen, ohne dessen Verdienst, also ohne daß er etwas dazutun könnte, und ohne daß er dessen würdig wäre. Für Luther ist „im eigentlichen Sinne der Gegenstand der Theologie der schuldige und verlorene Mensch sowie der rechtfertigende und erlö-

---

[147] Damit grenzt er sich ebenso von der vorausgehenden Scholastik wie von dem zeitgenössischen Humanismus des Erasmus von Rotterdam ab, ohne diesen beiden Richtungen damit völlig gerecht zu werden.
[148] Bernhard Lohse, Luthers Theologie in ihrer historischen Entwicklung und in ihrem systematischen Zusammenhang, Göttingen 1995, 51.

sende Gott"[149]. Gottes- und Selbsterkenntnis können darum nur in Verbindung mit der Rechtfertigungslehre behandelt werden, wobei die Rechtfertigungslehre das Kriterium für die Sachgemäßheit der Behandlung der Gottes- und Selbsterkenntnis ist.

Ausgehend von der reformatorischen Grundeinsicht, eben der Überzeugung, daß das ewige Heil durch das Handeln des Menschen nicht zu beeinflussen sei, da nur die im geistgewirkten Glauben angenommene freie Gnade Gottes den Menschen gerecht mache, galt dem ehemaligen Mönch Martin Luther der geistliche Stand nicht mehr als höher denn die weltlichen Stände. Keiner dieser Stände kann nach seiner Überzeugung das Heil wirken, bzw. positiv ausgedrückt: Alle Stände, alle Berufe, alle Ausformungen des Lebens eines Christen ermöglichen die gleiche Gottnähe. Drei aus dieser Grundeinsicht folgende Konsequenzen, die für die Ausgestaltung der Gottsuche im Alltag folgenreich sind, seien genannt, erstens der Gedanke des Priestertums aller Getauften, zweitens der Gedanke, daß alle im Gehorsam gegen Gott geübten Werke gleichermaßen heilig sind und drittens der Gedanke, daß jeder Mensch „berufen" ist, im Sinne des Liebesgebotes zu handeln.

Ad 1) Völlig deutlich ist für Luther, daß alle Getauften als Priester anzusehen sind[150] und daß sie alle durch Taufe und Glauben Anteil an Christi königlichen und hohepriesterlichen Ämtern haben. Speziell zu I Petr 2,9 sagt Luther: „Aber alle sind wyr priester fur Gott, so wyr Christen sind. Denn syntemal wyr auff den steyn gelegt sind, wilcher der ubirst priester fur Gott ist, so haben wyr auch alles was er hatt."[151] Das allgemeine Priestertum hat darum für Luther Anteil an allen Vollmachten, die die römische Kirche auf das besondere Amt beschränkt. Die Vorstellung einer Priesterweihe als Sakrament sei eine Erfindung der Kirche ohne göttliche Grundlegung in der Heiligen Schrift[152], sie habe zu der unbiblischen Unterscheidung von Priestern und Laien geführt – eine Ungerech-

---

149 A.a.O., 53.
150 Vgl. in der Schrift De captivitate Babylonica ecclesiae, Praeludium von 1520, WA 6, 564,6f.
151 Epistel S. Petri gepredigt und ausgelegt, Erste Bearbeitung von 1523, WA 12, 317,6-8.
152 Vgl. De captivitate, WA 6, 561,19-21.

1.6 Gott suchen im Alltag

tigkeit gegenüber der Taufgnade[153]. Allerdings fallen wie oft bei Luther die Argumente je nach Frontstellung unterschiedlich aus. So heißt es in seiner Schrift „De instituendis ministris Ecclesiae" von 1523 gegenüber der katholischen Position: „Suntque prorsus omnes Christiani sacerdotes, et omnes sacerdotes sunt Christiani."[154] Andererseits kann er sehr bündig gegen die durch seine Argumentation zur Gesetzlosigkeit und „Unordnung" ermutigten Schwärmer, vor allem Andreas Karlstadt, in der Auslegung des 82. Psalms von 1530 eine Unterscheidung festhalten: „Alle Christen sind Priester. Es ist war, alle Christen sind priester, Aber nicht alle Pfarrer. Denn uber das, das er Christen und priester ist, mus er auch ein ampt und ein befolhen kirchspiel haben. Der beruff und befelh macht Pfarher und Prediger."[155] Am Priestertum aller Getauften wird jedoch auch hier festgehalten. In der Konsequenz dieser Ansicht wird man sagen müssen, daß die Differenz von und die Grenze zwischen Klerus und Laien aufgehoben sind und daß jeder Mensch ohne die Mittlerschaft eines anderen und auch außerhalb des Raumes der Kirche imstande und gerufen ist, seinen Glauben zu leben.

Ad 2) Luther legt in der Schrift „Vom Abendmahl Christi. Bekenntnis" von 1528 dar, daß – immer unter der Prämisse, daß kein Werk an der Rechtfertigung des Menschen vor Gott mitwirken kann – alle Werke, die im Gehorsam gegen Gottes Gebot im je gegebenen Stand getan werden, gleichermaßen heilig sind: „Aber die heiligen orden und rechte stiffte [Stände] von Gott eingesetzt sind diese drey: Das priester ampt, Der Ehestand, Die weltliche oeberkeit, Alle die, so ym pfarampt odder dienst des worts funden werden, sind ynn einem heiligen, rechten, guten, Gott angenemen orden und stand, als [ebenso wie] die da predigen, sacrament reichen, dem gemeinen kasten [allgemeinen Armenkasten] fursteen, kuester und boten odder knechte, so solchen personen dienen etc. Solchs sind eitel [nur] heilige werck fur [vor] Gott, Also wer Vater und mutter ist, haus wol regirt und kinder zeucht [heranzieht] zu Gottes dienst, ist auch eitel heiligthum und heilig werck und heiliger orden, Des gleichen wo kind odder gesind den Eldern odder herrn gehorsam ist, ist auch eitel heiligkeit, und wer darynn funden wird, der ist

---

153 Vgl. a.a.O., WA 6, 563,28-31.
154 „Und deshalb sind ganz und gar alle Christen Priester, und alle Priester sind Christen." Von Einsetzung und Ordnung der Diener der Kirchen, WA 12, 178,28f.
155 WA 31/1, 211, 16-20.

ein lebendiger heilige auff erden. Also auch furst odder oberherr, richter, ampleute, Cantzler, schreiber, knechte, megde und alle, die solchen dienen, dazu alle, die untertheniglich gehorsam sind: alles eitel heiligthum und heilig leben fur Gott, Darumb das solche drey stiffte odder orden ynn Gotts wort und gebot gefasset sind, Was aber ynn Gotts wort gefasset ist, das mus heilig ding sein, denn Gotts wort ist heilig und heiliget alles, das an yhm und ynn yhm ist."[156] Der Gehorsam gegen Gottes Gebot macht Menschen zu „lebendigen Heiligen", unabhängig davon, in welchem konkreten Tun sich dieser Gehorsam äußert, ob im Waschen der Wäsche, im liturgischen Gebet vor dem Altar, im Befolgen eines elterlichen Befehls oder im Führen der Buchhaltung.

Ad 3) Damit werden nun auch spezielle Berufungen zu einem Leben für Gott wenn nicht obsolet, so doch stark relativiert, denn jeder Mensch ist in seinem Stand berufen, Gott zu dienen und den Menschen zu nützen, und dieser Dienst ist mehr „Gottes-Dienst" als es frommes Tun sein könnte, das zum Selbstzweck gerät. Luther macht dies sehr deutlich in der Auslegung von Joh 21,19-24 in der Kirchenpostille von 1522: „Siehe, alszo findt man viel leutt, die allerley thun, on was yhn befolhen ist. Mancher horett, das ettlich heyligen haben wallen gangen [sich auf eine Wallfahrt begeben], dauon sie gelobt sind, so feret der narr tzu, lest wyb unnd kynd sitzen, die yhm von gott befolhen sind, leufft auch tzu S. Jacob [auf den Jakobsweg] odder hyr und dar, sihet nit an, wie seyn beruff und befelh viell eyn anderer ist, denn des heyligen, dem er folgt. Alszo thun sie auch mitt stifften [Stiftungen, Abgaben an die Kirche], fasten, kleydung, feyr [Messfeier], pfafferey, muncherey, nonnerey, es ist eyttel hynder sich sehen nach den iungern, die Christus lieb hatt, und den rucken keren tzu dem befelh und beruffen der folge Christi [...] Darumb sihe drauff, wie eyn richtige strasz der weg gottis gehet [...]: er mag auch nit leyden der heyligen exempell, szondern da ist er hyn gericht, das er warttet, wie yhn gott fure, was der von yhm haben will [...]. Szo mochstu sprechen: Wie aber, wenn ich nit beruffen bynn, was soll ich denne thun? Anttwortt: wie ists muglich, das du nit beruffen seyest? du wirst yhe [je, immer] ynn eynem stand seyn, du bist yhe eyn ehlich man odder weyb odder kind odder tochter odder knecht odder magt. Nym den geringsten stand fur dich, bistu eyn ehlich man, meynstu, du habst nicht gnug tzu schaffen ynn demselbenn standt? tzu regirn

---

156 WA 26, 504,30-505,10.

1.6 Gott suchen im Alltag

deyn weyb, kind, gesind unnd gutter [Güter], das es alles gehe ynn gottis gehorsam und thuest niemand unrecht? [...] Item: bistu eyn Son odder tochter, meynstu, du habist nit gnug mit dyr tzu thun, das du tzuchtig, keusch und messig [mäßig, Maß haltend] deyne iugent halltist, deynen elltern gehorsam, niemand mit wortten odder wercken tzu nahe seyest? Ja, weyl man ausz der weysz kommen ist [aus der Weise / Übung gekommen ist], solch befelh und beruff tzu achten, szo geht man hynn und bettet roszenkrentz und thutt dergleychen, die nichts tzu dem beruff dienen, unnd denckt niemandt, das er seynes stands warnhem [wahrnehme, seinem Stand entsprechend lebe]."[157] Natürlich gibt es innerhalb der verschiedenen Stände Berufe, die einzunehmen für Christinnen und Christen verboten ist. Solche verbotenen Berufe sind diejenigen, die nicht mit der Nächstenliebe vereinbar sind, weil sie dem Nächsten oder der Gesellschaft Schaden zufügen. Dazu gehören etwa der Beruf des Räubers und des Wucherers, der „öffentlichen Frau" (Prostituierten) oder auch, so stellt es sich für Luther dar, die Berufe von Priester, Nonne oder Papst – und aller Geistlichen, die nicht predigen[158]. Das Verhalten innerhalb der erlaubten Berufe aber ist für Luther von den göttlichen Geboten geregelt, nicht in dem Sinne, daß sich das weltliche Handeln der Christen unmittelbar an bestimmten biblischen Forderungen orientierte, sondern vielmehr so, daß es auf die Gestaltung der Nächstenliebe unter den Bedingungen einer sündigen Welt zielt[159] Sündenfreiheit ist dabei nicht möglich[160]. Der Christ muß somit immer wieder selbst prüfen und vor seinem Gewissen verantworten, inwieweit eine bestimmte Tätigkeit mit einem christlich aufgefaßten Beruf verträglich ist. Er hat sich damit immer neu die Frage zu stellen, ob ein bestimmtes von ihm intendiertes Handeln, beruflich oder im Privatleben,

---

157 WA 10 I.1, 307,13-22 und 308,6-12; 14-20. Entsprechende Vorstellungen finden sich in den meisten protestantischen Denominatonen, vgl. z.B. für die amerikanischen Puritaner Charles Hambrick-Stowe, Puritanische Spiritualität in Amerika, in: Geschichte der christlichen Spiritualität 3, 365.
158 Vgl. a.a.O., 317,21-24.
159 Vgl. zu diesem Zusammenhang Volker Stümke, Das Friedensverständnis Martin Luthers. Grundlagen und Anwendungsbereiche seiner politischen Ethik (Theologie und Frieden 34), Stuttgart 2007, 154-195.
160 „Auch wenn ich vom stand rede, der nit sundlich an yhm selb ist, meyne ich nit damit, das yemand mug hie auff erden on sund leben, alle stende unnd wesen sundigen teglich" (WA 10 I.1, 317,16-19.)

dem Liebesgebot entspricht, ob es mit der Nächstenliebe unter den Bedingungen dieser (sündigen) Welt vereinbar ist.

Die Christin, der Christ, die sich nach Luther immer zugleich als gerechtfertigt und als Sünder wissen, stehen vor der Aufgabe, die Welt als Gottes Schöpfung zu verstehen, zwar in Sünde gefallen und nach Erlösung seufzend (Röm 8,22), doch zugleich Ort des in Christus angebrochenen Gottesreiches, als ganze nach Gottes Willen „heilig". Unter diesen Bedingungen sollen sie ihren Alltag geistlich leben, als Getaufte in dieser Welt und in der Kirche Jesu Christi Priester sein, also Gott lieben und den Nächsten wie sich selbst. Für Luther ist das keine idealistische Wunschvorstellung, sondern nüchterner Realismus. Der Mensch muß in jedem Fall wählen, er muß seine Priorität selbst setzen, denn er kann immer nur einem Herren dienen (Mt 6,24). Daß dies einer Überforderung gleichkommt, daß es dem Menschen nicht in allen Situationen gleichermaßen gelingt, die rechte Wahl zu treffen, ist Luther durchaus bewußt – der gerechtfertigte Mensch bleibt Sünder. Darum bindet er den hohen Anspruch an den Menschen zusammen mit der Verheißung der immer neuen Gnade, auf die der Mensch bleibend angewiesen ist. Konkret bedeutet das, wie es im vierten Hauptstück des Kleinen Katechismus heißt, „daß der alte Adam in uns durch tägliche Reu und Buße soll ersäuft werden und sterben mit allen Sunden und bösen Lüsten, und wiederumb täglich erauskommen und auferstehen ein neuer Mensch, der in Gerechtigkeit und Reinigkeit vor Gott ewiglich lebe."[161]

Die Reformation hebt in vielerlei Hinsicht die Grenzen zwischen Heiligem und Welt und zwischen Geistlichen und Laien auf. Das kann zunächst als *„Demokratisierung"* wahrgenommen werden, die Gleichheit der sündigen und gerechtgesprochenen Menschheit vor Gott wird theologisch konsequent gedacht: Jeder Mensch sieht sich dem Geschenk der Gnade gegenüber, das ein Leben in Gottes

---

[161] Die Bekenntnisschriften der evangelisch-lutherischen Kirche (BSLK), hg. von dem Deutschen Evangelischen Kirchenausschuß im Gedenkjahr der Augsburgischen Konfession 1930, Göttingen 1930, 516.

Nähe täglich neu ermöglicht, ungeachtet des bleibenden Sünderseins. Die Dankbarkeit darüber ist in Taten der Liebe zum Ausdruck zu bringen. Die Aufhebung der Grenze zwischen Heiligem und Welt bedeutet weiterhin eine *Sakralisierung*, damit auch eine Aufwertung der Welt, insofern sie als Ganze Ort des Wirkens des Geistes, der Gegenwart Gottes ist[162]. Schließlich kann diese Aufhebung aber auch als eine *Erschwernis des geistlichen Lebens* erlebt werden: Insofern jeder Moment des Lebens zum Ort der Bewährung der geschuldeten Dankbarkeit wird, gewähren weder ausgegrenzte Bereiche eine Entlastung von dem hohen Anspruch, noch wird ein besonderer Segen ausgeteilt, der diesen Anspruch zu erfüllen hülfe. Diese Sicht der Dinge ist nicht Luther oder den anderen Reformatoren anzulasten, höchstens insoweit, als sie das Moment der Freiheit aus soteriologischer Sicherheit oft recht unvermittelt neben die Betonung der immer neu notwendigen Reue über das eigene Sündersein und die nachdrücklichsten ethischen Mahnungen zur rechten Haltung gegenüber Gott und dem Nächsten stellten[163].

1.6.3 Dietrich Bonhoeffer

Wie läßt sich nun diese Form der Gottsuche im Alltag leben? Für Dietrich Bonhoeffer[164] ist die Antwort klar:

---

162 Gelegentlich tritt gerade bei Protestanten eine Sehnsucht nach besonderer Gottnähe, nach heiligen Orten oder Räumen zutage, immer wieder auch eine Faszination durch besondere Lebensvollzüge; zu denken ist an protestantische „Heilige", Märtyrer wie Bonhoeffer oder Martin Luther King, gern auch, ein wenig vereinnahmend, Mahatma Gandhi (zur Umgang mit der Heiligenverehrung s.u. in Abschnitt V.8.). Dabei ist eine Auswanderung dieser Suchbewegungen in säkulare Bereiche (Freizeitkultur) ebenso zu beobachten wie in die Esoterik.
163 Je nach biographischer Prägung wird der „heilsame Riß", die geschuldete Dankbarkeit oder die soteriologisch begründete Freiheit von allen Zwängen die Gestaltung des Glaubens auf diesem Weg bestin
164 Bonhoeffer war systematischer Theologe, Direktor des Pred nars der Bekennenden Kirche in Finkenwalde und Widerstar

Gottsuche im Alltag ist nur lebbar auf dem Weg einer konsequenten Nachfolge im Anschluß an die Bergpredigt, was bedeutet, den von Christus vollzogenen Bruch mit der Welt zu bejahen und im eigenen Leben nachzuvollziehen. Denn die Gnade der Rechtfertigung ist keine billige Gnade, die den Menschen unverändert ließe, sie ist teure Gnade. „Teuer ist sie, weil sie in die Nachfolge ruft, Gnade ist sie, weil sie in die Nachfolge *Jesu Christi* ruft; teuer ist sie, weil sie dem Menschen das Leben kostet, Gnade ist sie, weil sie ihm so das Leben erst schenkt; teuer ist sie, weil sie die Sünde verdammt, Gnade, weil sie den Sünder rechtfertigt. [...] Teuer ist die Gnade, weil sie den Menschen unter das Joch der Nachfolge Jesu Christi zwingt, Gnade ist es, daß Jesus sagt: ‚Mein Joch ist sanft und meine Last ist leicht'."[165]

Wie ein solches Leben konkret zu gestalten ist, beschreibt Bonhoeffer[166] für die Seminaristengemeinschaft Finkenwalde. Der Tag beginnt mit gemeinsamer Andacht, denn „der Morgen gehört nicht dem Einzelnen, er gehört der Gemeinde des dreieinigen Gottes", die zu Gebet, vor allem Psalmgebet, längerer alt- oder neutestamentlicher Lesung in *lectio continua* und Lied, dem einstimmig gesungenen, unbegleiteten Choral zusammenkommt[167]. „Der Anfang des Tages soll für den Christen nicht schon belastet und bedrängt sein durch das Vielerlei des Werktages. Über dem neuen Tag steht der Herr, der ihn gemacht hat. Alle Finsternis und Verworrenheit der Nacht mit ihren Träumen weicht allein dem klaren Licht Jesu Christi und seines erweckenden Wortes. [...] Darum mögen in der Frühe des Tages die mancherlei Gedanken und die vielen unnützen Worte schweigen, und der erste Gedanke und das erste Wort möge dem gehören, dem unser ganzes Leben gehört."[168] Dieses morgendliche Gebet wird über den Verlauf des Tages entscheiden, denn es verhilft dazu, Zeit nicht zu vergeuden, kraftvoll und mutig an die

---

fer im Kreis um Canaris, er wurde im April 1945 im KZ Flossenbürg hingerichtet.
165 Dietrich Bonhoeffer, Nachfolge, hg. von Martin Kuske und Ilse Tödt, Gütersloh 2002, 31.
166 Doch läßt sich das Gesagte bis zu einem gewissen Grade auch auf Alleinlebende anwenden, sofern diese eine Gemeinde in ihrer Nähe aufsuchen.
167 Dietrich Bonhoeffer, Gemeinsames Leben, 26. überarbeitete Auflage hg. von Gerhard Ludwig Müller und Albrecht Schönherr, Gütersloh 2001, 36.
168 A.a.O., 37.

1.6 Gott suchen im Alltag

Arbeit zu gehen, die Gedanken in Zucht zu halten. Auf die Andacht folgt das Frühstück, eingeleitet von Danksagung und der Bitte um Gottes Segen, begleitet vom Gedenken an den Geber der Gaben, von der Freude an der Güte Gottes und vom Wissen um die Verpflichtung gegenüber Notleidenden, die uns daraus erwächst, daß wir das „tägliche Brot" empfangen haben. „Nach der ersten Morgenstunde gehört der Tag des Christen bis zum Abend der *Arbeit* [...]. Beten und Arbeiten ist zweierlei. Das Gebet soll nicht durch die Arbeit, aber auch die Arbeit nicht durch das Gebet verhindert werden. [...] Auch das Gebet braucht seine Zeit. Aber die Länge des Tages gehört der Arbeit. Nur wo jedes sein ungeteiltes, eigenes Recht bekommt, wird die unauflösliche Zusammengehörigkeit von beidem deutlich. [...] In der Arbeit lernt der Christ, sich von der Sache begrenzen zu lassen, so wird ihm die Arbeit zum Heilmittel gegen die Trägheit und Bequemlichkeit seines Fleisches."[169] In einer so verstandenen Arbeit kann der Mensch das „Du" Gottes und so die Einheit seines Tages finden, dies eben meint nach Bonhoeffer die Mahnung in I Thess 5,17, ohne Unterlaß zu beten. Indem sich der Christ an seine Aufgabe, an das „Es" verliert, umfaßt sein Gebet den ganzen Tag; „es hält dabei die Arbeit nicht auf, sondern es fördert sie, bejaht sie, gibt ihr Ernst und Fröhlichkeit. So wird jedes Wort, jedes Werk, jede Arbeit des Christen zum Gebet, nicht in dem unwirklichen Sinne eines fortwährenden Abgelenktseins von der gestellten Aufgabe, sondern in dem wirklichen Durchbruch durch das harte Es zum gnädigen Du."[170] In der Mittagsstunde wird die Arbeit zu einer „kurzen Rast auf dem Wege" unterbrochen, auf der Höhe des Tages wird Gott gelobt für sein Erlösungshandeln in Christus[171]. Am Ende des Tages stehen die abendliche Tischgemeinschaft und die Abendandacht als letztes Wort vor der Nachtruhe. „Wenn die Nacht hereinbricht, leuchtet der Gemeinde das wahre Licht des göttlichen Wortes heller. Psalmengebet, Schriftlesung, Lied und gemeinsames Gebet [insbesondere Fürbitte und Vergebungsbitte] beschließen den Tag, wie sie ihn begannen."[172] Auch für die Nacht wird die Gegenwart Gottes im immer wachenden Herzen erbeten.

---

169 A.a.O., 59f.
170 A.a.O., 60.
171 Vgl. den Ingressus des u.a. von der Michaelsbruderschaft überlieferten Mittagsgebets: „Auf der Höhe des Tages halten wir inne. Lasset uns Herzen und Hände erheben zu Gott, der unseres Lebens Mitte ist."
172 Bonhoeffer, Gemeinsames Leben, 62.

Bei Bonhoeffer findet eine Ethisierung des reformatorischen Ansatzes statt: Der vom Gebet zunächst getrennte Bereich der Arbeit soll auf eine Weise gelebt werden, die ihn doch wieder durchlässig macht für die Ausrichtung auf Gott. Wahrscheinlich ist das sachgemäß. Dennoch ist diese „Heiligkeit" des Alltags für viele eine Überforderung, vor allem, weil die stetige Selbstprüfung schwer durchzuhalten ist – ungeachtet der Zusage der Vergebung für das Versagen.

Allerdings kann die Gottsuche im Alltag auch anders beschrieben werden, als ich es bisher getan habe. Christian Möller betont an der reformatorischen Spiritualität vor allem das Moment der „Begeisterung für das Alltägliche"[173]. Indem sich das „Beten und Arbeiten" nicht mehr im Sonderraum des Klosters, sondern in der Familie abspiele, würden diese Familie und ihr Alltag „geheiligt", mit Glanz und Würde versehen. Im Alltag des Familienlebens werde Gott erkennbar, so betone Luther gegenüber Justus Jonas[174]. Und im Sermon von den guten Werken von 1520[175] hebe er hervor, daß der Mensch alles, was er zu einem spirituellen Leben benötige, in seinem Alltag finde. Die Freiheit dazu gewinne der Mensch nach Luther aus der Sündenvergebung, die dazu jedoch die ihr zukommende Bedeutung erlangen müsse. Damit sie das könne, sei vor allem die Sünde, allerdings als vergebene, groß zu machen – Möller verweist hier zum einen auf das „magnificare peccatum" der Römerbriefvorlesung von 1515/16[176], zum anderen auf Luthers Brief an den von Skrupeln geplagten Melanchthon, in dem er diesem empfiehlt, kräftig zu sündigen, „pecca fortiter", um noch kräftiger zu glauben und sich an Christus als Sieger über Sünde, Tod und Welt zu freuen[177]. Die Sünde bilde einen Riß in der menschlichen Existenz, durch den, sofern er offen – also im Bewußtsein – ge-

---

173 Christian Möller, Reformatorische Spiritualität. Begeisterung für das Alltägliche, in: Maria Jepsen (Hg.), Evangelische Spiritualität heute. Mehr als ein Gefühl, Stuttgart 2004, 35-44.
174 Beleg a.a.O., 37. Dies ist nun kein vollständig neuer Gedanke, es berührt sich mit der zweiten Stufe des Evagrius Ponticus, der Gotteserkenntnis in allen Dingen der Natur, in allem Geschaffenen.
175 WA 6, 196-276.
176 WA 56, 155-528.
177 WA Br 2, 370-373, Nr. 424.

1.6 Gott suchen im Alltag

halten werde, die Gnade einströmen könne[178]. Möller sieht diese Linie bei Paulus beginnen, und er führt sie über Luther zu Bonhoeffer weiter. Hier verweist er vor allem auf einen 1944 in der Haft geschriebenen Brief, in dem sich Bonhoeffer von seinen früheren Ansätzen, insbesondere der „Nachfolge", distanziert und feststellt, daß sich erst derjenige Gott „ganz in die Arme" werfe, der darauf verzichte, aus sich selbst etwas zu machen, „sei es einen Heiligen oder einen bekehrten Sünder oder einen Kirchenmann"[179].

Dieser Ansatz der aus dem „Großmachen der Sünde" gewonnenen Wertschätzung des Alltags hat etwas Gewinnendes, dennoch habe ich einige Vorbehalte. Da ist zunächst die Situationsgebundenheit der unterschiedlichen Aussagen. Insbesondere Luther (aber auch Paulus) hat bei allen Schriften sehr sorgfältig seine Adressaten im Blick gehabt. Entsprechend kann er einem von Skrupeln gequälten und die Realität dabei offenbar vermeidenden Menschen wie Melanchthon zu „kräftigem Sündigen" raten, während er seiner Gemeinde einschärft, die Gewissensprüfung und die Reue ernst zu nehmen. Er kann gegen die römische Kirche die spirituelle Methodik verwerfen und gegen die Schwärmer die geistliche Übung einfordern. Hinsichtlich Bonhoeffers frage ich mich, ob nicht die spätere Distanzierung von der „Nachfolge" vor allem der hinter den Ratschlägen stehenden Intention der Selbstformung galt. Die Konzentration auf Gott innerhalb der Aufgaben des Alltags, die er in dem genannten Brief an deren Stelle setzt, ist nicht weniger anspruchsvoll – und sie war die einzige Möglichkeit zu einer spirituellen Lebensgestaltung, die ihm unter den Bedingungen der Haft geblieben war. Ich frage mich schließlich, wo in dieser Darstellung die Luther sehr gut bekannte Anfechtung ihren Platz hat, wo auch die Ernsthaftigkeit des täg-

---

178 Vgl. Christian Möller, ‚Spiritualität?' Überlegungen zur reformatorischen Wahrheit eines Modewortes, in: Michael Herbst (Hg.), Spirituelle Aufbrüche. Perspektiven evangelischer Glaubenspraxis (FS Manfred Seitz zum 75. Geburtstag), Göttingen 2003, 24 und ders., Der heilsame Riss. Impulse reformatorischer Spiritualität, Stuttgart 2003, 9 u.ö.
179 Dietrich Bonhoeffer, Widerstand und Ergebung. Briefe und Aufzeichnungen aus der Haft, hg. von Eberhard Bethge, Gütersloh [11]1980, 183. Man wird allerdings hinzufügen müssen, daß Bonhoeffer damit zwar auf alle Selbststilisierung verzichtet haben mag (dazu mahnt auch Johannes vom Kreuz), dennoch aber eine asketische Methodik im täglichen Umgang mit Losung und Choral beibehielt.

lichen „Ersaufens" des alten Adam[180], wo die Ernsthaftigkeit der täglichen Gewissensprüfung und der Schmerz der Reue, der ebenso wie die immer neue Freude an der Vergebungsgewißheit zu dem bleibenden Sündersein des Menschen hinzugehört[181]. Mit anderen Worten, so faszinierend diese ungebrochen positive Sicht auf das menschliche Leben ist, ich meine, daß ein tragfähiges Konzept das Dunkle integrieren muß, das zum Leben auf dieser Welt, auch zum spirituellen Leben, untrennbar hinzugehört. Natürlich stehen wir damit wieder vor einem „sowohl-als auch", aber das bleibt dem Menschen, *simul iustus et peccator*, ohnehin aufgegeben.

1.6.4 Auswertung

Das Gottesbild, das hinter diesem wohl ‚protestantischsten' Weg steht[182], ist das des trinitarischen Gottes, der dem Menschen auf vielerlei Weise nahe kommt und alles durchdringt, auch das Alltägliche. Er erscheint als ein persönlicher Gott, der mich, den je einzelnen Menschen, anspricht, mich beruft, von mir fordert, der mich durch sein Menschwerden, durch sein Leiden und Sterben in Christus erlöst, der mich begleitet mit seinem Geist. Ein Mensch zu sein vor diesem Gott bedeutet, gesehen zu sein, angesprochen, gerufen in die rechte Gottesbeziehung in jedem Moment des Lebens. Es bedeutet, sich des Abstandes zwischen Mensch und Gott bleibend bewußt zu sein, sich als Sünder vor diesem heiligen Gott zu wissen, doch zugleich als gerecht gemacht ohne eigenes Zutun. Es bedeutet, den eigenen hohen Wert zu wissen und immer neu

---

180 Diese blieben bestehen neben aller Erleichterung und Freude über die immer neue Befreiung des „neuen Menschen".
181 Eine weitere Anfrage: Bei aller Sympathie für das Bemühen, eine genuin protestantische Spiritualität positiv darzustellen – ist es wirklich notwendig, die Unterschiedenheit von den Ausprägungen der katholischen und orthodoxen Spiritualität so zu betonen? Ich meine, die Ähnlichkeiten (und die Abhängigkeiten) sind nicht zu übersehen, darum halte ich die Überzeugungskraft einer ökumenischen Spiritualität, die das protestantische Erbe freilich nicht vernachlässigen darf, für letztlich größer.
182 Vgl. aber unten den Abschnitt zu Franz von Sales, III.4.4.2.

1.6 Gott suchen im Alltag

zugesprochen zu bekommen in der Vergewisserung des *Christus pro nobis* – für mich wurde Christus Mensch, für mich nahm er den Tod auf sich, auf seine Auferstehung gründet meine Hoffnung auf die Gnade Gottes im Gericht und auf das ewige Leben. Der Weg, den der Mensch gehen muß, um dieser Gnade dankbar zu entsprechen, ist ein Leben der täglichen Hingabe an die Berufung, die dem einzelnen zuteil geworden ist, worauf immer sie sich richtet. Zugleich bedeutet diese Hingabe, aus der Gnade gegenüber dem immer auftretenden – bereuten – Versagen auf diesem Weg zu leben. Im Lebensvollzug kann jedoch die Konzentration auf Gott verschwimmen, so daß die Erfahrung der Nähe Gottes flüchtig und zufällig wird und schließlich auch die Sehnsucht danach verschwindet, die eine Gefahr auf diesem Weg. Eine entgegengesetzte und weit häufiger zu beobachtende Gefahr besteht in der Banalisierung der Forderung: Ich muß mich nicht zum Gerechtfertigten oder Heiligen machen, das tut Gott für mich, darum kann ich ganz entspannt das Leben genießen. Doch ob durch ein Versagen gegenüber einer zu hohen Anforderung oder durch die Ermäßigung der Anforderung bis zu ihrer vollständigen Banalität: Der Mensch verliert sich, oft ganz zufrieden, an das Leben in der Welt[183]. Die Erfahrung, die einen Menschen auf diesen Weg

---

[183] Auf eine weitere Gefahr weist Nelson, Der Drang zum Spirituellen, 100, hin. Durchschnittliche Kirchenmitglieder werden von dem Soziologen als Konformisten bestimmt, insofern sie sich bemühen, die Hauptelemente der Kultur zu akzeptieren, was jedoch insgesamt nicht möglich sei: „Der typische Konformist ist ein christlicher wissenschaftlicher Materialist, der von sich selbst sagt, daß er einer Kirche angehört, der aber an den Kulthandlungen nur gelegentlich teilnimmt. Er bejaht verbal die christliche Moral, ignoriert sie aber in der Praxis bei seiner Arbeit und in seinem sozialen Leben weitgehend. Er akzeptiert die Welt und die soziale Ordnung und betrachtet die materielle Befriedigung als oberstes Kriterium seiner Entscheidungen. Er ist erwerbsorientiert und lehnt eine kapitalistische oder gemischte Wirtschaft nicht grundsätzlich ab. Er akzeptiert die ‚Erkenntnisse' der modernen Wissenschaft relativ unkritisch und begrüßt den technologischen Fortschritt. Er ist individualistisch und nur dann zu kollektivem Handeln bereit, wenn es sich zum Beispiel in der Mitgliedschaft in einer Gewerkschaft äußert,

bringt, ist der auf das Hören des Evangeliums antwortende, im Geist geschenkte Glaube an die Erlösung, der den Wunsch bewirkt, Dank und Lob handelnd zum Ausdruck zu bringen. Artikuliert wird die Erfahrung, wie im Falle der übrigen Wege auch, im Leben, allerdings vielleicht unauffälliger, mehr in der individuellen Lebenshaltung und -einstellung erkennbar, da der Mensch seinen Alltag nicht verlassen muß. Die für diesen Weg zentralen theologischen Aussagen sind zum einen eine weitreichende *Inkarnationsvorstellung* – Christi Menschwerdung macht die gesamte Schöpfung zu einem Ort der „heiligen" Lebensführung –, weiterhin eine gegenüber anderen Ansätzen eher pessimistisch zu nennende *Anthropologie* – der Mensch bleibt auf dieser Welt immer zutiefst Sünder, er kann sich aus eigener Kraft und Anstrengung Gott nicht nähern –, und schließlich, im Rahmen der *Soteriologie*, die Lehre von der Rechtfertigung dieses Sünders allein aus Gottes Gnade, die den Menschen zu täglichem Neubeginn befreien kann. Festzuhalten ist vor allem, daß – ungeachtet aller Betonung der in den Schwachen mächtigen Kraft Gottes (II Kor 12,9) – dieser Weg einen allein bleibenden einzelnen entweder überfordern oder ihn zu falscher Zuversicht und einer Banalisierung der eigenen Sünde bewegen wird. Der Mensch ist angewiesen auf eine Gemeinschaft, die hilft, der erforderlichen Disziplin treu zu bleiben, die den angefochtenen Glauben tröstet und im Gebet trägt, die die Worte spricht, die nicht immer zu Gebote stehen. Bei aller Hochschätzung des Subjekts und der individuellen Gottesbeziehung sollte der Protestantismus wieder größeres Gewicht auf die „Gemeinschaft der Heiligen" legen.

---

also seinen Eigeninteressen dienlich ist. Wenn wir diesen Konformisten als den idealtypischen Vertreter der westlichen Industriegesellschaft betrachten, können wir erkennen, daß ein solcher ‚idealer Mensch' keine integrierte Persönlichkeit ist. Er trägt in sich den Keim des Konflikts, die Widersprüche, die zwischen der materialistischen Einstellung, dem Erwerbsstreben und dem individualistischen Eigeninteresse einerseits und den traditionellen christlichen Tugenden der Liebe und Barmherzigkeit andererseits bestehen."

1.7 Ertrag für das Verständnis des Begriffes „Spiritualität"

Viele Menschen suchen Gott, und sie haben dies zu allen Zeiten getan. Sie taten und tun es auf verschiedenen Wegen, auf die sie berufen werden, die sie wählen, oder auf denen sie sich vorfinden[184], von denen ich die sechs mir wesentlich scheinenden Varianten typisiert vorgestellt habe. Doch so polar entgegengesetzt die möglichen Ziele klingen – Gemeinschaft oder Einsamkeit, das eigene Ich oder der andere – lassen sich etliche Gemeinsamkeiten feststellen, wenn es auch je nach persönlicher Prägung, gesellschaftlichem Umfeld und dominierender theologischer Lehre zu unterschiedlichen Gestaltungen der Wege kommt. Die Gemeinsamkeiten können helfen, die Bedeutung des Begriffes „Spiritualität" (jedenfalls im Hinblick auf eine christliche Spiritualität) etwas präziser zu erfassen.

Die Frage nach dem Gottesbild bzw. der Weise, in der Gott erfahrbar wird, die korrespondierende Frage nach dem Menschenbild, die Fragen nach dem Ausdruck dessen im Leben und nach den Gefährdungen, nach den auslösenden Erfahrungen und ihrer Artikulation und nach der zugrundeliegenden Theologie ergeben Antworten, die jedenfalls folgende Übereinstimmungen festhalten lassen[185]: Die Gotteserfahrung[186] ist auf allen Wegen eine machtvolle, das weitere Leben bestimmende, welcher Aspekt der Trinität dabei auch besonders hervorgehoben ist[187]. Die Sicht des Menschen bestimmt sich aus dem Gegenüber zu Gott und aus

---

184 Besonders im Falle des fünften Weges ist von einer Wahl nicht zu sprechen.
185 Vgl. die Übersicht am Ende dieses Abschnittes.
186 Eine Auseinandersetzung mit der Problematik des Erfahrungsbegriffs folgt in II.3.1.
187 S. auch Mary T. Clark, Die Dreieinigkeit in der lateinischen Christenheit, in: Geschichte der christlichen Spiritualität 1, 286: „Trinitarische Spiritualität benennt Grundhaltungen, die sich daraus ergeben, daß Gott Vater, Sohn und Geist ist, nämlich: Schweigen vor dem Erhabenen, Gehorsam aus Liebe mit dem Sohn dem Vater gegenüber, Erfahrungen des Gottesgeistes in allen Dingen."

der Lebensaufgabe, die als aus der Gottesbegegnung resultierend erkannt wird, selbst dort noch, wo diese Begegnung als eine jedenfalls nicht erlebbare, nicht positiv spürbare geschieht wie im Fall des fünften Weges. In allen Fällen bestimmen die Gottesbegegnung und -beziehung das Leben des Menschen, der Eigenwille wird zugunsten einer Hingabe an Gott – in welcher Gestalt immer – aufgegeben, bzw. mit dem Willen Gottes nach Möglichkeit in Übereinstimmung gebracht. Die dieses auslösende Erfahrung ist jeweils als ein Ineinander von Gottes- und Selbsterfahrung zu beschreiben, als das Wahrnehmen eines in bestimmter Weise geprägten Gegenübers zweier Elemente, beispielsweise des erlösenden Gottes und des sündigen Menschen. Dieses Gegenüber führt ebenso zur Erkenntnis eines Aspektes des trinitarischen Gottes wie zu einer dem korrespondierenden Selbsterkenntnis. Diese Erkenntnis hat einschneidende Folgen für die tägliche Gestaltung des Lebens, die allerdings nach außen hin mehr oder weniger sichtbar sein können. Oft wird die Erfahrung durch Rede bzw. Schrift weitergegeben, um anderen Menschen daran Anteil zu geben oder sie zu bewegen, den gewählten Weg ebenfalls einzuschlagen. Die theologische Annäherung an die jeweilige Erfahrung und die aus ihr resultierenden Konsequenzen geschieht mittels unterschiedlicher Topoi[188], die jedoch alle Aspekte des dreieinigen Gottes darstellen, ob die Betonung nun auf einer christologischen bzw. soteriologischen Vorstellung liegt (Inkarnation; Kreuz und Auferstehung; Rechtfertigung) oder etwa auf einer pneumatologischen (Leib Christi).

Hinter allen Wegen steht das sogenannte Doppelgebot der Liebe aus Mt 22,37-39, zusammengefügt aus Dtn 6,5 und Lev 19,18, erweitert um den Aspekt der Selbstliebe: „Du sollst den Herrn, deinen Gott, lieben von ganzem Herzen, von ganzer Seele und von ganzem Gemüt. Dies ist das höchste und größte Gebot. Das

---

[188] Hier ist nochmals auf das Ineinander von theologischem Denken und Erleben hinzuweisen, auf die Untrennbarkeit von Theologie und gelebter Spiritualität.

1.7 Ertrag für das Verständnis des Begriffes „Spiritualität"

andere aber ist dem gleich: Du sollst deinen Nächsten lieben wie dich selbst." Zum Verständnis wichtig ist zudem die Anwendung dieses Gebotes in Lk 10,25-37, dem Gleichnis vom barmherzigen Samariter, in dem zum einen das Gewicht auf das Tun gelegt wird („Tu das, und du wirst leben"), und das zum anderen deutlich macht, wie die Frage, wer mein Nächster sei, zu beantworten ist, nämlich vom bedürftigen anderen her, der mir zum Nächsten wird[189]. Dieses Doppelgebot konstituiert ein „anthropologisches Dreieck", ein Dreieck, in dem jeder Mensch steht, aus Gott, dem Nächsten (unter dem Aspekt, ob ich zum Nächsten werde für den, der mich braucht) und dem Ich (wie dich selbst), das sich in der Welt vorfindet.

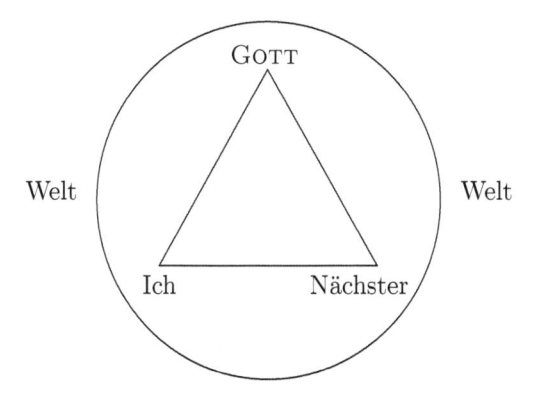

Abb.: Anthropologisches Dreieck

Wie wichtig es ist, alle Eckpunkte dieses „anthropologischen Dreieckes"', in dem der Mensch sich immer vorfindet, im Gleichgewicht zu halten, zeigen die möglichen Fehlformen, die Gefahren der einzelnen Wege. Geht die Balance verloren, gerät zwangsläufig ein

---

189 „Wer ist dem der Nächste geworden, der unter die Räuber gefallen ist", nicht etwa: das Nächster-Sein ergibt sich aus der Zugehörigkeit des anderen zu einer bestimmten Gruppe, er ist Nächster, weil er mein Verwandter, mein Bruder ist, Angehöriger derselben ethnischen Gruppe, Christ.

Eckpunkt in Vergessenheit, fallweise auch zwei, Gott, der Nächste oder das eigene Ich; auch die Welt kann dann ausgeblendet oder nur mehr egozentrisch, auf den eigenen Nutzen hin wahrgenommen werden. Das gilt für die beiden letzten Wege, bei denen ich die Gefahr als „Verlassen des Weges" bestimmt hatte, ebenfalls – in der Dunklen Nacht wird, wenn sich das Ich der Verzweiflung überläßt, der Nächste ebenso vergessen wie Gott, übrig bleibt ein in sich verkrümmter Mensch in einer als feindselig erlebten Welt. Im Falle eines Abweichens von der Gottsuche im Alltag wird vermutlich zuerst Gott in Vergessenheit geraten. Da Menschen nicht imstande sind, den Nächsten um seiner selbst willen zu lieben – eine solche Liebe ist nur in der Gottesliebe möglich –, wird der Nächste als ein solcher ebenfalls in Vergessenheit geraten; übrig bleiben das Ich und die Welt, die oft stellvertretend für die anderen Pole geliebt wird, bis die Diesseitigkeit dieser Liebe zu Leere oder Überdruß führt[190].

Die Wahrung der Balance bleibt dem Menschen auf jedem der Wege aufgegeben. Sie ist nicht dauerhaft zu erreichen, sondern allenfalls ein instabiles Gleichgewicht; sie erfordert darum immer neu Aufmerksamkeit und Selbstprüfung, ein immer neues Bemühen im Wissen um die in der Vergebung liegende Chance des Neubeginns[191]. Sie erfordert, mit einem aussagekräftigen mittelhochdeutschen Begriff gesagt, die Tugend der *mâze*, ein Gespür für und ein Wissen um das richtige Maß in allem, was der Mensch tut.

---

[190] Natürlich hätten auch die anderen Fehlformen als ein Verlassen des Weges gekennzeichnet werden können, denn wer die Liebe zu Gott (v.a. Weg 3), zum Nächsten (Weg 1 und 4) oder zu sich selbst (Weg 2 und 3) verliert, ist – bei aller Frömmigkeit, bei allem Streben nach Heiligkeit – auf einen der von Johannes vom Kreuz beschriebenen Abwege geraten.
[191] Eine Hilfe kann zudem ein Segen sein, wie ihn das TE DEUM. Das Stundengebet im Alltag, hg. von Benediktinerabtei Maria Laach, Stuttgart 2006, 289, für das Morgenlob am 30. Mai vorgesehen hat: „Segne uns, Gott im Himmel, mit dem Blick zu dir. Segne uns, Gott auf der Erde, mit dem Blick zum Nächsten. Segne uns, Gott in unserem Innern, mit dem Blick in unser Herz."

1.7 Ertrag für das Verständnis des Begriffes „Spiritualität" 87

Das bedeutet keinesfalls einen langweilig gleichförmigen Weg ohne Höhen und Tiefen mit einem reglementierten Denken: Alle Wege können Phasen aufweisen, in denen die Freude oder das Leiden überwiegen, die also, theologisch gesprochen, mehr vom Kreuz oder mehr von der Auferstehung bestimmt sind, ebenso Phasen, in denen das Fühlen gegenüber dem Verstehen stärker oder schwächer betont ist. Ideal wäre eine Ausgewogenheit auch in dieser Hinsicht, doch erreichen sie nur wenige. Ein Freund von Bernhard von Clairvaux, Wilhelm von Saint-Thierry (1085/90-1148 /89), zunächst Benediktiner, dann, angezogen von der strengeren Observanz, Zisterziensermönch, kann vielleicht als ein Beispiel gelten. Sein Tagesablauf war – durch die Stundenliturgie – von der Bezogenheit auf die Passion Christi geprägt, ebenso selbstverständlich war ihm ein asketisches Leben. Er formulierte Ratschläge für Mönche zur Angleichung des Willens an Gott mit dem Ziel der Gotteserfahrung, die entgegen einem Übergewicht der Passionsfrömmigkeit, wie es in dieser Zeit häufig zu finden war, das Moment der Freude betonten. Ebenso fallen bei ihm Erkenntnis und Fühlen in der Gottesliebe ineinander, allerdings steht die daraus resultierende Erfahrung unter einem eschatologischen Vorbehalt. In seinen Überlegungen spielt „die Askese eine unerwartet geringe Rolle: man kommt vermittels und nicht trotz des Körpers zu Gott. Dieser darf nur in vernünftigem Maß kasteit werden, damit er zu seinen Diensten bereit bleibt. Wenn sich der Mensch in diesem ‚natürlichen' Stadium auf Gott ausrichtet, dann wird davon auch der Leib positiv ergriffen und erfährt Freude. Im Stand des vernünftigen Menschen konzentriert sich dann die Ratio auf die Gotteserkenntnis; aus ihr entspringt die Tugend. Vollkommen ist freilich nur der Stand des geistlichen Menschen, der seinen Willen Gott angeglichen hat in der Einheit des Geistes. So ist er ‚Gott durch Gnade, was Gott von Natur aus ist'"[192]. Ein modernes Beispiel für eine solche gelebte *mâze* ist der anglikanische Theologe und Autor C. S. Lewis, bekannt geworden vor allem als Verfasser der Kinderbuchreihe der Chroniken von Narnia und der „Dienstanweisungen für einen Unterteufel". Seine Schriften[193] vermitteln den Eindruck eines Menschen, dessen lebendige Gottesbeziehung ihm sowohl die Akzeptanz seiner selbst, wie die mitfühlende Aufmerksamkeit für den Nächsten und die Liebe zur Welt ermöglicht.

---

192 Dinzelbacher, 123.
193 Bis hin zu A Grief Observed (1961), der Beschreibung seines eigenen Trauerprozesses nach dem Tod seiner Frau.

Abgesehen von der Frage der Balance in dem von der Liebe bestimmten Dreieck', in dem sich der Mensch vorfindet, ist hinsichtlich der Wege auf jeden Fall festzuhalten, daß nicht jeder Weg zu jeder Zeit für jeden geeignet ist. Wer sich nicht eindeutig auf einen bestimmten Weg gerufen fühlt, kann nur durch Ausprobieren feststellen, welches der seine ist – nicht im Sinne einer geschmäcklerischen Selbstbedienung an Supermarktregalen, sondern als ein ernsthaftes Sich-Hineinstellen in eine Tradition, als ein Anprobieren von außen nach innen. Hat er auf diese Weise den ihm gemäßen Weg gefunden, sollte er oder sie allerdings Disziplin aufbringen, diesen Rat formulieren viele geistliche Lehrerinnen und Lehrer. Man sollte nicht, sobald sich Gewohnheit breitmacht, die vielleicht Langeweile oder Unlust auslöst, auf einen anderen Weg, zu einer anderen Methode, zu einem anderen Lehrer wechseln. Es geht, wie bei Johannes vom Kreuz zu lernen ist, nicht zuerst um das eigene Wohlbehagen, um die Qualität der eigenen Erfahrungen. Allerdings ist ein bestimmter Weg auch nicht festzuhalten, wenn er dem Menschen von Gott aus der Hand genommen wird. Hier ist die Unterscheidung (*discretio*) zu lernen zwischen *acedia* und dunkler Nacht. Aus eigenem Vermögen kann das schwer oder sogar unmöglich sein, gerade in Zeiten der Anfechtung, dazu ist eine geistliche Begleitung des Weges notwendig.

Eine Frage ist abschließend noch zu stellen: Muß es denn immer ein „besonderer" Weg sein? Muß ich, um Gott zu lieben und meinen Nächsten wie mich selbst, immer mein Leben grundlegend ändern oder jedenfalls meine Haltung? Etliche biblische Schriften antworten, im Alten (Propheten) wie im Neuen Testament (Jesus, Johannes der Täufer) auf diese Frage mit dem Ruf zur Umkehr, also mit einem eindeutigen „Ja". Demgegenüber setzen die Vätererzählungen und generell die Tora des Alten und die Briefliteratur des Neuen Testaments die geschehene Umkehr bzw. die Ausrichtung auf den einen Gott bereits voraus; ihnen sind darum eher Hinweise darauf zu entnehmen, wie der eingeschlagene Weg beibehalten und weitergegeben werden kann, Hinweise bezüglich

1.7 Ertrag für das Verständnis des Begriffes „Spiritualität"

der Wahrung und Vermittlung einer lebendigen, den Alltag prägenden Tradition. Doch wie ist die aktuelle Situation in dieser Hinsicht einzuschätzen? Entscheiden sich Menschen heute für das Beschreiten eines Weges der Gottsuche, den sie sich, von Beispielen angeregt, selbst formen, verbunden mit bewußter Abkehr von anderen Wegen, verbunden mit einer Änderung der Lebenshaltung, oder wachsen sie, vermittelt durch die Tradition, in einen solchen vollständig gebahnten, das tägliche Leben prägenden Weg hinein, den sie nur beschreiten oder allenfalls zunächst bewußt als den ihren annehmen müssen? Diese Frage ist nicht leicht und wohl auch nicht völlig eindeutig zu beantworten. Einerseits ist ständig – und nicht ohne Grund – die Rede von einem Traditionsabbruch: Die selbstverständliche Weitervermittlung christlicher Inhalte ist zu weiten Teilen tatsächlich zum Stillstand gekommen[194]. Andererseits kommt niemand aus dem voraussetzungslosen Nichts, jeder Mensch bringt Prägungen mit, die in der westeuropäischen (stärker noch der nordamerikanischen) Kultur mehr als nur Spurenelemente des Christentums enthalten. Um jedoch die Reichweite dieser Prägungen einschätzen zu können, hilft ein Blick auf spezielle Momente der Geschichte der Spiritualität, wie ihn Kees Waaijman unternimmt[195].

Waaijman zeigt, wie vielfältig die von ihm Lay Spirituality, Laienspiritualität, genannte alltägliche, lebensbegleitende Spiritualität ausgeformt war, die durch vor allem mündliche und, so ist zu ergänzen, praktisch-rituelle Traditionsvermittlung insbesondere in der Familie und der religiösen Gemeinschaft, bis zu einem gewissen Grade aber auch durch das gesellschaftliche Umfeld weitergegeben wurde, und wie vollständig sie alle Bereiche des menschlichen Lebens umfaßte. Sie prägte das Leben von seinem Anfang an,

---

[194] Für eine nicht geringe Zahl von Schulkindern ist beispielsweise Weihnachten das Geburtstagsfest des Nikolaus und die Bedeutung des Himmelfahrtsfestes ist auch etlichen Erwachsenen nicht mehr bekannt.
[195] S. zum folgenden Kees Waaijman, Spirituality. Forms, Foundations Methods (Studies in Spirituality Supplement 8), Leuven/Paris/Dudley, MA 2002, 18-115.

dem Geheimnis des Übergangs vom Nicht-Sein zum Sein, über die religiöse Bildung in Kindheit und Jugend in der Begegnung der Generationen im „Haus" (home), über die Veränderungen des Individuums in verschiedenen Beziehungskonstellationen und durch sie (Ehe und mitfühlende Zuwendung zum anderen) bis zu seinem Ende. Das Leben erscheint in dieser Perspektive als ein in Phasen verlaufender Prozeß mit signifikanten Übergängen; jede Stufe kann den Menschen mit dem Grund des Seins auf je andere Weise in Berührung bringen[196]. Diese Laienspiritualität dominierte sowohl im Judentum wie im Christentum jeweils in den Anfangszeiten der Entwicklung der Religion (Väterzeit, frühe Kirche[197]) wie auch in Phasen des Neuaufbruchs in der Krise (Exil, Reformation). Selbstverständlich wurde dem einzelnen Menschen vermittelt, daß der Gott seiner Mutter, seines Vaters die Quelle seines wie allen Lebens sei, ein begleitender und helfender Gott, ihm wurde vermittelt, wie der Kontakt zu diesem Gott von menschlicher Seite aus aufzunehmen und zu halten sei. Selbstverständlich wurden dem Menschen in seiner Jugend die zentralen ethischen Werte und religiösen Praktiken vermittelt in dem Interesse, das Überleben des Menschen wie auch das der Gemeinschaft zu garantieren und dem einzelnen zu helfen, sich in der Welt zurechtzufinden. Selbstverständlich bekam der Mensch Anteil an den verschiedenen Ritualen, die dem Leben Gestalt gaben und es in einen religiösen Horizont stellten[198]. Er lernte, die Mann-Frau-Beziehung, die Ehe als ein Bild des Gegenübers von Gott zu seiner Schöpfung anzusehen und die damit verbundene Wertschätzung auch auf andere Beziehungen zu übertragen[199]. Er lernte, die mitmenschlichen Beziehungen generell entsprechend der Nächstenliebe und des Mit-

---

196 Vgl. a.a.O., 34ff. mit den entsprechenden Beispielen.
197 Vergleichbar sind die indianische Spiritualität und die afrikanischen Stammesreligionen.
198 Z.B. die Sitte des Tischgebets, Rituale der Begrüßung oder des Abschieds, Formen der Gastfreundschaft.
199 Vgl. Waaijman, 72ff., mit den eindrucksvollen Beispielen u.a. aus der jüdischen Mystik.

1.7 Ertrag für das Verständnis des Begriffes „Spiritualität" 91

gefühls zu gestalten, die gemeinsam der biblischen „Gnade", dem „Erbarmen" (mercy) entsprechen. Und er lernte schließlich den Umgang mit dem Sterben des anderen, er lernte die Handlungen, die die letzte Reise begleiten sollten und die Vorbereitung auf das eigene Sterben im Horizont dieser Erfahrungen wie im Horizont des von Kindheit an gelernten Glaubens[200].

Nur weniges davon wird heute, unter drastisch veränderten Lebensbedingungen[201] noch vermittelt und gelernt. Das Fazit des Rückblicks in die historischen Formen der Laienspiritualität wird also lauten müssen: Die Rede von einem Traditionsabbruch ist in vieler Hinsicht berechtigt. Allerdings ist gleichzeitig eine Einschränkung vorzunehmen, denn der Traditionsabbruch ist nicht überall gleichermaßen vollständig zu beobachten[202], er erstreckt sich nicht auf die gesamte Gesellschaft[203] und noch weniger auf die Kultur als ganze[204]. Familial und gemeinschaftsgenerierte re-

---

[200] II Tim 3,14f.: „Du aber bleibe bei dem, was du gelernt hast und was dir anvertraut ist; du weißt ja, von wem du gelernt hast und daß du von Kind auf die heilige Schrift kennst, die dich unterweisen kann zur Seligkeit durch den Glauben an Christus Jesus."

[201] Z.B.: Die wenigsten Familien umfassen noch mehrere Generationen; sogenannten Patchwork-Familien nehmen zu, ebenso die Zahl der Alleinerziehenden; die Ehe wird nur noch von einer Minderheit als „heilige" Einrichtung gesehen; gestorben wird nur in den seltensten Fällen im „Haus".

[202] Es gibt beispielsweise noch so etwas wie religiöse Kindererziehung; religiöse Gemeinschaften – nicht nur als verbindliche Lebensgemeinschaften, sondern auch in Gestalt von Kommunitäten, die lediglich zu bestimmten Gelegenheiten regelmäßig zusammenkommen – ersetzen bis zu einem gewissen Grad die fehlenden Möglichkeiten generationenübergreifenden Lernens; der Ruf nach lebensbegleitenden und stützenden Ritualen wird, vor allem im protestantischen Bereich, verstärkt laut.

[203] In kerngemeindlichen Kreisen sind zwar Anzeichen für eine losere Traditionsbindung zu beobachten, doch ist hier kaum von einem Abbruch zu sprechen.

[204] Christliche Motive und Inhalte sind, etwa im gleichen Maße, in dem sie von den Kirchen vernachlässigt wurden, in die säkulare Kultur eingewandert. Hier ist allerdings einzuräumen, daß die Herkunft der Versatzstücke nicht vielen bewußt ist – was jedoch an ihrer Wirksamkeit nicht unbedingt etwas ändert.

ligiöse Prägungen sind allerdings, das bleibt festzuhalten, im Laufe der letzten Jahrzehnte signifikant schwächer geworden. Dabei ist ein weiteres Moment zu bedenken, das einer bewußten Traditionskritik bzw. Traditionsablehnung, wie sie besonders bei der Generation der sogenannten 68er zu finden war. Es gibt, darauf weist der in einem katholischen Dorf aufgewachsene Fulbert Steffensky immer wieder hin, so etwas wie eine Gefangenschaft in der Tradition, die es den Menschen schließlich nicht mehr ermöglicht, zwischen gut und schlecht, zwischen lebensfördernd und zerstörend zu unterscheiden. Wer, wie Steffensky in seiner Kindheit, in einer solchen Traditionsgefangenschaft lebte, lebte in Sicherheit und Zweifelsfreiheit und nahm dieses Leben als gegeben und unhinterfragbar hin, denn das Hinterfragen hätte Distanz erfordert.

> „Man ging aus von der selbstverständlichen Fortsetzung dieser Lebenswelten; das Heute und das Morgen konnten nur gedacht werden als die Wiederholung des Gestern. Wir waren Beute der Toten, und sie saßen uns auf der Brust mit ihren Lebensvorstellungen. Sie waren die Zeremoniare unseres Denkens und Verhaltens. [...] Es waren zweifelsfreie und bedenkenlose Zeiten. Die allgemeinen Lebensüberzeugungen wurden nicht nur von einzelnen getragen. Das ganze Dorf wußte, was richtig war, und das Dorf stützte die Überzeugung der Einzelnen. Die Grundüberzeugungen jenes Kollektivs waren nicht nur gewußt, sie waren auch aufgeführt in Bräuchen, Ritualen und Festen. [...] Die Wucht der Geschlossenheit, der Zweifelsfreiheit und Bedenkenlosigkeit hat jede Andersheit ausgeschlossen oder sogar vernichtet. Es war eine geschlossene Gesellschaft, die keinen herausgelassen hat und keinen hinein."[205] Dem Gebot der Nächstenliebe wird so freilich kaum entsprochen.

Die Starrheit der Traditionsherrschaft verhindert jedes Wirken des lebendigen Geistes, der gerade nicht an etwas festhalten läßt, was einmal gut war, es aber inzwischen vielleicht nicht mehr ist, der sich vielmehr im Loslassen äußert. Ein Ausbruch aus der Tradition kann zuzeiten lebensnotwendig sein und Freiheit gewähren. Allerdings hat auch die Freiheit zwei Seiten. Sie gibt Luft zum Atmen,

---

[205] Fulbert Steffensky, Der alltägliche Charme des Glaubens, Würzburg ²2002, 11f.

1.7 Ertrag für das Verständnis des Begriffes „Spiritualität"

sie ermöglicht es, sich selbst ebenso zu entdecken wie den Nächsten, die Welt und Gott. Aber man findet sich ebenso in einem Zustand der Unbehaustheit vor, nichts ist mehr selbstverständlich, es gibt keine Geborgenheiten, weder echte noch falsche. Es gibt keine Orientierung an ‚Richtigem', es gibt nicht den einen Weg. Es gibt nur das Ich und seine Wahrnehmung, seine Erkenntnis, sein Gefühl im Gegenüber zu der aufgegebenen Tradition und vielen anderen, fremden Traditionen, im Gegenüber zu vielen anderen „Ichs". Der einzelne muß seine Wahl treffen, er muß sich entscheiden für einen Weg, und da er mit der Tradition zusammen auch die Gemeinschaft verlassen hat, die sie trug, ist er allein mit dieser Entscheidung. „Die alte Gefahr war, daß das eigene Gewissen ersetzt wurde durch den Druck der Gruppe. Die neue Gefahr ist, daß keine Gruppe mehr da ist, die uns bei unseren Glaubensversuchen unterstützen könnte. Man kann sich den Lebenssinn nicht aus den eigenen Rippen schneiden", so noch einmal Fulbert Steffensky[206]. Und: „Man muß viel wissen, um der Hoffnungslosigkeit zu entkommen. Wir haben gelernt, zu uns selber zu finden. Nun erhebt sich die große Frage: wie werden wir mehr als wir selber?"[207]

Auch wenn von einem vollständigen Traditions*abbruch* wohl nicht zu sprechen ist, ist festzustellen, daß unter anderem die Traditionskritik der 68er, zusammen mit etlichen anderen gesamtgesellschaftlichen Entwicklungen, Menschen heute in eine ähnliche Situation bringt, in der sich die ersten Christen vorfanden. Sie sehen sich der Notwendigkeit gegenüber, sich bewußt zu dem zu verhalten, was ihnen begegnet, seien es mehr oder weniger vertraute Traditionselemente, sei es neu Gehörtes, sei es die Konfrontation mit einer unbedingten Forderung wie es der Ruf zur Umkehr, der Ruf in die Nachfolge ist.

Eine Hilfe kann – sofern die Abarbeitung an den Schattenseiten der Tradition erfolgt und abgeschlossen ist – in dieser Lage die Erinnerung an die Wurzeln der eigenen Religion gewähren, die

---

206 A.a.O., 13.
207 A.a.O., 9.

neben Beengendem und Fehlformen jedenfalls einen großen Reichtum bietet, die der Wurzelgrund ist, der am nächsten liegt und am meisten Vertrautes enthält, der immerhin rudimentär der eigene ist und so am ehesten wieder eine Beheimatung ermöglicht[208]. Damit der Umgang mit diesem Reichtum nicht eklektisch und die Suche nach einem gangbaren spirituellen Weg nicht nur von eigenen Vorlieben und Abneigungen gesteuert ist, ist, neben Kenntnis der Tradition, Aufmerksamkeit für die eigenen Beweggründe, also Selbsterkenntnis erforderlich, und zudem Selbstdisziplin, ein ernsthaftes Ausprobieren, ein identifikatives Sich-Einlassen auf das Ganze eines Weges, mit seinen Angeboten und seinen Forderungen. Auch Ausdauer ist erforderlich, eine weitere asketische Tugend, denn auf den ersten Blick ist kein Weg ganz zu erfassen. Damit das nicht zu einer Überforderung wird, ist schließlich eine Gemeinschaft notwendig.

> „‚Allein bist du klein!' ist nicht nur ein politischer Slogan, er ist auch in einem tiefen Sinn eine religiöse Wahrheit. Viele von uns können allein nicht mehr beten, aber mit anderen zusammen haben sie noch Sprache. [...] Auch das ist eine Weise, den Glauben zu lernen: ihn den Geschwistern vom Munde abzulesen. Man lernt auch von außen nach innen."[209] Der zum Protestantismus konvertierte Steffensky formuliert aus katholischer Perspektive nicht zu Unrecht „eine boshafte Vermutung: daß nämlich vieles von dem Wunsch nach Einmaligkeit, Unverwechselbarkeit, Authentizität und Unvertretbarkeit eher vom Zeitgeist eingeflüstert als in der Bibel gelesen

---

208 Vgl. zu diesem Gedanken auch Hans Conrad Zander, Die emanzipierte Nonne. Gottes unbequeme Freunde (Gesammelte Werke Band 4), Münster 2004, 2, der von einem indischen Guru noch ein weiteres Argument für die Suche in der eigenen Tradition erhalten hat: „Auf keinem Lebensgebiet, so sagte mir der indische Weise, gebe es so viel Betrug und Selbstbetrug wie in der Religion. Wer sich dann auch noch aufmache, Gott in der blendenden Exotik einer fremden Kultur zu suchen, der liefere sich dem frommen Schwindel hilflos aus. Deshalb sei es ein elementares Gebot der religiösen Vernunft, Gott im eigenen Kulturkreis zu suchen, da, wo jeder das Echte vom Falschen am leichtesten unterscheiden kann." In der Religion, in der man aufgewachsen sei, gebe es Heilige genug.
209 Steffensky, 21.

1.7 Ertrag für das Verständnis des Begriffes „Spiritualität"

ist. Außerdem ist der Katholik schon alt, vielleicht etwas lebensälter als der Protestant mit seinem Bestehen auf der eigenen Stimme und seiner Unverwechselbarkeit. Er ist schon älter, und er hat aus seinen Niederlagen gelernt, daß er sich selber nicht genügt. Er hat eine neue Sehnsucht gelernt, sich einzufügen in den großen Gesang aller, auch der Engel. [...] Er will mit vielen singen, er will die Gesänge wiederholen, die ihn schon einmal getröstet und über die Abgründe getragen haben. Er will seine eigene zittrige Stimme bergen in das große Lob der Welt. Er fragt nicht mehr danach, ob sein Herz auch fromm genug dazu ist; ob auch alles echt ist und ob auch alles von innen kommt. Er schüttet die Tränen seines Glücks und seiner Trauer in das große Meer des Lobes Gottes, das nicht ohne ihn besteht, aber schon lange vor ihm und noch lange nach ihm. [...] Singt das Herz oder singt nur der Mund? Es ist eine falsche Frage. Manchmal singt wirklich nur der Mund. Aber wir sind ja nicht nur Herz, Gottseidank! Wir sind auch unser Mund, der das schwache Herz hinter sich herschleift, bis es wieder auf den eigenen Beinen gehen kann. Daran ist nichts falsch."[210]

	1. Weg: *Einsamkeit*	*2. Weg:* *Der andere*	*3. Weg:* *Gemeinschaft*
Gottesbild	mächtiger, herrlicher Gott	leidender, bedürftiger Christus	im Geist geformter Leib Christi
Menschenbild	Leben nur in Gottes Nähe	Leben nur, wenn „ich" jedem der Nächste bin	Leben nur als Teil des Leibes
Lebensgestaltung	Hingabe an Gott in Einsamkeit, Askese; Trennungen	Hingabe an den Nächsten	Hingabe in der und an die Gemeinschaft

wird fortgesetzt

---

210 A.a.O., 23 und 27.

Fortsetzung

	1. Weg: Einsamkeit	*2. Weg: Der andere*	*3. Weg: Gemeinschaft*
auslösende Erfahrung	Erkenntnis der Größe Gottes, Selbsterkenntnis als Sünder; Reue	Berufung durch Wahrnehmung der Not und Hören des Wortes	Wahrnehmung der Angewiesenheit auf den anderen und des anderen als Geschenk
Weg der Artikulation	Änderung des Lebens (Unterordnung unter Forderung; Schriften)	Änderung des Lebens (Nächstenliebe, Eintreten für Gerechtigkeit)	Änderung des Lebens (Eintritt in Gemeinschaft, gemeinschaftsgerechtes Verhalten)
Hermeneutischer Zugang / Theologie	apophatisch (dazu auch Konzentration auf Jesus)	christozentrisch (Passion oder Inkarnation), imitatio Christi	pneumatologisch (zusammengeführte Gemeinschaft, Gaben an die einzelnen)
Gefahren	Vergessen des Nächsten (durch Verlust der Balance zwischen Gottsuche und Zuwendung zum anderen), Vernachlässigung der Gemeinschaft	Vergessen der Selbstliebe	Vergessen Gottes und des Ich (durch Verabsolutieren der Gemeinschaft)

Übersicht: Wege der Spiritualität

1.7 Ertrag für das Verständnis des Begriffes „Spiritualität"

4. Weg: Das eigene Ich	5. Weg: Dunkelheit	6. Weg: Alltag	
Gott-Mensch, der nahegekommene Christus	abwesender Gott, Festhalten am liebenden Christus	persönlich, trinitarischer Gott	**Gottesbild**
Zerrbild der imago Dei geheilt duch Christusfrömmigkeit	angewiesen auf Gottes liebende Nähe, Sünder	Leben als Sünder aus der Vergebung, als ganzer Mensch gefordert	**Menschenbild**
Hingabe an Gott durch Umformung des Ichs	Hingabe an die Sehnsucht nach Gott	Hingabe an die eigene Aufgabe im Alltag (tägliche Umkehr)	**Lebensgestaltung**
Selbsterkenntnis als Sünder, Erkenntnis des in Christus eröffneten Weges	Konfrontation mit dem Deus absconditus	Dank für das verkündigte und geglaubte Evangelium	**auslösende Erfahrung**
Änderung des Lebens (Askese) und der Haltung / des Willens; Wegbeschreibung	Beibehalten der äußeren Form des Lebens	Beibehalten des Lebens (unauffällige Änderung im individuellen Alltag)	**Weg der Artikulation**
Theosis, ermöglicht durch Christi Erlösungshandeln	Deus absconditus. Oder: Licht Gottes dem Sünder nicht erkennbar	christologisch (Inkarnation), Rechtfertigungslehre	**Hermeneutischer Zugang / Theologie**

wird fortgesetzt

Fortsetzung

4. Weg: *Das eigene Ich*	*5. Weg:* *Dunkelheit*	*6. Weg:* *Alltag*	**Gefahren**
Vergessen des Nächsten (aus protestantischer Sicht: Vergessen des bleibenden Angewiesenseins auf Gottes Vergebung)	Verlassen des Weges (infolge von *desperatio*)	Verlassen des Weges (durch ein Sich-Verlieren an den Alltag oder Banalisierung der Forderung)	

Übersicht: Wege der Spiritualität

2 Was ist Spiritualität? Versuch einer Definition

Nachdem der erste Schritt gezeigt hat, wie Menschen im Raum des Christentums Spiritualität leben, ist nun der Versuch zu unternehmen, den Begriff zu definieren. Es ist jedoch deutlich geworden, daß manches auch gegen einen solchen Versuch spricht. Um etwas definieren zu können, muß ich einen Punkt außerhalb der Sache einnehmen. Das ist im Hinblick auf Spiritualität für Theologinnen und Theologen schwer möglich, weil von einem Ineinander von Theologie und Spiritualität einerseits und gelebtem Glauben und Spiritualität andererseits auszugehen ist. Damit liegt ein hermeneutischer Zirkel vor, der nicht verlassen werden kann. Erschwerend kommt hinzu, daß jede Annäherung an die Sache durch die individuellen Erfahrungen mit dem gelebten Glauben gefärbt ist[1]. Anders als im Bereich systematisch-theologischer Reflexion verfehlt hier ein Bemühen um eine begrifflich trennscharfe Darstellung leicht die Sache, um die es geht. Dennoch ist ein solches Bemühen notwendig, zum einen um der wissenschaftlichen Redlichkeit willen, zum anderen, weil Spiritualität eben nicht nur ein individuelles Unterfangen, sondern eine Sache der Gemeinschaft ist, und schließlich auch, weil zur Spiritualität selbst die „Unterscheidung der Geister", die *discretio*, hinzugehört[2].

Nun haben sich im Zuge der phänomenologischen Annäherung verschiedene Momente erwiesen, die in eine Definition des Begriffes „Spiritualität" einfließen sollten: das Beziehungsmoment – denn Spiritualität hat es in verschiedener Hinsicht mit der Bezogenheit des Menschen zu tun[3], das Handlungsmoment – denn Spi-

---
1   S. dazu in 3.1. die Reflexion des Erfahrungsbegriffes.
2   S. dazu unten im Abschnitt IV.1.2.1.
3   Vgl. dazu Gunther Stephenson Wege zur religiösen Wirklichkeit. Phänomene – Symbole – Werte, Darmstadt 1995, 45, der aus religionswis-

ritualität ist ein Tun innerhalb dieser verschiedenen Beziehungen, das Moment des Glaubens – denn Spiritualität ist eine Haltung bzw. eine grundsätzliche Einstellung, das Theoriemoment – denn Spiritualität bedeutet auch das Nachdenken über das Gelebte; sie kann ein hermeneutischer (d.h. ein methodisch Verstehen anstrebender) Umgang mit Phänomenen ebenso sein wie eine normative Vorgabe für künftiges Handeln. Weiterhin ist deutlich geworden, *welche* Beziehungen von der Spiritualität berührt werden, nämlich schlicht alle denkbaren: die des Menschen zu Gott bzw. zur Transzendenz, die des Menschen zu sich selbst, die zum anderen und damit, darin auch die zur Welt.

Eingedenk der genannten Schwierigkeiten wird die Annäherung an die Definition auch in diesem Schritt nochmals hinausgeschoben. Ich beginne mit der Darstellung von Begriffen, die in den vergangenen Jahrhunderten anstelle des Terminus „Spiritualität" für die gemeinte Sache verwandt worden sind, um durch deren gemeinsame Charakteristika der Definition näher zu kommen. Darauf folgen einige Anmerkungen zur Geschichte des Begriffs und die Sichtung unterschiedlicher Definitionen, die in der Literatur begegnen. Schließlich werde ich in Einbeziehung des vorab Festgehaltenen und der Ergebnisse dieser Sichtung versuchen, „Spiritualität" begrifflich zu fassen.

---

senschaftlicher Perspektive an der Religion insbesondere ihren Beziehungscharakter hervorhebt: „Der Mensch verhält sich *zu* einer Macht, einer Kraft, einem Unfaßbaren, das über sein Weltsein hinausweist oder auch sein eigenes Ich ‚übersteigt'. Er nennt es Geheimnis, Mysterium, und nimmt es als ein Totales wahr, dem er zugehört, dem er ausgeliefert ist und das – wie immer wieder bezeugt wird – eine eigentümliche Wirksamkeit ausübt." S. auch a.a.O., 93: „Religion läßt sich als Beziehungsgefüge zwischen Mensch und Wirklichkeit beschreiben, das sich als Betroffensein vom heilerschließenden Geheimnis in Gestalt von Perspetive und Teilhabe am Ganzen artikuliert und das Leben grenzüberschreitend und werterhellend bestimmt."

2.1 Verwandte Begriffe

Für die gemeinte Sache gibt es verschiedene Begriffe, die Ähnliches oder sogar Gleiches meinen, dabei aber unterschiedliche Akzente setzen. Kees Waaijman stellt zwölf solcher Basis-Begriffe vor, vier davon stammen aus der Bibel, fünf aus der hellenistischen Tradition und drei aus der Moderne[4].

2.1.1 Biblische Termini

Die biblischen Termini sind „Gottesfurcht", „Heiligkeit", „Gnade" bzw. „Erbarmen" (mercy) und „Vollkommenheit", sie erweisen Spiritualität sämtlich als einen Beziehungsprozeß zwischen Gott und Mensch, bei dem der Mensch sowohl Aktivität wie Passivität zeigt. Dabei stellen Heiligkeit und Gnade den göttlichen Pol in den Vordergrund, Gottesfurcht und Vollkommenheit den menschlichen. Alle Begriffe bringen das spirituelle Leben in eine Spannung zur weltlichen Realität, die allenfalls in Ansätzen gottesfürchtig, heilig, gnädig oder vollkommen ist.

In dem alttestamentlichen Begriff der Gottesfurcht, die „der Weisheit Anfang" ist (Prov 9,10 u.ö.), also der erste Schritt auf dem Weg wahrer Erkenntnis des eigenen Selbst, der Welt und Gottes, sind Schrecken und Liebe gleichermaßen enthalten (Faszinosum und Tremendum), sie ist die natürliche Reaktion des Menschen auf die Begegnung mit der Heiligkeit Gottes und läßt ihn als eine erste Reaktion sein Gesicht verhüllen (Mose in Ex 3,6) oder geblendet niederfallen (Saulus in Act 9,3f.). In der Folge setzt sie ihn auf einen Weg, auf dem er das Böse meidet (Hi 1,1) und den Frieden sucht (Ps 34,15), einen Weg der achtungsvollen Liebe zu

---

4 Vgl. zu diesem Abschnitt im wesentlichen die umfassende Darstellung von Kees Waaijman, Spirituality. Forms, Foundations, Methods (Studies in Spirituality Supplement 8), Leuven/Paris/Dudley,MA 2002, 313ff.; der vierte von ihm genannte Begriff in der Moderne ist „Spiritualität".

Gott. Die erste, Ehrfurcht einflößende Berührung mit der Sphäre des Heiligen führt zu Reue und Buße, verstärkt den Gehorsam gegenüber den Geboten und mündet schließlich in eine Vollendung in der Liebe.

Heiligkeit ist vom Pentateuch bis zur Offenbarung die genuine Seinsweise Gottes (Lev 20,26, Jos 24,19, I Sam 2,2, Ps 99, Jes 6,3, Joh 17,11, Apc 4,8), des Heiligen Israels (Jes 1,4 u.ö., Ps 71,22), der eine Entsprechung auf Seiten des Menschen in der Form der Heiligung fordert (z.B. Lev 19,2 „Ihr sollt heilig sein, denn ich bin heilig, der Herr, euer Gott" und I Thess 4,3 „Denn das ist der Wille Gottes, eure Heiligung"). Diese Heiligung hat aktive wie passive Momente. Das passive Moment ist das Angezogen-Sein durch das Heilige und dessen Einwirkung auf den Menschen bis hin zu einem Aufgesogen-Werden von der göttlichen Reinheit. Das korrespondierende aktive Moment ist die Handlung der Reinigung, die den täglich weiter zu vollziehenden Übergang vom Bereich des Nicht-Heiligen zum Bereich des Heiligen begleitet. Der Begriff „Heiligkeit" betont also die Seite Gottes, der Begriff „Heiligung" die des Menschen[5].

Während die Gottesfurcht in aktuellen Entwürfen allenfalls eine marginale Rolle spielt, finden sich die „Heiligkeit" und die „Heiligung" deutlich hervorgehoben in den pastoraltheologischen, seelsorglichen und mit der „Religion als Handwerk" befaßten Überlegungen von Manfred Josuttis[6]. Menschen sollen sich präparieren für das Erfülltwerden mit dem Heiligen, das ihnen entgegenkommt und sie ‚bereitet'. Die Rechtfertigung ist das wesentliche Instrument auf Seiten Gottes dazu, ein Mittel, um Menschen auf den Weg der Heiligung zu bringen. Das Ziel des Weges ist die Heiligung, die Füllung des sterblichen Fleisches mit Gottes Kraft und

---

5 S. auch im folgenden IV.1.
6 Manfred Josuttis, Religion als Handwerk. Zur Handlungslogik spiritueller Methoden, Gütersloh 2002. Vgl. auch die früheren Veröffentlichungen, „Einführung in das Leben. Pastoraltheologie zwischen Phänomenologie und Spiritualität" (Gütersloh 1996) und „Segenskräfte. Potentiale einer energetischen Seelsorge" (Gütersloh 2000).

Herrlichkeit, Anteil an der Fülle Gottes. Dieses Ziel ist durch konkretes Handeln nicht zu erzwingen[7], aber Menschen können sich bereithalten, Gefäße des Geistes zu werden, sich, dem Evangelium gemäß, von der Macht Gottes durchfließen zu lassen. Zu diesem Bereithalten, zu dem Prozeß der Heiligung gehört wesentlich das Reinigen und das Herbeirufen von Schutzmächten, das Sich-Rüsten (Eph 6,10ff.), um kämpfen zu können gegen die nicht-göttlichen Mächte. Die Methodik auf diesem Weg ist ebenso korporal (etwas wird hinaus-, etwas wird hereingetan – und das betrifft ebenso den einzelnen wie die „Gemeinschaft der Heiligen") wie lokal (man geht in manches hinein, aus manchem heraus – aus menschlichen Gruppen ebenso wie aus Tätigkeiten und aus Räumen) und sozial (geben, nehmen, zurückgeben – in der Beziehung zu Gott und zu Menschen).

Die Gnade oder das Erbarmen Gottes, der dritte der biblischen Termini, findet sich in verschiedenen Religionen betont, so im jüdischen Chassidismus (von חֶסֶד / ḥäsäd, Gnade, Liebe), in der buddhistischen Spiritualität (*karuna*, Mitleid, als eine entscheidende Säule), im Islam (Sure 1, „die Öffenende"[8]) und im Christentum. Das Neue Testament ist durchzogen von Mahnungen zur Bruder-, Nächsten- und Feindesliebe, zum Racheverzicht, zu einem von Erbarmen geprägten Umgang miteinander[9], begründet

---

7 Es gibt keine Gesetzmäßigkeit der Heiligung, also ist auch keine Gesetzlichkeit aus den biblischen Hinweisen abzuleiten.
8 „Im Namen Allahs, des Erbarmers, des Barmherzigen! Lob sei Allah, dem Weltenherrn, dem Erbarmer, dem Barmherzigen, dem König am Tag des Gerichts! Dir dienen wir und zu Dir rufen um Hilfe wir; leite uns den rechten Pfad, den Pfad derer, denen du gnädig bist, nicht derer, denen Du zürnst, und nicht der Irrenden." Der Koran. Aus dem Arabischen übersetzt von Max Henning, durchgesehene und verbesserte Aufl. Stuttgart 1991, 27. Der rechte Pfad ist der der Entsprechung Allahs, ein Weg der Freundlichkeit, des Mitleids, der Hilfsbereitschaft und der selbstlosen Liebe.
9 Z.B. Kol 3,12ff., hier abgeleitet aus der Gabe der Heiligkeit: „So zieht nun an als die Auserwählten Gottes, als die Heiligen und Geliebten, herzliches Erbarmen, Freundlichkeit, Demut, Sanftmut, Geduld; und ertrage einer den andern und vergebt euch untereinander, wenn jemand

mit der entsprechenden Haltung Gottes: „Seid barmherzig, wie auch euer Vater barmherzig ist." (Lk 6,36) Diese Mahnungen tragen, wie die Apostelgeschichte zum Ausdruck bringt, in der ersten Gemeinde Früchte (Act 2,42ff., 4,32ff., 6,1ff. u.ö.). Der Terminus „Gnade"[10] betont die spirituelle Erfahrung der unbedingten Liebe Gottes, die in den Menschen hineinfließt, ihn verwandelt, und die es erfordert, sie in Taten des Erbarmens, der Nächstenliebe, weiterfließen zu lassen.

Der letzte von Waaijman bedachte biblische Begriff ist der der Vollkommenheit (hebr. תָּמִים / tamîm, ganz sein, unversehrt sein) als das Ziel des spirituellen Weges, im Menschen durch die ursprüngliche Gottebenbildlichkeit angelegt, doch in diesem Leben – ungeachtet aller ausdauernden Bemühung und ungeachtet der entsprechenden Forderung Jesu (Mt 5,48) – nie vollständig erreicht. Paulus beschreibt das Bild eines Menschen auf diesem Weg in Phil 3,12-16:

> „Nicht, daß ich's schon ergriffen habe oder schon vollkommen sei; ich jage ihm aber nach, ob ich's wohl ergreifen könnte, weil ich von Christus Jesus ergriffen bin. Meine Brüder, ich schätze mich selbst noch nicht so ein, daß ich's ergriffen habe. Eins aber sage ich: Ich vergesse, was dahinten ist, und strecke mich aus nach dem, was da vorne ist, und jage nach dem vorgesteckten Ziel, dem Siegespreis der himmlischen Berufung Gottes in Christus Jesus. Wie viele nun von uns vollkommen sind, die laßt uns so gesinnt sein. Und solltet ihr in einem Stück anders denken, so wird euch Gott auch das offenbaren. Nur, was wir schon erreicht haben, darin laßt uns auch leben."

Stetes Bemühen, nachdem der Mensch von Christus auf den Weg gesetzt ist, Fortschritte auf diesem Weg, denen entsprechend gelebt werden soll, Hindernisse, die Gott aufzeigen wird und Vollkommenheit als Voraussetzung ebenso wie als Ziel des Weges –

Klage hat gegen den andern; wie der Herr euch vergeben hat, so vergebt auch ihr! Über alles aber zieht an die Liebe, die da ist das Band der Vollkommenheit."

10 Auch Erbarmen oder B-arm-herzig-keit als unmittelbare Übersetzung des lateinischen Terminus *miseri-cordi-a*.

das sind die Inhalte dieses Abschnittes. Erreichte Vollkommenheit bedeutet, wie am Handeln Gottes zu erkennen ist, sich selbst vergessende, vollkommene Liebe.

2.1.2 Hellenistische Termini

Die fünf von Waaijman zusammengestellten hellenistischen Termini sind „Gnosis", „Asketik", „Kontemplation", „Hingabe" (devotion) und „Frömmigkeit"[11]. Auch diese Begriffe erweisen Spiritualität als einen Beziehungsprozeß zwischen Gott und Mensch, bei dem der Mensch sowohl Aktivität wie Passivität zeigt, allerdings betonen sie den menschlichen Pol stärker[12]. Alle Aspekte menschlicher Existenz und alle Bereiche des menschlichen Lebens sind hier einbezogen, die kognitiven Fähigkeiten in Gnosis und Kontemplation, die Emotionalität in Hingabe und Frömmigkeit und der Bereich des Handelns in der Asketik bzw. Askese (und ebenfalls in der Frömmigkeit).

Gnosis, Wissen, benennt das entscheidende Element gnostischer Spiritualität, mit der es das Christentum in seiner Geschichte immer wieder zu tun hatte (und, bedenkt man einige Vorstellungen im Bereich der Esoterik, noch zu tun hat), nämlich das der vom Geist gewirkten Einsicht in den göttlichen Ursprung der eigenen Existenz im Kontrast zu dieser unvollkommenen Welt; diese Einsicht kennzeichnet den Beginn der Erlösung. Der gnostische Mythos beschreibt in allen seinen Varianten beispielhaft das Geschehen auf diesem Weg; dazu zeichnet er den Kosmos als vollständig dualistisch. Die materielle Welt ist von einem Demiurgen ge-

---

[11] Nicht nur als innere Haltung, sondern im weiteren Sinne verstanden im Hinblick auf eine *praxis pietatis*, ein geistliches, frommes Handeln.

[12] Gewicht wird gelegt auf das Erkennen des eigenen göttlichen Ursprungs, eine methodisch entwickelte und erweiterte Aufnahmefähigkeit, die auf Gott gerichtete Aufmerksamkeit, das Sich-Überlassen und die Bindung.

schaffen[13] und schlecht, widergöttlich. Entsprechend setzt sich der Mensch aus verschiedenen Elementen zusammen, aus Leib (völlig zur Materie gehörig), Seele (immerhin dem Bereich einer niederen Weisheit zugehörig) und Geist, dem im Menschen gefangenen Lichtfunken. Dieser wird (in der christlichen Gnosis) durch das Kommen Christi und die Gabe des Geistes an seine Herkunft erinnert, auf den Weg der Erkenntnis gebracht und so erlöst, also aus der bösen Welt befreit[14]. Spiritualität erscheint in diesem Denken als ein Prozeß des Erwachens, der eine Befreiung des Lichts, das von Anfang an in uns lebt, bewirkt und es zu seinem wahren Ort zurückführt.

Das griechische Wort ἄσκησις, Übung, betont den Aspekt menschlicher Bemühung auf dem spirituellen Weg. In seinem Ursprung stand es für die Vermeidung negativer Einflüsse vor wichtigen Ereignissen oder für das Anstreben und Erreichen (kultischer) Reinheit durch verschiedene Formen der Enthaltsamkeit, der Kontrolle von Leidenschaften und der Selbstverleugnung. Einige griechische philosophische Schulen (Pythagoräer, Stoiker, Platoniker) propagierten Askese in der Überzeugung, dadurch den Geist von Einflüssen der Materie zu befreien und die Einung mit der Transzendenz zu fördern. Das Christentum nahm diese Gedanken auf und verband sie mit dem Motiv des „Opfers" in der Nachfolge Christi, besonders nachhaltig im Falle der Märtyrer, ebenso aber in einem Leben der Jungfräulichkeit, in der ein bestimmter, zentral zum Leben gehöriger vitaler Bereich zugunsten des ewigen Lebens aufgegeben wird (eine unblutige Form der Martyriums). Natürlich ist auch die monastische Existenzform ganz wesentlich von der Askese bestimmt.

In verschiedenen Formen wurden asketische Praktiken in der katholischen Kirche durch die Jahrhunderte beibehalten, einge-

---

13 Eine Variante zeichnet das Entstehen der Welt als Folge von Emanationen, deren letzte einen eigenen, Gott entgegengesetzen Willen entwickelte und sich mit der Leidenschaft zusammentat.
14 So verläuft der Weg der Erlösung jedenfalls in der valentinianischen Mystik – Valentinian lebte bis 130 in Alexandrien, bis 165 in Rom.

schränkt (durch den Vorbehalt gegenüber einer möglichen Werkgerechtigkeit) auch in den protestantischen Kirchen. Im Protestantismus, der Nüchternheit und Zucht insgesamt hochschätzte[15], konnte „Asketik" noch im 19. Jahrhundert als Begriff für die gesamte geistliche Literatur begegnen, und ein Einhalten von Fastenzeiten etwa fand sich bis in die erste Hälfte des 20. Jahrhunderts, teilweise auch noch in der Zeit nach dem Zweiten Weltkrieg. In Zusammenhang mit der bereits genannten Traditionskritik in den 68er Jahren kamen diese Bräuche allerdings zum Erliegen, mit ihnen verschwand der Begriff weitestgehend aus dem Sprachgebrauch. Der Kontakt mit östlicher Spiritualität (Yoga, Zen) führte in den vergangenen Jahrzehnten zu einem erneuten Interesse am Begriff und an der Sache der Askese. Im Bereich der evangelischen Praktischen Theologie ist es vor allem Manfred Seitz, einer der ersten, der sich der Frage der Spiritualität wieder zugewandt hat, der den Terminus in diesem Zusammenhang erneut aufgreift. So zeichnet er mit sehr kritischen Tönen die Geschichte des Niederganges der Asketik als Begriff wie als Disziplin und fordert abschließend eine Neubesinnung:

> „Es ist aber unbekannt, daß zur alten Praktischen Theologie eine ‚theologia ascetica' gehörte. Dabei handelte es sich um eine ‚Übungslehre', der es im Anschluß an die alte Trias ‚meditatio, oratio et tentatio' um Betrachtung, Gebet und Anfechtung ging. Als nach dem Dreißigjährigen Krieg für ein neues, besseres Ethos des Pfarrerstandes gesorgt werden mußte, erschien sie bei J.A. Quenstedt (1617-1688) als ‚ethica pastoralis' und wurde auf den geistlichen Stand eingeengt. Nun erblühte die Pastoraltheologie, deren späte Früchte die großen Darstellungen von Claus Harms, Wilhelm Loehe [sic] und Hermann Bezzel sind. Die ‚theologia ascetica' aber verfiel erst ins Erbauliche und dann bei Schleiermacher unter dem gerechten Verdikt der Unwissenschaftlichkeit aus. Der Begriff ‚Asketik' verschwand bzw. tauchte unter und flüchtete sich in die theologische und philosophische Ethik. Dort wurde er von Immanuel Kant bis Richard Rothe gebraucht. Mit Richard Rothe ging

---

15 Man könnte hier ebenso von der Hochschätzung des Triebverzichts sprechen, um einen psychoanalytischen Terminus zu gebrauchen; auf dieses Phänomen sah Max Weber den Erfolg des Kapitalismus gegründet.

die Asketik, längst umgeformt ins Ethische, zu Ende. Vielleicht war Johann Friedrich Flatt (1759-1821) in Tübingen der letzte, der eine Asketik gelesen hat. Das Ergebnis: Seit 150 Jahren ist die geistliche Formung von der wissenschaftlichen und pastoralen Ausbildung der evangelischen Theologie gelöst. [...] Wie aber können wir Pfarrer sein, ohne daß ein geistlich geformter Glaube unser Leben prägt? Und wie können Gemeinden christliche Gemeinden sein, wenn sie nicht erfahren, was geistliches Leben in praktischer Verwirklichung ist?"[16]

„Kontemplation" war über Jahrhunderte der bevorzugte Begriff für den Bereich der Spiritualität, der damit als sorgsam ausgesparter Raum und aus dem alltäglichen Leben ausgegrenzte Zeit erscheint, in der sich ein Mensch vollständig auf das Heilige konzentriert. Nach Waaijman ist der Begriff gebildet aus *con* (zusammen) und *templum* (der Ort, in dem der Augur den Vogelflug beobachtet, um daraus den Willen der Götter zu lesen); ähnliches sei in dem griechischen Äquivalent *theoria* enthalten. Für die antike Philosophie bedeute Kontemplation als Suche nach letzter Wahrheit, als Einung mit dem Einen und Konzentration auf Gott den Zweck menschlicher Existenz[17]. Das Christentum übernahm dieses Verständnis in dem Wissen, daß wahre Kontemplation nicht vom Menschen zu erzwingen ist, sie ist immer Gabe Gottes, auch wenn sie durch Askese oder den Weg der *imitatio Christi* gefördert werden kann. Diese geschenkte Versenkung in Gott weckt ganz offensichtlich Kräfte der Innovation – aus der Kontemplation erwuchs im Laufe der Entwicklung jede Bewegung religiöser Erneuerung.

Der Begriff „Devotion", „Hingabe", berührt zwei Bereiche, den inneren einer bestimmten Haltung und den äußeren der dementsprechenden Handlungen, doch geriet im Laufe der Jahre der äußere Bereich immer wieder aus dem Blickfeld, Hingabe erschien vor al-

---

16 Manfred Seitz, Praxis des Glaubens. Gottesdienst, Seelsorge und Spiritualität, Göttingen 1978, 219f.
17 Vgl. a.a.O., 343.

2.1 Verwandte Begriffe

lem als eine fromme Innerlichkeit, die in ihrem Erscheinungsbild der Kontemplation immer mehr ähnelte[18].

Frömmigkeit schließlich, *pietas* (Reinheit), eine Übersetzung des griechischen Begriffs σεβεῖα (Verehrung, Respekt), ist eine Haltung, die in der Antike Gott gegenüber ebenso aufgebracht wurde wie etwa gegenüber den Eltern, dem Heimatland oder den Toten. Zu ihr gehört – ähnlich wie bei der ursprünglichen Bedeutung von Hingabe – eine innere Einstellung ebenso wie ein entsprechendes Handeln. In der Geschichte des Christentums schwankt die Bedeutung zwischen verschiedenen Aspekten. Frömmigkeit konnte verstanden werden als „öffentlich-kultischer Aufweis einer inneren Haltung". In der Zeit der Reformation bedeutete der Begriff, entsprechend dem Gehalt des mhd. *vrümekeit*[19], soviel wie „Bewährung der Tugenden im täglichen Leben". In Pietismus und deutschem Idealismus wurde vor allem eine weitere Bedeutungsnuance, die sich seit Thomas von Aquin und Bonaventura mit dem lat. *pietas* verband, wichtig, nämlich Frömmigkeit als „von Gott geschenkte kindliche Dankbarkeit und Verehrung gegenüber Gott als dem gnädigen Vater". In religionswissenschaftlicher Perspektive kann Frömmigkeit als eine „offene Haltung" beschrieben werden: „Sie ist durch ein unmittelbares Gefühl bestimmt, läßt das Geheimnis der Wirklichkeit auf sich wirken und sieht in den ‚Bildern' der Welt und den ‚Bildern' des Selbst (Träume) den ‚sprechenden' Hintergrund."[20] Die sich in diesen Unterschieden andeutende Ambivalenz blieb dem Begriff erhalten, so daß er heute als

---

18 Wie bei anderen Begriffen zeigt Waaijman auch in diesem Fall die außerchristlichen Parallelen auf, so im Hinduismus (Bhakti) und im Islam (hier bedeutet der Name der Religion selbst „Hingabe"). Allerdings sind in beiden Fällen immer bestimmte Formen des Handelns mitgemeint; vgl. a.a.O., 346f.
19 Mhd. *vrümekeit*: Gutes, Bravheit, Tüchtigkeit, Tapferkeit mit einem Beiklang von *vrum / vrom*, tüchtig, brav, nützlich, brauchbar, gottgefällig.
20 Stephenson, 103. Weitere Umschreibungen lauten „Sinn für das Geheimnisvolle, sowohl in seinem faszinierenden wie schrecklichen Aspekt", eine Haltung, in der „Mutter Erde" oder der große Geist

ungeeignet für die Benennung der Sache der Spiritualität angesehen werden kann. So schreibt etwa Christa Reich:

> „Aber selbst wenn man das Wort ‚Frömmigkeit' noch unbefangen positiv gebraucht, so setzt es doch einen anderen Akzent als der Begriff ‚Spiritualität', der sich zunehmend auch im evangelischen Sprachgebrauch durchsetzt. ‚Frömmigkeit' läßt mehr an Eigenschaft, Haltung, religiöse Übung und gute Taten eines Menschen denken, weist also auf die Person. Demgegenüber weist ‚Spiritualität' auf eine Relation: Da ist ein Mensch offen für einen ‚spiritus'; er wird erfaßt von der Bewegung eines Geistes, der er sich überläßt. Diese Bewegung prägt ihn ganz: sein Denken, Fühlen, Wollen, sein Tun und Leiden."[21]

Und Christian Möller plädiert im Hinblick auf den Terminus „Frömmigkeit", der durch häufigen und nicht immer liebevollen Gebrauch zerschlissen sei, für eine Ruhepause und präferiert ebenfalls die „Spiritualität"[22]. Doch zunächst abschließend noch ein Durchgang durch die von Waaijman zusammengestellten modernen Bezeichnungen der Sache.

2.1.3 Moderne Termini

„Modern" meint für Waaijman insbesondere die Entwicklung seit dem Mittelalter, er beginnt hier mit einem Blick auf den jüdischen Raum, die Kabbala, weiterhin untersucht er den Begriff der Mystik und des Inneren Lebens. Wiederum beschreiben die Begriffe die Beziehung zwischen Gott und Mensch, verstanden als ein immer intensiver werdendes Prozeßgeschehen, in dem der Mensch gereinigt und mit Gott vereinigt wird. In jedem Fall werden zur

---

„als sinntragende Mächte noch Aussagekraft" haben, helle und dunkle Kräfte bergen (a.a.O., 102).
21 Christa Reich, Evangelium: klingendes Wort. Zur theologischen Bedeutung des Singens (hg. von Christian Möller in Verbindung mit der Hessischen Kantorei), Stuttgart 1997, 165.
22 Christian Möller, Der heilsame Riss. Impulse reformatorischer Spiritualität, Stuttgart 2003, 40.

Darstellung dieses inneren Geschehens (innerhalb der Beziehung bzw. der Psyche) eine eigene Sprache und eine eigene Logik benötigt, die zu den in der universitären Theologie und der Rationalität der westlichen Kultur verwandten in Spannung stehen können.

Kabbala (wörtlich übersetzt: Überlieferung) ist seit dem 13. Jahrhundert der Name für die jüdische Mystik, transportiert zumeist in Form einer esoterischen, d.h. nur für Eingeweihte bestimmten Lehre. Die kabbalistische Spiritualität basiert auf der Überzeugung, daß die Bibel nicht allein aussagt, was an der Oberfläche ihres Wortlautes zu erkennen ist, sondern als ein heiliger Text voller verborgener Bedeutung steckt, die mittels verschiedener Methoden, etwa durch Operationen mit den Zahlenwerten der hebräischen Buchstaben, ermittelt werden können. Die Buchstaben des Gottesnamens werden als Emanationen angesehen, durch die sich Gott den Menschen offenbart; die ganze Tora erscheint als Gottesname, ihr Zweck ist es, „die Kraft und Machtfülle Gottes selber zum Ausdruck zu bringen, die in seinem ‚Namen' konzentriert erscheint. [...] Die Rede von der Tora als Name Gottes besagt, daß Gott sein transzendentes Sein in ihr zum Ausdruck gebracht hat, zum mindesten aber jenen Teil oder Aspekt seines Seins, der an die Schöpfung und durch die Schöpfung offenbart werden kann."[23] Der Gottesname enthält nach jüdischer Auffassung Macht, er umfaßt die geheime Ordnung, die allem Seienden zugrundeliegt. Darum enthält nach der Überzeugung der Kabbalisten diese Macht auch die Tora, die das geheime Leben Gottes repräsentiert. „Jenes geheime Leben ist in die Tora projiziert und enthält in seiner Gesetzmäßigkeit die Gesetzmäßigkeit der Schöpfung."[24] Darum konnte der Textbestand der Tora von Eingeweihten sogar zu magischen Handlungen verwendet werden. Ein zentrales Element der Lehre sind die Sefirot (סְפִרוֹת von ספר / spr im pt.: Schreiber, Zählender). „Ursprünglich sind es die zehn Urzah-

---

[23] Gershom Scholem, Zur Kabbala und ihrer Symbolik, Frankfurt/M. [8]1995, 59.
[24] A.a.O., 61.

len, in denen alles Wirkliche gründet [...]. Als die mittelalterlichen Kabbalisten aber diesen Terminus aufgriffen, verwandelte sich sein Sinn unter ihren Händen. Die *Sefiroth* sind die Potenzen, in denen sich die wirkende Gottheit konstituiert, in denen sie – in der Sprache der Kabbalisten gesprochen – ein Gesicht gewinnt. Das verborgene Gesicht Gottes [...] ist das uns zugewandte, in aller Verborgenheit dennoch eben damit in Gestalt eintretende Lebensmoment an Gott. Sein Leben äußert sich auf zehn Stufen, deren jede ihn zugleich verhüllt und offenbart."[25] Offenbar werden etwa Weisheit, unterscheidende Vernunft, Liebe und Größe, doch zugleich ist unabhängig von diesen gestalthaften Erscheinungsformen die gestaltlose Substanz des Einen Gottes gegenwärtig; „[E]s gibt überhaupt keine durchgestaltete Gestalt, die sich vom Untergrund des Gestaltlosen ganz zu lösen vermag, eine Einsicht, die für die Metaphysik der Kabbala entscheidend ist. Je wahrer die Gestalt, desto gewaltiger das Leben des Gestaltlosen in ihr."[26] Andererseits gilt: „Das Göttliche ist nicht nur der gestaltlose Abgrund, in den alles versinkt, obwohl es das auch ist; es enthält in seiner Wendung nach außen [sc. in den Sefirot] die Garantie der Gestalt, prekär, aber darum nicht weniger gewaltig."[27] Die Sefirot werden häufig in Gestalt eines Baumes vorgestellt, der von oben nach unten wächst, von der Einheit Gottes zur Vielgestalt seiner Erscheinungen, die vom Menschen erkannt werden können. Im Unterschied zur Gnosis, mit der in diesem Punkt eine offensichtliche Ähnlichkeit besteht (das Eine, das sich in Emanationen entfaltet), ist die Schöpfung positiv verstanden als ein Teil, eine Verlängerung Gottes.

Der Begriff „Mystik" ist laut Waaijman[28] in Zusammenhang zu sehen mit zwei Verben, μύειν (jemandes Augen oder Mund ver-

---

25 Gershom Scholem, Von der mystischen Gestalt der Gottheit. Studien zu Grundbegriffen der Kabbala, Frankfurt/M. [4]1995, 32.
26 A.a.O., 34.
27 Ebd.
28 A.a.O., 355.

schließen) und μυεῖν (in die Mysterien einweihen[29]), das entsprechende Adjektiv, das neutestamentlich nicht belegt ist, bedeutet entsprechend: zusammenhängend mit den Mysterien, in die jemand eingeweiht wird und über die er zu schweigen hat. Im Gefolge der „Mystischen Theologie" des Pseudo-Dionysius Areopagita wird Mystik als eine menschliche Annäherung an die verborgene Gottheit in deren eigenem Wirklichkeitsbereich aufgefaßt, die nicht über den Intellekt, sondern – so seit dem Mittelalter – über einen gereinigten Willen erfolgt. Der Weg der Mystik verwendet dementsprechend eine eigene Sprache und eine eigene Logik und entzieht sich dem objektivierenden Blick der Vernunft. Der Begriff durchlief etliche Bedeutungsverschiebungen (im 17. Jahrhundert wurde er als gleichbedeutend mit Fanatismus und Irrtum gehört, nach 1900 wiederum als eine besonders intensivierte Gefühlserfahrung, teilweise verquickt mit Genialität) bis er in der Gegenwart innertheologisch für eine durch Erfahrung gewonnene Gotteserkenntnis und, in einem weiteren Verständnis, den Weg dorthin verwendet wird, außerhalb der Theologie für alles schwer Zugängliche, Fremde, Esoterische.

Die Verwendung des Begriffes „Inneres Leben" für die Sache der Spiritualität situiert alles Geschehen im Inneren, in der Seele des Menschen als Ausgangs- und Endpunkt des spirituellen Weges. Ein eindrückliches Beispiel für diese Sicht ist die „Seelenburg" der Teresa von Avila. Allerdings geriet der Terminus in den 60er Jahren des 20. Jahrhunderts in die Kritik, zum einen, weil er einen unguten Dualismus zwischen Körper und Seele konstruiere, weiterhin weil er einen bürgerlich-quietistischen Rückzug in eine subjektivistische Innerlichkeit, hinaus aus politischer Verantwortung, bedeute und schließlich, weil er Ausdruck eines angsterfüllten Kommunikationsabbruchs mit einer als feindselig erlebten Außenwelt sein könne.

---

29 In diesem Sinne begegnet das Wort im Neuen Testament in Phil 4,12.

Alle hier genannten Begriffe (zu denen bei Waaijman noch die Spiritualität kommt) weisen, so stellt Waaijman abschließend fest, verschiedene Übereinstimmungen auf:

„1. All basic words denote a relational process between God and man. The accent falls one moment on the divine pole (the Awesome, the Holy, the Merciful, the Infinite One), the next on the human pole (application, dedication, awakening). These poles are not first considered separately and then related to each other, but constitute an original relational whole within which the two poles make their appearance.

2. The two poles interlock: for humans the divine emanations form the way back to God; God's abundant mercy takes shape in human works of mercy; God's holiness is received by believers in the sanctification of their life.

3. As a result of this reciprocity human conduct is both active *and* passive: God's mercy is received in deeds of mercy; the fear of God trembles at the Secret to which it reaches out; the knowledge of God is God-given knowledge.

4. The relation between God and man is a process extending from the very first awesome touch to respectful love (‚fear') [...]; from original wholeness to complete maturity (perfection). [...]

5. The relational process is realized in the substance of human existence; the intellect (knowledge, attention, awakening, contemplation), the will (devotion, attachment, *kawwana*, fervency, inwardness), the memory, control of one's drives, lifestyle, the ordering of time and space, social interaction, the religious life, culture.

6. The intimacy of the relational process and the concentration which flows from it effect a contraction in that which is peculiar to itself (its own language and logic, inwardness, mysticism, kabbala) and a dissociation from the prevailing patterns (the world, instrumental rationality, that which has been secularized and objectivized, the unmerciful, externality).

7. In spirituality the goal is not to name or define the divine pole. It appears within the whole of the relational process in accordance with the phase in which this process finds itself: as wholly other than the finite (holiness), as awesome touch (‚fear'), as an unfolding of power in which man shares (*kabbala*), as Spirit who animates our spirit (spirituality). The views held concerning God and the

divine names must be understood in light of this process in which they function. Also the human pole must be read in light of this process."[30]

2.2 Zum gegenwärtigen Verständnis von „Spiritualität"

Gegenüber allen diesen im vorigen Abschnitt aufgeführten Begriffen hat sich der Terminus „Spiritualität" in der Gegenwart als der umfassendste und integrativste durchgesetzt, in dem göttlicher ebenso wie menschlicher Geist, das biblisch-hebräische רוּחַ / ruaḥ (Geist, Wind, Hauch) ebenso wie das hellenistisch-griechische νοῦς (Sinn, Verstand) umfaßt werden.

Vor einem Überblick über aktuelle Definitionen soll noch ein Blick erfolgen auf die historische Entwicklung des – relativ jungen – Terminus, der sich erst in den letzten Jahrzehnten so umfassend etabliert hat, wie wir ihn jetzt vorfinden.

2.2.1 Zur Begriffsgeschichte

Der Begriff „Spiritualität" ist nicht unmittelbar den biblischen Schriften entnommen, doch gehört er, wie Abschnitt II.1.1. gezeigt hat, zu deren Wirkungsgeschichte. In der lateinischen Übersetzung des Neuen Testaments, der Vulgata, begegnet nur das Adjektiv *spiritalis* (*spiritualis*) für das griechische πνευματικός, abgeleitet aus dem Begriff πνεῦμα[31]. In den spätantiken Schriften bedeutete es „durch Atem / Luft bewegt", in christlichem Zusammenhang „den Geist betreffend, geistig, geistlich". Die biblische Rede vom Geist Gottes macht keine Aussagen über das Sein oder Wesen Gottes, sondern stets nur über sein Verhältnis zu seiner Schöpfung, die

---
30 A.a.O., 364f.
31 Hauch, Atem; als Übersetzung für den hebräischen Terminus ruaḥ – „Geist, Wind, Hauch" – auch: Geist.

er mit seinem Geist belebt (Gen 1,2) und über sein Verhältnis zum Menschen und zu allem Lebendigen, das nur aus dem Atem Gottes lebt (Ps 104,29f.). Jesus wird zu Beginn seines Auftretens vom Geist Gottes erfüllt (Mk 1,10), der es ihm ermöglicht, der Versuchung zu widerstehen (Mk 1,12f. parr.) und über böse Geister zu gebieten (Mk 1,23ff. u.ö.). Für Paulus findet sich der Mensch zwischen zwei Kräften oder Bereichen vor, dem des Fleisches (σάρξ) und dem des Geistes (z.B. Röm 8, Gal 5,16ff.), wobei der Christ durch die Geistgabe bei der Taufe in den Stand gesetzt wird, im Geist zu leben und zu wandeln, was sich in „Liebe, Freude, Friede, Geduld, Freundlichkeit, Güte, Treue, Sanftmut, Keuschheit" äußert (Gal 5,22f.). Der Terminus *spiritalis* findet sich beispielsweise in I Kor 2,15 ohne Substantiv als Begriff für einen „geistlichen Menschen"[32].

Eine kirchliche Definition des Bedeutungsgehaltes findet sich bei Irenäus von Lyon: „Die aber immer Gott fürchten und an die Ankunft seines Sohnes glauben und durch den Glauben in ihre Herzen den Geist Gottes einsenken, die werden mit Recht Menschen genannt, rein und geistig und für Gott lebend (*et mundi et spiritales et viventes Deo*), weil sie den Geist des Vaters haben, der den Menschen reinigt und zum göttlichen Leben erhebt"[33]. In der Folge kennzeichnet der Begriff, in soziologischer Hinsicht, alles, was zum Bereich der Geistlichkeit gehört, aber auch die ewigen im Gegensatz zu den zeitlichen Gütern. In psychologischer Hinsicht wird als spirituell alles bezeichnet, was zum inneren Leben eines Menschen gehört, Gefühle, Motive, Affekte, Wille. Das Substantiv begegnet in lateinischen Texten seit dem 5. Jahrhundert; hier kann zu einem Voranschreiten in der Spiritualität gemahnt wer-

---

32 *Spiritalis autem iudicat omnia* – „der geistliche Mensch aber beurteilt alles".
33 Zit. nach Karl-Friedrich Wiggermann, Spiritualität, in: TRE 35 (2002) 708.

2.2 Zum gegenwärtigen Verständnis von „Spiritualität"

den[34]. Im heutigen Sinn verwendet wird „spiritualité" erstmals im 17. und 18. Jahrhundert in der Ordenstheologie der französischen Dominikaner. Die Ausbreitung des Begriffs in größerem, konfessionsübergreifenden Maßstab ist seit dem letzten Drittel des 20. Jahrhunderts festzustellen. Von Bedeutung war und ist dafür etwa die Kommunität von Taizé mit ihrem 1974 eröffneten Konzil der Jugend; Spiritualität wird von den Brüdern als ein Ineinander von Kampf und Kontemplation verstanden. Wichtig war weiterhin die 5. ÖRK-Vollversammlung in Nairobi im Jahr 1975, bei der in einer Botschaft an die Christen der Ökumene die Sehnsucht nach einer neuen, für Befreiung und Menschlichkeit kämpfenden Spiritualität (spirituality for combat) programmatisch zum Ausdruck gebracht wurde. Im protestantischen Raum wurden diese ökumenischen Impulse vom Rat der EKD aufgenommen, und eine Arbeitsgruppe wurde eingesetzt, um Anstöße für eine neue evangelische Spiritualität zu formulieren; 1979 erschien „Evangelische Spiritualität. Überlegungen und Anstöße zur Neuorientierung" mit dem Ziel, Impulse zu bieten gegen die konstatierte spirituelle Not in den evangelischen Kirchen. Der Begriff „Spiritualität" wurde dabei dem im evangelischen Raum vertrauteren Terminus „Frömmigkeit" vorgezogen, weil er im Gegensatz zu jenem Glaube, Frömmigkeitsübung und Lebensgestaltung zusammenschließe.

Seit den 80er Jahren des 20. Jahrhunderts ist einerseits ein Boom, andererseits – damit zusammenhängend – ein Verschwimmen des Begriffs zu konstatieren, ein Ergebnis seiner Inanspruchnahme etwa durch die neuen Religionen u.a. des New Age. Es gibt heute eine ökumenische ebenso wie eine liturgische Spiritualität, eine monastische ebenso wie eine konfessionsspezifische, eine pfingstlerische ebenso wie eine evangelikale, eine befreiungstheologische ebenso wie eine feministische, eine afrikanische wie eine lateiname-

---

34 Das Zitat wird der pelagianischen Schule zugeschrieben, vgl. Hans-Martin Barth, Spiritualität (Ökumenische Studienhefte 2 – Bensheimer Hefte Heft 74), Göttingen 1993, 11.

rikanische Spiritualität, es gibt eine Spiritualität des Films ebenso wie eine emanzipatorisch-politische, eine Erlebnis- oder eine Firmenspiritualität. Angesichts dieser oft inflationären Verwendung des Terminus wird eine präzise Definition – über die bereits erwähnten ohnehin gegebenen hermeneutischen Probleme hinaus – weiter erschwert; das ist zu bedenken bei einer Sichtung gegenwärtig zu findender Definitionen, zunächst in einem nicht spezifisch christlichen Verständnis.

2.2.2 Das weite Verständnis

Das Fremdwörterbuch des Duden in seiner 7. Auflage von 2001 kennzeichnet Spiritualität als „Geistigkeit" im Gegensatz zur Materialität; entsprechend geschieht es auch in Johann Christian August Heyses Fremdwörterbuch von 1870; „spirituell" kann danach ebenso „geistreich" und „geistvoll" meinen wie „sinnreich" und „geistlich". Der fünfbändige Brockhaus führt den Begriff gar nicht auf. Diese Unterscheidung zwischen „spirituell" und „materiell" findet sich erstmals im 11. Jahrhundert und ist vermutlich als Resultat hellenistischen Einflusses zu sehen[35].

Neben diesen knappen Übersetzungen gibt es natürlich auch ausführliche Beschreibungen des mit dem Begriff Gemeinten. So heißt es bei dem katholischen Theologen Hans Urs von Balthasar, Spiritualität sei

> die „praktische und existentielle Grundhaltung eines Menschen, die Folge und Ausdruck seines religiösen – oder allgemeiner: ethischengagierten Daseinsverständnisses ist: eine akthafte und zuständli-

---

35 Vgl. Waaijman, 362: Im Hellenismus gehöre der Geist zu einer himmlischen Sphäre des Lichtes, die der dunklen Welt der Dinge entgegengesetzt sei; diese Vorstellungen wurden in der Renaissance des 11./12. Jahrhunderts aufgegriffen.

che (habituelle) Durchstimmtheit seines Lebens von seinen objektiven Letzteinsichten und Letztentscheidungen her"[36].

Bei dem Züricher Psychiater Christian Scharfetter findet sich folgende inhaltliche Bestimmung des Begriffs:

„‚Spiritualität heißt eine Haltung, eine Lebensführung der Pflege, Entwicklung, Entfaltung, Öffnung des eingeschränkten Alltagsbewußtseins hinaus über den Ego- und Personenbereich in einen individuumsüberschreitenden, transzendierenden, deshalb transpersonal genannten Bewußtseinsbereich. Spiritualität bedeutet: Leben in der Hinordnung, der Orientiertheit am Einen, das Bewußtsein der Teilhabe des einzelnen Individuums an einem überindividuellen Sein, bedeutet die Selbsterfahrung, daß die wahre Natur, der Kern, die Substanz unseres Wesens (Atman) dieses umgreifende Eine ist, welches über jede menschliche Gestalt- und Eigenschaftszuweisung hinausgeht, welches darum gestaltlos, leer genannt wird. Es trägt in verschiedenen Kulturen Namen, welche auf das Geahnte verweisen.' Spiritualität meine also eine religiöse Bewußtseinserweiterung im vor- und überkonfessionellen Sinn ‚als eine achtungsvolle Haltung sorgsamer Bedachtheit auf das *eine*, welches aller Einzelgestalt erst ihre Einordnung, Relation gibt.'"[37]

Zu beobachten ist bei diesen unterschiedlichen Definitionen jedenfalls eine Gemeinsamkeit: Unter Spiritualität wird stets etwas verstanden, das mit einem über- oder transrationalen Betrachten und Gestalten des Lebens zu tun hat, der Begriff steht für eine Haltung, für ein Tun, für einen Lebensstil, die aus einer bestimmten, die Welt übersteigenden Sicht der Welt resultieren, aus einer Orientierung an dem „Einen" oder an einem „Letzten", wobei nicht

---

36 Hans Urs von Balthasar, Das Evangelium als Norm und Kritik aller Spiritualität in der Kirche, in: ders., Spiritus Creator, Einsiedeln 1967, 247.
37 Definition aus Christian Scharfetter (Hg.), Der spirituelle Weg und seine Gefahren, Stuttgart [4]1997, zit. nach Christian Möller, „Spiritualität"? Überlegungen zur reformatorischen Wahrheit eines Modewortes, in: Michael Herbst (Hg.), Spirituelle Aufbrüche. Perspektiven evangelischer Glaubenspraxis (FS Manfred Seitz zum 75. Geburtstag), Göttingen 2003, 21f.

von vornherein ausgemacht ist, um was es sich dabei handelt[38]. Begonnen wird die Suchbewegung oft durchaus im Interesse einer Selbstfindung, wie es in einer Definition von M.M. Thomas, dem damaligen Vorsitzenden des Zentralausschusses des ÖRK, in den 70er Jahren auf der Weltmissionskonferenz zu hören war:

> „Menschliche spirituality ist der Weg, auf dem der Mensch nach letzten geheiligten und sinnvollen Strukturen sucht, innerhalb derer er sich selbst erfüllen und verwirklichen kann."[39]

Ähnlich klingt die Definition der amerikanischen katholischen Neutestamentlerin Sandra Schneiders (IHM). Sie bestimmt Spiritualität als

> „die Erfahrung der bewußten Beteiligung am Geschehen der Lebensintegration (im Sinne der ausgewogenen Gestaltung des Lebens) durch Selbstüberschreitung in Richtung auf denjenigen letzten Wert, den man wahrnimmt", im englischen Original: „the experience of conscious involvement in the project of life-integration through self-transcendence toward the ultimate value one perceives"[40].

Erfahrung ist hier ganz offensichtlich die zentrale Kategorie; weiterhin erscheint Spiritualität als ein Prozeß der Lebensgestaltung auf das „Eine" bzw. „Letzte" hin. Diese anthropologische Offenheit gegenüber einer allgemeinen „Sinnfindung" kann natürlich ebenso wie die Unklarheit über deren mögliche Quellen dazu führen, daß dieses letzte „Eine" an verschiedenen Orten gesucht wird, wie das folgende Beispiel – nicht völlig ernstgemeint – illustriert; es war im Herbst 2002 in der Westfälischen Allgemeinen Zeitung zu lesen:

> „Ich hab' da 'ne Bekannte, die is immer aufer Suche nach wat anderes. Wahrscheinlich ham Sie die auch schomma getroffen, weil, die Bea Papendieck hat schon so viel gemacht, da is dat eher unwahrscheinlich, dat Sie der noch nich begegnet sind.

---

38 Allein letzteres Moment läßt die vorgestellten Definitionen als Bestimmung einer christlichen Spiritualität nur eingeschränkt geeignet erscheinen.
39 Zit. nach Barth, 12.
40 Zit. nach Waaijman, 308.

2.2 Zum gegenwärtigen Verständnis von „Spiritualität"

Ja, und mit dem Suchen und Machen verbringt die Bea unheimlich viel Zeit. Eigentlich ihre ganze. Wie ich dat hier so erzähl, frag ich mich, wovon die eigentlich existiert? Ob sowat vom Staat gesponsert wird? Na ja, egal.

Jedenfalls hat die Bea früher viel Sport ausprobiert, Tennis natürlich aber auch dies Klettern anner Steilwand nur mit den Fingernägeln und zuletzt dies ‚walken'. Dat is Englisch für ‚spazierengehen', und en Sport wird da draus, wenn man die ganze Zeit so geht, als müsste man den Bus noch mitkriegen. Aber dat war wohl alles nich dat Richtige, weil, die Bea hat dat nie länger als vier Wochen durchgehalten.

Dann hat sie über Jahre mehr so internationale Kurse belegt gehabt. Wat war dat alles: ‚Südamerikanischer Tanz', ‚Afrikanisches Trommeln', ‚Deutsche Tugenden', also ... wie man die los wird. Und, und, und. Sie war dann wie beim Sport ers immer am schwärmen gewesen, aber nach kurzer Zeit war wieder vorbei mit der Begeisterung.

Ich sachte seinerzeit, Bea, du muss auch ma wat durchhalten, sons is dat doch alles für Nüsse. Aber meine Ansprache war auch für Nüsse. Sie meinte dann nämlich, wat ihr fehlen würd im Leben, dat wär die tiefere Sinngebung. Dat hätte sie jetz rausgefunden. Ja, dann hat die die gesucht, egal wo.

Die Bea hat wie wild Yoga gemacht, dann dies Bogenschießen mit diesem Zen und ne Zeit auch ma Atmen, wo ich schon gedacht hatte, sie hätte Asthma. Jetz zuletzt war sie auf dem Feng-Shui-Trip. Dat is sonne chinesische Kunst, wo einem die Möbel helfen, sein Leben in Griff zu kriegen. Da hat sie ersma rausgekricht, dat ihre Wohnung komplett inner falschen Windrichtung stand und is umgezogen. Die Möbel waren auch die falschen. Da tauchte aber auch nich ein Teil in ihrem Feng-Shui-Leitfaden auf. Wahrscheinlich, weil die alle von Ikea waren, und der Elch ist weit gekommen, aber bis ins Alte China wohl nich. Deswegen hat sie die alle aufm Flohmarkt verkloppt. Da war die neue Wohnung leer und strahlte wirklich son bisskien sonne buddhistische Ruhe aus.

Ja, neulich besuch ich sie, da liegt da bei ihr aufm Boden ein unheimlicher Wälzer von Heimwerker Ratgeber mit dem Titel: ‚Wie schreiner ich mir wat.' Oder so ähnlich. Da wusste ich, da wird die Bea sich jetz drauf stürzen ... die nächsten Wochen.

„Ich glaub ja, dat auch en paar Umwege wichtig sind, um sein Ziel zu erreichen, aber bei der Bea bin ich jetz ins Grübeln gekommen. Dat is ja ein beständiger Umweg. Oder is bei ihr der Umweg dat Ziel. Ich weiß et nich."[41]

Dieses Beispiel soll lediglich zur Illustration dienen, nicht etwa dazu, Suchbewegungen von Menschen zu desavouieren – das Bedürfnis nach Sinnfindung und entsprechender Lebensgestaltung ist auch aus theologischer Perspektive völlig legitim[42]. Aufschlußreich finde ich allerdings, daß unter allen Varianten, die Bea Papendieck ausprobiert, keine ist, die den traditionellen kirchlichen Angeboten zugehört: Wenn sie es mit Meditation versucht, muß es Zen sein; wenn ihre Lebensform asketische Züge annimmt, sind es buddhistische; wenn rituelles Verhalten als Möglichkeit entdeckt wird, ist es afrikanischer oder südamerikanischer Herkunft. Vielleicht muß zunächst die Kirche ihre spirituellen Wurzeln wiederentdecken und vor allem selbst lebendig gestalten, damit Menschen darauf aufmerksam werden können[43].

---

41 Sigi Domke, Ich hab' da 'ne Bekannte, in: Westfälische Allgemeine Zeitung, Beilage WAZ Wochenende vom 12. Oktober 2002.
42 Etwas anders verhält es sich mit der Selbstfindung, wenn der Mensch bei diesem gefundenen Selbst stehenbleiben will; hier ist im Sinne des zuvor eingeführten „anthropologischen Dreiecks" durchaus Kritik zu üben.
43 Vielleicht trifft aber auch die Befürchtung zu, die Gisbert Greshake, Priester sein in dieser Zeit, Freiburg/Br. ²2000, 22, formuliert: „Plötzlich ist es wieder ‚schick', sich mit ‚Innerlichkeit', Spiritualität und Mystik zu befassen und nach esoterischen ‚Übernatur'-Erfahrungen Ausschau zu halten. Man sucht religiöse ‚Kuschelecken' und sakrale Emotionen, die das eigene Innere ‚aufbauen'. Doch rollt diese neuere gesellschaftliche Welle ohne Zuwendung zur kirchlich-sakramentalen Welt ab. Das kirchliche Kulthandeln ist für viele Menschen, besonders für junge, nach wie vor nicht attraktiv." Zu denken ist dagegen etwa an die Erfahrungen, die vielerorts mit der „Thomasmesse" gemacht werden, ein vielgestaltiges Angebot mit traditionellen Zügen, das gerade von Kirchenfernen gern wahrgenommen wird. Greshake schränkt sein Urteil allerdings selbst ein: „Doch das, was vordergründig als Prozess radikaler Entkirchlichung erscheint, ist eher der Ausdruck eines neuen ‚Modus' von so etwas wie Transzendenz- bzw. spezifisch religiösen Erfahrungen, nämlich des Modus der Privatisierung,

Festzuhalten bleibt, daß verschiedene Suchbewegungen und ihre Resultate durchaus als „religiös" anzusprechen sind, nicht jedoch im Sinne der christlichen Religion und einer christlichen Spiritualität, zu denen ja nicht so sehr die Selbstfindung im Gegenüber zu einer irgendwie gearteten Transzendenz, sondern auch eine Bindung an diese Transzendenz und ein bestimmter Weltbezug, eine bestimmte – nämlich liebende – Form der Zuwendung zum anderen und ein Eingebundensein in die Gemeinschaft gehören.

2.2.3 Christliche Spiritualität

Jedes Buch über Formen der christlichen Spiritualität wartet, ebenso wie manches theologische Lexikon, mit einer eigenen Definition auf; diese Definitionen können unterschiedlich komplex geraten, sie können außerordentlich weit gefaßt sein und für „Religiosität" insgesamt stehen oder im Gegenteil sehr eng nur mehr die Haltung des „Fromm-Seins" und die Tätigkeit des Betens meinen. Einige – evangelische wie katholische – sollen nun betrachtet werden.

Ent-Institutionalisierung und säkularistischen Transposition." (A.a.O., 204.) Freilich ist dennoch die Mahnung des Soziologen Geoffrey K. Nelson, Der Drang zum Spirituellen. Über die Entstehung religiöser Bewegungen im 20. Jahrhundert, Olten 1991, 157, zu bedenken: „Eines der Probleme, dem sich alle religiösen Organisationen gegenübersehen, ist es, die ursprünglichen Ziele der Bewegung lebendig zu erhalten, damit sie nicht Zielen wie dem Überleben der Organisation untergeordnet werden. Natürlich muß eine Organisation, um ihr primäres Ziel zu erreichen, vor allen Dingen überleben, doch wird dieses Überleben dann sinnlos, wenn die Organisation diese primären Ziele vergessen oder bewußt preisgegeben hat." Jede Kirche aber, die säkulare Ideen übernommen habe, um Popularität zu gewinnen, befinde sich in dieser Lage (a.a.O., 196). S. auch Stephenson, 136: „Das ‚historische Gebilde' Religion kann zerfallen, ohne daß die Religiosität betroffen wäre. Und Religiosität kann verkümmern, ohne daß dies zum Verfall des historischen Gebildes führt."

Erwin Fahlbusch führt im EKL[44] den Begriff als Synonym für „Frömmigkeit" ein, um gleich darauf festzustellen, daß es indessen an einer eindeutigen Definition mangele. Als Beleg nennt er zahlreiche Erscheinungsformen neuzeitlicher Spiritualität, kommt dann allerdings doch zu einer Definition im Gegenüber zum Begriff der Frömmigkeit:

> „S[piritualität] hingegen hat vornehmlich das *pluriforme Geistwirken Gottes* in Schöpfung und Geschichte im Blick; sie rekurriert auf die Gotteszuwendung im Empfang des Geistes und meint das spirituelle Geschehen, das in der ‚Selbstorganisation christl[icher] Existenz' (W. Nethöfel) unterschiedliche Profile gewinnen kann (‚Früchte des Geistes'). Obgleich das einmalige Handeln Gottes in Christus und das permanente Wirken seines Geistes trinitarisch verklammert sind, so hat die verschiedene Akzentuierung zur Folge, daß die mit Frömmigkeit intendierte ‚subjektive Relation' (sei es die des einzelnen, sei es die der ‚kirchl[ichen] Subjektivität'; H.U. v. Balthasar) in den Konzeptionen von S[piritualität] eine breitere Basis und mehr Handlungs- und Gestaltungsmöglichkeiten erhält. Indem S[piritualität] ihren Anhalt an dem vielfältigen spirituellen Geschehen findet, das es immer erneut zu entdecken gilt und einem demselben angemessenen Handeln den Vorzug gibt, verändern sich *Intention und Richtung* des Glaubensvollzuges. S[piritualität] wird mitkonstituiert von kontextuellen lebensweltlichen Erfahrungen, ermöglicht damit nicht nur eine ‚Symbiose von Glauben und Kultur', sondern auch solche Verhaltensweisen und Aktivitäten, die über eine ekklesial-gemeinschaftliche Verwirklichung hinausgehen; das sind u.a. das Engagement für Frieden und Befreiung und die Bewahrung der Schöpfung, der Kampf für Menschenrechte und soziale Gerechtigkeit, die Verteidigung von Freiheit und Wahrheit."[45]

Diese problematische, weil einen Begriff durch sich selbst erklärende Definition führt im weiteren Verlauf des Artikels dazu, kontextuell bedingte Formen von Spiritualität darzustellen. Die Definition hebt zunächst das *Tun Gottes* hervor, das Spiritualität allererst ermöglicht; der *Mensch* erscheint demgegenüber *als Empfangender*. Dann wendet sie sich der *Reaktion des Menschen* zu, die in

---

44 Evangelisches Kirchenlexikon Bd. 4 (1996) 402f.
45 A.a.O., 403f.

2.2 Zum gegenwärtigen Verständnis von „Spiritualität"

seinem *Lebensvollzug* zu erkennen ist, sei es in innerer Haltung bzw. Lebensgestaltung *des einzelnen oder der Gemeinschaft*. Sehr betont wird das *Moment des Handelns*, insbesondere in einer engagierten *Zuwendung zur Welt*.

Herbert Vorgrimler bestimmt im Neuen Theologischen Wörterbuch von katholischer Seite aus Spiritualität als

> „ein ‚Leben aus dem Geist' (K. Rahner), womit sowohl die innerste Gottesbeziehung, eine bewußte subjektive Haltung gegenüber dem im Menschen gegenwärtigen Heiligen Geist als auch die den Mitmenschen zugewandte Glaubenspraxis gemeint sind. Daraus ergibt sich, daß trotz der Betonung des Geistes eine Absage an menschliche Sinnlichkeit u[nd] Weltflucht nicht Bestandteile christlicher Sp[iritualität] sind. Im deutschen christlichen Bereich verdrängt das Wort Sp[iritualität] zunehmend den älteren Begriff ‚Frömmigkeit', mit dem eher eine engere persönliche Lebensgestaltung aus dem Glauben bezeichnet wird, während die Sp[iritualität] von einer Vielgestaltigkeit des Geistwirkens ausgeht. Eine ausweitende Verwendung von Sp[iritualität] für nichtchristliche oder auch nichtreligiöse existentielle Grundhaltungen (die Überzeugung verbunden mit der Praxis) ist möglich."[46]

Auch diese Definition beginnt (zumindest implizit) mit dem *Tun Gottes* und der antwortenden *Reaktion des Menschen*, die sich als innere wie äußere Haltung im *Lebensvollzug* ablesen läßt, im *Handeln gegenüber Mitmenschen und Welt*.

Eine „kompakte Kurzdefinition", die nur die ersten beiden Momente explizit nennt (der Aspekt des Lebensvollzuges ist implizit enthalten), findet sich im Grundkurs Spiritualität: „Spiritualität ist die fortwährende Umformung eines Menschen, der antwortet auf den Ruf Gottes." Darüberhinausgehende definitorische Versuche begleiten als ständiges Bemühen, als ein Leitthema alle im Grundkurs gegebenen Einführungen in verschiedene Themenbereiche, denn: „Die Antwort auf diese Frage soll nicht schon vorab theoretisch erörtert werden, weil wir die Spiritualität nicht aus dem ‚normalen' Leben herausfiltern oder von ihm absondern wol-

---

46 Herbert Vorgrimler, Neues Theologisches Wörterbuch, Freiburg i.Br. 2000, 587.

len, sondern gerade als Geistdimension vielschichtigen, komplexen menschlichen Lebens betrachten müssen und deshalb nur eingebettet und verbunden mit dem ganzen Leben verstehen können."[47] Der katholische Theologe Josef Sudbrack, dessen gesamte Arbeit von Studienzeiten an mit dem Thema der Spiritualität befaßt ist, bietet zunächst ebenfalls eine Kurzformel, nämlich die „Frage, wie der Mensch aus einem christlichen Glauben heraus sein Leben zu leben hat"[48]. Im folgenden formuliert er bewußt weniger eine Definition als vielmehr eine Umschreibung des Gemeinten.

Zunächst benennt er dazu die zwei Säulen christlicher Spiritualität, zwischen denen eine bleibende, nicht aufzulösende Spannung besteht, die lediglich in einem fließenden Gleichgewicht gehalten werden kann: „Die alles durchziehende Spannung der christlichen Spiritualität besteht zwischen der Botschaft, die den Namen Jesus Christus trägt [sc. dem überlieferten, wahren „Wort" der „Logos-Kirche"] und der Aktualität, die Gottes Geist dieser Botschaft in jeder Zeit geben will [sc. den jeweils wahren Äußerungen der „Pneuma-Kirche"]"[49]. Zu diesen beiden Säulen hält er fest: „Diese lebendige Spiritualität lebt aus dem Gespräch mit der Umwelt, mit der Mentalität der Gegenwart, lebt mit den Hoffnungen und Ängsten der Menschen. Sie wird dem Auftrag Jesu nur gerecht, wenn sie kein toter Besitz ist, sondern Dynamik und Kraft in sich trägt. Beteiligt ist an dieser lebendigen Dynamik jeder Christ. [...] Der Glaubenssinn des Volkes Gottes muß zwar in einer Ordnung Gestalt und Sprache finden; aber nur wenn diese lebendig ist, ist auch der Glaubenssinn lebendig und lebensspendend."[50] Dazu brauche es die kirchliche Amtsstruktur mit ihrer Sorge für den Gottesdienst und seine Ordnungen als „Lebensraum des Glaubens"[51]. Der Theologie komme in diesem Gefüge die Aufgabe des Vermittelns in die jeweilige Gegenwart und des Reflektierens der Glaubenswahrheiten zu. Ein zweites Moment neben den beiden Säulen ist für ihn die Betonung der Ganzheitlichkeit und der personalen

---

47 Vorwort zum Grundkurs Spiritualität, hg. vom Institut für Spiritualität Münster, Stuttgart 2000, 10.
48 Josef Sudbrack, Gottes Geist ist konkret. Spiritualität im christlichen Kontext, Würzburg 1999, 77.
49 Ebd.
50 A.a.O., 78.
51 Ebd.

2.2 Zum gegenwärtigen Verständnis von „Spiritualität"

Mitte des Menschen: „Das Zusammenklingen beider Wahrheiten: die Ganzheit und Einheit des Menschen und daß seine Personmitte den Leib überragt, liegt nicht im menschlichen Verstehen, sondern findet ihre Gewißheit erst in der gültigen Vollendung, in der von Jesus verheißenen, leiblichen Auferstehung am Ende der Zeit. Die konkrete Spiritualität muß auf beide Wahrheiten achten, auch wenn sie vom systematischen Denken nicht auf einen Nenner gebracht werden können."[52] Der dritte von Sudbrack genannte Aspekt ist das für eine gelebte Spiritualität unverzichtbare Miteinander von konkretem Leben aus dem Glauben des einzelnen – pointiert formuliert: „Es gibt so viele Spiritualitäten, das heißt: Lebensführungen aus dem Glauben, wie es gläubige Christen gibt"[53] – und Gemeinschaft: „Die Lebenskraft der Kirche liegt im Reichtum der unterschiedlichen Gruppenspiritualitäten [sc. zu denen sich die Einzelspiritualitäten in der Realität zusammenfinden], die in ihrer Verschiedenheit die eine, gesamt-christliche Spiritualität verwirklichen. [...] Wer über christliche Spiritualität nachsinnt, muß sie betrachten wie ein Bild Pieter B. Breugels, das mit einer Überfülle von verschiedenen Verwirklichungen (Spiele, Sprichwörter, Bauernarbeiten) ein geschlossenes Kunstwerk darstellt. Man darf diese Vielfalt nicht auf eine einzige oder einige wenige Möglichkeiten reduzieren, sondern sollte Freude haben am überquellenden Reichtum konkreter Spiritualitäten, die alle ihre Wurzeln haben in Gott und seinem Boten, Jesus Christus."[54] Um das Ineinander von Gestaltung der Spiritualität des einzelnen und gemeinschaftlicher Spiritualität bleibend zu verwirklichen, bedarf es des vierten Aspektes, der theologischen Reflexion, die jedoch ihrerseits dazu die konkret gelebte Spiritualität im Blick behalten muß, sich also nicht nur mit allgemeinen Anliegen, grundlegenden theologischen Fragestellungen und großkirchlichen oder gesellschaftlichen Veränderungen befassen darf. Schließlich kommt als fünftes Moment das Gegenüber von einer „Spiritualität des Alltags" im Sinne von Gal 5,22f. und der Ausnahme-Erfahrung eines Gipfelerlebens, der besonderen Gotteserfahrung etwa der Mystik hinzu.

Spiritualität erscheint bei Sudbrack als etwas *von Gott Gegebenes*, im *Alltag* ebenso wie in der besonderen *Gotteserfahrung*, das dem Menschen zur *Aufgabe* wird, einer Aufgabe, die er mit Seele, Geist

---

[52] A.a.O., 80.
[53] A.a.O., 81.
[54] Ebd.

und Leib, also *ganzheitlich*, als *einzelner* und in der *Gemeinschaft* in der *Spannung zwischen Tradition und Situation* verwirklicht und mit *theologischer Reflexion* begleitet; zugleich ist sie ein *Prozeß*, dessen Abschluß in der Ewigkeit liegt.

Kees Waaijman untersucht u.a., wie bereits dargestellt, nach einer sehr ausführlichen phänomenologischen Annäherung (Laienspiritualität, Spiritualität der Schulen, Gegenbewegungen) die zentralen Begriffe, die anstelle des Terminus begegnen. Er stellt fest, daß die biblischen Begriffe sämtlich die polare Spannung zwischen Gott und Menschen thematisieren: Gottesfurcht auf der Seite des Menschen, Heiligkeit, Gnade und Vollkommenheit auf Seiten Gottes. Der Hellenismus füge verschiedene Wege der Annäherung an das Göttliche hinzu: Gnosis, Askese, Kontemplation, Hingabe und Frömmigkeit. Der Terminus „Spiritualität" integriere diese verschiedenen Aspekte und bringe die dynamische Beziehung zwischen dem Heiligen Geist und dem Geist des Menschen zum Ausdruck[55]. Seine Definition lautet:

> „The area of spirituality can be definded as a divine-human relational process: a bipolar whole in which the divine and the human realities take shape reciprocally (material object)." Weiterhin heißt es: „This area of reality can be properly studied as a process of transformation: the process of taking shape (*form*) reciprocally which is realized between the divine and the human pole (-action) in which especially the transitional moment[s] (*trans*) are important (formal objekt)."[56]

---

55 Waaijman, 361.
56 A.a.a.O., 426. Übersetzung: Das Gebiet der Spiritualität kann definiert werden als ein Prozeß göttlich-menschlicher Beziehung: ein zweipoliges Ganzes, in dem göttliche wie menschliche Wirklichkeit in wechselseitiger Bezogenheit Gestalt annehmen (Stoff, Inhalt, innerer Aspekt). Dieses Gebiet von Wirklichkeit ist angemessen zu untersuchen nur als ein Prozeß der Umformung oder Überformung: der Prozeß, in dem etwas in gegenseitiger Bezogenheit Gestalt gewinnt (Form); dieser Prozeß wird verwirklicht in der Spannung zwischen göttlichem und menschlichem Pol, in ihm sind insbesondere die Momente des Übergangs (Über/Um) von Bedeutung (Form, äußerer Aspekt).

2.2 Zum gegenwärtigen Verständnis von „Spiritualität"

Waaijman betont in dieser Definition das *Ineinander von göttlichem und menschlichem Tun* als ein *Prozeßgeschehen* in der *Lebensgestaltung*, ebenso den *Beziehungsaspekt*, während er in den vorausgegangenen Überlegungen ebenso die Bedeutung der *Zuwendung zum Nächsten und der Welt* hervorhebt.
Auf protestantischer Seite sei weiterhin die Definition von Peter Zimmerling angeführt, der Spiritualität versteht als

> „den äußere Gestalt gewinnenden gelebten Glauben, der in der paulinischen Forderung des ‚vernünftigen Gottesdienstes' von Röm 12,1f. seine biblische Begründung besitzt. Evangelische Spiritualität wird dabei durch den Rechtfertigungsglauben sowohl motiviert als auch begrenzt: Einerseits befreit die Erfahrung der Rechtfertigung sola gratia dazu, den Glauben in der konkreten Lebensgestaltung zu bewähren, andererseits bewahrt sie davor, das eigene spirituelle Streben zu überschätzen."[57]

In dieser Begriffsbestimmung wird zunächst das Gewicht auf ein *Ineinander von innerer Haltung* (Glaube) und *Lebensgestaltung* gelegt (Handeln gemäß Gottes Willen), das sich, wie es der Hinweis auf Röm 12 nahelegt, in einem kritischen *Gegenüber zur Welt* situieren soll. Spiritualität hat ihren Grund im rechtfertigenden *Tun Gottes*, das dem Menschen das *Handeln* ermöglicht, ihm zugleich aber auch eine untergeordnete Bedeutung gibt.
Christian Möller formuliert zu Beginn seines Buches[58] eine im weiteren Verlauf zu präzisierende, möglichst umfassende Definition: „Spiritualität ist Offenheit und Durchlässigkeit für das Geheimnis der uns umgebenden Wirklichkeit" – mithin in erster Linie eine *Lebenshaltung*, die von einer vorhandenen (handelnden) *göttlichen Wirklichkeit* ausgeht.
Diese Sichtung abschließend sei Manfred Josuttis' Definition spiritueller Methoden zitiert.

> Sie „sind ein Bestandteil religiöser Praxis. Aber sie unterscheiden sich von allen sozialen Aktivitäten, die durchaus religiös fundiert

---

[57] Peter Zimmerling, Evangelische Spiritualität. Wurzeln und Zugänge, Göttingen 2003, 16.
[58] Der heilsame Riß, 44.

sein können, dadurch, daß sie zwar gemeinschaftlich praktiziert, aber nicht auf die Gemeinschaft, sondern auf die Gottheit bezogen werden. Sie sind deswegen ‚spirituell', weil sie auf göttlichem Einfluß beruhen und auf göttliche Beeinflußung zielen."[59] Mit dieser Bestimmung grenzt Josuttis sich von dem Definitionsvorschlag der Herausgeber der „Geschichte der christlichen Spiritualität" ab, die ihren Autoren und Autorinnen folgende Formulierung vorab zukommen ließen: „Christliche Spiritualität ist der gelebte christliche Glaube [*innere Haltung und Lebensgestaltung*] sowohl in seinen allgemein gültigen wie in seinen eigenständigen Formen [*Gestaltung durch den einzelnen wie die Gemeinschaft/Tradition*] ... Man sollte Spiritualität von der Lehre abheben, weil sie sich nicht auf den Glauben als solchen beschränkt, sondern auf die Wirkung konzentriert, die der Glaube im religiösen Bewußtsein [*Selbstfindung im Verhältnis zu Gott*] und der religiösen Praxis [*Handeln in der Gemeinschaft*] hat. Sie ist auch von der christlichen Ethik zu unterscheiden, da sie nicht jedes menschliche Tun in seiner Beziehung zu Gott betrachtet, sondern nur jene Handlungen, deren Beziehung unmittelbar und ausschließlich auf Gott gerichtet ist."[60] Josuttis kritisiert an dieser Definition die Lokalisierung des Zentrums religiöser Praxis im menschlichen Bewußtsein, auch wenn ein Zusammenhang zwischen religiöser, spiritueller und sozialer Praxis angenommen werde.

Für Josuttis gründet Spiritualität in einem *Tun Gottes*, das ein *auf Gott bezogenes menschliches Handeln* hervorruft; nicht Findung von Sinn oder menschlicher Identität, sondern Hinwendung und Beziehung zu Gott sind dabei das entscheidene Moment[61].

Die verschiedenen Definitionen nennen durchaus ähnliche Aspekte, wenn auch in teilweise unterschiedlicher Gewichtung. Ungeachtet dessen versuche ich eine Zusammenfassung: Ein Gegenüber

---

59 Josuttis, Methoden,15.
60 Bernard McGinn, Zur Planung des ersten Bandes, in: Bernard McGinn / John Meyendorff / Jean Leclercq (Hg.), Geschichte der christlichen Spiritualität 1 – Von den Anfängen bis zum 12. Jahrhundert, Würzburg 1993, 21.
61 Mit einer Unterscheidung von Michael Nüchtern, Spiritualität auf dem Markt, in: Herbst (Hg.), Spirituelle Aufbrüche, 13, geht es nicht um eine Entwicklungs-, sondern um eine Beziehungsspiritualität in Form einer „Resonanz auf Gott", a.a.O., 17.

von Gott und Mensch und vor allem eine wechselseitige Bezogenheit zwischen beiden Polen gehören danach ganz wesentlich zu christlicher Spiritualität. Diese Bezogenheit wird ins Leben gerufen von einem Tun Gottes, das vom Menschen zunächst erfahren und dann beantwortet wird, mittels einer inneren Haltung in Geist und Seele, doch auch mittels seines tatsächlichen Handelns, seines Lebensvollzuges in Zuwendung zum Mitmenschen und zur Welt. Diese Verwirklichung im Leben vollzieht der einzelne für sich ebenso wie in der Gemeinschaft. Das entsprechende Handeln ist nicht immer neu zu erfinden; der Mensch kann sich zur Verwirklichung von Spiritualität auf Traditionen beziehen, die er jedoch hinsichtlich ihrer Eignung für die Gegenwart und in Reaktion auf die je aktuell ergehenden Impulse des Geistes Gottes jeweils zu bedenken hat. Spiritualität wird den Menschen, der sie lebt, nicht unverändert lassen; sie ist ein Prozeßgeschehen, das sich bis in das Leben in der anderen Welt hinein fortsetzt. Insgesamt sind die Formen der Spiritualität als eines verwirklichten, gelebten Glaubens zu reflektieren und theologisch zu verantworten.

2.3 Der Versuch einer eigenen Definition

Die Vielfalt der zum Begriff „Spiritualität" gehörenden Aspekte, die in der Zusammenfassung des letzten Abschnittes deutlich geworden ist, macht naturgemäß eine knappe Definition völlig unmöglich und wird mutmaßlich auch die Verständlichkeit einer längeren beeinträchtigen. Um dem entgegenzuwirken, seien die Elemente der Definition vorab genannt, wenn auch nicht unbedingt in der richtigen Reihenfolge: ein initiales Handeln Gottes (1), sein Gebot (2), die Erfahrbarkeit dessen (3), das von Liebe und Hingabe konstituierte anthropologische Dreieck (4), die Betonung des Handelns (5), das Ineinander von Tradition und gegenwärtigem Wirken des Geistes (6), das Gegenüber von einzelnem Menschen und (christlicher) Gemeinschaft (7), die Reflexion (8), das Moment des Prozeßhaften, sowohl im Hinblick auf eine Kontextgebundenheit, d.h. eine wechselseitige Beeinflußung der Elemente (9) wie auf eine zeitliche Ausdehnung des Prozesses über diese Welt hinaus (10).

Wer sich mit christlicher Spiritualität befaßt, hat es, um die wesentlichen Elemente zusammenzufassen, also mit einer Beziehung zu tun, der Beziehung zwischen Gott und Mensch, die für den Menschen erfahrbar ist und in einem zeitlich ausgedehnten Prozeß in verschiedenen Hinsichten gestaltet werden soll.

Bei einer Definition, die diese Komponenten verwendet, werden einige Begriffe gebraucht, die entweder in sich vieldeutig und damit für eine begriffliche Klärung nicht unproblematisch sind, oder die in Hinblick auf eine Verwendung für das Gegenüber des Menschen zu Gott nur sehr bedingt geeignet erscheinen, und deren Mehrdeutigkeit oder mangelnde Eignung darum jedenfalls thematisiert werden sollen, auch wenn eine vollständige Klärung hier nicht möglich ist. Diese Begriffe sind „Erfahrung" (auf diesen zentralen Begriff werde ich etwas ausführlicher eingehen), „Bezogenheit, Beziehung", „Gestaltung", und „Prozeß"[62].

2.3.1 „Erfahrung"

Wenn Menschen gefragt werden, warum sie an Gott glauben, antworten sie nur in Ausnahmefällen, daß die Gottesbeweise logisch eben so unausweichlich zwingend gewesen seien oder daß das systematische System des bekannten Theologen XY ihnen einfach keine andere Wahl gelassen habe. Zumeist wird die Antwort auf eine Erfahrung rekurrieren, die dieser Mensch selbst mit Gott gemacht hat[63] und die ihm eine unhintergehbare Sicherheit be-

---

62 Überdies wäre natürlich auch zu fragen, was mit dem Begriff „Gott" gemeint ist, wie der „Mensch" zu verstehen ist usw.
63 Auslösende Faktoren für derlei Erfahrungen können – laut Auskunft der Betroffenen – beispielsweise eine aktive, methodisch herbeigeführte Preisgabe oder jedenfalls Entgrenzung des vom Verstand gesteuerten

2.3 Der Versuch einer eigenen Definition

züglich der Existenz dieses Gottes im Verhältnis zu ihm, dem Menschen, vermittelt habe. Jedoch nur in kerngemeindlichen oder evangelikalen Kreisen bleibt eine solche Antwort unhinterfragt. Der Einwand der Agnostiker, daß man sich derlei Erfahrungen leicht einbilden oder einreden könne, schließt sich häufig unmittelbar an. Im Bereich der Theologie ist – vielleicht aus diesem Grunde – die (Gottes-) Erfahrung des Menschen erst seit der empirischen Wende in der Praktischen Theologie Gegenstand ernsthafter Betrachtung; zuvor wurde auch in der Frage der Spiritualität eher vom Dogma der Gottesoffenbarung in Christus her gedacht und in dessen Folge gefragt, wie es möglich sei, das innere Leben der Christen zu vertiefen und zu erweitern. Seit den 70er Jahren wurde es dagegen auch innerhalb der Praktischen Theologie allmählich möglich, Spiritualität als eine „Einführung in die Erfahrung des Glaubens" zu definieren, als eine Wahrnehmung, bei der der ganze Mensch in Berührung mit sich selbst und dem Absoluten kommt, nicht vermittelt über Begriffe, sondern durch einen unmittelbaren Eindruck der Gegenwart des eigenen Selbst bzw. des Absoluten und durch seine Reaktion, seine Antwort darauf[64].

In der Untersuchung von Josef Sudbrack spielt die Kategorie der Erfahrung sogar eine zentrale Rolle. So stellt er in den das Buch „Gottes Geist ist konkret" eröffnenden Überlegungen zur geistigen Situation fest: „Wie wichtig auch die soziale Dimension für das Christentum ist – christliche Existenz ruht vor allem auf der Begegnung mit Gott, auf der Erfahrung von Gott."[65] Er bezeichnet „Erfahrung" schlechterdings als „Leitwort des modernen Suchens" und als Basis des Glaubens[66]. Die Theologie müsse sich

---

Ich sein, ein passives Bemächtigungserlebnis, Teilhabe durch Partizipation am Ritus oder auf magischem Wege erreichte Aneignung einer überpersönlichen Macht. Wichtig ist in jedem Fall, daß es sich um eine persönliche Erfahrung handelt; weitergegebene Erfahrungen haben keine oder allenfalls eine sehr geringe transformierende Kraft (vgl. Nelson, 20).

64 Karl Truhlar zit. nach Waaijman, 385.
65 A.a.O., 21.
66 A.a.O., 86 und 144, vgl. zum Zusammenhang 87-123 und 142-152.

der Vertiefung durch die Erfahrung öffnen, diese ihrerseits habe sich theologischer Reflexion auszusetzen[67].

Doch was genau ist mit „Erfahrung" gemeint[68]? Ursprünglich meint der Begriff das Erkunden eines fremden Gebietes durch Hindurchreisen, also durch ein unmittelbares Erleben, das sich dann als neue Kenntnis dem Wissen des Erfahrenden zuordnet; Erfahrung ist demnach das Resultat eines bewußt angeeigneten Erlebnisses, eines selbst Gesehenen, Gespürten, Gehörten. Das Herder Lexikon für Psychologie[69] unterscheidet einen allgemeinen und einen philosophischen Gebrauch. Allgemein bedeute Erfahrung danach „die aus wiederholtem Umgang mit Dingen oder Menschen gewonnene Kenntnis"; in philosophischer Perspektive sei die

---

[67] Vgl. a.a.O., 23-26. Volker Leppin, Die christliche Mystik, München 2007, 10f., weist nachdrücklich darauf hin, daß jedenfalls im Bereich der Mystik – aber das gilt analog für alle Bereiche religiöser Erfahrung – die Berichte über solche Erfahrungen bereits reflektierend sind und vermeidet darum den Gebrauch des Terminus gänzlich: „Das, was mit Mystik als einer religiösen Haltung gemeint ist, ist nur durch Texte vermittelt, die ihrerseits selbst dann, wenn sie sich als reine Erfahrungsberichte geben, schon deutend sind. Das Phänomen der Mystik selbst ist also nur im literarischen Reflex gegeben [...] Das, woraus rekonstruiert wird, was mit ‚Mystik' jeweils gemeint ist, ist streng genommen nur aus Texten mystischer Theologie oder aus Texten der Mystagogie zu erfassen, also aus deutenden und anleitenden Texte, die die Erfahrung der Einheit Gottes reflektieren beziehungsweise zu ihr anleiten wollen. Und gerade weil die moderne Forschung zu Recht skeptisch gegenüber der Voraussetzung einer Erfahrung geworden ist, soll auch im folgenden nicht von ‚Erfahrung' die Rede sein, sondern [...] von einer ‚religiösen Haltung', die ja auch unabhängig von bestimmten Erfahrungen Bestand haben kann." Die Einwände Leppins sind ohne Zweifel berechtigt, dennoch werde ich aus den im weiteren Verlauf genannten Erwägungen heraus den Erfahrungsbegriff weiterhin verwenden. In jedem Fall sei auf die Untersuchung Leppins auch wegen zahlreicher inhaltlicher Überschneidungen zu dem ersten und dritten Teil dieses Buches ausdrücklich hingewiesen.
[68] Grundsätzlich ist hier zudem die Frage zu stellen, wo im Menschen die „Erfahrung" anzusiedeln ist. Vgl. zur Frage des „Bewußtseins" und des „Selbstbewußtseins" Hermann Schmitz, Der Gefühlsraum. System der Philosophie III/2 Studienausgabe, Bonn 2005, 20-90.
[69] Hg. von Franz-Jürgen Blumenberg und Helmut Kury, Wien o.J., 50.

2.3 Der Versuch einer eigenen Definition

Erfahrung als eine Sonderform der Erkenntnis anzusprechen, die durch Eindrücke von außen (etwa Sinneswahrnehmungen) oder von innen ausgelöst werde. In jedem Fall sei Erfahrung derjenige Bereich der Erkenntnis, der über sinnliche Wahrnehmung erworben werde; der Begriff Erkenntnis als (u.a.) eine vom Verstand ausgewertete und angeeignete Erfahrung impliziert zugleich das Empfinden der Wahrheit des Erkannten.

Nun sind mit dem Hinweis auf diese Definitionen nicht alle Fragen beantwortet, vor allem dann, wenn es um religiöse Erfahrung geht. Denn daß ich etwas als wahr empfinde, bedeutet nicht zugleich, daß es anderen ebenfalls als wahr erscheint, und noch weniger, daß es objektiv auch tatsächlich wahr *ist*. Die Frage der Nachvollziehbarkeit bzw. Überprüfbarkeit ist an die persönliche Erfahrung zu stellen, selbst wenn eine überzeugende Antwort möglicherweise nicht erwartet werden kann. So formuliert der amerikanische Prozeßtheologe John Hick ganz zu Recht: „Wir müssen fragen, ob diejenigen, die annehmen, daß ihre ‚Erfahrung, in der Gegenwart Gottes zu leben' (in einer beliebig komplexen Vermittlung) dadurch bewirkt ist, daß sie in der Gegenwart Gottes sind, das zu Recht glauben oder im Gegenteil sich täuschen."[70] Nur: Wie läßt sich hier ein schlüssiger Beweis für das eine oder das andere erbringen? Wie läßt sich die Erfahrung auf festen Boden stellen – gerade auch eingedenk der Tatsache, daß ja die unterschiedlichsten, sogar gegensätzlichsten Aussagen durch den Hinweis auf Erfahrungen belegt werden? Wenn das aber nicht möglich ist – und dafür spricht viel –, wie ist mit der daraus resultierenden Unsicherheit umzugehen? Welcher Wert ist der Erfahrung beizumessen?

Die Antworten, die von Theologen gegeben werden, fallen recht verschieden aus. Thomas Merton etwa rät, auf die Erfahrung, auf das religiöse Gefühl kein zu großes Gewicht zu legen: „We should not, however, judge the value of our meditation by ‚how we feel.' A hard and apparently fruitless meditation may in fact be much more valuable than one that is easy, happy, enlightended and ap-

---

70 John Hick, An Interpretation of Religion, London u.a. 1989, 212.

parently a big success."[71] Eine ähnliche Skepsis findet sich bei Dietrich Bonhoeffer, der im Hinblick auf das Leben in der Gemeinschaft „beseligende Erfahrungen" allenfalls als ein gelegentlich auftretendes Phänomen, als eine „gnädige Zugabe" versteht. „Denn Gott ist nicht ein Gott der Gemütserregungen, sondern der Wahrheit."[72] Und: „Wir haben keinen Anspruch auf solche Erfahrungen, und wir leben nicht mit andern Christen zusammen um solcher Erfahrungen willen. Nicht die Erfahrung der christlichen Bruderschaft, sondern der feste und gewisse Glaube an die Bruderschaft hält uns zusammen. [...] Im Glauben sind wir verbunden, nicht in der Erfahrung."[73]

Gisbert Greshake löst das Problem der unsicheren oder gar ausbleibenden Erfahrungen auf andere Weise. Er rät weder zu einem Vermeiden noch zu einem Hinterfragen der eigenen Erfahrungen, doch auch nicht zu einem weitestgehenden Absehen davon, sondern zu einem Vertrauen auf die Erfahrungen anderer, die in der Tradition niedergelegt sind. Bei jedem Menschen stelle sich, so hält er fest, immer wieder die Frage nach der Grundlage des eigenen Glaubens.

> „Und diese Frage wird zwangsläufig an der eigenen religiösen *Erfahrung* überprüft. Wo und wie denn sonst? Weil aber auch Erfahrungen nicht ohne gesellschaftliche Vermittlung sind und *religiöse* Erfahrungen zudem nicht in gleichem Maß jedem zuteil werden und diese selbst bei besonderen religiösen Erfahrungsträgern (Propheten, Mystikern, Heiligen) nicht ohne Anfechtung und Dunkel und auf dem Hintergrund langer Zeiten von Erfahrungsentzug gegeben sind, ist es für religiöse Erfahrungen typisch, dass sie sich in Traditionen verleiblichen. Solche Traditionen dienen dazu, Erfahrungen – gewissermaßen in ‚gefrorener', institutionalisierter Form – an diejenigen weiterzugeben, welche sie selbst nicht gemacht haben oder nicht immer machen, sich wohl aber dafür offen halten, dass sich

---

71 Thomas Merton, Contemplative Prayer, New York u.a. 1969, 34.
72 Dietrich Bonhoeffer, Gemeinsames Leben, Gütersloh [26]2001 23.
73 A.a.O., 34. Freilich bekommt hier die Mahnung, nicht auf Erfahrungen zu bauen, einen leicht gesetzlichen und unfrohen Zug, als sei eine Freude stiftende Erfahrung bereits als solche verdächtig.

2.3 Der Versuch einer eigenen Definition

solche in der Tradition kristallisierten Erfahrungen auch in ihrer Lebensgeschichte wieder ‚verflüssigen' können."[74]

Freilich sind mit diesem in Krisen sicher hilfreichen Hinweis auf die aus Erfahrungen erwachsene Tradition, die einen hohen Stellenwert zugesprochen bekommt, das Problem der Nachprüfbarkeit menschlicher Erfahrungen und die Frage nach ihrem Wahrheitsgehalt nicht gelöst.

Kees Waaijman, der das Einbeziehen unmittelbarer Erlebnisse bzw. der Berichte darüber für die Erforschung spiritueller Phänomene als unverzichtbar ansieht[75], mahnt vorsichtig an, den Bereich des fühlbar Erfahrbaren nicht außer acht zu lassen, handle es sich nun um Selbsterfahrungen, um Erfahrungen der Transzendenz oder um Glaubenserfahrungen, denn spirituelles Leben sei nicht allein und nicht zuerst eine Sache des bewußten Verstandes. Auf der anderen Seite sei jedoch die individuelle Erfahrung nicht absolut zu setzen, sie sei immer als Teil einer bestimmten sozio-kulturellen Gegebenheit zu verstehen, denn zum einen sei das Erleben von diesen Gegebenheiten geprägt, zum anderen könne die Erfahrung sich nur in einer zu dieser Gegebenheit gehörigen Form äußern und sie lasse sich überdies nur in einer zu der konkreten sozio-kulturellen Situation gehörigen Sprache ausdrücken. Darum bedeute die Einbeziehung der Kategorie der Erfahrung auch eine Emanzipation von einer exklusiv theologischen Perspektive und die Nötigung zur Einbeziehung der Humanwissenschaften bei der Untersuchung spiritueller Phänomene[76]. Erfahrung spielt bei Waaijman also eine bedeutende Rolle, doch ist sein methodischer Umgang mit diesem Phänomen von großer Vorsicht geprägt. Eine entsprechende Vorsicht läßt nach dem Eindruck von Hans-Martin Barth die Bewegung der charismatischen Gemeindeerneuerung vermissen, die, vorausgesetzt das Wirken des Heiligen Geistes habe den Menschen inspiriert und erneuert, den Glau-

---

74 Greshake, 210f.
75 Vgl. Waaijman, 537, im Zusammenhang mit den methodischen Überlegungen zum „phenomenological approach".
76 Vgl. a.a.O., 385-389.

benden dahingehend ermutige, daß er nun nicht mehr „gegen die Widrigkeiten der Welt glauben [müsse], sondern [...] sich auf seine eigenen Erfahrungen berufen [könne]. Glaube und Erfahrung haben einander gefunden; darum darf sich der Glaubende nun auch seinen religiösen Gefühlen ausliefern; mit geschlossenen Augen und erhobenen Händen lobpreist er Gott."[77] Waaijman würde demgegenüber wohl dazu raten, die Augen offen zu behalten, und der Dogmatiker Barth mahnt dazu, daß christliche Bekenntnis von schwer zu beurteilenden Erfahrungen nicht verschlingen zu lassen; statt dessen solle das Bekenntnis über die Erfahrungen hinausführen[78].

Um der Anregung Waaijmans zur Interdisziplinarität im Umgang mit dem Phänomen „Erfahrung" Folge zu leisten, sollen jetzt die Überlegungen des amerikanischen Philosophen und Psychologen William James dargestellt werden, der von 1876-1907 an der Universität Harvard beide Fächer lehrte. Seine in Edinburgh gehaltenen Vorlesungen zur „Vielfalt religiöser Erfahrung" sind 1901/02 erstmals veröffentlicht worden und liegen seit einiger Zeit übersetzt von Eilert Herms und Christian Stahlhut im Deutschen vor[79]. Obwohl es sich dabei um Erkenntnisse handelt, die gute hundert Jahre alt sind, sind sie unvermindert aktuell und hilfreich für jedes Nachdenken über Spiritualität auf der Grundlage von Erfahrungen[80].

---

77 Barth, 62.
78 A.a.O., 65 – was immer das konkret heißen mag.
79 William James, Die Vielfalt religiöser Erfahrung. Eine Studie über die menschliche Natur, Frankfurt/Leipzig 1997. Allerdings ist mit Hermann Schmitz darauf hinzuweisen, daß für James die thematisierten Erfahrungen überwiegend als Introjektionen zu verstehen seien, eine Sichtweise, gegen die sich Schmitz mit – wie ich meine – überzeugenden Gründen ausspricht(8-11, 18-21, 86-89 u.ö. zur Introjektion, 29-31 u.ö. zu James).
80 Erwähnt sei weiterhin die religionswissenschaftliche Perspektive, nach der in allen Kulturen Erfahrungen einer „anderen" Wirklichkeit gemacht werden, die mit der materiellen Welt jedenfalls nicht deckungsgleich ist, auch wenn weitere Aussagen darüber im diesem Horizont nicht gemacht werden können (Vgl. etwa Stephenson, 21, 51, 225

2.3 Der Versuch einer eigenen Definition

James setzt mit der Feststellung ein, daß es so etwas wie „Erfahrungen", wie religiöse Gefühle im Bereich der Spiritualität unbezweifelbar gibt und möchte anhand von Beispielen persönlicher Frömmigkeit untersuchen, wie sie sich äußern, woher sie kommen, wie sie in ihrer spezifischen Erscheinungsform zu erklären sind und welcher Wert, für das Leben generell wie hinsichtlich eines möglichen Offenbarungsgehaltes, ihnen beizumessen ist.

Als Untersuchungsgegenstand wählt er Berichte von Menschen aus, die unbezweifelbar als religiös anzusehende, sogar möglichst extreme Erfahrungen schildern. „Religion" definiert er dazu als eine zusätzliche Gefühlsdimension bzw. als „die Gefühle, Handlungen und Erfahrungen von einzelnen Menschen in ihrer Abgeschiedenheit, die von sich selbst glauben, daß sie in Beziehung zum Göttlichen stehen"[81] – ganz im Sinne der offenen Frage von John Hick, bei der es zunächst nicht ausgemacht ist, ob dieser Glaube einen Anhalt an der Realität hat. Dabei sei eine religiöse Geisteshaltung in jedem Fall ernsthaft: „Es muß etwas Feierliches, Ernsthaftes und Zartes über jeder Haltung liegen, die wir religiös nennen. Wenn sie fröhlich ist, darf sie nicht grinsen oder kichern; ist sie traurig, darf sie nicht schreien oder fluchen."[82] Feierlichkeit wird genauer bestimmt als ein Zustand, der weder grob noch simpel sei und ein „gewis-

---

u.ö.). Freilich seien diese Erfahrungen nicht jedem zugänglich; eine materiell-säkulare Weltsicht komme ganz ohne Religion aus, und umgekehrt sei für das Erleben einer anderen Wirklichkeit eine gewisse Sensibilität erforderlich (vgl. a.a.O., 15f., 18f. 41). In soziologischer Perspektive sind religiöse Erfahrungen bereits aufgrund der nicht kulturhistorisch erklärbaren Häufigkeit ihres Auftretens ernstzunehmen; Erfahrung kann geradezu als „Schlüsselelement einer jeden Religion" angesprochen werden, „denn Glaubenvorstellungen als solche haben ihre Quelle in direkten oder indirekten Erfahrungen" (Nelson, 42). In jedem Fall sei die religiöse Erfahrung ebenso wie die ästhetische als etwas Gegebenes zu betrachten, insofern sie ein bestimmtes soziales Verhalten zur Folge habe (vgl. a.a.O., 120). Eigentlich zu erforschen sei die Erfahrung einer letzten Wirklichkeit nicht, „weil es eine nichtrationale, nicht-materielle Erfahrung ist, die durch rationale Analyse nur zerstört werden kann." (A.a.O., 246.)

81 James, 80 und 63f. An anderer Stelle (67) heißt es: „Religion ist, was immer sie noch sein mag, die Gesamtreaktion eines Menschen auf das Leben."
82 A.a.O., 71 – Hiob hätte nach dieser Definition nicht unbedingt eine religiöse Haltung an den Tag gelegt.

ses Maß seines eigenen Gegensatzes in gelöster Form zu enthalten" scheine: „Eine feierliche Freude bewahrt etwas Bitteres in ihrer Süße; gewichtig ist ein Kummer, dem wir im Innersten zustimmen."[83] Hinzu komme eine bereitwillige und liebende Unterwerfung unter Gott, eine „Begrüßungshaltung [...], die alle nur denkbaren Formen zwischen heiterer Gelassenheit und enthusiastischer Freude annehmen kann"[84]. Dies gelte auch und gerade für den Fall von Selbstaufgabe und Opfer.

Doch welcher Art sind nun die Erfahrungen, die es zu untersuchen gilt? James kommt zu folgender Bestimmung: „Es ist, als gäbe es im menschlichen Bewußtsein ein *Empfinden von Realität, ein Gefühl von objektiver Gegenwart, von ‚da ist etwas'* – eine Wahrnehmung, die tiefer und allgemeiner reicht als irgendeiner der besonderen ‚Sinne', denen die gängige Psychologie das ursprüngliche Entdecken realer Existenz zuspricht. Ist dies aber so, dann dürfen wir annehmen, daß die Sinne unsere Einstellungen und unsere Verhaltensweisen normalerweise dadurch prägen, daß sie zuerst diese Realitätsempfindung erregen; und alles andere, beispielsweise eine Idee, die dieses Empfinden in ähnlicher Weise erregt, hätte dasselbe Privileg, das normalerweise die Sinnesobjekte besitzen, nämlich real zu erscheinen. Insofern religiöse Vorstellungen in der Lage sind, an dieses Realitätsempfinden zu rühren, müßte man trotz aller Bedenken an sie glauben, selbst wenn sie so vage und unerreichbar wären, daß man sich fast nichts unter ihnen vorstellen kann"[85]. Besonders deutlich finde sich die Realitätsempfindung bei Halluzinationen. Diese Parallele ist nach der Ansicht von James nicht als Diskreditierung der religiösen Erfahrung zu verstehen, denn für die Haltung eines medizinischen Materialismus sei es zwar leicht, mit Paulus abzuschließen, „indem sie seine Vision auf der Straße nach Damaskus eine Entladung aufgrund einer Läsion des Sehzentrums nennt: Paulus sei Epileptiker gewesen. Er erledigt die heilige Theresa als Hysterikerin, den heiligen Franz von Assisi als erbgeschädigt."[86] Tatsächlich bestünden psychophysische Verbindungen, tatsächlich seien geistige Zustände von körperlichen Bedingungen abhängig[87], aber zum einen gelte das ebensosehr für den Glauben

---

83 A.a.O., 81.
84 A.a.O., 74.
85 A.a.O., 89f.
86 A.a.O., 46.
87 Wozu sonst auch Fasten, bestimmte Körperhaltungen, bestimmte Atemtechniken etc.? Einen ausführlichen Überblick über die Positio-

2.3 Der Versuch einer eigenen Definition

wie für den Unglauben, zum anderen hänge der Wert der Früchte des Geistes nicht von ihrer Ursache ab und schließlich komme niemand auf den Gedanken, im Bereich der Naturwissenschaft eine Theorie etwa darum gar nicht erst zu überprüfen, weil die neurotische Verfassung ihres Autors bekannt sei. „Mit religiösen Meinungen sollte es nicht anders sein."[88] Die Frage der *discretio* stellt natürlich auch James und zwar als Frage nach dem Wert der Erfahrungen.

Da nun alle Gefühle eine physische Grundlage haben, ist es nicht möglich, religiöse Gefühle als etwas anderes denn eine Spielart der alltäglichen Gefühle zu sehen. „Es gibt religiöse Furcht, religiöse Liebe, religiöse Ehrfurcht, religiöse Freude usw. Aber religiöse Liebe ist nur eine besondere Form des natürlichen menschlichen Gefühls der Liebe, das sich auf ein religiöses Objekt richtet; religiöse Furcht ist nichts anderes als die normale Furcht vor einer Begegnung, sozusagen das gewöhnliche Zittern des menschlichen Herzens, erweckt durch den Gedanken an göttliche Vergeltung; religiöse Ehrfurcht ist derselbe körperliche Schauer, den wir im Wald spüren, wenn es dämmert, oder in einer Gebirgsschlucht; nur überkommt er uns in diesem Fall beim Gedanken an unsere übernatürlichen Beziehungen; und ähnlich verhält es sich mit all den verschiedenen Empfindungen, die im Leben von religiösen Menschen ins Spiel kommen können. [...] es gibt keinen Grund für die Annahme, es existiere eine einfache abstrakte ‚religiöse Emotion' als eine eigenständige elementare Gemütsbewegung, die ausnahmslos in jeder religiösen Erfahrung gegenwärtig wäre."[89] Damit sagt James ganz bewußt nicht, daß die religiösen Emotionen nicht eine außerhalb des Menschen befindliche einheitliche Quelle haben könnten. Tatsächlich hält er angesichts der zahlreichen in diesem Punkt übereinstimmenden Berichte die Existenz einer „realen Gegenwart, die diffuser und allgemeiner ist als die Realitäten, die wir mit unseren Spezialsinnen wahrnehmen", für möglich[90], er schließt selbst das Vorhandensein

---

nen in dieser Frage s. bei Reinhard Lassek, Kopfgeburten. Hirnforscher auf den Spuren der Frömmigkeit, in: Maria Jepsen (Hg.), Evangelische Spiritualität heute. Mehr als ein Gefühl, Stuttgart 2004, 75-82.
88 A.a.O., 47-51, Zitat: 51.
89 A.a.O., 60.
90 A.a.O., 94. Anhand des Phänomens der Gebetsgemeinschaften hält er fest: „Allem Anschein nach übt bei diesem Phänomen etwas Ideales, das in gewissem Sinne nicht zu uns selbst gehört, einen tatsächlichen Einfluß aus, hebt unser persönliches Energiezentrum und bringt rege-

eines angeborenen Empfindes für die Gegenwart Gottes nicht aus. „Diese Gefühle sind für die, die sie haben, genauso überzeugend wie jede andere unmittelbare sinnliche Erfahrung, und sie sind in der Regel viel überzeugender als alle Ergebnisse, die auf dem Wege der reinen Vernunft gewonnen werden. Selbstverständlich können einem diese Gefühle auch vollständig fehlen [...]. Aber wenn man sie hat und wenn man sie stark hat, kann man sie wahrscheinlich nur als echte Wahrheitserkenntnisse, als Offenbarungen einer Art von Realität betrachten, die kein Gegenargument entkräften kann, selbst wenn man ihm mit Worten nicht gewachsen ist."[91] Die rationalistischen Beweisforderungen und Gegenargumente seien vielleicht nicht auf rationaler Basis zu entkräften, aber andererseits „müssen wir gestehen, daß der Teil des Lebens, den der Rationalismus erfaßt, relativ oberflächlich ist. Zweifellos ist er der Teil, der das Prestige hat, denn er verfügt über Beredsamkeit, er kann von Ihnen Beweise fordern und Logik handhaben und Sie mit Worten niederringen. Aber trotz allem wird er nicht in der Lage sein, Sie zu überzeugen oder zu bekehren, wenn Ihre dunklen Intuitionen sich seinen Schlußfolgerungen widersetzen. Wenn Sie überhaupt Intuitionen haben, dann kommen diese aus einer Schicht Ihres Wesens, die tiefer liegt als die geschwätzige Schicht, die der Rationalismus bewohnt."[92]

Im Verlaufe der Vorlesungen setzt sich James dann mit der Tatsache auseinander, daß es durchaus divergierende Formen oder Typen von religiöser Erfahrung gibt – Erfahrungen, die ein vor allem glückliches Leben zur Folge haben, ein Leben in einem heiteren,

---

nerative Wirkungen hervor, die auf andere Weise nicht erlangt werden können. Wenn es also eine Welt des Seins gibt, die weiter reicht als unser Alltagsbewußtsein, wenn es in ihr Kräfte gibt, die intermittierend auf uns einwirken, wenn eine erleichternde Bedingung dieser Einwirkungen das Offenstehen der ‚subliminalen' Tür ist, haben wir die Elemente einer Theorie, der die Phänomene des religiösen Lebens Plausibilität verleihen. Ich bin von der Bedeutung dieser Phänomene so beeindruckt, daß ich die Hypothese annehme, die sie so natürlich nahelegen. Es scheint, sage ich, wenigstens an diesen Stellen so zu sein, als hätten transmundane Energien, Gott, wenn man so will, in der natürlichen Welt, zu der unsere übrige Erfahrung gehört, unmittelbare Wirkungen hervorgebracht." (A.a.O., 500) – Weitergehende Aussagen sind von einem Psychologen und Philosophen kaum zu erwarten.

91 A.a.O., 104f.
92 A.a.O., 105.

2.3 Der Versuch einer eigenen Definition

unanfechtbaren Vertrauens, und solche mit der Folge eines vor allem gedrückten Lebens, eines Lebens im Leiden. Dies sieht er in der Existenz verschiedener Mentalitäten begründet, der des „gesunden Geistes" mit einer naturgegebenen Unfähigkeit, über einen längeren Zeitraum zu leiden, der sich darum zu heilsgewissen Ausprägungen von Religion hingezogen fühlen wird, und der der „kranken Seele" mit einer Neigung zu Depression und Melancholie, mit einer größeren Sensibilität für Mißklänge, die eine andere, ihr entsprechende Art von Religion benötigt[93]. Allerdings sind in seinen Augen weder das Glücksgefühl und „die systematische Pflege des gesunden Geistes als einer religiösen Haltung"[94] noch der Zweifel an dem Gutsein und der Beständigkeit der Welt und die Überzeugung, „daß der tiefere Sinn des Lebens nur durch die persönliche Erfahrung von Demütigung erreicht wird, die das Scheitern hervorbringt"[95], weder die Erfahrungen des gesunden Geistes noch die der kranken Seele Beweise für die Echtheit des Glaubens. James schätzt dennoch den zweiten Typus als realistischer ein, denn Menschen, die ihm angehörten, nähmen die in dieser Welt existierenden Widersprüche als solche hin und versuchten nicht, sie auszugleichen. Dieser Typus sei zu einem komplexen Empfinden fähig, „das die natürliche Schlechtigkeit als Element miteinschließt, diese aber nicht so anstößig und schrecklich findet, weil es sie in etwas übernatürlich Gutes aufgehoben sieht. Es handelt sich um einen Prozeß der Versöhnung, nicht der bloßen Rückkehr zu natürlicher Gesundheit. Und wenn der Leidende gerettet wird, wird er durch etwas gerettet, was ihm wie eine zweite Geburt erscheint [sc. die Geburt in ein spirituelles nach dem Verlust des natürlichen Lebens], durch eine tiefere Art bewußten Lebens, als er vorher genoß."[96] Die Form, die dieses Leben annimmt, wird seiner Mentalität entsprechen[97]. Doch ist der

---

93 Vgl. a.a.O., 110-187.
94 A.a.O., 122.
95 A.a.O., 163.
96 A.a.O., 180. Allerdings sei eine religiöse Versöhnung mit dem absoluten Ganzen der Dinge wohl nicht möglich, weil manche Formen des Bösen zu extrem seien, um in eine gute Ordnung hineinzupassen, so a.a.O., 187.
97 „Einige sind bei ruhigem Wetter am glücklichsten, andere müssen Spannung empfinden und die Kraft ihres Willens spüren, damit sie sich lebendig und wohl fühlen. Diese Seelen müssen sich alles im Leben Tag für Tag neu erarbeiten, mit Opfern und gegen Widerstände, sonst wäre es ihnen zu billig und reizlos. Wenn nun dieser Charaktertyp religiös

zweite Typ nicht nur realistischer: Allein die Botschaft eines Menschen von diesem zweiten Typus werde Menschen, die leiden, werde Opfern als etwas Bedeutungsvolles und Gültiges erscheinen[98].

Damit Menschen nun vom bloßen Hören fremder Erfahrungen zu einer eigenen Erfahrung gelangen, sind weitere Einflüsse erforderlich, die allerdings nicht genau bestimmbar sind. „Weder der äußere Beobachter noch das Subjekt, das den Prozeß durchlebt, können vollständig erklären, wieso einzelne Erfahrungen fähig sind, das Energiezentrum eines Menschen so entschieden zu verändern", wie es religiöse Erfahrungen oft tun[99]. James hält es durchaus für denkbar, daß es Menschen gibt, die gegen religiöse Erfahrungen resistent sind, entweder aus intellektuellen Vorbehalten heraus, oder weil sie „auf der religiösen Seite keine Empfindungen haben", weil ihnen diese Art von Sensibilität fehlt[100]. Zukunftsprognosen seien hier allerdings schwierig, und eigenes Bemühen könne eine religiöse Erfahrung durchaus vorbereiten. Ihr Zustandekommen allerdings sei nicht vom menschlichen Willen abhängig, sondern anderen Kräften zu überlassen, die möglicherweise vor allem über den Bereich des Unterbewußten, des Subliminalen, auf den Menschen einwirkten[101]; Menschen mit stärkerer emotionaler Erregbarkeit wiesen darum die intensiveren religiösen Erfahrungen auf.

Das Vorhandensein einer solchen religiösen Erfahrung wird laut James durch drei Charakteristika angezeigt: Daseinsbereitschaft als Resultat der Rechtfertigungsgewißheit im Sinne einer Harmonie, eines Friedens mit den Lebensbedingungen, auch wenn diese sich nicht geändert hätten, das „Gefühl, Einsicht zu bekommen in vorher unbekannte Wahrheiten" und die Wahrnehmung einer Veränderung, einer Erneuerung oder Verschönerung der Welt und des eigenen Selbst[102]. Weitere signifikante Momente können hinzutreten wie Visionen, Auditionen, Automatismen, Photismen (Licht-

---

wird, neigt er dazu, die Klinge seines Bedürfnisses nach Anstrengung und Verneinung gegen seine eigene Natur zu kehren, und als Folge davon entwickelt sich ein asketisches Leben." A.a.O., 310.
98 Vgl. a.a.O., 185. Pure Heilsgewißheit erscheine demgegenüber als blind und hohl; der „heilsbewußten Lebensanschauung erscheint andersherum die Sichtweise der leidenden Seele unmännlich und krankhaft".
99 So z.B. Bekehrungen, a.a.O., 216.
100 A.a.O., 223. Diese Aussage liest sich wie eine psychologische Erklärung des Dogmas von der doppelten Prädestination.
101 Vgl. a.a.O., 259.
102 A.a.O., 263f.

2.3 Der Versuch einer eigenen Definition

phänomene), ekstatische Glücksgefühle von begrenzter Dauer und die Gabe der Tränen. Von diesen religiösen Erfahrungen sei die Sonderform mystischer Erfahrungen nochmals zu unterscheiden, diese seien erkennbar an dem Merkmal der Unaussprechbarkeit, an ihrer noetischen Qualität (sie gewährten Einsicht in Tiefen der Wahrheit, die dem diskursiven Verstand nicht zugänglich seien), an ihrer Flüchtigkeit und an der Passivität, in der der Mensch sie erfahre. Zudem bewirkten sie merkliche Veränderungen im Leben der Betroffenen. Und in jedem Fall seien die fraglichen Zustände als real und überdies als bedeutungsvoll anzusehen, was u.a. durch ihre überkonfessionelle und überzeitliche Verbreitung nahegelegt werde[103]. Dennoch könnten sie für Außenstehende keine Autorität darstellen, allerdings sei ihr Wahrheitsanspruch auch nicht a priori zurückzuweisen. Die Berichte von mystischen Erfahrungen seien ebenso zu prüfen wie alles, was aus der äußeren Sinnenwelt komme. „Es wird immer eine offene Frage bleiben, ob mystische Zustände möglicherweise [...] Fenster [sind], durch die der Geist auf eine größere und umfassendere Welt hinausschaut. Daß die Ausblicke aus den verschiedenen mystischen Fenstern verschieden sind, steht dieser Annahme nicht im Wege. Die größere Welt wäre in diesem Fall einfach nur genauso vielschichtig wie diese. Sie hätte ihre himmlischen und ihre höllischen Regionen, sie hätte Momente der Versuchung und Momente der Erlösung, sie hätte gültige und trügerische Erfahrungen, ganz so wie unsere Welt; und dennoch wäre sie eine größere Welt. Unsere Erfahrungen in ihr müßten wir auf dieselbe Weise sammeln, wie wir es in dieser natürlichen Welt gewohnt sind: durch Auswählen, Einordnen und Ersetzen. Wir wären in ihr für Irrtum genauso anfällig, wie wir es jetzt sind; aber das Einbeziehen dieser größeren Bedeutungswelt und die ernsthafte Auseinandersetzung mit ihr, so verwirrend sie sein mag, könnten unumgängliche Stufen auf unserem Weg der Annäherung zu den letzten Wahrheiten sein. [... Mystische Zustände] bieten uns *Hypothesen* an, Hypothesen, die wir willentlich ignorieren, aber denkend nicht außer Kraft setzen können."[104]

---

103 Vgl. a.a.O., 383-385 und 415f. Vorformen dieser Zustände wie das Gefühl eines plötzlichen tieferen Verstehens von etwas Bekanntem, wie Erfahrungen des déjà-vu oder Erlebnisse einer Intensivierung der inneren Wahrnehmung bei gleichzeitigem Verlust der äußeren Realitäten seien einer großen Zahl von Menschen vertraut.

104 A.a.O., 423.

Weil, wie William James eindrücklich zeigt, es überzeugend zum Ausdruck gebrachte religiöse Erfahrungen in großer Zahl gibt, weil sie etwas anderes sind als theologisches Denken und diesem nur begrenzt zugänglich, weil sie über das Erleben einer transzendenten Wirklichkeit – unmittelbar oder vermittelt – jedenfalls subjektiv zu einem Erkenntnisgewinn verhelfen, weil sie vielleicht unverzichtbar sind auf dem Weg zu einer letzten Wahrheit, weil sie Wahrheit enthalten können, weil sie lebensrelevant sind und weil „gerade im religiösen Bereich [...] der Glaube an die Wahrheit von Formeln die persönliche Erfahrung nie ganz ersetzen" kann[105], darum ist hinsichtlich der Frage nach dem Umgang mit dem bleibend unsicheren Phänomen der Erfahrung am Ende wohl Karl Rahner recht zu geben, der festgestellt hat, daß der fromme Christ der Zukunft entweder Mystiker, jemand, der etwas „erfahren" hat, sein werde, oder er werde nicht mehr sein[106]. Allerdings wird, daran ist nochmals zu erinnern, dadurch nicht jeder Zweifel behoben, der Glaube wird nicht einfach, und die sorgsame Reflexion, die Unterscheidung bleibt geboten, denn: „Solche Mystagogie [solche Einführung in diese Form des Glaubenserlebens] muß uns konkret lehren, es auszuhalten, *diesem* Gott (der wesentlich der Unbegreifliche ist) nahe zu sein, zu ihm ‚Du' zu sagen. Solche *christliche* Mystagogie muß natürlich auch wissen, wie Jesus von Nazareth, der Gekreuzigte und Auferstandene, in sie hineingehört."[107]

2.3.2 „Beziehung"

Nach diesen ausführlichen Erörterungen zum Begriff der „Erfahrung" sollen die folgenden Abschnitte nur kurz einige Hinweise auf

---

105 A.a.O., 449.
106 Karl Rahner, Zur Theologie des geistlichen Lebens. Schriften zur Theologie Bd. 7, Einsiedeln u.a. 1966, 22.
107 Ebd.

2.3 Der Versuch einer eigenen Definition

die möglichen Schwierigkeiten in Verbindung mit weiteren Begriffen bzw. deren unterschiedliche Implikationen zur Sprache bringen. Spiritualität hat es, so wurde zu Beginn dieses Abschnittes festgestellt, mit der Ausgestaltung der Gott-Mensch-Beziehung zu tun. Ist dies eine sachgemäße Bezeichnung für die gemeinte Relation?

„Unter Beziehung versteht man", so heißt es in Wolfgang Schmidbauers ‚Lexikon der Grundbegriffe' zur Psychologie[108], „in der Regel die Objektbeziehung, das heißt die emotionale Verbindung zwischen zwei oder mehreren Menschen. Manchmal steht ‚Beziehung' heute auch für enge, dauerhafte Bindung."

Angesichts dieser Definition ist zunächst ein Ungleichgewicht zu konstatieren. Auf Seiten des Menschen können wir selbstverständlich von Emotionen sprechen, auch von Bedürfnissen nach einer Bezogenheit auf ein Objekt, im Hinblick auf Gott hat eine Rede von Emotionen anthropomorphisierende Züge und kann allenfalls metaphorisch eingesetzt werden. Die Annahme einer wie auch immer gearteten „Bedürftigkeit" Gottes ist ein Problem der theologischen Perspektive[109], aber jedenfalls mit dem biblischen Befund nicht grundsätzlich unvereinbar.

Weiterhin: Wenn, gemäß der Definition, „Beziehung" die Verbindung zwischen zwei Menschen bedeutet, impliziert die Rede von einer Gott-Mensch-Beziehung jedenfalls die Vorstellung eines Per-

---

108 Wolfgang Schmidbauer, Psychologie. Lexikon der Grundbegriffe, Hamburg 1991, 39.
109 Während die meisten Theologien eine solche Unterstellung strikt ausschließen – Gott ist in sich ebenso vollkommen wie vollkommen frei, seine Bezogenheit ist ein innertrinitarisches Phänomen – bildet diese Vorstellung ein wesentliches Moment in manchen Ansätzen feministischer Theologie, vgl. z.B. Carter Heyward, Und sie rührte sein Kleid an. Eine feministische Theologie der Beziehung, Stuttgart 1986.

sonseins Gottes[110], das innerhalb der theologischen Diskussion jedenfalls strittig ist[111].
Schließlich ist hinzuweisen auf ein bleibendes Ungleichgewicht im Falle jeder menschlichen Beziehung zur Transzendenz, doch kann hier auf die zahlreichen Überlegungen zum „Bund" verwiesen werden, die es mit demselben Problem zu tun haben[112]. Ein Bund – und analog eine Beziehung – zwischen Gott und Mensch muß notwendig anders bestimmt sein als ein entsprechendes Verhältnis zwischen menschlichen Partnern, doch ist er, das belegt der biblische Sprachgebrauch, denkmöglich und, wie unter Menschen, auf Gegenseitigkeit angelegt.
Die Rede von einer Gott-Mensch-Beziehung ist unter Einbeziehung dieser Vorüberlegungen also möglich, doch ist vielleicht zunächst ein vorsichtigeres Sprechen von einer „Bezogenheit des Menschen auf Gott" als Resultat eines Handelns Gottes mit Bezug auf den Menschen angemessener. Die nächste Frage, die sich stellt, ist die nach einer Ausgestaltung dieser Beziehung. Im Sinne des anthropologischen Dreiecks ist diese Ausgestaltung nur als Liebe möglich, und zwar Liebe nicht im Sinne einer Emotion (die ja dem Gestaltungswillen nur sehr eingeschränkt unterliegt), sondern Liebe im Sinne einer Haltung und daraus resultierender Handlungen.

---

110 Auf ein höheres Prinzip kann ich mich zwar beziehen, doch bin ich nicht mit ihm verbunden; das Verhältnis zum „All-Einen" kann ich meinerseits als partizipativ bezeichnen – ich bin ein Teil des Einen –, aber von einer emotionalen und personalen Verbundenheit ist auch hier kaum die Rede, etc.
111 Positiv kann eine Rede vom Personsein Gottes nur bedeuten, daß Gott die Weise des menschlichen Personseins zwar integriert, doch zugleich übersteigt.
112 Der Begriff des Bundes, wie er im Hinblick auf Verträge zwischen Nationen Anwendung findet, geht zumeist von zwei Partnern aus, die annähernd gleichgewichtig geben und nehmen. Verlangt also auch ein Bundesschluß wie der zwischen Gott und Noah, Gott und Israel oder der neue Bund zwischen Gott und der gesamten Menschheit zwei gleichstarke und gleichberechtigte Partner bzw. wie ist das Gegenüber zu bestimmen? Vgl. die umfangreiche exegetische Literatur zu בְּרִית / b\ erît und διαθήκη.

2.3.3 „Gestaltung"

Beziehungen werden gelebt, passiv und aktiv, erfahrend und gestaltend. Sie erhalten eine Form, eine innere wie äußere Struktur, die sie von anderen Beziehungen unterscheidet und die im Laufe der Zeit verändert werden kann. Sie haben Einfluß auf die Gestaltung anderer Beziehungen und des Weltverhältnisses insgesamt. Die Frage der Prioritäten, der Rangordnung innerhalb der verschiedenen Beziehungen spielt dabei ebenso eine Rolle wie die eines Gelingens oder Scheiterns in der primären Beziehung[113].

Der Begriff der Gestaltung wird hier im Sinne der Ästhetik als bewußte Formung, Strukturierung, Durchgestaltung, jedenfalls als aktive Handlung verstanden, nicht im sehr viel spezielleren Sinne der Gestaltpsychologie vor allem als Wahrnehmung[114], auch wenn das dem psychologischen, insbesondere therapeutischen Verständnis wichtige Moment eines Bemühens um „Ganzheit" durchaus eine Rolle spielen kann.

Die Gestaltung der Gottesbeziehung und die entsprechende Gestaltung der Beziehung zur Welt ist auf jeden Fall Sache des Menschen, doch handelt er darin nicht autonom, sondern in einer Spannung aus Freiheit und Abhängigkeit. Abhängig ist der Mensch zunächst von der Initiierung und der Erhaltung der Beziehung durch

---

[113] Es macht einen Unterschied für die zur Verfügung stehenden Kräfte, ob mein Verhältnis zu Gott das vordringlich wichtige in meinem Leben ist oder ob ich es koordinieren muß mit einer Liebesbeziehung, Freundschaften und lebenswichtigen geschäftlichen Kontakten. Es macht weiterhin einen Unterschied, ob ein glücklich und erfüllt lebender Single sich anderen Menschen zuwendet oder eine pflichtbewußte, aber verbitterte Ehefrau – oder umgekehrt.

[114] „Gestalt" wird dort verstanden als „ein von der Umgebung abgehobener Wahrnehmungsinhalt, dessen Einzelheiten als zusammengehörig aufgefaßt werden. Es handelt sich also um das Produkt kongnitiver Integrationsleistungen u[nd] Strukturbildungen, um eine Konfiguration auf dem Gebiet der Wahrnehmung, des Denkens u[nd] auch der Motivation u[nd] Handlung." Definition aus: Thomas Städtler, Lexikon der Psychologie. Wörterbuch, Handbuch, Studienbuch, Stuttgart 1998, 403.

Gott, abhängig ist er weiterhin von den soziokulturellen Bedingungen, in denen er sich vorfindet. Frei ist der Mensch (theologisch ist zu ergänzen: infolge der Gnade Gottes) in seiner Reaktion auf die wie auch immer ergangene Anrede Gottes – allerdings ist auch die Verweigerung einer Reaktion, das Ignorieren der Anrede, eine Form des Gestaltens. Frei ist er ebenso – im vorgegebenen Rahmen – in der Ausgestaltung der Einzelheiten: Wieviel Zeit widme ich dieser Beziehung, welche Lebensformen und Lebenshaltungen sind ihr angemessen, was für Handlungen und Einstellungen sind damit nicht vereinbar, welche Methoden und Medien entsprechen mir in bestimmten Phasen meines Lebens oder auf Dauer, welchen Vorbildern folge ich, welche Wege probiere ich aus, wie finde ich die Balance zwischen den Eckpunkten des Dreiecks, wie finde ich die Balance zwischen Stille und Aktion, etc.

2.3.4 „Prozeß"

Ein Mensch kann glauben, aber er kann seinen Glauben nicht „haben". Ebenso kann er in einer Bezogenheit auf Gott leben, aber er hat die Beziehung nicht als einen sicheren Besitz, sondern als etwas, das Schwankungen unterworfen ist, das intensivere und schwächere Phasen hat, das infolge nachlassenden Interesses verlorengehen oder sich durch Konzentration und Bemühen verstärken kann. Für dieses Faktum steht der Begriff „Prozeß" im Zusammenhang mit der Gottesbeziehung des Menschen und deren Gestaltung. Prozeß bedeutet im allgemeinen Sprachgebrauch soviel wie Vorgang, Verlauf und Entwicklung, also ein Geschehen in einer zeitlichen Dimension, damit bedeutet der Begriff zugleich aber auch Wandel und Veränderung, eine Veränderung, an der der Mensch mitwirkt, der er sich als Aufgabe gegenübersieht, die ihm immer wieder neu Anpassung abverlangt, die schließlich als ein Synonym für „das Leben" verwendet werden kann.

2.3 Der Versuch einer eigenen Definition

Das Prozeßhafte in der Spiritualität erstreckt sich auf die Bereiche des Erlebens und des Tuns. Die Gestaltungsaufgabe hinsichtlich der Gottesbeziehung endet nicht, solange der Mensch lebt, ebensowenig enden die Möglichkeiten neuer Gotteserfahrungen, die wiederum verändernd Einfluß nehmen auf den Menschen, der sie macht. Inwieweit der diese Erfahrungen verursachende Gott ein „unbewegter Beweger" oder selbst Veränderungen unterworfen ist, wie es etwa Gen 8,21 nahelegt[115] und wie es innerhalb der Theologie die Richtung der Prozeßtheologie vertritt, in der alle Wirklichkeit „im Werden" ist und in der Gott von allem betroffen wird, was geschieht, muß hier nicht entschieden werden. In jedem Fall ist der Gott, mit dem es der Mensch im Bereich der Spiritualität zu tun hat, der Schöpfer ebenso wie der Richter, der Gott, der seine Wiederkunft verheißen hat, der Gott, dessen Reich auf uns zukommt.

Wichtig am Begriff des Prozeßhaften ist damit schließlich die durch ihn in die Spiritualität eingetragene heilsgeschichtlich-eschatologische Dimension. Der Mensch, der auf Gottes Handeln, auf seine Anrede reagiert und sein Leben in Bezogenheit auf diesen Gott gestaltet, findet sich in einem Entwicklungsgeschehen vor, daß mit seinem Tod nicht endet.

Nach diesen Überlegungen zu einigen für die Definition bedeutsamen Begriffen nun endlich der Versuch einer zwar komplexen, aber immerhin positiven Aussage[116]:

---

115 Die Substanz des menschlichen Herzens, um dessentwillen Gott die Flut geschickt hatte, ist unverändert, doch Gott will künftig eine andere Reaktion darauf zeigen.
116 Die zu Beginn von III.3. zusammengestellten Elemente der Definition sind mittels der in Klammern gesetzten Ziffern kenntlich gemacht.

2.3.5 Was ist christliche Spiritualität?

Christliche Spiritualität ist

die von Gottes – dem Menschen erfahrbaren (3) – Handeln (1)

als sein Erlösungshandeln[117],
als sein überliefertes Wort
und als die auch gegenwärtige Mitteilung seines Geistes (6)

hervorgerufene und geforderte (2)
liebende Bezogenheit auf Gott (4) und sein Gebot (2),
die Haltung der Hingabe in der Ausgestaltung dieser Beziehung;
demzufolge umfaßt sie zugleich die Bezogenheit auf den Nächsten (4)
als tätige Liebe (5)
und die Verantwortung gegenüber der Welt als Gottes uns anvertrauter Schöpfung (4),
verwirklicht vom einzelnen
und von der Gemeinschaft der Glaubenden, in die er gewiesen ist (7),
in einem auf dieser Welt nicht endenden Prozeßgeschehen (10),
in dem sich die einzelnen Elemente wechselseitig beeinflußen (9),

d.h. meine Erfahrungen prägen meine Frömmigkeit, meinen Glauben,
der dann mein Verhältnis zur Welt beeinflussen wird,
doch die daraufhin gemachten Erfahrungen beeinflussen wiederum meinen Glauben;

---

[117] Auch die Schöpfung spielt in diesem Zusammenhang natürlich eine Rolle, doch erfahrbar – und darum geht es hier – ist lediglich die Erlösung.

dieser Prozeß
    und mit ihm das eigene Denken, Fühlen und Tun
ist stets neu zu reflektieren,
mit dem Ziel der Selbsterkenntnis
ebenso wie zur Verantwortung der Praxis
vor dem Ganzen von Gottes überliefertem Wort und
seinen möglichen Auslegungen (8).

Oder einfacher, aber verkürzt: Spiritualität ist die von Gott auf dieser Welt hervorgerufene liebende Beziehung des Menschen zu Gott und Welt, in der der Mensch immer von neuem sein Leben gestaltet und die er nachdenkend verantwortet.

Ich weise abschließend noch einmal auf den hermeneutischen Zirkel hin, in dem wir stehen, und aus dem wir nicht heraustreten können: Das Leben prägt mittels Erfahrungen die Spiritualität, die kulturabhängige Theologie prägt die Spiritualität ebenso. Aber zugleich prägt die Spiritualität als gelebter Glaube das Leben und sie nimmt entscheidenden Einfluß auf die Theologie.

3 Christliche Spiritualität in historischer Perspektive

Eine vollständige Darstellung der historischen Entwicklung christlicher Spiritualität ist an dieser Stelle nicht intendiert, und sie ist aus verschiedenen Gründen nicht möglich[1]. Statt dessen sollen ausgewählte Beispiele einen exemplarischen Einblick in die Gestaltung der Spiritualität in einzelnen Epochen bieten[2], denn: „Man wird auch Spiritualität und besonders christliche Spiritualität und Mystik erst dann recht ‚verstehen‘, wenn man sich von der theoretischen Abstraktion ab- und dem konkreten Phänomen zuwendet."[3] Zur Einordnung der Beispiele werden den Abschnitten tabellarische Übersichten zu wesentlichen Ereignissen der Zeit und zur Einordnung einiger Entwicklungsschritte auf dem Gebiet der Spiritualität vorangestellt. Generell soll jede vorfindliche Form für sich genommen und versucht werden, sie in ihrer Besonderheit zu

---

1 Das liegt u.a. im Wesen christlicher Spiritualität gemäß der in II.3.5. formulierten Definition, denn ein etwa aus religionswissenschaftlicher Perspektive geschriebener Überblick bliebe lediglich an der Oberfläche und könnte nicht einmal ansatzweise den gelebten Glauben erfassen. S. aber die in der Literaturliste genannte dreibändige Geschichte der christlichen Spiritualität und vergleichbare Überblickswerke.

2 Kriterien für die Auswahl der Beispiele waren Unverbrauchtheit (also Formen, die weder in der phänomenologischen Annäherung noch in den Abschnitten der begrifflichen Untersuchung ausführlicher dargestellt wurden), eine möglichst große Vielfalt, um den Farbenreichtum in Ansätzen erkennbar werden zu lassen, und eine möglichst große Bandbreite unter Berücksichtigung der Extreme ebenso wie der Alltagsformen. Die Beispiele sind unterschiedlichen Gattungen entnommen, es werden Gebete und Lieder ebenso herangezogen wie romanhafte Darstellungen, Mitteilungen über gemachte spirituelle Erfahrungen an andere ebenso wie Briefe.

3 Josef Sudbrack, Einführung, in: Geschichte der christlichen Spiritualität 1, 12.

verstehen. Dazu ist die Zuhilfenahme von Frömmigkeitsgeschichte, von Mentalitätsgeschichte, von allgemeiner Zeitgeschichte immer wieder ebenso notwendig wie – da wir es in der Regel mit schriftlichen Dokumenten oder Ergebnissen künstlerischer Gestaltung zu tun haben – literaturwissenschaftliches, kunst- und musikhistorisches Wissen, das es erst möglich macht, die kulturell bedingten Ausdrucksformen der Spiritualität richtig auffassen und interpretieren zu können. Ebenso können Psychologie, Soziologie, Philosophie, Religionswissenschaft etc. heranzuziehen sein, auch wenn dieser interdisziplinäre Bezug im allgemeinen ohne besonderen Aufweis einfließen wird.

Der Blick in die Geschichte wird sehr unterschiedliche Ausformungen der gelebten Spiritualität zeigen, zu Extremen tendierende spektakuläre und alltäglich gelebte unauffällige, exemplarische Gestaltungen einer *praxis pietatis* und die Lebensform dessen, den William James als den „Durchschnittsgläubigen" bezeichnet, „der die konventionellen Gebräuche seines Landes befolgt, sei er Buddhist, Christ oder Mohammedaner. Dessen Religion ist von anderen Menschen für ihn gemacht worden, sie ist ihm durch Überlieferung mitgeteilt worden, sie ist dazu bestimmt, durch Nachahmung feste Formen anzunehmen, und sie wird als Gewohnheit festgehalten."[4]

Unter den unterschiedlichen Ausformungen werden sich verschiedene Gestalten einer Integration aller Eckpunkte des anthropologischen Dreiecks ebenso finden wie Beispiele für die mehr oder weniger deutliche Vernachlässigung eines der Eckpunkte. Wichtig ist gerade im Hinblick auf die spektakulären und auffälligen Weisen der gelebten Spiritualität besonders eines: Uns mag manches heute als bizarr und unangemessen, ja sogar als pathologisch

---

[4] Er fährt fort: „Das Studium dieses religiösen Lebens aus zweiter Hand würde uns wenig nützen. Vielmehr müssen wir nach den ursprünglichen Erfahrungen suchen, die das Muster abgaben für diese Menge von suggerierten Gefühlen und nachgeahmtem Verhalten." A.a.O., 41f. Doch auch das nachgeahmte Verhalten ist eine Form spirituellen Lebens und als solche ernst zu nehmen.

erscheinen – als etwas, dem man im Interesse seiner mentalen Gesundheit besser weiträumig aus dem Weg gehen sollte. Aus seiner Zeit heraus kann aber dasselbe Phänomen als zwar vielleicht immer noch etwas Besonderes, aber doch eher als ein Anzeichen besonderer Heiligkeit, als die Gestalt eines liebend auf Gott bezogenen Lebens erscheinen. Und in jedem Fall gilt der methodische Vorbehalt: „Man kann ein Gefühl nicht ergründen und seine Gebote nicht erahnen, wenn man außerhalb seiner steht."[5]

3.1 Biblische Spiritualität

Die Bibel bietet eine Vielzahl von Spuren unterschiedlichen spirituellen Lebens: Die Geschichten über die Gottesverehrung der Erzväter und den Kampf um einen monotheistischen, jedenfalls monolatrischen Glauben, Tempelliturgien und Anweisungen für die häuslichen Feiern, Regeln für ein gottgefälliges Leben und für den Umgang mit dem Mitmenschen, Lebensgeschichten von Menschen mit besonderer Berufung, Rufe zur Buße und Verheißungen des Gottesreiches, Gebete und Lieder, die sämtlich einer eigenen Untersuchung ihres spirituellen Gehaltes wert wären[6].

---

5 William James, Die Vielfalt der religiösen Erfahrung, 335. Entsprechendes hält der Soziologe Geoffrey K. Nelson, Der Drang zum Spirituellen. Über die Entstehung religiöser Bewegungen im 20. Jahrhundert, Olten 1991, 24, fest: Zum Verstehen religiöser Bewegungen sei eine Verbindung der Ansätze der Aufklärung und der Romantik vonnöten. „Der romantische Ansatz ist unverzichtbar, weil man keine Kultur von außen in ihrer ganzen Fülle erfassen kann."

6 Aus der Fülle von Literatur, die sich mit diesen Themen beschäftigt, sei für das Alte Testament exemplarisch genannt die immer noch instruktive Untersuchung von Rainer Albertz, Persönliche Frömmigkeit und offizielle Religion. Religionsinterner Pluralismus in Israel und Babylon (CThM 9), Stuttgart 1978; im Bereich des Neuen Testaments findet sich ein ähnlicher Ansatz, wenn auch ohne den Schwerpunkt auf der Frage der Spiritualität, in den Veröffentlichungen von Gerd Theißen. Lohnend ist auch ein Blick in James D.G. Dunn, Jesus and the spirit. A Study of the religious and charismatic experience of Jesus and

Eckdaten biblischer Spiritualität[7]

Vor dem 13. Jh. v. Chr.	„Väterzeit", Familien- bzw. Stammesreligion. Gottesverehrung an verschiedenen heiligen Orten und anhand von Götterfiguren (vgl. Gen 31). Bedeutung der „Verheißungen" von Land, Segen, Nachkommen.
um 1750 v. Chr.	erste Erwähung von „Benjaminiten" in den Urkunden von Mari
13. Jh. – 11. Jh. v. Chr.	Exodus und Sinaitheophanie als religionskonstituierende Erfahrungen. „Landnahme" und Jahweisierung kanaanäischer Kultstätten, dabei partielle Vermischungen. Kult um Bundeslade und Stiftshütte, priesterliche Orakel, Höhenkulte.
um 1250 v. Chr.	mutmaßlich Exodus
um 1000 v. Chr.	Eroberung Jerusalems durch David

---

the first Christians as reflected in the New Testament, London 1975. S. zum Gesamten Klaus Berger, Was ist biblische Spiritualität? Gütersloh 2000.

7 Die folgende Übersicht ist zusammengestellt unter dem Vorbehalt der Strittigkeit etlicher Datierungen, insbesondere im Bereich der israelitischen Geschichte. Inwieweit die gegenwärtig zu beobachtende Neigung zu einer Spätdatierung der weitaus meisten Zeugnisse – jedenfalls als schriftliche Niederlegung mündlicher oder in einzelnen Textblöcken tradierter kleinerer Abschnitte in Büchern – dem Verständnis der in Frage stehenden Texte dient, bleibe dahingestellt. Die Historizität etlicher Geschehnisse wird ebenfalls nachdrücklich in Frage gestellt, so etwa im Hinblick auf die Zahl der am Exodus beteiligten Menschen oder die Ereignisse einer kriegerischen Landnahme, letzteres mit gewichtigen archäologischen Argumenten (so hat es die Mauern von Jericho zum vorgeblichen Zeitpunkt ihrer musikalischen Erschütterung nicht gegeben). Allerdings wird davon auszugehen sein, daß die überlieferten Darstellungen, wie frei im Nachhinein gestaltet auch immer, das Echo von tatsächlich Geschehenem transportieren.

3.1 Biblische Spiritualität

10. Jh. – 587 v. Chr.	Königtum und nationale Selbständigkeit. Religion und Opferkult am Tempel in Jerusalem, Zentralisierung der JHWH-Religion. Bemühen um JHWH-Alleinverehrung, Kampf gegen die Vermischung mit kanaanäischen Kulten. Mystik des Hohenliedes[8]. Sammlung von Weisheitssprüchen beginnt. Bemühen um eine den Gesetzen entsprechende Ausübung der Religion, „Gottesrecht" (prophetische Sozial- und Kultkritik; josianische Reform).
um 960 v. Chr.	Bau des 1. Tempels durch Salomo
933 v. Chr.	Teilung in Nord- und Südreich (Israel und Juda)
um 855–833 v. Chr.	**Rebellion des Volkes unter den Propheten Elia und Elisa gegen die Einführung des Baalskultes durch Ahab und Isebel**
722 v. Chr.	Fall des Nordreiches
587 v. Chr.	Fall des Südreiches und Zerstörung des Tempels
587-539 v. Chr.	Exil in Babylon. Bei den in Israel Gebliebenen Vermischung der JHWH-Religion mit Fremdkulten; in Babylon setzt ethisierende Erneuerung der JHWH-Religion im Rückbezug auf die Propheten ein. Entwicklung einer Synagogenreligion.
539 v. Chr. – 70 n. Chr.	Nach der Rückkehr aus dem Exil zwar religiöse, doch keine politische Autonomie. Nach dem Bau des zweiten Tempels Wiederaufnahme des Opferkultes bei weiterhin durchgeführten Synagogengottesdiensten (Gesetzesauslegung). Hellenistische Einflüsse machen sich bemerkbar. Die Gattung der Apokalyptik wird entwickelt, Schriften der späten Weisheit entstehen, ebenso das Buch Hiob[9]. Verschiedene Aufstände gegen die Fremdherrschaft. Der Kanon der alttestamentlichen Schriften bildet sich heraus.
520–515 v. Chr.	Bau des 2. Tempels
332 v. Chr.	Eroberung Jerusalems durch Alexander den Großen

---

8   Die Datierung der unterschiedlichen Blöcke des Textes bewegt sich zwischen dem 10. und dem 3. Jahrhundert v. Chr.
9   Abgesehen von einer möglichen frühen Datierung der in der Rahmenhandlung überlieferten Geschichte wird die Entstehung der Texte zwischen dem 5. und dem 2. Jahrhundert v. Chr. angesiedelt.

160   3 Christliche Spiritualität in historischer Perspektive

167–164 v. Chr.	Makkabäischer Aufstand
63 v. Chr.	Eroberung Jerusalems durch die Römer; es entwickelt sich die Hoffnung auf einen politischen Messias, der die Befreiung von der Fremdherrschaft bringt und ein neues „Israel" etabliert.
21 n. Chr.	Wiederaufbau des Tempels durch Herodes
um 30 n. Chr.	Bewegung des Jesus von Nazareth („Wanderradikale") mit eigener Spiritualität (Gebet zu Gott als dem Vater, Mahlpraxis). Gottesreichsverkündigung und Ruf zur Umkehr; „Naherwartung".
um 30 n. Chr.	**Kreuzigung Jesu**
30–45 n. Chr.	Infolge der Erfahrungen von Ostern und Pfingsten entsteht die erste urchristliche (judenchristliche) Gemeinde. Feiern abendlicher Mahlgemeinschaft als Ostererinnerung mit Elementen von Lehre und Gebet; Gütergemeinschaft, Missionstätigkeit (Act 2 und 4). Erwartung der baldigen Wiederkunft Christi als Weltenrichter. Erste Konflikte mit der jüdischen Gemeinde.
46–60 n. Chr.	Paulinische Mission und Korrespondenz. Konflikte in den Gemeinden infolge judenchristlicher, christlich-enthusiastischer, eventuell auch gnostischer Beinflussung. Um 48 Apostelkonzil mit der Entscheidung, daß getaufte Heiden das jüdische Gesetz nicht übernehmen müssen.
60–100 n. Chr.	Älteste Sammlung neutestamentlicher Schriften (Briefe, Worte und Taten Jesu, Evangelien). Zurücktreten der Naherwartung, an ihre Stelle tritt die Überzeugung, vor der Wiederkunft Christi müsse das Evangelium auf der ganzen Erde verkündigt werden. Konsolidierung und beginnende Hierarchisierung der Gemeinden; der Amtsbegriff und feste Gemeindeordnungen entstehen.
64 n. Chr.	**Christenverfolgung in Rom durch Nero**
66–70 n. Chr.	**Jüdischer Krieg (Aufstand gegen die römische Besatzung), 70 Zerstörung des Tempels**
93–96 n. Chr.	**Christenverfolgungen durch Domitian, der als erster Kaiser den Titel „Dominus et Deus" für sich beansprucht.**

100–200 n. Chr.	Entstehung einer festen Ämterstruktur (Pastoralbriefe). Weiterhin Auseinandersetzung mit verschiedenen Einflüssen (Mysterienkulte, gnostische Richtungen).
132–135 n. Chr.	**Bar-Kochba-Aufstand in Jerusalem (die christliche Gemeinde wird von den Folgen mitbetroffen)**
um 200 n. Chr.	**Kanonbildung der neutestamentlichen Schriften abgeschlossen**

Zwei Beispiele aus diesem großen Feld seien nun genauer betrachtet, eines aus dem Bereich des Alten Testament, ein Lied oder Gebet aus der Zeit des babylonischen Exils, eines aus dem des Neuen Testaments, ein Ausschnitt aus der Lebensgeschichte des Paulus. Bei dem alttestamentlichen Beispiel handelt es sich um den 137. Psalm, dessen Anfangsverse in den 70/80er Jahren des 20. Jahrhunderts bekannt geworden sind durch eine Disco-Vertonung der Gruppe Boney M., und dessen Schlußverse, die Hoffnung auf das Zerschmettern der Kinder des Feindes, unter Christinnen und Christen zumeist nur Unverständnis und Abscheu und dazu häufig eine Distanzierung vom „grausamen Gott des Alten Testamentes" zur Folge haben. Doch gehört auch dieses Gebet zur biblischen Spiritualität.

3.1.1 Gewaltphantasien als Gottesdienst in der Fremde?

Der 137. Psalm ist mit großer Wahrscheinlichkeit im babylonischen Exil entstanden, wohl recht bald nach der Zerstörung des Tempels in Jerusalem durch Nebukadnezar im Jahre 587 v. Chr. und nach der Verschleppung des Volkes. Zunächst der Text in einer Gegenüberstellung der Lutherübersetzung von 1984 und der Übersetzung durch Martin Buber[10]:

---

10 Die Schriftwerke. Verdeutscht von Martin Buber, Stuttgart 1992, 195f.

Luther 1984	Buber
An den Wassern zu Babel saßen wir und weinten, wenn wir an Zion gedachten. Unsere Harfen hängten wir an die Weiden dort im Lande.	An den Stromarmen Babylons, dort saßen wir und weinten, da wir Zions gedachten. An die Pappeln mitten darin hingen wir unsre Leiern.
Denn die uns gefangen hielten, hießen uns dort singen und in unserm Heulen fröhlich sein: „Singet uns ein Lied von Zion!"	Denn dort forderten unsere Fänger Sangesworte von uns, unsre Foltrer ein Freudenlied: „Singt uns was vom Zionsgesang!"
Wie könnten wir des HERRN Lied singen in fremdem Lande?	Wie sängen wir SEINEN Gesang auf dem Boden der Fremde?
Vergesse ich dich, Jerusalem, so verdorre meine Rechte. Meine Zunge soll an meinem Gaumen kleben, wenn ich deiner nicht gedenke, wenn ich nicht lasse Jerusalem meine höchste Freude sein.	Vergesse ich, Jerusalem, dein, meine Rechte vergesse den Griff! meine Zunge hafte am Gaum, gedenke ich dein nicht mehr, erhebe ich Jerusalem nicht übers Haupt meiner Freude.
HERR, vergiß den Söhnen Edom nicht, was sie sagten am Tage Jerusalems: „Reißt nieder, reißt nieder bis auf den Grund!"	Den Edomssöhnen gedenke, DU, den Tag von Jerusalem, die gesprochen haben: „Legt bloß, legt bloß bis auf den Grund in ihr!"

3.1 Biblische Spiritualität

Tochter Babel, du Verwüsterin, wohl dem, der dir vergilt, was du uns angetan hast! Wohl dem, der deine jungen Kinder nimmt und sie am Felsen zerschmettert!	Tochter Babel, Vergewaltigerin! Glückauf ihm, der dir zahlt dein Gefertigtes, das du fertigtest uns: Glückauf ihm der packt und zerschmeißt deine Kinder an dem Gestein.

Dieses Lied oder Gebet ist die Reaktion von Menschen auf eine extreme Situation. Israel ist von der feindlichen Übermacht als politische Größe zerschlagen worden; der religiöse Mittelpunkt des Gottesglaubens, der Tempel, wurde zerstört; das Volk ist von seinem Land, das ihm von Gott gegeben worden ist als Erbbesitz[11], mit Gewalt weggeführt worden. Die göttlichen Verheißungen – Landbesitz, Einwohnung, die šekina Gottes im Tempel und damit im Herzen des Volkes, Triumph über die Feinde – sind desavouiert, die Götter der Feinde scheinen mächtiger. Ein Anhalt für die Hoffnung auf Beendigung des Exils ist nicht zu erkennen. Die Situation im Exil wird für die Besiegten durch den gezielten Hohn der Sieger verschärft, durch den demütigenden Befehl, Zionslieder zu singen, der die Machtverhältnisse ebenso klar zum Ausdruck bringt wie die psychische Gewalt, die hier eingesetzt wird. Hinzu kommt, daß in den Israeliten die Erinnerung an Jerusalem, das politische und religiöse Zentrum, das Symbol aller Hoffnung, zu verblassen beginnt. Sie wird ausgelöscht von den mächtigeren Erinnerungen an die Taten der Sieger und an die in das Gedächtnis eingebrannten Worte ihrer Kollaborateure, der Nutznießer des babylonischen Sieges, die Erinnerungen an den hetzerischen Ruf zur Zerstörung der Stadt des Herrn: „Reißt nieder, reißt nieder bis auf den Grund!"

Wie reagieren die Menschen darauf, die JHWH als ihren Herrn bekennen, den sie von ganzem Herzen liebhaben sollen (Dtn 6,4f.), die diesen Herrn in den „Zionsliedern" als den Schützer des Zion besungen haben, als den einzig mächtigen Herrn und König, die

---

11 Vgl. die Landverheißungen von Gen 13,15 an.

ihm und seinem Handeln ihre Identität als Volk verdanken (Landverheißung und Landnahme), die sich alljährlich bei der Pessachfeier an sein Befreiungshandeln erinnern, das sie über ihre Unterdrücker triumphieren ließ, die einander erzählt haben von den Siegen ihrer Heerführer und Könige über die Nachbarvölker, die davon überzeugt gewesen waren, daß der *yom kippur* sie alljährlich von der Schuld gegenüber ihrem Herrn befreit, so daß sie seiner steten Hilfe sicher sein konnten? Wie reagieren die Deportierten? Festzuhalten ist zunächst negativ: Sie verfallen nicht, was durchaus nahegelegen hätte, in Apathie. Sie schlagen sich nicht auf die Seite der Sieger, deren Götter doch mächtiger scheinen als JHWH. Sie finden sich nicht ab, und sie arrangieren sich nicht. Sie zeigen auch keine politische Klugheit im Befolgen der Befehle der Sieger. Sie singen nicht, sie weinen. „Wieso aber kein Singen der alten Lieder, sei es aus Schmerz, Trotz oder Zuversicht?"[12] Weil, wie Hermann Spieckermann feststellt, die Zionslieder keine folkloristischen Heimatgesänge sind, sondern religiöse Lieder, JHWH-Lieder, die eben wegen ihres Inhalts, wegen des Herrn, von dem sie reden, nicht auf fremden Boden gehören und nicht in die Ohren des Siegers. Nur in Jerusalem sind die Lieder vor Mißbrauch geschützt, nur der Zion ist ein Ort, der die Ehre JHWHs wahrt. Die Israeliten verstummen lieber, als diese Ehre preiszugeben, sie schützen die Lieder, die die Heimat ihres Glaubens sind. Doch zusätzlich zu der versuchten Demütigung durch die Sieger, zusätzlich zum Schmerz über das verlorene Land und damit zugleich über die verlorene Nähe zu ihrem Gott tritt ein weiteres Problem auf, die Gefahr des Vergessens. Gegen diese Gefahr setzt der Dichter des Psalms ein machtvolles Mittel ein, die Selbstverfluchung. Sie ist die „äußerste Bindung zur Sicherung des Jerusalem-Gedenkens"[13], unverzichtbar, weil dieses Gedenken allein gegen den naheliegenden Zweifel die Hoffnung bewahren kann. Diese Selbstverfluchung

---

12 Hermann Spieckermann, Heilsgegenwart. Eine Theologie der Psalmen, Göttingen 1989, 118.
13 A.a.O., 119.

ist so vorzustellen, daß der Schwörende mit seiner Hand fest seinen Hals faßt und dabei die Formel spricht. Falls er Jerusalem vergißt, vergißt sich auch seine Hand beim Schwur, sie drückt den Hals zu und der Schwörende erstickt, so daß die Zunge am Gaumen klebt. Der Schwörende bindet sich damit bedingungslos an JHWH und an Jerusalem, damit appeliert er zugleich an JHWH, „doch auch seinerseits seine Selbstbindung an sein Volk und an seine Stadt Jerusalem als geschichtliche Wirklichkeit zu erweisen – durch die öffentliche Wiederherstellung der von Edom und Babylon mißachteten, zerstörten Rechtsordnung (V. 7-9)".[14]

Dieser Appell ist es nun jedoch, der die christlichen Rezipienten, ungeachtet aller Wertschätzung der dichterischen Qualitäten des Textes, vor die größten Probleme stellt, der immer wieder zum Vorschlag führt, den Psalm um diese Verse zu kürzen, wenn man ihn denn als Christ mitbeten möchte – eingedenk insbesondere der eindeutigen Weisungen Jesu hinsichtlich des Umgangs mit den Feinden. Zeigt sich also hier eine Differenz, ein unüberwindlicher Graben zwischen altestamentlich-jüdischer und christlicher Spiritualität?

Ein solcher Eindruck entsteht, wenn etwa Hermann Spieckermann in seiner einfühlsamen Auslegung feststellt, daß der Psalm „kaum mehr als Gebet zu bezeichnen" sei, sondern als „Rachewunsch, der sofort über die Form des Gebetes hinauswächst"[15]. Alle Imperative stünden im Dienst von Zynismus (V. 3), Haß und Rache (V. 7), während sie sonst vor allem Bitte und Lob artikulierten. Im Falle der Rache an den Edomitern werde Gott selbst zu rächendem Gedenken aufgefordert, im Hinblick auf Babel sei an einen Menschen als Handelnden gedacht. Die hier begegnende Genitiv-Verbindung mit אַשְׁרֵי / 'ašrê, „Heil" oder „glückselig", übersetzt mit „wohl dem" (Luther) bzw. „Glückauf" (Buber), finde sich in den Psalmen generell zwar häufig, allerdings sonst an keiner Stelle als

---

14 Erich Zenger, Psalmen. Auslegung. Bd. 4 Ein Gott der Rache? Feindpsalmen verstehen. Aktualisierte Neuausgabe der 2. Auflage von 1998, Freiburg i.Br. 2003, 110f.
15 Spieckermann, 116.

Seligpreisung eines Rächers. Sachgemäß sei, daß das zugehörige Objekt, der Ausführende der Rache, ein Mensch sei. Andererseits werde damit auf die Spitze getrieben, was den ganzen Psalm kennzeichne: „Der Rachewunsch wird jedenfalls aus der Gottesbindung entlassen und gerät zum gott-losen Racheschrei. [...] Dies, die resignierte, eher unwillkürlich als willentlich vollzogene Lockerung der Gottesbindung, macht die Finsternis des Psalms aus, dergegenüber die Konkretion des Rachewunsches in V. 9 (vgl. Nah 3,10) bei aller Grausamkeit fast das Erträglichere ist."[16] Dennoch habe der Dichter nicht allen Bezug zu Gott verloren, er halte an etwas fest: Zwar nicht an der Erinnerung an JHWHs früheres Befreiungshandeln, aus dem die Hoffnung auf einen zweiten Exodus abgeleitet werden könnte, dafür jedoch an der Erinnerung an den Zion und an Jerusalem, den Tempel und die Davidsstadt, den Gottesdienst und das Land. „Jerusalemer Psalmtheologen nahmen kein ausformuliertes heilsgeschichtliches Credo mit ins Exil, sondern eine durch Unheilsgeschichte fraglich gewordene, aber dennoch unersetzliche Tempeltheologie."[17] Spieckermann versucht, den Psalmdichter in seiner Depression und seinem verzweifelten Festhalten an der Tempeltheologie so eindrücklich zu zeichnen, daß seine Rachewünsche jedenfalls verstehbar und – allenfalls so – entschuldbar werden.
Ist dies die einzige Möglichkeit für Christen, mit diesem Dokument israelitischer Frömmigkeit umzugehen? Erich Zenger geht einen anderen Weg, der m.E. durchaus überzeugend ist. Er hält zunächst fest, daß der Psalm aus einer Situation der Ohnmacht heraus gesungen wird, fern von jeder Möglichkeit, die darin ausgesprochenen Wünsche gewaltsam umsetzen zu können. Er stelle einen Versuch dar, gegen die Umstände die eigene Identität als Gottesvolk zu bewahren und noch mehr, „angesichts tiefster Erniedrigung und Hilflosigkeit den urmenschlichen Hang zur Gewalt in der eigenen Brust niederzuringen – indem *alles* Gott über-

---

16 A.a.O., 121.
17 A.a.O., 122.

geben wird. Und zwar einem Gott, dessen Richterspruch als so universal-gerecht vorausgesetzt wird, daß sich auch die Psalmbeter dieser Gerechtigkeit unterstellen".[18] Denn die dem Psalm zugrundeliegende Not sei nicht die äußere Situation der Deportierten, so schwer diese sich auch gestalte, sondern vielmehr der Gotteszweifel, die Angst, daß Gott seine Bindung an den Zion aufgekündigt habe oder sogar durch den Sieg Babylons als machtlos, als trügerischer Halt, letztlich als unwahr erwiesen worden sei. Der insgesamt theozentrische Psalm sei darum allein zu verstehen als ein Ruf nach dem Erweis von Gottes Macht und Wahrheit, nach seiner bereits in der eigenen Geschichte erfahrenen Liebe, die nun gegen den status quo als göttliches Recht eingefordert werde. Der Psalm sei also keineswegs Ausdruck spontaner Haßgefühle oder Rachewünsche. Vielmehr evoziere die Form der weisheitlichen Seligpreisungen die Vorstellung des Tun-Ergehen-Zusammenhangs[19] als Grundlage der Weltordnung, deren öffentliche Wiederherstellung in V. 8 und 9 gefordert werde. „Wenn heute völkerrechtliche Sanktionen gegen Aggressoren und Staatsterroristen gefordert und durchgesetzt werden, hat dies ebensowenig mit ‚Rache' zu tun wie der Schrei von V. 8-9 nach einer Macht, die Babylon in die Schranken weist."[20] Die Beter des Psalms wollten keine Umkehr der Verhältnisse, keinen Rollentausch, sie forderten den Erweis der göttlichen Gerechtigkeit gegen ein Gewaltregime, sie wünschten

---

18 Zenger, 109f.
19 Der Terminus „Tun-Ergehen-Zusammenhang", in der Literatur oft als TEZ abgekürzt, ist vom Hamburger Alttestamentler Klaus Koch entwickelt worden. Er steht für ein in Teilen der hebräischen Bibel, den frühen Weisheitstexten, vorherrschendes Denkkonzept, nach dem das Geschick eines jeden Menschen und einer jeden Gemeinschaft dem zuvor an den Tag gelegten Tun entspreche. Der Gerechte müßte danach in Wohlstand leben, der Übeltäter von Unglück und Krankheit heimgesucht sein. Im Verlauf der Geschichte geriet das TEZ-Denken in die Krise, die im Buch Hiob, in der Geschichte des unschuldig leidenden Gerechten, den Gott vom Teufel versuchen läßt, um die Stärke seines Glaubens zu erproben, einen besonders deutlichen Ausdruck gefunden hat.
20 Zenger, 112.

die vollständige Vernichtung des Terrorregimes, der herrschenden Dynastie, denn die Kinder von V. 9 meinten die Kinder des Königshauses, die künftigen Herrscher[21]. Insgesamt sei zu beachten, daß es sich hier um Bildsprache, nicht um den Entwurf eines Szenarios handle, das als Plan für künftiges Vorgehen diene. Zengers Fazit lautet: „Die leidenschaftliche Sprache des Psalms ist deshalb Ausdruck leidenschaftlicher Liebe – und kann eigentlich nur von Liebenden verstanden und nachvollzogen werden. Wer die Sehnsucht der Liebe mit einem Handlungskonzept verwechselt, wird Ps 137 nie verstehen."[22] Israel könne in der Fremde das Lied vom guten Gott nur in Gestalt eines Schreis der Sehnsucht nach Recht und Gerechtigkeit singen. Zenger wendet sich also dezidiert gegen Bestrebungen, den Psalm – oder jedenfalls seine Schlußverse – aus dem liturgischen Gebrauch auszuschließen, er schlägt lediglich vor, durch eine freiere Übersetzung den semantischen Schock einiger Bilder zu mildern und einige Formulierungen zu korrigieren, „die rezeptionsästhetisch nachweislich falsche Konnotationen auslösen"[23]. Er schlägt darum folgenden, dem Urtext nahen Wortlaut für die Verse 7-9 vor:

> „Tochter Babel, du Gewalttätige: Selig, wer dich vor Gericht zieht wegen der Taten, die du uns angetan. Selig, wer dich ergreift und deiner Herrschaft ein Ende setzt für immer."[24]

FAZIT: Der 137. Psalm ist ein Dokument israelitischer Spiritualität und darin ein Dokument des Glaubens an einen mächtigen, gerechten und liebenden Gott in einer besonders dunklen Phase der Geschichte. Er ist kein Dokument eines Herausfallens aus diesem Glauben in ein allein von Haß und Rache bestimmtes Denken, sondern er ist zu lesen als schmerzlicher, hilfloser und sehnsüchtiger Schrei nach dem Erweis von Gottes Macht, Gerechtigkeit und

---

21 Es könnte zum Verständnis helfen, an die weltweit, auch in Europa, formulierten Emotionen anläßlich der Ergreifung und Tötung der beiden Söhne des irakischen Diktators Saddam Hussein 2003 zu denken.
22 A.a.O., 113.
23 A.a.O., 170.
24 A.a.O., 171.

Liebe in der ohnmächtigen Situation einer von außen verursachten „dunklen Nacht", die durch die Art ihres Eintretens den Glauben massiv angefochten und die Menschen an den Rand des Verstummens geführt hat. Er ist ein wichtiges Element biblischer, also auch christlicher Spiritualität, weil sich die Welt und die Menschen seit den Tagen des Sieges Babylons über Israel nicht wesentlich geändert haben, weil es immer noch unmittelbare und strukturelle Gewalt, Ungerechtigkeit und Grausamkeit gibt, weil immer noch Menschen ohnmächtig und hilflos gegenüber einer feindlichen, demütigenden, zerstörerischen Übermacht sind, die sie in Gefahr bringen können, mit Haß und Rache zu reagieren, die sie in Gefahr bringen können, allen Glauben und alle Hoffnung zu verlieren. Eine Spiritualität, die für solche Erfahrungen keinen Raum ließe, die Menschen in ihnen keine Worte gäbe, könnte den Menschen nicht helfen. Und vor allem: Sie würde Gott nicht gerecht, dessen Liebe und Macht *alles* umfaßt – jenseits unseren Verstehens.

3.1.2 „Entrückt bis in den dritten Himmel"

Der Apostel Paulus berichtet in seinem zweiten Brief[25] an die Gemeinde in Korinth von einer besonderen Erfahrung. Im Zusammenhang von grundsätzlichen Überlegungen zur Frage des Selbstruhms, wie ihn seine Gegner in der Gemeinde an den Tag gelegt haben, um sich selbst als die zu bevorzugenden Experten in theologischen Fragen zu erweisen, erzählt Paulus seinen Adressaten von einem Erlebnis, das man zweifellos als mystisch wird bezeichnen müssen: Ein ihm bekannter Mensch – die Forschung ist sich hier einig, daß es sich dabei um den Apostel selbst han-

---

25 Die literarkritischen Operationen, die die einzelnen Teile der korinthischen Korrespondenz teilweise auf Postkartengröße reduzieren, lasse ich hier unberücksichtigt. Generell ist der Ansatz der historisch-kritischen Exegese wichtig und ertragreich, doch er hat, wie jeder andere, seine Grenzen und sollte gerade in den hier behandelten Fragen nicht absolut gesetzt werden.

3 Christliche Spiritualität in historischer Perspektive

delt, der sich aus Vorsicht oder Bescheidenheit, im Interesse seiner Argumentation oder weil ein Mensch in Ekstase mit seinem verantwortlichen Ich am Geschehen nicht eigentlich beteiligt ist, von diesem Erlebnis distanziert und in der dritten Person davon berichtet – habe die Erfahrung einer Entrückung in den Himmel gemacht:

> Gerühmt muß werden; wenn es auch nichts nützt, so will ich doch kommen auf die Erscheinungen und Offenbarungen des Herrn. Ich kenne einen Menschen in Christus; vor vierzehn Jahren – ist er im Leib gewesen? ich weiß es nicht; oder ist er außer dem Leib gewesen? ich weiß es auch nicht; Gott weiß es –, da wurde derselbe entrückt bis in den dritten Himmel. Und ich kenne denselben Menschen – ob er im Leib oder außer dem Leib gewesen ist, weiß ich nicht; Gott weiß es –, der wurde entrückt in das Paradies und hörte unaussprechliche Worte, die kein Mensch sagen kann. Für denselben will ich mich rühmen; für mich selbst aber will ich mich nicht rühmen, außer meiner Schwachheit. Und wenn ich mich rühmen wollte, wäre ich nicht töricht; denn ich würde die Wahrheit sagen. Ich enthalte mich aber dessen, damit nicht jemand mich höher achte, als er an mir sieht oder von mir hört. Und damit ich mich wegen der hohen Offenbarungen nicht überhebe, ist mir gegeben ein Pfahl ins Fleisch, nämlich des Satans Engel, der mich mit Fäusten schlagen soll, damit ich mich nicht überhebe. Seinetwegen habe ich dreimal zum Herrn gefleht, daß er von mir weiche. Und er hat zu mir gesagt: Laß dir an meiner Gnade genügen; denn meine Kraft ist in den Schwachen mächtig.[26] (II Kor 12,1-9 in der Lutherübersetzung von 1984)

Rudolf Bultmann äußert sich in seinem Kommentar zum zweiten Korintherbrief zu diesem Erlebnisbericht eher spröde:

> Zweifellos sei hier von einem ekstatisch-mystischen Erleben zu sprechen, daß jedoch als eine bloße Zugabe, „ein himmlischer Genuß"[27], für das tägliche Handeln keine Konsequenzen habe. Allerdings hebt er hervor, daß eine Erfahrung wie die hier beschriebene *nur* von ei-

---

26 Vgl. die eindringliche Paraphrase dieses Abschnittes im Paulus-Roman von Susanne Krahe, Das riskierte Ich. Paulus aus Tarsus. Ein biografischer Roman, München 1991, 238-240.
27 Rudolf Bultmann, Der zweite Brief an die Korinther (KEK Sonderband), hg. von Erich Dinkler, Göttingen ²1987, 224.

nem Menschen gemacht werden konnte, der „in Christus ist", denn nur ein solcher Mensch habe sich von seinem „Ich" weit genug gelöst, um in dieser Weise von sich selbst entfernt zu werden. Das Geschehen selbst sei hinsichtlich seines genauen Ablaufes nicht bestimmbar, mit der Parenthese zur Frage des Im-Leib-Seins wolle Paulus kennzeichnen, daß für diesen wunderbaren Vorgang nur Gott verantwortlich sei. Das „wohin" der Entrückung sei der dritte Himmel, über den Inhalt mache Paulus nur Andeutungen. Der Hinweis darauf, daß davon kein Mensch etwas sagen könne, kennzeichne den Gegensatz zwischen irdischer und himmlischer, menschlicher und göttlicher Sphäre. Anlaß zum Ruhm sei ein solches Widerfahrnis nur insofern, als der Verursacher, Gott, gerühmt werde. Der Mensch, der es erlebe, könne sich, weil er nur passiv beteiligt sei, dessen nicht rühmen. Freilich habe Paulus, wie er in V. 6 klarstelle, durchaus ein Recht zum Selbstruhm, doch er verzichte darauf, weil „er nicht imponieren will durch Vorzüge, die die Korinther bestechen könnten"[28], weil er Gott allein die Ehre geben wolle – und dazu könne und dürfe er sich nur der Schwachheit rühmen. Auch Paulus habe dies erst lernen müssen, indem er von Gott, mittels einer Gegenmacht, des Satansengels, in eine solche Schwachheit hineingeführt worden sei, deren Sinn sich ihm später erschlossen habe, nachdem alles Bitten um ein Ende des Leidens nur zu einem zurückweisenden Bescheid geführt habe: „Meine Gnade ist genug für dich." Allerdings habe dieser Bescheid durch die angeschlossene Begründung, daß Gottes Kraft in den Schwachen mächtig werde, einen weiteren Sinn gewonnen, nämlich den, daß mehr als das Gegebene tatsächlich nicht notwendig sei. „Das Sich-Begnügen ist wirklich ein Genug-Haben."[29] Nur das Eingeständnis der eigenen Nichtigkeit habe zum Aufblick zur göttlichen Gnade und Kraft geführt, die dem Menschen je neu geschenkt werde.

Diese Auslegung ist unbedingt sachgemäß, doch beläßt sie das Erleben des Paulus in weiter Ferne. Es erscheint als eine individuelle Erfahrung, die heutige Leserinnen und Leser nicht betrifft und nicht zu betreffen braucht, zumal sie, wie Bultmann meint, für

---

28 A.a.O., 225.
29 A.a.O., 228.

das Handeln ohne Konsequenzen bleibt. Doch ist das wirklich so? Welche Bedeutung hat das Erlebnis für das Leben des Apostels?[30] Zunächst ist die Frage zu stellen, um was für Erlebnisse es sich gehandelt haben könnte, bei der Himmelsreise, bei dem „Pfahl im Fleisch", bei den Faustschlägen des Satansengels und dem nachfolgenden Bescheid Gottes. Festzuhalten ist hinsichtlich der Himmelsreise, daß sie aus dem Rahmen des sonstigen Erlebens herausfällt, sie ist, zweifelsfrei, ein „Spitzenerlebnis" (peak experience). Man wird weiterhin sagen müssen, daß es ebenso zweifelsfrei eine religiöse Erfahrung im Sinne von William James war, näherhin eine mystische, denn sie weist die zuvor in II.3.1. genannten Merkmale einer solchen auf: Passivität während des Erlebens, Unaussprechbarkeit, Flüchtigkeit, und Erkenntnisgewinn, auch wenn Paulus diesen nicht begrifflich fixiert. Doch ist seine Himmelssehnsucht, die an verschiedenen Stellen seiner Briefe zum Ausdruck kommt (II Kor 5, Phil 1), möglicherweise auch auf eine solche Erfahrung zurückzuführen, ebenso seine Rede von der im Geheimnis

---

30 Einige biographische Daten: Günther Bornkamm hält in seinem Paulus-Buch (Paulus, vierte, durchgesehene Auflage, Stuttgart u.a. 1979) nach gründlicher Abwägung der Quellen als Termin der Geburt einen Zeitpunkt um die Jahrhundertwende für wahrscheinlich und datiert die Geschehnisse von Bekehrung und Berufung auf die Zeit um 32 n. Chr.; der Bericht der Acta darüber ist als eine legendär ausgeschmückte Berufungsgeschichte anzusehen. In den diesem Ereignis folgenden fünfzehn Jahren wirkt Paulus als christlicher Missionar, und in diesen Zeitraum, über den sonst nichts bekannt ist, fällt die in II Kor 12 beschriebene Erfahrung der Himmelsentrückung, in jedem Fall nach dem Berufungsgeschehen eine weitere aus dem alltäglichen Rahmen fallende religiöse Erfahrung. Der Apostelkonvent in Jerusalem müßte 48 oder 49 stattgefunden haben, danach hat sich Paulus für 18 Monate in Korinth aufgehalten, wohl vom Winter 49/50 bis zum Sommer 51, anschließend für etwa 2 1/2 Jahre in Ephesus, von etwa 52-55. In dieser Zeit ist die korinthische Korrespondenz entstanden. Nach einem kurzen Aufenthalt in Macedonien im Winter 55/56 reist Paulus im Frühjahr 56 nach Jerusalem, wo er gefangengenommen wird. Wohl im Jahr 58 wird er nach Rom überführt, wo er zwei Jahre in Gefangenschaft sitzt. Unter Nero stirbt er, wahrscheinlich im Jahr 60 (andere Datierungen nennen das Jahr 64), als Märtyrer.

verborgenen Weisheit Gottes, die nur im Geist erkannt werden kann[31].

Anders verhält es sich mit den Schlägen des Satansengels. Paulus leidet nicht nur an einer nicht näher bezeichneten körperlichen Beeinträchtigung (Gal 4,13, die „Schwachheit des Leibes"), sondern offenbar auch an einer als teuflisch, dämonisch erfahrenen Krankheit, die der Psychiater Rudolf Meyendorf, ohne „in eine Differentialdiagnose einzutreten", als schwere Depression, als Melancholie bestimmt[32]. Denn „ein bestimmtes krankhaftes Erleben in der schweren Depression, in dem der Betreffende bei erhaltener Vernunft einen Gefühlszustand erlebend reflektiert", ist für ihn gut vereinbar mit dem Bild des schlagenden Engels[33]. Allerdings warnt er davor, die Botschaft des Paulus von dieser Diagnose her zu lesen oder zu meinen, man könne den Apostel aufgrund einer solchen Sicht besser oder richtiger verstehen. Verstehbar sei Paulus, ungeachtet möglicher Krankheitsbilder, immer nur von seiner Sache her, der Verkündigung des gekreuzigten und auferstandenen Christus.

Die sparsam-schroffe, aber hinreichende Antwort Gottes, „Meine Gnade ist genug für dich. Denn die Kraft kommt zur Vollendung in der Schwachheit", gehört in den Bereich der nicht-mystischen religiösen Erfahrungen. Sie ist zwar eine Audition, doch offenkundig ohne weiteres sagbar, sie führt dazu, daß Paulus mit den schwierigen Lebensbedingungen seinen Frieden macht, obwohl diese sich in keiner Weise geändert haben, und sie vermittelt ihm Einsicht in eine zuvor nicht gekannte Wahrheit. Diese Wahrheit ist kein Satz menschlicher Weisheit, einer Weisheit, die sich aus der Summe der

---

31 Vgl. I Kor 2,6ff., auch wenn diese Stelle gewöhnlich auf ein rationales Erkennen bezogen wird.

32 Rudolf Meyendorf, Der Apostel auf der Couch. Paulus, mit den Augen eines Psychiaters betrachtet, in: Raul Niemann (Hg.), Paulus – Rabbi, Apostel oder Ketzer?, Stuttgart 1994, 49.

33 Ebd. Bei der Behandlung von Menschen mit diesem Krankheitsbild hat er die Erfahrung gemacht, daß das Beispiel des Paulus und der Bescheid, der ihm von Gott her zuteil wird, die in der Hölle dieser Krankheit Lebenden erreichen kann, a.a.O., 50.

im Leben gemachten Erfahrungen ergibt. Paulus sagt nicht: „Ich wußte nicht mehr weiter, ich konnte die ganze äußere und innere Not nicht mehr ertragen. Zu diesem Zeitpunkt habe ich erfahren, daß Gottes Kraft in der Schwachheit zur Vollendung kommt und daß ich neue Kräfte in mir entdeckte." Menschen, die wirklich am Ende sind, geben sich auf oder stumpfen ab, sie werden hart oder larmoyant. Eine Wahrheit, wie Paulus sie hier weitergibt, kommt nicht aus dem Verstand des Menschen. Sie kann nur als eine Stimme von außen kommen, als ein Zuspruch ohne jeden Beleg, und nicht als Resultat von einer in der eigenen Schwäche gemachten Erfahrung von Kraftreserven aus unbekannten Quellen. Paulus ergibt sich dieser Stimme: „Darum will ich mich meiner Schwachheiten rühmen, denn wenn ich schwach bin, so bin ich stark."[34] Doch was ist nun anzufangen mit diesem Dokument biblischer Spiritualität? Was lehrt das Beispiel des Paulus? Drei Punkte seien herausgestellt.

1. Die Umgehensweise des Paulus mit dem Erleben der Himmelsreise zeigt, daß es wichtig ist, solche Erfahrungen weder zu zerreden oder damit hausieren zu gehen, noch sie andererseits dort vorzuenthalten, wo sie anderen helfen können. Das geschilderte Erlebnis war ihm wichtig und er hat zweifelsfrei einen Gewinn für sein Leben daraus gezogen, sonst würde er es fünfzehn Jahre später nicht – ohne darum befragt worden zu sein – anderen gegenüber erwähnen. Er hat diesem Erlebnis sein Geheimnis gelassen, sonst würde er, gerade nach einer solchen zeitlichen Distanz, sehr viel geläufiger und sehr viel genauer davon erzählen, mit Einzelheiten, die dem Bericht im Laufe der Zeit zugewachsen sind, mit integrierten Deutungen. Paulus leitet aus einem für andere nicht nachvollziehbaren Geschehen nichts ab („Gott wollte mir damit sagen" o.ä.), er nutzt es nicht als Totschlagargument („Ich weiß aber von dieser Erfahrung her, was der Wille Gottes ist") und er bewertet es nicht über (etwa „Weil ich diese Erfahrung gemacht habe, bin ich der einzige Apostel, der euch etwas zu sagen hat").

---

34 II Kor 12,9b.10b.

Auf der anderen Seite spricht er davon in einem Moment, als seine wankelmütige Gemeinde in Korinth in der Gefahr steht, der religiösen Verführung von Menschen mit besonderen Erfahrungen zu erliegen („Auch ich habe so eine Erfahrung gemacht, aber darum geht es hier gar nicht").

FAZIT: Religiöse und insbesondere mystische Erfahrungen bereichern und prägen ein Leben, gerade darum sind sie kostbar, gerade darum muß die Erinnerung daran geschützt werden. Weil es notwendig immer subjektive Erfahrungen sind, können sie zwar als Erklärung für die eigene Position dienen, sie können als ein bildhafter Ausdruck religiöser Wahrheit mitgeteilt werden, doch als inhaltliches Argument innerhalb eines Streites um die Wahrheit oder den rechten Glauben eignen sie sich nur sehr eingeschränkt. Der Umgang mit den Erinnerungen an religiöse Spitzenerfahrungen sollte also gründlich bedacht werden.

2. Außergewöhnlich ist der Umgang des Paulus mit dem eigenen Leiden, mit der Erfahrung des Pfahles im Fleisch. Gerade angesichts des in unserer Gesellschaft heute üblichen Umgangs mit Schwächen, Krankheiten, Defekten, angesichts des sehr verbreiteten Phänomens der Leidensvermeidung, fällt seine Freimütigkeit in dieser Frage auf. Paulus sieht seine Schwächen sogar als Ausweis seines Apostolats: „Wir tragen allezeit das Sterben Jesu an unserem Leibe." (II Kor 4,10) Paulus ist offenkundig leidensfähig und leidensbereit – selbst wenn ihm, natürlich, ein Ende des Leidens lieber wäre, selbst wenn er Gott mehrfach darum bittet. Dem Unterschied zwischen der Haltung des Paulus und der unseren und den Folgen dieses Unterschiedes ist der frühere Hamburger Hauptpastor Klaus Reblin nachgegangen. Er setzt dazu bei den Folgen unserer Einstellung zum Leiden an, die in Berührungsangst und wachsender Unmenschlichkeit bestünden: „Wer es sich zur Maxime macht, möglichst unbeschädigt und leidensfrei durchs Leben zu gehen, der muß jeder verbindlichen Kommunikation, je-

der Liebe, die ihren Namen ver[dient], aus dem Wege gehen."[35] Reblin macht damit implizit das Funktionieren des anthropologischen Dreiecks[36] abhängig von der Frage der Leidensfähigkeit des Menschen. Diese müsse zurückgewonnen werden, wozu zunächst die Einsicht notwendig sei, daß Gott alle Leiden dieser Welt mitleide. „Gott läßt sein Licht nicht von außen in unsere Finsternisse hineinleuchten, sondern er läßt es, wie Paulus sagt, ‚aus der Finsternis hervorleuchten'[37], er sprengt sie von innen her auf, indem er sich selbst in sie hineinbegibt."[38] Paulus habe alle seine Leiden, gleich welchen Ursprungs, mit Christus in Verbindung gebracht. Diese Sicht der Dinge habe weitreichende Folgen: „Das Leiden Gottes in Christus ereignet sich also ebensogut, wenn eine alternde Frau sich im Spiegel betrachtet, im Kontor des nachlassenden Managers, im Zerbruch einer Freundschaft oder im Unglück unbeantworteter Liebe. Wo immer Leben gemindert wird und Hoffnung zugrunde geht, da stirbt Christus einen neuen Tod."[39] Damit sei kein Leidender allein, kein Leiden sei ohne Sinn, sondern vielmehr Ort der Gottesbegegnung.

FAZIT: Von Paulus ist zu lernen, daß Leidensfähigkeit zu einem spirituellen Leben wie zu jedem wirklichen Leben, das seinen Namen verdient, hinzugehört; möglich und erträglich wird sie im Wissen, daß auch und gerade das Leiden ein Ort der Gegenwart Gottes ist.

3. Die Erfahrung des Paulus besagt, daß Gottes Kraft und Macht erst im Leiden wirklich erfahrbar werden. Auf der Höhe der eigenen Kraft gewinnt der Mensch zunächst vor allem ein Gefühl für sich selbst und sein Vermögen. Er kann darin einer freundlichen Begleitung Gottes gewahr und sicher werden, er kann sich der

---

35 Klaus Reblin, „Pfahl im Fleisch" oder Der leidende Apostel, in: Raul Niemann (Hg.), Paulus, Rabbi, Apostel oder Ketzer?, Stuttgart 1994, 110.
36 S.o., 57.
37 II Kor 4,6; vgl. Joh 1,5.
38 Reblin, 111.
39 A.a.O., 112.

Tatsache bewußt sein, daß seine Kraft letztlich eine verdankte ist, aber er erlebt sie nicht als fremde Kraft, als eine ihm aus einer anderen Quelle zuströmende. Erst das Leiden zwingt den Menschen zum Verzicht auf die Selbstbehauptung, die aus eigenem Antrieb niemand aufgeben würde. Doch nur wer das eigene Ich loslassen kann, kann die Erfahrung machen, die Paulus in Gal 2,20 so umschreibt: „Ich lebe, doch nun nicht ich, sondern Christus lebt in mir. Denn was ich jetzt lebe im Fleisch, das lebe ich im Glauben an den Sohn Gottes, der mich geliebt hat und sich für mich dahingegeben." „Nicht ich, sondern Christus in mir", „ein Mensch in Christus" – ein solcher Verzicht auf die Selbstbehauptung des Ich scheint notwendig zu sein, um eine Erfahrung wie die der Himmelsreise zu machen. Um das Ich preisgeben zu können, muß man es natürlich zunächst einmal gefunden haben. Doch wer sein Ich dann festhält, hat am Ende nur dieses Ich in den Händen.

FAZIT: Erst wenn die eigenen Möglichkeiten am Ende sind, erst wenn der Mensch auf die eigene Selbstbehauptung verzichtet oder verzichten muß, wenn er nichts mehr hat, auf dem er stehen kann, erst wenn der Mensch fällt, ist diese Erfahrung zu machen, daß er nicht ins Leere fällt. Der Mensch fällt in Gott, der ihn auffängt, der in diesem Moment seine Kraft spürbar, erfahrbar macht. Offenbar braucht es schmerzliche Erfahrungen wie die des Paulus, um zu dem heilsamen Verzicht auf die Selbstbehauptung bereit zu werden.

3.1.3 Ertrag

Was ist nach dieser exemplarischen Betrachtung festzuhalten im Hinblick auf biblische Spiritualität? Ich nenne sechs Punkte:
1. Biblische Spiritualität ist immer konkret. Lebendige Menschen machen benennbare religiöse Erfahrungen, die im Alltag geschehen, aus diesem aber auch herausgehoben sein können. Diese Erfahrungen prägen ihr Leben, sie helfen, es zu bestehen, im alltägli-

chen Verlauf wie auch in extremen Situationen. Die Bibel enthält – gerade auch mit ihren für heutiges Empfinden anstößigsten und fremdesten Texten – Dokumente, die zur Gestaltung von Spiritualität generell und ebenso in Lebenskrisen helfen können, wenn es gelingt, die in ihnen niedergelegten geistlichen Erfahrungen lebendig werden zu lassen.

2. Biblische Spiritualität ist auf die jeweilige Lebenssituation bezogen, sie hat einen Alltagsbezug. Sie eröffnet keinen Rückzugsraum, sie ermöglicht nicht die Flucht vor Schmerzlichem und Härten, sondern sie integriert alles menschliche Ergehen. Für den heutigen Umgang mit den Dokumenten heißt das: Die möglichst genaue Wahrnehmung der Entstehungssituation hilft, Gehalt und Bedeutung des Dokumentes nicht nur zu verstehen, sondern auch, sie in anderen, vergleichbaren Situationen zum Sprechen zu bringen.

3. Biblische Spiritualität hat immer einen Gottesbezug, und zwar in Gestalt der Erfahrung eines konkreten und durchaus personalen Gegenübers, das sich dem einzelnen Menschen bzw. der menschlichen Gemeinschaft heilsam – wenn auch nicht unbedingt ohne Härte – zuwendet.

4. Biblische Spiritualität hat Auswirkungen auf die Gemeinschaft, insofern diese an der religiösen Erfahrung Anteil bekommt, sei es durch direkte Mitteilung, sei es indirekt durch das Wirken desjenigen, der die Erfahrung gemacht hat.

5. Biblische Spiritualität bleibt jedoch vom Alltag auch unterschieden, sie zeigt Zurückhaltung, man könnte auch sagen: Sie weist ebenso nach innen, in die Gottesbeziehung des Menschen, wie nach außen in seine Gemeinschaftsbeziehung[40].

6. Biblische Spiritualität ereignet sich im Spannungsfeld zwischen Gott und Welt, sie hat Teil an beidem.

---

[40] So leben etwa die Beter des 137. Psalms ihre Rache nicht aus, so mißbraucht Paulus seine Erfahrung nicht als Waffe in einem religiösen Streit oder als marktschreierisches Werbemittel nach der Art mancher heutiger fundamentalistischer Gruppierungen.

3.2 Spiritualität in der Zeit der Alten Kirche[41]

Diese erste Epoche der Geschichte des Christentums ist die Phase seiner schnellen Ausbreitung, zunächst gegen erhebliche Widerstände, dann aus der Position der Macht heraus. Sie ist geprägt durch die Entfaltung reicher Formen religiösen Lebens und das Entstehen von tragenden Strukturen, doch ebenso von Kämpfen um innere wie äußere Grenzen und eine einheitliche Lehre. Ein einheitlicher Typus altkirchlicher Spiritualität läßt sich nicht bestimmen, es finden sich Märtyrerinnen und Apologeten, ihren Alltag lebende Glieder der frühchristlichen Gemeinden und Asketen, Ordensgründer und Menschen mit Glaubensvorstellungen, die in langwierigen und von außertheologischen Interessen beeinflußten Prozessen als heterodox bestimmt werden. Diskussionen um die Natur Christi, die Rolle des Menschen in der Heilsgeschichte, seine Freiheit oder Unfreiheit, sowie Versuche, das trinitarische Geheimnis begrifflich zu fassen, bestimmen das theologische Bild.

Eckdaten der Spiritualität zur Zeit der Alten Kirche
110–150   Die christlichen Gemeinden breiten sich auf dem Land wie in den Städten aus. Immer mehr Gebildete aus dem griechischen Raum schließen sich ihnen an; sie verbinden antike philosophische Systeme mit christlicher Verkündigung und beginnen, sich mittels intellektueller Argumentation mit dem Götterglauben auseinanderzusetzen.

---

41 Die hier vorgenommene Einteilung in verschiedene Epochen ist die relativ grobe, im evangelischen Theologiestudium gebräuchliche Ordnung von Alter Kirche, Mittelalter, Reformation und Neuzeit. Im einzelnen sind die Grenzen jedoch oft schwer zu bestimmen, so finden sich etwa im 2. Jahrhundert Daten, die zur biblischen Spiritualität zu rechnen sind ebenso wie andere, die in den Bereich der Patristik gehören; ebenso begegnen im 7. Jahrhundert Ereignisse und Schriften, die teilweise noch in die Epoche der Alten Kirche, teilweise aber bereits zum frühen Mittelalter zu rechnen sind. Im folgenden werden die Zuordnungen mehr nach innerer Zugehörigkeit als nach Jahreszahlen erfolgen.

110/1	Reskript des Kaisers Trajan an Plinius über das Vorgehen bei Christenprozessen (strafbar ist die Kirchenzugehörigkeit, doch nur, wenn Anklage erhoben wird; will der Angeklagte – infolge von Überredung, Versprechungen, Drohungen oder Folter – seinen Glauben aufgeben, ist das Verfahren niederzuschlagen)
um 110	Entstehung der Didache (Kirchenordnung aus Syrien, betont die Vorrangstellung des Bischofs als Garant des rechten Glaubens)
zwischen 110 und 120	Der antiochenische Bischof Ignatius verfaßt auf dem Gefangenentransport nach Rom Briefe an verschiedene Gemeinden in denen er vor Irrlehrern warnt und das Martyrium preist.
ab 120	Die Gnosis findet in Gestalt unterschiedlicher Systeme zahlreiche Anhänger unter den Christen (Basilides um 130 in Alexandrien, Valentinian um 135 in Alexandrien, Markion seit 140 in Rom).
156	**Martyrium des Polykarp**
um 170	Montanus, Priscilla und Maximilla treten für eine ekstatisch-prophetische Gestaltung des Glaubens und eine sehr rigide Variante christlichen Lebens ein: Im Blick auf die unmittelbar bevorstehende Wiederkunft Christi sollen die Gläubigen in strenger Askese leben (Zölibat und Fasten) und dürfen das Martyrium nicht fliehen.
um 197	Tertullian stellt in seinem „Apologeticum" fest, daß die zahlreichen Hinrichtungen von Christen den Glauben eher verbreiteten als vernichteten: Das Blut sei der Same der Christen.
201/2	**Verbot des Übertritts zu Judentum und Christentum durch Septimius Severus**
202 oder 203	**Martyrium von Felicitas und Perpetua**
um 215	Beschreibung des römischen Gottesdienstes in der dem Hippolyt zugeschriebenen *Traditio apostolica*
um 217	Origenes beginnt in Alexandria zu lehren
seit 242	Mani, der sich als der von Jesus verheißene Paraklet versteht, beginnt seine schroff dualistische Lehre zu verbreiten (Befreiung des inneren Lichtes durch strenge Askese).

3.2 Spiritualität in der Zeit der Alten Kirche

seit 244	In Rom begründet Plotin die Lehre des Neuplatonismus: Aus dem Einen geht in stufenweisem Abstieg vom Geist zur Materie die Vielheit hervor; der Mensch soll danach streben, durch Abkehr von der Materie zum Einen zurückzukehren.
249–251	**Decius ordnet per Edikt die Wiedereinführung des Kaiserkultes an: Jeder Christ muß eine Bescheinigung erwerben, geopfert zu haben.** Der Widerstand hat 250 eine Hinrichtungswelle zur Folge (weitere Folge: Streit um die Rekonziliation der sog. *lapsi*).
257/8	Valerian verbietet den christlichen Gottesdienst und den Besuch der Gräber; kirchlicher Besitz wird enteignet; ein zweites Edikt richtet sich gegen den Klerus (zahlreiche Martyrien).
260	Toleranzedikt des Gallienus (Rückerstattung des Gemeindeeigentums)
seit 270	Antonius zieht sich in die Wüste zurück, um durch Askese und Konzentration auf Gott das Böse zu besiegen; in seinem Gefolge entstehen erste Mönchsgemeinschaften.
303–311	**Systematische Christenverfolgung durch Diokletian (Opferzwang, Beschlagnahmung kirchlichen Besitzes, Zerstörung von Kirchen, Vernichtung christlicher Schriften, zahlreiche Hinrichtungen)**
311	**Toleranzedikt des Galerius (Gottesdienste wieder erlaubt)**
312	**Mailänder Edikt des Konstantin (Gleichberechtigung der Christen)**
ab 318	Arianischer Streit (Bestreitung der Göttlichkeit Christi)
ab 320	Erste Klostergründungen als Ausdruck gemeinschaftlichen Lebens für Gott in unterschiedlichen Graden der Weltabgewandtheit, zunächst möglicherweise entstanden zur gegenseitigen Unterstützung der Eremiten; die Gemeinschaften geben sich schnell Regeln des Zusammenlebens (z.B. Pachomiusregel). Später erfolgten auch Gründungen infolge bischöflicher Initiativen; häufig waren die Klöster geistig-geistliche Zentren und Ausganspunkt der Mission (z.B. iro-schottisches Mönchtum).

325	Konzil von Nizäa (Bemühen um Beilegung des arianischen Streites)
341	Konstantius verbietet heidnische Opferhandlungen; Politik kirchlicher Bevormundung (Widerstand der Bischöfe); verstärkte Missionstätigkeit
357	Athanasius veröffentlicht seine wirkungsgeschichtlich bedeutsame Antonius-Vita (Vorbild asketischen Lebens)
381	1. Konzil von Konstantinopel (Bestätigung des Nicänums[42], Vorrang des Bischofs von Rom)
391	**Theodosius erhebt das Christentum zur Staatsreligion**
395	Augustinus wird Bischof von Hippo
410	**Fall Roms (die erste von etlichen Eroberungen der Stadt im Zusammenhang der Völkerwanderung); 476 Ende des weströmischen Reiches**
411	Beginn des pelagianischen Streites um die Willensfreiheit des Menschen
ab 432	Missionierung Irlands
459	Symeon Stylites stirbt in Syrien (s.o. I.1.2.)
496	**Taufe des Frankenkönigs Chlodwig (die Germanen wechseln in den folgenden Jahrzehnten vom arianischen zum katholischen Glauben)**
529	Benedikt von Nursia gründet das Kloster Monte Cassino, an der Benediktusregel orientieren sich die meisten weiteren westeuropäischen Klostergründungen
ab 570	Sammlungen hagiographischer Schriften entstehen
590–604	Papst Gregor I. (der Große), erster Mönch als Papst; Missionierung der Angelsachsen

---

[42] Die im Laufe des 2. Jahrhunderts sich verfestigenden Bekenntnisse haben unterschiedliche Funktionen: Anerkennung eines Grundkonsensus, Abgrenzung gegen Irrlehren und, liturgisch, Lob Gottes; ebenso können sie einen Ort in der katechetischen Unterweisung haben (vgl. die Verwendung in der Reformationszeit). Das Nicäno-Konstantinopolitanum, kurz „Nicänum", verbindet die gesamte Christenheit, allerdings ist darauf zu achten, daß die orthodoxen Kirchen die ursprüngliche Fassung verwenden (ohne *filioque*). Das in den protestantischen Kirchen häufiger verwendete *symbolum apostolorum*, das „Apostolicum" wird erstmals 390 im Brief der Synode von Mailand an den Papst Syricius erwähnt.

ab 592	iro-schottische Mission Westeuropas; Klostergründungen
ab 605	**Angriffe auf das byzantinische Reich durch Perser, Awaren und Araber; Palästina fällt in arabische Hand (637 Eroberung Jerusalems)**
ab 622	Ausbreitung des Islam (Hidschra Mohammeds nach Medina)
ab 650	Eine private, geheime und wiederholbare Buße wird zunehmend neben der öffentlichen praktiziert (Rezeption der iro-schottischen Bußpraxis), das Gewicht verlagert sich dadurch von der Buße auf die Beichte; immer mehr Lebensbereiche werden durch Vorschriften geordnet.

Drei sehr unterschiedliche Beispiele aus dieser Epoche sollen nun untersucht werden: zunächst eine Spiritualität der Extremsituation, die Zeugnisse der frühchristlichen Martyrien, dann hochspekulative Betrachtungen, die aus dem Verstehen theologischer Zusammenhänge nicht nur Vergewisserung und Weisungen für die Lebensführung schöpfen, sondern auch in diesem Verstehen den Weg sehen, zu Gott zu gelangen, ihm im Rahmen der auf der Erde gegebenen Möglichkeiten ähnlich zu werden, und schließlich ein im Westen eher unbekanntes frühes Zeugnis monastischer Spiritualität, das besonderes Gewicht auf die bescheidene alltägliche Praxis legt[43].

3.2.1 Durch Sterben zu neuem Leben geboren werden

Wie der blutige Vorgang der Geburt den Menschen auf die Welt bringt, so bringt, nach der Überzeugung der Christen in den ersten Jahrhunderten, das blutige Sterben in der Nachfolge Christi

---

[43] Eine weitere in dieser Zeit begegnende theologische Position ist jedenfalls zu nennen, nämlich die gegenüber der Obrigkeit loyale und die staatliche Hierarchie nachgerade feiernde politische Theologie des Euseb von Cäsarea oder des späten Augustin. Ich lasse sie hier unberücksichtigt, weil sie in spiritueller Hinsicht nicht stilbildend gewirkt hat.

den Menschen ohne Verzug zu Gott in das ewige Leben. Dieses Sterben ist darum freudig und ohne Angst zu erdulden; wer es im Glauben auf sich nimmt, erfährt dabei die Hilfe Gottes und darf des himmlischen Lohnes gewiß sein. Sein Tod wird so zum Vorbild und zur Ermutigung seiner Geschwister in ihrer Bedrängnis; die Erinnerung daran wird darum festgehalten, vor allem in unterschiedlichen literarischen Ausformungen von Märtyrerakten. Bei diesen handelt es sich zwar um die literarische Gestaltung eines Leitbildes in unterschiedlichen Gattungen (Prozeßbericht, Brief, Tagebuch)[44], die in Anlehnung an zeitgenössische Martyriumsberichte wie etwa II Makk geformt sind. Ungeachtet dessen werden darin jedoch tatsächliche Prozesse und Verfolgungen beschrieben, den Kern der Akten bilden also historische Sachverhalte, die in der Tradierung erweitert und überformt wurden[45]. In mentalitätsgeschichtlicher Hinsicht sind diese Dokumente wichtig, weil sie verschiedentlich nichttheologische Anschauungen, Sichtweisen der Volksfrömmigkeit festhalten. Sie zeigen außerdem, daß die Christen die Verfahren so weit als möglich zur Mission nutzten – diskursiv, durch ihre standhafte Haltung und schließlich sogar durch ihre Gräber. Weiterhin dokumentieren also Grabinschriften und Basiliken[46] diese Erinnerungen, dazu liturgische Feiern, die

---

44 So Walter Ameling im Vorwort zum von ihm herausgegebenen Band „Märtyrer und Märtyrerakten" (Altertumswissenschaftliches Kolloquium 6), Stuttgart 2002, 8.
45 Worin genau die Überformungen im einzelnen bestehen, mag dahingestellt bleiben – wichtig ist vor allem der wirkungsgeschichtliche Aspekt.
46 Es gibt zahlreiche monumentale Zeugnisse wie die alten christlichen Begräbnisstätten in den Katakomben Roms, teilweise mit Inschriften auf den Gräbern, die sehr weitgehende Rückschlüsse auf die Todesumstände erlauben. Das älteste archäologische Zeugnis für einen römischen Märtyrerkult ist das vatikanische Petrustropaion aus der zweiten Hälfte des 2. Jahrhunderts. Weiterhin geben Itinerarien Auskunft über die in dieser Zeit vorhandenen Inschriften, das älteste stammt aus dem Jahr 354; zudem existieren Listen von Märtyrergräbern, so der Papiro di Monza aus dem späten 6. Jahrhundert; vgl. dazu Ludwig Hertling S.J./ Engelbert Kirschbaum S.J., Die römischen Katakomben und ihre Martyrer, Wien 1950, 24ff. und 41ff. Im 4. Jahrhundert wurden über

3.2 Spiritualität in der Zeit der Alten Kirche 185

in Heiligenkalendern verzeichnet sind[47] und chließlich Legenden[48] und Reliquien[49] mit dem dazu gehörigen Kult. Nicht alle Mar-

---

den Gräbern der berühmtesten Märtyrer, die zu Wallfahrtsstätten geworden waren, Basiliken errichtet, vgl. Hertling/Kirschbaum, 77ff.

[47] Heiligenkalender wie etwa die um 336 verfaßte Depositio martyrum dokumentieren die einsetzende Verehrung, die meist an den Gräbern zu verorten ist, weil sich zunächst dort die Macht der Heiligen erweist und weil dies ihren notwendigen Beistand sichert. Die Märtyrerlisten werden fortgeschrieben bis in die Gegenwart über Thomas Morus und die Karmelitinnen von Compiègne bis zu Maximilian Kolbe, Alfred Delp und Oscar Romero. Vgl. etwa Hannes Gertner (Hg.), Geschichte der Märtyrer. Verfolgt für den Glauben, Aschaffenburg 1984.

[48] Legenden und Heiligenviten zeigen den Wandel im Umgang mit den Märtyrern: zunächst Vorbild im Glauben, dann verstärkt Mittler, *patronus* (Nothelfer), Fürsprecher. Diese Entwicklung beginnt im 4. Jahrhundert und setzt sich immer mehr durch. Ablesbar ist sie u.a. an einer stärkeren Betonung der wunderhaften Züge, damit geht eine Verschärfung der Gewaltdarstellungen einher. Die Legenden sind wirkungsgeschichtlich bedeutsamer als die tatsachennäheren Berichte; sie spiegeln dabei sehr genau das Ideal ihrer Entstehungszeit.

[49] Als Schutz und Heilung spendende Reliquien gelten, abgeleitet vielleicht aus Mk 5,25ff. parr., alle am Körper getragenen oder von den Händen berührten Gegenstände sowie nachwachsende Körperteile wie Haare, Nägel etc., Knochen wurden zunächst nicht entnommen. Grundsätzlich herrscht die Überzeugung, daß die Reliquien die volle Kraft enthalten, die dem Heiligen zu Lebzeiten eigen war (dies kann in pelagianischer Weise mit der als Verdienst angesehenen Tugend des Heiligen verknüpft werden, vgl. Otmar Kampert, Das Sterben der Heiligen. Sterbeberichte unblutiger Märtyrer in der lateinischen Hagiographie des Vierten bis Sechsten Jahrhunderts [MThA 53], Altenberge 1998, 151f. u.ö.); durch die Verbindung mit der Seele, die sich nach dem Tod bei Gott befindet, wird die Wirksamkeit noch erhöht. Teilweise war das Interesse der Gläubigen an Reliquien so groß, daß sie die Bestattung nachhaltig behinderten oder sogar bereits beigesetzte Gebeine entwendeten.

tyrien sind auf diese Weise erfaßt worden[50], doch die erhaltenen Dokumente sind sehr eindrucksvoll:

Polykarp, der 86jährige Bischof von Smyrna, stirbt 155[51] auf dem Scheiterhaufen als unerschrockener Bekenner seines Glaubens, wie seine Gemeinde allen Mitchristen im Jahr darauf brieflich mitteilt. Er zeigt sich dabei als Vorbild in der evangeliumsgemäßen Nachfolge Christi, denn weder sucht er das Leiden[52], noch will er es letztlich vermeiden. Ermutigt von einer himmlischen Stimme bekennt

---

[50] In zeitgenössischen Berichten begegnen sehr unterschiedliche Zahlen von Opfern, zwischen Hunderttausenden und einigen Tausend, wobei letzteres wahrscheinlicher ist. Offizielle Listen nennen allerdings nur die als orthodox anerkannten Blutzeugen; Märtyrer unterlegener Gruppierungen gelten zumeist als Häretiker (eine Ausnahme stellen die wohl zu den Montanisten zu rechnenden Perpetua und Felicitas dar). Dabei ist zum einen zu bedenken, daß die Verfolgungen einen je unterschiedlichen Charakter hatten (diejenigen des 2. Jahrhunderts setzten eine Anzeige voraus, die Verfolgungen im 3. Jahrhundert geschahen systematisch und versuchten, die Gesamtheit der Christen zu erfassen bzw. ihre Organisation zu zerstören; die diokletianische Verfolgung zu Beginn des 4. Jahrhunderts war, in Kombination der verschiedenen Maßnahmen, die blutigste von allen und erfaßte zudem die christlichen Schriften), zum anderen, daß die Martyrien ungeachtet ihrer hohen Zahl die Ausnahme blieben – viele konnten sich der Verfolgung durch die sogar empfohlene Flucht entziehen, die schweigende Mehrheit arrangierte sich und hielt, wenn auch teilweise unter Gewissensqualen, still. So wird zwar im Gefolge des Opferdekrets unter Decius von der kaiserlichen Kanzlei die gänzliche Ausrottung des Christentums gemeldet, doch „die Christen selbst standen ziemlich vollzählig vor ihren entrüsteten Bischöfen" (Hertling/Kirschbaum, 137). Dennoch ist sicher, daß die Zahl der Märtyrer größer ist als die Zahl der nachweisbaren Kulte, vgl. a.a.O., 94.

[51] Die verschiedenen Datierungen diskutiert Gerd Buschmann, Das Martyrium des Polykarp (Kommentar zu den Apostolischen Vätern 6), Göttingen 1998, 39f.; Zitation der Übersetzung nach dieser Ausgabe (MartPol), der Urtext findet sich in: Ausgewählte Märtyrerakten (Sammlung ausgewählter kirchen- und dogmengeschichtlicher Quellenschriften NF 3), Neubearbeitung der Knopfschen Ausgabe von Gustav Krüger, 4. Aufl., mit einem Nachtrag von Gerhard Ruhbach, Tübingen 1965, 1-7 (im folgenden zit. als Krüger/Ruhbach).

[52] Gegen diese vor allem bei den Montanisten zu findende Haltung votiert MartPol explizit in 4,1-3. Eine Sehnsucht nach dem Martyrium formuliert etwa Ignatius, Röm 4,1 (u.ö.), wonach er mit Freuden in den Tod gehen wolle, wenn ihn die Adressaten nur nicht hinderten.

er sich vor der aufgebrachten Menge im Stadion und vor dem Prokonsul, der ihn zum Abschwören überreden will: „Höre mein freimütiges Bekenntnis: Ich bin Christ." (10,1) Auf die Drohung mit wilden Tieren erwidert er: „Ruf sie! Denn unmöglich ist für uns die Umkehr vom Besseren zum Schlechteren" (11,1); das Feuer wiederum könne nicht so schmerzlich brennen wie die ewigen Feuer des kommenden Gerichts. Sein Mut sichert ihm den himmlischen Beistand, er wird „voll Mut und Freude und sein Angesicht war erfüllt von Gnade" (12,1). Betend[53] erwartet er das Feuer, das ihn dann umgibt „wie Brot, das gebacken wird"; die Anwesenden nehmen dabei einen Wohlgeruch war „wie von duftendem Weihrauch" (15,2). Doch sein Leib wird vom Feuer nicht verzehrt, so daß ein Vollstrecker einen Dolch in ihn hineinstößt; vom ausströmenden Blut wird das Feuer gelöscht. Am Grab der darauf verbrannten Gebeine will die Gemeinde sich nun „in Jubel und Freude" versammeln, zur „Feier des Geburtstages seines Martyriums [...] zum Gedächtnis derer, die zuvor den Kampf bestanden haben, und zur Übung und Vorbereitung für die, denen dies bevorsteht." (18,3)[54]

177 stirbt in Lyon eine Gruppe von 48 Christinnen und Christen nach grauenvollen Folterungen durch wilde Tiere, unter ihnen ein junges Mädchen, die Sklavin Blandina[55]. Die Verfolgung scheint wesentlich von der heidnischen Volksmenge ausgegangen und vor-

---

53 Das in dieser Länge kaum authentische Gebet wird von Buschmann, 256, zu Recht als ein Ineinander aus jüdischem Dankopfergebet, christlichem Eucharistiegebet und Märtyrergebet bestimmt.
54 Während Polykarp nach der Darstellung von MartPol ein Opfer des Mob geworden zu sein scheint, werden in späteren Verfolgungen Kleriker gezielt getötet. So wird Xystus (Sixtus) II., der Bischof von Rom, mit vier Diakonen hingerichtet während eines Gottesdienstes am 6. August 258, der einigen Berichten zufolge in einem Raum in den Katakomben abgehalten worden war. Die Soldaten waren überraschend eingedrungen, der greise Papst hatte sich selbst zum Opfer angeboten, um ein Blutvergießen unter seiner Gemeinde zu verhindern, doch auch, damit niemand ihm im Martyrium zuvorkommen sollte (vgl. Hertling/Kirschbaum, 68ff.).
55 Brief der Gemeinden zu Lugdunum und Vienna an die Gemeinden in Asien und Phrygien, griechischer Text bei Krüger/Ruhbach, 18-28. Übersetzung in Auszügen bei Hans Preuss, Aus den Märtyrerakten der Alten Kirche, Gladbeck 1951, 16-19 und bei E. Klein, Aus der Schatzkammer heiliger Väter. Märtyrerakten II, Berlin o.J., 8-28 (zit. nach Klein).

angetrieben worden zu sein[56]. Nach Ausgrenzungen aus dem öffentlichen Leben folgen körperliche Übergriffe (wie Schläge und Steinwürfe) und Gefängnis. Bei den Verhören auf dem Marktplatz bekennen sich die Christen zu ihrem Glauben, doch ebenso zu ihrem Gehorsam gegen den Kaiser und – entgegen der Anschuldigung heidnischer Sklaven – zu ihrer generellen Gewaltfreiheit, doch sie werden niedergeschrieen und gefoltert. Die Gemeinschaft fürchtet, daß Blandina wegen ihrer Jugend und Schwäche ihr Bekenntnis nicht ablegen könnte, doch sie übersteht die Folter eines ganzen Tages von wunderbarer Kraft getragen, die ihr aus ihrem Bekenntnis „Ich bin Christin, und bei uns wird nichts Böses getan" (1,19) zuwächst. Ihre Henker staunen darüber, daß das Mädchen mit seinem zerrissenen und zerschlagenen Leib noch atmen könne; eine einzige Folter hätte sie töten müssen. In den Block gespannt, ohne Nahrung und mit Geißeln und glühendem Rost gefoltert, verbringt sie etliche Tage im Gefängnis, schließlich wird sie auf dem Markt den wilden Tieren zugeführt, in Kreuzform an einen Stamm gehängt und dient so der zornigen Menge als Schauspiel. Doch sie betet ohne Unterlaß und ermutigt die Mitchristen bei deren Kampf. Als keines der Tiere sie anrührt, kommt sie wieder ins Gefängnis, muß aber an den folgenden Tagen Leiden und Sterben ihrer Geschwister mitansehen, die sie durch Zurufe ermutigt. Als letzte der Gruppe wird sie, mit einer Haltung, als ginge sie zu einem Hochzeitsmahl, in ein Netz gewickelt und einem Stier vorgeworfen, der sie umherschleudert. „Sie hatte kein Empfinden mehr von dem, was mit ihr geschah. Nur eines noch lebte in ihr: Hoffnung, Glaubensfestigkeit, Gemeinschaft mit Christus. Zuletzt wurde sie getötet. Selbst die Heiden gestanden, nie hätte eine ihrer Frauen so viele und so schwere Qualen ausgehalten."[57] Die Briefschreiber sind sich sicher, daß Blandina und ihre Geschwister von Christus aufgenommen worden sind: „Sie hatten das Leben gesucht, Er gab es ihnen, sie teilten davon auch ihren Nächsten mit, siegreich in allem gingen sie zu Gott."[58]

Am 7. März 202 oder 203 werden in Nordafrika sechs wohl dem Montanismus zuzurechnende, gerade getaufte Katechumenen hingerichtet, darunter Perpetua, eine junge verheiratete Frau von vor-

---

56 Der Text führt sie auf den Satan zurück, der sie als Prüfung über die Christen bringt (1,5).
57 Klein, 24; Krüger/Ruhbach, 26 (1,55f.).
58 Klein, 28; Krüger/Ruhbach, 28 (2,7).

nehmer Geburt[59], die gerade ein Kind zur Welt gebracht hatte, und die hochschwangere Sklavin Felicitas. Perpetua beschreibt die grauenvollen Bedingungen der Haft und die Rohheit der Soldaten; sie erzählt von der Angst um ihr Kind, das fast verhungert und das sie schließlich, nach der Bestechung der Wärter, stillen darf[60]; sie hält vier Visionen fest, die sie in dieser Zeit hat[61]; sie berichtet, wie ihr alter Vater sie mehrmals eindringlich vom Glauben abzubringen versucht, zunächst mit Zorn, dann mit demütigen Bitten und Appellen an ihre Mutter- und Kindesliebe, aus denen ebenso Liebe spricht wie Angst um das eigene Wohl im Blick auf die sozialen Folgen für die Familien der Bekenner. „Bei alledem litt ich schmerzlich um seines Seelenzustandes willen. War er doch der einzige von unserer ganzen Familie, der sich über meinen Leidensweg nicht freuen konnte."[62] Doch Perpetua bleibt standhaft, in diesen Konfrontationen ebenso wie bei den öffentlichen Verhören auf dem Markt, bei denen der Prokurator sich den Argumenten des Vaters anschließt: „Schone die grauen Haare Deines Vaters! Schone die Jugend Deines Kindes!" Auf die Weigerung zu opfern werden die Gefangenen

---

59 So teilt der Augenzeugenbericht mit, der die Aufzeichnungen der Perpetua aus der Zeit der Haft ergänzt: „Vibia Perpetua, honeste nata, liberaliter instituta, matronaliter nupta" (2). Passio SS. Felicitatis et Perpetuae: Krüger/Ruhbach, 35-44, hier: 36; Übersetzung: Klein, Märtyrerakten III, 8-33; Preuss, 20-28. Die montanistische Prägung wird vor allem aus der Betonung der Visionen („et iuuenese uisiones uidebunt", 1,3) und dem Enthusiasmus geschlossen, mit dem die Gruppe in den Tod geht.
60 Sie vertraut das Kind zunächst ihrer Mutter und den Brüdern an, setzt aber schließlich durch, es bei sich behalten zu dürfen, bis es abgestillt ist.
61 Die erste Vision enthält Anklänge an die Eucharistie, so in der beschriebenen Handhaltung, und darin, daß die Spendung von Milch und Honig der Eucharistie im Anschluß an die Taufe vorausgehen: „The importance of the eucharist in the vision as a whole appears from the fact that when Perpetua woke up, she still felt the tase of something sweet in her mouth, a memory of the sweetness of the milk and cheese." Jan N. Bremmer, Perpetua and her diary: authenticity, family and visions, in: Ameling (Hg.), Märtyrer und Märtyrerakten, 104. Entsprechend kann in der *piscina* in der folgenden Vision eine Erinnerung an das Sakrament der Taufe gesehen werden. Die letzte Vision bringt ihre in der Haft gewachsene Überzeugung zum Ausdruck, schließlich den Sieg über alle Gefahr und Versuchung, den Teufel selbst davonzutragen.
62 Klein, 15.

verurteilt, wilden Tieren vorgeworfen zu werden[63]. Felicitas, die als Hochschwangere nicht sofort hingerichtet werden dürfte, will die Gefährten nicht verlassen, und im Gefolge von dringenden Gebeten bringt sie ihr Kind einen Monat zu früh zur Welt. Als ein Wärter ihr während der Wehen vor Augen führt, daß ihr schlimmere Schmerzen bevorstünden, erwidert sie: „Jetzt leide ich, was ich leide. Hernach ist es ein anderer, der für mich leidet. Er wird in mir sein, so daß Er leidet, dieweil ich für ihn leide."[64] Sie geht, ebenso wie ihre Gefährten, am „Siegestag der Märtyrer" freudig den Tieren entgegen und erlebt, daß ihre Aussage sich bewahrheitet. Nach langen Qualen sollen die Gerichteten mit dem Schwert getötet werden. Sie küssen einander, denn „sie wollten in der Herrlichkeit des Glaubens verbunden bleiben bis an den Tod. Nachher trugen sie willig, was das Schwert ihnen anthat". Perpetua nimmt schließlich, nachdem sie bereits vom Schwert durchbohrt worden ist, „die unsichere Rechte des ungeübten Gladiators und führte sein Schwert an ihre Kehle. Vielleicht, daß solche Frau nur mit ihrem eigenen Willen getötet werden konnte – der unreine Geist fürchtete sie."[65]

Diese Zeugnisse geben eine Reihe von Aufschlüssen über die Glaubenshaltung und -praxis der zum Martyrium bereiten Christinnen und Christen in der extremen Situation der Verfolgung[66]. Ein ent-

---

63 Bekenntnisse während des Tribunals und in der Arena wurden vom Prokurator weitestgehend unterbunden, doch im Gefängnis missionierten die Inhaftierten sowohl Personal wie Besuchende (Passio Perp berichtet von zahlreichen Bekehrungen im Zusammenhang der Ereignisse). Allerdings werden die Gelegenheiten zu einem Bekenntnis nicht um jeden Preis wahrgenommen; so folgt beispielsweise Polykarp in MartPol 10,2 der Mahnung Jesu aus Mt 7,6, und weigert sich, dem Volk vom Christentum zu erzählen.
64 Klein, 25.
65 A.a.O., 32f.
66 Aufschlüsse sind bis zu einem gewissen Grad ebenfalls über die Ziele der Verfolger zu gewinnen: Eine kaum bezämbare, weil ohne Angst vor weltlichen Gefahren agierende und die politische Einheit gefährdende Gruppe soll unschädlich gemacht werden durch Versuche, die einzelnen durch Überredung, Drohung, körperliche Gewalt (Folter) und Abschreckung (öffentliche Hinrichtungen, Enteignung der Familien) zur Aufgabe ihres Glaubens und zum Aufkündigen ihrer Kirchenzugehörigkeit zu bewegen. Dazu sind Mission und Kult nach Möglichkeit zu verhindern (letzteres durch Verbrennung und Zerstreuung der Asche,

scheidendes Motiv ist die unbedingte Gottes- und Christusliebe: Gott ist mehr zu lieben als alles andere, das eigene Leben eingeschlossen, ihm ist mehr zu gehorchen als irgendeinem anderen Menschen, sei es der Kaiser, sei es der eigene Vater. Dieser Gehorsam schließt ein Suchen des Martyriums aus, denn das würde Gottes Willen zuvorkommen[67]; vielmehr soll sich der Mensch in der Situation bewähren, in die er gestellt ist. Darin folgt er Christus nach, gegebenenfalls bis in den Tod, und das Wissen um den Vollzug dieser *imitatio Christi* gibt seinem Sterben Sinn und Verheißung. An diesem Punkt berührt sich die Liebe zu Gott mit der Liebe zu sich selbst, denn die Märtyrer handeln auch in der Sorge um das eigene Heil. Auf dieser Welt gewinnen sie untrübbare Freude durch die aus ihrem Gehorsam entstehende Christusnähe, in der anderen Welt gewinnen sie das ewige Leben, die Himmelskrone[68]. Darum vollzieht sich ihr Sterben in Ruhe und Mut,

---

auch durch den Versuch, die Öffentlichkeit bei den Prozessen möglichst auszuschließen, sowie besondere Härten und verbale Auseinandersetzungen über die Religion zu meiden). Im Einzelfall konnte dies zur Freilassung eines zum Martyrium bereiten Christen führen, damit dieser nicht mit seinem Märtyrertod missionieren konnte, vgl. die Ausführungen bei Detlef Liebs, Umwidmung. Nutzung der Justiz zur Werbung für die Sache ihrer Opfer in den Märtyrerprozessen der frühen Christen, in: Ameling (Hg.), Märtyrer und Märtyrerakten, 22. Ein weiteres Ziel war die Beschwichtigung des Volkszorns, resultierend aus der Störung der sozialen Gemeinschaft (Christen nahmen an Opferfeiern und Prozessionen nicht mehr teil) und aus der Irritation über eine als fanatisch erscheinende Todesbereitschaft. Verschiedentlich hatten die Maßnahmen jedoch einen gegenteiligen Effekt, insofern die Haltung der sterbenden Christen ihre Henker, oft sogar die Menge beeindruckte.

67 Sehnsucht nach dem Martyrium wird gelegentlich zum Ausdruck gebracht, mitunter (etwa im Falle Cyprians) kann es auf der Grenze zu einem willentlichen Ergreifen stehen, das jedoch generell seitens der Theologen nicht gebilligt wurde.

68 In Übereinstimmung mit der kirchlichen Lehre der ersten Jahrhunderte war für Märtyrer eine sofortige Aufnahme in das Paradies oder die himmlischen Wohnungen (in unterschiedlicher Entfernung zum Himmelreich, so in den Dialogen Gregors des Großen, vgl. Kampert, 350) zu erwarten, alle anderen Seelen gelangten zunächst in ein Schattenreich, das in den folgenden Jahrhunderten immer stärker die Züge des

ohne Angst[69], auch wenn es als Kampf gegen den Teufel selbst wahrgenommen wird, darum feiern die Gemeinden ihren Todestag als Überwindung der Welt, als Heimkehr, als Geburtstag zum ewigen Leben. Allerdings wird über der Gottes- und der Selbstliebe die Liebe zum Nächsten keineswegs vergessen: Die Märtyrer praktizieren Feindesliebe in ihrer Geduld und Freundlichkeit gegenüber ihren Gefängniswärtern und Henkern und Bruderliebe in ihrer Fürsorge füreinander, bis in den Moment des Sterbens hinein. Die erforderliche Kraft dazu erhalten sie aus der Eucharistie[70], aus ständigem, oft wohl formelhaftem Gebet[71] und aus dem gewissen Festhalten an den Verheißungen Gottes. Immer wieder berichten die Dokumente von einer Bestätigung dieser Gewißheit durch Gott (Wunder, Wohlgeruch, Stimmen, Leuchten in den Gesichtern, vermindertes Schmerzempfinden, übernatürliche Leidensfähigkeit), die zeigt, daß die Qualen der Märtyrer als Läuterung dienen, die eine sofortige Aufnahme in den Himmel gewähren.

---

    reinigenden Fegefeuers annahm. Diese Hoffnung entsprach dem etwa in II Makk 7 zum Ausdruck gebrachten jüdischen Vorstellungen, wonach die Märtyrer unter Wiederherstellung ihrer körperlichen Unversehrtheit zu Gott gelangen. Der himmlische Aufenthaltsort der Märtyrer wurde nach Überzeugung der Gemeinden durch verschiedene Wunder an den Gräbern bestätigt.

69 Hier liegt eine Nähe vor zu Vorstellungen der Stoa: Der Tod wird als letzte Prüfung zu einem sittlichen Akt, der leidenschaftslos, in der Haltung der *Apatheia* zu durchleben ist. Ein Moment der Angst kann in den Überlegungen enthalten sein, doch betrifft dies eher die Folgen eines Versagens in der Prüfung, das üble Konsequenzen im Jenseits zeitigen würde (so bei Polykarp und Perpetua).

70 Es finden sich zahlreiche Hinweise auf die besondere Hochschätzung der Eucharistie in den verschiedenen Dokumenten, wie es in der Zeit der frühen Kirche nicht anders zu erwarten ist; dies wird durch Eucharistiedarstellungen in verschiedener Gestalt auf Gräbern in den Katakomben unterstrichen, vgl. Hertling/Kirschbaum, 261ff.

71 Auch das wiederholte Bekenntnis „ich bin Christ, Christin" kann in diesem Kontext als Gebet aufgefaßt werden.

3.2 Spiritualität in der Zeit der Alten Kirche

Mit der Weitergabe der Zeugnisse ist eine Absicht verbunden, Zeitgenossen und Nachwelt sollen eine Lehre daraus ziehen[72]: So wie die Märtyrer in der größten Gefahr ihren Glauben leben, so sollen es alle Christinnen und Christen zu allen Zeiten tun, so standhaft, so mutig, so freudig und so einig im Glauben[73] – die Wirksamkeit dieser Lehre resultiert dabei aus dem Leben der Märtyrer, nicht aus ihrer Botschaft: Sie repräsentieren die eigentliche Bestimmung des Menschen. Ihr Beispiel des unangefochtenen Glaubens in extremer Leidenssituation kann und soll als Ermutigung und Glaubensstärkung dienen in unsicheren, gefährlichen oder auch nur beschwerlichen Zeiten[74]. Die Märtyrer waren damit ebenso ein sittliches wie ein Glaubensvorbild. In der nachkonstantinischen Zeit ist übrigens, infolge der geänderten Stellung des Christentums, ein Wandel auszumachen vom blutigen zum unblutigen Heiligen- bzw. Märtyrerideal. Noch immer geht es um ein Lebensopfer in der Nachfolge Christi, doch nun werden vitale Lebensbedürfnisse als Opfer dargebracht wie Nahrungsaufnahme, Schlaf, Sexualität und Schmerzfreiheit[75].

FAZIT: Die Geschichten der Frauen und Männer, die für ihren Glauben Leiden und Tod auf sich genommen haben, können Erschütterung erregen, Mitleid, auch Bewunderung und den

---

72 Dem entspricht die Verwendung der Martyriumszeugnisse in zeitgenössischen Predigten, möglicherweise auch in der Liturgie (so Bremmer, in: Ameling (Hg.), Märtyrer und Märtyrerakten, 80.), ebenso der schnell entstehende und in MartPol erstmals belegte Märtyrerkult.
73 Insbesondere MartPol entwickelt als ältestes erhaltenes Zeugnis für einen christlichen Märtyrerkult eine maßgebliche Theologie des Martyriums mit dem Ziel, zur Erhaltung der Eintracht in der Kirche zu mahnen – durch den Teufel gesäte Zwietracht erscheint als größere Gefahr denn der Glaubensabfall der unter Druck geratenen Christen, so jedenfalls Klaus Rosen, Märtyrer – Zeugen der Einheit im Glauben, in: Ameling (Hg.), Märtyrer und Märtyrerakten, 14.
74 Dies war von Bedeutung gerade in einer Zeit, in der die Wirren der Völkerwanderung eine Verschlechterung der Lebensbedingungen und einen Verlust an Sicherheit mit sich brachten: Märtyrerheilige waren Autoritäten und wurden zu faßbaren Garanten von Sicherheit.
75 Vgl. Kampert, 64.

Wunsch, zu solcher Haltung in der Lage zu sein. Dafür gibt es vier wichtige Voraussetzungen. Dazu gehört zum einen das unbeirrte Festhalten an Gott in Gebet und Sakrament und zum anderen die Gemeinschaft, die in einer feindlichen Welt Stabilität und Schutz gewährt. Die Mitchristen sind – so sehr auch der einzelne Mensch seinen eigenen Tod sterben muß – von größter Bedeutung, das zeigen etwa die noch unter der Folter zugesprochenen Ermutigungen und die Sorge um das Ergehen eines und einer jeden in den Gruppen der Inhaftierten. Weiterhin notwendig scheint es drittens, das eigene Herz von Eigenwillen und von Haß freizuhalten, so daß der Wille Gottes in allem erfüllt und die Nächstenliebe auch den Folterern erwiesen wird[76]. Schließlich spielt viertens die Hoffnung auf ein ewiges Leben in Gottes Reich eine wesentliche Rolle, denn sie erst befähigt dazu, von dem Leben auf dieser Welt leichten Herzens Abschied zu nehmen. Doch berichten die Texte nicht nur von Hoffnung, sondern auch von Erfüllung: Im extremsten Leiden erleben die Märtyrer ausweislich der verschiedensten Dokumente tröstend und Schmerzen aufhebend die größte Nähe zu Christus, im Sterben umgibt sie noch auf dieser Welt das Gottesreich.

---

76 Hier liegen markante Unterschiede zwischen christlichen und islamischen Märtyrern: Während Christen den Tod nicht suchen, sondern als standhafte, treue Zeugen erdulden und in allem Geschehen die von Christus gebotene Nächsten- und Feindesliebe aufzubringen suchen, werden im Islam nur aktive Kämpfer für den „Weg Gottes" (Sure 47,4-6) als Märtyrer anerkannt. Den so Gefallenen ist ein sofortiger Eingang in das Paradies verheißen (Sure 3,169). Der Islam kennt allerdings ein Selbstmordverbot, wenn auch nicht im Koran, so doch in der Prophetentradition, so daß die Bewertung der Selbstmordattentate auf unbewaffnete Zivilisten auch in muslimischen Kreisen unterschiedlich ausfällt, vgl. Tilman Seidensticker, Die Transformation des christlichen Märtyrerbegriffs im Islam, in: Ameling (Hg.), Märtyrer und Märtyrerakten, 145f.

3.2.2 Die Ordnung erkennen, um aufzusteigen

Einen ganz anderen Weg beschreitet ein im Osten und Westen schon früh durch Übersetzungen bekannter, unter dem Pseudonym des ‚Dionysius Areopagita' (Act 17,34) schreibender Theologe am Ende des 5. Jahrhunderts[77]. Über den Verfasser ist nichts bekannt, doch zeigen die Schriften[78] verschiedene Merkmale in Form und Inhalt[79], die an einen syrischen Mönchbischof im 5. Jahrhundert denken lassen.

Die himmlische Hierarchie beschreibt die Ordnung der drei Triaden himmlischer Wesenheiten, die von Gott ausgehen. In unmittelbarer Nähe zur Gottheit oder dem Gottesprinzip, diesem am ähnlichsten, wenn auch von ihm unterschieden, ist die Triade der Throne, Cherubim und Seraphim (in dieser absteigenden Reihenfolge) zu finden. Ihnen folgen, deutlich abgegrenzt, die Herrschaften, Kräfte und Mächte und schließlich die letzte Triade der Prinzipien, Erzengel und Engel, letztere grenzen an die Sinnenwelt. Jede Ordnung ist der über ihr stehenden zugewandt und strebt zu ihr empor, dehnt „andererseits aber auch auf das Folgende sich kraftverleihend und gottgemäß" aus (8,1), zieht also das Folgende mit sich. Alles kommt aus Gott herab, alles hat in unterschiedlichem Grad Teil am Seinsgrund. „Aber auch umgekehrt: Jedes Hervortreten der vom Vater ausgehenden Lichtausstrahlung, die uns als Gabe des Guten erreicht, nimmt als einende Kraft in der Orientierung nach oben die Scheidung von uns weg und führt uns zur Einheit des Vaters zu-

---

77 Sein wirkungsgeschichtlicher Einfluß reicht weit bis ins Mittelalter hinein: Die Mystik rezipiert seine apophatische Theologie (Die Wolke des Nichtwissens), die gotische Architektur verdankt u.a. Pseudo-Dionysius das Motiv des Aufstiegs.
78 Zehn Briefe, vier Abhandlungen – Die Namen Gottes, Die mystische Theologie, sowie die dem folgenden zugrundeliegenden Texte: Über die himmlische Hierarchie. Über die kirchliche Hierarchie, eingeleitet, übersetzt und mit Anmerkungen versehen von Günter Heil (Bibliothek der griechischen Literatur 22), Stuttgart 1986; griechischer Text bei Migne, PG 3.
79 In den Schriften findet sich eine apophatische (negative) Theologie, beeinflußt vom syrischen Christentum (insbesondere dem Kappadokier Gregor von Nyssa), neuplatonischer Metaphysik in ihrer späteren Ausprägung und biblischer Exegese.

rück, der alles in sich versammelt, und zur Ungeschiedenheit, die Gott gleich macht." (1,1) Denn alles Sein hat das Bedürfnis nach Vollendung, so wie es die Notwendigkeit der Reinigung teilt. Das Betrachten der himmlischen Hierarchie, die in der kirchlichen Hierarchie abgebildet ist – „die über der Sinnenwelt stehenden Gedanken durch sinnliche Bilder" darstellend (1,3) –, führt den Menschen zur Vollendung empor. Natürlich sind die Bilder der nicht an die Materie gebundenen „reinen, höchsten Klarheit" (2,4) immer inadäquat, „nichts aus der Welt des Seienden [kann] ihm im Wortsinn und uneingeschränkt ähnlich genannt werden" (12,3). Das Denken soll also nicht bei den Bildern verweilen. Vielmehr sind „in geheiligter Weise durch die Erscheinungsformen hindurch die Wege der tieferen Einsicht in die Welt jenseits der Sinnenerkenntnis zu suchen." (2,5) Das Ziel dessen ist es, sich mittels der Betrachtung der Hierarchie von der reinen göttlichen Schönheit so weit als möglich prägen zu lassen und sich Gott so gut wie möglich anzugleichen. Zur Ordnung der Hierarchie gehört, daß jede Stufe die unter ihr stehende reinigt, so wie sie selbst von der über ihr stehenden Stufe gereinigt wird. Die nächste Stufe innerhalb der Triade ist mit der Erleuchtung, die darauf folgende mit der Vollendung befaßt. Es müssen also „die im Stadium der Reinigung Befindlichen in den Zustand völliger Reinheit versetzt und von jeglicher wesensfremden Beimischung befreit werden, die Anwärter auf die Erleuchtung sollen sich mit dem göttlichen Licht erfüllen lassen, die dem Stand der Vollendung Entgegengehenden sollen aus dem Bereich des Unvollendeten heraustreten und Teilhaber des Vollendungswissens (um die Bedeutung) der geschauten heiligen Mysterien werden." Entsprechend sollen die Reinigenden anderen „an ihrer Makellosigkeit Anteil geben", die Erleuchtenden sollen „ihr allseits überströmendes Licht auf diejenigen leiten, die des Lichts würdig sind" und die Vollendenden sollen in die volle Erkenntnis einführen (3,3).

Die kirchliche Hierarchie, die demselben Zweck dient wie die himmlische, umfaßt die Ämter und Riten (geheiligte Akte) der Kirche: zunächst die Triade der drei Sakramente (Taufe, Eucharistie und Myron-Weihe), dann die Sakramentsspender, also die Dreierordnung der Kleriker (Bischof bzw. Hierarch, Priester, Diakon bzw. Liturg), und die Sakramentsempfänger, die Dreierordnung der Laien[80]: die zu Reinigenden (Katechumenen, Energumenen und Büßer), die Laien (das geheiligte Volk, das den symbolischen Cha-

---

80 Diese Triade ist in aufsteigender Reihung geordnet.

rakter des Geschehens erkennt) und die Mönche (die das gesamte heilige Wirken des Priesters in seinem Wesen erfassen)[81]. Die Einsicht in diese Ordnung ist Geschenk des Gottesprinzips, den ersten Lehrern eingegeben „zur Rettung und Vergöttlichung aller zu diskursivem und zu unmittelbar anschauendem Denken befähigten Wesen" (1,4). Dabei sind ihre Darlegungen Geheimlehren, insofern die nicht Geheiligten „nicht einmal mit den Symbolen in Berührung kommen dürfen" (d.h.: keine Abendmahlsteilnahme für Katechumenen), deren Sinn auch nur „den gottähnlichen Verwaltern der heiligen Weihen" enthüllt werden darf. „Sie dürfen ihn nicht den noch im Prozeß der Vollendung Befindlichen preisgeben." (1,5) Doch dank der Kraft des Priestertums „gelangen wir zu der geheiligten Wirksamkeit des Priesterdienstes und kommen dabei selbst näher an die Seinsstufen über uns heran, indem wir uns nach Kräften dem bleibenden, unveränderlichen Charakter ihres geheiligten Gegründetseins (in der Gesamtordnung) angleichen." (1,1) Auf der anderen Seite geht das Teilhaben dem Teilgeben voraus: „So darf man auch im ganzen Bereich des Göttlichen nicht wagen, andere zu führen, wenn man nicht in seinem ganzen Verhalten ganz gottähnlich geworden und durch göttliche Inspiration und Gottesurteil als Ordnungsstifter erwiesen worden ist." (3,C,10) Rettung kann also „nicht anders geschehen als durch die Gottwerdung des zu Rettenden. Die Gottwerdung aber ist die weitestmögliche Angleichung und Vereinigung mit Gott. Jede Hierarchie aber hat dieses gemeinsame Ziel: Die unverwandte Liebe zu Gott und den göttlichen Gaben, die in gotterfüllter und einheitstiftender Weise in geheiligter Praxis gewirkt wird, und davor natürlich die vollständige und unwiderrufliche Abkehr von allem Entgegenstehenden, die Erkenntnis des Seienden, wie es wirklich ist, die Schau und Kenntnis der geheiligten Wahrheit, die gotterfüllte Teilhabe an der dem Einen entsprechenden Vervollkommnung, die ‚Bewirtung' mit der Schau des Ureinen selbst, die als Gegenstand des Denkens nährt und jeden zum Gott macht, der sich zu ihr emporreckt." (1,3) Der Prozeß beginnt mit der Taufe, die vor allem reinigende und erleuchtende Kraft hat, auf die jedoch „die vollständigen Abtötungen und Vernichtungen der gegenteiligen Einflüsse" folgen müssen (2,C,5), wozu die „Erinnerung an die hochheiligen Werke Gottes in den geheiligten Worten und Handlungen nach dem Prinzip der Hier-

---

81 Im letzten Kapitel finden sich zudem Ausführungen zum Beerdigungsritus, die Einschärfung der Geheimhaltung der liturgischen Formeln, eine Verteidigung der Kindertaufe und der Epilog.

archie immer wieder erneuert" werden muß (3,C,9). „Denn, wenn wir nach Gemeinschaft mit ihm [sc. Christus] streben, müssen wir auf sein ganz und gar göttliches Leben im Fleisch blicken, uns daran angleichen und so in den gottgemäßen, unverdorbenen Zustand der geheiligten Sündlosigkeit aufsteigen." (3,C,9) Die Eucharistie schenkt dann in vollendender Weise die „Gemeinschaft und Einswerdung mit dem Einen" (3,A)[82].

Die Grundlage dieser Gedanken des Pseudo-Dionysius ist Ausgang und Rückkehr allen Seins vom und zum Einen, Göttlichen. Der Ausgang ist ein Aus-sich-Heraustreten des göttlichen Lichtes nach unten, die Selbstoffenbarung aus Gnade, die Rückkehr vollzieht sich dementsprechend durch Erleuchtung, durch Wissen und – die Negation ist immer mitzufassen – „Nichtwissen". Gott ist in jeder geschaffenen Ordnung als letzte Ursache enthalten, da er sie jedoch übersteigt, kann er in nichts Geschaffenem vollständig erkannt werden. Ein teilweises Erkennen ist jedoch möglich. Hilfen dazu bieten die christlichen Symbole. Sie verhüllen durch ihren Symbolcharakter zwar die geistliche, göttliche Wahrheit und schützen sie so vor den Uneingeweihten, doch für den Gläubigen dienen sie dazu, vom Erfassen mit den Sinnen auf die Ebene des Geistigen emporzuführen. Dies geschieht, indem der Mensch die Symbole zunächst deutet, doch in einem weiteren Schritt die Deutung wie alle Begriffe als menschliche Sprache und Denken hinter sich läßt – selbst solche Begriffe, die weit in das Geheimnis der Gottheit eindringen wie „Trinität" und „Einheit". „Niedrige Bilder wie Tiere und unbelebte Gegenstände helfen dem Anfänger, den Weg nach oben zu beginnen, da diese Symbole gleichsam nach einer Exegese schreien, die sie transzendiert. Einmal in Fluß gekommen, kann die Methode der verneinenden spirituellen Interpretation über den oberflächlichen Sinn hinaus zu den anziehenderen Bildern weitergehen, ohne von deren Charm [sic] irregeleitet zu

---

[82] Ebenfalls zur Vollendung sind Myron-, Priester- und Bischofsweihe zu rechnen.

werden."[83] Liturgische Symbole können gegenüber den niedrigen biblischen Bildern als durchaus angemessen erscheinen, zumal sie Gott in ritueller Bewegung, nicht in materieller Gegenständlichkeit abbilden, aber auch sie sind zu interpretieren, auch sie sind zurückzulassen auf dem Weg zu wirklicher Einsicht. „Verneinung und Aufgeben von allem Wissen, das zuvor durch die Auslegung der Bibel und der Liturgie erworben wurde, gipfeln in der Vereinigung mit Gott", der *theosis*[84]. Allerdings: „Im letzten muß auch jede Leugnung als unfähig, das göttliche Ziel dieses Aufstiegs auszudrücken, zurückgelassen werden. Verneinung des Begrifflichen bedeutet, auch den Begriff der Verneinung zu verneinen und zu übersteigen. Verneinungen werden verneint, nicht um zu einer logischen Bejahung zu kommen, sondern um sich über jede Sprache und jeden Gedanken zu erheben."[85] Zuletzt wird Gott nicht in der Verneinung gefunden, sondern in der Unsagbarkeit, im Schweigen, mittels des Sprunges über alles Begreifen hinaus in die schweigende, dunkle Wolke des Nichtwissens.

Vor diesem Sprung ist der spirituelle Weg jedoch beschreibbar: Alles Seiende ist in konzentrischen Kreisen um das Gottesprinzip angeordnet, alles hat in absteigendem Maße Teil am Göttlichen, alles strebt empor oder sollte dies jedenfalls wünschen. Der spirituelle Aufstieg vollzieht sich in drei Stufen. Die erste Stufe ist die Reinigung; diese nimmt ihren Anfang bei der Taufe und meint das Ablegen der Selbstsucht und Unwissenheit durch asketische Disziplin, moralisches Verhalten sowie zunehmende Hinwendung zum Gebet. Die zweite Stufe ist die Erleuchtung als ein Festhalten am Erreichten durch weitere Disziplinierung; damit geht die erhellte Schau der heiligen Symbole einher, denn Gott öffnet Geist, Herz und innere Augen. Die letzte Stufe ist die Vollendung, sie bringt bei immer weitergehender Vertiefung vollendetes geistliches Wis-

---

83 Paul Rorem, Die Aufstiegs-Spiritualität des Pseudo-Dionysius, in: Geschichte der christlichen Spiritualität I, 159.
84 A.a.O., 163.
85 A.a.O., 164.

sen, Kontemplation, Friede, Finden statt Suchen – auf dieser Welt erfahrbar in der Eucharistie und bestimmten Weihehandlungen. Zunächst müssen also durch asketische Disziplin und Gebet das Begehren und die Leidenschaften in einem Leben der *imitatio Christi* bezwungen werden, dann können Geist und Herz durch das Vertiefen in die wunderbare Ordnung, die Gott dem Kosmos gegeben hat und die in den Ritualen der Liturgie widergespiegelt wird, aufsteigen, so wie es Gott den Engeln – jeweils im Rahmen ihrer Ordnung – ermöglicht hat. Auch der Mensch befindet sich damit auf dem aufsteigenden (anagogischen) Weg der Rettung, dem Weg geistlichen Verstehens zum göttlichen Gipfel; als Wegweiser dienen ihm die christlichen Symbole aus Bibel und Liturgie, deren äußere Erscheinung, wie dargelegt, zunächst exegesiert, dann jedoch negiert und transzendiert werden muß[86]. Pseudo-Dionysius zeichnet in seinen Ausführungen zu den Hierarchien so ein Bild vom gesamten Leben des Christen: Jeder kann und soll seiner Stufe angemessen erkennen und darin aufsteigen, geführt von den über ihm Stehenden und seinerseits die unter ihm Stehenden führend. Christliches Leben erscheint damit als ein Reifungsprozeß, wobei Rückfälle möglich sind. Wer sich nach Gott sehnt, wird tiefer in das Einssein mit Gott geführt, vom Glauben zum Schauen, vom Gewißsein zum Wissen.

FAZIT: Die spekulative Lehre des Pseudo-Dionysius hat weitreichende praktische Konsequenzen für die gesamte christliche Existenz. Sie weist den Menschen ein in ein Leben der Versenkung in die kirchlichen Riten mit ihrer Erinnerung an die Worte der Schrift und ihrer Anteilgabe an Gott in den Sakramenten, in ein Leben des Gebets, der Überwindung der Unwissenheit, der Loslösung von allem Faßbaren und der Abtötung böser Triebe, in ein Leben der *imitatio Christi* und, nicht zuletzt, in ein Leben vollständiger

---

[86] Dies geschieht in zwei Schritten oder Stufen. „In der letzten schweigenden Hinwendung an den unaussprechlichen transzendenten Gott jenseits aller Sprache und jedes Gedankens müssen dann selbst die vergeistigtsten Interpretationen und geläutertsten Vorstellungen verneint und aufgegeben werden." A.a.O., 155.

Bezogenheit. Immer ist der Mensch an die Mitmenschen und darin zuletzt an Gott gewiesen, gegenüber den hierarchisch über ihm Stehenden, stärker Erleuchteten findet er sich als Empfangender vor, den unter ihm Stehenden gegenüber ist er entsprechend dem Willen Gottes der Gebende. Auf diese Weise arbeitet er gemäß der guten Ordnung Gottes an der Rückkehr alles Seienden aus der unreinen Sinnenwelt zu seinem wahren Ursprung und letzten Ziel mit.

Zwei im protestantischen Raum eher unpopuläre Vorstellungen, die für Pseudo-Dionysius jedoch fundamental und überdies durchaus bedenkenswert sind, seien abschließend genannt: Es gibt – entgegen Luthers oft egalisierend verstandener Feststellung, jeder Christ sei *simul iustus et peccator* – unterschiedliche Grade der Nähe zu Gott, unterschiedliche Grade der Reinheit als Resultat der Heiligung, unterschiedliche Grade der Gottähnlichkeit auch unter Getauften und Glaubenden. Und: Das Heilige braucht Schutz vor denen, die es nicht verstehen.

3.2.3 Durch Demut und Gehorsam sich zum Guten gewöhnen

Dorotheus von Gaza, ein in der Ostkirche sehr verehrter und wirkungsgeschichtlich bedeutender, im Westen weniger rezipierter Archimandrit in der ersten Hälfte des 6. Jahrhunderts, propagiert in seinen Schriften[87] die Nachfolge des demütigen Herrn

---

87 Dabei handelt es sich im wesentlichen um Mit- oder Nachschriften von Vorträgen und Aussprüchen sowie um Briefe: Verschiedene Unterweisungen unseres Heiligen Vaters Dorotheus an seine Schüler (Doct); Verschiedene Briefe desselben Abbas Dorotheus (Ep); Verschiedene Aussprüche desselben Abbas Dorotheus in Kurzfassung (Sent). Zitate nach der zweisprachigen von Judith Pauli OSB übersetzten und herausgegebenen Ausgabe in zwei Bänden: Dorotheus von Gaza, Doctrinae Diversae / Die Geistliche Lehre (Fontes Christiani 37/1 und 2), Freiburg u.a. 2000. Weiterhin sind in diesen Bänden die Vorbemerkung zu der Sammlung, ein Brief an einen Bruder zur Einführung und die Lebensgeschichte des Abbas Dositheus (VitDos) abgedruckt. – Über das Leben

Jesus Christus. Er lehrt in klaren Weisungen und eindrücklichen Bildern ein Leben der moderaten Askese als einen Weg der Mitte zwischen den möglichen Extremen, ein Leben, das von Liebe[88], Demut und Gehorsam geprägt und von stetem Gebet, dem Jesus- oder Herzensgebet[89], begleitet sein muß. Die Lehre des Dorotheus verbindet verschiedene theologische Strömungen: Neben der Heiligen Schrift als wesentlicher Quelle wird philosophisches Gedankengut (Epikur, Aristoteles, Epiktet) aufgenommen, dazu in besonderer Weise die Lehre der Wüstenväter und -mütter[90]. Diese wird verbunden mit den Weisungen der Einsiedlermönche Barsanuphius und Johannes, den Gedankengebäuden des Evagrius Ponticus sowie der Lehrtradition der Kappadokier, v.a. des Gregor von Nazianz und des Basilius. Eine wichtige Rolle spielt jedoch auch die eigene, im Laufe des Klosterlebens gewonnene Erfahrung. „Seine Unterweisung ist damit Weitergabe von Erfahrung und Hinführung zu Erfahrung. Hier zeigt sich ein wichtiger Aspekt des Mönchslebens, der auf den ersten Blick traditionalistisch anmutet: Nur was erprobt ist, ist bewährt und damit gutzuheißen. [...] Diese Treue zum Überkommenen bietet die Garantie für die Rich-

---

des Dorotheus ist bekannt, daß er in Antiochien in einer wohlhabenden Familie geboren wurde, studierte und darauf als Mönch in das Kloster des Seridus in Gaza eintrat, Teil eines wichtigen monastischen Zentrums in Palästina. 15 Jahre lang unterstand er der geistlichen Leitung der Altväter Barsanuphius und Johannes des Propheten, die als Reklusen dort lebten. Bereits zu diesem Zeitpunkt war ihm die geistliche Führung junger Mitbrüder anvertraut. Um 540 gründete er ein eigenes Kloster zwischen Gaza und Majuma.

88 Über die menschlichen Möglichkeiten zur Liebe gibt sich Dorotheus keinen Illusionen hin: „Die gottgemäße Liebe ist stärker als die natürliche Liebe." (Sent 202,14)
89 Nach VitDos 10 lehrt Dorotheus den ihm anvertrauten Dositheus das Herzensgebet in folgender Form: „Herr Jesus Christus, erbarme dich meiner!"
90 Allerdings ohne deren Bildungsfeindlichkeit – neben den genannten Philosophen wurden auch Autoren monastischer Spiritualität wie etwa Origenes und Irenäus von Lyon von ihm rezipiert.

tigkeit des Weges und damit des Zieles, das die Gemeinschaft mit Christus ist."[91]

Gott befreit den Menschen, so lehrt Dorotheus, durch seine Menschwerdung von der Versklavung durch die Sünde und reinigt ihn durch die Taufe. Allerdings muß sich der Mensch nun davor hüten, Sünden zu tun, und so das reine Bild, das ihm anvertraut ist, erneut zu beflecken. Dazu hat er die Gebote erhalten, die ihn immer wieder reinigen, wenn er sich ihnen unterwirft, „nicht nur von unseren Sünden, sondern auch von den Leidenschaften selbst" (Doct 1,5), von aller Habgier, Ruhmsucht und Genußsucht, von allem Zorn und Haß (Doct 16,168f.). Es bedarf also „großer Mühe und Sorge" und außerdem „der Bitte an Gott ohne Unterlaß, daß er uns behüte und rette durch seine Güte" (Doct 12,137), durch sein immerwährendes Erbarmen, damit der Mensch nicht verlorengeht. Doch sind nicht nur die Leidenschaften und deren Ursachen zu bekämpfen – am besten, solange sie sich noch nicht entfaltet haben – und schließlich aus der Seele hinauszuwerfen, sondern es sind auch die Tugenden, „die Mitte zwischen Übertreibung und Unterlassung" (Doct 10,106), durch konzentrierte Übung hereinzuholen, weil man „zu jeder Sache durch eine Gewohnheit neigt, [...] sei es zum Guten oder zum Bösen" (Doct 9,96). „Jede Tugend muß man so üben, daß man sie erwirbt und sie einem zur Haltung wird." (Doct 14,153) Mit dem Üben beginnt, wer sich aus Gottesfurcht vom Bösen abwendet, wenigstens das Gute *will* und alles, was er tut, aufmerksam und in innerer Ruhe tut, kleine wie große Dinge. Denn „recht handeln und sündigen beginnt im Kleinen und führt zum Großen, sei es gut oder böse." (Doct 3,42) Die entscheidenden Hilfen auf dem weiteren Weg sind fragloser Gehorsam[92] und Demut; letztere „ist so mächtig, daß sie die Gnade Gottes in die Seele zieht" (Doct 2,29). Gehorsam heißt, nie dem eigenen Willen folgen, sondern immer und unter allen Umständen den Weisungen des geistlichen Vaters, dem man sich anvertraut hat; es heißt, nie dem eigenen Herzen glauben: „Denke oder meine nicht, (sc. dein Urteil) sei vernünftiger und richtiger als das dessen, der dich leitet, und werde nicht ein Untersucher seiner Taten und ein vielfach irregeleiteter Prüfer! [...] Gehorche im Frieden, und du wirst ungefährdet und ohne zu irren den Weg der Väter gehen. Tu dir in

---
91 Pauli, Einleitung zu Bd. 1, 43.
92 Ein eindrucksvolles Beispiel solchen Gehorsams bietet die Vita S. Dosithei.

allem Gewalt an und schneide deinen eigenen Willen ab; und wenn dir dies mit der Gnade Christi durch die Gewohnheit zur Haltung geworden ist, wirst du es schließlich ohne Gewalt und ohne Bedrängnis tun, weil das, was geschieht, immer das deinige wird." (Ep 2,187) Der Mönch soll nicht auf sich selbst und sein eigenes Herz vertrauen, sondern in Demut auf die Väter hören. Ein solcher Gehorsam schenkt Ruhe und Sorglosigkeit, denn nur wer geführt ist, ist geschützt (Doct 5,64 und 66). Demut heißt, körperliche Mühen auf sich zu nehmen, weil die Mühe den Leib demütigt, mit ihm zusammen aber die Seele gedemütigt wird; es heißt, Gott unaufhörlich zu bitten, denn wer Gott alles verdankt, kann nichts der eigenen Kraft zuschreiben; es heißt, den anderen höher stellen als sich selbst (Doct 2,37ff.). Wenn also jemand beleidigt wird, darf er sich nicht darüber ärgern und den Beleidiger in seinem Reden oder Denken herabsetzen und verachten, sondern er muß „sich auch selbst in seinem eigenen Denken beleidigen und verachten, damit jener ihn von außen demütige und er selbst sich von innen." Zudem sollte er traurig sein „über die Aufregung dessen, der ihn beleidigt", traurig, weil er ihm zu dieser Aufregung Anlaß gegeben hat (Doct 10,110). Trotz der Gefahr möglicher Konflikte ist dem Leben und der Gemeinschaft der Brüder nicht auszuweichen – wer allein betet, arbeitet und meditiert, beobachtet seine Gedanken, wer aber einem Bruder begegnet, prüft, ob sein einsames Meditieren ihm genützt hat, denn „wenn er sieht, daß ihm jemand Schaden zugefügt hat, erkennt er seine eigene Schwäche, erkennt, daß er noch fast nichts durch die Einsamkeit erworben hat. Er kehrt gedemütigt in sein Kellion zurück, weint, tut Buße, fleht Gott um Beistand an für seine Schwäche" (Ep 1,180). Auch böse Erfahrungen sind von Nutzen: „Wer Schmähung haßt, haßt die Demut, und wer Aufregungen flieht, flieht die Sanftmut." (Ep 2,187) Kommt dennoch Erregung auf, hilft ein Gebet zu Gott, der dem Aufruhr der Seele gebieten kann wie einst dem Meer. Dementsprechend sind Versuchungen, die grundsätzlich in Demut und Geduld zu tragen sind, sogar zu begrüßen, weil sie die Seele sammeln, während Ruhe und Sorglosigkeit sie stolz machen und zerstreuen (Doct 13,148). In der Situation der Versuchung kann Dorotheus raten: „Kind, laß dein ganzes eigenes Denken, auch wenn es klug ist, und halte die Hoffnung auf Gott fest." (Ep 8,193) Ebenso gilt: „Wir müssen nur solche Gedanken fernhalten, die keinen Mut enthalten für das Leben von morgen." (Ep 14,199)

Der Aufstieg, auch Dorotheus verwendet dieses Bild, geschieht also dadurch, daß man sich zunächst vor dem Hinabsteigen hütet, indem man dem Nächsten nichts Böses tut, nicht schimpft oder verachtet. „So beginnst du schließlich, auch ein wenig Gutes zu tun", und Schritt für Schritt aufsteigend das Nächstenliebegebot zu erfüllen (Doct 14,154). Das fordert jedoch stetes, nicht nachlassendes Bemühen, denn es ist „unmöglich, daß die Seele in ihrem Zustand bleibt: Vielmehr schreitet sie immer voran, entweder zum Besseren oder zum Schlechteren." (Doct 12,133) Aufmerksame Gewissenserforschung in der Furcht Gottes am Morgen und am Abend, die Prüfung des eigenen Tuns, Redens, Denkens und Fühlens sowie das vollständige Offenlegen des eigenen Herzens vor dem geistlichen Vater helfen, das Böse zu vermindern und das Gute zu mehren. „Die aber gerettet werden wollen, beschäftigen sich nicht mit den Fehlern des Nächsten, dagegen immer mit ihren eigenen, und so schreiten sie voran." (Doct 6,75)[93] Doch nicht nur hinsichtlich des Denkens ist Askese vonnöten. Dorotheus rät zu weiteren Formen der Enthaltsamkeit, etwa zum Fasten mit der Zunge (üble Nachrede, Lüge, Zorn) und mit den Augen (nichts Nutzloses betrachten, niemanden schamlos ansehen). Auch beim Fasten ist allerdings die Askese nicht zu übertreiben. Wer sich von einer bestimmten Menge Essen beschwert fühlt, läßt etwas weg, wer feststellt, daß die Menge für seinen Körper nicht reicht, fügt etwas hinzu: „So wägt er gut seine Bedürfnisse ab und lebt schließlich innerhalb des Festgesetzten, nicht aus Lust, sondern in der Absicht, die Kraft seines Körpers zu erhalten." (Doct 15,162)[94] Außerdem soll sich der Mensch nicht um vergänglichen Besitz sorgen: „Habe in keiner Weise eine Anhänglichkeit an das Materielle." Wenn also etwas zerbricht oder verlorengeht, soll sich der Mönch nicht sorgen, nicht, weil er die Geräte des Klosters verachtete, sondern weil und indem er vor Gott immer das Mögliche tut. „Das kannst du dann in richtiger Weise tun, wenn du die Dinge nicht wie deine eigenen behandelst, sondern

---

93 Entsprechend sind Richten und Verleumden gefährliche Gewohnheiten.
94 Das Fasten der heiligen vierzig Tage, in denen Christus gefastet hat, sind zu ehren (acht Wochen, die Samstage und Sonntage abgezogen mit Ausnahme der Osternacht), denn es reinigt von den Sünden eines ganzen Jahres, so daß man „rein auf den heiligen Tag der Auferstehung" zugeht. „Denn man ist durch die Umkehr dieser heiligen Fasten ein neuer Mensch geworden und bleibt voll Freude und geistlicher Fröhlichkeit, indem man mit Gott die ganze heilige Osterzeit feiert." (Doct 15,160)

wie wenn sie Gott gehören und dir nur die Sorge für sie anvertraut ist. Denn das eine macht dich [...] dazu fähig, dich nicht an etwas zu hängen, das andere, nicht verächtlich zu sein." (Ep 3,188) Gegen das Abstumpfen der Seele in diesem demütigen und gehorsamen Erfüllen des Alltäglichen hilft der Gedanke an den Tod und den Moment, in dem die Seele „vor den furchterregenden und unbestechlichen Richterstuhl Christi treten wird, um nicht nur für ihre Taten, sondern auch für ihre Worte und Gedanken Rechenschaft abzulegen vor Gott und all seinen Engeln, kurz: vor der ganzen Schöpfung." (Ep 7,192)

Dorotheus verfügt über eine ausgeprägte Beobachtungsgabe und Menschenkenntnis, auch hinsichtlich der Einschätzung der Fähigkeiten der ihm Anvertrauten und Ratsuchenden, und er erteilt entsprechende Ratschläge, in den Briefen in einem persönlich zugewandten, milden und väterlichen Ton. Das könnte eine Ursache darin haben, daß er Zeiten geistlicher Öde, Phasen einer „dunklen Nacht" sehr genau kennt. Er weiß, daß nur die Gnade Gottes daraus befreien kann, doch er hat auch erfahren, daß die Gebete der Gemeinschaft („der Alten") ihn bewahren können und ebenso, daß – legt jemand nur gänzlich seinen Eigenwillen ab, um den Willen Gottes zu erfahren – Gott dem Menschen beistehen wird. Ist das Herz willig, wird die Gnade Gottes nicht zögern, bei keinem Menschen, und ihm den Rückweg zu seiner schöpfungsgemäßen Bestimmung, der Reinheit und der Nähe zu Gott, ermöglichen. Allerdings ist das Ablegen des Eigenwillens nicht allein ein gedanklicher Vorgang, der Weg führt vielmehr von außen nach innen, über die Heiligung (nicht: Abtötung!) des Körpers und den Kampf gegen die als Krankheit verstandenen Leidenschaften vermittels aufmerksamer Gewissenserforschung[95], der sorgsamen Beachtung aller Regungen und ihrer allmählichen Bezwingung durch die Askese[96], die nur „durch Christus" möglich ist (Doct 15,165),

---

95 Das durch Befolgen der Gebote gereinigte Gewissen kann dem Menschen als Ratgeber dienen, es ist Mahner, Überführer und Ankläger in eins.
96 Konkret ist darunter zu verstehen: Besitzverzicht, Enthaltsamkeit (Fasten, Wachen, sexuelle Askese, Bußgewand), Verzicht auf den eigenen

in der Befolgung der Gebote. Weitere Hilfen sind die Eucharistie (Doct 9,99) und das Leben in der Gemeinschaft, insofern die Brüder einander ebenso stützen wie auf die Probe stellen.
Auch Versuchungen helfen dem Menschen auf seinem Weg (Jak 1), weil der Kampf gegen sie die Reinigung befördert. Dieser Weg der Rückkehr zu Gott, der seinen Anfang in der Sündenvergebung der Taufe hat und über die Wiedergewinnung der Tugenden[97] zum Ziel führen kann, ist wiederum Geschenk der Gnade Gottes, der seine Hilfe im Kampf gegen das Böse nicht versagt. Dorotheus als

---

Willen (als Ursache des Sündenfalls) im unterschiedslos geübten Gehorsam gegenüber den Weisungen des geistlichen Vaters, Kampf gegen die Leidenschaften, Absage an das eigene Ich, Verzicht auf jedes Urteil über andere, Demut als Selbsterkenntnis im Gegenüber zu Gott; stetes Gebet und Schriftlesung, immerwährende Hinwendung zu Gott, ständige Gewissenserforschung; Tun guter Werke, Liebe und bereitwillige Unterordnung unter einander, Mitleid.

97 Als Tugenden sind grundlegende Haltungen wie Glauben, Demut, und Liebe – in einem Ineinander von Gottes- und Nächstenliebe, dazu Geduld, Mitleid, Gehorsam und die Fähigkeit der Unterscheidung zu verstehen, so ausführlich Doct 14,151f. Zur Erfüllung des Doppelgebots vgl. das eindrucksvolle Bild in Doct 6,78: „Denkt euch diesen Kreis als die Welt, die Mitte des Kreises als Gott, die Strahlen von der Kreislinie bis zur Mitte hin als die Wege bzw. die verschiedenen Lebensweisen der Menschen. Soviel die Heiligen nun nach innen hineingehen, weil sie danach verlangen, sich Gott zu nähern, kommen sie, entsprechend ihrem Hineingehen, Gott und einander näher. Soviel sie sich Gott nähern, nähern sie sich auch einander, und soviel sie sich einander nähern, nähern sie sich auch Gott. Genauso denkt es euch auch für das Entferntsein. Wenn sie sich nämlich von Gott trennen und sich nach außen abwenden, ist offensichtlich, daß sie, soviel sie weggehen und sich von Gott entfernen, sich ebensoviel voneinander entfernen, und soviel sie sich voneinander entfernen, so viel entfernen sie sich auch von Gott. Sieh, dies ist die Natur der Liebe: Um soviel wir draußen sind und Gott nicht lieben, um soviel haben wir auch jeder zu seinem Nächsten Abstand. Wenn wir aber Gott lieben, nähern wir uns Gott soviel durch die Liebe zu ihm, soviel wir durch die Liebe zum Nächsten eins werden; und soviel wir in der Liebe zum Nächsten eins werden, werden wir mit Gott geeint." In diesen Überlegungen kann eine wichtige Korrektur etlicher auf christliche Gemeinschaft setzender Gemeindeaufbaukonzepte gesehen werden.

Lehrer des Weges überfordert dabei seine Schüler nicht, er rät ihnen zu einer Abfolge von kleinen Schritten der Abwendung und Vermeidung vom Bösen und einer allmählichen Hinwendung zum Guten, die ihnen helfen wird, sich an das Gute zu gewöhnen. Denn das Gute verfügt, so lehrt er sie, über eine eigene Dynamik, die den Menschen verändert, wenn er sich ihr überläßt, indem ein bestimmtes Tun allmählich zu einer Haltung wird. Der Mensch wird dabei ermutigt durch die Erfahrung der Freude, einer Frucht des Heiligen Geistes, die bereits auf dem Weg der Kreuzesnachfolge und Zuwendung zu Gott zu spüren ist, als ein Vorwegnehmen der himmlischen Existenz, in der dann allerdings das Moment des Leidens vollständig entfallen wird; der Mensch, der die irdische Zeit der Bewährung bestanden hat, findet im Gottesreich ewiges Leben und Ruhe von aller Mühsal und Anfechtung.

FAZIT: Obwohl für Mönche formuliert, sind die Weisungen des Dorotheus für jeden Menschen auf dem Weg der Christusnachfolge lesens- und beherzigenswert. Das Programm, das er aufstellt, ist durchaus anspruchsvoll, die Befolgung einiger Weisungen wird oft schwerfallen, insbesondere im Falle der so wichtigen Tugenden der Demut und des Gehorsams[98], auch im Falle der kompromißlosen Aufmerksamkeit für die eigenen Gedanken und Bestrebungen, die nie nachlassen darf (sogar Angst ist trügerischer Sicherheit vorzuziehen). Zur Befolgung der Weisungen gibt Dorotheus den ihm Anvertrauten Hilfen an die Hand. Besonders wichtig ist dabei ein geistlicher Führer, den jeder Mensch braucht, jemand, dem unbedingt zu vertrauen ist, dem gegenüber völlige Offenheit praktiziert werden kann, dessen Worten fragloser Gehorsam geleistet wird. Eine weitere Hilfe ist die Einschärfung des Wissens, daß

---

98 Der hohe Wert, den Dorotheus einem bedingungslosen Gehorsam beimißt, ist – gerade angesichts des häufigen Rekurses auf bloße Befehlserfüllung seitens neuzeitlicher Aufseherinnen und Aufseher in Internierungslagern – nicht ganz unproblematisch. Freilich erhebt Dorotheus diese Forderung unter der Voraussetzung, daß die Befehlenden Gott unterstehen und ihrerseits Gott in allem gehorchen und darum vertrauenswürdig sind.

die Wurzel aller Probleme immer ich selbst bin, nie der andere Mensch, nie die Welt, nie Gott – insofern aller Ärger, alle bösen Erlebnisse, alles Leiden als Versuchungen und Prüfungen anzusehen sind, die mir weiterhelfen sollen und wollen auf dem Weg zu meiner schöpfungsgemäßen Bestimmung. Hilfen bei der Erfüllung der Weisungen erfährt der Mensch außerdem in der Gemeinschaft, in den Sakramenten und, vor allem anderen, im nie abreißenden Gespräch mit Gott, im Gebet, das in jeder denkbaren Situation gegen jede denkbare Gefährdung der Seele wirksam wird (Versuchung, Unruhe, Leidenschaft, Hochmut, Hunger etc.). Insgesamt gliedert Dorotheus den Weg, den er weist, in kleine Schritte, die für jeden zu bewältigen sind, ganz abgesehen davon, daß ein neuer Anfang zu jedem Zeitpunkt möglich ist[99]. Nach dem ersten Schritt, so ermutigt er, fällt der zweite bereits leichter, denn der Mensch kann die potentiell anstrengenden und überfordernden Tugenden durch tägliche Übung zu seiner Haltung machen. Hat er sich erst an das Gute gewöhnt, fällt es ihm leicht, und er erlebt einen Vorgeschmack des Friedens, der ihn im Gottesreich erwartet.

3.2.4 Ertrag

Die Spiritualität in der Zeit der Alten Kirche bietet ein vielfältiges und vielfarbiges Bild, die jeweiligen Wege zu Gott sind sehr unterschiedlich ausdifferenziert. Dennoch gibt es etliche Gemeinsamkeiten, die für diese Epoche offenkundig charakteristisch sind:
1. Das Ziel allen spirituellen Bemühens ist die Nähe zu Gott (ob als Erfahrung eines Gegenübers oder als *theosis* verstanden), die das schöpfungsgemäße Heil der eigenen Seele bedeutet.
2. Der Weg zu diesem Ziel ist immer der der *imitatio Christi* im Tun von Gottes Willen, in Askese und Bekämpfung des Bösen, im Loslassen der Welt (einschließlich der Sprache und des Denkens, so v.a. bei Pseudo-Dionysius).

---

[99] VitDos 6.

3. Insgesamt ist ein Bemühen um die Balance des anthropologischen Dreiecks festzustellen: Über dem Versuch, Gott nahe zu kommen, der das eigene Heil ausmacht, wird der andere Mensch nicht übersehen; das Liebesgebot spielt – auch im Hinblick auf die Feindesliebe – eine bedeutende Rolle.

4. So wichtig das eigene Seelenheil und somit das „Ich" für die Frömmigkeit dieser Epoche ist, meint „Ich" doch nicht neuzeitliche Selbstbestimmtheit oder -bewußtheit, sondern Gott-Bestimmtheit, das Aufgeben des eigenen Willens, um nach Gottes Willen zu leben und sich so seiner Bestimmung, dem ursprünglichen, göttlichen Zustand der Reinheit anzunähern.

5. Insgesamt ist zu konstatieren, daß die Forderungen an den einzelnen Menschen hoch sind, denn sie betreffen seine ganze Existenz – gegebenenfalls nicht nur deren ‚wie', sondern auch das ‚daß'[100].

6. Von großer Bedeutung für das Bestehen des Weges sind a) die Sakramente, insbesondere die Taufe als Befreiung von der Sünde und die Eucharistie als Einung mit Gott, b) die geistliche Führung (in den späteren Zeugnissen), c) die Gemeinschaft. Sie alle helfen, den Weg durch diese Welt erfolgreich zu beschreiten.

7. Anders als in der biblischen Spiritualität ist der spirituelle Weg in einer gewissen Entgegensetzung zur Welt zu sehen, das Ziel ist nun als ein Sich-der-Welt-Entfremden zu bestimmen – ausgehend von einer nachhaltig erfahrenen Distanz gegenüber einer Welt, die entweder als feindlich-verfolgend oder als versuchend wahrgenommen wird.

8. Die Hoffnung reicht über diese Welt hinaus; sie richtet sich darauf, daß das konsequente Bemühen um Reinheit und Angleichung an Christus dazu verhilft, sofort nach dem Tod die ewige Seligkeit zu erhalten; Anklänge daran können vorwegnehmend bereits in diesem Leben erfahren werden. Alle Formen der Spiritualität der

---

[100] Hier liegt zweifellos das Gegenteil dessen vor, was man heute als sogenannte niedrigschwellige Angebote zur Werbung für die Sache des Glaubens meint einsetzen zu sollen.

alten Kirche weisen somit eine starke eschatologische Orientierung auf.

3.3 Spiritualität in der Zeit des Mittelalters

Das „christliche" Mittelalter im Abendland bietet spätestens seit Karl dem Großen als christlichem Kaiser des gesamten Abendlandes ein scheinbar einheitliches Bild, ist jedoch eine sehr komplexe Phase innerhalb der Geschichte des Christentums, gerade auch im Hinblick auf die Spiritualität. Vielfältige Strömungen begegnen nebeneinander: Die erfolgreiche Mission im Westen und Osten erfordert Inkulturationsbemühungen, die zu einer Verbindung von Vorstellungen der traditionalen Religionen mit christlichen Inhalten führen[101]. Aus den christologischen Auseinandersetzungen in der Zeit der Alten Kirche hatte eine starke Betonung der Gottheit Christi resultiert, die nun als Distanz zum Erlöser erlebt wird und zur Etablierung Heiliger als Mittlergestalten führt; auch die im Hochmittelalter im Westen einsetzende Marienverehrung[102] ist teilweise in diesem Zusammenhang zu verstehen. Erst die Gotik zeichnet Christus mit stärker menschlichen Zügen, denen des Leidens, entsprechend bildet sich eine eigenständige Passionsfrömmigkeit heraus; auch die eucharistische Frömmigkeit (Fronleichnam, Elevation der Hostie) wird stärker betont. Eine weitere Folge des Interesses für die Menschheit Christi ist eine Gestalt der Frömmigkeit, die auf das Heilige Land konzentriert ist (Pilger- und Kreuzzüge). Weitere Impulse empfängt die Spiritualität des Mittelalters aus der Mystik, aus der Minnelyrik, aus der höfi-

---

101 Vgl. den literarischen Niederschlag dieser Vorgänge etwa im althochdeutschen Ludwigslied (entstanden um 880). In diesem christlichen Heldenlied werden Züge germanischen Gefolgschaftsdenkens, die nicht nur den Alltag, sondern auch die religiösen Vorstellungen prägten, mit einer heilsgeschichtlichen Interpretation der Vorgänge verbunden.
102 In den Kirchen des Ostens ist die Marienfrömmigkeit seit dem 5. Jahrhundert, verbunden mit dem Titel der Gottesgebärerin, etabliert.

schen Kultur mit ihrer welt-orientierten, doch gleichzeitig christlichen Prägung, aus theologischen Strömungen wie beispielsweise der Augustin-Rezeption sowie der Rezeption antiker Philosophen (Renaissance-Bewegung im 12. Jahrhundert) und aus dem Dialog mit dem Islam[103].
Gegen eine durch die ganze Epoche zu beobachtende Verweltlichung des Klerus (z.b. Ämterkauf/Simonie, mangelnde Bildung, Konkubinat; zu denken ist aber auch an die Frage der Investitur) begegnen immer wieder Ansätze zur Reform des christlichen und klösterlichen Lebens gemäß biblischer Grundsätze, die einem vitalen Bedürfnis der Bevölkerung entsprechen. Dies zeigt sich am Erfolg der Bettelorden, am Zulauf zu heterodoxen Bewegungen wie den Katharern[104] oder auch an der Ausbreitung der Geißlerbewegung seit der zweiten Hälfte des 13. Jahrhunderts.

Eckdaten der Spiritualität im Mittelalter

ab 719	Germanenmission durch Bonifatius; 742-747 Gestaltung der fränkischen Kirchenordnung auf verschiedenen Synoden
ab 726	Bilderstreit (insbesondere um die figürliche Darstellung Jesu Christi)
756	**Entstehung des Kirchenstaates durch die Pippinsche Schenkung**
768	**Karl der Große wird König von Franken**
ab 772	**Kriege Karls gegen die Sachsen; Zwangstaufen und gewaltsame Erhebung des Zehnten führen immer wieder zu Aufständen.**
790	**Alkuin wird Leiter der Hofschule Karls des Großen**
794	Beschluß eines fränkischen Generalkonzils zur Ikonenverehrung: Bilder dienen allein der Erinnerung und Belehrung

---

103 Der Fülle der unterschiedlichen Anregungen wird durch Versuche einer Bündelung des Wissens begegnet (Summen, Geschichtswerke mit der Deutung der bekannten Daten im Zusammenhang der Heilsgeschichte).
104 Die Reaktion der Kirche spiegelt das Ausmaß der Irritation durch diese Probleme ebenso wie sie deren faktische Macht nachhaltig vor Augen führt (Albigenserkreuzzüge, Inquisition, Hexenverbrennungen).

3.3 Spiritualität in der Zeit des Mittelalters

800	Karl wird in der Weihnachtsmesse durch Leo III. zum römischen Kaiser gekrönt
ab 860	Slawenmission (Übersetzung der Heiligen Schrift ins Slawische, Einführung einer slawischen Liturgie); auch die Mission in Nordeuropa ist erfolgreich.
816/7	Beschluß einer Klosterreform unter Leitung Benedikts von Aniane – die Benediktusregel wird für alle westlichen Klöster verbindlich
ab 844	Abendmahlsstreit über die Realpräsenz des Fleisches Christi in der Eucharistie (beteiligt sind u.a. Paschasius Radbertus, Hrabanus Maurus und Johannes Scotus).
ab 848	Streit um die Frage der Prädestination; 860 entscheidet die Synode Toucy zugunsten eines allgemeinen Heilswillens Gottes für alle Menschen.
909	Gründung des Klosters von Cluny (Ausgangspunkt einer weitreichenden kirchlichen und monastischen Reformbewegung)
933	Gründung des Klosters Gorze (strenge Askese, ebenfalls Entwicklung zu einem Reformzentrum)
ab 936	**Otto I. der Große schafft durch die Erhebung von Bischöfen zu Reichsfürsten eine enge Verbindung von geistlichem und politischem Amt.**
ab 940	Bistümer im Norden und Osten Europas entstehen, die Mission wird bis ins 11. Jahrhundert hinein fortgesetzt.
ab 975	Starker Einfluß der arabischen Wissenschaft in Spanien; Vermittlung aristotelischen Denkens durch die Philosophen Avicenna und Averroes.
988	Die russische Kirche unterstellt sich dem Patriarchat von Konstantinopel.
993	Erste Heiligsprechung durch die römische Synode bzw. den Papst anstelle der Bischöfe oder Provinzialsynoden (Bischof Ulrich von Augsburg, gest. 973)
ab 1046	Mit Clemens II. gewinnt die Cluniazensische Reform an Einfluß auch in Rom, er geht mit Härte gegen Simonie und Nikolaitismus vor; Volksbewegungen nehmen diese Anliegen auf (z.B. Pataria-Aufstand 1057), doch gibt es in der Frage des Zölibats auch Widerstand (Pariser Synode von 1074: die Zölibatsforderung sei unvernünftig).

214   3 Christliche Spiritualität in historischer Perspektive

1054	Trennung von orthodoxer und römischer Kirche durch wechselseitigen Bann (Morgenländisches Schisma, Rücknahme 1965)
ab 1055	Abendmahlsstreit um die Frage der Realpräsenz
1073	**Beginn des Investiturstreites zwischen Gregor VII. (dem einstigen cluniazensischen Mönch Hildebrand) und Heinrich IV. (Beilegung 1122 durch das Wormser Konkordat zwischen Heinrich V. und Calixt II.)**
1095	**Aufruf zum 1. Kreuzzug durch Urban II. (der Kreuzzug beginnt 1096 und endet 1099 mit der Erstürmung Jerusalems)**
1084	Gründung des streng asketischen Kartäuserordens durch Bruno von Köln
ab 1094	Entstehung der Schrift „Cur deus homo" des Anselm von Canterbury (seit 1093 Erzbischof von Canterbury), in deren Mittelpunkt die Satisfaktionstheorie steht.
1098	Gründung des Reformklosters in Cîteaux durch Robert von Molesme (Stammkloster der Zisterzienser, durch Bernhard von Clairvaux, ab 1115 Abt, erfolgreich verbreitet; in Bernhards Todesjahr 1153 gehören 350 Klöster zum Orden)
um 1120	Gründung des Templerordens zum Schutz der Pilger in Jerusalem
um 1130	Entstehung der Werke Hugos von St. Victor, dessen mystische Theologie, anknüpfend an Pseudo-Dionysius Areopagita, die theologische Schule der Victoriner prägt und die Mystik des 12. bis 14. Jahrhunderts stark beeinflußt.
seit 1140	Auftreten der Katharer, besonders in Südfrankreich (Lehre: Schroffer Dualismus, Ablehnung der Sakramente wie insgesamt der Kirche; asketische Ethik)
ab 1147	Kreuzzüge gegen die Seldschuken und gegen die Wenden infolge der Aufrufe Bernhards von Clairvaux
um 1150	Hildegard von Bingen gründet das Kloster Rupertsberg; durch die Unterstützung Bernhards von Clairvaux gewinnt sie großen Einfluß auf Kirche und Theologie ihrer Zeit.

1176	Der Kaufmann Waldes gibt seinen Besitz auf und lebt die Lehren der Bergpredigt (Entstehung der Reformbewegung der Waldenser, 1215 durch das 4. Laterankonzil wegen heterodoxer Überzeugungen verurteilt; bereits seit 1184 verschärft sich das kirchliche Vorgehen gegen Häretiker)
1189	**3. Kreuzzug nach der Eroberung Jerusalems durch Sultan Saladin (endet 1192 mit einem Waffenstillstand, der christlichen Pilgern den Besuch der heiligen Stätten garantiert)**
1190	Entstehung des Deutschen Ordens (aus einer Brüderschaft für Krankenpflege in Akkon)
1204	**Besetzung und Plünderung von Byzanz als Ende des 4. Kreuzzugs**
1209	**Beginn der Albigenserkriege (Kreuzzug gegen die Katharer)**
ab 1210	Einfluß der apokalyptisch orientierten Geschichtstheologie des Joachim von Fiore (gest. 1202), in deren Gefolge es zu Geißlerwallfahrten u.ä. kommt.
um 1210	Beginn der Wirksamkeit der Bettelorden des Dominikus und des Franziskus (um 1210 erste Regel des Franziskus); Verbreitung der Beginen (geistliche Gemeinschaften von Frauen, die nicht in Klöstern aufgenommen worden waren); ab ca. 1250 wird im Franziskanerorden der „Armutsstreit" ausgefochten (die Spiritualen fordern die faktische Armut).
1212	**Kinderkreuzzug (erreicht Palästina nicht)**
1215	**4. Laterankonzil (Beschlüsse über Transsubstantiation, bischöfliche Inquisition, Beichte, dazu ein – erfolgloses – Verbot neuer Ordensgründungen)**
1228	**5. Kreuzzug mit Rückeroberung Jerusalems durch Friedrich II. (1244 wird die Stadt erneut verloren, weitere Kreuzzüge 1248 und 1270 können daran nichts ändern)**
ab 1230	Blüte der Scholastik an der Universität Paris, besonders nachdem seit 1256 Thomas von Aquin hier unterrichtet (neben u.a. Roger Bacon, Johannes Duns Scotus und zuvor Albertus Magnus)
1231	**Einrichtung der Inquisition durch Gregor IX. (In diesem Jahr auch Tod Elisabeths von Thüringen)**

3 Christliche Spiritualität in historischer Perspektive

um 1250	Schriften Mechthilds von Magdeburg (mystische Erfahrungen; Begründung der „deutschen Mystik").
ab 1263	Niederschrift der „Legenda aurea" (150 Heiligenviten), eines der bekanntesten Bücher im Mittelalter
1264	**Das seit 1246 begangene Fronleichnamsfest wird für die ganze Kirche verbindlich**
ab 1294	Deutsche Predigten Meister Eckharts, deren mystische, apophatische Frömmigkeit großen Einfluß auf die Entwicklung der „deutschen Mystik" haben
1300	**Erstes „Heiliges Jahr" (Rompilger erlangen Nachlaß aller zeitlichen Sündenstrafen)**
1309	**Papst und Kurie begeben sich unter die Schutzdiktatur Frankreichs nach Avignon („Babylonische Gefangenschaft" der Kirche bis 1377)**
ab 1317	Schriften Wilhelms von Ockham („Nominalismus", Trennung von Philosophie und Theologie – Vernunft könne den Glauben nicht begründen)
1339	**Beginn des Hundertjährigen Krieges zwischen Frankreich und England**
1347	**Beginn der fünf Jahre dauernden „Großen Pest" in Europa, die ca. ein Drittel der Bevölkerung das Leben kostet**
ab 1350	Einsetzen von Humanismus und Renaissance (infolge der Beschäftigung mit der Antike)
um 1375	Begründung der „Devotio moderna" (urkirchlich ausgerichtete Reformbewegung) durch Geert Grootes
1378	**Beginn des „Großen Abendländischen Schismas" nach doppelter Papstwahl (Ende 1417 auf dem Konstanzer Konzil)**
ab 1378	Schriften des John Wyclif (Kritik am Klerus, Ablehnung kirchlicher Hierarchie und verschiedener Sakramente)
ab 1414	Entstehung der Schrift „De imitatione Christi" des Thomas von Kempen (Frömmigkeit im Sinne der Devotio moderna, nach der Bibel das meistgedruckte Buch im Mittelalter)
1415	Der tschechische Reformator Jan Hus wird auf dem Konstanzer Konzil (1414–1418) als Häretiker verurteilt und verbrannt (Folge: Hussitenkriege in Böhmen, die mit Erfolgen der Reformbewegung enden: Freie Predigt und Laienkelch)

1431	Jeanne d'Arc wird als Ketzerin verbrannt
1439	Wiederherstellung der Kircheneinheit mit den Orthodoxen (Anerkennung des *filioque*)
um 1450	Entwicklung des Buchdrucks durch Johannes Gutenberg
1453	**Eroberung Konstantinopels durch die Türken**
1484	Jakob Sprenger und Heinrich Institoris organisieren die Hexenverfolgungen in Deutschland (Neuaufbau der Inquisition in Spanien seit 1478); infolge ihres „Malleus maleficarum" von 1487 werden Tausende von Menschen als Hexen oder Hexer „entlarvt" und getötet.
1492	**Christoph Columbus entdeckt Amerika**[105]

Zur genaueren Darstellung der Frömmigkeitsformen dieser Epoche sind vier Beispiele ausgewählt, die vom Früh- bis zum Spätmittelalter reichen und unterschiedlichen Gattungen zugehören, dabei alle in mancher Hinsicht als Predigten anzusprechen sind: bildliche Christusdarstellungen aus dem 10. Jahrhundert, Predigten aus dem 12. Jahrhundert (zwar nicht in der Volkssprache gehalten, doch breit rezipiert), mittelhochdeutsche Marienlegenden um 1300 und ein mittelniederdeutsches geistliches Spiel aus der zweiten Hälfte des 15. Jahrhunderts; der Schwerpunkt liegt damit weniger auf der akademischen Theologie, die in diesem Zeitraum durchaus große Wirkung auf die Spiritualität hatte, als vielmehr auf Dokumenten, die mehrheitlich unmittelbar Einfluß auf die Frömmigkeit des Volkes nehmen wollten und dies in hohem Maße auch erreichen konnten; die Werke sind sämtlich typische und vor allem in ihrer Wirkung mächtige Vertreter verschiedener Frömmigkeitsausprägungen.

---

105 Diese Entdeckung wäre von ihrer Bedeutung in der folgenden Zeit her ebensogut an den Beginn der folgenden Aufstellung zu setzen.

3.3.1 „Wahrlich, dieser ist Gottes Sohn gewesen"[106]

In den Schriften des Neuen Testaments finden sich keine Beschreibungen des Aussehens Jesu, alle diesbezüglichen Vorstellungen resultieren aus dem theologischen Verständnis seiner Person durch spätere Generationen. Die ersten Darstellungen aus dem 3. Jahrhundert betonen, soweit sie nicht symbolischer Natur sind (z.B. Lamm, Kruzifix oder unfigürliche Darstellungen wie das Chi-Initial) seine Funktion als Heilender oder Lehrer oder bedienen sich der von Jesus selbst gebrauchten Bildsprache (der gute Hirte, Joh 10,11). Im Gefolge der christologischen Auseinandersetzungen[107] werden zunehmend Motive aus dem Kaiserkult aufgenommen: Christus erscheint bis zur Romanik[108] als Repräsentant göttlicher Macht und Herrlichkeit, als Creator, Pantokrator, Maiestas Domini, König, Priester, Richter oder als thronender Christus; dabei ist den Bildschaffenden im Gefolge des Bilderstreites zweifellos bewußt, daß ihnen die Darstellung Christi nur infolge seiner gott-*menschlichen* Natur möglich ist. Mit Beginn der ottonischen Romanik treten figürliche Darstellungen Christi am Kreuz, sog. monumentale Kruzifixe, auf, zudem sind eine zunehmende Vermenschlichung des Christus-Bildes sowie eine höhere Bedeutung der Vergegenwärtigung des Opfertodes wahrzunehmen, die in der Gotik in der Darstellung des leidenden Menschen, des Schmerzensmannes, gipfeln[109]. In einer Zeit weit über-

---

106 Mt 27,54; ohne Einfluß des kosmischen Geschehens in der Parallele Mk 15,39.
107 Einen besonderen Einschnitt stellt das Nicaenum (325) dar.
108 Der Beginn der auf die karolingische Kunst folgenden romanischen Epoche wird um 950 datiert; es sind drei Phasen zu unterscheiden: ottonisch, salisch und staufisch. Ab etwa 1140 wird die Romanik, in Nordfrankreich beginnend, durch die Gotik abgelöst (bis ca. 1420), in Italien setzt um 1350 die Renaissance ein (bis Mitte des 16. Jahrhunderts).
109 Daneben existiert zugleich das idealisierte Christus-Bild des „schönen Stils", der auch die Darstellungen der Renaissance bestimmt (göttlich vollkommener Mensch gemäß dem antiken Ideal).

3.3 Spiritualität in der Zeit des Mittelalters 219

wiegender Illiteralität erfüllen alle diese bildlichen Darstellungen die Aufgaben von Predigten, sie geben Zuspruch und trösten, sie vergewissern, unterrichten und mahnen. Die jeweilige Aussage eines Cruzifixus und seine wahrscheinliche Wirkung auf die Betrachtenden hängen in hohem Maße von der Natur des Christus-Bildes ab, das sie wiedergeben, zwei unterschiedliche Beispiele aus der zweiten Hälfte des 10. Jahrhunderts sollen das verdeutlichen.

Der erste Christus ist auf einem versenkten Relief aus dem ehemaligen Cluniazenser-Priorat Villars-les-Moines (Münchenweiler) zu sehen (Abb. 1[110]), auf einer etwa 60 cm hohen Kreidekalkplatte, die den dreifigurigen Typus mit Maria und Johannes zeigt[111].

Abb. 1

Die Datierung ist unsicher, allerdings „scheinen sowohl der Geist wie die Ausführung dieses archaischen Kunstwerks noch in das späte 10. Jahrhundert zu weisen"[112]. Zu sehen ist ein mit einem Lendentuch bekleideter Christus, der überdimensional groß, machtvoll und die Darstellung dominierend mit gerade und weit ausgebreiteten Armen und frontal zugewandtem Gesicht die Betrachtenden aus sehr großen, beherrschenden Augen anblickt. Sein Mund ist leicht, wie zum Sprechen des „Kommt her zu

---

110 Kreuzigungsrelief aus Münchenwiler Mitte 11. Jahrhundert Sandsteinblock, 58cm x 42cm © Museum für Kunst und Geschichte Freiburg / Primula Bosshard.
111 Angaben aus: Werner Pfendsack, Bildwelt des Glaubens. Von den Mosaiken in Ravenna bis zu den Glasbildern Marc Chagalls, Basel/Hamburg 1989, 27f.
112 Pfendsack, 28. Der Überblick im „Lexikon der christlichen Ikonographie" (Freiburg 1970, zu Christus, Christusbild Bd. 1, 355ff.; zu Kreuz etc. Bd. 2, 562ff.) bestätigt diese Einschätzung.

mir alle"[113], geöffnet. Auch die Handflächen sind, wie in einer Segensgeste, nach vorn geöffnet, Hände und Füße weisen keine Nägelmale auf, und er trägt keine Dornenkrone. Und obwohl die Figur der Maria auf seiner rechten Seite durch die vor das Gesicht gelegte Hand großen Schmerz zum Ausdruck bringt[114] und so deutlich macht, daß hier der Moment des Sterbens Christi festgehalten ist, entspricht die Aussage der Komposition vor allem dem „Es ist vollbracht" des johanneischen Passionsberichtes[115], das den Sieg über den Tod impliziert. Sonne und Mond oberhalb des Kreuzes weisen auf die kosmische, die alles Existierende umspannende Bedeutung des hier Geschehenden hin; die nur noch schwer erkennbare Hand, die von oben auf das Kreuz hinunterdeutet, zeigt die Gegenwart Gottes auch in diesen Momenten und erweist den Kreuzestod Jesu als Teil des heilvollen Willens Gottes. An diesem Kreuz ist der durch den Tod hindurch Lebende, der über den Tod Siegende zu sehen, der die Glaubenden und die ganze Schöpfung, alle, die seiner Einladung folgen, in seinen Sieg hineinnehmen will. Diese Kreuzigungsdarstellung macht deutlich, daß das Sterben des Christus seine Erhöhung war und daß in ihm die entscheidende Hoffnung für die Betrachtenden liegt, die dem Ruf dieses auch im Leiden starken Christus folgen müssen, wenn sie Leben finden wollen.

Der zweite Christus findet sich auf dem holzgeschnitzten sog. Gerokreuz von ca. 970 im Kölner Dom (Abb. 2[116] und 3[117])[118].

---

113 Mt 11,28.
114 Ähnliches läßt sich hinsichtlich des Johannes nur vermuten, da sein Gesicht zerstört ist; doch die vor der Brust gekreuzten Arme können sowohl auf eine Haltung der Anbetung wie auf ein Mühen um Fassung gedeutet werden.
115 Joh 19,30.
116 Rheinisches Bildarchiv Köln.
117 Rheinisches Bildarchiv Köln.
118 Es handelt sich hier um das älteste erhaltene vollplastische Cruzifixus, das nach zeitgenössischen Quellen von Erzbischof Gero gestiftet worden war, und das ein Reliquiendepositorium enthielt (Hostie und Kreuzpartikel), was auf einen Zusammenhang mit der Meßliturgie hinweist. Das Gerokreuz ist das „älteste monumentale abendländische Bei-

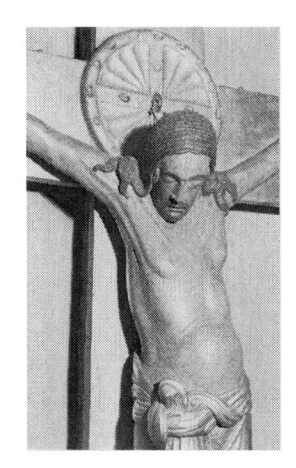

Abb. 2   Abb. 3

Dieser realistisch, expressiv und individuell gestaltete Christus ist gestorben; er hängt an herabgezogenen Armen, der – wiederum nicht dornengekrönte – Kopf ist in einer Geste der Ergebung und der Zustimmung gesenkt, Hände und beide Füße sind von Nägeln durchbohrt[119]. Spuren von Blut sind an Händen und Füßen sowie auf der Stirn erkennbar; das Leiden der Passion kann am Gesicht abgelesen werden, doch ein vorausgegangener Todeskampf ist der Figur nicht anzusehen. Eher sind es die letzten Worte des johanneischen Christus, die dieser Sterbende gesprochen hat, und nachdem er sie gesprochen hatte, neigte er das Haupt und ver-

---

spiel des toten Herrn am Kreuz, wie ihn die mittelbyzantinische Kunst herausgebildet hatte, unterscheidet sich allerdings von seinen byzantinischen Voraussetzungen durch den nach rechts durchgeschwungenen Körper, der karolingischer Tradition (des lebenden Herrn) folgt", so Peter Bloch, Art. Christus, Christusbild, in: Lexikon der christlichen Ikonographie Bd. 1, 408; die Abkürzungen wurden der besseren Lesbarkeit zuliebe ausgeschrieben.

119 Viernagelkruzifixus, im 12. Jahrhundert tritt die Darstellungsform hinzu, in der die Füße Christi zusammen von nur einem Nagel gehalten sind (Dreinagelkruzifixus).

schied. Den Moment unmittelbar danach fängt diese das kaum Erfaßbare verleiblichende, sehr stille Darstellung ein, in der auf andere Weise als im stärker doxologischen ersten Beispiel die Macht des Todes gebrochen erscheint. Vor diesem Christus kann der Betrachtende mit seiner Not am Leben und seiner Angst vor dem Sterben zur Ruhe kommen, denn der gekreuzigte Heiland hat in seinem Sterben den Tod überwunden und befindet sich auch jetzt noch in der Hand Gottes, der ihn hält und immer halten wird. Der Anblick des seinen Weg annehmenden Gestorbenen kann das Vertrauen in Gottes Heilswillen stärken, weil in ihm, so zeigt der Nimbus an, Gott selbst auch noch im Tode im Glanz seiner Herrlichkeit anwesend ist.

FAZIT: Die Christus-Darstellungen aus dem späten 10. Jahrhundert sind Gestalt gewordene doxologische und soteriologische Predigten. Sie ermutigen die Betrachtenden, sie stärken deren Glauben, sie rufen expressiver oder leiser dazu auf, sich der in ihnen ausgedrückten Botschaft anzuvertrauen, daß in dem Geschick des menschgewordenen Gottes das Heil aller Kreatur beschlossen liegt und sie leiten dazu an, die Hoffnung auf die Anteilhabe an diesem Geschick zu setzen. Denn Christus ist in beiden Beispielen, selbst im Tod, wahrer Mensch und wahrer Gott und Sieger über den Tod, sein Anblick tröstet in der Mühsal des Lebens und in der Angst vor Sterben und Höllenstrafen. Beide Darstellungen wirken ebenso affirmativ wie auf das Wesentliche der christlichen Botschaft konzentrierend.

3.3.2 Schenken aus der Fülle der Liebe

Bernhard von Clairvaux (1090-1153)[120], aus burgundischem Adel stammend, prägt Kirche und Gesellschaft, Theologie und Frömmigkeit seiner Zeit in einem kaum vorstellbaren Ausmaß; er kann als bedeutendster Vertreter der sog. monastischen Theologie bezeichnet werden[121]. Sein theologisches Denken weist einen starken kirchlichen Bezug auf, es ist mystischer Erfahrung verpflichtet, auf die es wiederum stark einwirkt[122], doch vor allem erwächst es aus der biblischen und patristischen[123] Tradition, in der er durch seine Ausbildung bei den Regularkanonikern und besonders durch tägliche *lectio* profundeste Kenntnisse hat. Bernhard verfaßt zahlreiche Abhandlungen und Traktate, ohne dabei jedoch einen systematischen Gesamtaufriß anzustreben; sein Briefwechsel ist ausgedehnt, doch in erster Linie ist er Prediger: Sein wohl wichtigstes und meistrezipiertes Werk sind die ab 1135 entstandenen *Sermo-*

---

120 Um 1112 tritt er gemeinsam mit 30 Freunden und Verwandten in das Zisterzienserkloster Cîteaux ein; 1115 geht er als Gründungsabt nach Clairvaux und bewirkt von dort aus die starke und schnelle Ausbreitung des Ordens. Seine engen Kontakte zu kirchlichen und staatlichen Würdenträgern, sein allseitiges hohes Ansehen und seine persönliche Autorität und Ausstrahlung begründen seinen Einfluß auf Päpste und Könige in politischen, kirchenpolitischen und theologischen Auseinandersetzungen (u.a. wirksame Stellungnahme zum Schisma nach der Doppelwahl Innozenz' II. und Anaklets II. nach 1130; entscheidende Mitwirkung bei der Verurteilung der Lehren Abaelards 1140 und Gilberts 1148, erfolgreiche Kreuzzugspredigt 1147; Durchsetzung monastischer Reformen nicht nur im eigenen Orden). Schon 21 Jahre nach seinem Tod wird Bernhard von Alexander III. heiliggesprochen.
121 Der Begriff wurde von Jean Leclercq OSB insbesondere für Bernhard geprägt, um die von ihm verkörperte Alternative zur scholastischen Theologie zu charakterisieren (Art. Bernhard von Clairvaux, in: TRE V [1980] 644-651; Wissenschaft und Gottverlangen. Zur Mönchstheologie des Mittelalters, Düsseldorf 1963).
122 Vor allem die mittelalterliche Christusmystik in ihrer Gestalt als Passionsmystik und die Marienverehrung werden von seinen Gedanken und seiner Art der Kontemplation entscheidend mitgeprägt.
123 Neben Augustin und Gregor dem Großen in exegetischer Hinsicht vor allem Origenes und Hieronymus.

nes super Cantica Canticorum (SC)[124], die in der vorliegenden Form eher als literarische Werke denn als unmittelbar gehaltene Predigten anzusprechen sind. Er formuliert darin, oft eindrücklich bildhaft gefaßt, eine mystische Hohelied-Deutung, deren Einfluß sich bis in die höfische Literatur des Hochmittelalters hinein ablesen läßt[125]. In den 86 Homilien und Sermones spricht Bernhard zu den Brüdern seines Konventes, will aber durchaus auch darüber hinaus wirken und alle Christen ansprechen. Dazu schließt er den biblischen Text der hebräischen Dichtung, in dem von Gott nicht die Rede ist, durch Allegorese[126] auf, um dessen christliche Wahr-

---

124 Zur Entstehung und Überlieferung sowie zum literarischen Charakter s. die Einleitung zum fünften Band der Gesamtausgabe (Bernhard von Clairvaux, Sämtliche Werke lateinisch/ deutsch, Bd. V, hg. von Gerhard B. Winkler u.a., Innsbruck 1994 – Predigten I–XXXVIII; Bd. VI, Innsbruck 1995 – Predigten XXXIX–LXXXVI), 27ff. Zitiert werden die Predigten unter Angabe der laufenden Nummer und der Seitenzahl der deutschen Übersetzung.
125 S. dazu z.B. Corinna Dahlgrün, ‚Hoc fac, et vives – *vor allen dingen minne got*'. Theologische Reflexionen eines Laien im *Gregorius* und in *Der Arme Heinrich* Hartmanns von Aue (Hamburger Beiträge zur Germanistik 14), Frankfurt/M. 1991, 99ff.
126 Als Allegorese wird eine Textauslegung gemäß dem vierfachen Schriftsinn bezeichnet, die hinter dem unmittelbaren Wortlaut, dem Literalsinn, den verborgenen geistlichen Sinn zu erheben unternimmt. Der vierfache Schriftsinn galt das ganze Mittelalter hindurch als hermeneutisches Prinzip der Auslegung biblischer Texte. Jedes Bibelwort hat demnach vier Bedeutungen, je nachdem ob man es im Literalsinn, allegorisch, moralisch-tropologisch oder anagogisch-eschatologisch auslegt. Der Literalsinn behandelt die Oberflächenebene, beschreibt also die Geschichte; er dient der sittlichen Verbesserung des Hörers. Im allegorischen Verständnis macht der Text, auch der Text des Alten Testaments, eine Aussage über Christus oder die Kirche; er bildet so den Glauben des Christen aus. Die Tropologie zielt belehrend auf das Leben der einzelnen Seele im Diesseits; sie fördert somit das rechte sittliche Verhalten des Christen und seine Liebe, und die Anagogie beschreibt die Zukunft im Eschaton und fördert die Hoffnung. (Z.B.: Jerusalem ist literal die Stadt, allegorisch die Kirche, tropologisch die Seele und anagogisch die himmlische Gottesstadt.) – Bernhard berücksichtigt in seinen Predigten verschiedene Ebenen des Textes, den Literalsinn, be-

heit zu erheben, ihn für die Hörer bzw. Leser geistlich fruchtbar zu machen und sie zur Gotteserkenntnis zu führen.

Bernhard hält zunächst fest, daß der Verfasser des Hohenliedes „unter Gottes Eingebung das Lob Christi und der Kirche, die Gnade heiliger Liebe und die Geheimnisse ewiger Vereinigung besungen" habe (1,61); verstehbar sei das Ergebnis nur für den, der liebe (79,559). Bernhards Erläuterungen zu den biblischen Worten stammten allein aus der Kraft Gottes (1,59), vermittelt durch das Wirken des Heiligen Geistes. Hinsichtlich dieser Gaben habe kluge Unterscheidung zu walten, um nicht „das, was wir zu unserem Heil empfangen haben, anderen zu geben oder das zu behalten, was wir zur Weitergabe empfangen haben." (18,257) Wer über Wissen und Beredsamkeit verfüge, doch aus Furcht oder Trägheit schweige, behalte eine Gabe, die für den Nächsten bestimmt sei. Wer aus halber Fülle ausgieße, vergeude seine Gabe. „Wenn du weise bist, wirst du dich daher als Schale, nicht als Rohr erweisen. Das Rohr nimmt fast zur gleichen Zeit auf und ergießt wieder, was es aufgenommen hat; die Schale aber wartet, bis sie voll ist, und gibt so, was überfließt, ohne eigenen Verlust weiter" (18,257). Schenken sollen wir aus der Fülle, der Fülle der empfangenen Liebe, nicht aus dem Mangel (18,265).

Für seinen Dienst an der Gemeinschaft, zu dem der Tadel ebenso gehöre wie der Trost (21,305), nennt er verschiedene Voraussetzungen: Zucht und Freude, Furcht vor Gottes Gericht, Liebe und Unterscheidungskraft (23,337ff.), Mitfreude und Mitleid. Wer diese Regungen nicht spüre, aber „zur Leitung der Seelen oder zum Predigeramt bestellt wird, nützt [...] anderen nicht, sich selbst aber schadet er sehr." (10,147) Bernhard selbst verfügt erkennbar darüber, so rät er z.B.: „Wie ihr verstört werdet, wenn ihr auf euch selbst blickt, so sollt ihr in der Anschauung Gottes Ruhe finden. [...] Zwar ist der Schmerz über die Sünden notwendig, doch soll er nicht unaufhörlich quälen. Ja, er soll durch die freudigere Erinnerung an die göttliche Güte unterbrochen werden, damit das Herz sich nicht etwa vor Traurigkeit verhärte, ja mehr noch, durch Verzweiflung zugrunde gehe." (11,159) Dabei dürfe sich der Mensch aber nicht groß vorkommen, denn der Wunsch nach Beifall stehle Gott das ihm gebührende Lob: Alles, was Menschen an Gutem hervorbrächten, geschehe aus der Kraft Gottes (13,193).

---

vorzugt den allegorisch-geistlichen Sinn, *sensus spiritualis*, und immer wieder auch den moralischen Sinn.

Seine Hörer benötigen, um diese Botschaft aufzunehmen, ein geschultes Gehör, weil der Glaube vom Hören kommt (41,73), sie brauchen aus Selbsterkenntnis resultierende wahre Demut[127], Bescheidenheit und eine kontemplative Grundstimmung[128], frei „von den Verwirrungen der Laster und dem Aufruhr der Sorgen" (1,59). Sie sollen zum Verständnis ihre eigene Erfahrung heranziehen (1,61; 3,77), denn der Verstand erfasse „nur soviel, als die Erfahrung reicht" (22,309), wobei diese begrenzt und überdies im Gegensatz zum Glauben trügerisch sei (28,445)[129]. Auf Erkenntnis ist

---

127 Was wahre Demut ist, macht Bernhard an einer Fehlform des Sündenbekenntnisses deutlich: „Der Schaden aber, den ein Bekenntnis anrichtet, ist umso gefährlicher, je feiner seine Eitelkeit ist, wenn wir uns nicht scheuen, selbst Unehrenhaftes und Häßliches über uns aufzudecken, nicht weil wir demütig sind, sondern damit wir im Schein der Demut stehen. Aus Demut aber Lob anzustreben, das ist nicht die Tugend der Demut, sondern ihre Umkehrung. Der wahrhaft Demütige will für verächtlich angesehen und nicht für demütig gepriesen werden." (16,239) Insofern könne Heiligkeit als Gefährdung der Demut gelten (45,117); auf der anderen Seite sei Stolz der Anfang jeder Sünde (17,251), darum sei jede Demütigung durch Gott oder Menschen willig hinzunehmen (34,541). Zudem kann Bernhard zwischen derjenigen Demut, zu der die Wahrheit führe und solcher, die von der Liebe gebildet werde, unterscheiden, die letztere enthalte mehr Glut, weil sie ihren Sitz im Gefühl habe (42,87).
128 Für eine mystische Erfahrung ist überdies aufmerksame, heitere Gelassenheit erforderlich sowie die Entleerung des Denkens von „leiblichen Bildern" (23,347).
129 Vor Gemütsbewegungen versage die Vernunft, diese seien nur durch innere Übereinstimmung faßbar (67,403). Zur Frage des intellektuellen Wissens kann Bernhard formulieren: „Ich glaube aber, daß das Wissen um diese Dinge zu eurem Fortschritt nicht viel beiträgt." (5,97) „Doch gibt es auch solche, die etwas wissen wollen, um zu lehren: das ist Liebe. Und ebenso gibt es solche, die etwas wissen wollen, um belehrt zu werden: das ist Klugheit." (36,567). Zwei Formen des Erkennens sind unverzichtbar: „Du sollst daher dich erkennen, um Gott zu fürchten; und du sollst ihn erkennen, um ihn in gleicher Weise zu lieben." (37,573) Das Streben nach Gotteserkenntnis habe allein um Gottes willen zu erfolgen (40,67); und ohne Liebe gebe es keine vollkommene Erkenntnis (8,125ff.). Ein zu dieser Erkenntnis hinzutretendes Wissen werde den Menschen nicht aufblähen, da es der in Gottesfurcht und -liebe „empfangene[n] Hoffnung und d[er] hoffnungsvolle[n] Freude" (37,577) nichts hinzufügen könne.

aber nicht zu verzichten, denn „Gott ist die Weisheit, und er will nicht nur zärtlich, sondern auch weise geliebt werden." (19,275)[130] Dem Hören und dem dadurch geweckten Glauben müßten Taten in der Nachahmung Christi (21,295) folgen, bis hin zum Martyrium (60,305): „Der Glaube ist gefestigt, also werde das Leben danach gestaltet; der Geist hat sich entfaltet, also werde das Handeln danach ausgerichtet." (18,255) Dies gilt für „alle, die von ihren Sünden gerechtfertigt sind und danach verlangen, nach Heiligung zu streben, ohne die niemand Gott schauen wird" (22,317). Den Glauben von den entsprechenden Werken zu trennen, sei sündhaft, statt dessen solle die Liebe den Glauben beleben und das Handeln ihn glaubhaft machen (24,369ff.). Glaube ohne Werke sei genausowenig heilvoll wie Werke ohne Glauben, doch sei auf „den Wechsel zwischen heiliger Ruhe und notwendige[r] Tat" zu achten (58,269). Erst im Gottesreich, „zum Schluß wird Genießen bleiben, nicht Geschehen; Erfahren, nicht Tätigsein; vom Willen Gottes leben, nicht in ihm sich üben." (72,467)

Über den durch Gottes Tun angestoßenen Weg der Heiligung äußert sich Bernhard in verschiedenen Predigten; der Tradition entsprechend nennt er die Schritte ‚Reinigung', ‚Bereitung' und ‚Empfang der Gnade', die eine positive Entwicklung des Menschen, einen Fortschritt ermöglichen, der sich in der Spannung zwischen Furcht und Hoffnung vollzieht, um sowohl Verzweiflung am Heil wie Sorglosigkeit zu vermeiden. Dieser Fortschritt bleibt freilich angewiesen auf das immer neue Wirken des Geistes, das die ermattete Liebe wiederbelebt und uns zu Christus zieht. Wer also von Erstarrung, schlechter Laune oder Überdruß erfaßt werde, solle die Hand des Helfers suchen, bis er erneut von der Gnade belebt sei (21,297)[131].

---

130 Nur die Gnade des Kusses Jesu, d.h. die Gabe des Heiligen Geistes, vereinige Erkenntnis und Liebe: „Keiner von beiden soll also glauben, er habe den Kuß empfangen: weder der, der die Wahrheit erkennt und nicht liebt, noch der, der liebt und nicht erkennt. In diesem Kuß hat weder Verblendung noch Lauheit Platz." (8,127)

131 Der Fortschritt führe, wie Bernhard im Zusammenhang von Cant 1,2a beschreibt, vom Kuß der Füße über den der Hände zum Kuß des Mundes: Die von Gott geschenkte Gesinnung der Reue führe die nach Gott dürstende Seele zu den Füßen Jesu, darauf sei die Kraft des Durchhaltens zu erbitten, damit der Mensch nicht wieder in Sünde verfalle; diese sei in der Hand Jesu zu ergreifen, die aufrichte, indem sie gebe, was Zuversicht verleihe: „Die Zierde der Mäßigung und die Früchte würdiger Buße. Das sind Werke der Liebe. Sie werden dich aufrichten aus dem

Bernhard mahnt seine Hörer angesichts „der Lauheit und Stumpfheit dieser kläglichen Zeit" (2,65), ihre Gebete in Einigkeit des Geistes (46,133)[132], mit Ehrfurcht und Disziplin, zugleich mit Eifer und Nüchternheit (49,165) und für jede Gabe dankbar (51,189) zu vollziehen[133]. Der Eigenwillen sei zu bekämpfen, an seiner Stelle Gehorsam zu üben gegenüber den Verpflichtungen des Lebens der Gemeinschaft und der Weisung der – unverzichtbaren (77,545) – geistlichen Führer (19,273). Ein immer neues Prüfen der eigenen Wege und Bestrebungen, eine stetige Aufmerksamkeit im Hinblick auf eine gottesfürchtige Haltung (54,231 und 235) und ein immer neues Bitten um und Vertrauen auf den Beistand Gottes (85,37) seien dazu erforderlich, vor allem, wenn Versuchungen aufträten (64,347ff.). Außerdem sei eine nicht auf Verdienst blickende Enthaltsamkeit nötig, die zwar nicht zu einem größeren Anteil an der göttlichen Fülle verhelfen werde (66,375), doch verhindere, daß die Sünde die Herrschaft über den Menschen erlange (7,119). Der Mensch müsse gleichermaßen verstehen, Überfluß zu haben wie

Kot und dir die Hoffnung schenken, Höheres wagen zu dürfen. Wenn du das Geschenk annimmst, dann küsse die Hand, das heißt, gib nicht dir die Ehre, sondern dem Namen Gottes." (3,81) Erst die glühende Liebe, die leidenschaftliche Sehnsucht führen zum Kuß des Mundes Jesu, der ein Überströmtwerden mit Heiligem Geist bedeute (8,123) – „Das ist der Weg, das die rechte Abfolge." (3,83) Auf diese Weise werden menschliche Herzen zunächst durch die Abdrücke der Füße Jesu geprägt, was sich an zwei Zeichen ablesen lasse, „es sind dies Furcht und Hoffnung; jene macht das Bild des Gerichtes gegenwärtig, diese das des Erbarmens." (6,107) Doch solle das Herz angesichts des Fußabdruckes der Furcht dessen eingedenk bleiben, daß Gott zwar manchmal schlage, doch nur um zu bessern, nicht um zu rächen (16,233). Der Mensch müsse sich immer beiden Füßen zuwenden, dem der Wahrheit und dem des Erbarmens. „Den einen ohne den anderen zu küssen ist hingegen nicht ersprießlich, weil dich der Gedanke an das Gericht allein in die Grube der Verzweiflung stürzt, die leichtfertige, trügerische Hoffnung auf Barmherzigkeit aber die schlimmste Sorglosigkeit erzeugt" (6,109), so daß selbst bei Klosterbewohnern die Gebete lauer und das Handeln träger würden.

132 Allein der Blick auf Gott ermögliche ein Leben in Eintracht. Denn Gott setze an die Stelle von Irrtum, Schmerz und Furcht „jene wunderbare Heiterkeit, auf die wir hoffen, die volle Süßigkeit und die ewige Sicherheit"; er tue dies durch Wahrheit, Liebe und Allmacht (11,165).

133 Dies sei erforderlich schon wegen der Engel, die uns beistehen sollten, die unsere Gebete emporträgen und Gnade zurückbrächten (7,115).

Mangel zu leiden (21,303). Dazu helfe die Konzentration auf den Namen Jesu Christi, durch die wir Anteil an ihm gewönnen, der stärke und kräftige, der die Härte des Herzens, die Trägheit und die Schwermut überwinde und den Quell der Tränen erneut zum Fließen bringen könne (15,221)[134]. Außerdem erleichtere das Jubeln im Lob Gottes die tägliche Mühsal; und der freudige Eifer der Menschen, die Gott lobten, zeige bereits auf der Erde einen Vorschein der himmlischen Wirklichkeit (11,159): „So wird Gott alles in allem sein, wenn die Vernunft das unauslöschliche Licht aufnimmt, wenn der Wille den ungestörten Frieden gewinnt und das Gedächtnis ewig an der unversiegbaren Quelle ruht." (11,165)

Das größte Gewicht legt Bernhard in seinen Überlegungen und Mahnungen auf die Liebe, die höher stehe als alles andere (29,459), weil Gott Liebe sei, weil Gott liebe und geliebt werden wolle, da er wisse, daß wir nur durch diese Liebe selig würden (83,617). An der Eingießung der Liebe sei die Ankunft Gottes beim Menschen abzulesen (69,421); dieses Geliebtwerden habe Liebe zur Folge: „Eine Seele, die liebt, liebt einfach und weiß nichts anderes." (83,615). Die Liebe werde gewonnen aus dem liebevollen Blick auf die Leiden und Nöte der Menschen (12,169) und im Tun der Liebe selbst (50,175). Sie äußere sich in Beistand und Zuspruch, in Rat und begleitendem Gebet; auch dem Feind seien Liebesdienste nicht zu verweigern (12,175ff.). Selbst wenn dies die Kraft des einzelnen übersteige, als Glied der Kirche in ihrer Universalität habe er Teil daran, denn in ihr sei dem einen geschenkt, was dem anderen fehle (12,183). Die Liebe habe dem Nächsten zu gelten, sie gelte Gott, sie sei in Besorgnis und Achtsamkeit auch der eigenen Seele zugewandt[135]. Zur

---

134 Mitunter sei es aber auch Gott selbst, der an uns herantrete und von der Stadt Gottes und ihrem ewigen Frieden erzähle, um Widerwillen und Ermattung zu vertreiben (32,505).

135 Bernhard gewichtet die verschiedenen Eckpunkte des anthropologischen Dreiecks in den jeweiligen Zusammenhängen unterschiedlich, so daß es häufiger scheinen kann, als solle der Mensch nur Gott lieben, oder nur den Nächsten. Doch kann es auch heißen: „Ich glaube, daß keine Stufe der Liebe, die zum Heil führt, über jene Stufe zu stellen ist, die der Weise aufgestellt hat, indem er sagt: ‚Erbarme dich deiner Seele und gefalle Gott.' (Sir 30,24)" (18,257; ausführlich zum Verhältnis der Eckpunkte 50,175ff.) Dabei ist es Bernhard bewußt, daß der Mensch dem Liebesgebot nicht immer nachkommen kann, gleich, ob es sich auf die Tat oder das Gefühl richtet; dies mache demütig und lasse Gott um Erbarmen anrufen, „und Gott wird sich unser erbarmen; und

Gottesliebe gehöre wesentlich die Sehnsucht hinzu[136], die aus dem Wort resultiere (84,623) und sich bis zum Verlangen nach der Einheit mit Gott steigere (31,495), die im Leben auf dieser Welt aber nur in Momenten zu erfahren sei (32,503) wie ein wacher Schlummer, wie ein Tod, der wahres Leben verleihe (52,199).

Immer wieder kommt Bernhard auf das größte Liebeshandeln zu sprechen, die Erlösung des Menschen durch Jesus Christus. Die Menschheit Jesu wird in ihrer Zeichenhaftigkeit und Heilsbedeutung bedacht von der Geburt bis zum Tod: Das Kind in der Krippe ist ein Zeichen „für Vergebung, für Gnade und Frieden, einen Frieden, der kein Ende haben wird. [...] Es ist jedoch Gott, der [– allein aus Liebe (42,91) –] in ihm die Welt mit sich versöhnt. Für eure Sünde wird er sterben, wegen eurer Rechtfertigung wird er auferstehen, damit ihr durch den Glauben gerechtfertigt seid und Frieden habt mit Gott." (2,75) Auf das Leiden des Erdenlebens sei besonderes Augenmerk zu richten, denn in sechs Tagen habe Gott alles geschaffen, darunter auch den Hörer, doch zu seinem Heil habe er dreißig Jahre lang auf Erden gewirkt (11,167; bes. 43,99ff.). Nur ein Leben der starken, zärtlichen und klugen Liebe zu Jesus, resultierend aus dem Blick auf seine Passion, nur ein Leben der Hingabe an ihn sei wirkliches Leben (20,277ff.); „dies ist meine ganz erhabene innere Philosophie: Jesus zu kennen, und zwar als Gekreuzigten" (43,101). Und das Leiden Jesu sei die letzte Zuflucht, einzigartiges Mittel zum Heil (22,317); darum könne und solle sich der Mensch in Jesu Wunden bergen (45,119), die ihn riefen (61,315). In der Menschheit Christi liege auch die Hoffnung im Gericht, darin, daß „die Ähnlichkeit der Natur mitten im Zittern und Zagen der Bösen den Auserwählten Vertrauen schenke." (73,487)

Dieser Blick auf die Erlösung dürfe nicht aus dem Gedächtnis schwinden, dazu sei einerseits die Entäußerung Gottes zu bedenken, in der die Liebe besonders hell leuchte (45,125), andererseits die Frucht dessen, nämlich „daß wir von ihm erfüllt wurden. Dies zu

---

wir werden an jenem Tag wissen, daß er uns nicht gerettet hat, weil wir Werke vollbracht haben, die uns gerecht machen können, sondern aufgrund seines Erbarmens." (50,173)

136 So habe der Mensch achtsam zu sein für die An- oder Abwesenheit des Geistes; dieser ziehe sich zurück, um mit Sehnsucht gesucht zu werden, doch dazu müsse man sein Fehlen spüren; er kehre aus Gnade zurück, um zu trösten, doch um ihn gebührend zu empfangen, müsse man seine Anwesenheit wahrnehmen (17,245).

betrachten ist der Nährboden heiliger Hoffnung, jenes zu betrachten der Anreiz zur höchsten Liebe. Beides ist für unseren Fortschritt nötig, damit weder die Hoffnung eine knechtische sei, wenn sie nicht von der Liebe begleitet wird, noch die Liebe erkalte, wenn sie für unnütz gehalten wird." (11,161) Doch auch ein solches Leben in der Liebe ist auf dieser Welt nicht pure Freude: „Das Feuer jedoch, das Gott ist, verzehrt zwar, doch es vernichtet nicht, es brennt sanft und macht traurig und glücklich zugleich." (57,261)

Bernhard will in seinen Predigten die biblische Wahrheit vermitteln, damit das Heil des Menschen befördert werde durch ein Leben in Glauben, Demut und Nächstenliebe mit dem Ziel der wachsenden Gotteserkenntnis und der Einheit mit Gott. Der Weg, auf dem der Mensch zu dieser Erkenntnis gelangen kann, ist derjenige mystisch-kontemplativer Versenkung – das Entscheidende ist nach Bernhards Überzeugung durch den Verstand nicht erfaßbar, sondern nur über die eigene Erfahrung und deren Verstehbarwerden. Ein selbstherrlicher Gebrauch der *ratio* kann sogar zerstörende Überhebung sein. Statt dessen ist durch die Begegnung mit Christus im Wort Gottes Selbsterkenntnis zu erwerben, d.h. Erkenntnis der menschlichen Befangenheit in die Sünde. Die Selbsterkenntnis weckt Demut und leitet auf den Weg der *imitatio Christi*[137] zu Gott als der einzigen Zuflucht; das Heil wird zugeeignet durch die Sakramente, Taufe, Beichte[138] und Abendmahl, vor allem aber durch das Geschenk der Liebe. Denn das entscheidende Merkmal der Liebe ist, daß sie das zum Heil Nötige im Überfluß hat. Sie achtet zwar auf das eigene Wohl, doch zugleich will sie, so Bernhard, „für sich Überfluß, damit sie ihn für alle haben kann. Für sich bewahrt sie soviel, daß keinem etwas fehle. Im übrigen ist sie nicht vollkommen, wenn sie sich nicht verströmt." (18,259) Doch müsse sie daran festhalten, nur aus dem Vollen auszugießen, sie „wünsche nicht, freigebiger als Gott selbst zu sein. Die Schale

---

137 In seinen christologischen Aussagen legt Bernhard den Schwerpunkt auf Christi Erfahrung menschlicher Schwachheit und auf den Gehorsam gegen Gott.
138 Vgl. u.a. 56,251; 60,299.

ahme die Quelle nach: Jene ergießt sich nicht in den Bach oder breitet sich zu einem See aus, ehe sie sich nicht an den eigenen Wassern gesättigt hat. Die Schale schäme sich nicht, daß sie nicht verschwenderischer als ihre Quelle ist. [...] Werde zuerst voll, und dann magst du daran denken, aus deiner Fülle zu geben. Eine gütige und kluge Liebe pflegt zuzuströmen, nicht zu verrinnen. [...] Wenn du nämlich gegen dich selber böse bist, für wen wirst du gut sein? Wenn du es vermagst, steh mir aus deiner Fülle bei; wenn nicht, dann spare für dich!" (18,259 und 261) In der Liebe wachse die Seele, in Tugend, Herrlichkeit und Vollkommenheit, und nach dem Maß ihrer Liebe werde sie auch beurteilt werden (27,427). Gerettet ist am Ende nur der Mensch, für den das Blut Christi eintritt (22,319); das Heil wird dem aus Gottes Kraft Glaubenden allein aus Gnade geschenkt[139]: Gerechtigkeit und Heiligkeit, auch das Beschreiten des Weges der Heiligung sind Gaben Gottes und nicht Menschenwerk – jede Form der Zuwendung zum Guten ist nur vermittels der Gnade möglich (82,609). Menschliche Verdienste dagegen versperren der Gnade den Eintritt (67,405). Wichtig ist dabei das Einhalten des rechten Maßes, in Erkenntnis ebenso wie in körperlicher Übung und Enthaltsamkeit (33,529). Denn erst „die Besonnenheit bringt tatsächlich jede Tugend in die rechte Ordnung, die Ordnung verleiht ihr Maß und Schönheit, ja sogar Dauer." (49,167) Immer wieder betont Bernhard, daß zur Abwehr der Hybris heilsame Bitterkeit erforderlich ist, die mit beigemengter Süße gemildert wird (11,159) – der Mensch braucht Gesetz und Evangelium. Dann ist der Vorschein der Herrlichkeit schon hier für ihn erfahrbar, auch weil die Seele „aufnahmefähig für die

---

[139] Bernhards Ausführungen lassen sich an etlichen Stellen mittels der reformatorischen Prinzipien *sola fide, sola gratia, solus Christus* bündeln. Luther konnte in vielem an Bernhard anknüpfen und tat dies auch, bis hin übrigens zur Hochschätzung des Ohres als Organ, das die Wahrheit aufnimmt: „Der äußere Schein täuscht das Auge, in das Ohr aber strömt die Wahrheit ein. [...] Ist es verwunderlich, wenn das Ohr die Wahrheit erfaßt, da doch der Glaube in der Botschaft, die Botschaft im Wort Gottes gründet, das Wort Gottes aber die Wahrheit ist?" (28,439 und 443)

Ewigkeit" ist und bleibt (80,573)[140]. Noch vor der Erkenntnis und selbst vor der hochgeschätzen, doch ambivalenten Erfahrung ist es vor allem der Glaube, den Bernhard befördern will. „Denn glauben heißt: gefunden haben." (76,531)

FAZIT: Bernhard formuliert, in einiger Nähe zu Dorotheus, das anspruchsvolle Programm einer individuellen *praxis pietatis*, die zugleich immer in die Gemeinschaft eingebunden bleibt. Anspruchsvoll ist es insofern, als es neben den Forderungen der Demut, des Gehorsams, der Konzentration auf Gott, der Unterordnung unter einen geistlichen Führer sowie der Mäßigkeit[141] den Ausgleich zwischen Extremen, das Ineinander verschiedener spannungsvoller Elemente fordert: Der Mensch soll sich um ein Gleichgewicht zwischen Erkenntnis und Erfahrung bemühen, das überdies im Glauben anzusiedeln ist; Glaube und Tun sollen einander entsprechen, Rechtfertigung und Heiligung gehören zusammen; es ist die Mitte zu halten zwischen der Furcht vor Gottes Gericht und der Hoffnung auf seine Gnade; vor allem aber ist dem Doppelgebot der Liebe mit seiner dreifachen Anforderung zu genügen. Hierzu gibt es Hilfen, deren vielleicht wichtigste das Geschenk der Liebe aus der Gnade Gottes ist, sowie der Hinweis, daß diese Liebe erst empfangen werden muß, bevor sie weitergegeben werden kann. Eine andere Hilfe ist das Gebet, als Dank, Klage und Bitte[142]; vor

---

140 Im Blick auf das Jenseits formuliert Bernhard große Zuversicht: „Etwas scheint zu seiner [sc. des seligen Lebens] Vollkommenheit nämlich auch durch mich hinzuzukommen, und das ist nicht wenig. "(68,415)

141 Bernhard fordert dabei keinen völligen Verzicht etwa auf Besitz. Allerdings müsse der Mensch wirklich Besitzer sein und frei: „Wenn es wirklich dein Besitz ist, dann leg ihn gewinnbringend an und tausche dir für das Irdische das Himmlische ein. Wenn du es nicht vermagst, gestehe, daß du nicht Herr deines Geldes bist, sondern sein Sklave, der Wächter und nicht der Besitzer." (21,301)

142 Vgl. 10,155: „Und schließlich folgt die Danksagung der Wohltat und geht ihr nicht voraus; eine Seele aber, die noch in Traurigkeit verharrt, freut sich nicht über die Wohltat, sondern bedarf ihrer. Sie hat also einen Grund, Bitten auszusprechen, aber keinen Anlaß, Dank zu sagen. Wie sollte sie sich denn einer Wohltat erinnern, die sie nicht empfangen hat?"

allem aber ist der Blick auf den leidenden, den gekreuzigten Christus stärkend und ermutigend. Wer dieses Programm lebt, erfährt zwar keine Schmerzfreiheit, doch immer wieder die Nähe zu Gott und den Vorgeschmack des Himmels schon auf dieser Welt.

3.3.3 Eine sichere Zuflucht

Die ursprünglich im byzantinischen Raum beheimatete Marienverehrung beginnt sich früh auch auf dem Gebiet der römischen Kirche zu verbreiten, doch eine eigene Mariendichtung entwickelt sich nur langsam. Ab dem 11. Jahrhundert häufen sich lateinische Belege, ab dem 12. Jahrhundert finden sich auch Beispiele deutscher Mariendichtung[143]. Um 1300 entstehen in Kreisen des Deutschen Ordens[144] mittelhochdeutsche Marienlegenden, deren Stoff teilweise aus den apokryphen Evangelien stammt, sich möglicherweise aber auch teilweise an den Marienleben orientiert, die seit dem 12. Jahrhundert von Byzanz ausgehend Verbreitung fanden. Die Legenden bilden mit einer Marienvita und Ereignissen

---

143 Z.B. das um 1140 entstandene Melker Marienlied, die Sequenz aus Muri vom Ende des 12. Jahrhunderts oder der Arnsteiner Marienleich von 1150.

144 Der Deutsche Orden, auch als Deutschritterorden, Deutschherrenorden oder Kreuzritterorden bezeichnet, ein straff organisierter geistlicher Ritterorden mit Ritter- und Priesterbrüdern sowie dienenden, nicht adeligen Halbbrüdern, ist 1198 aus einer Hospitalgenossenschaft entstanden, die Kaufleute während des dritten Kreuzzuges gegründet hatten; das Hospital war der Gottesmutter Maria geweiht. Im 13. Jahrhundert verlagerte er seinen Schwerpunkt von Palästina nach Osteuropa, wo er große Gebiete eroberte und durch die Errichtung von Ordensburgen und durch Stadtgründungen sicherte. Seine größte Ausdehnung erreichte er zu Beginn des 15. Jahrhunderts; zu Beginn des 19. Jahrhunderts ließ ihn Napoleon I. in den Rheinbundstaaten unterdrücken, so daß er nur noch im Kaiserreich Österreich weiterbestand.

aus dem Leben Jesu das erste Buch des *Alten Passional*, einem Legendar in Reimpaarversen[145].
Der Verfasser dieses mit fast 110000 Versen umfangreichsten Werkes des 13. Jahrhunderts ist ein namentlich nicht bekannter Priester, der wahrscheinlich selbst dem Orden angehörte. Das *Passional* ist mit 96 Handschriften (dazu zahlreichen Fragmenten) meist aus der ersten Hälfte des 14. Jahrhunderts sehr gut überliefert, was für seine weite Verbreitung zeugt, die zweifellos vom Deutschen Orden gezielt befördert wurde; später wurden etliche der hier gesammelten Legenden in Legendensammlungen aufgenommen. Geschrieben wurde das *Passional* für Laien, die in der rechten Lehre bestärkt und durch sie gebessert werden sollten; etliche der 25 Marienlegenden, die den Schluß des ersten Buches bilden, verfolgen überdies den Zweck, das Ave Maria als regelmäßiges Gebet zu propagieren[146].

Die Marienlegenden sind durch einen immer gleichen Schlußvers (*des si gelobet di kunigin* – dafür ist die (Himmels-)Königin zu loben/soll … gelobt werden) zu einem Legendenkranz verbunden, in dem tugendhafte Menschen, die Maria ehren, mit Visionen und Wundern beschenkt werden und ärgste Sünder allein infolge ihrer Devotion gegenüber der Gottesmutter Rettung in höchster Not erfahren; insbesondere das Ave Maria vermag, regelmäßig gebetet, Sündenvergebung zu erwirken. Niemand wendet sich umsonst an Maria, die Hinwendung zu ihr bewirkt die Umkehr zu einem gottgefälligen Leben, sie rettet aus Not und Gefahr oder schenkt ein seliges Sterben.

---

145 Marienlegenden aus dem Alten Passional, hg. von Hans-Georg Richert (Altdeutsche Textbibliothek 64), Tübingen 1965, die Zitation erfolgt nach Nummer der Legende und Zeilenzahl. Das zweite Buch enthält Apostellegenden, im umfangreicheren dritten Buch sind 75 Heiligenviten in kalendarischer Abfolge erzählt, zweitem und drittem Buch liegt als hauptsächliche Stoffvorlage die *Legenda aurea* zugrunde.
146 Die Nummer 6,7,9-11,14,15,21,22 und 25 demonstrieren die Kraft, die dieser regelmäßig und inbrünstig gebetete Mariengruß entfalten kann.

Selbst die schlimmsten Sünder entkommen durch die im Leben bezeugte Verehrung Mariens der gerechten Strafe für ihr böses Tun und den Verstoß gegen die Gebote (IX/10-17.49-51), für ihren fehlenden Glauben, sogar für ihr aktives Verleugnen Christi (XXIV/158-167.191-205.435-445.468-485[147]), denn nicht nur entgilt Maria den Menschen die Verehrung – so hält sie einen Dieb bei seiner Erhängung, damit er nicht falle und ihn der Strick nicht erwürge (VI/30-37) –, auch Gott belohnt die Liebe, die seiner Mutter erwiesen wird (II/58-62). Er läßt ab von seinem Zorn, wenn sie für den Sünder eintritt (IX/57-61; XXIV/518-555). Sogar in einem Fall, in dem sich der Marienglaube in sehr drastischer Form äußert – eine Witwe nimmt das Jesuskind der kirchlichen Marienstatue als Geisel, um die Freilassung ihres Sohnes zu erzwingen –, wird dem Wunsch, wenngleich ein wenig militant geäußert, entsprochen (V/67-72.99-105). Der Mariengruß bewahrt, so er nur täglich gebetet wird, vor dem Zugriff des Teufels (XIV/152-181)[148]; schon das Sprechen der ersten zwei Worte entfaltet große Macht: Auf dem Grab eines Edelmanns blüht eine Lilie, die, infolge der entsprechenden Gewohnheit, in seinem Gaumen wurzelt (XV,43-45.56-62.66-

---

147 In dieser Legende wird freilich auch der traditionelle Weg der Buße eingeschlagen: Auf die *contritio* (XXIV/435-445) folgt erst die *confessio* vor dem Bruder (585-591), darauf die kirchliche Beichte (623) und schließlich die *satisfactio* (634-640).

148 Bei Paulo Coelho, Auf dem Jakobsweg. Tagebuch einer Pilgerreise nach Santiago de Compostela, Zürich 1999, 64, ist die folgende Geschiche zu lesen: „Ich hatte einmal einen Freund, der sein ganzes Leben lang ein Trunkenbold gewesen ist, doch er betete jeden Abend drei Ave-Marias, weil ihn seine Mutter von Kindesbeinen an daran gewöhnt hatte. Selbst wenn er vollkommen betrunken nach Haus kam und obwohl er nicht an Gott glaubte, betete dieser Freund immer drei Ave-Marias. Nachdem er gestorben war, fragte ich während eines Rituals der ‚Tradition‘ den Geist der Alten, wo sich jetzt mein Freund befände. Der Geist der Alten antwortete mir, daß es ihm gutginge und er von Licht umgeben sei. Obwohl er im Leben keinen Glauben gehabt hatte, hatte ihn sein Werk, das nur in den drei Gebeten bestand, die er aus Pflichtgefühl und ganz automatisch sprach, gerettet." – Die Geschichte, die in der Tradition der hier dargestellten Legenden gesehen werden kann, wird von Coelho mit dem Anspruch der Wahrheit berichtet (womit – so oder so – keine Aussage über ihren tatsächlichen Wahrheitsgehalt gemacht ist; und auch die Frage, inwieweit Coelho in den Bereich einer gnostisch inspirierten respektive nur leicht christianisierten Esoterik zu rechnen sei, kann hier unbeachtet bleiben).

69). Auch den Ausgang des Jüngsten Gerichts kann Maria beeinflussen, indem sie ihre Hand in die Waagschale der guten Werke legt, wie ein Traum einen Sünder belehrt, der sich daraufhin von der Welt abwendet (XIX/190-193). Und sogar die Erweckung eines Toten kann sie erwirken: Ein sehr schlechter Mönch, der Glöckner eines Klosters, hatte die Gewohnheit, auf seinen nächtlichen Abwegen vor einem Marienbild das Ave Maria zu beten (X/30-35). Auf einem seiner bösen Wege fällt er von einer Brücke und ertrinkt; seine Seele wird sofort von einem Teufelsheer in Gewahrsam genommen. Den herbeigeeilten Engeln wird bedeutet, daß sie mit diesem Sünder nichts zu schaffen hätten (X/50-60). Doch dann greift Maria ein, ihre Treue gegenüber ihren Freunden erweisend, *ob der mensche wol in sunden lit* (X/70 – auch wenn der Mensch in Sünde gefangen ist). Nach dem Einspruch der Teufel wird Gott als oberstem Richter das Urteil überlassen: Der Mönch solle eine zweite Chance erhalten, und wenn er sich daraufhin bewähre, solle ihm die ewige Freude zuteil werden (X/113-120). Die Brüder, die ihn am Morgen tot auffinden, werden also Zeugen seiner wunderbaren Wiederbelebung; nach einem tugendhaften Leben findet er dann ein seliges Ende (X/152f. und 166-168)[149]. – Immer wieder gilt: ... *Maria liez beschouwen / daz si mit helfe dem gestat, / der ir ie icht gedienet hat / in etelicher andacht.* (XI/40-43 – [Nach einer bestimmten Frist] ließ Maria [die Menschen] erkennen, daß sie demjenigen helfend beisteht, der ihr irgend immer gedient hat in irgendeiner Form der Andacht.)

Die Liebe zu Maria, die ein Geschenk der Gnade ist (II/1-6), der Glaube an ihre Macht und Treue sowie an ihren Einfluß auf Gott bzw. Christus, die fromme oder selbst nur die gewohnheitsgemäße Verehrung sind, so lehren die Legenden, solange sie nur beständig

---

149 Auch in anderen Legenden findet sich die Tendenz, die Sünden und ihre Folgen möglichst krass zu schildern, damit die Hilfe der Gottesmutter um so deutlicher hervortrete. Dabei ist oft der Teufel der direkte Gegenspieler, so im Falle des Ritters, der in Geldnöten seine fromme Frau dem Teufel verkauft; Maria nimmt die Gestalt der Verkauften an, verjagt den Teufel im Namen Christi und rettet damit beide (XX/113-128.175-181.230-239.255-263; vgl. auch XXIII, in dem ein frommer Mann durch die Vermittlung eines ränkevollen Juden in die Fänge des Teufels gerät – hinsichtlich der Darstellung der Juden sind etliche der Legenden Belege des seit Beginn der Kreuzzüge verstärkt auftretenden Antisemitismus).

erfolgen, sichere Wege zum Heil: *si ist ein wec der sicherheit / und ein gewis leitestern* (XIII/78f.) – Maria ist ein sicherer Weg und ein verläßlicher, licht- und trostspendender Wegweiser. Dies gilt unter allen Umständen, wie immer es um Glauben oder Handeln des Menschen bestellt war. Ob jemand Zeit seines Lebens gegen Gottes Gebote verstoßen oder seine Seele dem Teufel verschrieben hat, fällt nicht ins Gewicht, wenn er nur die Zuwendung zur Gottesmutter, gleich in welcher Gestalt, verläßlich praktiziert hat. Auffällig ist, daß die Marienverehrung ein Tun des einzelnen Menschen ist; selbst wenn die christliche Gemeinschaft als Hintergrund stets vorausgesetzt bleibt, wird der einzelne mit seinem Glauben nicht so sehr an die Geschwister als vielmehr an die Mutter der Glaubenden verwiesen. Die Person Mariens erscheint dabei als unbegrenzt großmütig, frei von Regungen des Zorns wie von der Tendenz, Strafen aufzuerlegen, mild, gütig, freundlich und von unendlicher Treue. Die Verehrung ihrer Person muß nicht einhergehen mit dem Glauben an Gott und der Hoffnung auf Vergebung, wenn auch erwartet werden kann, daß die Erfahrung ihrer Hilfe selbst hartgesottene Sünder bessert und zur Umkehr von ihren Verfehlungen, zu einem Leben der Buße und oft der Abkehr von der Welt führt. Die Rechtfertigung, die den Sündern durch die Mittlerschaft Mariens zuteil wird, erfolgt häufig genug aufgrund von Werken, die dabei überwiegend äußerlich bleiben können (XV) oder sogar aufgrund der Verdienste einer anderen Person (XX); erfolgt sie aufgrund des Glaubens, kann es ohne weiteres der Marienglaube sein, der an die Stelle des Gottesglaubens getreten ist (IX, XXIV). FAZIT: Gemessen an der theologischen Lehre der Kirchen ist die in den Legenden vermittelte Botschaft nicht unproblematisch, insofern sie die christologische Konzentration ebenso vermissen läßt wie die ekklesiologische Ausrichtung, das *sola fide* ebenso wie das *sola gratia*[150]. Doch was ist positiv hervorzuheben an dieser Aus-

---

[150] Das gilt für die protestantische ebenso wie für die katholische Theologie der Gegenwart, vgl. Georg Kraus, Gnadenlehre – Das Heil als Gnade, in: Glaubenszugänge. Lehrbuch der katholischen Dogmatik in drei Bänden, hg. von Wolfgang Beinert, Paderborn/München/Wien/Zürich

prägung mittelalterlicher Frömmigkeit? Die Legenden zeigen, sehr drastisch, doch darum ja nicht weniger realistisch, daß der Mensch von Gefahren umgeben ist, umgeben von realen feindlichen Mächten, daß er außerdem von dem richtigen Weg sehr leicht abirren kann. Doch darin ist er nicht ohne verläßliche Hilfe. Sie betonen – in einer Zeit schreckenerregender Höllenpredigt, schroffer Bußdisziplin und einer machtvollen, heterodoxe Haltungen unnachsichtig verfolgenden Kirche – gegen den Schrecken vor dem Göttlichen, vor seiner Gerechtigkeit, Heiligkeit und Ferne dessen nahe, freundliche Seite, seine Zugewandtheit, Milde und Güte, oft in Gestalt der Maria[151]. In jedem Fall prägen sie ein, daß niemand, der auch nur über die sparsamste *praxis pietatis* verfügt, an seinem Heil verzweifeln muß. Sie vermitteln also Trost, Vergewisserung angesichts unsicherer und bedrohter Zeiten, Hoffnung angesichts der angsteinflößenden Alternative ewiger Verdammnis[152]. Sie machen ganz deutlich, daß das ewige Heil das höchste Gut ist, und daß dieses Leben darüber entscheidet. Sie bestärken eine Form rudimentärer Frömmigkeit gerade eher weltlich gesinnter Menschen, ohne sie mit theologischen Konstrukten oder anspruchsvollen Programmen zu überfordern, legen dabei aber ein hohes Gewicht auf die Regelmäßigkeit der religiösen Praxis, sowie auf Demut und die Bereitschaft zum Lob der himmlischen Macht.

1995, III/288: „Die Anrufung der Heiligen muß in die Einmaligkeit und Einzigartigkeit der Mittlerschaft Jesu Christi integriert sein." – Der Vorwurf der „Werkerei" ist an manchen Stellen nicht von der Hand zu weisen, das betrifft auch das Beispiel von Coelho, Anm. 142.

151 Freilich bewerkstelligen die Legenden diese Affirmation vor allem mittels einer Aufspaltung des Göttlichen in die sanfte Maria und den gegebenenfalls zornigen Gott/Christus, bzw. so, daß Maria in die Funktion des Christus gesetzt wird, was sicher keine glückliche Lösung darstellt.

152 Insgesamt scheint mir das Anliegen der Marienlegenden mindestens so sehr seelsorglich wie paränetisch zu sein.

3.3.4 Die Ewigkeit vor Augen

Eine weitere Form der Predigt, neben Bild und Dichtung, war das geistliche Spiel, das seine Wurzeln in der Liturgie des Gottesdienstes hat. Seit dem 10. Jahrhundert werden heilsgeschichtliche Szenen innerhalb des Gottesdienstes dargestellt, zunächst als kurzes Intermezzo in der Matutin am Ostermorgen. Den Kern des Spiels bildet die *visitatio sepulchri*, der Besuch der Frauen am Grab und das Gespräch mit den Engeln. Es wird dargeboten von Gruppen von Geistlichen, die aus dem Chor heraustreten und am Altar, der das Grab repräsentiert, in der Rolle der Frauen und Engel nach genauen Anweisungen agieren und singen. Die Gesten und Gebärden haben symbolische Bedeutung, die Requisiten (Altartuch als Totenhemd Christi, vorgewiesen als Beleg seiner Auferstehung) entstammen der Liturgie. Die Texte werden in der Form des gregorianischen Gesangs vorgetragen. Der liturgische Rahmen bleibt gewahrt, auch dergestalt, daß die Protagonisten nicht in Verkleidung auftreten – sie tragen ihre liturgischen Gewänder – und keine „verstellende Darstellung" zeigen. Es geschieht lediglich eine vorsichtige Symbolisierung in getragenem Ton, dennoch handelt es sich zweifellos um eine theatralische Darstellung. Diese Kernszene wird im Lauf der Zeit erweitert um den Wettlauf der Jünger Petrus und Johannes zum Grab[153] und um die Begegnung der Maria Magdalena mit Jesus in der Rolle des Gärtners. Durch den wachsenden Umfang der Szenen und ihre zunehmende Entfernung vom Geist der Liturgie wird die Beziehung des geistlichen Spiels zum Gottesdienst immer geringer. Darum entstehen im Laufe des 12. und 13. Jahrhundert an verschiedenen Orten autonome geistliche

---

[153] Johannes gewinnt laut Joh 20 vor dem etwas langsamen Petrus, wohl erstmals dargestellt bei einer Osterfeier in Augsburg im 11./12. Jh. durch zwei laufende Geistliche, bei der das ganze Kirchenschiff zur Darstellung genutzt wird.

Spiele[154], die gesondert – doch zunächst noch durch Geistliche – aufgeführt werden, Oratorien-ähnliche lateinische Singstücke. In den folgenden Jahrzehnten verliert die Geistlichkeit immer mehr ihre Führungsrolle in der Gesellschaft zunächst an den emanzipierten Adelsstand, dann auch an das wohlhabende städtische Bürgertum. Die Beteiligung der Laien an den religiösen Spielen wächst stark an. Das Latein wird von der Volkssprache zurückgedrängt, schließlich ersetzt, das Spiel wird dem Leben und dem Umfeld des städtischen Menschen angepaßt, auch im Hinblick auf dessen kulturelle und literarische Interessen. Die Attraktivität der Vorführungen wird immer mehr durch unterhaltsame profane Elemente gesteigert. Die ursprünglich liturgischen Spielelemente sind nur mehr ein kleiner Teil der außerhalb des gottesdienstlichen Rahmens aufgeführten volkssprachigen Spiele, die von (immer mehr) Laien vor der Kirche oder auf dem Marktplatz gespielt werden[155], dabei zunehmend darstellerisch ausgestaltet und erweitert, auch mit derberen Elementen (Prügelszenen, sexuellen Zoten etc.) versehen werden. Die klassischen liturgischen Rollen verhalten sich nach den liturgischen Vorschriften, sie spielen im Stil der *sublimitas* (deutlich vor allem in den Prozessionen), die neuen, volkstümlichen Figuren sind davon frei und gestalten ihr Spiel im *humilitas*-Stil, einer Umkehrung des feierlich-getragenen Auftretens zu hektischen, teils lächerlichen Bewegungen. Der szenische Ausgangspunkt im Kirchenraum bleibt erkennbar: Alle Orte des Spiels sind gleichzeitig auf der Bühne angeordnet (Simultanbühne). Ungeachtet aller Erweiterungen liegt auch diesen Spielen, die vielfach an das lateinische Vorbild anknüpfen, immer noch ein geistliches Interesse zugrunde: Das Volk soll die Heilsgeschichte kennen und zu ethisch angemessenem Lebenswandel gebracht wer-

---

154 Neben Ostern dienen die Passion, Weihnachten, das Leben Jesu, Mariens, der Heiligen oder Propheten, Schöpfungsbericht und eschatologische Verheißungen, mithin die gesamte Heilsgeschichte, als Gegenstände szenischer Darstellung.
155 Statt sechs oder sieben Darstellern sind es z.B. im Redentiner Osterspiel 56, wegen des Zuwachses nicht-religiöser Figuren.

den. Damit das Volk aber dazu bereit ist, die religiöse Bildung auf diesem Wege aufzunehmen, finden sich etliche Zugeständnisse an Geschmack und Bedürfnisse des spätmittelalterlichen Bürgers[156]. Ein solches geistliches Spiel ist das aus zwei Teilen bestehende mittelniederdeutsche Redentiner Osterspiel, dessen Text erhalten ist in einer Handschrift aus dem Jahr 1464[157]. Es ist im November des Jahres auf dem Gehöft Redentin entstanden, das sich im Besitz der Zisterziensermönche von Bad Doberan befand[158]. Das Spiel soll dem aufmerksamen Zuschauer zum Heil wirken, wie der zweite Engel zu Beginn mitteilt: „Gott will in dieser Zeit die erlösen, die von dem Bösen ablassen. Die heute mit Gott aufstehen, die werden frei von Sünden weggehen. Damit euch das alles geschehe, ein jeder höre und sehe!"[159]

> Im ersten Teil des Spiels werden die Ereignisse nach Christi Kreuzestod dargestellt. Die Juden bitten Pilatus um die Bewachung des Grabes, wegen seiner Ankündigung, nach drei Tagen aufzuerstehen. Pilatus, ein forscher Regent, will seine Ruhe und entsendet vier Soldaten, dargestellt als mittelalterliche Ritter mit je eigenem

---

156 „Gleichzeitig aber tritt die offizielle Kirche gegenüber dieser Entwicklung, die im Gottesdienst begonnen hat und die die Heilsgeschichte mimetisch darzustellen versucht, immer mehr in Distanz. Die geistlichen Spiele werden von den Theologen kritisiert, von den Bischöfen teilweise sogar verboten. Im Protestantismus sind die Passionsmusiken zum Teil an ihre Stelle getreten." (Manfred Josuttis, Der Weg in das Leben. Eine Einführung in den Gottesdienst auf verhaltenswissenschaftlicher Grundlage, München 1991, 153.)
157 Sie enthält ein deutsches religiöses Drama unter dem lateinischen Titel *De resurrectione.*
158 Der Text ist die Abschrift eines geistlichen Spiels aus Lübeck, das in Erwartung der großen Pest (Pfingsten 1464) entstanden ist und für die Aufführung in Lübeck bestimmt war (Luzifer entsendet seine Teufel nach Lübeck, da dort Menschen in großer Zahl sterben werden). Die Aufführung sollte vermutlich zu Ostern in der Lübecker Marienkirche stattfinden, vor dem Lettner, also auf der Höhe und in der Nähe des Totentanzes der Marienkirche (ein Jahr zuvor entstanden), auf den sich der Text des Spiels im zweiten Teil mehrfach bezieht.
159 Das Redentiner Osterspiel. Mittelniederdeutsch und Neuhochdeutsch. Übersetzt und kommentiert von Brigitta Schottmann, Stuttgart 1975, 23/13-18. Zitiert wird nach Seiten- und Zeilenzahl.

3.3 Spiritualität in der Zeit des Mittelalters

Charakter, sämtlich eher komische Figuren. Alle sind sie Maulhelden, alle sind sie geldgierig (*Dat ghelt maket den Helt springhen! – Das Geld läßt den Helden springen*, 30f./117), alle sind sie feige und übertragen ihre Aufgabe dem Turmwächter. Der Wächter bemüht sich denn auch, sie zu wecken, als sich sonderbare Ereignisse am Grab zutragen, doch vergebens, da sie von Engeln in tiefen Schlaf versetzt wurden. Jesus verläßt sein Grab. Die Wächter werden von den Juden gescholten, doch sie drohen, die Auferstehung bekannt zu machen; durch Geld lassen sie sich zum Schweigen überreden. Auch bei Pilatus erreichen die Juden die Verschonung der nachlässigen Grabwächter, die sich eilends davonmachen. Das eigentliche Drama der Heilsgeschichte betrifft denn auch nicht die beteiligten Menschen, sondern den Kampf Christi mit dem Teufel, der in die Wächterepisode eingefügt ist, entgegen der biblischen Chronologie *nach* der Auferstehung. Seine Bedeutung ist u.a. an den zahlreichen lateinischen Gesängen zu erkennen, die Engel und Christus vortragen. Wie das Credo aussagt, steigt Christus in das Reich des Todes, in die Hölle hinab. Er sprengt die Höllentore, die Engel legen Luzifer, den gefallenen Engel, in Ketten und das erste Menschenpaar, die biblischen Patriarchen und Propheten werden erlöst und folgen Christus in den Himmel[160]. Die sakralen Szenen werden wiederholt von wilderen Teufelsauftritten unterbrochen, die jedoch dem Himmelsboten nichts anhaben können.

Der zweite Teil des Redentiner Spiels unterscheidet sich merklich von anderen geistlichen Spielen. Die traditionellen Szenen des liturgischen Dramas wie der Jüngerwettlauf oder Christi Begegnung mit Maria Magdalena sind sämtlich gestrichen. An ihre Stelle tritt ein Seelenfangspiel, ein Totentanz, der dem Totentanz der Lübecker Marienkirche nachgebildet ist, bis hinein in wörtliche Zitate[161]. Die

---

160 Insgesamt ist das Spiel in diesem Abschnitt dem liturgischen Drama sehr nahe. Es gibt viele Prozessionen, die Gesten sind stilisiert und ritualisiert und die Gesamtwirkung ist eher statisch, so jedenfalls in der Aufführung durch Dozenten und Studierende der katholischen Universität Leuven (Belgien) vor einigen Jahren.

161 Totentänze, ein gesamteuropäisches Phänomen im späten Mittelalter, stehen im Zusammenhang der Memento-mori-Literatur wie der Ars-moriendi-Dichtungen. Sie bemühen sich um die Bestärkung des Glaubens an eine sinnstiftende Ordnung und um Kräftigung des Sozialgefüges angesichts des Massensterbens bei den Pestepidemien, sie lehren die Verantwortung des einzelnen für sein individuelles Seelenheil und schärfen seine ethische Verantwortung an seinem Platz im gottge-

Sünder, die im Redentiner Osterspiel von den Teufeln eingefangen und an einer Kette geführt vor Luzifer gebracht werden, erscheinen in einem Reigen, wie der Totentanz ihn zeigt – der einzelne Sünder bildet mit jeweils einem Teufel ein Paar wie die Personen im Totentanz mit dem Tod, und die Gefangenen erscheinen nach Ständen geordnet. Die Verknüpfung dieser Totentanzmotive mit dem Osterspiel dürfte dem Autor sinnvoll erschienen sein, weil sich die Themen ergänzen: Zum Memento mori tritt die Hoffnung auf Erlösung, die in Tod und Auferstehung Christi ihren Grund hat.

Dieser Teil des Spiels beginnt mit einer Rede Luzifers, der die Folgen des Auftretens Christi beklagt – seine Hölle ist leer. Er sendet seine Teufel aus, die Menschen zur Sünde zu verführen und

---

wollten ständischen ordo ein. Sie sind geistliche Lehrdichtungen mit ausgeprägt paränetischer Tendenz, die zur Buße rufen; häufig sind sie im Wirkungsbereich von Bettelorden entstanden. Mitunter haben sie deutlich sozialkritische Züge und zeigen, daß der Tod jeden ergreift, ohne Unterschiede zu machen, und damit alle Standesunterschiede ausgleicht. Der Tod holt Menschen in einen Reigen, jeweils ein Mensch bildet mit dem Tod ein Paar, und führt einen Dialog mit ihm; Prolog und Epilog können das Geschehen in die Heilsgeschichte einordnen. Diese Züge zeichnen auch den Totentanz in der Lübecker Marienkirche aus (1701 kopiert, 1942 verbrannt, doch zuvor noch photographiert und durch Fragmente aus Reval, die vom selben Künstler stammen, in etwa zu rekonstruieren; Textausgabe: Der Totentanz der Marienkirche in Lübeck und der Nikolaikirche in Reval (Tallinn). Edition, Kommentar, Interpretation, Rezeption. Hg. von Hartmut Freytag [Niederdeutsche Studien 39], Köln/Weimar/Wien 1993, Zitation nach Seiten- und Zeilenzahl). Der Reigen beginnt mit dem Papst („Herr Papst, jetzt bist du der Höchste, laß uns vortanzen, ich und du! Magst du auch Stellvertreter Gottes gewesen sein, ein Vater auf Erden, Ehre und Ansehen empfangen haben von allen Menschen dieser Welt, so muß du mir doch folgen und werden, wie ich bin. Dein Lösen und Binden war gültig, aber jetzt verlierst du dein hohes Ansehen." 153/21-28) und führt über weltliche und geistliche Würdenträger, die zum Teil schroff kritisiert werden, über die Bürger bis zu dem besitzlosen Klausner („Du kannst wohl fröhlich tanzen, dir gehört das Himmelreich. Die Arbeit, die du getan hast, wird deine Seele mit Lust erfüllen. Handelten alle so, so würde es ihnen nützen, und es sollte ihnen nicht viel Schlimmes widerfahren." 297/341-348), zu den jungen Menschen und schließlich zum Kind, das klagend anmerkt, daß es tanzen solle, obwohl es noch nicht gehen könne.

sie in die Hölle zu locken, alle, Laien und Kleriker, Herren, Ritter und Knappen. Schließlich kommen sie mit Sündern überwiegend aus dem Mittelstand zurück (in einer Pervertierung des Zugs der erlösten Seelen), die sich ganz alltäglicher und nicht einmal besonders großer Verfehlungen in ihren Berufen schuldig gemacht haben: Der Bäcker hat zuviel Hefe in den Teig gemischt, der Schuster hat schlechte Schuhe verkauft und die Wirtin hat mehr Schaum als Bier gezapft. Luzifer vertritt ihnen gegenüber nach ihren ausführlichen Beichten die Position eines Moralpredigers und verordnet ihnen Strafen in enger Beziehung zu ihrem Tun – ein glühender Ofen für den Bäcker, eine Pechtonne für den Schuster, das Einlöffeln heißer Flüssigkeit für die Wirtin. Satan kommt schließlich mit einem Kunden der Wirtin, einem Priester an, der sich lieber im Wirtshaus als in der Kirche aufhielt. Doch diesen Fang läßt Luzifer laufen, denn der Geweihte Gottes macht ihm Angst und sagt ihm den endgültigen Sieg Christi voraus (*Kumpt Jhesus noch ens vor dyne doren, He schal de gantzen helle verstoren!* – Wenn Jesus wieder vor deinen Toren erscheint, wird er die ganze Hölle zerstören, 162f./1910f.). Für diesen unglücklichen Fang wird Satan, der treueste Diener Luzifers, aus der Hölle verjagt, der geschwächte und vor Kummer erkrankte Luzifer läßt sich von seinen Dienern in die Hölle zurücktragen, um die verbliebenen Seelen zu bewachen (eine Parodie der Heilandsprozession). Der Schlußsprecher formuliert das Fazit und schlägt den Bogen zum Beginn.

Die Resultate der Betrachtung des Spiels sind Gottvertrauen, Heilsgewißheit, ethischer Lebenswandel und spürbare Osterfreude: „Wir wollen uns in Gott freuen und seine göttlichen Gebote erfüllen und alle in Gottes Gnade leben. Dann kann uns der Böse Geist nicht schaden. [...] Nun wurde uns zuletzt gezeigt, wie die Leute aus allen Berufen zur Hölle gejagt werden. Niemand fühle sich dadurch gekränkt, sondern jeder achte auf seine eigene Sünde. Denn es geschieht leider viel mehr Böses, als man wohl in einem Spiel zeigen kann und darf oder als man beschreiben kann. Gott gebe, daß wir alle zusammen bei ihm bleiben in seinem ewigen Reich. Dazu verhelfe Gott uns allen zusammen! Denn Gott hat uns alle gerächt und hat die Hölle der Teufel zerbrochen und hat uns das Paradies gegeben, wo wir ewig mit ihm leben sollen.

Deshalb wollen wir uns überall freuen und singen: Christus ist auferstanden!" (169/2000-2003.2010f. und 171/2012-2025)

FAZIT: Das Redentiner Osterspiel verkündigt im ersten Teil seinen Rezipienten das bereits Gegenwart gewordene Heil, indem es die Überwindung des Todes und der Sünde durch Christus zeigt, durch seinen Tod, seine Auferweckung und Höllenfahrt. Ohne menschliches Zutun, ohne menschlichen Verdienst hat Gott in Christus alle Schuld auf sich genommen und dem Menschen die Ewigkeit im Gottesreich als Zukunft bestimmt. Das Spiel will dem Beschauer helfen, diese heilsgeschichtlichen Daten persönlich anzueignen und sein Vertrauen darauf zu setzen, damit der Mensch seine Hoffnung auf Gottes Ewigkeit richten und Gottes Gebot und Verheißung entsprechend leben kann. Die Totentanzmotive im zweiten Teil mahnen darauf das bürgerliche Publikum drastisch und nachdrücklich, das durch Christi Erlösungshandeln erworbene Heil nicht durch die eigene Sünde, für die detaillierte Beispiele geboten werden, wieder zu gefährden. Das geistliche Spiel wirkt durch eine Mischung aus erinnerter Heilsgeschichte, Affirmation und Paränese, anschaulich und unterhaltsam dargeboten, auf die Umkehr seiner Zuschauer hin, es will ihren Glauben stärken und ihnen darin das Heil zueignen. Denn das Spiel tut das, was eine Feier der Messe[162] tut: Sie macht diejenigen, die dabei sind, dem Heil gleichzeitig, nimmt sie in die immer neue Gegenwart des Heilsgeschehens hinein, so daß sie im Moment der jeweiligen Feier wie im betrachtenden Mitvollziehen des Spiels Vergebung der Sünden, Anteil am Heil erlangen können. „Die heute mit Gott aufstehen, die werden frei von Sünden weggehen. Damit euch das alles geschehe, ein jeder höre und sehe!" (23/15-18)

---

[162] Nach protestantischem Verständnis: eine gute Predigt, die nicht ein „Reden über", sondern wirkmächtiges Sprechen ist.

3.3.5 Ertrag

Welche Momente der sehr verschiedenartigen Ausprägungen mittelalterlicher Spiritualität lassen sich aufgrund der vier Beispiele festhalten?

1. Ein wesentliches Ziel der unterschiedlichen, doch sämtlich kontextgebundenen Verkündigungsformen ist die Stärkung der Heilsgewißheit der Beschauer und Hörerinnen, ihre Tröstung und Vergewisserung gegen alle Angst vor bösen Mächten und ungewissem Geschick und die Kräftigung ihrer Hoffnung.

2. Diese Hoffnung ist, wie auch in den früheren Jahrhunderten, auf die Erlangung des ewigen Heils gerichtet, sie hat also weiterhin eine eschatologische Ausrichtung, doch ist festzustellen, daß ein stärker diesseitiges Moment hinzugekommen ist: Der spirituelle Weg wird *in dieser Welt* gegangen, das erforderliche – moralische – Handeln wird am jeweils gegebenen Ort vollzogen.

3. Ein Verlassen der Welt ist nicht erforderlich, Gott kann in der Welt gesucht und gefunden werden. Auch Besitz und Macht sind nicht verwerflich oder für sich genommen das Seelenheil gefährdend; vielmehr ist die Fülle der Güter Erweis von Gottes Gnade, die der Mensch dankend empfangen darf, dann aber auch sinnvoll und demütig anwenden soll.

4. Quellen menschlicher Hoffnung sind auf der einen Seite die als unermeßlich und unbegrenzt gedachte Macht Gottes einschließlich ihrer kosmologischen Dimension, andererseits die aus sorgfältiger Betrachtung der Heilsgeschichte gewonnene Einsicht in die Nähe der Menschheit Jesu.

5. Obwohl die Gemeinschaft der Christen weiterhin von Bedeutung ist, wird die individuelle Gottesbeziehung des einzelnen Menschen stärker betont, im Zuspruch ebenso wie im Anspruch; entsprechend werden differenzierte und unterschiedlich hohe Anforderungen an die jeweilige Frömmigkeit erhoben.

6. Ein Fortschritt auf dem Weg der Heiligung wird dabei weiterhin als wünschenswert angesehen, doch ist es vor allem die Rettung

vor Hölle und Tod, um die sich der Mensch, von Gottes Gnade zum Handeln befreit, bemühen soll.

7. Schritte auf diesem sichernden Weg der *praxis pietatis* sind, wie von der Tradition überliefert, Glaube und Liebe als Gottes-, Nächsten- und Selbstliebe sowie das entsprechende Handeln[163] und die vertrauende Nutzung der Sakramente, unter denen die Beichte hervorgehoben wird; besonderes Gewicht wird auf Regelmäßigkeit in den Frömmigkeitsübungen und auf das Einhalten des rechten Maßes (*mâze*) gelegt.

3.4 Spiritualität zwischen Mittelalter und Moderne

Mit dem ausgehenden 15. Jahrhundert setzt ein immer schneller sich vollziehender Wandel der Wahrnehmung der Welt ein, auf den die spirituelle Entwicklung in vielerlei Hinsicht reagiert: Die Entdeckungen den Europäern bisher unbekannter Kontinente nötigen zu neuen geographischen Vorstellungen; wissenschaftliche Theorien verunsichern den selbstverständlichen Geozentrismus, der Humanismus und vor allem die Aufklärung verändern das Denken und damit auch den Glauben; die Abspaltung der Kirchen der Reformation erschüttert den Glauben an die unverrückbare Festigkeit der weltumspannenden Kirche; die im Zuge der Konfessionskämpfe sich verstärkende Inanspruchnahme weltlicher Macht und die schwindende politische Bedeutung der Kirchen erfordert die Ausbildung einer Idee der Gewaltenteilung, und sie verringert, ebenso wie die französische Revolution, zugleich nachhaltig das

---

163 Dabei kann die Feindesliebe ein wenig unterbetont erscheinen. Als Beispiel dafür ist m.E. der zeittypische Antijudaismus bzw. -semitismus zu sehen, der in allen Textdenkmälern zu finden ist (Bernhard an verschiedenen Stellen, vgl. 60,301 [Habsucht, Kleben am Buchstaben, grobe Gesinnung, grobes Handeln, grober Ritus etc.], eine – theologisch motivierte – Differenzierung bietet 79,565; Marienlegenden XXIII, XXV; das Redentiner Osterspiel bedient sich in der Darstellung der Juden der dann klassisch gewordenen Klischees).

Gefühl der Geborgenheit in einer von Gott gelenkten Welt; die u.a. aus den zahlreichen Kriegen resultierende gravierende Not zahlreicher Menschen führt zur Ausbildung einer ausgeprägt sozialen Gestalt christlicher Frömmigkeit, zugleich ist eine merkliche ‚Wendung nach innen' zu konstatieren.

Eckdaten der Spiritualität von der Reformation bis zur Aufklärung

1517	Mit der Veröffentlichung von Martin Luthers „95 Thesen" beginnt die Reformation in Deutschland (1521 Wormser Edikt, das die Reichsacht über Luther verhängt; 1529 Reichstag von Speyer mit „Protestation" der evangelischen Reichsstände gegen den Durchführungsbeschluß, 1531 Schmalkaldischer Bund der protestantischen Stände)
1522	Kirchliche Reform in Zürich durch Huldrych Zwingli
ab 1523	Ignatius von Loyola entwickelt die „Exerzitien"
1524	Gründung des Theatinerordens
1524–25	**Bauernkrieg**
1527/28	Abendmahlsstreit zwischen Luther und Zwingli (Einigung im Marburger Religionsgespräch scheitert)
ab 1527	Unter der Regentschaft Heinrichs des VIII. bricht die Kirche von England mit Rom (1534 Suprematsakte, nach Regentschaft Marias I. der Katholischen Erneuerung der Suprematie 1559)
1529	**Die Türken besetzen Wien**
1530	Auf dem Reichstag zu Augsburg legen die Protestanten die Confessio Augustana vor
1535	Ende des Täuferreiches in Münster
1536	Päpstliche Anerkennung der Kapuzinerstatuten (strenge Observanzrichtung der Franziskaner)
1536	Kirchliche Reform in Genf durch Johannes Calvin
1537	Paul III. verbietet die Sklaverei in der neuen Welt (Androhung der Exkommunikation)
1540	Der Papst bestätigt die „Societas Jesu" (Jesuiten)
1543	Kopernikus veröffentlicht „Über die Bewegung der Himmelskörper" als Hypothese
1545–63	**Konzil von Trient**
1546	Ordensgründung durch Filippo Neri (ab 1575: Oratorianer)
1549/52	„Book of Common Prayer"

1555	**Augsburger Religionsfriede (Anhänger der CA erhalten den Status einer reichsrechtlich anerkannten Konfession; Recht zur Konfessionsbestimmung liegt bei den Landesfürsten)**
ab 1560	Rückgewinnung protestantischer Reichsgebiete insbesondere infolge des Wirkens der Jesuiten
1562	Gründung der Unbeschuhten Karmelitinnen durch Teresa von Avila
ab 1562	**Hugenottenkriege in Frankreich (zwischen protestantischen Ständen und Krone)**
1571	**Sieg über die Türken vor Lepanto**
1582	Einführung des gregorianischen Kalenders (von den Protestanten erst im 17. und 18. Jahrhundert übernommen, von der Orthodoxie im 20. Jahrhundert)
1589	Moskau erhält den Rang eines Patriarchats unabhängig von Konstantinopel
ab 1597	Entwicklung der metaphysisch aufgebauten Theologie des Jesuiten Francisco Suárez
1600	**Verbrennung des Dominikaners Giordano Bruno wegen heterodoxer Kosmologie in Rom**
um 1600	Entstehung baptistischer Gruppen in England und Holland
ab 1600	Entstehung der spekulativen Schriften des Mystikers Jakob Böhme
1611	Erscheinen der „King James Version of the Bible"
ab 1617	Sozial orientiertes Wirken des Vinzenz von Paul in Frankreich (Priestergemeinschaft der Lazaristen seit 1625, Genossenschaft der Barmherzigen Schwestern/Vinzentinerinnen seit 1639)
1618–48	**Dreißigjähriger Krieg (1648 Westfälischer Friede, bestätigt Augsburger Religionsfrieden)**
ab 1620	Auswanderung englischer Puritaner (Dissenter) nach Amerika
1631	Anonymes Erscheinen der „Cautio criminalis" des Jesuiten Friedrich Spee von Langenfeld gegen die Hexenprozesse (die letzten Prozesse finden Ende des 18. Jahrhunderts statt)
1633	Galileo Galilei widerruft angesichts drohender Folter seine Lehre von der Bewegung der Erde um die Sonne
1642–49	**Englischer Bürgerkrieg**

3.4 Spiritualität zwischen Mittelalter und Moderne

ab 1643	Auseinandersetzung um die Jansenisten in Frankreich (die unwiderstehliche göttliche Gnade beseitigt die Folgen der Erbsünde)
1643–48	Westminster Assembly (presbyterianische Ordnung statt Episkopalsystem, 1660 Restauration des Anglikanismus)
um 1648	Entstehung der Bewegung der Quäker in England
ab 1648	Aufkommen des Deismus in England (durch Voltaire, Diderot u.a. in Frankreich verbreitet, durch Lessing, Reimarus und Moses Mendelssohn in Deutschland); die Schriften von René Descartes (gest. 1650) leiten die Epoche des Rationalismus ein
ab 1660	Blüte der mystischen Schule des Quietismus (völlige Passivität der Seele vor Gott, Aufgeben sogar des Wunsches nach ewiger Seligkeit und aller Heiligungsbestrebungen; keine Bußwerke oder Andachtsübungen, kein mündliches Gebet); 1688 Verurteilung des Quietismus als häretisch.
1664	Gründung des Trappistenordens (schroffe Askese, körperliche Arbeit, Schweigen)
1667	Schisma der Altgläubigen in Russland
1670	Blaise Pascals „Pensées" werden posthum veröffentlicht (Pensée 913 hält Pascals Gotteserfahrung aus dem Jahr 1654 fest).
ab 1670	Entwicklung des Pietismus aus den Bibelstunden des Philipp Jakob Spener mit dem Ziel einer inneren Belebung der Frömmigkeit (in Halle unter August Herrmann Francke stärkere soziale Orientierung)
1678	John Bunyans „The Pilgrim's Progress" erscheint
1683	**Die Türken belagern Wien; Ende der türkischen Expansion in Europa nach dem Sieg deutscher und polnischer Truppen**
1685	Aufhebung des Edikts von Nantes von 1598, das den Hugenotten beschränkte Religionsfreiheit gewährt hatte (ca. 200000 Hugenotten flüchten innerhalb von 14 Tagen)
1690	Die schottische Kirche wird presbyterianisch
1700–21	**Nordischer Krieg (Dänemark, Rußland, Sachsen-Polen gegen Schweden)**
1701–14	**Spanischer Erbfolgekrieg**

1717	Gründung der Freimaurer in London zur Beförderung von Humanität, Freiheitsliebe und Toleranz; schnelle Ausbreitung der Logen auf dem Festland
1720	Gründung der Passionisten (bestätigt 1769)
1721	Die Oberaufsicht über die russische Kirche gerät während der Herrschaft Peters des Großen (1682-1725) unter staatliche Kontrolle (Leitung: „Heiliger Synod" statt Patriarch)
1722	Entstehung der Herrnhuter Brüdergemeine unter Nikolaus Ludwig Graf von Zinzendorf
1730–60	Große Erweckungsbewegung in Nordamerika
1732	Gründung der Redemptoristen (zur Seelsorge unter der einfachen Bevölkerung und für die Unterweisung der Jugend)
1738	Bekehrungserlebnis der Brüder Charles und John Wesley im Pfingstgottesdienst; beeinflußt durch die Böhmischen Brüder entwickeln sie die methodistische Spiritualität
ab 1750	Antikirchliches Klima und Widerstand gegen kirchlichen Einfluß auf die Politik seitens Aufklärung und Absolutismus (führt zu Bekämpfung und schließlich Aufhebung des Jesuitenordens, der 1814 wiederhergestellt wird)
1751–80	Erscheinen der Enzyklopädie der Wissenschaften (Diderot, Le Rond d'Alembert), die das Gedankengut der Aufklärung zusammenstellen
1755	**Erdbeben von Lissabon**
1756–63	**Siebenjähriger Krieg (Preußen gegen Österreich, Rußland, Frankreich, Schweden u.a.)**
ab 1770	Entstehung der Schriften Immanuel Kants
ab 1775	**Freiheitskriege in Nordamerika**
1782	Veröffentlichung der „Philokalie" auf Griechisch
1789	**Beginn der französischen Revolution mit etlichen antikirchlichen Aktionen (ab 1799 Toleranz gegenüber der Kirche unter dem Konsulat Napoleons; 1801 Konkordat mit Rom; 1804 Salbung Napoleons durch den Papst, die Krönung vollzieht der Kaiser selbst)**
1803	Reichsdeputationshauptschluß (Sanktionierung der Säkularisation, d.h. Einzug der Kirchengüter)

1806	Ende des Heiligen Römischen Reichs deutscher Nation mit Niederlegung der Krone durch Franz II. infolge eines Ultimatums Napoleons
1815	Wiener Kongreß (Wiederherstellung des Kirchenstaates, doch keine Rückerstattung des säkularisierten Kirchengutes in Deutschland; die Beziehungen zwischen Kirche und Staat werden durch Konkordate geregelt)

Sechs kurze Darstellungen von Gestalten der Frömmigkeit in unterschiedlicher konfessioneller Prägung aus verschiedenen Jahrhunderten sollen nun die Spiritualität dieses Zeitabschnittes veranschaulichen; herangezogen werden dazu Lieddichtung und Liturgie, Seelsorgeschriften, geistliche Literatur und ein Dokument ekklesiologischen Reformbestrebens.

3.4.1 Christussehnsucht

Während 1597 die Pest in der Stadt Unna wütet, schreibt der dortige Pfarrer, der streitbare Lutheraner Philipp Nicolai[164], ein Trostbuch, ein Buch, das den angsterfüllten Menschen durch die Ausmalung des Jenseits helfen soll, im Grauen der Gegenwart

---

164 Nicolai, geboren am 10.8.1556 als Sohn eines Pfarrers in Mengeringhausen, gestorben 26.10.1608 in Hamburg, ist in zum Teil heftigen Auseinandersetzungen sowohl mit Katholiken wie mit Calvinisten ein klarer und kämpferischer Vertreter der lutherischen Lehre, die er in zahlreichen Streitschriften und historischen Werken verficht, insbesondere zur Frage des Abendmahls. Er studiert in Erfurt und Wittenberg, baut in Herdecke/Westfalen die lutherische Gemeinde neu auf, die infolge katholischer Bemühungen weitgehend zerfallen war, bis er vor den spanischen Truppen fliehen muß, und kämpft in Wildungen/Waldeck gegen die calvinistische Position seines Amtsbruders. 1594 wird er in Wittenberg promoviert, 1596 zur Hilfe gegen die erstarkenden Calvinisten nach Unna gerufen, von wo er wegen seiner bekanntermaßen antikatholischen Haltung wenige Jahre später erneut vor den spanischen Truppen flieht. Im April 1601 wird er einstimmig zum Hauptpastor von St. Katharinen in Hamburg gewählt.

standzuhalten und nicht alle Hoffnung zu verlieren, den *FrewdenSpiegel deß ewigen Lebens*[165]. Dem Text sind vier Choraldichtungen beigegeben, darunter „Wachet auf, ruft uns die Stimme" und „Wie schön leuchtet der Morgenstern", die in vieler Hinsicht als Summe der Erbauungsschrift anzusehen sind[166]; im folgenden werde ich mich vor allem auf den „Morgenstern" konzentrieren. Beide Choräle sind Ausdruck einer starken, sehnsuchtsvollen Liebe zu Christus und – gegen alle Macht des Todes – Ausdruck einer unbeirrbaren Jenseitshoffnung der Christen; beide sind, jedenfalls im protestantischen Raum, bekannt und sehr beliebt[167]. „Wachet

---

165 Phil. Nicolai, FrewdenSpiegel deß ewigen Lebens. Das ist: Gründtliche Beschreibung deß herrlichen Wesens im ewigen Leben / sampt allen desselbigen Eygenschafften vnd Zuständen / auß Gottes Wort richtig vnd verständtlich eyngeführt. Auch fernere / wolgegründte Anzeig vnd Erklärung / was es allbereit für dem jüngsten Tage für schöne vnd herzliche Gelegenheit habe mit den außerwehlten Seelen im himmlischen Paradeiß. Allen betrübten Christen / so in diesem Jammerthal / das Elendt auff mancherley Wege bauwen müssen / zu seligem vnd lebendigem Trost zusammen gefasset. / Franckfurt am Mayn 1599; als Facsimile Neudruck (Soester wissenschaftliche Beiträge 23), im Auftrage der Stadt Soest und des Vereins für die Geschichte von Soest und der Börde hg. von D. Dr. H. Schwartz und Dr. W.-H. Deus, Soest 1963. Aus systematisch-theologischer Perspektive setzt sich Anne M. Steinmeier-Kleinhempel ausführlich mit dieser Schrift auseinander, „Von Gott kompt mir ein Frewdenschein". Die Einheit Gottes und des Menschen in Philipp Nicolais „FrewdenSpiegel deß ewigen Lebens" (Europäische Hochschulschriften XXIII/430) Frankfurt u.a. 1991; dort auch weitere Literatur.
166 In der Sekundärliteratur zu Nicolai ist die Entstehungszeit der Dichtungen nicht völlig unumstritten; doch ob die Choräle während der Pest in Unna entstanden sind und eine Zusammenfassung des „FrewdenSpiegels" darstellen, oder ob umgekehrt dieser als eine Entfaltung der schon 1595 – während die heimatliche Gemeinde in Mengeringhausen, in der sein Bruder das Pfarramt innehatte, unter der Pest litt – in Alt-Wildungen entstandenen, in die Lieder eingetragenen Vorstellungen anzusehen ist, ist für deren Gehalt nicht wesentlich.
167 Otto Brodde kann sie in Aufnahme eines Diktums von Christian Palmer als „König und Königin unter den Chorälen" bezeichnen (Philipp Nicolai, in: MGKK 1937, 91-93, hier: 92). „Wachet auf" wurde in der Zeit des Pietismus populär; seinen gegenwärtigen Bekanntheitsgrad dürfte

3.4 Spiritualität zwischen Mittelalter und Moderne

auf" (EG 147, GL 110) richtet seine Mahnung zur Hoffnung und Freude an die Gemeinschaft, der „Morgenstern" (EG 70, GL 554) ist zumeist aus der Perspektive des einzelnen formuliert. Die kirchenjahreszeitliche Einordnung kann differieren: „Wachet auf" hat in den protestantischen Kirchen seinen Ort am Ende des Kirchenjahres als Wochenlied an dessen letztem Sonntag, da es in seinem Inhalt dem altkirchlichen Evangelium des Ewigkeitssonntags folgt; in der katholischen Kirche wird es als adventliches Lied aufgefaßt; in beiden Fällen wird durch die Plazierung der eschatologische Gehalt des Liedes hervorgehoben. Der „Morgenstern" ist im evangelischen Raum als Wochenlied an Epiphanias ebenfalls kirchenjahreszeitlich geprägt, vermutlich aus einer assoziativen Verbindung von angesprochenem Morgenstern (Apc 22,16) mit dem Stern der Weisen herrührend, im katholischen Raum gehört er, ohne spezifische Zuordnung, zu den „Christusliedern", wobei allerdings die Herausgeber eine Erläuterung für erforderlich halten: „Nach biblischem Zeugnis (Offenbarung 19,7; 21,2.9; 22,17; Epheserbrief 5,22-24) darf sich die Kirche als Braut Christi verstehen;

---

der Choral u.a. seiner Verarbeitung in der gleichnamigen Bachkantate (BWV 140) verdanken. „Wie tief aber der Eindruck war, den Wort und Weise des *Morgensternliedes* gleich nach seinem Erscheinen machte, ergibt sich daraus, daß in der ersten Hälfte des 17. Jahrhunderts wohl schon ein halbes Hundert Lieder auf dieses Versmaß und zum Teil mit Anklängen an das Lied gedichtet sind"; Wilhelm Nelle, Geschichte des deutschen evangelischen Kirchenliedes, zweite erweiterte und verbesserte Auflage Hamburg 1909, 79. – Die Melodien spielen dabei eine nicht unwesentliche Rolle. Sie sind, nach Beobachtungen der Musikwissenschaftler, jeweils in besonderer und besonders gelungener Weise auf die ersten Strophen bezogen. Ob und inwieweit Nicolai dabei der Kunst der Meistersinger verpflichtet war, ist für die kunstvolle Formung nach mehrheitlichem Urteil nicht entscheidend; vgl. zum „Morgenstern" im Handbuch zum Evangelischen Kirchengesangbuch, hg. von Christhard Mahrenholz und Oskar Söhngen unter Mitarbeit von Otto Schlißke, Bd. II/2, 92-94; Walter Blankenburg, Die Kirchenliedweisen von Philipp Nicolai * Am 10. August 1556; in: MuK 26 (1956) 172-176, hier: 172; Hermann Kurzke, in: Geistliches Wunderhorn. Große deutsche Kirchenlieder, hg. von Hansjakob Becker u.a., zweite, durchgesehene Auflage München 2003, 146-153, hier: 149.

das gleiche kann auch für den einzelnen Christen gelten. So gießt der Dichter hier sein Christuslob in die Form eines ‚geistlichen Brautliedes', dessen Bilder er vor allem dem 45. Psalm (‚zur Königshochzeit') und den genannten Schriftstellen entnimmt. Deshalb wird im ganzen Lied Christus in der Sprache der bräutlichen Liebe angeredet."[168] Generell ist zu beobachten, daß sich in den Preis des Liedes verschiedentlich apologetische Klänge mischen – die dichterische Höhe des Brautliedes wird zwar überzeugend hervorgehoben, dennoch scheint die Bildwahl erklärungsbedürftig: „Das Morgenstern-Lied kündigt eine ganz neue Zeit an und schlägt einen bis dahin unerhörten Ton an im Kirchenliede, den Ton der *Jesusliebe*. Wie sollte er schon im 17., wie dann viel mehr noch im 18. Jahrhundert erklingen und zeitweise schier alleinherrschend werden! Nicolai aber ist der erste, der ihn in voller Süße und Tiefe, mit aller Glut der Innigkeit laut werden läßt."[169] Oder: „Es ist eines der schönsten und innigsten Zeugnisse barocker Brautmystik, voll strömenden Lebens und dichterischer Kraft. Damit ist es einer langen Tradition der Frömmigkeit eingeordnet, die ihre Grundlagen in der Heiligen Schrift hat, im 45. Psalm, der Vorlage unsres Liedes, bei den Propheten, besonders im Hohenlied, aber auch im

---

168 Gotteslob. Katholisches Gebet- und Gesangbuch, hg. von den Bischöfen Deutschlands und Österreichs und der Bistümer Bozen-Brixen, Lüttich und Luxemburg, Stuttgart 1975, 531f. Nicolai selbst hatte seinem Lied folgende Überschrift mitgegeben: „Ein Geistlich Braut-Lied der gläubigen Seelen / von Jesu Christo jrem himmlischen Bräutgam: Gestellt vber den 45. Psalm deß Propheten Dauids".
169 Nelle, Geschichte, 78. An anderer Stelle merkt Nelle tadelnd an: „Leider ist die kühne Sprache des Liedes im 17. Jahrhundert Anlaß geworden, daß Fleischlichgesinnte es bei Hochzeiten sangen, um es in ihrem Sinne zu deuten." Wilhelm Nelle, Schlüssel zum Evangelischen Gesangbuch für Rheinland und Westfalen. Die 580 Lieder dieses Buches nach Geschichte, Gehalt und gottesdienstlicher Verwertung dargestellt, dritte, verbesserte und vermehrte Auflage Gütersloh 1924, 173. Doch auch von anderen liturgischen Verwendungen wird berichtet: „Nicht selten begegnet das Lied bei Beerdigungen. Wenn beim *Nimm mich freundlich in dein Arme* der Sarg hinabgelassen wird, vermischen sich ergreifend Abschiedsschmerz und Vorschein der Ewigkeit." (Kurzke, 151.)

3.4 Spiritualität zwischen Mittelalter und Moderne

Neuen Testament, das die Bilder der Hochzeit vielfach kennt." – „Die Schönheit Gottes ist in einer für den Protestantismus selten unbefangenen Weise gesehen."[170]
Immer wieder – nahezu von Anfang an, doch verstärkt seit der Zeit der Aufklärung[171] – ist, wohl wegen der schwer verkraftbaren „Unbefangenheit", dieses „schöne und innige Zeugnis" überarbeitet und verändert worden, von lateinischen Einsprengseln gereinigt, der sprachlichen Entwicklung angepaßt und, dies vor allem, im Hinblick auf seinen Bildgebrauch gemäßigt[172]. Die gegenwärtig in EG und GL verwandten Fassungen, untereinander geringfügig differierend, bieten eine gegenüber dem Original offenbar als harmloser empfundene Textgestalt, der geringere Anstoß der Metaphorik geht allerdings zu Lasten der Aussagekraft und verändert zudem an einigen Stellen die theologische Aussage nicht unerheblich. Wie lautete der Text bei Nicolai? Was ist sein Gehalt, welche mögliche Wirkung hat er auf die Singenden ausgeübt? Bevor der ursprüngliche Text des Chorals, lediglich orthographisch angepaßt, angeführt wird, sei auf eine Besonderheit hingewiesen: Die Strophen haben, entsprechend gesetzt, sämtlich die Form eines Kelches, mit hoher Wahrscheinlichkeit eine Anspielung auf das Abendmahl, das in der 4. Strophe explizit genannt wird[173].

---

170 So im Handbuch zum Evangelischen Kirchengesangbuch, hg. von Christhard Mahrenholz und Oskar Söhngen unter Mitarbeit von Otto Schlißke, Bd. III/1, Göttingen 1970, 241 und 245.
171 Vgl. Kurzke, 152: „Auf Verständlichkeit bedacht, strichen die Aufklärer die pretiösen lateinischen Wendungen, auf Vernünftigkeit bedacht, ersetzten sie die kühnen Bilder durch blasse Begriffe, auf Sittenstrenge bedacht, tilgten sie die Erotica." Für die Neuzeit vgl. Nelle, Schlüssel, 171, der festhält, daß „man die Urform unmöglich beibehalten kann".
172 Vgl. ausführlich – und mit gutem Gespür für die wahrscheinlichen Motive der Überarbeiter – Waltraut-Ingeborg Sauer-Geppert, Motivationen textlicher Varianten im Kirchenlied, in: JLH 21 (1977) 68-82, bes. 73-76.79f.
173 Der entsprechende Hinweis findet sich im Handbuch zum Evangelischen Kirchengesangbuch, 245; für alle Strophen zeigt es Kurzke, 146f. Die Form der Kelche unterscheidet sich von Strophe zu Strophe ein wenig, doch erkennbar ist sie immer.

3 Christliche Spiritualität in historischer Perspektive

WIE SCHÖN LEUCHTET DER MORGENSTERN
VOLL GNAD UND WAHRHEIT VON DEM HERRN,
DIE SÜSSE WURZEL JESSE
DU SOHN DAVIDS AUS JAKOBS STAMM,
MEIN KÖNIG UND MEIN BRÄUTIGAM,
HAST MIR MEIN HERZ BESESSEN;
LIEBLICH,
FREUNDLICH,
SCHÖN UND HERRLICH,
GROSS UND EHRLICH,
REICH AN GABEN,
HOCH UND SEHR PRÄCHTIG ERHABEN.

2. Ei mein Perle / du werte Kron

Wahr Gottes und Marien Sohn
Ein hochgeborner König
Mein Herz heißt dich ein lilium,

Dein süßes Evangelium
Ist lauter Milch und Honig.
Ei mein / Blümlein
Hosianna / Himmlisch Manna
Das wir essen
Deiner kann ich nicht vergessen.

4. Von Gott kommt mir ein Freudenschein
Wenn du mit deinen Äugelein
Mich freundlich tust anblicken
O HERR Jesu mein trautes Gut

Dein Wort / Dein Geist / Dein Leib und Blut
Mich innerlich erquicken.
Nimm mich / Freundlich

3. Geuß sehr tief in mein Herz hinein
Du heller Jaspis und Rubin
Die Flamme deiner Liebe
Und erfreu mich / daß ich doch bleib
An deinem auserwählten Leib
Ein lebendige Rippe.
Nach dir / Ist mir
Gratiosa / Coeli rosa
Krank und glümmet
Mein Herz / durch Liebe verwundet.

5. HERR Gott Vater / mein starker Held
Du hast mich ewig / für der Welt
In deinem Sohn geliebet
Dein Sohn hat mich ihm selbst vertraut
Er ist mein Schatz / ich bin sein Braut
Sehr hoch in ihm erfreuet.
Eia / Eia

3.4 Spiritualität zwischen Mittelalter und Moderne

In dein Arme / Daß ich warme
Werd von Gnaden
Auf dein Wort komm ich geladen.

Himmlisch Leben / Wird er geben
Mir dort oben
Ewig soll mein Herz ihn loben.

6. Zwingt die Saiten in Cithara

Und laßt die süße Musica

Ganz freudenreich erschallen:
Daß ich möge mit Jesulein

Dem wunder schönen Bräutgam mein
In steter Liebe wallen.
Singet / Springet
Jubilieret / Triumphieret

Dankt dem HERREN
Groß ist der König der Ehren.

7. Wie bin ich doch so herzlich froh
Daß mein Schatz ist das A und O
Der Anfang und das Ende:
Er wird mich doch zu seinem Preis
Aufnehmen in das Paradeis

Des klopf ich in die Hände.
Amen / Amen
Komm du schöne / Freuden-Krone
Bleib nicht lange
Deiner wart ich mit Verlangen.

Philipp Nicolai hat ein Liebeslied geschrieben, strahlend und glücklich, überschwenglich, gesungen in hingerissener, freudiger Bewunderung, in Begeisterung für den so sehr Geliebten. Die Erfahrung der Vereinigung mit ihm, so beglückend, daß sie kaum beschreibbar ist, läßt im Singenden eine noch größere Sehnsucht wachsen. Er wünscht nicht nur Momente überschwenglichen Glücks, er ersehnt ungeduldig und leidenschaftlich dessen verläßliche Dauer, eine immer umfassendere Nähe, alles andere verdrängend, alles Sein, alle Wahrnehmung ausfüllend.

Diese Sehnsucht gilt Christus, dem wahren Menschen und wahren Gott, dem aufgehenden Licht, dem Bräutigam der anbetenden Seele[174], dem Herrn und Besitzer ihres Herzens, einem strahlenden und machtvollen, einem zugleich zugewandt-milden und reich

---

[174] Die Seele ist hier, wie häufig in biblischer Sprache, als *pars pro toto* für den ganzen Menschen anzusehen.

begnadeten großen König. Im schnellen Wechsel der Bilder[175] – kein einzelnes Bild kann den Glanz, die Schönheit erfassen, die der Singende vor Augen hat – rühmt das Lied den Geliebten: Stern, Perle, Edelstein, Krone, Schatz, kostbare Blüte, lebendiges Himmelsbrot, Anfang und Ende. Das alles und noch mehr ist der „wunder schöne" Bräutigam der Seele. Und die Seele hat, neben der Schönheit des Geliebten, die sie mit Entzücken erfüllt, noch weitere Gründe für ihr Preisen: Der Geliebte hat sie reich beschenkt mit dem „süßen Evangelium", Speise des gelobten Landes (Ex 3,8 u.ö.), wunderbare Nahrung schon in der Zeit der Prüfung in der Wüste; er blickt sie liebevoll und freundlich an; er hält sie in seinen Armen; er geht in sie ein in Wort, Geist und Sakrament; er füllt ihr Herz mit seiner Liebe, nicht behaglich und Ruhe gebend, sondern flammend, überwältigend, und das schon von Ewigkeit her. Denn diese Liebe geht auf den Vater zurück, der darum in der fünften Strophe direkt angesprochen wird. Die göttliche Liebe hat der Seele von Ewigkeit her gegolten, und auf die ewige Liebe antwortet die Seele mit ihrem ewigen Lob.

Doch sie lobt nicht nur im Wort. Die Seele kann über der Erfahrung der Liebe nicht ruhig bleiben: Ihre Freude äußert sich in Singen, Springen und In-die-Hände-Klatschen. Natürlich soll diese Freude nicht aufhören. Die Seele ruft ihre Hoffnung heraus auf das himmlische Leben im Paradies, das die nicht mehr endende liebevolle und wärmende Vereinigung mit dem Geliebten bringen wird – der Singende erwartet es mit sehnsuchtsvoller Ungeduld.

Eine maßlose Liebe? Ja. Hier singt ein Mensch, der die Liebe auf dieser Welt kennt, und die Wünsche, die sie offen läßt, die Sehnsucht nach ewiger Dauer, die sie erweckt, aber nicht stillt. Hier singt ein Mensch, der liebt, „von ganzem Herzen, von ganzer Seele, von allen Kräften und von ganzem Gemüt" (Lk 10,27), der im-

---

175 Die Quellen der Metaphern, ob Bibel oder theologische Literatur wie Bernhards Hohelied-Predigten, wohl vermittelt durch kompilatorische Werke, sind in der Literatur verschiedentlich benannt worden.

mer noch mehr lieben möchte, der sich geliebt weiß und dennoch immer noch mehr Antwort bekommen möchte auf seine Liebe. Doch bei allem Überschwang: Der Sänger formuliert nicht nur maßlose Liebe, er macht darin zugleich verantwortete theologische Aussagen. So wird – ungeachtet aller der Metaphorik der Brautmystik[176] geschuldeten Dominanz der Näheaussagen – dennoch ebenso der Hinweis auf die Größe und Ferne Gottes gemäß Jer 23,23 nicht ausgespart: Christus ist nicht nur der geliebte Bräutigam, er ist auch Herr und großer König. Der Sohn Davids ist, als „Gottes und Marien Sohn" wahrer Mensch und wahrer Gott, als „Wurzel Jesse" aus „Jakobs Stamm" dem biblischen Zeugnis entsprechend heilsgeschichtlich eingebunden. Lilie und Rose in den Strophen 2 und 3 verweisen auf CC 5,10[177], das in der Hoheliedexegese des Mittelalters auf die Passion und die Erhöhung Christi gedeutet wurde. „Sobald übersehen wird, mit welcher Genauigkeit Ph. Nicolai dogmatische Inhalte und gefühlsbetont wirkende Bilder aufeinander abstimmt, geht das eine mit dem anderen verloren: indem man die überschwenglichen Bilder bewußt ausschaltet, gibt man, ohne es zu merken, den theologischen Gehalt mit preis."[178]

Die Neufassung der dritten und vierten Strophe erweisen dies deutlich:

> „Gieß sehr tief in das Herz hinein, du leuchtend Kleinod, edler Stein, mir deiner Liebe Flamme, daß ich, o Herr, ein Gliedmaß bleib an deinem auserwählten Leib, ein Zweig an deinem Stamme. Nach dir wallt mir mein Gemüte, ewge Güte, bis es findet dich, des Liebe mich entzündet.
>
> Von Gott kommt mir ein Freudenschein, wenn du mich mit den Augen dein gar freundlich tust anblicken. Herr Jesu, du mein trautes Gut, dein Wort, dein Geist, dein Leib und Blut mich innerlich

---

176 Die Bilder entstammen dem von Nicolai selbst genannten Ps 45, dazu vor allem dem Hohenlied und der Offenbarung des Johannes wie die Rede vom Morgenstern (Apc 22,16); auch Anklänge an die Hochzeitsgleichnisse Jesu können gesehen werden.
177 „Mein Freund ist weiß und rot."
178 Sauer-Geppert, 74.

erquicken. Nimm mich freundlich in dein Arme und erbarme dich in Gnaden; auf dein Wort komm ich geladen."

Im zweiten Vers der dritten Strophe hat die Edelstein-Metaphorik ihre Farbigkeit und ihre Anschaulichkeit verloren, damit ist zugleich ein weiteres Bild für Christus – das Rot des Rubin und das kristallhelle Leuchten des Jaspis (Apc 21,11), also das Weiß – getilgt. Von der auch sinnlichen Freude, derentwegen die Seele unbedingt bei Christus bleiben *wird*, da der erste Genuß dieser Liebe sie, entsprechend CC 5,8, liebeskrank gemacht hat, ist jedenfalls noch das „Wallen" des Gemüts übrig geblieben. Doch das Ehebild aus Gen 2,21ff. ist ‚gereinigt' zu einer nicht übermäßig glücklichen Mischung aus dem Leib Christi gemäß I Kor 12,27 und dem Weinstock aus Joh 15,5. Auf das Entfernen der Himmelsrose wurde bereits hingewiesen, die „ewge Güte" ist an ihre Stelle getreten. Zwar spricht die dritte Strophe auch in der vorliegenden Form von Liebe, doch muß ihr Gegenstand erst noch gefunden werden; zudem wird ausweislich der vierten Strophe weniger die leidenschaftliche Umarmung, weniger die Liebe gesucht als vielmehr das Mitleid, ein freundlich-erbarmendes In-die-Arme-Nehmen, weniger die liebende Zuneigung als die mitleidige Zuwendung. Damit ist der Singende gedanklich bei seiner Erlösungsbedürftigkeit, seiner Not angekommen und besingt nicht mehr, wie in der ursprünglichen Fassung, ausschließlich Christus als die alles bestimmende „beglückende Wirklichkeit"[179], neben der keinerlei negative Aussage mehr Platz findet[180]. Auch die dem biblischen Denken und dem Bedeutungsgehalt der Inkarnation entsprechende enge Verbindung von Geist und Leib erscheint hier jedenfalls gelockert. In Nicolais Text haben demgegenüber die freudigen Regungen der Seele leibliche Entsprechungen, was den Gehalt einer Aus-

---

[179] Sauer-Geppert, 75.
[180] Vgl. auch den sechsten Vers in Strophe 5: Bei Nicolai ist die Seele in Christus „sehr hoch erfreuet", in der überarbeiteten Fassung wird sie „durch nichts betrübet".

sage wie Mt 9,15 angemessen aufnimmt[181]. Der Auferstandene ist lebendig-greifbares, personhaftes Gegenüber des Menschen, dem seinerseits als geliebtes Gegenüber Gottes ein hoher Wert beigemessen wird. Verschiedentlich ist die Individualisierung in Nicolais Lied kritisiert worden, doch wurde dabei übersehen, daß mit dem Hinweis auf Wort und Sakrament in Strophe 4, sachgemäß ergänzt um den Geist, die *nota ecclesiae* gemäß CA 7 (und CA 5) benannt sind und daß mit dem Bild des Leibes in Strophe 3 die Kirche als *corpus Christi* angesprochen ist. Zu denken ist hier ja nicht nur an Gen 2, sondern auch an die Aufnahme des Zitates in Eph 5,30ff.: Nicht nur die Seele, auch die Gemeinde ist von Nicolai als Braut des himmlischen Bräutigams gesehen[182], was übrigens bereits im „wir" der zweiten Strophe zum Ausdruck kommt. Die Begegnung mit Christus vereinzelt den Menschen nicht, zumal der Anspruch besteht, daß jede einzelne Seele das hier Beschriebene mitvollziehen und in den Gesang einstimmen soll (so auch der erste Vers in Strophe 6 sowie die Imperative an deren Ende) – anderenfalls wäre der „Morgenstern" nicht als Kirchenlied geschrieben worden. Hinzuweisen ist schließlich nochmals auf den eschatologischen Gehalt des Liedes, dessen Bilder damit das gesamte Dasein von der Schöpfung bis zur endzeitlichen Erlösung umspannen: Der „Morgenstern" bringt die lebendige Hoffnung auf die sehnsüchtig erwartete Ewigkeit zum Ausdruck, die in der Vereinigung mit dem Geliebten besteht. Diese Sehnsucht ist um so größer, als ein Vorschein der ewigen Freude bereits in dieser Welt in menschlicher Liebesbegegnung erfahren werden konnte. Zugleich ist darum die

---

[181] „Wie können die Hochzeitsgäste Leid tragen, solange der Bräutigam bei ihnen ist? Es wird aber die Zeit kommen, daß der Bräutigam von ihnen genommen wird; dann werden sie fasten."

[182] Darauf weist bereits Rudolf Köhler hin: „Wie schön leuchtet der Morgenstern" biblisch untersucht, in: MPTh 49 (1960) 91-95, hier: 94. Entsprechendes teilt auch Nicolai selbst mit, s. FrewdenSpiegel, 239. Überdies ist bei der Rede von der Rippe an die endzeitliche Wiederholung der Schöpfung zu denken.

Hoffnung so stark, daß sie alle Angst und Not der Gegenwart vergessen machen kann. Die Überwindung des Schreckens der Pest erreicht Nicolai ursprünglich eben nicht durch eine Bitte um Hilfe und Bewahrung, sondern „durch die Anbetung Gottes, in der Freude an seiner Herrlichkeit und unserer Errettung durch Christus."[183]

FAZIT: Nicolai besingt im „Morgenstern" die spirituelle Erfahrung der zugleich freudig-erfüllten und sehnsüchtig auf endgültige Erfüllung hoffenden Liebe zu Christus und ermöglicht – durchaus absichtsvoll – den Mitsingenden, sich in die ‚Herzenssprache'[184] des Liedes und damit in diese Erfahrung einzuschwingen. Sobald sie dies tun, sobald sie sich ihres Liebens und Geliebtseins von Ewigkeit her und in alle Ewigkeit singend vergewissern, werden sie zum *corpus Christi*, auf ihrem Weg durch die Welt von ihm mit himmlischer Speise versorgt, mit seiner Liebe erfüllt, erwärmt und beglückt durch die Nähe des königlichen Bräutigams.

Ist dieses Liebeslied den heutigen Gemeinden zumutbar – anstelle der maßvolleren, damit aber auch schwächeren Fassung unserer Gesangbücher? Warum eigentlich nicht?[185] Die Möglichkeit, brennend, sehnsuchtsvoll zu lieben, gehört zur menschlichen Grundausstattung und hat sich durch die Jahrhunderte nicht entscheidend verändert[186]. Das Problem dürfte darin liegen, daß uns ein solcher Überschwang in der Kirche jedenfalls seit der Zeit der Aufklärung nicht mehr geläufig und darum – wie auch der Bereich des Sinnlichen insgesamt – eher peinlich oder mindestens

---

183 Handbuch zum Evangelischen Kirchengesangbuch, 243.
184 S. Strophe 2, Vers 4.
185 Ein unvorbereitetes Singen würde allerdings wohl weder dem Choral noch den Gemeinden gerecht, das Befremden, die Irritation, die es zweifellos auslöste, stünden dem Verstehen und vor allem einem geistlichen Sich-Hineinfinden und Mitvollziehen im Weg. Nach einer Liedpredigt zu dem Gehalt der Dichtung aber, die auf das Singen der Gesangbuchfassung folgen könnte, ist der Einsatz der alten Fassung gut vorstellbar.
186 Das zeigt beispielsweise die nach wie vor selbstverständliche Rezeption etlicher Hohelied-Passagen ebenso wie die ungebrochene Wirksamkeit der großen Dramen von Shakespeare.

suspekt ist. Doch Nicolais Lied kann in seiner ursprünglichen Gestalt daran erinnern, daß der Mensch als Geist, Seele und Körper von Gott geschaffen und geliebt ist und auf dem Weg in die Ewigkeit nicht Teile seiner selbst zurücklassen sollte. Außerdem kann der „Morgenstern", weit entfernt von jedem „positiven Denken" zu der Erfahrung verhelfen, daß in Zeiten der Not freudiges und zuversichtliches Lob ebensoviel bewirken kann wie Klage oder Bitte: „Himmlisch Leben *wird* er geben mir dort oben. Ewig soll mein Herz ihn loben."

3.4.2 Gottesfreunde

Wie kann ein Mensch in der Welt leben, ohne sich dabei an die Welt zu verlieren und ihr Wesen anzunehmen? Wie kann er Gottes Nähe suchen und ihn lieben, ein Leben der Hingabe an Gott führen, ohne die Welt zu fliehen, sondern gleichzeitig den vielfältigen Aufgaben seines Alltags, seines Berufes und den unterschiedlichen gesellschaftlichen Erfordernissen seines Standes wirklich gerecht werden? Diese Fragen stellt zu Beginn des 17. Jahrhunderts, nach dem Ende der blutigen Religionskriege und im Umfeld einer in rigoristisch asketischer Weise erneuerten katholischen Spiritualität[187], eine Dame der französischen Gesellschaft, Louise de Charmoisy, an ihren Cousin Franz von Sales[188]. Er antwortet ihr mit

---

[187] Zu denken ist hier beispielsweise an Pierre de Bérulle und seine Spiritualität innerer Loslösung und *imitatio Christi* in dessen Menschwerdung.

[188] Franz von Sales, am 21.8.1567 in Savoyen geboren, studiert in Paris und Padua Theologie, Philosophie und Rechtswissenschaften. 1593 wird er Priester, im selben Jahr geht er als Propst des Kathedralkapitels St. Pierre/Genf nach Annecy und beginnt mit der Rekatholisierung der 52 Pfarreien des Chablais. 1602 wird er Bischof von Genf, er leitet seine Diözese im Sinne des Tridentinums und steht der karmelitischen Frömmigkeit nahe. Zwei Jahre darauf begegnet er anläßlich von Fastenpredigten in Dijon Jeanne-Françoise de Chantal, deren spiritueller Begleiter er wird. Im Gespräch mit ihr entsteht das Konzept einer

der *Introduction à la vie dévote*, der *Philothea*[189]. Er erklärt darin zunächst, daß viele vor ihm über Frömmigkeit geschrieben hätten für solche Menschen, die bereits fern der Welt lebten oder dazu ermutigt werden sollten. „Ich dagegen will gerade jenen helfen, die in der Stadt, im Haushalt oder bei Hof leben und durch ihren Stand notwendigerweise oft mit anderen zusammenkommen."[190]

Wie Süßwasserquellen im Meer entspringen könnten, so ist laut Franz von Sales, trotz aller Erschwernisse durch die Lebensform, einer „Gott liebenden Seele" ein Leben in wahrer Frömmigkeit in der Welt möglich. Zunächst muß diese Seele den entsprechenden Entschluß fassen und in einer feierlichen Erklärung vor dem Seelenführer bekräftigen; Stärkung auf ihrem Weg erfährt sie dann durch die Sakramente, in denen Gott zu uns herabsteigt und durch das Gebet, durch das er uns zu sich emporzieht. Innerer Fortschritt ist zu erzielen durch die Einübung von Tugenden – wie Demut, Sanftmut, Gehorsam, Anstand im Reden, Geduld (übrigens auch mit sich selbst) – und das Meiden von Täuschungen durch das Böse

---

neuen Schwesterngemeinschaft mit diakonischen Aufgaben ohne strenge Klausur, die 1610 gegründet wird (Orden von der Heimsuchung Mariae/Ordo de Visitatione BMV/Salesianerinnen, seit 1618 infolge päpstlicher Intervention als Orden mit Klausur). Nach seinem Tod am 28.12.1622 veröffentlicht Jeanne de Chantal die mit ihm geführten Gespräche und seine geistlichen Vorträge, bereits zu seinen Lebzeiten erscheinen ein Traktat zur Gottesliebe (*Theotimus*) und die *Philothea*. Erhalten ist zudem die umfangreiche Korrespondenz, die Franz' Tätigkeit als geistlicher Führer eindrucksvoll vor Augen stellt, Beispiele finden sich in: Anton Mattes, Franz von Sales, in: Christian Möller (Hg.), Geschichte der Seelsorge in Einzelporträts. Band 2 Von Martin Luther bis Matthias Claudius, Göttingen/Zürich 1995, 186-188. Bereits 1665 wird er heilig gesprochen.

189 Die erste Fassung wird 1608 veröffentlicht, ein Jahr später erscheint eine erweiterte Fassung, die letzte Fassung 1619. Zitiert wird im folgenden aus: Franz von Sales, Philothea. Anleitung zum frommen Leben. Ins Deutsche übertragen und erläutert von P. Dr. Franz Reisinger OSFS, Eichstätt 2005. Die im Text enthaltenen Kursivierungen werden nicht übernommen.

190 Philothea, 16.

3.4 Spiritualität zwischen Mittelalter und Moderne 267

und von Fallstricken wie Unruhe oder Traurigkeit, weitere Stärkung ist durch gelegentliche Rückzüge in die Einsamkeit zu gewinnen[191].

Die detaillierten Ausführungen beginnen mit einer Definition wahrer Frömmigkeit, die nichts anderes sei als wahre Gottesliebe, die Geschenk ist und gute Werke zu ihrer selbstverständlichen Folge hat: „Freilich nicht irgendeine Liebe zu Gott; denn die Gottesliebe heißt Gnade, insofern sie unserer Seele Schönheit verleiht und uns der göttlichen Majestät wohlgefällig macht; sie heißt Liebe, insofern sie uns Kraft zu gutem Handeln gibt; wenn sie aber jene Stufe der Vollkommenheit erreicht, daß wir das Gute nicht nur tun, sondern es sorgfältig, häufig und rasch tun, dann heißt sie Frömmigkeit." (25) Diese Frömmigkeit nun ist vom Handwerker anders zu üben als vom Edelmann, von der Witwe anders als von der Verheirateten – nicht nur klösterliche Frömmigkeit kann als wahr gelten. Die Übung der Frömmigkeit muß den Kräften und den Pflichten jedes Menschen angepaßt sein: „Wäre es denn in Ordnung, wenn ein Bischof einsam leben wollte wie ein Kartäuser? Oder wenn Verheiratete sich so wenig um Geld kümmerten wie die Kapuziner?" (30) Echte Frömmigkeit schadet keinem Beruf, im Gegenteil, sie erst gibt ihm wahre Schönheit.

Ein guter Seelenführer ist, darauf weist wie viele vor ihm auch Franz von Sales nachdrücklich hin, dazu unverzichtbar, denn er hilft in Schwierigkeiten, tröstet in seelischer Not, kräftigt in Schwäche und bewahrt vor Übel. Außerdem ist er im Falle göttlicher „Einsprechungen" zu Rate zu ziehen, eben denjenigen inneren Antrieben, Mahnungen und Erkenntnissen, die durch Gott in uns gewirkt werden. „Bevor du aber Einsprechungen zustimmst, die wichtige und außergewöhnliche Dinge enthalten, berate dich mit deinem Seelenführer, um nicht getäuscht zu werden. Er soll prüfen, ob die Einsprechung echt oder falsch ist." (113f.) Um einen solchen Führer soll der Glaubende Gott bitten, der diese Bitte unbedingt erhören wird, und müßte er dazu einen Engel vom Himmel schicken. Dem Führer gegenüber ist dann völlige Offenheit und Aufrichtigkeit zu üben, ihm ist Gehorsam zu erweisen. „Setze dein Vertrauen nicht auf seine Person noch auf sein menschliches Wissen, sondern auf

---

191 A.a.O., 19ff., Franz von Sales gibt an dieser Stelle einen Überblick über Aufbau und Inhalt seiner Schrift; dabei berücksichtigt er stets – sehr realitätsnah – die Neigung des Menschen zu Rückfällen sowie das in jedem Leben begegnende Vorkommen von Prüfungen und Versuchungen.

Gott. Er wird dir seine Gunst erweisen und durch diesen Menschen zu dir sprechen, ihm das in Herz und Mund legen, was deinem Glück dient. Deshalb musst du auf ihn wie auf einen Engel hören, der vom Himmel herabgestiegen ist, um dich emporzuführen." Wegen des großen Vertrauens, das dem Führer entgegenzubringen ist, ist größte Vorsicht bei seiner Wahl vonnöten – nicht einer aus tausend, wie Teresa von Avila gemeint habe, sondern nur einer aus zehntausend sei wahrhaft geeignet: „Er soll voll Liebe, Wissenschaft und Klugheit sein. Fehlt eine dieser Eigenschaften, so bist du in Gefahr." (34) Einmal gefunden, ist dem geistlichen Führer beständig und in Ehrfurcht, Einfalt und Demut zu folgen, „dann wird deine Reise glücklich sein." (Ebd.)

Der geistliche Weg, den die Gott liebende Seele nun zu beschreiten hat, beginnt mit der Reinigung, die allerdings kein einmaliger Prozeß ist: „Das Bemühen um die Reinigung unserer Seele kann und soll nur mit unserem Leben ein Ende finden. Regen wir uns also nicht auf über unsere Unvollkommenheiten: unsere Vollkommenheit besteht eben darin, dass wir die Unvollkommenheiten bekämpfen." (36) Dieser fortdauernde Kampf, die immer neue Reinigung geschieht auf dem Weg der Seelenforschung und Einsicht in das Übel, das in den Sünden liegt – insbesondere im Gegenüber zur guten Schöpfung Gottes, zu unserer Bestimmung und zu Gottes Wohltaten und im Blick auf Gericht, Himmel und Hölle –; sie geschieht auf dem Weg der Reue und Scham, der Beichte und Buße, sowie schließlich der bewußten und entschlossenen Wahl des Himmels und eines zu diesem Ziel führenden frommen Lebens. Die Wahl wird festgehalten in einer feierlichen Erklärung, einer Erneuerung der Absage an das Böse und des Treueversprechens gegenüber Gott aus der Taufhandlung. Doch ist diese Erklärung nur der Beginn einer fortgesetzten Bemühung um die Abwendung von der Anhänglichkeit an Sünden, Unnützes und Gefährliches, auf dem der Mensch Hilfe findet durch die Sakramente, vor allem den häufigen Empfang der Eucharistie („wenigstens einmal im Monat", 121), und durch das Gebet, insbesondere das Herzensgebet, die sämtlich Gott zur Mitte des Lebens werden lassen.

Das tägliche Gebet ist das beste Mittel, das dem Menschen gegeben ist, Herz und Verstand von Gott erfüllen zu lassen und als Freund Gottes, als Gott Liebender zu leben. Die geeignetste Stunde dafür ist der Morgen, nach der Erfrischung der Nachtruhe und vor Beginn der Tagesgeschäfte, die dann von diesem Gebet und dem Segen,

3.4 Spiritualität zwischen Mittelalter und Moderne

den es bringt, geprägt sein werden; am Abend entspricht dem die Gewissenserforschung und das Sich-Gott-Anempfehlen. Außerdem soll sich der Mensch bei jeder möglichen Gelegenheit im Laufe des Tages in geistiger Einkehr zurückziehen. „Diese geistige Einkehr kann in keiner Weise durch die Gegenwart vieler Menschen verhindert werden; sie umgeben dich ja nur äußerlich, während dein Herz ausschließlich in der Gegenwart des alleinigen Gottes bleibt." (96) Überdies können Stoßgebete in alles Tun integriert werden. Wichtig ist, daß das Beten aus der Gemeinschaft lebt und in die Gemeinschaft führt, da das gemeinschaftliche Gebet die Freude am Beten erhöht. „Außerdem sind (das sage ich dir ein für allemal) die öffentlichen Gebete der Kirche wertvoller und erhebender als Privatandachten, denn Gott hat es so angeordnet, dass die Gemeinschaft jeder Art von Sonderheit vorgezogen wird. [...] Mag es auch zutreffen, dass man gleich gute Andachten allein verrichten könnte und mehr Freude daran hätte, so wird dennoch Gott durch die Verbindung unserer guten Werke mit jenen unserer Mitmenschen mehr verherrlicht." (107)

Im Hinblick auf den Vollzug der Gebete ist die zeitliche Begrenzung auf eine Stunde zu beachten, weiterhin die Konzentration (ein ungestörter Ort, wie etwa eine Kirche), die Einstimmung (sich vor dem Beten zunächst in Gottes Gegenwart versetzen), die Kenntnis überlieferter Gebete wie Vaterunser, Credo und Ave Maria, die jedoch nicht nur gesprochen, sondern zugleich verstanden sein sollen („von Herzen beten") und die Bereitschaft, das mündlich gesprochene vorformulierte Gebet zugunsten des frei formulierten innerlichen Gebetes hintanzustellen[192]. Wichtig ist vor allem Regelmäßigkeit, doch ist auch ein sorgsamer, freundlicher Umgang mit sich selbst nicht zu mißachten: „War es dir morgens wegen zu vieler Arbeit oder aus einem anderen Grund nicht möglich, deine Betrachtung zu halten (was möglichst selten vorkommen soll), dann hol es im Laufe des Nachmittags nach – aber nicht gleich nach dem Essen; während der Verdauungszeit könnte dich der Schlaf überwältigen, auch deiner Gesundheit wäre das nicht förderlich. Ist es dir den ganzen Tag nicht möglich, die Betrachtung nachzuholen, dann ersetze sie durch häufige Stoßgebete und durch die Lesung eines frommen

---

[192] A.a.o., 76ff. Martin Luther, Eine einfältige Weise zu beten, für einen guten Freund (1535), WA 38, 358-375, empfiehlt – entgegen einem häufig geäußerten protestantischen Vorurteil gegenüber einer Methodisierung des geistlichen Lebens – dieselben methodischen Schritte.

Buches. Lege dir eine Bußübung auf, um in Zukunft diesen Fehler zu vermeiden, und sei fest entschlossen, am nächsten Tag die Betrachtung bestimmt einzuhalten." (79) Da das besonders fruchtbare innerliche Gebet nach seiner Beobachtung nur von wenigen Menschen gepflegt wird, gibt Franz von Sales dazu eine besondere Anleitung: Zunächst soll sich der Mensch in die Gegenwart Gottes versetzen (durch das Erfassen seiner Allgegenwart, durch das Bedenken der göttlichen Gegenwart im eigenen Herzen, durch die Betrachtung des Heilands, der vom Himmel aus auf die Menschen blickt und durch die Vorstellung der Gegenwart Jesu in seiner Menschheit) und um seinen Beistand bitten. Darauf soll der zu betrachtende Gegenstand möglichst konkret vorgestellt werden. „Nach der Tätigkeit der Vorstellungskraft kommt die des Verstandes, die wir Betrachtung nennen. Sie besteht in einer oder mehreren Erwägungen, die unser Herz für Gott und Göttliches erwärmen sollen. Dadurch unterscheidet sich die Betrachtung vom Studium, von anderen Gedanken und Erwägungen, deren Zweck nicht das Erlangen einer Tugend oder der Gottesliebe ist, sondern etwa gelehrt zu werden oder darüber schreiben oder disputieren zu können." (84) Eine solche Betrachtung weckt Affekte wie Gottes- und Nächstenliebe, die dann in Vorsätze für die Besserung umgewandelt werden sollen. Zu beschließen ist die Betrachtung mit Dank für die Affekte und Entschlüsse, mit deren Aufopferung und mit der Bitte um ihre Segnung[193]. Natürlich soll an den Entschlüssen festgehalten und ihre tägliche Umsetzung ernsthaft angestrebt werden. Helfen kann dabei der „geistliche Blumenstrauß" aus zwei oder drei Gedanken, die dem geistlichen Fortschritt am nützlichsten sind und die, wie Blumen nach einem Spaziergang in einem schönen Garten, ausgewählt werden sollen, um sie den Tag über bei sich zu haben und sich an ihrem Duft zu erfreuen (87). Ist ein solches innerliches Gebet dem Menschen nicht zugänglich, findet er an der Betrachtung keine Freude, so kann er, wenn körperliche Bewegung wie Knien oder das Küssen des Kruzifix dem nicht abhelfen, mündliche Gebete verrichten und auch bei größter Dürre der Seele „einfach in frommer Haltung vor Gott" bleiben (91), in der Hoffnung, daß er

---

[193] Die Nähe zu den ignatianischen Exerzitien, die Franz von Sales in seiner Ausbildung durchlaufen hat, ist unverkennbar. Dazu steht das salesianische Gebet dem „Gebet der Stille" der Teresa von Avila nahe; vgl. insgesamt zur Spiritualität des Franz von Sales Michael J. Buckley, Die französische Spiritualität des 17. Jahrhunderts: drei Vertreter, in: Geschichte der urchristlichen Spiritualität III, 57-67.

sich dem Beter wieder zuwenden möge. „Tut er es aber nicht, dann wollen wir uns auch damit zufrieden geben; es ist für uns schon eine zu große Ehre, bei ihm zu sein und von ihm gesehen zu werden." (Ebd.)

Die Besonderheit der Weisungen des Franz von Sales und ihr Wert für eine Verbindung von Frömmigkeit und Alltag liegen in seiner Weltklugheit und in der fürsorglichen Freundlichkeit, in die er seine für sich genommen noch nicht ungewöhnlichen Anleitungen faßt. Diese Freundlichkeit erwächst aus dem festen Glauben an die Fülle der göttlichen Gnade und Liebe für jeden Menschen und aus der korrespondierenden positiven Sicht der menschlichen Natur, die – bei entsprechendem Willen – ein Leben der Gottes- und Nächstenliebe verwirklichen kann. Die Besonderheit kommt beispielsweise in Mahnungen wie den folgenden zum Ausdruck: „Nach der Betrachtung musst du dich in Acht nehmen, deinem Herzen keinen Stoß zu versetzen; damit würdest du das Kostbare verschütten, das du durch die Betrachtung gewonnen hast. Ich will sagen: Bleib eine Zeit lang still, wende dich ganz ruhig vom Gebet zur Arbeit hin und halte, solange es dir möglich ist, die Stimmung und Affekte fest, die du empfangen hast. [...] Triffst du jemanden, mit dem du sprechen musst, so tu es ruhig, schau aber zugleich auf dein Herz, damit die kostbare Flüssigkeit deiner Geistessammlung so wenig wie möglich ausfließe." (88) Dies gilt auch und gerade dann, wenn der Mensch vom Gebet sofort an seine ganz anders geartete Arbeit gehen muß – dies solle so ruhig geschehen, daß das Seelenleben davon nicht gestört werde, denn beides, alltägliche Arbeit und Gebet, sei Gottes Wille.

FAZIT: Gott will das Heil aller Menschen, und jeder Mensch kann, gleich in welchem Beruf und gesellschaftlichen Stand, in seinem Alltag Gottes Liebe mit einem Leben unbedingter Frömmigkeit in Gottes Nähe, mit der Gottesfreundschaft, beantworten. Jeder Christ ist zu einem frommen Leben berufen, so lautet die Botschaft der *Philothea*, und die Vereinigung mit Christus ist nicht unvereinbar mit einem Leben in der Welt und der Erfüllung weltlicher Pflichten[194]. Doch ungeachtet der methodisch genauen, dabei mitfühlenden und freundlichen Anleitung, die Franz von Sales für ein solches Leben gibt, werden die Ansprüche hinsichtlich einer adäquaten Antwort auf die Gottesliebe in keiner Weise gemindert: Auch die salesianische *praxis pietatis* verlangt Gehorsam und Demut gegenüber der göttlichen Majestät, Enthaltsamkeit und Disziplin im Leben der täglichen Frömmigkeit[195]. Dann allerdings ermöglicht die Erfahrung der Liebe Gottes dem Menschen nicht nur die Verwirklichung von Gottes- und Nächstenliebe, sondern auch ein reiches und glückliches Leben im Angesicht Gottes, dazu die Aussicht auf eine dieses Leben überbietende lichterfüllte Ewigkeit.

3.4.3 Zukunftskirche

Eine zweite Reformation braucht die Kirche, eine Ausbreitung des echten Christentums auf der ganzen Erde. Davon ist angesichts in vieler Hinsicht geistlich armer und von gelebter persönlicher Frömmigkeit schmerzlich weit entfernter Gemeinden der lutherische Pfarrer Philipp Jacob Spener[196] zutiefst überzeugt. Er ver-

---

194 Der Beruf bietet – anders als bei Luther – hier jedoch nur den mehr oder weniger hinderlichen Rahmen für ein Leben der Frömmigkeit und ist nicht selbst frommes Tun.
195 Allerdings ist nicht von einer Ethisierung dieses Weges der Gottsuche im Alltag zu sprechen, wie ich sie für Bonhoeffer aufzuweisen versucht habe, vgl. oben I.6.3., 50ff.
196 Spener wird am 13.1.1635 als Sohn einer frommen Juristenfamilie in Rappoltsweiler im Elsaß geboren. In der Jugend wird er geprägt durch die lutherischen Gottesdienste des Hofpredigers Joachim Stoll sowie durch die Lektüre von Erbauungsbüchern wie Johann Arndts „Wahres Christentum" und aus dem Englischen übersetzten puritanischen Traktaten; er studiert Theologie in Straßburg, nach dem Examen auch in Basel und Genf, unterbrochen von einer Zeit als Hauslehrer, und beschäftigt sich mit Heraldik, worin er zu einer anerkannten Autorität wird. 1663 wird er Freiprediger am Straßburger Münster, 1664 wird er zum Doktor der Theologie promoviert. 1666 geht

3.4 Spiritualität zwischen Mittelalter und Moderne

faßt darum im Jahr 1675 – als Vorwort zur „Postille" Johann Arndts – eine ungemein wirkungsvolle Reformschrift, die zur Programmschrift des Pietismus wird, inhaltlich die radikale Kirchenkritik der Separatisten und Spiritualisten aufgreifend, sie jedoch mit einer expliziten Hoffnung für die Institution der Kirche sowie methodischer Behutsamkeit verbindend: die *Pia desideria oder Herzliches Verlangen nach gottgefälliger Besserung der wahren Ev. Kirchen*[197]. Vor Erscheinen spricht er Wort für Wort dieses Reformprogramms mit der Frankfurter Pfarrerschaft durch.

Völlig neu sind die von Spener erhobenen Forderungen nicht, er greift im Wesentlichen die Gedanken der lutherischen Spätorthodoxie auf, die Frage der Kirchenzucht und der Beichtseelsorge dabei allerdings weitgehend ausklammernd. Er setzt nicht an den Rändern der Kirche an, bei den weniger Frommen[198], sondern bei der Kerngemeinde. Deren Besserung, deren Förderung soll eine solche Ausstrahlung zur Folge haben, daß die gesamte Kirche dadurch erneuert und die neutestamentliche Verheißung einer herrlichen Zukunft der Kirche Wirklichkeit wird. Wie aber ist die Förderung der Frommen zu erreichen? Indem sie dazu angeleitet werden, wahrhaft fromm zu leben und den reformatorischen Gedanken des Priestertums aller Gläubigen in lebendigen Gemeinden zu realisieren.

---

er als Pfarrer und Senior an die Barfüßerkirche in Frankfurt, er tut sich durch eine vorsichtig-bedachtsame Haltung hinsichtlich der Judenmission hervor und zeigt kritische Zurückhaltung im Dialog mit der römisch-katholischen wie der reformierten Theologie. Der Verbreitung seiner Überlegungen förderlich sind seine zahlreichen guten Beziehungen zu Adligen und anderen hochgestellten Persönlichkeiten, die sich u.a. in seinem sehr umfangreichen Briefwechsel niederschlagen. 1668 wird er als Oberhofprediger nach Dresden gerufen. 1691 wechselt er schließlich nach Berlin, wo er Propst an St. Nicolai wird, seine Briefseelsorge nimmt in dieser Zeit in einem solchen Ausmaß zu, daß der Kaiser ihm dafür Postfreiheit gewährt. Spener stirbt in Berlin am 5.2.1705.

197 Philipp Jacob Spener, Umkehr in die Zukunft. Reformprogramm des Pietismus – Pia desidera, in neuer Bearbeitung hg. von Erich Beyreuther, Gießen/Basel ²1975

198 Gegenwärtig würde man hier von „Distanzierten" sprechen.

Spener beginnt seine Darlegungen mit der Untersuchung der „Krankheit", die genau bestimmt sein müsse, damit dem allgemeinen Schaden abgeholfen werden könne. Dabei will er den Blick auf die katholische und die orthodoxe Kirche und deren Irrtümer unterlassen, obwohl die evangelische Kirche einen Großteil ihrer Fehler von dorther ererbt habe (46), und allein das geistliche Elend der evangelischen Kirche in Augenschein nehmen, dessen Ursachen nach seiner Überzeugung zum einen in an vielen Orten erfolgreicher Rekatholisierung, zum anderen im Mangel an einer heiligen Priesterschaft liegt: Zwar ist der Dienst vieler Prediger durchaus von Nutzen, doch ist festzustellen, „daß bei so vielen Predigern ihr Leben und der Mangel an Glaubensfrüchten anzeigt, daß es ihnen selbst an dem Glauben mangelt. [...] Sie sind dann untüchtig zu dem erhörlichen Gebet, wodurch ein gottseliger Prediger viel Segen erlangt." (26f.) Vielfach ist an die Stelle wirklichen Ringens um den Glauben und wirklicher Liebe zu Gott bloßer theologischer Streit getreten; und dies Problem beginnt bereits mit dem Studium: „So mancher christlicher Theologe erfährt das, wenn er durch Gottes Gnade in ein Amt kommt. Ein großer Teil der Dinge, worauf er saure Arbeit und schwere Kosten [...] angewandt hat, nützen ihm sein Lebtag nichts. So muß er fast aufs neue das zu studieren anfangen, was notwendiger ist." (30f.)

Doch auch unter den Laien ist mancher Schaden zu konstatieren, wie der leichtfertige Umgang mit Alkohol oder die Neigung, Unstimmigkeiten mit dem Nachbarn als Rechtsstreit auszutragen. Besonders kritisch zu sehen ist ein zu großes Besitzbewußtsein gegenüber der Armut anderer: „Wer denkt schon daran, wenn auch die Gemeinschaft, wie sie unter den Christen in der ersten jerusalemischen Gemeinde war, nicht geboten ist, daß gleichwohl eine andere *Gemeinschaft der Güter* ganz notwendig sei? Warum? Weil ich daran denken muß, daß ich nichts zu eigen habe, denn es ist alles meines Gottes Eigentum, ich bin allein ein darüber bestellter Haushalter. Und es steht mir durchaus nicht frei, das Meinige für mich zu behalten, wann und wie lange ich es will, sondern wo ich sehe, daß es zu Ehren des Hausvaters und zur Notdurft meiner Mitknechte die Liebe erfordert, das, was mir gehört, hinzugeben, so habe ich es zu tun. Denn es ist ein gemeinschaftliches Gut. Der Nebenmensch kann es von mir nach weltlichem Recht nicht fordern. Doch darf ich es ihm ohne Verletzung des göttlichen Rechtes der Liebe, wenn dem anderen nicht anders geholfen werden kann, nicht vorenthalten, obwohl es sonst mir gehört." (36f.) Freilich erwirbt ein

3.4 Spiritualität zwischen Mittelalter und Moderne

solches Handeln keine Seligkeit – hier ist Spener ganz Lutheraner: Die Gerechtigkeit werde dem Menschen allein aus Gnade zuteil, und die Sakramente seien ein „Unterpfand unserer Erlösung" (38). Dieser Erlösung dürfen wir gewiß sein, nicht allerdings sicher. Ein sündiges Leben zeigt an, daß eine gleichzeitige Erlösungsgewißheit ein grober Irrtum ist. Denn wahren Glauben gibt es nicht ohne den Heiligen Geist, und dieser wandelt den Menschen zum Guten; bei vorsätzlichen Sünden kann er also nicht vorhanden sein. Wahres Christentum besteht eben nicht darin, getauft zu sein, zu beichten, das Abendmahl zu empfangen – weder Absolution noch Eucharistie wirken automatisch durch ihren Vollzug – oder die Predigt zu hören. Das Hören allein macht nicht selig, „sondern vergrößert nur deine Verdammnis, wenn du die empfangene Gnade nicht anwendest." (40)

Dennoch gibt es keinen Grund, anläßlich dieser vielfältigen Mängel an der Zukunft der Kirche zu verzweifeln, denn aus den biblischen Texten geht eindeutig hervor, daß Gott einen besseren Zustand heraufführen wird (die Heimkehr Israels nach Röm 11,25f. und den Fall des päpstlichen Rom gemäß Apc 18f.), allerdings stehen dem in Deutschland Blindheit und Verstockung entgegen. Demgegenüber hat die Kirche die Aufgabe, zur Besserung und zum Streben nach Vollkommenheit zu mahnen, denn alle Christen sind „verpflichtet, es zu einer gewissen Reife der Vollkommenheit zu bringen." (50) Damit die Mahnungen glaubwürdig sind, hat sich jeder Christ um Redlichkeit und Zucht zu bemühen, und jede Gemeinde hat die Pflicht, Verfehlungen mittels der Kirchenzucht zu ahnden, wie es die Kirchenväter lehren. Die von jenen beschriebenen kirchlichen Verhältnisse machen die gegenwärtige Lauheit und Kälte besonders deutlich, zeigen aber auch, daß eine Veränderung nicht unmöglich ist. „Es ist darum unsere Schuld, wenn ein solches Lob so fern von uns ist. Denn es ist ja der Heilige Geist, der vordem in solchen ersten Christen alles gewirkt hat. Er ist uns ja von Gott geschenkt und ist heutzutage nicht säumiger oder unvermögender, das Werk der Heiligung in uns zu verrichten. So kann es allein die Ursache sein, daß wir ihm solches nicht bei uns zulassen, sondern ihn selbst hindern. Wir handeln also nicht vergeblich davon, wie doch alles in einen besseren Stand gebracht werden könnte." (53)

Die folgenden sechs konkreten Vorschläge, die sich an unterschiedliche Adressaten richten, sind, das ist Spener bewußt, weder besonders originell noch in qualitativer Hinsicht außergewöhnlich. Doch das Notwendige muß – wieder einmal – gesagt werden. Erstens betrifft es die Verkündigung des Wortes Gottes, das durch die Predigtgottesdienste nicht in ausreichendem Maße den Menschen bekannt wird, zum einen, weil die Perikopenordnung nur Teile der Schrift für den gottesdienstlichen Gebrauch auswählt, während doch alle Teile nützlich zu Besserung, Lehre und Gerechtigkeit sind, zum anderen, weil die Christen sich außerhalb der Gottesdienste nicht hinreichend mit den Texten befassen. Diesem Mangel ist abzuhelfen durch private Bibellektüre, die Verlesung biblischer Bücher in Gemeindeveranstaltungen und die Einrichtung von Kirchenversammlungen nach Art der in I Kor 14 beschriebenen unter Leitung der Pfarrer. „Nichts ist notwendiger, als miteinander Gottes Wort zu studieren in Rede und Gegenrede." (58) Zweitens ist das geistliche Priestertum aller wesentlich zu stärken. Allen Christen stehen ohne Unterschied alle geistlichen Ämter zu, und selbst deren öffentliche Verrichtung kann im Notfall auf andere als die dazu bestellten Diener übergehen. „Was aber nicht zu den öffentlichen Verrichtungen gehört, soll immerfort zu Hause und in dem alltäglichen Leben von allen getrieben werden" (59) – und dazu gehören nicht nur Gebet, Danksagung und Diakonie, sondern auch das Studieren, das Unterrichten, das Vermahnen, das Strafen und das Trösten. Dies ist nicht lediglich eine Befugnis, so schärft Spener ein, sondern Pflicht eines jeden, und wenn die Gläubigen dieser Pflicht nicht nachkommen, schwächen sie das Predigtamt. Drittens sollen sich die Christen klar machen, daß das Liebesgebot zum Tun drängt sowie zu einer Kontrolle der eigenen Affekte, was erleichtert wird durch regelmäßige Rechenschaft vor dem Beichtvater oder „einem anderen verständigen, erleuchteten Christen" (62). Viertens ist in Religionsstreitigkeiten vor allem anderen das Gebet für die Irrenden Christenpflicht, verbunden mit den Erweisen herzlicher Liebe, weiterhin ein vorbildhaftes Verhalten, das keinen Anstoß bietet und so die Umkehr erschwert. Dazu sollen die Christen ebenso bescheiden wie nachdrücklich für die reine Wahrheit eintreten und sie auch verteidigen, Streitgespräche allerdings vermeiden, da diese die Herzen verderben können. Fünftens ist zur Verbesserung der Kirche eine Reform des Theologiestudiums im Blick auf die Gemeinde notwendig, hinsichtlich praktischer Einzelheiten wie dem Einüben von Disputationen in deutscher Sprache und apostolischer Einfalt, damit die Studenten lernen, sich den Gemeinden verständlich zu machen, wie auch generell hinsichtlich einer Abkehr vom üblichen unchristlichen akademischen Leben. „Die Herren Professoren können mit ihrem Vor-

3.4 Spiritualität zwischen Mittelalter und Moderne

bild selbst viel dazu tun (ja, ohne solches ist schwerlich die rechte Besserung zu erhoffen), wenn sie sich als Leute beweisen, die der Welt abgestorben sind und nicht ihre eigene Ehre, Gewinn oder Wohlbehagen, sondern in allem allein ihres Gottes Ehre und der Anvertrauten Heil suchten und danach alle ihre Studien, Bücherschreiben, Lektionen, Vorlesungen, Disputationen und Verrichtungen einrichteten. Dann hätten die Studenten ein lebendiges Muster, nach dem sie allerdings ihr Leben regulieren könnten." (68) Zudem ist den Studenten deutlich zu machen, „daß es nicht weniger am gottseligen Leben als an ihrem Fleiß und Studieren gelegen sei. Das eine ist ohne das andere nichts würdig." (69) Denn die Theologie ist keine bloße Wissenschaft und eben keine Religionsphilosophie, sondern besteht ebenso in der Bewegung des Herzens und in der Übung: „Also sollen sich auch der Heiligung und Reinigung ihres Lebens diejenigen befleißigen, die einmal in der Hütte des Herrn ein- und ausgehen wollen. [...] Denn die Theologie wird im Licht des Heiligen Geistes allein erlernt." (70f.)[199] Eine solche Einübung verlangt – hier begegnet wiederum die Forderung nach geistlicher Führung oder Begleitung –, daß jeder Student einen Seelsorger hat, der ihn begleitet; weiterhin ist die Einrichtung von Kollegs oder Exerzitien sinnvoll, in denen das Neue Testament im Hinblick auf die eigene Erbauung, den eigenen geistlichen Fortschritt gelesen wird, so daß Studenten das selbst zu tun lernen, worin sie später andere unterrichten wollen. Sechstens schließlich, und hier ist Spener wieder bei der Predigt angekommen, sollen die Studenten auf eine Weise predigen lernen, durch die die Gemeinde erbaut wird: „So sollte es nicht sein, daß die Kanzel der Ort ist, da man seine Kunst mit Pracht sehen lasse, sondern das Wort des Herrn sollte dort einfältig und gewaltig gepredigt werden. Denn das Wort ist allein das göttliche Mittel, um Leute selig zu machen." (77) Predigt soll also den inneren Menschen erreichen und seinen Glauben stärken.

---

199 „Denn das ist gewiß, ein mit weniger Gaben ausgestatteter Mensch, der aber Gott herzlich liebt, wird auch mit geringeren Talenten und Gelehrsamkeit der Gemeinde Gottes mehr nutzen als ein doppel-doktor-mäßiger, nichtiger Weltnarr, der zwar voller Kunst steckt, aber von Gott nicht gelehrt ist. Denn jene Arbeit ist gesegnet und er hat den Heiligen Geist bei sich, dieser aber besitzt allein ein fleischliches Wissen, mit dem er mehr schaden als nutzen kann." (71) Bei aller Zustimmung zu Speners Forderung nach einer geistlichen Dimension des Studiums: Auch fromme Dummheit kann der Gemeinde Schaden zufügen.

Speners stark seelsorglich motivierte Verbesserungsvorschläge, seine „frommen Wünsche" für die Christen in der Kerngemeinde sind von der Hoffnung getragen, daß ihre Umsetzung tatsächlich möglich ist, auch wenn diese Hoffnung partiell eschatologische Züge trägt[200]. Die Vorschläge haben einen insgesamt sehr nüchternen und auf Ausgewogenheit bedachten Charakter; sie sind konkret, sie sind an die Pfarrer und Professoren ebenso gerichtet wie an die „Laien", sie zielen auf die innere Einstellung ebenso wie auf das daraus wünschenswerterweise erwachsende Handeln, und sie haben – bei aller konfessionellen Bewußtheit – die *eine* Kirche im Blick.

FAZIT: Jeder Christ ist zu einem frommen Leben, zum Wandel im Geist, zur Heiligung berufen, so lehrt Philipp Spener, und auch wenn Glaube und Gerechtigkeit vor Gott Geschenke der Gnade sind, gibt es doch einiges, was der Christ mit Gottes Hilfe dazu tun kann und soll: Sich dem Wort Gottes zuwenden, die eigene Verkündigungsverantwortung um der Gemeinschaft willen wahrnehmen, Nächstenliebe praktizieren, ein friedvolles Klima selbst in konfessioneller Auseinandersetzung anstreben und die Wahrheit gegenüber der Welt nicht nur vertreten, sondern auch leben. Zur Heiligung berufen ist der Christ um seiner selbst willen, doch ebenso um der Kirche willen, die wieder lernen muß, Ort einer echten und erkennbar gelebten Gottesbeziehung zu sein.

3.4.4 Pilgerreise

Im Jahr 1675 sitzt ein Mann in einem englischen Gefängnis, nach seiner Profession Kesselflicker, nach seinem Glauben Puritaner[201],

---

200 Auf die Erneuerung der Kirche soll die Bekehrung der Juden folgen, dann das Anbrechen des Königreiches Christi.
201 Die Puritaner (von lat. *puritas*, Reinheit) entstanden als kirchliche Reformbewegung innerhalb der Kirche von England im 16. Jahrhundert mit dem Ziel der Entfernung der katholischen Einflüsse. Nach schweren Verfolgungen erlangten sie mit dem Sieg Oliver Cromwells 1649 vor-

3.4 Spiritualität zwischen Mittelalter und Moderne

nach seiner Berufung Prediger des Evangeliums, jedoch ohne die dafür erforderliche behördliche Genehmigung, deshalb die Haft. Er schreibt ein Buch, eine große Allegorie der christlichen Seele auf ihrem Weg durch diese Welt zum Reich Gottes, die sofort nach dem ersten Erscheinen 1678 zum Bestseller wird und es seither geblieben ist. Zunächst spricht die spannend geschriebene fromme Geschichte vor allem die Arbeiter an, ab dem 19. Jahrhundert findet sich das Werk des John Bunyan, *The Pilgrim's Progress*, auch in den Haushalten der Gebildeten, die die literarische Qualität entdeckt und den geistlichen Gehalt zu schätzen gelernt haben[202].

Das Buch beschreibt den Traum seines Erzählers, den Traum vom individuellen Glaubensweg des Menschen von der Stadt *Verderben* zur Stadt Gottes, zu „einem ewigen Königreich" und „immerwäh-

---

übergehend politischen Einfluß; ab 1689 wurden sie mit der Toleranzakte rechtlich anerkannt. Ihre theologische Prägung ist calvinistisch, in ethischer Hinsicht verfolgen sie strenge Selbstzucht, die Ablehnung aller Vergnügungen und die Heiligung des Alltags.

202 John Bunyan, Pilgerreise Teil I und II, vollständige Ausgabe, aus dem englischen Original von 1678/84, [2]2001. Innerhalb Deutschlands wurde Bunyans Werk durch den Halleschen Pietismus und die Erweckungsbewegung verbreitet. Die wesentlichen Informationen zu Bunyans Leben, der am 28.11.1628 in Elstow/Bedford geboren wurde, entstammen seiner 1666 erschienenen geistlichen Autobiographie, die während eines früheren Gefängnisaufenthaltes von 1660 bis 1672 entstanden ist: *Grace abounding to the Chief of Sinners; or, a brief and faithful Relation of the exceeding Mercy of God in Christ to his poor Servant John Bunyan*. Nach eigener Auskunft wandte sich Bunyan nach einem „wilden Leben" in seiner Jugend und nach dem Militärdienst der von John Gifford gegründeten liberalen Baptistengruppe „Bedford Separatist Church" zu, beeinflußt durch die Lektüre zweier religiöser Bücher, die von seiner ersten Frau in die Ehe gebracht worden waren, Arthur Dents *The Plaine Man's Pathway to Heaven* und Lewis Baylys *The Practice of Piety*. Nach Jahren seelischer Verzweiflung und Anfechtung durch den Teufel habe er in seinem Glauben einen Frieden, eine Glaubens- und Heilsgewißheit gefunden, die er habe weitergeben wollen. Darum habe er nach seiner Verhaftung – sie erfolgte unmittelbar nach Wiederherstellung der Monarchie im Zusammenhang der einsetzenden Unterdrückung der Dissenters – auch nicht zusagen können, das Predigen zu unterlassen. 1672 wird er Pastor der Bedford Separatist Church, eine weitere Zeit der Haft folgt, am 31.8.1688 stirbt er in London.

rendem Leben", gemacht von dem, „der nicht lügen kann" (22). Der erste Teil zeichnet den Weg des *Christian/Christ*, im später entstandenen zweiten Teil folgt der Weg der Ehefrau des Pilgers, der *Christiana/Christin*. Die Sprache weist große Nähe zu den biblischen Texten in der Fassung der „King James Bible" auf, der autorisierten Version von 1611[203]: „Es hört sich neu an und enthält doch nur / das Wort des Evangeliums rein und pur", wie Bunyan im Vorwort mitteilt (16). Der Glaubensweg führt, nachdem *Christ* seine Bürde, die Sündenlast, voller Schmerz bewußt geworden ist[204] und er auf seinen Hilferuf hin von *Evangelist* erfahren hat, daß er alles zurücklassen und zu einer kleinen Pforte fliehen soll, fort aus der Heimat und von der Familie. *Christ* wandert, zunächst noch belastet von seiner Bürde, über den *Berg der Beschwernis*, durch das *Tal der Demütigung*, über den *Markt der Eitelkeiten*, an der *gefährlichen Silbergrube* vorbei. Er muß Prüfungen bestehen und dazu Kämpfe auf Leben und Tod mit unterschiedlichen Gegnern ausfechten[205] und ist oft in großer Gefahr, doch er siegt in allen Kämpfen dank seiner Ausrüstung mit Schwert, Schild, Helm, Brustpanzer und *Beten ohne Unterlaß* (65) und dank der Hilfe anderer, wenn er auch oft verwundet wird. Für eine Weile gerät er in Gefangenschaft in der *Zweifelsburg* beim *Riesen Verzweiflung* und seiner Frau *Mißtrauen*, doch er befreit sich daraus mittels des Schlüssels *Verheißung*, an den er sich endlich erinnert. Über die *lieblichen Berge* und den *verzauberten Grund* führt der Weg dann schließlich zur *himmlischen Stadt*. Auf dieser ebenso mühseligen wie gefahrvollen Wanderung begegnen dem *Christ* die unterschiedlichsten Personen, Personifikationen bestimmter menschlicher Haltungen wie *Liebe*,

---

203 Im folgenden beschränke ich mich auf den plastischeren und kraftvolleren ersten Teil.
204 Eine solche Sündenerkenntnis wird ausgelöst durch die Begegnung mit einem guten Menschen, das Hören der biblischen Botschaft, fremde oder eigene Krankheit, den Gedanken an den Tod oder vor allem an das Gericht (157) – „Furcht", gemeint ist natürlich eine aus Sündenerkenntnis resultierende und den Menschen zu Christus treibende Furcht, die die Seele für Gottes Weisung empfindsam bleiben läßt, „tut dem Menschen gut und hilft ihm, am Beginn seiner Pilgerreise den richtigen Weg einzuschlagen." (171) Wer nur aus Angst vor der Hölle, aus sklavischer Furcht, den Himmel begehre, werde, sobald diese Angst nachlasse, auch keine wirkliche Rettungssehnsucht mehr verspüren.
205 Zu den Gegnern gehören u.a. *Apollyon*, *Papst* und *Heide*, wobei die letzteren aber keine Gefahr mehr darstellen (77).

3.4 Spiritualität zwischen Mittelalter und Moderne 281

Getreu, Stur, Unwissend, Hoffnungsvoll, Feindselig, Nebenwege[206], *Geldlieb, Lügner* und *Barmherzig*, die ihn einen Teil der Strecke begleiten, als Gefährten, Versucher oder Gegner.

Durch freundliche Gespräche und ernsthafte Auseinandersetzungen mit den ihm Begegnenden erfährt *Christ* vieles über das rechte Denken und Tun, vieles auch über die Dinge und Menschen, die in der Welt anzutreffen sind. So kämpft *Christ* kurz nach seinem Aufbruch dagegen an, im Schlamm des Sumpfes der *Verzagtheit* zu versinken. *Helfer*, der ihn schließlich herauszieht, erklärt ihm: „Diesen Morast kann niemand trockenlegen; er ist der Abfluß, in den ständig der Schmutz und Abschaum hineinfließt, der von der Erkenntnis der Sünde zurückbleibt; deshalb heißt er auch Sumpf der *Verzagtheit*; denn wann immer einem Sünder die Augen über seinen verlorenen Zustand aufgehen, steigen in seiner Seele viele Ängste, Zweifel und entmutigende Befürchtungen auf, die alle zusammenfließen und sich an diesem Ort absetzen. Und das ist der Grund dafür, daß der Boden hier so schlecht ist." (24) Immer wieder läßt sich *Christ* auch für kurze Zeit in die Irre leiten, wenn er etwa auf die Herren *Weltklug* und *Gesetzlich* hört, die aber seine Bürde nur schwerer werden lassen und ihn vom Ort der Befreiung fortführen. *Evangelist* bringt ihn auf den richtigen Weg zurück, indem er ihn mahnt, nicht den Rat des Höchsten zu verwerfen um der Weisung eines Mannes Willen, der vor allem die Lehre dieser Welt liebe, weil die ihn am besten vor dem Kreuz bewahre. Und das Gesetz könne niemanden gerecht machen, kein Mensch könne durch dessen Einhaltung von seiner Bürde frei werden. *Christ* solle nicht verzweifeln, trotz seines Abirrens vom Weg werde er an der Pforte aufgenommen werden, doch dürfe ihn das nicht zu Leichtfertigkeit verführen: „Sieh dich vor, daß du nicht noch einmal abweichst, damit du nicht auf dem Weg umkommst, wenn sein Zorn nur ein wenig entfacht ist" (33). Von entscheidender Bedeutung für das Bestehen des Weges ist die Gemeinschaft lebendiger Christen – „Gemeinschaft hält der Heil'gen Augen offen / und läßt sie wie

---

206 Dieser Name ist ein Spitzname, über den der Träger sagt: „Das Schlimmste, was ich je getan habe, um diesen Namen zu verdienen, war, daß ich immer das Glück hatte, den richtigen Riecher für den Zeitgeist zu haben, was immer er war, und mich darauf einzustellen." (115) Außerdem sei er dafür, alle Vorteile zu nutzen und sein Leben und sein Vermögen zu bewahren. Für die Religion sei er durchaus, allerdings nur, soweit es die Zeiten und seine Sicherheit erlaubten.

die beiden Pilger hoffen." (156) – sowie geistliche Führung. Dabei wird als Prinzip der geistlichen Führung, die von allen erfahrenen Christen ausgeübt werden kann, eine seelsorgliche Haltung gegenüber dem Unwissenden empfohlen: „Ich glaube, es wäre nicht gut, ihm alles auf einmal zu sagen. Lassen wir ihn lieber hinter uns und reden wir mit ihm, sobald er soweit ist, daß er es ertragen kann." (142)

Tatsächlich wird *Christ* an der engen Pforte eingelassen und ihm wird der schmale Weg gezeigt, der von den Erzvätern, den Propheten, Christus und seinen Aposteln angelegt worden sei, und der immer geradeaus führe. Außerdem wird er auf *Ausleger* hingewiesen, der als einziger vom Herrn der Gottesstadt die Vollmacht erhalten habe, Führer an schwierigen Stellen zu sein. Dieser zeigt *Christ* zur Warnung einen Mann in einem eisernen Käfig, der auf Befragen mitteilt, daß er gegen die Güte Gottes in einem solchen Maße gesündigt habe, daß Gott ihn im Zorn verlassen habe. „Ich habe mein Herz so sehr verhärtet, daß ich keine Buße mehr tun kann. [...] Gott läßt mich nicht zur Buße kommen. Sein Wort fordert mich nicht mehr zum Glauben auf. Er selbst hat mich ja in diesem Käfig eingeschlossen, und kein Mensch auf der ganzen Welt kann mich herauslassen." (44f.) Darauf kommt *Christ* zum Kreuz, bei dessen bloßem Anblick seine Bürde von ihm abfällt – er dankt überrascht und froh für diese Befreiung und geht erleichtert seinen Weg weiter, keine Todesgefahr scheuend, wenn der schmale Pfad ihn hineinführt, keiner Anfechtung auf Dauer erliegend. Nach seinem Ergehen gefragt, teilt er mit, daß er mitunter das Gefühl habe, seine Anfechtungen seien überwunden: „Wenn ich an das denke, was ich an dem Kreuz gesehen habe, dann empfinde ich so; und wenn ich mein besticktes Gewand betrachte, dann empfinde ich so; auch, wenn ich in die Schriftrolle schaue, die ich an meiner Brust trage, dann empfinde ich so; und wenn mir das Herz warm wird, weil ich daran denke, wohin ich gehe, dann empfinde ich so." (61)

Endlich erreicht *Christ* mit seinem Weggefährten die himmlische Stadt, in deren Sichtweite ihm bereits Bewohner begegnen. Zwischen den Pilgern und dem Stadttor liegt ein Fluß, der von ihnen nicht umgangen werden kann – nur Henoch und Elia sei es erlaubt gewesen, die Stadt auf einem anderen Weg zu betreten (Gen 5,24, Hebr 11,5, II Reg 2,1 und 11). Das Wasser sei nun allerdings nicht an allen Stellen gleichermaßen tief: „Ihr werdet es flacher oder tiefer antreffen, je nachdem, wie sehr ihr auf den König dieses Landes vertraut." (178) Bei der Durchquerung des Flusses, die wohl als der Moment des Todes anzusehen ist, erweist es sich, daß *Hoffnungsvoll* Boden unter den Füßen spürt, während *Christ* zu versinken droht. Doch schließlich erreichen beide das andere Ufer und werden von strahlenden Männern empfangen, die sie zum Tor geleiten und ihnen beschreiben, was sie sehen: den Berg Zion, das himmlische Jerusalem, das Paradies[207]. „Und wenn ihr dort seid, wird man euch weiße Gewänder geben, und jeden Tag in alle Ewigkeit werdet ihr mit dem König gehen und sprechen. Kummer, Krankheit, Gebrechen und Tod, wie ihr sie unten auf der Erde kanntet, werdet ihr hier nicht mehr sehen, denn was früher war, ist nun vergangen. [...] Dort sollt ihr von all euren Mühen ausruhen, und all eure Trauer soll der Freude weichen. Ihr sollt ernten, was ihr gesät habt: die Frucht all eurer Gebete und eurer Leiden, die ihr unterwegs für den König erlitten habt. An jenem Ort sollt ihr goldene Kronen tragen und euch unaufhörlich am Anblick des heiligen Gottes freuen, denn dort werdet ihr ihn sehen, wie er ist. [...] Dort sollen euch die Augen übergehen vom Sehen und die Ohren vom Hören der lieblichen Stimme des Allmächtigen. Dort sollt ihr eure Freunde wieder in die Arme schließen, die vor euch dorthin gelangt sind, und voller Freude jeden empfangen, der nach euch die heilige Stadt erreicht." (181)

Christ lebt ein tätiges, ein frommes Leben, der Schlüssel zu allem ist dabei der „heilige Gehorsam", ein Streben nach Heiligkeit im Alltag, die aktiv betriebene Heiligung. „Die Seele des Glaubens ist das Tun. [...] Und eines ist sicher: Am Tag des Gerichts werden die Menschen nach ihrer Frucht beurteilt werden. Da wird es nicht heißen: Habt ihr geglaubt? Sondern: Habt ihr etwas getan oder habt ihr nur geredet? Und danach wird das Urteil fallen. Das Ende der Welt wird mit einer Ernte verglichen, und auch uns kommt es ja bei einer Ernte nur auf die Frucht an." (92f.) Allerdings muß zu diesem Tun die Gnade hinzukommen, deren Vorhandensein am Abscheu vor der Sünde, dem Übereinstimmen mit dem Urteil der

---

[207] Allerdings gibt es „selbst vom Tor des Himmels noch einen Weg zur Hölle" (185), so teilt der Erzähler warnend mit. Zu den Himmelsvorstellungen vgl. Corinna Dahlgrün, Nicht in die Leere falle die Vielfalt irdischen Seins. Von der Notwendigkeit eschatologischer Predigt (Kontexte 33), Frankfurt/M. 2001, 205-221.

Heiligen Schrift über den Menschen (etwa Röm 3,10), dem Tun des Evangeliums, dem öffentlichen Bekenntnis des Glaubens an Christus und einem Leben der Heiligung und der Liebe zu Gott, seinem Wort und seinem Volk zu erkennen sei[208].
Die Heiligung ist, nachdem Christus das Herz durch seine Gnade gedemütigt hat, zunächst das Vermeiden von Sünden, doch dann vor allem die unermüdliche Bitte um Erbarmen, selbst wenn die Erhörung auf sich waren läßt, eine Bitte, die in Anlehnung an die Tradition frei formuliert wird[209]. Die Offenbarung der Erhörung dieser Bitte geschieht als ein Augenblick des Begreifens: „Da begriff ich plötzlich durch das Wort ‚Wer zu mir kommt, der wird nicht hungern; und wer an mich glaubt, den wird nimmermehr dürsten', daß Glauben und Kommen ein und dasselbe ist und daß jeder, der kommt, das heißt, der sich von ganzem Herzen nach der Errettung durch Christus sehnt, wahrhaftig schon an ihn glaubt. [...] Ich begriff, daß Gott, der Vater, obwohl er gerecht ist, gerechterweise den Sünder, der zu ihm kommt, gerecht machen kann." (162f.)
FAZIT: Was muß der Mensch tun, um die ewige Seligkeit zu gewinnen? Bunyan beantwortet diese Frage mit der Darstellung eines Lebens der Heiligung auf einem Pilgerweg. Der Weg beginnt mit der Trennung von der Sünde und der Befangenheit in sie, was zugleich eine Trennung von Lebensformen und Menschen bedeutet. Erforderlich ist zum Bestehen des Weges die Bereitschaft zu

---

208 Immer wieder finden sich im Text Richtlinien zur Unterscheidung der Geister, zur *discretio*; vgl. dazu unten IV.1.2.1.
209 „Gott, sei mir Sünder gnädig, und hilf mir, Jesus Christus kennenzulernen und an ihn zu glauben; denn ich sehe, daß ich unrettbar verloren wäre, wenn es seine Gerechtigkeit nicht gäbe oder ich nicht an diese Gerechtigkeit glauben würde. Herr, ich habe gehört, daß du ein barmherziger Gott bist und beschlossen hast, daß dein Sohn Jesus Christus der Retter der Welt sein sollte; und auch, daß du bereit bist, einen armen Sünder wie mich (und das bin ich wahrhaftig) an ihm Anteil haben zu lassen. Darum, Herr, ergreife diese Gelegenheit und vergrößere deine Gnade durch die Rettung meiner Seele durch deinen Sohn Jesus Christus. Amen." (161)

Kampf und Leiden, aber auch die immer neue Bitte um Erbarmen. Notwendig sind weiter die Unterscheidung der Geister in Bezug auf die umgebenden Menschen (wobei die Schurken immer die Vornehmen sind), die Suche nach Gemeinschaft mit der Balance zwischen Gottes-, Nächsten- und Selbstliebe und die Unterordnung unter einen geistlichen Führer. Das Abirren vom einmal beschrittenen schmalen und steilen Weg muß der Mensch vermeiden, denn nur dieser Weg entspricht dem *sola scriptura*, der Weisung Gottes – und es gibt ein „Zu spät". Erleichtert wird das Beschreiten des Weges durch die Befreiung von der Last der Sünde, die dem Pilger voraussetzungslos zuteil wird, *sola gratia* und *sola fide*, auch wenn im weiteren Verlauf Werke selbstverständlich hinzutreten müssen, die aber ihrerseits nur durch die Mitwirkung der Gnade vollbracht werden können. Die spirituelle Erfahrung der Rechtfertigung bewirkt auch später noch Trost und Ermutigung, durch die erinnerte und verinnerlichte Hoffnung und durch äußere Zeichen[210]. Das Ziel des Weges ist – nach dem je eigenen Tod mit den je eigenen Schrecken – das Gottesreich, zugleich himmlische Stadt mit der Schau Gottes und kompensatorisches Paradies mit menschlicher Wiederbegegnung.

3.4.5 Herzensgebet

Ein Russe niederen Standes und ohne Besitz sucht um 1870 bei verschiedenen geistlich angesehenen Menschen Hilfe bei der Auslegung von I Thess 5,17: „Betet ohne Unterlaß." Der Vers, in einem Gottesdienst gehört, läßt ihm bis in die Nächte hinein keine Ruhe, denn er versteht ihn als eine ihm unmittelbar geltende Aufforderung, der er nachkommen will. Nach einem Jahr vergeblicher Suche kommt er zu einem Eremiten, einem Starez[211]. Dieser schärft

---

210 Das Festkleid, das nach der Befreiung empfangen wurde und die Schriftrolle.
211 „Starez", dt. „Starze" ist die slawische Übersetzung des griechischen γέρων, der Alte, und meint einen geistlichen Vater. Das Starzentum

dem Pilger zunächst nochmals ein, wie entscheidend wichtig das Gebet für ein frommes Leben, für die innere Erleuchtung und die selige Verbundenheit mit Gott ist – kein frommes Werk könne ohne Gebet verrichtet werden. Doch sei es dem Menschen aus eigenem Vermögen nicht möglich, ‚richtig' zu beten, dies könne nur der Geist. Dem Menschen bliebe allein die Häufigkeit, das wenn vielleicht auch nicht richtige, so doch unablässige innerliche Gebet. Der Pilger bittet nun um Unterweisung in dieser Kunst, und der Starez antwortet ihm: „Komm jetzt zu mir, ich will dir ein Buch der heiligen Väter geben, und auf Grund dieses Buches wirst du mit Gottes Hilfe klar und genau verstehen und beten lernen. [...] Dieses Buch heißt ‚Tugendliebe'. Es enthält die vollständige und genaue Wissenschaft über das unablässige innere Gebet, dargelegt von fünfundzwanzig heiligen Vätern; und so hoch steht dieses Buch und so nützlich ist es, daß es als der vornehmste und erste Lehrmeister im beschaulichen geistlichen Leben gilt". Es stehe nicht höher als die Bibel, doch „enthält es alle lichten Erklärungen dessen, was es an Geheimnisvollem in der Bibel gibt, was aber wegen seiner Erhabenheit unserem kurzsichtigen Verstande schwer zugänglich ist."[212] Die „Tugendliebe", aus der der Starez nun dem Pilger Beschreibungen des Herzensgebetes und Anleitungen zu seinem Vollzug vorträgt, ist die *Philokalie*[213], die 1782 herausgegebene Sammlung aus Werken und Auszügen von unterschiedlichen Autoren asketischer griechischer Literatur des 3. bis 15. Jahrhunderts. Die verschiedenen Texte stehen in der Tradition

---

gibt es in Rußland seit dem 10. Jahrhundert, seit Beginn des 19. Jahrhunderts steht es in besonders hohem Ansehen.

212 Aufrichtige Erzählungen eines russischen Pilgers. Die vollständige Ausgabe. Herausgegeben und eingeleitet von Emmanuel Jungclaussen, Freiburg 1974, 30.

213 Philokalie der heiligen Väter der Nüchternheit. Durch sie wird mittels der sittlichen Philosophie in praktischem Tugendleben und in Beschauung der Geist gereinigt, erleuchtet und vollendet, Band 1-6, Würzburg 2004.

des Hesychasmus[214] und handeln sämtlich vor allem vom Herzensgebet, der Gottesschau als seiner Folge und dem vorausgehenden und begleitenden geistlichen Kampf. Bereits ein Jahr nach ihrem Erscheinen war die *Philokalie* ins Kirchenslawische und Rumänische übersetzt worden; die bald darauf entstandene russische Neubearbeitung, ergänzt um weitere Texte, verbreitete sich schnell und wurde zur Grundlage der geistlichen Erneuerung in Rußland.

Was lernt der Pilger aus der *Philokalie*? Alle Christen sind zum immerwährenden Gebet verpflichtet, und es kann von allen vollzogen werden – in der Form des Herzensgebets. Es gibt verschiedene Überlieferungen von dessen sprachlicher Gestalt, die umfassendste ist „Herr Jesus Christus, Sohn Gottes, erbarme dich meiner"; sie ergibt sich aus I Kor 12,3 (,Herr Jesus' als vom Geist geschenkte Anrede), I Joh 4,2 (,Jesus Christus' als Anrede, die das Aus-Gott-Sein des Sprechers erweist) und Mt 16,16 (,Christus, Sohn Gottes', das Petrusbekenntnis) in Verbindung mit der Erkenntnis des eigenen Zustands vor Gott, des Sünder-Seins, des Angewiesen-Seins auf Gnade, des Bedürftig-Seins nach Art des Blinden in Lk 18,38 und der Bitte, daß die Seele sehend werden möge für Gott[215]. Welche Gestalt der Beter wählt, ist nicht entscheidend, wichtig ist aber, daß er die einmal gewählte Form nicht aus Nachlässigkeit wechselt, sondern nur „um nicht beschwert zu werden" (Gregorios der Sinaite V/426).

Voraussetzungen des rechten Betens sind Aufmerksamkeit, ein Festhalten der Gedanken, Nüchternheit, maßvolle Askese[216], Reue

---

214 Der Begriff ist aus dem griechischen ἡσυχία, Ruhe, abgeleitet und meint die kontemplative äußere wie innere Ruhe – Schweigsamkeit und Überwindung der Leidenschaften –, die von den Mönchen und Einsiedlern der Alten Kirche gesucht wurde, um einen Zugang zu Gott zu finden und die eigene „Vergottung", die *Theosis* (vgl. oben I.4.1., 24ff.) anzustreben. Seit dem Ende des 12. Jahrhunderts lehrten vor allem die Mönche auf der Athos-Halbinsel dazu die Zuhilfenahme psychosomatischer Techniken und das Jesus- oder Herzensgebet als Mittel zur Erreichung dieses Zieles.
215 Die Herleitung findet sich an verschiedenen Stellen, sehr komprimiert und in Verbindung mit einer Betonung des Bekenntnischarakters gegen klassische Häresien bei einem namenlosen Heiligen V/387-392.
216 Hinsichtlich des Maßes geht die geforderte Askese jedoch – jedenfalls für die Hesychasten – deutlich über die Praxis der meisten westlichen

über die Sünden und einsame Ruhe des Herzens. Jesu Mahnung zu rechtem Beten in Mt 6,6 gibt, recht verstanden, die Anleitung dazu: Die Seele soll aus den Dingen der Welt in die Kammer des Leibes gehen und die Türen der Sinne gegenüber allem Vergänglichen und Nichtigen verschließen, so „bleibt unser Geist frei von jeder weltlichen leidenschaftlichen Anhänglichkeit, und mit dem verborgenen und geistigen Gebet vereinigst du dich mit Gott, deinem Vater." (Aus dem Leben des heiligen Gregorios V/455) Darauf soll der Beter das Kinn auf die Brust legen, „um auf diese Weise mit deinem Geist und deinen sichtbaren Augen auf dein Inneres achtzuhaben. Halte auch ein wenig deinen Atem fest, um dort deinen Geist zu haben und um den Ort zu finden, wo dein Herz ist, und damit sich dort stets gänzlich auch dein Geist befinde." (Symeon der Neue Theologe V/418[217]) Der Atem ist von besonderer Bedeutung, indem der Mund mit der eingeatmeten Luft auch den Geist festhält, der sonst zur Zerstreuung neigte; schließlich verbindet sich der Name Jesu mit dem Atem (Hesychios der Priester I/255). Erst wenn so das Gebet im Herzen wirkt, hält es den Geist bei sich fest und erfüllt ihn mit Freude. „Und wenn dich der langen Zeit wegen deine Schultern und dein Kopf schmerzen, halte großherzig aus, und suche unter diesen Schmerzen in deinem Herzen mit Verlangen und großer Sehnsucht den Herrn zu finden. Denn das Himmelreich gehört jenen, welche sich selbst Gewalt antun, und die Gewalttätigen reißen es an sich" (Gregorios der Sinaite V/425 mit Bezug auf Mt 11,12).

Das Gebet wird von jedem Frommen vor allem im Geist gesprochen, doch anfänglich zusätzlich auch mit der Zunge (Symeon von Thessaloniki V/381), eine zunächst wegen der ständigen Wiederholungen mühselige, dann aber immer leichtere Übung, sobald man sich an sie gewöhnt hat und der Geist schließlich das Gebet allein und ohne bewußte Mitwirkung des Menschen spricht. Es ist eine Übung, die „uns alle Schwierigkeiten leicht machen wird", so daß der Beter mit der Zeit feststellt, daß alles möglich und mit Sü-

---

Lehren hinaus. So soll der Hesychast immer ungesättigt den Tisch verlassen (Gregorios der Sinaite V/434), auch das vollständige Löschen des Durstes mit Wasser ist verboten. Dies ist als ‚Enthaltsamkeit' anzusehen; ‚Genügsamkeit' hält die Balance zwischen Hungern und Satt-Sein, ‚Sättigung' bedeutet, den Magen ein wenig zu beschweren; wer danach noch weiter esse, betreibe Völlerei.

217 Vgl. auch die Anweisungen über das richtige Sitzen bei Gregorios dem Sinaiten IV/253ff.

3.4 Spiritualität zwischen Mittelalter und Moderne 289

ßigkeit erfüllt ist (Aus dem Leben des heiligen Gregorios V/454). Gesprochen werden soll das Gebet zu jeder Zeit und unter allen Umständen, sitzend, gehend oder liegend, bei jeder Beschäftigung, während jedes Gesprächs, bis in den Schlaf hinein[218]: „Alle sollen dieses Gebet als Muster besitzen und es nach Kräften vollziehen – Priester, Mönche und Laien." (Symeon von Thessaloniki V/381) Die Trennung von der Welt, der Rückzug in eine Zelle sind zur Verrichtung des Gebetes und zu geistlicher Erkenntnis sehr förderlich, aber nicht die zwingende Voraussetzung[219]. Auch wer auf-

---

218 Vgl. Kallistos und Ignatios Xanthopulos V/68: „Denn der Geist, so sagt man, hört, wenn er in einem Menschen Wohnung nimmt, nicht auf zu beten. Der Geist selbst nämlich betet stets. Dann wird weder, wenn er schläft, noch, wenn er wach ist, das Gebet aus seiner Seele verbannt. Wenn er vielmehr ißt, wenn er trinkt, wen er ruht und wenn er irgend etwas tut bis hin zum tiefen Schlaf, steigen die Wohlgerüche und die Düfte des Gebetes in seinem Herzen auf, und zwar ohne Mühe." Diese Vorstellung findet sich auch in einem unerwarteten Zusammenhang; so heißt es von der Elisa in Andersens Märchen „Die wilde Schwäne", daß sie für die verzauberten Brüder in jedem wachen Augenblick bete – „ja, selbst im Schlaf verharrte sie in ihrem Gebet." (Die schönsten Märchen von Hans Christian Andersen, aus dem Dänischen übertragen von Albrecht Leonhardt, Gütersloh 1959, 151 – generell sind bei den Figuren Andersens etliche Momente einer *praxis pietatis* auszumachen.) In Hinblick auf die sich einstellende Ruhe ist allerdings Vorsicht und ein Unterscheiden der Geister angebracht: „Die gute Tröstung liegt dann vor, wenn der Leib wach oder auch im Begriff ist, in einen schlafähnlichen Zustand zu verfallen, man dabei aber im glühenden Gedenken Gottes mit seiner Liebe gleichsam verschmolzen ist. Doch die verführerische Tröstung trifft stets dann zu, wenn der Kämpfer, wie gesagt, unter nur mittelmäßigem Gedenken Gottes in einen leichten Schlaf gefallen ist." (Kallistos und Ignatios Xanthopulos V/115)
219 Die weit überwiegende Zahl der in der *Philokalie* gesammelten Texte befaßt sich freilich mit der monastischen Variante dieser Gebetspraxis; hier ist zudem zu erwähnen, daß der Vollzug des Herzensgebets das Stundengebet ersetzen kann. Einige der Väter eröffnen, wie gezeigt, aber auch Laien die Möglichkeit, die etwa der russische Pilger dann nutzt – was wiederum zahllose Menschen bis heute zu entsprechendem Handeln ermutigt hat. Daniel Tibi, Jesusgebet – Rosenkranz – Perlen des Glaubens. Eine Einführung, eBook-Ausgabe 2006 (www.archive.org/details/jesusgebet_rosenkranz_perlen-des-glaubens), 11, unterscheidet diesbezüglich zwischen „freiem" und „förmlichem" Gebet; in beiden Fällen könne das Komboskini, eine ge-

grund weltlicher Verpflichtungen nur abends zu beten in der Lage ist, kann, sofern er dies aufrichtig, in zweifelsfreiem Glauben und Gottes Geboten gehorchend tut, dadurch den Dingen der Welt gegenüber empfindungslos und „ein irdischer Engel und himmlischer Mensch" werden, „erblickt von allen und einsam erfunden mit Gott allein" und darum der Schau des ewigen Lichtes gewürdigt (Symeon der Neue Theologe V/407). Wer Gott mit ganzer Seele sucht und dazu den Weg des Herzensgebets geht, wird von Gott die erforderliche Kraft erhalten, gleichgültig, wie seine Lebensumstände beschaffen sind.

Auch die *Philokalie* empfiehlt dem gottsuchenden Menschen zur Beschreibung dieses Weges neben der achtungsvollen Aufmerksamkeit für die Tradition dringend die Unterordnung unter einen geistlichen Führer, denn diese befreit von der eigenen Sorge: „Der Gehorsam, den ein jeder seinem geistlichen Vater gegenüber erweist, macht ihn ja sorglos von allem, denn er hat seine Sorge auf seinen geistlichen Vater geworfen [...]. Jedoch muß er einen Lehrer und wahren und unfehlbaren geistlichen Vater treffen, der keinem Irrtum unterworfen ist. Denn jener, der sich selbst und seine ganze Sorge Gott und seinem geistlichen Vater anheimstellt, lebt in diesem wahren Gehorsam nicht mehr sein eigenes Leben, um seinen Willen zu tun, sondern ist von jeder leidenschaftlichen Anhänglichkeit an die Welt und an seinen Leib abgestorben." (Symeon der Neue Theologe V/414) Als geistlicher Vater kommt darum nur ein tugendhafter, geistlicher und in der geistlichen Führung erfahrener Mensch in Frage, dem die Gabe der Unterscheidung der Geister geschenkt ist. „Es ist keine geringe Mühe, einen solchen, mit Unterscheidung ausgestatteten Menschen anzutreffen, der irrtumslos sowohl in den Werken als auch in den Worten sowie in den Einsichten ist, und ihn als seinen geistlichen Führer zu besitzen. Und das Zeichen dafür, daß er sich nicht irrt, ist nichts anderes als daß das, was er sagt, tut und denkt, in jeder Hinsicht von der göttlichen Schrift bezeugt wird." (Gregorios der Sinaite V/438) Hat der Beter einen solchen geistlichen Vater gefunden, muß er genau das seinem Willen Entsprechende tun, nicht mehr, nicht weniger[220].

---

schlossene Schnur mit 33, 50 oder 100 Knoten, als Konzentrationshilfe benutzt werden.
220 Insbesondere die Einbeziehung von Atem und Herzschlag in das unablässige Beten sollte keinesfalls ohne Anleitung geschehen.

Die Wirkungen des bewußt vollzogenen Betens sind ungemein weitreichend, wobei die Väter eine Hierarchie der Gebete kennen, die sich auch in deren Wirkungen zeigt: Die erste Stufe ist die Verminderung der Leidenschaften, darauf folgt das häufige Sprechen der Psalmen als ein „Beten mit dem Mund", die dritte Stufe ist das geistige Gebet und die vierte die bildlose Gottesschau, nach Abschied von allen Vorstellungen und Gedanken, bei deren Vertreibung Gott dem Menschen auf dessen Bitten hin hilft (Symeon der Neue Theologe V/419). Grundsätzlich ist es für die Autoren der *Philokalie* ungeachtet aller Betonung des menschlichen Tuns selbstverständlich, daß es allein Gott ist, der den Menschen in der Taufe aus Gnade rettet und der ihn annimmt durch den Glauben, den er selbst aus Gnade schenkt (Symeon der Neue Theologe V/401f.). Das Herzensgebet ist dann zugleich Flehen um immer tiefere Sündenerkenntnis und Widerstandskraft gegen Versuchungen, es ist Flehen um weitere Reinigung und Vertiefung in Gott, um Demut und Gottesfurcht, um Sanftmut und Gottesliebe, und es ist Glaubensbekenntnis. Es „vermittelt den Heiligen Geist, verschafft göttliche Gaben, reinigt das Herz, vertreibt die Dämonen, läßt Jesus Christus in einem wohnen, ist eine Quelle von geistlichen Erwägungen und göttlichen Gedanken, bedeutet Erlösung von Sünden, ist eine Heilungsstätte für Seele und Leib, verschafft göttliche Erleuchtung, läßt das Erbarmen Gottes hervorsprudeln, verleiht unter Demut göttliche Offenbarungen und Einweihung und ist das einzig Heilbringende, da es in sich auch den heilbringenden Namen unseres Gottes trägt." (Symeon von Thessaloniki V/379)

Das Verhältnis zu Gott ist entscheidend, für den Beter und für das Gelingen seines Betens[221], es ist Grundlage und Ziel allen Betens, das den Menschen erneuert und „im Geist zu Gott macht" (Kallistos und Ignatios Xanthopulos V/150). Freilich soll der Nächste darüber nicht vergessen werden. Auch ein Tun der Nächstenliebe, eine „Tugendpraxis" ist vom Beter zu erwarten. Er soll Werke des Glaubens mit reinem Gewissen tun im Gehorsam gegen den geistlichen Vater. Er soll und darf die Welt gebrauchen, muß sich dabei jedoch vor Mißbrauch hüten. Selbst die in Einsamkeit lebenden

---

[221] Dies soll übrigens auch in häufiger, möglichst täglicher Teilnahme an der Eucharistie seinen Ausdruck finden und durch sie befördert werden, vgl. Kallistos und Ignatios Xanthopulos V/137ff., bes. 143.

Hesychasten haben nicht nur Psalmodie, Schriftlesung, Handarbeit und vor allem geistiges Gebet in genau geregelter Abfolge zu vollziehen, das Tun guter Werke muß hinzukommen: „Nicht nämlich die Hörer des Gesetzes sind gerecht vor Gott, wie der göttliche Paulus sagt, sondern die Vollbringer." (Kallistos und Ignatios Xanthopulos V/71, ähnlich V/29ff.[222]) Allerdings kann auch das Gebet selbst Ausdruck der Nächstenliebe sein: „Andere dagegen möchten dabei die Liebe zum Nächsten wahren und sprechen das Gebet folgendermaßen: ‚Herr Jesus Christus, unser Gott, erbarme dich unser!' Sie flehen für all ihre Brüder, da sie wissen, daß die Liebe die Erfüllung des Gesetzes und der Propheten ist und es eine einzige Tugend ist, welche mit ihrer Bezeichnung jedes Gebot und geistliche Werk umfaßt. Darum verbinden sie ihr Gebet mit der Liebe zum Nächsten, flehen Gott an, daß er sich ihrer selbst und auch ihrer Brüder erbarme" (Ein namenloser Heiliger V/391). Doch vor allem ist der Weg der einsamen Ruhe die „heilige Tätigkeit der wirklichen Christen" (Kallistos und Ignatios Xanthopulos V/149).

FAZIT: Die *Philokalie* lehrt vor allem Mönche und Hesychasten, doch auch Laien, daß das stete Gespräch des Herzens mit Gott, das immerwährende Gebet, nicht nur die Aufgabe eines jeden Christen ist, sondern zugleich die Wurzel allen Glücks. Die Gottesbeziehung erhält also in dieser Gestalt der Spiritualität ein besonderes Gewicht, und das hat methodische Konsequenzen: Das Jesus- oder Herzensgebet wird unter Anleitung eines geistlichen Führers in der Abgeschiedenheit jedenfalls der Seele, besser des ganzen Menschen geübt. Dazu werden alle menschlichen Dimensionen einbezogen, der Leib (Askese, Verharren an einem Ort, Körperhaltung, Atem, Beten mit Mund und Zunge), der Geist (Festhalten der Gedan-

---

[222] Allerdings kann bei der Lektüre etlicher Abschnitte der *Philokalie*, etwa mancher Texte des Gregorios Palamas (IV/271ff.), die Frage auftauchen, inwieweit in der Ruhe und ausschließlichen Konzentration der Seele auf Gott und in der dazu erforderlichen Abgeschiedenheit die Möglichkeiten des Handelns am Mitmenschen noch gegeben sind – oder sogar gegeben sein sollen.

ken, Konzentration, Sich-Verschließen gegenüber der Welt, Beten im Geist) und die Seele (Reue über die Sünden, Suche nach Gott, Gottesschau). Voraussetzung eines solchen Betens ist die Gnade Gottes, sein Ziel sind die Gottesschau und die *Theosis* des Menschen, in denen – im Sinne einer präsentischen Eschatologie – wahre Freude und ewige Herrlichkeit schon auf dieser Welt erfahrbar werden. Das Herzensgebet ist grundsätzlich mit weltlichem Tun im Alltag, auch mit dem Ausüben eines Berufes, vereinbar, auch wenn Abgeschiedenheit und Ruhe ihm förderlicher sind. Ebenso ist darum ein gleichzeitiges christliches Liebeshandeln möglich[223], zu dem alle Beter, gleich in welchen Lebensumständen, gemäß dem göttlichen Gebot aufgefordert sind – allerdings haben sie darauf zu achten, daß sie das Gebet deshalb nicht unterlassen, denn in ihm finden sie am sichersten zu Gott.

3.4.6 Gottesverehrungen

„Wir Christian der Siebente, von Gottes Gnaden König zu Dänemark, Norwegen, der Wenden und Gothen, Herzog zu Schleswig, Holstein, Stormarn und der Dithmarschen, wie auch zu Oldenburg ec. ec. Thun kund hiemit: Demnach auf Unsern Befehl, zur Beförderung der allgemeinen Erbauung und zu Einführung einer bessern und zweckmäßigern Ordnung des Gottesdienstes, eine neue Kirchen-Agende für Unsere Herzogthümer Schleswig und Holstein, die Herrschaft Pinneberg, Grafschaft Ranzau und Stadt Altona, mit der erforderlichen Sorgfalt und Genauigkeit entworfen und verfasset worden: so haben Wir Uns bewogen gefunden, über diese nunmehr vollendete Kirchen-Agende Unsere Königliche Confirmation zu ertheilen. [...] Gegeben in Unserer Königlichen

---

[223] Dies stellt der russische Pilger häufig unter Beweis, s. a.a.O., 54f., 68ff. u.ö., wobei aber auch er immer wieder das Bedürfnis formuliert, sich in Ruhe und Einsamkeit dem Gebet hingeben zu können, s. z.B. 108f.

Residenzstadt Kopenhagen, den 2ten December, 1796."[224] Dieser königliche Bescheid ist der sogenannten Adlerschen Agende vorangestellt, verfaßt und eingeführt vom Generalsuperintendenten von Holstein und Schleswig, Christian Adler[225]. Die neue Agende dient der „zweckmäßigen Einrichtung der öffentlichen Gottesverehrungen", so teilt Adler im Vorbericht mit; sie war erforderlich geworden wegen der veralteten Sprache und dem „unsern Zeiten nicht mehr angemessene[n] Inhalt und Ausdruck" (V) ihrer Vorgängerin. Ihre Einführung soll nach Willen der Kirchenoberen „ohne Aufsehen" geschehen, ohne Bekanntmachung oder „Anpreisung von den Kanzeln", im Falle von Taufen oder Trauungen soll, sofern nicht die „Eingepfarrten" ausdrücklich auf der Verwendung des alten Formulars bestehen, das neue Anwendung finden (VIII). Die

---

224 Schleswig-Holsteinische Kirchen-Agende. Einrichtung der öffentlichen Gottesverehrung. Formulare für die öffentlichen Religionshandlungen. Sonntags- und Festtags-Perikopen. Auf allerhöchsten königlichen Befehl zum künftigen allgemeinen Gebrauch in den Herzogthümern Schleswig und Holstein, der Herrschaft Pinneberg, der Grafschaft Ranzau und der Stadt Altona verfaßt von Dr. Jac. Georg Christian Adler, Schleswig, in Commission bei Joh. Gottl. Röhß 1797, IIIf. Die Umlaute wurden moderner Schreibweise angepaßt; Hervorhebungen im Original.
225 Jacob Georg Christian Adler, geboren als Sohn einer Pastorenfamilie am 8.12.1756 in Arnis an der Schlei, in Altona aufgewachsen, studiert Theologie und Orientalia in Kiel. 1783 wird er Professor für syrische Sprache an der Universität Kopenhagen, 1788 Professor der Theologie und 1789 deutscher Hofprediger in Kopenhagen. 1792 geht er als Generalsuperintendent nach Schleswig, 1806 wird ihm zusätzlich die Generalsuperintendentur in Holstein übertragen. Er ist Oberkonsistorialrat, Autor, Pädagoge, Münzsammler und Vorstandsvorsitzender der Schleswig-Holsteinischen Bibelgesellschaft, ein Verwandter des Matthias Claudius. Er führt die Oberaufsicht über das Kirchen-, Schul- und Armenwesen der Propsteien und in den nicht zu den Propsteien gehörigen Städten, die von ihm geschaffene Ordnung des Schleswig-Holsteinischen Landesarchivs besteht noch heute. Zu seinen wesentlichen Leistungen gehören der Abschluß der Schulreform (Allgemeine Schulordnung für Schleswig und Holstein von 1814) und die Abfassung und Einführung einer neuen, allerdings wegen ihrer rationalistischen Inhalte nicht unumstrittenen Agende. Adler stirbt am 22.8.1834 in Giekau/Holstein.

3.4 Spiritualität zwischen Mittelalter und Moderne

gleichzeitige Perikopenreform soll verzögert umgesetzt werden, damit die Prediger Zeit haben, sich darauf vorzubereiten. Insgesamt knüpfen sich große Hoffnungen an das Werk: „Schleswig und Holstein rücken dadurch, in Ansehung der äussern Verehrung Gottes, um einen großen Schritt vorwärts: mögen sie auch in ihren Fortschritten an wahrer Religiosität immer weiter und glücklicher fortgehen!" (X)

Die neue Agende enthält „Altar-Gebete" (Gebete für die Eröffnung des Gottesdienstes) zu unterschiedlichen Anlässen, allgemeine Kirchengebete (Fürbitten), Vaterunser-Paraphrasen, „Segenswünsche", Formulare für Taufe, Konfirmation, Beichte, Abendmahl, Verlöbnis und Trauung, die von den Predigern in Freiheit genutzt werden sollen (15), sowie drei Perikopenjahrgänge jeweils mit Evangelium und Epistel[226]. Die Inhalte der Gebete sind Lob, Dank, Bitte und Fürbitte. „Der Gegenstand des *Lobes* ist bald diese, bald jene der erhabensten Vollkommenheiten Gottes, deren Betrachtung die Seele mit Bewunderung, Ehrfurcht und Vertrauen erfüllt, und diesen Gesinnungen angemessene Vorsätze erweckt. Der *Dank* verbreitet sich diesmal über die eine, ein andermal über eine andere der mannichfaltigen Wohlthaten in der Natur und Offenbarung, je nachdem die jedesmalige Jahreszeit oder die christliche Festfeier zur lebhaften Erinnerung an einzelne derselben nähere Veranlassung giebt. Eben so verschieden ist der Inhalt der *Bitten* um göttlichen Beistand zur Besserung und zum beständigen Fortschritte in christlicher Gesinnung und Tugend, mit welchen sich die christliche *Fürbitte* wegen ihres wohlthätigen Einflusses auf das Herz und Leben der Menschen vereinigt." (4) Die Ziele, die mit diesen und weiteren Hinweisen erreicht werden sollen, sind die Feierlichkeit der „Religionshandlung", Abwechslung in der Übung der Andacht zur Erhöhung der Aufmerksamkeit, Verstehbarkeit der Inhalte (weshalb die Gebete wie auch die Lesungen im Regelfall nur mehr gesprochen werden sollen), die Betonung der „Allgegenwart und Heiligkeit Gottes" (14), die Einbeziehung der Welt in die Feier der Gemein-

---

226 Die Evangelientexte von Advent bis Pfingsten folgen dem Leben Jesu, die weiteren Sonntage bieten seine Reden; die Episteln sind jeweils darauf bezogen. Für die Frühpredigten oder Wochenpredigten sind „die schönsten Stellen" aus dem Alten Testament nach freier Wahl des Predigers die Grundlage, insbesondere aus den Büchern der Psalmen und Proverbien (20).

de („Wohlthaten in der Natur") und die Einbindung der einzelnen Elemente in einen gottesdienstlichen Spannungsbogen[227]; die damit verbundene Absicht ist vor allem seelsorglich. Dies kommt deutlich in den Anmerkungen zur Erwachsenentaufe zum Ausdruck, die „*ohne unnöthige Feierlichkeiten*, und mit möglichster Verhütung eines allzugroßen Zulaufs blos neugieriger Leute" geschehen soll (11), jedenfalls um dem Täufling Peinlichkeiten zu ersparen.

„Eine der ehrwürdigsten christlichen Religionshandlungen ist unstreitig die *Feier des heiligen Abendmahls*." (13) Damit sie ihre wohltätige Wirkung entfalten kann, muß sie einen angemessenen Platz innerhalb des Gottesdienstes erhalten und darf nicht als dessen Anhang angefügt werden. Ihr sollte eine allgemeine Vorbereitung vorausgehen, damit ihr eigentlicher Zweck, Sündenbekenntnis und Absolution, zur Wirkung gelangen kann. Damit diese Wirkung nicht durch Gewohnheit beeinträchtigt wird und sich das Abendmahl „als die heilsamste Anstalt zur Beförderung des thätigen Christenthums bewähren" kann, sollte es seltener gefeiert werden, an jedem sechsten oder zwölften Sonntag (12f.). „Da diese heilige Handlung mehrere große und wohlthätige Zwecke in sich vereinigt" (18), gibt es verschiedene Formulare zur Auswahl, die, in Anrede und Gebet vor der Kommunion und im Gebet nach der Kommunion, je andere Akzente setzen, wie etwa „Nachfolge Jesu", „Bruderliebe", „Versöhnlichkeit", „Vertrauen auf Gott" oder „Hofnung [sic] der Unsterblichkeit" (239ff.). In diesem letztgenannten Formular feiert die Gemeinde im Abendmahl das „Fest der Unsterblichkeit", so wird sie zuvor durch die Anrede belehrt, insofern nicht das Andenken eines Toten gefeiert wird, sondern das „unsers Anführers und Vorgängers zu den himmlischen Wohnungen" (253). So gewiß der unschuldig verfolgte und hingerichtete Gottessohn Jesus von Gott aus dem Grab zum Leben hervorgerufen wurde, „um ihm in einer andern Welt die Belohnung seiner Treue zu ertheilen, die er auf Erden nicht fand: so gewiß wird er einst auch uns zu einem neuen Leben rufen, wo keine wahrhaft gute, fromme, menschenfreundliche That unbemerkt und unbelohnt bleiben

---

227 Dieser Spannungsbogen ist von der Predigt her bestimmt, auf die die „Religionshandlung" hinführt und deren Inhalte auch den weiteren Verlauf des Gottesdienstes bis in die Gebete hinein bestimmen (7). Auf die Predigt folgt wahlweise eine „Communionshandlung" oder eine knappe „Catechisation" der Schulkinder, in der die Hauptsätze der Predigt katechetisch wiederholt werden (9).

wird. Aber laßt uns denn zugleich als Menschen, die solche Hofnung haben, den redlichen Vorsaz fassen, schon hier in den edlen, himmlischen Gesinnungen uns zu üben, die uns der Aufnahme in eine seligere Welt fähig und würdig machen können." (253f.) Das „Dichten und Trachten" der Abendmahlsteilnehmer soll also nicht mehr auf Vergängliches gerichtet sein, sondern sie sollen nach dem Himmel streben. „Ja, wandeln wir nur auf dem Wege, auf welchem Jesus gewandelt hat, und beharren wir auf demselben bis ans Ende: so erreichen wir auch das Ziel, das er erreicht hat [...] O diese Wahrheit – der Grund unserer Religion, unserer Tugend, unserer Glückseligkeit – laß sie uns, Gott, zur seligen Überzeugung werden!" (254) Die Wahrheit soll stärken zum Wandeln in Glauben und Liebe, damit die Gemeinde versucht, ihrer Bestimmung würdig zu werden. Auch das Dankgebet nach der Kommunion verbindet die eschatologischen Inhalte mit der ethischen Mahnung: „Was wird es einst seyn, wenn wir ihn sehen und bei ihm seyn werden allezeit! wenn wir, unsterblich und selig wie er, das Heil, welches er den Seinen verheissen hat, nicht mehr hoffen, sondern geniessen, und in dem Genusse desselben ohne Aufhören wachsen und zunehmen werden! Wie ganz anders werden wir dann sein Gedächtniß feiern, als wir es hier gethan haben, und bey jedem Fortgang zu neuer Weisheit, zu neuer Heiligkeit und Vollkommenheit uns deiner und deines Sohns Jesu Christi erfreuen! Bis du uns dahin führst, gütiger Gott und Vater, erhalte uns auf dem guten Wege, den du uns durch Ihn, unsern Lehrer und Vorgänger, gezeigt hast, erhalte und in allen Versuchungen und Gefahren, dir und der Tugend getreu bis ans Ende! Amen! So geht denn hin in Frieden, meine Brüder. Euer Wandel sey, wie im Himmel!" (255) Nach diesem Gebet könnte der Gottesdienst schließen mit einem Segenswunsch, der die genannten Motive aufnimmt: „Gott segne und erfreue euch mit gewisser und lebendiger Erkenntniß der christlichen Wahrheit, mit Kraft und Gelegenheit zu vielen guten, christlichen Thaten, mit weisem, zufriedenem Genusse des gegenwärtigen, und getroster Erwartung des zukünftigen Lebens." (147f.)

Ein Bemühen um Besserung im Hinblick auf die eigene Frömmigkeit und ihre Gestaltung ist freilich immer erforderlich. Die Christen müssen sich die Frage stellen, ob sie wirklich Jünger Jesu, wirklich seine Freunde sind, und sie können sich selbst anhand der Weisungen Jesu überprüfen:

„Beweisen wir es denn in unsern Thaten, wem wir angehören, und mit wem wir umgehen? Zeigen wir es in unserm ganzen Wandel, wen wir uns zum Vorbilde wählten, und in wessen Gesellschaft wir einst ewig zu seyn wünschten? Sind wir seine Freunde nicht blos in Worten, oder dem äussern Vorgeben nach, sondern in der That und Wahrheit? [...] Noch allzuoft fehlt es unsrer Beschäftigung mit Gott und mit der Religion an dem Leben, unserm Gebet an der Herzlichkeit, unsern frommen Gesinnungen an der Wahrheit und Lauterkeit, wodurch sich ächte Schüler Jesu auszeichnen sollen. Wenn unsre Freunde uns mit keinem wärmern Herzen Beweis ihrer Freundschaft gäben, als wir Gott oft Beweise unserer Verehrung und Liebe geben, würden wir damit zufrieden seyn? – Und wie viel fehlt uns vielleicht auch an den übrigen Pflichten, die wir uns selbst und andern schuldig sind? Wie viel an der Treue und Gewissenhaftigkeit in der Erfüllung unsers irrdischen Berufs, an der ungeheuchelten Erkenntniß unsrer Fehler und Thorheiten, an dem Bestreben, täglich weiser, besser, und innerlich rechtschaffener zu werden? Wie viel an der uneigennützigen, immer thätigen und unermüdeten Menschenliebe, worin uns Jesus ein so vollkommenes Beispiel gegeben hat?" (239f.)

Der Glaube darf also nicht nur aufrichtiges Gefühl sein – so sehr er sich auch als ein solches erweisen muß –, er soll sich am Tun des Menschen in seinem täglichen Leben ablesen lassen. Ein Fortschritt in der *praxis pietatis*, im Gebet, in der Heiligung und ganz besonders in der tätigen Nächstenliebe ist dabei für jeden Christen immer notwendig, und er ist möglich.

FAZIT: Christian Adler hat eine Agende für den „neuen Menschen", den Menschen einer neuen Zeit verfaßt, einen freien Menschen voller Würde und ohne Knechtsgesinnung, der Gott eher „verehrt", als daß er ihm „dient" und der aus Einsicht und Liebe zu Gott und Mensch gut handeln will und, eine Folge der Gnade, auch kann. Dieser Mensch ist stets voller Bewunderung für die Größe, Wahrheit und Allmacht Gottes, die er in der Natur ebenso erkennt wie in der Heilsgeschichte, von der er in den mit Andacht erlebten „Gottesverehrungen" hört. Er reagiert auf das Gesehene und Gehörte mit Ehrfurcht und dem Wunsch, diese Macht und Wahrheit immer noch tiefer zu erkennen und ihr zu entsprechen.

Er will also Fortschritte machen hinsichtlich seines Verstehens wie auch seiner Tugend, und er ist dazu wegen seiner Verstandesgaben und wegen der Kraft seines Willens mit Gottes Hilfe imstande. Dazu ist es freilich erforderlich, daß die liturgischen Texte nicht nur verstehbar sind, sondern vor allem, daß sie den Menschen in dieser Neigung zum Guten ansprechen, denn die „Religionshandlungen" sollen die ehrfürchtige Bewunderung Gottes – ganz im Sinne des Zeitgenossen Schleiermacher – vertiefen und die Vorsätze zum Tun des Guten festigen. Folglich sind die ethischen Weisungen, die die Agende in reichem Maße enthält, durchweg mit positiven Begründungen versehen – der Mensch wird, wenn ihn nicht seine Einsicht und seine Verehrung Gottes ohnehin auf den richtigen Weg führen, vom Gedanken an den himmlischen Lohn zum Guten und Wahren verlockt und nicht durch den Gedanken an eine ewige Strafe abgeschreckt. Ein möglicher negativer Ausgang des erwarteten Gerichts über die Werke, Sünde und Sündenfolgen finden denn auch, folgerichtig, keine Erwähnung. Doch bei aller Freude an der Welt: Sie bietet nur einen Vorgeschmack, darum soll sich der Mensch nicht an Vergänglichem festhalten. Vollkommenheit gibt es erst im Himmel, der gewährt wird als Lohn der guten Taten, die der Mensch auf dem Weg der *imitatio Christi*, besser wohl: der *imitatio Jesu* vollbringt[228]. Die Tugend steht beinahe gleichrangig neben einem Glauben, dem es nicht an wahrem, warmem Gefühl fehlen darf. Die Agende zeichnet ein Christentum, das sich in aufrichtiger, im Fühlen verankerter Frömmigkeit wie im täglichen Liebeshandeln bewähren muß und bewähren wird.

---

[228] Das Vorbild des vollkommenen Menschen Jesus spielt in den hier zitierten und vielen anderen Texten eine erheblich größere Rolle als das Erlösungshandeln des Christus. Doch ungeachtet dieser Gewichtung ist Adler nicht grundsätzlich eine defekte Christologie vorzuwerfen, vgl. die entsprechenden Passagen in etlichen der Tauf- und Konfirmationsformulare.

3.4.7 Ertrag

Die Zeugnisse der Spiritualität in der Phase zwischen Reformation und Neuzeit, einer Zeit des schnellen Wandels, der schroffen Umbrüche und der Ausdifferenzierung der Konfessionen, bieten Richtlinien christlichen Denkens und Handelns in Zeiten der Unsicherheit. Sie zeigen keine Neuerfindung christlicher Frömmigkeit, doch einige besondere Akzente in der Aufnahme der überkommenen Motive und Methoden:

1. Jeder Christ, gleich in welchem Beruf oder Stand, gleich in welchen Lebensumständen ist zu einer *praxis pietatis* mit dem Ziel der Vereinigung mit Christus in seinem Alltag in dieser Welt gerufen, und sie ist ihm möglich, natürlich nicht ohne die Gnade Gottes, ebenso nicht ohne Anleitung, nicht ohne geistliche Führung oder Begleitung, aber doch in einer gewissen Selbständigkeit – ein Moment des „Priestertums aller", das sich in allen spirituellen Zeugnissen dieser Jahrhunderte erkennen läßt.

2. Gemeinsam ist den verschiedenen Zeugnissen das Bemühen um ein Fortschreiten auf dem Weg der Heiligung durch die gelebte Gottes- und Christusliebe und gemeinsam ist ihnen auch das Ziel dieses Bemühens: das Erleben der Freude des Gottesreiches als Trost und Hilfe, als Gegengewicht gegen alles Leid, gegen äußere Not wie inneren Verfall, die auf dieser Welt reichlich zu erleben sind.

3. Nicht nur das ewige Heil, auch das Wohlbefinden des einzelnen schon jetzt ist damit von Bedeutung; darum lehren alle spirituellen Wege – sogar der recht rigorose des Hesychasmus – den Christen eine Achtsamkeit für sich selbst, die eigene Leiblichkeit wie auch den Bereich der Emotionen.

4. Die Wege der Heiligung werden unterschiedlich akzentuiert gezeichnet, doch etliche Momente finden sich immer wieder: die bewußte Trennung von der Sünde, deshalb auch die Trennung von manchen Dingen, Gewohnheiten und Menschen oder jedenfalls eine vorsichtige Abstinenz ihnen gegenüber, denn in der Welt gibt

es vieles, das dem Christen auf seinem Weg schaden könnte, wenn er es nicht meidet; das Erwidern der Liebe Gottes; geistliche Führung; das Wahren des rechten Maßes; die Regelmäßigkeit der geistlichen Übung (Gebet, Schriftlesung, Eucharistie).

5. Ebenfalls gemeinsam ist die explizite Forderung nach einem Handeln, das der Liebe entspricht, nach tätiger Nächstenliebe: Ein Leben nach dem Liebesgebot darf sich nicht selbstgenügsam auf die Hinwendung zu Gott beschränken. Das Bemühen um ein Gleichgewicht des anthropologischen Dreiecks ist weiterhin erkennbar.

6. Die Bedeutung der Gemeinschaft für die gelebte Frömmigkeit wird nicht in allen Dokumenten gleichermaßen betont, doch ist die Vorstellung, daß die gelebte Liebe zu Gott und Christus die einzelnen zu einer Gemeinschaft macht, der Aufmerksamkeit zuzuwenden ist im Interesse aller, durchaus grundlegend.

7. Die Spiritualität der Aufklärung betont die Forderung nach Einsicht in die Dinge des Glaubens, doch spielt auch hier die Ehrfurcht vor der unergründlichen Größe der Weisheit Gottes weiterhin eine Rolle. Festzuhalten ist allerdings, daß der Mensch am Ausgang dieser Epoche merklich freier geworden ist, nicht unbedingt im Gegenüber zu Gott, aber jedenfalls im Verhältnis zur Tradition. Und er ist freier zum Guten, weshalb das Moment des Gehorsams gegenüber früheren Phasen nun zurücktritt.

3.5 Spiritualität in der Neuzeit

Geringer historischer Abstand erschwert die Charakterisierung einer Epoche. Erst aus größerer Distanz ist erkennbar, welche Ereignisse und Strömungen wirklich von bleibender Bedeutung sind. Die Neuzeit wird allerdings oft übereinstimmend als eine Epoche zunehmend beschleunigter und dramatischer Entwicklungen beschrieben, in politischer und ökonomischer, in gesellschaftlicher und wissenschaftlicher Hinsicht. Und zur Kennzeichnung der Signatur der Gegenwart werden ebenfalls immer dieselben – meist negativen – Stereotypen verwendet: Ökonomische und ökologische Bedrohungen, Wertewandel oder -verlust, Reiz- und Informationsüberflutung durch die Entwicklungen im Bereich der Kommunikationsbranche, Unübersichtlichkeit, Säkularisierung, Mobilisierung, Individualisierung, Globalisierung, Vermehrung der Freizeit- und Konsumangebote, Pluralismus[229]. Spiritualität, in welcher Form und mit welchen Inhalten auch immer, scheint angesichts dieses Zeiterlebens als ein notwendiges Gegengewicht erlebt zu werden, so daß sich die Erscheinungsformen seit dem 19. Jahrhundert vervielfältigt haben: Vieles von dem, was in früheren Zeiten gelebt worden ist, wird weiterhin selbstverständlich praktiziert, dazu werden etliche spirituelle Methoden wieder- oder neuentdeckt und, vielfach modifiziert und vermischt mit Elementen anderer Religionen, in die eigene *praxis pietatis* integriert.

Eckdaten der Spiritualität in der Neuzeit

1817 Union zwischen Lutheranern und Reformierten in Preußen auf Betreiben Friedrich Wilhelms III.
1819 Das Buch „Du Pape" des Staatstheoretikers Joseph de Maistre formuliert die Position des Ultramontanismus: Der Papst ist Führer der Menschheit und letzte Instanz in allen Glaubensfragen. Verschiedene päpstliche Enzykliken der folgenden Jahrzehnte äußern sich entsprechend, was zunehmend staatlichen Widerstand und Konflikte bewirkt.
1820 Die Inquisition wird abgeschafft.
1821 Friedrich Daniel Ernst Schleiermacher veröffentlicht seine Glaubenslehre (Der christliche Glaube nach den Grundsätzen der evangelischen Kirche im Zusammenhang dargestellt).

---

[229] S. dazu ausführlich Corinna Dahlgrün, Nicht in die Leere falle die Vielfalt irdischen Seins, 281-349, mit etlichen Literaturhinweisen.

1830	In den USA bildet sich die „Kirche Jesu Christi der Heiligen der letzten Tage" (Mormonen) um den Landarbeiter Joseph Smith; das von diesem – nach eigenem Bericht – durch die Vermittlung eines Engels gefundene „Buch Mormon" inspiriert die Anhänger, zur Lebensform der ersten Christen zurückzukehren. Im selben Jahr bildet sich in Schottland die Gruppe der „Irvingianer" (ab 1840 Apostolisch-Katholische Kirche, aus der 1930 die Neuapostolische Kirche hervorgeht) um den Prediger Edward Irving, der Elemente des Katholizismus mit einer Wiederbelebung charismatischer Gaben und urgemeindlicher Ämter verbindet.
1833	In der anglikanischen Kirche bildet sich im Kampf gegen staatliche Eingriffe die hochkirchliche Oxfordbewegung.
1833	Johann Hinrich Wichern gründet in Hamburg das „Rauhe Haus", eine Erziehungsanstalt für gefährdete Jugendliche; 1836 stiftet Theodor Fliedner bei Düsseldorf ein Diakonissenhaus, das erste Haus der „Kaiserswerther Schwestern"; 1846 gründet Adolph Kolping in Köln das erste „Kolpinghaus".
ab 1835	**Einführung der Kirchensteuer in Deutschland**
1835	David Friedrich Strauß veröffentlicht „Das Leben Jesu".
ab 1839	**Massaker an Indianerstämmen in den USA**
1841	Ludwig Feuerbach veröffentlicht „Das Wesen des Christentums", eine Auflösung der Theologie in die Anthropologie.
1844	Gründung des katholischen Borromäusvereins zur Förderung des Buches durch Büchereien und Veröffentlichungen.
1844	Gründung des YMCA (Young Men's Christian Association), Gründung des CVJM (Christlicher Verein Junger Männer) in Deutschland 1883.
1848	**Märzrevolution in Deutschland**
1848	Karl Marx und Friedrich Engels veröffentlichen das „Kommunistische Manifest".
1848	Der erste evangelische Kirchentag findet in Wittenberg, der erste Katholikentag in Mainz statt.

1849	Gründung der „Siebenten-Tag-Adventisten" in den USA durch den Farmer und späteren Baptistenprediger William Miller und die Visionärin Ellen Gould White (erste deutsche Adventistengemeinden 1888).
1854-56	**Krimkrieg**
1858	Die von Bernadette Soubirous berichteten Marienerscheinungen machen Lourdes zu einem bekannten Wallfahrtsort.
1859	Charles Darwins Evolutionstheorie „Die Entstehung der Arten" wird als Widerspruch zur Schöpfungslehre aufgefaßt.
1859	Gründung des Salesianerordens zur Erziehung der Jugend durch Giovanni Bosco in Turin.
1861/62	**Sezessionskrieg in den USA**
1864	Gründung des Roten Kreuzes auf Initiative Henri Dunants.
1869/70	**1. Vatikanisches Konzil (Unfehlbarkeit des *ex cathedra* sprechenden Papstes wird festgestellt)**
1870/71	**Deutsch-französischer Krieg**
1871	Beginn des Kulturkampfes infolge antikatholischer Maßnahmen des preußischen Ministerpräsidenten (1872 Schulaufsichtsgesetz und Jesuitengesetz d.h. Auflösung aller Niederlassungen der Jesuiten, Redemptoristen, Lazaristen; 1873 Zustimmung des Staates zur Übertragung geistlicher Ämter; 1874 Zivilehe). Ab 1878 wird der Kulturkampf durch den Reichskanzler Otto von Bismarck eingestellt, die meisten Gesetze werden geändert oder rückgängig gemacht.
1872	Friedrich von Bodelschwingh d.Ä. übernimmt die Leitung von Bethel (Betreuung von Epileptikern, Nichtseßhaftenarbeit u.a.); 1905 errichtet er die erste evangelische Kirchliche Hochschule in Deutschland.
1872	Entstehung der „Internationalen Vereinigung ernster Bibelforscher" in den USA um Charles Taze Russell (seit 1931 „Zeugen Jehovas").
1875	**Zusammenschluß von 21 nordamerikanischen und europäischen Kirchen zum Reformierten Weltbund**
1879	Begründung der „Christian Science Church" durch Mary Baker Eddy in den USA.

1881	**Erster eucharistischer Kongreß in Lille**
1888	Friedrich Nietzsche veröffentlicht „Der Antichrist".
1889	Die Gegner der Beschlüsse des I. Vatikanums, die „Altkatholiken", schließen sich in Utrecht zur Altkatholischen Kirche zusammen.
ab 1891	**Gesetzliche Sonntagsruhe in Deutschland**
1894	Theodor Herzl begründet die Bewegung des Zionismus; 1896 veröffentlicht er die Programmschrift „Der Judenstaat".
1896	Friedrich Spitta und Julius Smend begründen, ausgehend vom Gottesdienstverständnis Friedrich Schleiermachers, die „ältere liturgische Bewegung" (Gottesdienst als Fest der Gemeinde, lebendiger Gemeindegesang, kein Agendenzwang).
1901	Begründung der Jugendbewegung „Der Wandervogel".
1905	**Trennung von Kirche und Staat in Frankreich (Parlamentsbeschluß); 1911 folgt Portugal**
1907	Pius X. wendet sich mit dem Dekret „Lamentabili" und der Enzyklika „Pascendi dominici gregis" gegen den „Modernismus", d.h. gegen Agnostizismus und Immanentismus, gegen historisch-kritische Exegese, Reform der Kirchenstruktur und Kritik an der Neuscholastik; 1910 wird für alle Priesteramtskandidaten ein Antimodernisteneid vorgeschrieben (1967 durch Paul VI. abgeschafft).
1907	Begründung der Pfadfinderbewegung in Großbritannien, der Deutsche Pfadfinderbund entstand 1911 (nach dem Ersten Weltkrieg Neugründungen von Pfadfinder-Bünden als Teil der deutschen Jugendbewegung); 1929 wird die „Deutsche Pfadfinderschaft St. Georg" gegründet.
1907	Die Pfingstbewegung beginnt in Deutschland Gemeinden zu gründen. Eine zweite Welle, die „charismatische Bewegung" oder Geistliche Gemeindeerneuerung (GGE) breitet sich seit Beginn der 60er Jahre aus, meist innerhalb der traditionellen Kirchen.
1908	10.000 Arbeiter treten aus der evangelischen Kirche aus (Berlin).

3 Christliche Spiritualität in historischer Perspektive

1910	Die Missionskonferenz von Edinburgh, die ohne Katholiken und Orthodoxe stattfindet, wird Ausgangspunkt der ökumenischen Bewegung (ab 1920 Beteiligung der Katholiken, ab 1927 auch der orthodoxen Kirchen; 1928 untersagt Pius XI. den Katholiken die Teilnahme an ökumenischen Gesprächen als unvereinbar mit dem katholischen Kirchenverständnis – nur eine „Rückkehr ins gemeinsame römische Vaterhaus" mache die Einheit möglich).
1913	Sigmund Freud veröffentlicht „Totem und Tabu".
1914-18	**Erster Weltkrieg**
1916	Ermordung des Eremiten und Priesters Charles de Foucauld, der ab 1905 unter den Tuareg gelebt hatte; die Gemeinschaften der „Kleinen Brüder" und „Kleinen Schwestern" gehen auf ihn zurück.
1917	**Oktoberrevolution in Rußland**
1917	Der Bericht dreier Kinder über das Erscheinen der „Muttergottes vom Rosenkranz" macht das portugiesische Fatima zu einem bedeutenden Wallfahrtsort.
1918	**In Deutschland wird die Republik ausgerufen (Ende des landesherrlichen Regiments über die Kirchen; 1919 Verfasssung der Weimarer Republik)**
ab 1918	Die „Jüngere liturgische Bewegung" (v.a. die Hochkirchliche Vereinigung Friedrich Heilers, der Berneuchener Dienst/Evangelische Michaelsbruderschaft und die Kirchliche Arbeit von Alpirsbach) bemüht sich um eine Wiederbelebung des Gottesdienstes durch die Wiedergewinnung von Deutscher Messe (mit Sakrament), Stundenliturgie und Beichte. Seit 1930 gibt es im katholischen Raum ebenfalls eine liturgische Bewegung, die durch die katholische Jugendbewegung vorangetrieben wird.
1919	Gründung der ersten Waldorfschulen durch den Anthroposophen Rudolf Steiner (seit 1912 gab es die anthroposophische Gesellschaft).
ab 1922	Die dialektische Theologie (Karl Barth, Friedrich Gogarten, Rudolf Bultmann u.a.) gewinnt an Einfluß gegen den Kulturprotestantismus.

1922	Zusammenschluß der deutschen Landeskirchen zum „Deutschen Evangelischen Kirchenbund"
1923	Höhepunkt der kriegsbedingten Inflation in Deutschland
1929	**Weltwirtschaftskrise**
um 1930	Der presbyterianische Pfarrer George MacLeod begründet die Kommunität von Iona (nach 1945 ökumenische Öffnung).
1933-45	**Nationalsozialistische Herrschaft in Deutschland**
1933	Die „Glaubensbewegung Deutsche Christen" gewinnt die Mehrheit bei den Kirchenwahlen; Ludwig Müller, ein Vertrauter Hitlers, wird Reichsbischof. Gegen die DC formiert sich unter Führung von Martin Niemöller der „Pfarrernotbund", der die Grundlage der „Bekennenden Kirche" wird (1934 erste Synode: Barmer Theologische Erklärung).
1937	In der Enzyklika „Mit brennender Sorge" wendet sich Pius XI. (nach etlichen vergeblichen Protesten wegen Konkordatsverletzungen) gegen Rassenwahn und den Mythos von Blut und Boden; die Enzyklika „Divini Redemptoris" formuliert eine radikale Absage an den Kommunismus.
1938	Der „Anschluß Österreichs" wird vom deutschen und österreichischen Episkopat als „historische Leistung" begrüßt.
9.11.1938	**Reichspogromnacht**
1939-45	**Zweiter Weltkrieg**
1940	Roger Schutz gründet mit Studenten eine „Grande Communauté" im burgundischen Taizé; ab 1969 kommen katholische und orthodoxe Brüder hinzu. Seit den 50er Jahren wird Taizé zu einem Zentrum der spirituellen Jugendbegegnung.
1941	Aufgrund der Proteste des Bischofs von Münster, Clemens von Galen, und (nach anfänglichem Zögern) Friedrich von Bodelschwinghs ordnet Hitler die vorläufige Einstellung des Euthanasieprogramms an.
1943	Chiara Lubich gründet in Trient die Fokolar-Bewegung zur Stärkung der Einheit unter den Menschen auf kirchlicher, gesellschaftlicher und ökumenischer Ebene.

1945	Hinrichtung Alfred Delps SJ und Dietrich Bonhoeffers
1945	Gründung der Vereinten Nationen
1946-75	**Vietnam- bzw. Indochinakrieg**
1947	Gründung des Lutherischen Weltbundes
1947	Die Säkularinstitute (Leben gemäß der Evangelischen Räte in bürgerlichen Berufen) erhalten eine Grundordnung durch Pius XII.
1948	**Ermordung Mahatma Gandhis in Neu-Delhi**
ab 1948	„Apartheidspolitik" in Südafrika
1948	Gründung des Staates Israel
1948	Zusammenschluß lutherischer, unierter und reformierter Kirchen zur Evangelischen Kirche in Deutschland
1948	**Gründung des Ökumenischen Rates der Kirchen**
1949	In Hannover findet erstmals seit 1927/1930 ein Evangelischer Kirchentag statt.
1950-53	**Koreakrieg**
1954	Im deutschen Fernsehen wird das erste „Wort zum Sonntag" ausgestrahlt.
1958/59	Gründung der Stiftung „Misereor", der Aktion „Brot für die Welt" und der „Aktion Sühnezeichen".
1960	**Unabhängigkeit 14 afrikanischer Kolonien („afrikanisches Jahr")**
ab 1960	Entwicklung der Befreiungstheologie in Südamerika (Gustavo Gutierrez, Leonardo Boff); 1984-86 reagiert die Glaubenskongregation mit Instruktionen (die „Option für die Armen" wird begrüßt, Rezeption marxistischer Ideen und das politische Engagement von Priestern aber abgelehnt).
1961	**Bau der Mauer in Deutschland**
1962-65	**2. Vatikanisches Konzil (Verabschiedung zahlreicher Dekrete und Konstitutionen, u.a. zur Liturgiereform und zur Ökumene)**
1963	Die Mun-Bewegung beginnt in Deutschland zu missionieren (weitere Sekten folgen, so 1971 die „Kinder Gottes", 1972 „Ananda Marga", 1975 „Bhagwan Rajneesh").
1965	Der Bann von 1054 zwischen römischer und orthodoxer Kirche wird gegenseitig aufgehoben.
1965	Die „Gott ist tot"-Theologie bewegt die Kirche.

3.5 Spiritualität in der Neuzeit

1967	6-Tage-Krieg, dritter Israelisch-arabischer Krieg (führt zur Verschärfung des Nahostkonflikts)
1967	Beginn der Studentenunruhen in Europa
1967	Die Kirchen einigen sich auf eine gemeinsame sprachliche Fassung des Vaterunser.
1968	Ermordung Martin Luther Kings in Memphis/Tennessee
1968	Höhepunkt der Hippie-Bewegung.
1973	Leuenberger Konkordie („Gemeinschaft an Wort und Sakrament" zwischen 103 lutherischen, reformierten, unierten, methodistischen und hussitischen Gemeinschaften sowie den Waldensern und den Böhmischen Brüdern)
1979	Mutter Teresa erhält den Friedensnobelpreis.
1980	Ermordung des Erzbischofs von San Salvador, Oscar Romero
ab 1980	Entstehen einer Friedensbewegung auf breiter Basis in zahlreichen westlichen Staaten, verbunden vielfach mit der Umwelt-, der Anti-AKW- (seit 1975) und der Frauenbewegung (seit 1968) sowie weiteren alternativen Bewegungen.
1982	Der ÖRK verabschiedet eine „Konvergenzerklärung zu Taufe, Eucharistie und Amt" (das Lima-Papier). 1983 werden in Vancouver die Einheitsbestrebungen mit der Forderung nach gesellschaftlichem Engagement verknüpft („konziliarer Prozeß gegenseitiger Verpflichtung zu Gerechtigkeit, Frieden und Bewahrung der Schöpfung").
1989/90	**Wiedervereinigung Deutschlands**
1991	**Auflösung der UdSSR**
1991	**Erster Golfkrieg**
1992	Die erste evangelische Bischöfin (Maria Jepsen) wird in Deutschland in ihr Amt eingeführt.
1995	Die Flüchtlingsproblematik wird erstmals als weltweites Thema wahrgenommen.
31.10.1999	Unterzeichnung der „Gemeinsamen Erklärung zur Rechtfertigungslehre" durch Lutheraner und Katholiken.

6.8.2000	Die Erklärung „Dominus Jesus" betont, daß die Kirche Christi im vollen Sinne nur in der katholischen Kirche weiterbestehe; alle anderen kirchlichen Gemeinschaften seien nicht als „Kirchen im eigentlichen Sinn" anzusehen.
11.9.2001	**Anschläge der Al Kaida auf das World Trade Centre in New York (ab 2001 Krieg der USA und Großbritanniens gegen Afghanistan, ab 2003 gegen den Irak)**
2003	Erster ökumenischer Kirchentag von Katholiken und Protestanten in Berlin.
2005	Katholischer Weltjugendtag in Köln.

Die zwei Jahrhunderte, die hier als „Neuzeit" aufscheinen, weisen im Hinblick auf die christliche Spiritualität trotz aller Pluralität auch manche charakteristischen Züge auf, die an exemplarischen Formen herausgearbeitet werden sollen. Näher betrachten werde ich im folgenden den Wandel in der diakonischen Spiritualität, die Anziehungskraft von religiösen Großveranstaltungen, eine Form kommunitärer ökumenischer Spiritualität und die Frömmigkeitshaltung, die aus der Theologie der Befreiung erwachsen ist. Außerdem sollen die Spiritualität in der Esoterik und in der Ausdrucksform avantgardistischer Kunst an konkreten Beispielen dargestellt werden.

3.5.1 Liebeshandeln und Qualitätsmanagement

„Brüder [und Schwestern], wir wollen euch jetzt von der Gnade erzählen, die Gott den Gemeinden Mazedoniens erwiesen hat. Während sie durch große Not geprüft wurden, verwandelten sich ihre übergroße Freude und ihre tiefe Armut in den Reichtum ihres selbstlosen Gebens." (II Kor 8,1f.) So schreibt Paulus über die Christen in Mazedonien; über Menschen auf dem zweiten Weg der Gottsuche[230] ließe sich dasselbe sagen. Diese Sätze formulieren das

---

230 S.o. I.2.

Anliegen diakonischen Handelns und eine Haltung diakonischer Spiritualität, zugleich den Ertrag dieses Handelns: Unabhängig vom eigenen Geschick selbstlos zu geben – auch aus eigener Not und Armut heraus – ist Gnade, eine Gnade, die dem Menschen von Gott geschenkt ist, die aus der Gottesliebe erwächst und den Gebenden unendlich bereichert. Die mazedonischen Christen, die nicht zu den Wohlhabenden gehören, haben, so berichtet Paulus, von sich aus darum gebeten, geben zu dürfen, über ihr Vermögen hinaus, weil sie spürten und wußten, daß sie Gott gehörten, und weil sie darum auch dem Mitmenschen gehören wollten und weil das wichtiger war als jede materielle Absicherung: „Sie haben sich selbst gegeben, an erster Stelle dem Herrn und dann uns durch den Willen Gottes" (II Kor 8,5)[231]. Wer Gott liebt und sich von Gott geliebt weiß, wird diese Liebe weitergeben wollen, an jeden Menschen, der sie braucht – in welcher Gestalt auch immer: Indem er den Verwundeten am Straßenrand aufhebt wie der Samariter in Jesu Erzählung (Lk 10,25ff.), indem er Gefangene besucht und Frierende bekleidet wie die Erlösten im Gleichnis vom großen Weltgericht (Mt 25,31ff.), indem er sich von seinem Geld trennt wie die mazedonischen Christen und dabei darauf vertraut, daß Gott einen solchen Geber auf irgendeine Weise erhalten wird wie die Lilien auf dem Feld oder die Vögel unter dem Himmel (vgl. Mt 6,25ff.).

Nach diesen Sätzen des Paulus einige andere Sätze aus einer anderen historischen Situation: „Die ökonomische Krise des Sozialstaates hat zu Beginn der 90er Jahre auf der Basis eines weit gehenden gesellschaftspolitischen Konsenses zu einer drastischen Veränderung der Refinanzierungsbedingungen von Leistungen des Sozial- und Gesundheitswesens geführt: Das Kostendeckungsprinzip wurde aufgehoben, und es begann eine Phase der gedeckelten Budgets, die den Anbietern abverlangt, gleiche oder steigende Leistungen unter erhöhten Qualitätsanforderungen bei real sinken-

---

231 Übersetzung V. 2: Einheitsübersetzung, V. 5: Rudolf Bultmann, Der zweite Brief an die Korinther (KEK Sonderband), Göttingen 1987, 255.

den Entgelten zu erbringen. Die geltenden gesetzlichen Vorgaben werden in den nächsten Jahren zur Umsetzung von völlig neuen Entgeltsystemen führen. Die Auswirkungen dieser Systemveränderungen [...] sind im Einzelnen noch nicht absehbar. Mit Sicherheit werden sie zu mehr Transparenz von Leistungen und Preisen, aber auch zu mehr Wettbewerb und zu verstärktem ökonomischen Druck führen."[232] Diese Sätze stammen aus einem Arbeitspapier des größten diakonischen Unternehmens in Europa, das dessen Vision bis 2010 formuliert, die Vision der von Bodelschwinghschen Anstalten Bethel. „Über 14000 Mitarbeiter in den Krankenhäusern und Heimen erwirtschaften [hier] auf dem Gesundheitsmarkt einen Umsatz von 800 Millionen Euro."[233] Natürlich ist in diesem Leitbild auch vom christlichen Glauben die Rede, allerdings erst, nachdem deutlich gemacht wurde, wie notwendig heute neue Führungs- und Steuerungsinstrumente sind, u.a. ein transparentes und flexibles Qualitätsmanagement[234]. Tatsächlich müssen diakonische Einrichtungen professionell sein und sie müssen sich rechnen. Mit Unvermögen ist niemandem gedient, ebenso wenig mit der Pleite eines diakonischen Unternehmens oder einer Einrichtung der Caritas, den Beschäftigten nicht und den „Kunden", wie es heute heißt, am allerwenigsten. Ethische Reflexion, professionelle Organisation und eine ökonomisch stabile Gestalt sind unverzichtbar. Doch was ist darin, damit, darunter aus dem Geist der Gottes- und Nächstenliebe, aus der diakonischen Spiritualität geworden?

Um Antwort auf diese Fragen zu geben, sei die historische Entwicklung der Diakonie skizziert, vom Liebeshandeln des einzelnen

---

232 v. Bodelschwinghsche Anstalten Bethel, Bethel. Gemeinschaft ver*wirklich*en. Unsere Vision und unsere Ziele bis 2010, Bethel-Bielefeld 2001, 7f.
233 Friedrich Seven, Konzern der Barmherzigkeit. Europas größte Diakonie-Einrichtung in Bethel expandiert bis heute, in: Glaubenssachen (NDRkultur) vom 17. Juni 2007.
234 Diese Notwendigkeit ergebe sich aus den gesellschaftlichen Entwicklungen: demographische Entwicklung der Bevölkerung, Europäisierung, Säkularisierung, Individualisierung und Ökonomisierung des Sozialen.

im Rahmen der Gemeinschaft über verschiedene Schritte der Institutionalisierung bis zu der im 20. Jahrhundert schließlich raumgreifenden teleologischen Ausrichtung auf Erfolg und ökonomischen Gewinn. Das Leben des Christen ist von Anfang an grundlegend durch vier Faktoren bestimmt, die den Charakter von Rahmenbedingungen haben, und zugleich Imperative sind: Christliches Leben ist Zeugnis für Christus, Weitersagen und Feiern des Glaubens, es ist Gemeinschaft mit anderen Christen, in die jeder einzelne unabweislich gewiesen ist, und es ist Weitergeben der empfangenen Liebe, gemäß einem aus dem Glauben resultierenden selbstverständlichen Wunsch und Auftrag. *Martyria*, *Leiturgia*, *Diakonia* und *Koinonia*, so heißen die entsprechenden Stichworte. Die Diakonie war immer eine Gestalt des Glaubens, und sie hat von ihren Anfängen an nicht nur eine eigene Spiritualität, sondern auch eine besondere Organisationsform hervorgebracht.

> Die Geschichte der christlichen Diakonie, und damit der diakonischen Spiritualität, setzt im Neuen Testament ein, als Liebestätigkeit gegenüber dem bedürftigen Nächsten. Diese Liebestätigkeit ist kein isoliert befohlenes Handeln, sie ist als ein Resultat der Gottesliebe selbstverständliche Lebensäußerung jedes Christen und geschieht in Befolgung der göttlichen Gebote, die Gerechtigkeit und Heil in der Gemeinschaft stiften sollen. Diakonie ist also, und es ist wichtig, sich dies bewußt zu machen, Aufgabe *jedes* Christen; sie geschieht ganz selbstverständlich und unorganisiert im Rahmen einer Gemeindediakonie, also innerhalb der christlichen Gemeinde: Die kranken Geschwister werden versorgt, den Notleidenden in der Gemeinde wird geholfen, weil nur dies der von Christus gebotenen und praktizierten und durch sein Erlösungshandeln empfangenen Liebe entspricht. Noch in der Zeit der Entstehung der neutestamentlichen Schriften bildet sich allerdings um der Ordnung in den immer größer werdenden Gemeinden und der geregelten Versorgung der Bedürftigen willen ein besonderes kirchliches Amt für Männer heraus, das der Diakone (I Tim 3,8ff.), als ein ähnliches Amt ist das der Witwen anzusehen (I Tim 5,3ff., s. auch Act 9,41)[235]. Von

---

235 Daß die „Armenpfleger" aus Act 6,1ff. ebenfalls in diesem Sinn als Diakone anzusprechen ist, ist zu bezweifeln. Auch die Jungfrauen erschei-

Anfang an gelten diese Ämter als Ehrenämter, die freilich auch ein dementsprechendes Verhalten erfordern: Die Inhaber leben tugendhaft und maßvoll, sie sind weder faul noch geschwätzig, sondern hilfsbereit, gastfreundlich und demütig. Sie verhalten sich ehrerbietig, sind vorurteilsfrei und bevorzugen niemanden. Sie sind und tun dies alles selbstverständlich, aus ihrem Glauben heraus. Sie leben in ihrem Amt und durch ihr Amt ihren Glauben. – Im Ausgang des 2. Jahrhunderts wird die christliche Diakonie also von zwei Säulen getragen, von einer Haltung diakonischer Spiritualität, die sich in spontanem und unmittelbaren Liebeshandeln äußert und von einer ethisch reflektierten und organisierten, einer spezialisierten Gestalt des Engagements.

Eine weitere Institutionalisierung der jedem Christen aufgegebenen Diakonie begegnet in Gestalt der Spitäler unter klösterlicher Leitung, die seit der „konstantinischen Wende" gegründet werden. Die Gründung solcher Spitäler ist eine logische Folge einer monastischen Spiritualität bestimmter Prägung, wie etwa der benediktinischen. So heißt es in der um die Mitte des 6. Jahrhunderts abgefaßten Regula Benedicti[236], daß Gäste, insbesondere aber Arme und Fremde wie Christus selbst zu empfangen seien (RB 53,1f. und 15), und daß auch in den Kranken Christus begegne – der Cellerar möge überzeugt sein, daß er für jeden von ihnen am Tag des Gerichts werde Rechenschaft ablegen müssen (RB 31,9). Wenn aber Christus im notleidenden Nächsten gesucht und gefunden wird, liegt es nahe, sich diesem besonders zuzuwenden, denn die Nähe zu Christus ist die Erfüllung des eigenen Lebens. Neben dieser organisierten Praxis der Barmherzigkeit existiert weiterhin eine alltägliche, gemeindliche Diakonie als Bestandteil einer Spiritualität, zu der – ebenso wie in den Klöstern – die tätige Liebe gegenüber Notleidenden als wesentlicher Anteil hinzugehört. Im Mittelalter wird die klösterliche Diakonie ergänzt durch geistliche Bruderschaften, gegründet im Bemühen um Intensivierung der Frömmigkeit im Geiste der jesuanischen Weisungen[237] – diakonische Spiritualität und Organisation ergänzen einander.

---

nen als eigener Stand, über spezifische Aufgaben liegen jedoch keine Kenntnisse vor (I Kor 7,25ff.)

236 S.o. I.3.2.

237 Die Bruderschaften übernahmen teilweise recht spezielle Aufgaben wie die Begleitung der Toten zur Grabstätte.

Das ändert sich auch im 16. und 17. Jahrhundert nicht, als in der katholischen Kirche vor allem zwei von tiefer Frömmigkeit geprägte und der Not der Zeitgenossen gegenüber empfindsame Männer durch ihre karitative Arbeit die Grundlagen für die Caritasbewegung des 19. Jahrhunderts schaffen: Karl Borromäus (1538-1584) mit seinem Einsatz für die Umsetzung der Reformbeschlüsse des Trienter Konzils und seinen aus eigenen Mitteln organisierten Hilfsmaßnahmen gegen die Pest sowie Vinzenz von Paul (1581-1660) mit seinen Bemühungen um die Bildung von Klerus und Landbevölkerung, der Gründung eines Zusammenschlusses von Bürgersfrauen für die Betreuung Armer, Alter und Kranker[238] und mit der Gründung großer Volksküchen während des Krieges. Hinzu kamen im Laufe der folgenden Jahrhunderte etliche weitere Gründungen neuer Orden, die bis heute bestehen und sich ganz oder vor allem besonderen sozialen Herausforderungen widmen, ein Beispiel aus jüngster Zeit sind die „Missionarinnen der Nächstenliebe" der Mutter Teresa[239].

In den reformatorischen Kirchen wird die Frage der Diakonie als Zeugnis des gelebten Glaubens unterschiedlich behandelt. Die reformierte Tradition erneuert zwar den Diakonat als eines von vier gleichrangigen kirchlichen Ämtern, die gemeinsam Christi Herrschaft zum Ausdruck bringen: Pastoren für die Verkündigung, Doktoren für die Lehre, Älteste für die Disziplinargewalt (Kirchenzucht) und Diakone für die Armenpflege. Tatsächlich aber überlassen die reformierten Gemeinden der staatlichen Obrigkeit die wesentlichen Anteile der Fürsorge für die Armen; das unmittelbare Liebeshandeln ist davon allerdings nicht berührt. In den lutherischen Kirchen entstehen Armenordnungen, und für Luther selbst gehört die Sorge für den Leib zu einer recht verstandenen Seelsorge selbstverständlich hinzu, doch ist er gegenüber einer Einführung weiterer Ämter wie das des Diakons eher skeptisch – die Seite der Spiritualität ist zunächst deutlicher betont als die der Organisation. Hier bringt der Pietismus eine weitreichende, heute noch spürbare Veränderung mit der Gründung zahlreicher diakonischer Anstalten, z.B. der von August Hermann Francke (1663-1727) in Halle, erwachsen aus einer Armen- und Waisenschule. Weiter sei die Gründung von dem durch Francke geprägten Nikolaus Ludwig Graf Zin-

---

238 Später wurde aus diesem Zusammenschluß dann die Kongregation der Vinzentinerinnen.
239 S.o. I.2.1.

zendorf (1700-1760) erwähnt, der in Herrnhut aus einer mährischen Exulantengemeine seine diakonisch und missionarisch tätige, ökumenisch aufgeschlossene Brüderunität formte[240], und schließlich die Einrichtungen von Johann Friedrich Oberlin (1740-1826) im Steintal, der seinerseits durch Zinzendorf geprägt war und sich ebenso als Schulgründer wie als Erfinder, als Wege- und Brückenbauer und als Kämpfer für soziale Belange seiner Gemeinde betätigte. Alle diese und etliche weitere Gründungen wurden in der Einsicht in die unlösbare Verbindung von Rechtfertigung und Heiligung, Glaube und Leben, Empfangen und Weitergeben der Liebe Gottes vorgenommen, in der Einsicht in das Erfordernis nicht nur diakonischer Frömmigkeit, sondern ebenso einer handlungsfähigen Organisation. Die Gründungen geschehen im Wunsch, die Not des Nächsten möglichst wirksam zu lindern, die Not des Kranken, Hungernden, Frierenden oder Gefangenen, in dem zu allen Zeiten Christus zu finden ist.

Im 19. Jahrhundert reagiert nach der katholischen auch die evangelische Kirche auf die Massenarmut, die aus der beginnenden Industrialisierung resultierte. Sie schließt unterschiedlichste diakonische Einrichtungen in dem „Centralausschuß für die Innere Mission" zusammen, dessen Gründung Johann Hinrich Wichern (1808-1881) auf dem Wittenberger Kirchentag 1848 in einer Stehgreifrede angeregt hatte, damit der Not wirksamer begegnet werden könne[241]; Wichern selbst hatte zuvor in Hamburg ein Rettungshaus für Kinder aus asozialen Verhältnissen ins Leben gerufen. Hervorzuheben sind außerdem die zahlreichen Gründungen von Diakonissenhäusern in dieser Zeit, etwa die Kaiserswerther Schwestern durch Theodor Fliedner um 1836, nach dem Vorbild des altchristlichen Diakonissenamtes, das Fliedner bei den niederländischen Mennoniten kennengelernt hatte, das um dieselbe Zeit von Wilhelm Löhe gegründete Mutterhaus im fränkischen Neuendettelsau und, etwa dreißig Jahre später, das Diakonissenmutterhaus Sarepta in Bethel bei Bielefeld.

Auf die Lebensform der Diakonissen gehe ich etwas ausführlicher ein, weil hier eine eindrucksvolle Gestalt organisierter diakonischer Spiritualität zu sehen ist. Alle Diakonissen leben nach den evangelischen Räten, deren Befolgung sie bei ihrem Eintritt in ihr Mut-

---

240 S. auch unten V.2.3.4.
241 Der Deutsche Caritasverband wird 1897 gegründet.

terhaus geloben: Armut als Verzicht auf persönlichen Besitz (der erwirtschaftete Gewinn aus der Tätigkeit der Schwester geht an das Mutterhaus, sie selbst erhält Unterkunft, Nahrung, ärztliche Versorgung und ein kleines Taschengeld), Keuschheit (Ehelosigkeit) und Gehorsam, wobei Gehorsam als Gehorsam gegenüber Gottes Gebot der Nächstenliebe ebenso gemeint ist wie gegenüber der Oberin und dem Vorsteher. Gewünscht wird die spirituelle Haltung des dankbaren, nur auf Gott gerichteten Dienens in einer besonderen Variante einer familiären Beziehung – die Diakonissen stehen zum Vorstand des Mutterhauses in einem töchterlichen Verhältnis. Das heißt zugleich: Auf Eigenwillen ist zu verzichten, die Töchter sollen – erst einmal, buchstäblich, unter der Haube – gehorsame Töchter sein, solange die Forderungen des Vorstandes nicht gegen Gottes Gebot verstoßen; dann wird für sie gesorgt sein bis zu ihrem Ende. Doch ist die Verpflichtung für Diakonissen zwar lebenslänglich, aber nicht unbedingt. Anders als im Falle katholischer Orden ist in manchen Ordnungen auch die Möglichkeit, das Mutterhaus wieder zu verlassen, ausdrücklich eingeräumt, in dem Fall nämlich, daß „der klare Wille Gottes" einen anderen Weg zeigt – die Möglichkeit einer unvermittelt ergehenden Weisung Gottes wird einbezogen. Dieser andere Weg kann die Versorgung der alten Eltern, in Ausnahmefällen sogar, wie es Friedrich von Bodelschwingh d.Ä. (1831-1910) in einem 1900 entstandenen Text ausführt, die Ehe sein, solange sich die Diakonisse auf dem Weg dorthin keine Heimlichkeiten zuschulden kommen läßt und Rat und Segen von Oberin und Vorsteher einholt[242]. – Hunderte von Mädchen und jungen Frauen treten in den folgenden Jahrzehnten in die verschiedenen Mutterhäuser ein, manche zweifellos ohne innere Überzeugung, um angesichts schlechter Heiratsaussichten eine sichere Versorgung zu haben, viele aber aus dem Wunsch, ihre Frömmigkeit in verbindlicher Form zu praktizieren in einem Leben

---

242 S. Friedrich von Bodelschwingh, Ausgewählte Schriften II, Veröffentlichungen aus den Jahren 1872 bis 1910, hg. von Alfred Adam, Bethel bei Bielefeld 1964, 115.

der Selbstverleugnung, der freiwilligen Armut, des Gehorsams und der dankbaren Liebe gegenüber Gott. Diese Frömmigkeit wird in den Mutterhäusern gefördert durch wöchentliche Gottesdienste, tägliche Andachten mit Schriftlesung (die zum Dienst gehören!) und regelmäßige Freizeit für das private Gebet. Der häufig ironisch oder abschätzig im Auszug zitierte Diakonissen-Spruch ist ein starkes Dokument der in Diakonissenhäusern gewachsenen Spiritualität. Er lautet in ganzer Länge: „Was will ich? Dienen will ich. Wem will ich dienen? Dem Herrn Jesus in seinen Elenden und Armen. Und was ist mein Lohn? Ich diene weder um Lohn noch um Dank, sondern aus Dank und Liebe; mein Lohn ist, daß ich darf! Und wenn ich dabei umkomme? Komme ich um, so komme ich um, sprach Esther, die Königin, die doch ihn nicht kannte, dem zuliebe ich umkäme, und der mich nicht umkommen läßt. Und wenn ich dabei alt werde? So wird mein Herz doch grünen wie ein Palmbaum und der Herr wird mich sättigen mit Gnade und Erbarmen. Ich gehe mit Frieden und fürchte nichts."[243] Ein Beispiel für diese Haltung, die Erinnerung an meine erste Begegnung mit Diakonie:

> Ich war etwa drei oder vier Jahre alt. Weil meine Mutter nach dem Tod meines Vaters arbeiten mußte, hatten meine Großeltern eine alte Freundin gebeten, mich zu betreuen, eine kleine, drahtige Diakonisse mit einem strengen Gesicht. Lydia hieß sie, ich nannte sie Lulu. Sie gehörte zu einem Hamburger Diakonissenhaus, dem Albertinenhaus[244]. Lulu war, als sie meine Betreuung übernahm, „Feierabendschwester", im Ruhestand nach einem harten Leben: Als sehr junges Mädchen hatte sie nach dem Tod der Mutter auf dem Bauernhof gearbeitet und für die zahlreichen jüngeren Geschwister gesorgt; eine Kindheit im heutigen Sinne kannte sie nicht. Als Diakonisse war sie Krankenschwester geworden; sie wurde von ihrem Mutterhaus immer wieder an neue Einsatzorte geschickt, und zwar, wie es üblich war, ohne daß nach ihren Wünschen gefragt worden wäre oder auch nur nach ihren Kräften. Während zwei-

---

[243] Zitiert nach Anne Kitsch (Hg.), Wir sind so frei ... Biographische Skizzen von Diakonissen, Bielefeld 2001, 157.
[244] Ursprünglich hieß das Mutterhaus ‚Siloah', später wurde es nach der ersten Oberin, Albertine Assor, benannt.

er Weltkriege hat sie, wie viele andere, gehungert und sich dabei doch unermüdlich für andere eingesetzt. Keine außergewöhnliche Biographie, ich habe im Laufe der Jahre etliche alte Diakonissen kennengelernt, deren Lebensläufe ähnlich aussahen. Aber doch eine außergewöhnliche Frau. Als sie damals zu uns kam, war sie abgearbeitet und müde, aber sie übernahm die Aufgabe und versorgte mich, selbstverständlich, gehorsam gegenüber dem Ruf, ohne an sich selbst zu denken. Ich weiß nicht, wie beschwerlich das für sie war. Dem Vernehmen nach war ich „brav", aber es kann trotzdem nicht immer leicht gewesen sein, ein phantasie- und temperamentvolles, manchmal wohl auch eigenwilliges Kind zu hüten. Lulu war streng. Hart gegen sich und andere, durchaus hart auch gegen mich. Kein übertriebenes Mitleid, wenn ich krank war oder traurig. Keine Sentimentalität. Sie war spröde in ihrer Zuneigung, aber sie hatte mich lieb. Auch als ich schon tagsüber im Kindergarten war, kam sie noch zu mir, wenn ich wegen irgendeiner Krankheit zu Hause bleiben mußte.

Ich erinnere nicht mehr viel aus diesen Jahren, doch ein paar Szenen habe ich vor Augen, und in den meisten ist sie dabei. Etwa diese: Wir sitzen zusammen in der Küche, sie schneidet riesige Mengen Streckrüben klein und erzählt, wie sie im Krieg bei der Ernte geholfen hat, immer wieder bereit, zum Schutz vor tieffliegenden Flugzeugen in einen Graben zu springen, und wie sie anschließend für ihre Geschwister Eintöpfe kochte, über die diese dann manchmal nörgelten (was ich bis zu einem gewissen Grade verstehen konnte). Sie erzählt vom Leben im Mutterhaus, von Rivalitäten unter den Schwestern (manche ebenso ‚fromm' wie bösartig); sie erzählt von Reibereien und von subtilen Quälereien, aber auch von gegenseitiger Fürsorge und Hilfe. Oder sie spricht von Patienten, die sie gepflegt, und von den sehr verschiedenen Eindrücken von Familienleben, die sie dabei gewonnen hat. Manchmal hatte ich den Eindruck, daß sie dabei ein bißchen traurig war, gelegentlich wohl auch unzufrieden, aber im großen und ganzen hatte sie sich hineingefunden in ihr Geschick. Eine andere erinnerte Szene: Ich habe Bronchitis und muß im Bett bleiben, Arme und Beine unter der Decke. Sie setzt sich zu mir, um mich daran zu hindern, das Laken vollends zu zerwühlen, doch auch, weil ihr leid tut, daß ich mich langweile. Sie erzählt mir Geschichten aus der Bibel, von dem Hirtenjungen David, von Abraham, von Jesus, sie betet mit mir, sie spricht mir Psalmen vor. Immer wieder ist es der 23. Psalm: Der Herr ist mein Hirte. Irgendwann hat sie mir erzählt, was das für sie bedeutete. Der *Herr* ist mein Hirte, das hieß für sie: Ich bin frei, denn ich gehöre nicht mir selbst, ich gehöre Gott. Ich muß mich nicht um die Zukunft sorgen oder Gutes verzweifelt festhalten. Ich muß nicht erbittert Positionen und Meinungen verteidigen. Ich muß nicht mit Neid auf andere sehen, die es besser zu haben scheinen. Ich muß nicht ständig messen, wie der Grad meiner Beliebtheit wohl ist. Ich bin frei – und geborgen zugleich, egal wie die Lebensumstände gerade sind. Das hatte natürlich viel damit zu tun, daß sie Diakonisse war, fest eingebunden in die hierarchischen, aber auch versorgenden Strukturen ihres Mutterhauses.

Sie war ganz gebunden an Gott und ganz frei, so hat sie es mir vermittelt und vorgelebt. Ich habe ihr das abgenommen. Verstanden habe ich es erst später, als ich erwachsen wurde, als ich anfing, Theologie zu studieren, und zu begreifen versuchte, was ich damals erlebt hatte: Einen Menschen, der von einem Auftrag weiß und ihm folgt. Einen Menschen, der sich zurückstellt und für andere da ist. Einen Menschen der gibt, obwohl er nichts hat und der sich in diesem Geben reich weiß.

Mit dem wirtschaftlichen Aufschwung nach dem Zweiten Weltkrieg und verstärkt ab den 70er Jahren begann sich das Bild grundlegend zu verändern[245]. Bis in diese Zeit hatte sich die Orientierung der Diakonie an den beiden Säulen, der Frömmigkeit und dem ethisch reflektierten und organisierten Handeln, trotz allen historischen Wandels durchgehalten. Nun änderten sich die wirtschaftlichen Bedingungen (fließender Übergang von sozialer Marktwirtschaft zu einem Neoliberalismus) ebenso wie die politischen (die führenden Politiker wiesen immer seltener eine erkennbare christliche Prägung auf); die in der Zeit der sozialen Marktwirtschaft aufgestellten, durchaus christlich inspirierten Standards begannen sich zu verselbständigen[246]. Zugleich nahmen jedoch die finanziellen Mittel zu ihrer Finanzierung ab, so jedenfalls

---

245 Die Debattenlage in den 50er Jahren findet sich dargestellt und erörtert bei Helmut Thielicke, Theologische Ethik. II. Band Entfaltung, 2. Teil Ethik des Politischen, Tübingen 1958, 357-363.
246 Ein Beispiel: Noch in den 70er Jahren konnte jeder, der sich dazu aufgerufen und in der Lage fühlte, in einer Kirchengemeinde ein Jugendgruppe anbieten. Inzwischen ist dies ohne eigene Ausbildung, möglichst mit Abschluß (Gruppenleiterausweis), kaum mehr vorstellbar. Und auf die

nach Auskunft der entsprechenden Experten. Diese Veränderungen hatten zunächst einen Professionalisierungsschub zur Folge, daraus resultierten im Laufe der Zeit erhöhte Ansprüche an das Niveau diakonischer Dienstleistungen, die jedenfalls institutionell nur noch wenig Raum für die individuelle Frömmigkeit ließen. Inzwischen begegnet Diakonie in verschiedenen Formen, weiterhin als selbstverständlich geübte geschwisterliche Diakonie des Alltags, als Nachbarschaftshilfe oder als Versorgung von Familienangehörigen, als Diakonie auf Gemeindeebene, auf der Ebene der „Dienste und Werke", doch auch als Anstaltsdiakonie, als Heimerziehung oder Altenhilfe, im Bereich von Kindertagesstätten oder Beratungsdiensten, als Nichtseßhaftenarbeit und als hochprofessionalisiertes und spezialisiertes diakonisches Unternehmen (mit einer gewissen Betonung auf dem Begriff „Unternehmen") oder, wie ein Journalist es in Bezug auf Bethel recht griffig formuliert hat, als „Konzern der Barmherzigkeit"[247].

Wie verhält es sich angesichts dieses Wandels mit der inneren Haltung, der Einstellung der Menschen, die im Raum der Diakonie tätig sind, wie verhält es sich mit einer aus dem Nächstenliebegebot gespeisten diakonischen Spiritualität, wie sie bis in die Neuzeit hinein selbstverständlich war? Oder, anders gefragt: Vertragen sich gesellschaftlicher Wandel, ökonomische Zwänge und

---

Evaluierung der kirchlichen Jugendarbeit werden wir auch nicht mehr lange warten müssen.

247 Friedrich Seven. – Zu dieser Vielfalt kam, dies sei der Vollständigkeit halber erwähnt, für lange Zeit im protestantischen Raum noch etwas hinzu, das ich als die Diakonie des Pfarrhauses bezeichnen möchte, für die es eine Fülle von Beispielen gibt, angefangen bei Luther, dessen Haus immer wieder Züge einer Sozialstation aufgewiesen haben muß (bestimmt zur Freude seiner Frau). Zur genaueren Information vgl. Theodor Schober, Das Pfarrhaus als Sozialstation, in: Martin Greiffenhagen (Hg.), Das evangelische Pfarrhaus. Eine Kultur- und Sozialgeschichte, Stuttgart 1984, 379ff. Diese Erscheinungsform gemeindlicher Diakonie ist durch den dramatischen Wandel des protestantischen Pfarrerbildes und damit des evangelischen Pfarrhauses (Teilzeitstellen, berufstätige oder auch unwillige Ehepartner) allerdings stark im Abnehmen begriffen.

ihre Umsetzung innerhalb einer hochprofessionalisierten Diakonie noch mit einer Handlungsmotivation, die in der Liebe zu Gott und zu den Menschen besteht, die in Not sind?

Zur Klärung dieser Frage ein zweites Beispiel: Während meiner Zeit an der Kirchlichen Hochschule in Bethel lernte ich Frau Krüger kennen[248]. Sie war Leiterin zweier Häuser mit zusammen etwa fünfzehn Mitarbeitern und mit über dreißig Bewohnerinnen und Bewohnern, die alle an Epilepsie litten und zugleich an verschiedensten psychischen Erkrankungen, von schwerer Depression bis zu psychotischen Schüben. Sie war ausgebildete Sozialpädagogin, hatte etliche therapeutische Zusatzqualifikationen und Fortbildungen hinter sich. Sie arbeitete schon seit Jahrzehnten in Bethel, unterbrochen nur von einer mehrjährigen Pause zur Betreuung der Kinder. Sie war keine „Hausmutter" im klassischen Betheler Sinn, die im Haus wohnte und über unmündige Patienten wachte. Sie arbeitete, wie es dem Betheler Leitbild entsprach, „kundenorientiert". Sie wohnte außerhalb Bethels, kam morgens und fuhr abends, nach neun oder zehn Stunden Arbeit, nach Hause. Sie leitete Dienstbesprechungen in ihrem Bereich, nahm an den zahlreichen Treffen der Bereichsleitungen teil, engagierte sich in Kommissionen und Ausschüssen, nicht so sehr aus Neigung, als vielmehr, weil es seitens der Anstaltsleitung erwartet wurde. Sie war zuständig für Dienstpläne, das Führen der Patientenakten, Umgang mit Behörden und mit Angehörigen (ein sensibles Feld), hatte Entscheidungen über das Maß an Freiheit zu treffen, daß den Bewohnerinnen und Bewohnern zugemutet werden konnte[249]. Sie organisierte die unterschiedlichsten Unternehmungen für die Wohngruppen, Ausflüge und Feste, aß mit ihnen, feierte Geburtstage und schlichtete Streitigkeiten, die regelmäßig vorkamen, verschiedentlich sogar in Gestalt von Schlägereien, sie sorgte für die Renovierung der Häuser und für die Anschaffung von Second-hand-Möbeln aus der Brockensammlung. Eine diakonische Mitarbeiterin mit sehr erweitertem Tätigkeitsfeld, mit großer Verantwortung. Eine Angestellte mit Leitungsaufgaben, die sie an die Grenzen des Leistbaren führten, unzufrieden mit den Strukturen, überfordert durch die Doppelbelastung von Beruf und Familie, überlastet durch die Anforderungen.

---

248 Name und Lebensumstände sind geändert, ebenso natürlich im Falle der namentlich genannten Bewohnerinnen.
249 Durften sie über einen Teil ihres Geldes frei verfügen, durften sie das Gelände von Bethel verlassen etc.

Sie kannte die Menschen gut, mit denen sie zu tun hatte. Sie wußte um die individuellen Vorlieben und Abneigungen, zum Beispiel um die Tendenz Stefanies, lieber im Bett zu bleiben als in den Werkstätten zu arbeiten, und um ihre Abhängigkeit von der Meinung ihrer Mutter, auch im Blick auf die Kirche, von der sie nichts hielt; sie wußte um die Promiskuität Andreas, geboren aus Einsamkeit und dem Gefühl, nicht liebenswert zu sein; sie wußte um die Erleichterung Frau Bergers, Bethel-Bewohnerin seit über vierzig Jahren, dem strengen, nur auf Ruhe und Sauberkeit bedachten Regiment der Diakonissen entkommen zu sein und sie wußte auch, daß die selbstverständliche Frömmigkeitspraxis der Diakonissen von etlichen älteren Bewohnern dennoch vermißt wurde. Sie fand außerdem, daß es nicht anginge, in einem diakonischen Unternehmen keine geistliche Betreuung anzubieten. Als der für das Haus zuständige Seelsorger, der immerhin gelegentlich gekommen war, anderweitig eingesetzt wurde und als, trotz mehrfacher Bitten, durch die Anstaltsleitung nicht für Ersatz gesorgt wurde, griff sie darum zur Selbsthilfe, wenn auch mit Angst vor Auseinandersetzungen mit der Führungsebene wegen ihrer Eigenmächtigkeit. Sie rief in der kirchlichen Hochschule an und bat mich, als Praktische Theologin für so etwas wie Andachten ja von Berufs wegen zuständig, um Hilfe. Solange ich in Bethel war, haben wir einmal im Monat zusammen eine Andacht mit der Wohngruppe gehalten; Frau Krüger war fast immer dabei, auch nach Dienstschluß, sogar an ihren freien Tagen. Diese Andachten haben allen etwas bedeutet. Sie haben uns verbunden und oft genug getröstet, sie haben geholfen, Konflikte zu bereinigen und den Umgang miteinander zu verbessern. Sie haben etwas bewegt. Besonders erinnere ich mich an eine schlichte Eucharistiefeier, an der alle in großer Ernsthaftigkeit teilnahmen, die ich mit dem Beten des 4. Psalms beschloß. Auf das „Ich liege und schlafe ganz in Frieden, denn du allein, Herr, hilfst mir, daß ich sicher wohne", antwortete die kirchenkritische Stefanie mit einem so klaren und kräftigen „Amen", wie ich es in keiner Gemeinde je gehört habe.

Frau Krüger, die mittlerweile im Ruhestand ist, war eine qualifizierte Fachkraft in einem diakonischen Unternehmen, die wußte, daß eine Diakonie, die funktionsfähig bleiben will, auf zwei gleichstarke Säulen angewiesen ist. Und sie war eine fromme Frau, ein geistlicher Mensch, der ein Gespür dafür hatte, daß das Zusammenleben eine geistliche Dimension braucht und daß die Nächstenliebe ohne die Gottesliebe austrocknet. Über die Erfordernisse ihres Arbeitsplatzes hinaus engagierte sie sich darum für die Menschen, die auf ihre Hilfe angewiesen waren, und sie tat es nicht nur um der anderen willen gern, sie zog für sich selbst Gewinn daraus, im Wissen, daß sich ohne eine geistliche Fundierung dieser Beruf nicht durchhalten läßt.

Die beiden Beispiele diakonischer Spiritualität können helfen, die eingangs gestellten Fragen nach dem Verhältnis von organisatorischer Professionalität und Nächstenliebe in der Diakonie zu beantworten. Sie zeigen zwei Frauen, die ihren Glauben zur Tat werden lassen unter schwierigen Bedingungen, die Diakonisse in den 1950er Jahren ebenso wie die Fachkraft zu Beginn des 21. Jahrhunderts – auch wenn die Schwierigkeiten sehr unterschiedlicher Natur sind. Gemeinsam ist ihnen, daß sie sich von Notlagen anderer persönlich ansprechen ließen, daß sie darauf reagierten auch außerhalb ihres institutionellen Rahmens und in jedem Fall unter Hintanstellung der eigenen Bequemlichkeit. Gemeinsam ist ihnen, daß ihre diakonische Tätigkeit die Form war, in der ihr Glaube den ihnen gemäßen individuellen Ausdruck fand.

FAZIT: Das Erscheinungsbild der Diakonie hat sich in den letzten etwa dreißig Jahren gegenüber früheren Zeiten sehr geändert. An die Stelle der Diakonissen, die für ein Taschengeld arbeiteten, sind qualifizierte und hochspezialisierte Gehaltsempfänger getreten, die eindeutig zur Verbesserung der Lebensqualität der von ihnen Betreuten beitragen – und hinter diese Verbesserung wird niemand ernstlich zurückgehen wollen. Doch die Finanzierung dieser Arbeit ist aufgrund der gesellschaftlichen Rahmenbedingungen zu einem bedrängenden Thema geworden, das die Verantwortlichen nötigt, im Interesse der zahlreichen Arbeitnehmer ebenso wie der Betreuten, der „Kunden", Dinge zu bedenken, die ihren Vorgängern im wirtschaftlichen Aufschwung um die Mitte des 20. Jahrhunderts nicht in den Sinn gekommen wären. In den Führungsebenen muß, so ist immer wieder zu hören, anders gewichtet werden. Dies hat, wohl unvermeidbar, dazu geführt, daß sich im Hinblick auf eine diakonische Spiritualität manches geändert hat. Früher wurde Frömmigkeit erwartet, sie gehörte zum Anforderungspro-

fil für Menschen, die in der Diakonie tätig waren, und vor allem war sie strukturell einbezogen. Heute ist zwar noch immer die Kirchenzugehörigkeit als Einstellungsvoraussetzung erforderlich, aber wie die einzelnen es mit der Religion halten, ist ihre Privatsache. Wichtiger sind die Fragen der Finanzierung, des Marktes, des Wettbewerbs, und leider kann es darum sogar in einem diakonischen Unternehmen vorkommen, daß die mit den Betreuten praktizierte Spiritualität Privatsache der Mitarbeiter ist[250].
Vieles hat sich geändert. Und manches ist gleich geblieben: Diakonische Tätigkeit war nie nur ein „Job", und sie ist es auch heute nicht. Wollte man sie so auffassen, wäre sie zu schwer und zu schlecht bezahlt. Diakonische Tätigkeit war immer eine Überforderung, sie verlangte immer Einsatz, der oft über die eigenen Grenzen führte, auch das ist noch heute so. Und sie ließ und läßt sich fruchtbar nur auf einer Grundlage des Glaubens ausüben. Diakonische Tätigkeit war und ist gelebter Glaube des einzelnen[251]. Diakonie und Caritas dürfen zu keinem Zeitpunkt vergessen, daß neben organisierter und ethisch reflektierter Professionalität dia-

---

250 Dies, obwohl es im Leitbild heißt, daß sich das Unternehmen als handelnde Kirche versteht, deren Arbeit auf den christlichen Glauben und christliche Werte gegründet ist und die Bedürfnisse des einzelnen nach Wertorientierung, Sinnsuche und religiöser Orientierung unterstützt, Gemeinschaft ver*wirklich*en, 13. Daß für mindestens eines der Hospize in Bethel lange kein Seelsorger verantwortlich war, halte ich – bei allem Verständnis für die Schwierigkeiten – für nicht mehr tolerabel.
251 Sie bleibt die Aufgabe eines jeden Christen, die nicht an bestimmte Berufsgruppen delegiert werden kann; sie bleibt eine Aufgabe der gesamten Gemeinde, damit auch der ganzen Kirche. Natürlich ist sie nicht auf das individuelle helfende Handeln zu beschränken, sie hat eine darüber hinausweisende gesellschaftspolitische Dimension. Die Diakonie stand und steht immer neu vor der Aufgabe, sich im Interesse der Notleidenden auch politisch einzumischen: „Nimmt die Kirche den ihr gegebenen Auftrag zur Diakonie ernst, dann befindet sie sich damit, ob sie will oder nicht, mitten drin im politischen Geschäft, denn das soziale Feld ist durchzogen und bestimmt von einem dicken Geflecht politischer Vorgaben, staatlicher Regelungen und Bestimmungen" (Werner Rannenberg zit. nach Klaus Winkler, Seelsorge, 2., verbesserte und erweiterte Auflage, Berlin/New York 2000, 225.).

konische Spiritualität, schlicht: Frömmigkeit unverzichtbar ist. Sie dürfen nie aus dem Blick verlieren, was sie im Kern bestimmt: das Gebot, Gott zu lieben und den Nächsten wie sich selbst. Dann – und nur dann – sind Liebeshandeln und Qualitätsmanagement kein Widerspruch.

3.5.2 Politisches Engagement und geistliche Suchbewegung

Der alle zwei Jahre stattfindende Deutsche Evangelische Kirchentag (DEKT) ist eine in seiner Breitenwirkung kaum zu überschätzende Massenbewegung von großer Anziehungskraft, mit mittlerweile etwa 3000 Einzelveranstaltungen für über 100.000 Besucher. Er ist ein fünftägiger Begegnungsort, er ist Diskussionsforum, Experimentierfeld und Stimmungsbarometer. Und er ist seit langem ein wichtiger und ausstrahlungsstarker Impulsgeber für den Protestantismus[252], für seine Gottesdienste, für sein gesellschaftliches Engagement und nicht zuletzt für seine Spiritualität; in vieler Hinsicht ist er seit 1965 sogar als „Schrittmacher" für die Gottesdienste in neuer Gestalt anzusprechen[253].

> Einige Anmerkungen zur Geschichte und zur Struktur: Der erste Kirchentag fand 1848 in Wittenberg statt; sein (nicht erreichtes) Ziel war die Einigung des Protestantismus, seine Vorbereitung auf die sozialen Aufgaben und Herausforderungen des 19. Jahrhunderts. Ein Kirchenbund kam nicht zustande, doch die Rede Wicherns über das allgemeine Priestertum und das diakonische Handeln als kirchenbauende Kraft führte zur Verbindung diakonischer Initiativen[254]. Weitere Kirchentage nahmen nach dem Ersten Weltkrieg das Einigungsanliegen des ersten auf und führten 1922 zur Gründung des Kirchenbundes, der die Gesamtinteressen des deut-

---

[252] Inwieweit das innovative Moment gegenwärtig wirklich bestimmend ist, scheint mir nicht ausgemacht; in mancher Hinsicht macht es den Eindruck, als würden zur Zeit vor allem vorhandene Strömungen aufgegriffen.
[253] Für den Katholikentag gilt das nicht in gleicher Weise; außerdem sind die Besucherzahlen hier erheblich geringer.
[254] S.o. 5.1.

3.5 Spiritualität in der Neuzeit

schen Protestantismus in der Öffentlichkeit zu Gehör bringen sollte. Der Kirchentag in der heute bekannten Gestalt als dauerhafte Einrichtung wurde 1949 von Reinhold von Thadden-Trieglaff in Hannover ins Leben gerufen. Dieser ausdrücklich als Laienbewegung konzipierte Kirchentag hat seine Wurzeln in den beiden genannten Vorläufern, ist aber auch von den Erfahrungen des Kirchenkampfes und von Impulsen der christlichen Studentenarbeit bestimmt. In der Präambel von 1955 heißt es: Der DEKT „will die evangelischen Christen in Deutschland sammeln, sie im Glauben stärken, sie für die Verantwortung in ihrer Kirche rüsten, sie zum Zeugnis in ihrer Welt ermutigen und mit ihnen in der Gemeinschaft weltweiter Christenheit bleiben"[255]. Um diese Ziele bemühen sich Präsidium und Präsidialversammlung, das Zentrale Büro in Fulda mit sechs Mitarbeitern und jeweils neu gebildeten Geschäftsstellen vor Ort, vom Präsidium eingerichtete ständige Ausschüsse und jeweils für ein Jahr berufene Projektleitungen zusammen mit Zehntausenden von ehrenamtlich tätigen Menschen während der Veranstaltungen ebenso wie in der anderthalbjährigen Vorbereitungszeit und haben damit das Erscheinungsbild des deutschen Protestantismus seit dem Zweiten Weltkrieg entscheidend mitgeprägt.

Rechtlich und finanziell[256] ist der Kirchentag von der EKD und den einzelnen Gliedkirchen unabhängig, Rechtsträger ist der selbständige „Verein zur Förderung des DEKT e.V.", der das Büro in Fulda als einzige dauerhaft bestehende Einrichtung unterhält. Das oberste Organ ist die Präsidialversammlung, die einmal jährlich tagt und das Präsidium wählt, das von einem Vorstand aus drei Personen geleitet wird, die nacheinander jeweils für ein Jahr das Amt des Kirchentagspräsidenten innehaben; die Arbeit in Fulda geschieht unter Leitung des Generalsekretärs / der Generalsekretärin. Das Präsidium trägt die Gesamtverantwortung für die Kirchentage;

---

[255] Die aktuelle Präambel von 1991 weist signifikante Änderungen auf: „Der Deutsche Evangelische Kirchentag will Menschen zusammenführen, die nach dem christlichen Glauben fragen. Er will evangelische Christen sammeln und im Glauben stärken. Er will zur Verantwortung in der Kirche ermutigen, zu Zeugnis und Dienst in der Welt befähigen und zur Gemeinschaft der weltweiten Christenheit beitragen." – Das Moment der Suche und das des Mühens um die Ökumene finden sich deutlich stärker betont.

[256] Es liegt immer eine Mischfinanzierung vor; etwa ein Drittel des Volumens stammt aus Teilnehmerbeiträgen, zwei Drittel aus Zuschüssen von Kirche, Bund und Land.

es bestimmt Zeit, Ort und Programm, es entscheidet über die Losung und die Texte für Gottesdienste und Bibelarbeiten und beruft Vorbereitungsgruppen für die Programmteile. Zu diesen Gruppen gehören Mitarbeiter aus Fulda und zugezogene Spezialisten von Universitäten und aus wichtigen Einrichtungen, aus der Ökumene und aus politisch und gesellschaftlich relevanten Bereichen, durch die aktuelle Fragen und wesentliche Strömungen von vornherein auf hohem Niveau einbezogen werden sollen.

Insgesamt spiegelt der Kirchentag die Vielfalt christlicher Überzeugungen, theologischer Meinungen und kirchlicher Lebensformen des deutschen Protestantismus ebenso wie die der politischen und gesellschaftlichen Kräfte. Er tut dies durchaus bewußt, in der Absicht, Vertreter verschiedener Standpunkte zusammenzuführen, um Konflikte zu bearbeiten und so zur notwendigen Versöhnung in Kirche und Gesellschaft beizutragen.

Im Hinblick vor allem auf gottesdienstliche Spiritualität hat der Kirchentag in den vergangenen Jahrzehnten zur Wiederentdeckung verschiedener Formen geführt (festliches und gemeinschaftsbetontes Abendmahl, liturgische Feiern, Tagzeitengebete und Segnungsgottesdienste, Meditation in der Halle der Stille, auf zwei Kirchentagen die „Oase Gottesdienst" etc.). Neue gottesdienstliche Ideen und eine Fülle neuer Lieder werden für den Kirchentag entwickelt oder zunächst hier erprobt. In manchen Fällen sind diese neuen Formen vorab theoretisch nicht hinreichend reflektiert worden; häufiger führt auch der Versuch der Übertragung dieser mit sehr großem Aufwand vorbereiteten und durchgeführten Elemente in den Gemeindealltag mit seinen Beschränkungen zu Frustrationen. Doch ebenso haben hochreflektierte theologisch-liturgische Neubesinnungen, die die gemeindliche Praxis nachhaltig verändert haben, auf den Kirchentagen ihren Ort[257]. Zu den Charakteristika der Kirchentage, die sich im Laufe der Jahre herausgebildet haben, gehören Bibelarbeiten und liturgische Feiern, kontroverse Diskussionen in den großen „Foren" und der „Markt der Möglichkeiten", Kleinkunst und Stille, das Aufeinandertreffen

---

257 Zu denken ist beispielsweise an die Foren Abendmahl 1979 und 1981.

unterschiedlichster Frömmigkeitsstile, das Mühen um ökumenische Verständigung und interreligiösen Dialog, Partizipation der Besucherinnen und Besucher und Posaunenklänge sowie in allem, von Anfang an, die Verbindung von Frömmigkeit und Weltverantwortung.

Zwei Beispiele aus unterschiedlichen historischen Kontexten sollen vor allem die beiden letzteren Stichworte illustrieren. Die Weltverantwortung, das *politische Engagement*, ist eindrücklich in den „politischen Nachtgebeten" erkennbar, die nach 1967 für einige Zeit zu den Gottesdienstformen des Kirchentages hinzugehörten (1). Die Frömmigkeit wird als *geistliche Suchbewegung* auf einem der „liturgischen Tage" 2007 deutlich, der mit der Frage befaßt war, „was heilig ist" (2)[258].

(1) Die Gottesdienste auf dem DEKT nahmen die Impulse der Studentenrevolte der 1960er Jahre schnell auf. Es wurde eine besondere Form entwickelt, die Gottesdienste zu einem Forum für die Diskussion politischer Probleme machen sollte: das politische Nachtgebet, das auch außerhalb der Kirchentage stattfand, jeweils mit einem besonderen Thema: „Alarmzeichen Griechenland", „Obdachlosigkeit", „Kinder im Krieg", „Emanzipation der Frauen", „Bangladesh – Ende oder Anfang?", „Z.B. Baader-Meinhof" etc. Auf einen Bezug zum Kirchenjahr wurde grundsätzlich verzichtet; gefragt wurde nur nach dem, was die jeweils aktuelle Situation den Gemeinden für Fragen und Aufgaben stellte und welche biblische Botschaft darum gesagt werden mußte[259]. Entscheidendes Spezifikum der Nachtgebete war, daß sie zu konkreter politischer Aktion der Gemeinde hinleiteten. Dorothee Sölle, eine der Initiatorinnen, formulierte das Anliegen folgendermaßen: „Ein theologisches Nachdenken ohne politische Praxis ist sinnlos. Zum Gottesdienst gehört die politische Information. Zum Gottesdienst gehört das selbstkritische Nachdenken. Meditation, Gebet und Diskussion sind gleich-

---

258 Um Mißverständnisse zu vermeiden: Natürlich war Frömmigkeit 1967 ebenso zu finden wie politisches Engagement 2007.
259 Formal gehörten die Nachtgebete, die über sieben Jahre einmal monatlich in Köln stattfanden, zur Gruppe der dialogisch orientierten Gesprächsgottesdienste, allerdings können sie de facto auch als ein „Gruppenmonolog" (Konrad Müller) bezeichnet werden, mit dem Ziel der Politisierung des Gewissens.

berechtigte Elemente in den neuen Formen christlichen Lebens, die wir versuchen."[260] Dementsprechend beginnt das Nachtgebet „Vietnam und die Komplicen" (1973) mit einer „Lamentation", die Floskeln aus dem politischen Alltag mit in gleicher Weise formulierten Kriegsmeldungen mischt: „Es werden Sonderbotschafter entsandt. Es werden Geheimverhandlungen anberaumt. Es werden berechtigte Hoffnungen geäußert. [...] Es werden Bombardierungen angeordnet. Es werden Verhandlungen in Aussicht gestellt. Es wird ein Präsident gewählt. Es wird Friedenswille beteuert. Es wird der Friede in Aussicht gestellt. [...] Es werden feindliche Nachschublinien bombardiert. Es werden Krankenhäuser zerstört." Am Ende heißt es: „Solche, die sich Christen nennen, sind beteiligt. Am Mord beteiligt. Mit Gewinn am Mord beteiligt. Wir Christen sind beteiligt. Am Mord und am Gewinn beteiligt. Und opfern unsere Gewissen und unser Christsein. Schon einmal haben Christen bekennen müssen: ‚Wir klagen uns an, daß wir nicht mutiger bekannt, nicht treuer gebetet, nicht fröhlicher geglaubt und nicht brennender geliebt haben.' Was werden wir nach Vietnam bekennen?"[261] Ein USA-kritischer Rückblick auf die Entstehung der Kriege schließt sich an, gefolgt von einer „Friedensmeditation", der Lesung von Mt 25,42-44, die mit einer Aktualisierung endet: „Was ihr nicht getan habt einem dieser geringsten Asiaten, das habt ihr auch mir nicht getan." Der Verkündigungsteil beginnt mit einem fiktiven Gerichtsverfahren gegen ein US-Unternehmen, das den Krieg mitfinanziert und von ihm profitiert; am Ende wird ein vergleichbares Verfahren gegen deutsche Unternehmen in Aussicht gestellt. Auf eine weitere Friedensmeditation folgt die Predigt, an die sich die zentrale Rubrik „Was können wir tun?" anschließt, gefaßt in konkrete Bitten an die Teilnehmenden. – Die Gemeinde soll als christliche Gemeinschaft in ihrer Einstellung gegen den Krieg und die Kriegsfolgen bestärkt und zu eigener Aktion gebracht werden[262]; tätige politi-

---

260 Zitiert nach Konrad Müller, Gesprächsgottesdienst, in: Hans-Christoph Schmidt-Lauber und Karl Heinrich Bieritz (Hg.), Handbuch der Liturgik. Liturgiewissenschaft in Theologie und Praxis der Kirche, 2. korrigierte Aufl. Leipzig/Göttingen 1995, 859 Anm. 8.
261 Zitiert nach der Gottesdienstordnung; das Zitat im Zitat stammt aus dem Stuttgarter Schuldbekenntnis der Kirchen nach dem Zweiten Weltkrieg.
262 Der prophetische Umkehrruf, das ist gegenüber mancher Predigt hervorzuheben, verklingt nicht in einem bloßen Appell, sondern die Umkehr- und Handlungsmöglichkeiten sind ganz konkret und ganz rea-

sche Verantwortung wird als untrennbar zum Glauben hinzugehörig eingeschärft.

(2) Die Überschrift des ersten „liturgischen Tages" 2007 war ohne Fragezeichen gesetzt, doch es war unbedingt mitzuhören – und darin wurden wiederum die zeitgenössischen Bedürfnisse aufgenommen. Die Besucherinnen und Besucher wurden in verschiedenen thematischen Einheiten an die Frage, „was heilig ist" herangeführt. Der Tag beginnt mit einer von Jugendlichen gestalteten Sprechmotette, die unterschiedlichste Antwortmöglichkeiten präsentiert, manche umgangssprachlich (Sportschau), manche substantieller. Die folgende Moderation weist darauf hin, daß Heiliges an verschiedenen Orten in verschiedenen Gestalten zu finden sei, etwa in den Gesichtern von Menschen, vielleicht dem des Nachbarn, jedenfalls für einen Moment: „Heiliges ist flüchtig". Es wird ein Erkennungszeichen genannt: „Wenn es einem den Rücken hinunterläuft und man nicht anders kann als ihm folgen, dann ist es da." Weiter in die Thematik führt die Befragung von ‚Säulenheiligen' über das, was ihnen heilig sei: der Baumeister der Dresdner Frauenkirche, ein Christus-Darsteller aus Oberammergau, eine der Initiatorinnen der „Bibel in gerechter Sprache". Eine weitere ‚Spurensuche' führt an den brennenden Dornbusch aus Ex 4 und nimmt das Publikum in einer Prozession in das Weggeschehen hinein – sie sollen im Kreis gehend meditieren, das Heilige laufe mit (das Feuer des „Dornbuschs" brennt allerdings außerhalb des Kreises); einige liturgische Elemente beschließen den Vormittag. Der Nachmittag wird, ein Wiedererkennungsmoment, erneut durch die Sprechmotette eröffnet, darauf werden die Anwesenden weiter in das Thema eingestimmt: Der Vormittag habe ein Ahnung gebracht, was heilig sei, aber kein Wissen. Das Moment des Wissens findet Berücksichtigung in einem Vortrag zu der Frage heiliger Räume aus protestantischer Perspektive, einem Filmbericht über die Entwidmung einer katholischen Kirche und einer anschließenden Podiumsdiskussion zur Frage des Umgangs mit heiligen Räumen[263]. Im Hinblick

---

listisch benannt (im Kleinen anfangen, aber dort nicht stehenbleiben): Anträge an kirchliche Gremien, den Vietnamkomplex zu behandeln; Sammlungen zugunsten von Vietnam; im Schneeballsystem andere für konkrete Aktionen gewinnen: „Ein Brief an den Bischof oder an den Bundeskanzler ist gut, ein Antrag an den Gemeinderat oder an die Partei besser. Euer Antrag muß behandelt werden."

263 Diese Diskussion brachte, vor allem wegen der nicht kompetenten Moderation, die der Fülle der angerissenen Themen in keiner Weise Herr

auf die *praxis pietatis* des Kirchentags sind besonders einige den Nachmittag auflockernde angeleitete Übungen interessant. So wird das Publikum gefragt, welche Erinnerung die einzelnen an Heiliges hätten und wovor sie sich verneigen würden. Dann werden sie zu dreimaligem Verneigen aufgefordert – dies sei keine Turnübung, sondern Ausdruck der Ehrerbietung (freilich ohne Klärung, wem gegenüber). Darauf wird die Frage nach den Bildern gestellt, die dabei in den einzelnen aufgestiegen seien, wovor hätten sie sich verneigt: „Es wird bei jedem anderes sein."[264] Insgesamt gehe es um ein ‚Anempfinden' über den Körper – was ist es mir wert, mich davor zu verneigen? Zum Abschluß des Tages sollen sich wiederum die Nachbarn einander zuwenden und – geleitet – ansehen: Augen, Stirn, Kopf insgesamt; die Einzigartigkeit des anderen soll ebenso wie die eigene wahrgenommen werden, die Besonderheit, möglicherweise Elemente von Heiligkeit. Der abschließende Segen mit einem wechselseitigen An-den-Händen-Fassen spricht folgerichtig vom „Engel mit Ihnen". – Die Absicht einer Annäherung an die Frage, „was heilig ist" war am ganzen liturgischen Tag deutlich wahrzunehmen, und sie ist ebenso berechtigt wie sachgemäß. Allerdings sind nach meiner Überzeugung einige Anfragen an die Umsetzung zu stellen, auch wenn viele sich in ihrem eigenen Fragen wohl ernst- und aufgenommen fühlten, so daß der Tag für sie eine Vertiefung der Frage

---

werden konnte, einige Unklarheit – es blieb offen, ob jenseits der jeweiligen kirchlichen Traditionen in dieser Frage von besonderen heiligen Räumen zu sprechen sei; es blieb offen, was mit der kurz aufscheinenden Rede von einer „Erfahrungen des Heiligen" oder gar mit einer „Unterscheidung der Geister" gemeint sein könnte; die schließlich noch aufkommende Frage nach Heiligen und Heiligenverehrung vervollständigte die Konfusion. Keine der Fragen wurde auch nur ansatzweise einer Lösung zugeführt, verschiedentlich täuschte die Knappheit der Erwähnung über die Komplexität der Thematik hinweg. Am Ende blieb der Eindruck, daß auch die „Fachleute" auf dem Podium letztlich ratlos seien.

264 Eine weitere Übung leitete zur Zuwendung zum Nachbarn und zu gegenseitigem Verneigen an, je zweimal, erst der kleinere vor dem größeren, dann ein Wechsel. Beide sollten jeweils nachspüren, was dabei in ihnen vorgegangen sei – habe es erhöht, habe es kleiner gemacht? Satzfetzen aus dem folgenden kurzen Austausch: „Schwierig, weil ich Sie gar nicht kenne", „Konnte es gut haben", „Ehrfurcht vor der Größe", „Keine Ahnung, was das soll", „Albern", „Geste regt was an, aber ich kann nicht sagen, was genau".

gebracht haben könnte. Die Gefahr sehe ich darin, daß sie am Ende die Erfahrungen mit oder an dem eigenen Körper, gegen die nichts spricht, oder ein interessantes oder schönes Gesicht ihnen gegenüber für eine Erfahrung des „Heiligen" genommen haben könnten, zumal ihnen keinerlei Kriterien der Unterscheidung oder auch nur der Versuch einer Definition an die Hand gegeben wurden. Und auch bezüglich der Frage heiliger Räume führte die Diskussion in denkbar größte Offenheit und Uneindeutigkeit. Pointiert formuliert gingen die Besucher der Veranstaltung den ganzen Tag über so im Kreis herum wie die Teilnehmer an der Prozession des Vormittags, und das Feuer des Heiligen brannte außerhalb ihres Blickfeldes[265].

Beide Beispiele zeigen die Aufmerksamkeit der Veranstalter für aktuelle Anliegen und Bedürfnisse. Beide zeigen in diesem engagierten Sich-Einlassen auf die Anliegen ihre unbestreitbare Stärke – und zugleich ihre Schwäche: Während das politische Nachtgebet keinen Raum für andere Meinungen ließ und die Besucher auf einen Inhalt einzuschwören bemüht war, ließ der liturgische Tag die Inhalte in einer Weise offen, die einer Suchbewegung keine wirkliche Orientierung bot. Doch gibt es weitere Stärken, beim Nachtgebet liegen sie in einer Verknüpfung von gottesdienstlicher Feier und Alltag, die ihrer Zeit voraus war, in einer Verbindung des Glaubens mit praktizierter Weltverantwortung. Der liturgische Tag überläßt die vielerorts gestellten Fragen nach dem Heiligen nicht außerkirchlichen Bewegungen, und er nimmt das in der Kirche immer noch nicht wirklich beheimatete Bedürfnis auf, die intellektuelle Auseinandersetzung darüber mit den eigenen seelischen und körperlichen Erfahrungen zusammenzubinden und sich darüber auszutauschen.

FAZIT: Unabhängig von mehr oder weniger geglückten einzelnen Veranstaltungen vermag es der DEKT, Menschen in Bewegung zu

---

[265] Was ich überall finden kann, ist alltäglich und beliebig; und hier scheint mir, angesichts des biblischen Befundes, Skepsis angebracht (s. dazu ausführlich unten in Abschnitt IV.1.). Abgesehen davon halte ich es für unbedingt erforderlich, daß Menschen, die andere auf dem geistlichen Weg begleiten, diesen Weg jedenfalls schon ein bißchen weiter gegangen sind als die Begleiteten (s. IV.3.).

bringen, sie in ihren Suchbewegungen zu fördern, ihre Spiritualität zu inspirieren, ihren Horizont zu weiten, sie im Miteinander zu stärken und zu Engagement zu führen. Die Weise, in der er dies tut, reagiert jeweils sehr sensibel auf ‚in der Luft liegende' Themen, Fragen und Bedürfnisse. Insofern ist er ein Produkt des Augenblicks, und seine Beschäftigung mit theologischen, religiösen, sozialen oder politischen Gegenständen erhebt weder formal noch inhaltlich Anspruch auf zeitlose Gültigkeit (auch wenn immer wieder „Nachhaltigkeit" erreicht wird). In dieser situativen Gebundenheit liegt seine Kraft und Eigenständigkeit im Gegenüber zur unverzichtbaren Tradition.

3.5.3 Ökumenische Weite und Verbindlichkeit

Der kommunitäre Gedanke zieht gegenwärtig in eindrucksvoller Weise Menschen an, das gilt für etliche Orden, für Säkularinstitute und die Fokolarbewegung im katholischen Raum, das gilt ebenso für die über hundert protestantischen Kommunitäten, die es allein in Deutschland gibt. Von noch einmal besonderer Faszination scheinen nun Gemeinschaften mit verbindlich praktizierter ökumenischer Spiritualität wie Taizé oder Iona zu sein. Insbesondere Iona ist wegen seiner in manchem ungewöhnlichen Regel einer genaueren Betrachtung wert.

Zu Geschichte und Organisation der Kommunität[266]: Die Kommunität hat seit ihren Anfängen zwei Zentren, die Abtei auf der Insel Iona (vor Mull/Westküste Schottlands) und die Städte, in denen die Mitglieder leben und arbeiten. Sie wurde 1938 durch den presbyterianischen Pfarrer George MacLeod gegründet, der die Spiritualität seiner Kirche als „disengaged, disembodied, and abstract" empfand und sie von den Ursprüngen Ionas her neu aufbauen woll-

---

266 Die Darstellung folgt den Erzählungen der Leiterin der Kommunität, Kathy Galloway, anläßlich einer Tagung in Hannover vom 7. bis 9. September 2007, weitere Auskünfte hat sie mir freundlicherweise schriftlich erteilt; die entsprechenden Zitate werden nicht eigens zugewiesen. S. auch www.iona.org.uk

te[267]. MacLeod war Pfarrer in Edinburgh gewesen, er gab eine erfolgreiche amtskirchliche Karriere auf und wechselte zu Beginn der 1930er Jahre in eine Gemeinde in den Dockyards von Glasgow. Dort versuchte er es zunächst mit traditioneller kirchlicher Arbeit, merkte aber bald, daß er die Ärmsten nicht erreichte. Ein zweiter Anstoß ergab sich aus der Tatsache, daß Glasgow kommunistisch wurde; die Marxisten forderten MacLeod heraus mit der Frage, warum seine Kirchenmitglieder, die Chefs der Werften, die am Sonntag beteten, an den Werktagen ihre Arbeiter unterdrückten. „There was a gap between spiritual and material, a wound that had to be healed because we are ment to be whole people and whole communities." MacLeod brachte arbeitslose Handwerker und junge Pfarrer unmittelbar nach ihrem Examen nach Iona, um dort die Abtei wiederaufzubauen. Die Pfarrer arbeiteten als Gehilfen der Handwerker, schleppten Eimer und Steine, die Handwerker halfen bei den Gebetszeiten. Sie wurden gegenseitig in die Lehre geführt und erfuhren, daß Zusammenarbeit nötig ist, um eine gemeinsame Sprache zu finden und daß erst eine gemeinsame Aufgabe Gemeinschaft bildet. Der Krieg unterbrach diesen Aufbruch; nach dem Krieg wurde er mit einer größeren Zahl von Mitarbeitenden wieder aufgenommen, denen der Wiederaufbau der Abtei als Hoffnungszeichen erschien. MacLeods Idee war, daß die Pfarrer den Sommer auf der Insel, den Rest des Jahres in den Städten verbringen sollten in einem Team aus Kommunitätsmitgliedern. Alle Mitglieder sollten nur für zwei Jahre in der Kommunität leben, eine Ausbildung erhalten wie in einem College – „a temporary community. But people refused to leave." Bald zog die Gemeinschaft auch Menschen aus anderen Denominationen als der Kirche von Schottland an, was einen neuen Weg kommunitären Lebens erforderlich machte, „a way of belonging together though living apart", da nicht alle Mitglieder auf der Insel oder in Glasgow leben konnten. „The community is not based on all living together but beeing committed to the same thing, to the ‚rule of life'." Mittlerweile gibt es etwa 280 Mitglieder, regional in „familiy groups" organisiert, und weltweit etwa 2000 assoziierte Mitglieder; letztere teilen das Gebetsleben,

---

267 Im 6. Jahrhundert ging von Iona die Christianisierung Schottlands aus. Nach fünfhundert Jahren keltischer Herrschaft, beendet durch Überfälle der Wikinger, folgten fünfhundert Jahre als benediktinische Abtei, darauf folgten weitere fünfhundert Jahre reformierter Prägung.

haben sich aber nicht auf alle Regeln der Kommunität verpflichtet. Außerdem existiert ein großer Freundeskreis[268].

Das alle Vollmitglieder der Iona Community verbindende Moment ist also die Regel, durch Konsens aller 1966 erstellt und 1987 sowie 2002 überarbeitet. „The Rule is central to the Iona Community's self-understanding [...]. It is permissive rather than prohibitive, that is, it enables members to maintain their membership in their own churches, and represent the discipline and teaching of these churches (which are of course themselves not uniform, and maintain liberty of conscience as part of their dogma). Simply put, it crosses denominational boundaries without violating them."[269] Die Regel soll die Mitglieder nicht zur Perfektion führen oder Schuldgefühle hervorrufen, ebensowenig ist sie ein Maß für die Stärke der Verbundenheit; sie ist Wegweiser und Werkzeug, das sehr einfache Dinge ermöglicht: „To help us deepen our relationship with God (however we understand or encounter God), through our prayer and reading, through shared reflection on how we meet God, through our individual church commitments and through trying to live an examined life; to help us deepen our relationships with each other, through mutual accountability, sharing joys, sorrows and struggles and in our common tasks; to help us deepen our relationship with the Iona Community and its concerns, through solidarity with these, expressed in many different ways."

---

268 Heute gibt es unter den Mitgliedern der Kommunität nicht nur Angehörige der Kirche von Schottland, sondern auch andere Reformierte, dazu Anglikaner, Lutheraner, Katholiken, Methodisten, Baptisten, Quäker und Mitglieder der Brüdergemeine. – „Our belonging together transcends denominations." Iona ist keine Kirche, die Mitglieder bleiben in ihren Herkunftskirchen – für einige, so Galloway, sei die Zugehörigkeit zu Iona die einzige Möglichkeit, überhaupt noch in der Kirche zu sein.
269 Die hier wiedergegebenen Erläuterungen wurden von Kathy Galloway vor einiger Zeit in der zweimonatlich erscheinenden Zeitschrift „Coracle" veröffentlicht und mir freundlicherweise zur Verfügung gestellt.

3.5 Spiritualität in der Neuzeit

„Our five-fold Rule calls us to:
1. Daily Prayer and Bible-reading
2. Sharing and accounting for the use of our money
3. Planning and accounting for the use of our time
4. Action for Justice and Peace in society
5. Meeting with and accounting to each other."

Obwohl die Beter an unterschiedlichen Orten, und, je nach ihren Alltagsgegebenheiten, zu unterschiedlichen Zeiten beten, handelt es sich um ein gemeinsames Gebet – „they are united on same day for same things and same people". Das Gebet bedenkt drei Bereiche: Täglich wird für einige Länder gebetet, im Laufe eines Monats wird so die ganze Welt bedacht (die Kommunität folgt hier dem Gebetskalender des Weltkirchenrats). Weiterhin wird für die Belange der Kommunität und ihre Arbeit gebetet, ebenfalls wechselnd an den Tagen des Monats. Schließlich wird an jedem Tag für eine kleine Gruppe der Mitglieder, die namentlich genannt werden, und eine größere Gruppe der assoziierten Mitglieder gebetet. Aus diesen Gebeten entsteht ein Netz, das die Gemeinschaft verbindet und zusammenhält („we all log in, that makes us part of a world wide web. Important is that this web does not depend on ‚me' but on ‚us'. When it is ‚us', it is not a burden.").

Vor allem die zweite und dritte Regel unterscheiden Iona von anderen Kommunitäten; sie stehen sehr deutlich gegen den Trend der westlichen Kultur: „Money and time are currencies in our society. Our values, our beliefs show up in how we deal with our money and our time." Die Mitglieder legen einmal im Jahr anhand ihrer Kontoauszüge ihr Einkommen offen, sie beschreiben einander ihre täglichen und wöchentlichen Zeiteinteilungen und berichten über die Wahl, die sie im Umgang mit Zeit und Geld getroffen haben. Kein Mitglied hat dabei die Macht, Weisungen zu erteilen (es gibt keine Gütergemeinschaft). Aber die einzelnen lassen zu, daß die anderen sie fragen, warum sie eine bestimmte Wahl getroffen haben[270]. Diese Rechenschaft bringt Transparenz; sie ist eine

---

270 In der Iona community gibt es, so die Leiterin, keine wirklich Reichen, nur gut Verdienende (Ärzte, Anwälte), aber auch Arbeitslose und Men-

Frage geistlicher Disziplin. Wer sich an sie gewöhnt hat, erlebt sie nicht nur als selbstverständlich, sondern sogar als unterstützend. Außerdem schärft sie den Sinn für das wirklich Wertvolle: Menschen haben unterschiedliche Bedürfnisse („needs"); allein kann es schwerfallen, die Wünsche („wants") von den Bedürfnissen zu trennen. „Between our needs and our wants it is a disordered relationship". Die Rechenschaft ist eine Hilfe bei der Unterscheidung und der Balance. Außerdem geht es in der Gruppe nicht allein um Rechenschaft, sondern auch um Planung, dies hilft, Ambivalenzen zu klären[271]. Dieses Planen verlegt die Verantwortung in die ganze Gruppe und läßt sie nicht beim einzelnen. Natürlich kann es zu Konflikten führen, wenn verschiedene Sichtweisen mit gewichtigen Argumenten vertreten werden. „But mostly people love their family groups – so usually the group is able to hold conflict."[272]

---

schen mit sehr geringem Einkommen. Das Reden über Geld werde so ein Reden über Beziehung, es bringe näher zusammen. Dabei gebe es schwierige Themen, etwa die finanziellen Aufwendungen für Privatschulen. „Wir können es niemandem verbieten, es geht nur darum, darüber nachzudenken, was wir tun." Die Mitglieder jeder „family group" geben den Zehnten ihres Einkommens auf ein Bankkonto; ein Teil ist für Iona, teils zentral und teils für die „local group", ein Teil fließt in verschiedene soziale Projekte. Doch auch diejenigen, die Not leiden, können das hier gesammelte Einkommen in Anspruch nehmen.

271 Im Blick auf die Zeit kann auch eine Mahnung erfolgen wie: Du arbeitest zu viel, du brauchst Ferien. Nichts ist statisch. „Our needs are different to different times." Manchmal hätten wir keine Kraft, keine Zeit etc., dann müßten wir auftanken, dann sei mehr Zeit für uns selbst kein „want", sondern ein „need". „Wants" zeigten oft, daß „needs" nicht erfüllt seien. „We try to make a safe space where people can be honest about their needs. There is the commitment to honesty and confidentiality but we create the safe space by doing it. There also is a commitment to being there for other people."

272 Größere Schwierigkeiten gebe es mit denjenigen, die auf Iona wohnten und arbeiteten, wegen der gegenseitigen Abhängigkeit zwischen Menschen, die nicht dasselbe Maß an Überzeugung teilten. Meist schafften es die Gruppen allein, Probleme zu lösen, selten werde die Leiterin um Intervention gebeten. Diese bestehe in der Regel in „encouraging and mediating". Selten komme es vor, daß jemand die Gruppe wechsele. Natürlich gebe es immer wieder ein Aufeinanderprallen verschiedener

Die Verpflichtung, für Gerechtigkeit und Frieden einzustehen, wurde zweimal erweitert, 1987 wurde die Umweltverantwortung aufgenommen, 2002 kam eine „human rights clause" hinzu, um Offenheit deutlich zu machen vor allem im Blick auf homosexuelle Mitglieder. Die Verpflichtung zielt nicht auf eine Haltung des Nachdenkens, sondern auf konkretes Friedensstiften, auf die Veränderung der Welt, nicht im Sinne *einer* politischen Linie, sondern in der Wahrnehmung politischer Verantwortung. Viele Mitglieder gehören Parteien an, andere sind Mitglieder von Bürgerinitiativen; einige engagieren sich für Asylsuchende und Flüchtlinge, andere für die Wiederbelebung der politischen Gemeinden; manche führen Aktionen in der Friedensarbeit durch oder arbeiten in der Mediation, je nach Umfeld. Für alle gleichermaßen gelten dabei „the principles of non-violence, opposition to nuclear wapons and arms trade", zudem die Verpflichtung, ein einfaches Leben zu führen[273]. Die Prinzipien sollen praktisch umgesetzt werden, und dies soll sichtbar werden im jeweiligen täglichen Leben[274].

„Strong structures of accountability" sind die wesentliche Säule der Gemeinschaft. Gerade weil die Mitglieder der Kommunität nicht zusammenleben, sind als ein Teil dieser Strukturen regelmäßige Begegnungen von großer Bedeutung. Alle Mitglieder sind Angehörige von „local family groups", deren Treffen einmal monatlich stattfinden[275]. Einmal im Jahr treffen sich alle Mitglieder der Kommunität für eine Woche auf Iona, dazu kommen

---

Persönlichkeiten, die Klärung könne durchaus zehn Jahre dauern. Doch nur selten sei es besser, wenn jemand gehe.

273 Nicht alle Kommunitätsmitglieder sind Pazifisten. So wurden von einigen im Süden von Afrika die ANC-Ziele unterstützt. Manche waren während des Biafra-Krieges in Nigeria verantwortlich für die Hilfskonvois; sie fällten die Entscheidung, die Konvois zu bewaffnen, um sie gegen Überfälle zu schützen.

274 Der Druck sei zu groß, um dies allein zu tun, darum sei die Gruppe so wichtig.

275 In Deutschland gibt es zur Zeit drei Vollmitglieder, eines in Bremen, eines in Berlin, eines in der Nähe von Stuttgart. Einmal in jedem Herbst treffen sie sich in Bielefeld, im Haus Salem, einmal im Monat telephonieren sie.

zwei Wochenenden in England und ein regionales Treffen im Jahr. Doch ist dies nicht die einzige Form der Verbindlichkeit gegenüber der Kommunität: Jedes Jahr muß jedes Mitglied ein Verpflichtungsformular ausfüllen[276], dazu einen Brief an die Leiterin mit einem Bericht darüber, wie die Regeln im vergangenen Jahr erlebt wurden. Hinzuzufügen ist eine Karte, „the ‚With us' Card", die die Zugehörigkeit zur Gemeinschaft für das folgende Jahr explizit bekräftigt, d.h. die Mitgliedschaft wird jedes Jahr neu bestätigt.

Neben der Regel sind für die Spiritualität von Iona auch die Lieder und die Liturgien prägend[277], in mancher Hinsicht ebenso die sich in der Abtei und ihrer Geschichte manifestierenden verschiedenen geistlichen Strömungen[278], die für das Leben in der Kommunität von Bedeutung sind: Die reformierte Tradition, die immer in

---

276 Wieviel finanzielle Zuwendung soll die Kommunität im nächsten Jahr bekommen und wieviel Zeit soll für die Kommunität zur Verfügung stehen, für Arbeitsgruppen etc.
277 Wesentlich verantwortet werden diese von der „Wild Goose Resource Group" mit Graham Maule und John Bell, die sich um gottesdienstliche Erneuerung bemüht. Weitere Aktivitäten sind ein Verlagshaus („Wild Goose Publications"), das bereits genannte Magazin „Coracle" sowie ein „Youth Department" mit fünf oder sechs Hauptamtlichen, das an Schulen und in Jugendzentren wirkt, ein Projekt zur Resozialisierung jugendlicher Straftäter betreibt und Bildung im Hinblick auf Gerechtigkeit und Spiritualität anstrebt.
278 Es mischen sich der keltische Strom, „a sence of God and creation" mit einer starken Betonung der Immanenz Gottes, der in der orthodoxen Tradition u.a. der Wüstenväter wurzelt, die von Martin von Tours in den Westen vermittelt worden war, der benediktinische Strom, erkennbar am Gebetsrhythmus und an der Gastfreundschaft in den verschiedenen „residential centres", sowie der reformierte Strom: „The priestdom of all was absolutely central for George MacLeod. Everyone has a ministry. Every work is worship." Ein zweites wichtiges Element aus der reformierten Tradition ist „a strong commitment to social justice", denn die Christen sollen am Reich Gottes auf Erden mitarbeiten. Das bedeutet Einsatz für ökonomische Gerechtigkeit („everyone of the resident group on Iona earns the same") und für eine Bildung, die für alle gleichermaßen zugänglich ist.

der Gefahr steht, gesetzlich zu werden, braucht als Gegengewicht das benediktinische Wissen um den Rhythmus des Tages, der das Getriebensein von Ansprüchen begrenzt. Gegen die Gefahr einer zu intellektuellen Umgangsweise hilft der keltische Sinn für das Geerdet-Sein. Die Balance muß immer neu hergestellt werden, im persönlichen Leben und für die Kommunität.

FAZIT: Das kommunitäre Leben von Iona ermöglicht Menschen, zugleich die Sehnsucht nach der Überwindung von Trennendem (wie den Grenzen der Denominationen) und nach einer Geborgenheit gebenden Verbindlichkeit zu stillen. Die Regeln der Kommunität stellen dabei alles andere als ein „niedrigschwelliges Angebot" dar, doch gerade die pointierten und das Leben prägenden Anforderungen an den einzelnen, an seine Gemeinschaftsfähigkeit und an seine Bereitschaft, sich die Abhängigkeit von der Gemeinschaft, die eigene Angewiesenheit, einzugestehen, die hohen Anforderungen an seine Einsatzbereitschaft und an seine Zivilcourage (die in Befolgung der vierten Regel oft genug erforderlich ist), üben eine hohe Anziehungskraft aus. Iona ist eine ebenso geistliche wie der Welt zugewandte und ihre Weltverantwortung wahrnehmende Kommunität, die sich in eindrucksvoller Weise bewußt um eine Balance zwischen den Eckpunkten des anthropologischen Dreiecks bemüht.

3.5.4 Kampf und Poesie

Die in Lateinamerika entstandene „Theologie der Befreiung", die ihren Niederschlag ebenso in literarischer und theologischer Reflexion wie in konkreter politischer, oft revolutionärer und immer wieder auch gewaltsamer Aktion gefunden hat, polarisiert die Christen, insbesondere in Europa und Nordamerika, stärker als andere theologische Strömungen – die Reaktionen reichen von leidenschaftlicher Zustimmung bis zu heftigster Ablehnung. Die Wurzeln dieser Theologie liegen in den seit 1960 spontan und ungesteuert entstandenen hunderttausenden von Basisgemeinden, christlichen „Gemeinden von unten" und der in ihnen geübten besonderen Art der Bibelauslegung in lebendigem, freiem Gespräch, das den Gehalt des Evangeliums im Ausgehen von und in Analogie zu den eigenen Alltagserfahrungen zu erfassen sucht[279]. Ihre Außenwirkung verdankt die Befreiungstheologie zu einem erheblichen Teil den Priestern, die sich mit der Sache der Armen identifizierten, für sie kämpften und verschiedentlich für sie starben wie Camilo Torres, der in Kolumbien auf Seiten der Guerillas kämpfte und der am 15. Februar 1966 in einem Hinterhalt getötet wurde, oder wie der gewaltlos agierende Erzbischof Oscar Romero in El Salvador. Zwei Wochen vor seiner Ermordung am 24. März 1980 hatte dieser in einem Interview seine Bereitschaft zum Martyrium für die Befreiung seines Volkes zum Ausdruck gebracht: „Sie können sagen, wenn sie mich doch letztlich töten werden, daß ich jenen, die es tun, verzeihe und sie segne."[280] In politischer Hinsicht ist diese kontextuelle Theologie als dem Sozialismus bzw. dem Marxismus nahestehend einzuordnen, theologisch wird auf den Exodus ebenso rekurriert wie auf die prophetische Tradition, auf den Anbruch des Gottesreiches in Jesus Christus und vor allem auf eine in dessen Reden und Handeln feststellbare Parteilichkeit, die „Option für die Armen", die, oft ein wenig einseitig, in der Botschaft des Neuen Testaments erkannt wird. Insbesondere letzteres hat häufig zum Vorwurf der Ideologisierung des Evangeliums geführt[281]. Zentrale Merkmale sind weiterhin die Skepsis ge-

---

[279] S. z.B. Das Evangelium der Bauern von Solentiname. Gespräche über das Leben Jesu in Lateinamerika, aufgezeichnet von Ernesto Cardenal, Wuppertal 1980.

[280] Oscar A. Romero, Die notwendige Revolution, Mainz/München 1982, 60.

[281] Dieser Vorwurf wurde verschiedentlich ausgeweitet bis zu einer Parallelisierung mit den Deutschen Christen in der Zeit des Nationalsozialismus; er wird in unterschiedlicher Intensität gegen jede Spielart kontextueller Theologie erhoben, wie zum Beispiel auch gegen die – der Befreiungstheologie in manchem verwandte – feministische Theologie. Eine Abwägung der Kritik aus einer Position grundsätzlicher

genüber lediglich erklärender wissenschaftlicher Theologie und die Forderung, an ihre Stelle eine christliche Reflexion zu setzen, die aus täglichem aktiven Engagement für die Gemeinden erwächst, da rechtes Handeln und rechtes Erkennen nicht zu trennen seien, sondern eines aus dem anderen entstehe.
Die in diesem Zusammenhang gewachsene Spiritualität findet reichen Ausdruck in poetischen Texten wie der weltweit bekannt gewordenen religiösen Lyrik Ernesto Cardenals[282], einem der meistgelesenen Dichter Lateinamerikas. Ein aussagestarkes Beispiel ist seine Neudichtung des 5. Psalms mit dem Titel „Hör meinen Protest" aus den 60er Jahren; der biblische Text ist in der Lutherfassung zum Vergleich hinzugesetzt[283]:

Cardenal	Luther 1984
Hör meine Worte, Herr – / höre mein Seufzen,	Herr, höre meine Worte, merke auf mein Reden!

Sympathie heraus bietet José Míguez Bonino, Theologie im Kontext der Befreiung (Theologie der Ökumene 15), Göttingen 1977, 79ff.

282 Ernesto Cardenal wurde als Sohn einer spanischen Patrizierfamilie am 20.1.1925 in Granada/Nicaragua geboren. Nach seinem Literaturstudium in Mexiko und in den USA, einem längeren Aufenthalt in Europa und der literarischen Beteiligung an einer der Revolten gegen die herrschende Somoza-Diktatur, nach Verhaftungen, der Internierung in Konzentrationslagern und Folter trat er 1957 dem Trappistenkloster Gethsemani in Kentucky bei, wo er Novize Thomas Mertons wurde. Ab 1959 studierte er in Mexiko und Kolumbien Theologie, 1965 erhielt er die Priesterweihe und begründete im Jahr darauf mit zwei anderen Theologen auf der Insel Solentiname eine christliche Kommune, deren klösterliche Lebensform – nach brieflicher Beratung durch Merton – verschiedentlich modifiziert wurde. 1977 ging Cardenal ins Exil, wo er sich der Befreiungsfront der Sandinisten anschloß; Solentiname wurde von der Guardia Nacional Somozas vollständig zerstört, viele der Bewohner wurden getötet. 1979 bis 1990 war Cardenal Kulturminister der sandinistischen Regierung.

283 Ernesto Cardenal, Das Buch von der Liebe. Lateinamerikanische Psalmen. Im Original: Vida en el Amor, aus dem Spanischen übersetzt von Anneliese Schwarzer de Ruiz, Wuppertal 1982, 136f.

hör meinen Protest, / denn Du bist Gott und kein Freund der Diktatoren,

Du folgst nicht ihrer Politik / noch achtest Du auf ihre Propaganda. / Du hast mit Gangstern nichts gemein.

Ihre Rede ist unaufrichtig / wie ihre Presse-Erklärungen. / Sie sprechen vom Frieden – / und steigern die Rüstungsproduktion. / Auf ihren Konferenzen reden sie vom Frieden, / doch im geheimen bereiten sie Krieg vor. / Die ganze Nacht lang streuen ihre Radiosender Lügen aus, / verbrecherische Pläne füllen die Akten ihrer Büros. / Du aber, Herr, wirst mich vor ihren Anschlägen retten. / Sie sprechen mit dem Munde der Maschinengewehre, / und ihre Zungen sind glänzende Bajonette.

Vernimm mein Schreien, mein König und mein Gott; denn ich will zu dir beten. Herr, frühe wollest du meine Stimme hören, frühe will ich mich zu dir wenden und aufmerken. Denn du bist nicht ein Gott, dem gottloses Wesen gefällt; wer böse ist, bleibt nicht vor dir. Die Ruhmredigen bestehen nicht vor deinen Augen; du bist feind allen Übeltätern. Du bringst die Lügner um; dem Herrn sind ein Greuel die Blutgierigen und Falschen.

Ich aber darf in dein Haus gehen durch deine große Güte und anbeten vor deinem heiligen Tempel in deiner Furcht. Herr, leite mich in deiner Gerechtigkeit um meiner Feinde willen; ebne vor mir deinen Weg! Denn in ihrem Munde ist nichts Verläßliches; ihr Inneres ist Bosheit. Ihr Rachen ist ein offenes Grab; mit ihren Zungen heucheln sie.

Straf sie, o Gott! / Laß scheitern ihre Politik! / Bring ihre Memoranden durcheinander! / Verhindere ihre Programme!

Sprich sie schuldig, Gott, daß sie zu Fall kommen durch ihre Ränke. Stoße sie aus um ihrer vielen Übertretungen willen; denn sie sind widerspenstig gegen dich.

Wenn die Sirene heult, / wirst Du mir beistehen, / meine Zuflucht bist Du am Tag der Bombe.

Laß sich freuen alle, die auf dich trauen; ewiglich laß sie rühmen, denn du beschirmest sie. Fröhlich laß sein in dir, die deinen Namen lieben.

Wer ihren lügnerischen Parolen nicht glaubt, / wer ihrem Werben und ihren politischen Kampagnen nicht traut, / den segnest Du, / den umgibst Du mit Deiner Liebe / wie mit Panzerwagen.

Denn du Herr, segnest die Gerechten, du deckest sie mit Gnade wie mit einem Schilde.

Der Beter dieses Psalms erfährt sich als im Krieg befindlich, im Krieg gegen die Machthaber in seinem Land, übermächtige politische Gegner voller krimineller Energie, medienbewußte Lügner, kaltblütige Kriegstreiber, Verbrecher, die kein Mitleid zeigen und keine Einsicht, die nur ihre eigenen Interessen kennen und sie um jeden Preis verfolgen. Ihre Gewaltanwendung beginnt beim Umgang mit der Sprache der Menschen, die durch Lügen zerstört wird, Lügen, die ihrerseits das Denken und Fühlen töten („ihre Zungen sind glänzende Bajonette"), sie führt über Maschinengewehre bis zur Massenvernichtung. Der Beter wendet sich in seiner Not und seiner Empörung an Gott, den er als den Feind seiner Feinde anspricht, der alle Lügen durchschaut und sich mit den Diktatoren nicht gemein machen, sondern den Beter aus der drohenden Gefahr, vor den „Anschlägen" retten wird. Der Beter appelliert dazu an die Macht Gottes und an seinen Willen, Gerechtigkeit und Frieden herzustellen – nicht nur im Hinblick auf sich selbst, sondern für das ganze Land[284]. Allerdings bittet er dabei durchaus maßvoll und unter Verzicht auf alle Gewaltaufrufe nur um eine Strafe für die Diktatoren, um das Scheitern ihrer Vorhaben; er fordert nicht ihre Vernichtung, weder durch Menschen noch durch unmittelbares göttliches Eingreifen. Vielmehr rechnet er eher mit einer Eskalation der Schrecken für sich selbst (der „Tag der Bombe"), für die er jedoch fest auf Gott als seine Zuflucht vertraut. Die letzten Verse des Psalms unterstreichen nochmals das Motiv des Krieges („Panzerwagen"), zugleich ermutigen sie zum Widerstand: Wer sich der verführerischen Logik der Gegner verschließt, darf Gottes Segen und seinen Schutz erwarten in dem tödlichen Kampf, der ihm seines Widerstandes wegen droht.

Die Sprache Cardenals ist Ausdruck seines Denkens und Fühlens, seiner Frömmigkeit: Sie ist schlicht und direkt, zugleich biblisch und modern, sie zeugt von großer gedanklicher Klarheit, von Sensibilität und detailgenauer Situationswahrnehmung, von politischem Realitätssinn, der auch vor dem Grauen und der Gewalt nicht die Augen verschließt. Sie drückt anteilnehmende Liebe aus für die Leidenden und einen Zorn ohne Haß auf die Verursacher dieser Leiden, sie benennt als Unrecht, was sie als Unrecht erkennt. Sie sieht der Passion, dem Leiden ruhig und ohne es vermeiden zu wollen entgegen, beharrt auf der Gewaltlosigkeit und vermeidet Verhärtungen. Sie bringt den Glauben an einen machtvollen, gerechten und in die Geschicke der Menschen liebend eingreifenden Gott zum Ausdruck, ein personales Gegenüber, das den Beter hören und erhören wird und das Partei ergreift für diejenigen, die sich gewaltlos auf die Seite der Wahrheit und des Rechts stellen.

---

284 Vgl. in „Warum hast du mich verlassen", a.a.O., 148: „Die Armen werden ein Festmahl halten. / Das Volk, das noch geboren wird, / unser Volk, / wird ein großes Fest feiern." Andere Psalmendichtungen wie etwa Ps 148 und 150 (a.a.O., 169-172) formulieren ein ebenso anschauliches wie ausgreifendes Lob von Schöpfung und Schöpfer.

FAZIT: Die Spiritualität der Befreiungstheologie, wie sie in der Dichtung Cardenals zum Ausdruck kommt, ist ebenso politisch aktuell wie zeitlos biblisch, sie ist existentiell im Sinne einer wirklich erfahrenen Spannung zwischen Hoffnung auf Veränderung zu einem besseren, gerechteren, befreiten Leben einerseits und konkreter Not und Todesdrohung andererseits, sie ist universal in ihrem Glauben, diesseitig-konkret vom erlebten Alltag ausgehend, solidarisch mit allem vergangenen und gegenwärtigen Leiden, weit ausgreifend und versöhnend in ihrem Preisen Gottes. Keine der extremen Erfahrungen die in einem Leben in Armut und Unfreiheit unter einem diktatorischen Regime zu machen sind, wird ausgespart, wie in den Psalmen der hebräischen Bibel wird alles gelebte Leben unbeschönigt in Klage, Anklage, Bitte und Lob vor Gott gebracht. Diejenigen, die den Psalm Cardenals mitbeten, stimmen ein in die Hoffnung auf Befreiung und in den Zorn auf die Unterdrücker, und sie werden eingestimmt in einen Widerstand gegen das Unrechtsregime, der die Herzen frei von Haß und die Hände frei von Schuld beläßt.

3.5.5 Geistesgaben und Leiblichkeit

Jesus hat Kranke geheilt, Aussätzige, Blinde, Gelähmte, von Dämonen Besessene, so berichten es die Evangelien immer wieder, und mit demselben Tun hat er seine Jünger beauftragt[285]. Im Namen Jesu handelnd sind die Jünger dazu durchaus imstande (Act 3,1ff.), und die Gabe der Heilung gehört auch in den späteren Generationen zu den vom Geist geschenkten Charismen, die zwar nicht jedem gegeben ist (I Kor 12,9), aber doch einigen zum Wohle aller. Allen ist jedoch das Gebet für die Kranken möglich und aufgetragen, und dieses Gebet wird jedenfalls seine Wirkung

---

285 „Macht Kranke gesund, weckt Tote auf, macht Aussätzige rein, treibt böse Geister aus. Umsonst habt ihr's empfangen, umsonst gebt es auch." (Mt 10,8)

entfalten: „Ist jemand unter euch krank, der rufe zu sich die Ältesten der Gemeinde, daß sie über ihm beten und ihn salben mit Öl in dem Namen des Herrn. Und das Gebet des Glaubens wird dem Kranken helfen, und der Herr wird ihn aufrichten" (Jak 5,14f.). Solche Heilungsgaben sind gegenwärtig – jedenfalls in den deutschen Volkskirchen – wenig zu beobachten. Das hat geistesgeschichtliche Ursachen: Das neuzeitliche Denken hat im Gefolge der cartesianischen Subjekttheorie mit ihrer Aufspaltung von Leib einerseits und Geist und Seele andererseits eine naturwissenschaftlich orientierte Medizin befördert, die erst in den letzten Jahrzehnten allmählich die Sicht der älteren Heilkunde und der anthropologischen Medizin, nach der Heilung als eine Wiederherstellung der leib-seelischen Integrität zu betreiben sei, wiedergewinnt. Die Kirchen des Westens sind dem Denken Descartes in vieler Hinsicht gefolgt und haben infolgedessen auch die Aufgabenteilung akzeptiert, die sich von dorther nahelegte: Die Religion galt als für das Seelenheil zuständig, die Medizin für die Gesundheit des Körpers, die Psychologie für das geistige Gleichgewicht[286]. Aus diesem Grund spielte das Charisma des Heilens innerhalb der großen Kirchen über einen langen Zeitraum keine Rolle, die Sorge für die Kranken beschränkte sich auf diakonisches Handeln, Fürbitte und – im Raum der katholischen Kirche – das Sakrament der Krankensalbung[287]. Anders verhielt es sich von vornherein in den traditionellen Pfingstkirchen, später dann auch in den charismatischen Kreisen bzw. in der Geistlichen Gemeindeerneuerung (GGE), in denen immer wieder Heilungsgottesdienste abgehalten wurden und werden, die nach Aussage von Beobachtern häufig

---

286 Eine Überwindung dieser Trennung kündigt sich allerdings langsam an, vgl. die Arbeiten des Mediziners und Franziskanerbruders Daniel P. Sulmasy, O.F.M, M.D., The Rebirth of the Clinic. An Introduction to Spirituality in Health Care, Washington/D.C. 2006 und ders., A Balm for Gilead. Meditations on Spirituality and the Healing Arts, Washington/D.C. 2006.
287 Hier sind auch die Wunderheilungen an Wallfahrtsorten zu nennen, die allerdings nicht auf ein Heilungscharisma innerhalb der Gemeinde zurückzuführen sind.

3.5 Spiritualität in der Neuzeit 349

zu Erfolgen führen. Ebenfalls sind Heilungen, wie sie „Prophet-Healers" ebenfalls in liturgischen Zusammenhängen ausüben, in den jungen Kirchen vor allem Afrikas eine geläufige Erscheinung. Vor allem aber findet sich eine Fülle von alternativen Heilungsmethoden in neureligiösen Bewegungen (Transzendentale Meditation, Christian Science, Neugeistbewegung u.a.), und in vielen Kreisen, die im weiteren Sinn der New Age-Bewegung[288] oder der

---

[288] ‚New Age' ist Name und Programm einer vielschichtigen geistigen Bewegung, die in den siebziger Jahren in England und den USA entstand (als Nachfolgerin der Hippies, erwachsend aus Protestgruppen und Psychoszene) und die sich seit den achtziger Jahren in Deutschland immer mehr ausbreitete mittels Zeitschriften, Büchern, Instituten, Zentren, Gruppen sowie internationaler Konferenzen mit prominenter Beteiligung (vom Dalai Lama bis Fritjof Capra). Die wesentliche Aussage ist, daß das naturwissenschaftlich-technische Zeitalter abgelöst werde von einem ganzheitlichen, ökologischen und alle Widersprüche versöhnenden Zeitalter. Im Sinne dieses ganzheitlichen Anspruchs umfaßt die New-Age-Strömung verschiedene Bereiche, Wissenschaften, Spiritualität, Psychologie und Sozialformen. Innerhalb der Wissenschaften, besonders in der Physik, aber auch in Biologie, Chemie, Medizin, Psychologie und Sozialwissenschaften wird ein Paradigmenwechsel konstatiert: Die cartesianische Weltanschauung, die geprägt sei von der Trennung zwischen Subjekt und Objekt, Geist und Materie, von mechanistischem Denken, einem schroffen Richtig-Falsch-Wahrheitsbegriff und quantifizierender, mathematisierter Methodik, werde verlassen – der Anfang dieser Entwicklung sei die Erschütterung des Newtonschen Weltbildes durch Einsteins Relativitätstheorie, die Quantentheorie sowie Heisenbergs Unschärferelation gewesen. An ihre Stelle trete ein systemhaftes, ganzheitliches Denken, das auch die Dynamik innerhalb der Systeme berücksichtige (z.B. in der psychosomatischen Medizin). Subjekt und Objekt verschmölzen, die Grenze zwischen Materie und Geist werde aufgelöst, Zeit und Raum erschienen relativ. Hier liegt die Berührung mit den Inhalten der New-Age-Spiritualität, die Denkansätze aus Buddhismus, Taoismus, Hinduismus, christlicher und islamischer Mystik verbindet. Meditation, neue und alte Rituale, Reinkarnationsglaube und übersinnliche Inspiration spielen dabei eine wichtige Rolle. Der Paradigmenwechsel in der Psychologie – von der Körper-Seele-Trennung in Freuds Theorie zu ganzheitlicheren Ansätzen in der Humanistischen Psychologie (Bioenergetik, Psychodrama, Sensitivity-Training, Alexander-Methode u.a.) – wird von New-Age-Vertretern ebenfalls als Beleg für das Kommen des neuen Zeitalters in Anspruch genommen.

Esoterik-Szene zuzurechnen sind. Ein Beispiel aus diesem Feld sei dargestellt, der Bruno-Gröning-Freundeskreis.

Bruno Gröning (ursprünglich Grönkowski) wird am 30. Mai 1906 in Danzig-Oliva in einfachen Verhältnissen geboren, er ist katholisch sozialisiert. Sein beruflicher Werdegang ist von großer Unregelmäßigkeit gekennzeichnet, weder Schule noch Lehre werden abgeschlossen, seinen Lebensunterhalt verdient er als Gelegenheitsarbeiter. Mit 21 Jahren heiratet er Gertrud Cohn, mit der er zwei Söhne hat, beide sterben im Alter von neun Jahren[289]. 1943 wird Gröning eingezogen, er wird verwundet; 1946, nach der Rückkehr aus russischer Gefangenschaft, zieht er mit seiner Frau nach Dillenburg. 1948 berichtet seine dortige Hauswirtin, daß er ihre Nichte geheilt habe; die Nachricht von seinen besonderen Kräften verbreitet sich schnell. 1949 ruft ihn daraufhin ein Ingenieur aus Herford, dessen Sohn an Muskelschwund leidet, in sein Haus. Kurz darauf kann der Junge erstmals aus eigener Kraft wieder einige Schritte laufen[290]. Als die Berichte über dieses Geschehen an die Öffentlichkeit gelangen, setzt sich täglich ein Strom von bis zu 5000 Hilfesuchenden, die aus der von Gröning offenbar vermittelten göttlichen Kraft Heilung erwarten, nach Herford in Bewegung, bis die Landesregierung von Nordrhein-Westfalen ihm ein Auftrittsverbot erteilt. Daraufhin reist er durch andere Teile Deutschlands, einen längeren Aufenthalt nimmt er zwischenzeitlich auf dem Traberhof bei Rosenheim. Auch dort wird er von mitunter 30000 Hilfesuchenden am Tag aufgesucht, die sich den von ihm ausgehenden „Heilwellen" aussetzen wollen; Heilungen werden ebenfalls erfahren, wenn Gröning sich an einem anderen, weit entfernten Ort aufhält, jedoch seine Gedanken auf die versammelte Menge konzentriert. Um auch denen zu helfen, die die Reise nach Bayern nicht unternehmen können, nimmt er den Gedanken auf, seine Heilkraft auf Gegenstände zu übertragen, Stanniolkugeln mit etwa 2 cm Durchmesser, die er an die Menschen ebenso weitergibt wie sein Bild; mit beidem werden, den Berichten nach, Heilerfolge erzielt. Die Medien befassen

---

289 Harald stirbt 1939 an einem Herzklappenfehler, Günther 1949 an einer Brustfellentzündung; die Ehe mit Gertrud Cohn, die Grönings Heilungsgaben skeptisch bis feindselig gegenüberstand, wird 1955 geschieden, in zweiter Ehe heiratet Gröning die Französin Josette Dufossé.

290 Unabhängig von der Beurteilung dieser Verbesserung im Krankheitsbild ist festzuhalten, daß in diesem Fall keine dauerhafte Heilung gelang, der Junge starb sechs Jahre später an seiner Krankheit.

sich ausführlich mit dem Phänomen und sorgen damit für weitere Verbreitung; die öffentliche Meinung ist gespalten. Vor allem aus den Kreisen der Mediziner wird vernichtende Kritik laut, häufig mit dem Hinweis darauf, daß nicht einmal die gesetzlichen Bestimmungen für Heilpraktiker erfüllt seien – freilich ist anzumerken, daß Gröning das Ablegen der entsprechenden Prüfungen mehrmals verwehrt wurde. Wegen der fehlenden Zulassung als Heilpraktiker muß sich Gröning immer wieder vor Gericht verantworten, 1957 wird er nach zweijährigem Prozeß, in dem es unter anderem um den Tod einer an Tuberkulose verstorbenen jungen Frau geht[291], zu einer Geldstrafe verurteilt. Ein Jahr später erreicht die Staatsanwaltschaft in der Revisionsverhandlung eine Verurteilung wegen fahrlässiger Tötung und unerlaubter Ausübung der Heilkunde; die Strafe wird zur Bewährung ausgesetzt. Gröning legt Berufung ein, doch er erlebt den Ausgang der Revisionsverhandlung nicht; am 26.1.1959 stirbt er in Paris an den Folgen seiner Krebserkrankung.

Wie sieht Gröning selbst seine Gabe? Aus verschiedenen Zusammenhängen ist von ihm das Bekenntnis zu Gott als dem Urheber aller Heilkraft überliefert[292]. So schreibt er 1949: „Ich bin nichts, der Herrgott ist alles. Ich will weder Geld noch Gold, was ich will und kann[:] allen Menschen helfen und heilen. Wer den Herrgott

---

291 Die 18jährige Ruth Kuhfuß hatte 1950 im Vertrauen auf Grönings Heilkräfte die ärztliche Behandlung abgebrochen; ob sie von ihm dazu aufgefordert wurde, ist strittig, doch, gemessen an Grönings sonstiger Praxis, wenig wahrscheinlich. Während dieses Prozesses werden etliche Einzelheiten aus Grönings Leben thematisiert, u.a. die schon in der Kindheit erkennbar aufgetretene Heilungsgabe.
292 Bruno Gröning hat keine Schriften hinterlassen, doch sind zahlreiche Aussagen von ihm dokumentiert, teils in Form handschriftlicher Notizen oder Briefe, teils als Mitschriften, teils in filmischem Material. Literaturhinweise finden sich im Internet auf der Seite des Bruno-Gröning-Freundeskreises: www.bruno-groening.org sowie im Biographisch-Bibliographischen Kirchenlexikon (www.bautz.de/bbkl). Eine ausführliche Darstellung der Geschichte Grönings, aus der die im folgenden verwendeten Zitate entnommen sind, s. bei Matthias Kamp, Bruno Gröning. Revolution in der Medizin. Rehabilitation eines Verkannten. Eine ärztliche Dokumentation der Heilung auf geistigem Wege, Mönchengladbach ³1998. Kamp ist leitender Arzt der Medizinisch-Wissenschaftlichen Fachgruppe (MWF), einer dem Freundeskreis zugehörigen Vereinigung von Ärzten, die die berichteten Heilungen überprüfen.

verleumdet ist es nicht wert geholfen zu werden. Der grösste Arzt aller Menschen ist und bleibt unser Herrgott." (5) Und im selben Jahr formuliert er in einer auf dem Traberhof gehaltenen Rede: „Ich selbst frage nicht, welcher Religion, welcher Nation der einzelne angehört. Hauptsache ist, er trägt den Herrgott im Herzen. Wer aber den Glauben verloren hat und die Hilfe Gottes haben will, der muß wieder den Weg zum Glauben an unseren Herrgott zurückfinden. Wer den Weg gefunden hat und glaubt und wer sich verpflichtet fühlt, diesem Glauben genau nachzukommen, dem sei die Hilfe zuteil. Ich habe jedem Menschen immer wieder zu wissen gegeben: Wer den Weg zu mir gefunden hat, der soll die Angst und vor allem das Geld zu Hause lassen. [...] Ich kann nichts dafür, soweit Sie hier angesprochen sind, soweit Sie die Berechtigung haben, die Hilfe Gottes zu empfangen, so soll das geschehen im Namen Gottes." (16f.) Gröning sieht sich als Diener Gottes, gehorsam der unmittelbar ergehenden und im Gefühl wahrgenommenen Führung, seiner Bestimmung, die ihn unabhängig machte von den Meinungen anderer und von menschlichen Gesetzen, und zu einer entsprechenden Haltung fordert er alle auf, denen er begegnet oder die er sonst mit seiner Botschaft erreichen kann[293]. Ihm selbst kommt es nicht in erster Linie auf seine Heilungsgabe an, ebensowenig auf eine Lebensverlängerung für die Hilfesuchenden[294], sondern auf die Führung des Menschen weg von den Mächten des Bösen, die ihn beeinflussen wollen, hin zum Ursprung allen Lebens und zur Quelle alles Guten, zu Gott. Eine Grundbedingung der Heilung ist für ihn darum, abgesehen von der Bereitschaft, das Heilungsgeschehen zuzulassen, der Wille zur Umkehr, zum Glauben an Gott auf Seiten des Kranken, zur Entleerung des eigenen Willens und der Trennung von negativen Gedanken[295], was immer wieder

---

[293] „Denn ich bin ja gar nicht menschenhörig, bin nur gotthörig! Mehr nicht. Und da will ich Sie hinhaben, Freunde, daß auch Sie gotthörig werden [... Der Mensch] muß umkehren, er muß wirklich das werden und auch das tun, wozu Gott ihn bestimmt hat, nichts anderes, er muß gotthörig werden. Er muß in die göttliche Führung kommen, ohne diese gibt es kein Leben." (107)

[294] Aus diesem Grund fragt er auch keinen der Hilfesuchenden nach seiner Krankengeschichte, rät nicht von Arztbesuchen ab oder behandelt die Krankheiten in irgendeiner Weise.

[295] „Sollte ich Sie belügen, sollte ich sagen, daß es hier nur auf einen ankommt, wie ich es bin? Nein Freunde, es kommt auf Sie selbst an, wie Sie das Gute aufnehmen! Wann können Sie es aufnehmen? Nicht

auch zur Forderung der Feindesliebe führt und zur Mahnung, Böses nicht mit Bösem zu vergelten. Doch in jedem Fall bleibt die Heilung für ihn ein Handeln der freien Gnade Gottes, das diese erzielt, indem sie sich Grönings bedient – er gibt die göttliche Strahlung, den „Heilstrom" nur weiter, auf den sich die Hilfesuchenden in der Weise eines Radioempfängers „einstellen" müssen, um seine Wirkung zu erfahren[296]. Damit werden, so ist Gröning überzeugt, keine Naturgesetze durchbrochen, seine Heilungen „beruhen auf einer innerhalb der göttlichen Ordnung der Natur liegenden Kraft" (196). Diese Kraft allerdings muß er weitergeben, das ist, nach seinem Verständnis, nicht nur seine Aufgabe, sondern geradezu seine Mission: „Ich bringe Ihnen das Gute. Ich gebe Ihnen die göttliche Kraft. Nicht aus mir selbst. Ich stehe unter Befehl. Ich muß es tun. [...] Ich heile nicht. Als Werkzeug, als Mittelsmann gebe ich an Sie die göttliche Kraft ab. Bitte bedienen Sie sich! Es liegt ganz an Ihnen, wieviel Sie davon empfangen. [...] Ich will jedem von Ihnen das Heil bringen, weil ich eine Mission zu erfüllen habe. Ich selbst aber verdiene keinen Dank, danken Sie dem da oben." (225) Manche von Zeitzeugen überlieferte Äußerung läßt vermuten, daß sich Gröning zunehmend nicht nur als Vermittler göttlicher Kräfte, sondern – ungeachtet seiner steten Verweise auf den einen Heiland – geradezu als einen zweiten Christus sah, als jemanden, der stellvertretend für andere deren Krankheiten, Sorgen und Schmerzen trug, der stellvertretend litt[297]. Entsprechendes klingt ebenfalls an in Gedanken zu einer Wirksamkeit über den Tod hinaus: „Ich werde nicht mehr lange bei euch sein. Aber auch wenn ich nicht mehr hier bin, werde ich trotzdem bei euch sein. Ich kann euch noch helfen. Denkt daran." (455)[298] Und auch eine Sequenz in einem Vortrag Grönings weist in eine ähnliche Richtung: „Ich bin nicht Bruno Gröning. Menschen haben meinem jetzigen Körper diesen Namen gegeben. Wer ich aber in Wirklichkeit bin, das werden die

---

früher, bis Sie sich selbst von dem Bösen gelöst, daß Sie wirklich mit dem Bösen nichts mehr gemein haben. [...] Also öffnen Sie Ihr Herz, schütten Sie wirklich alles aus!" (123)
296 Das Wirken des Heilstroms erkennt der Kranke häufig an „Regelungsschmerzen", die das Heilungsgeschehen einleiten.
297 Vgl. die bei Kamp zusammengestellten Äußerungen, 434f. und 445f.
298 Freilich stellt sich die Frage, inwieweit die Erinnerungen der Zeitzeugen hier nicht mehr oder weniger bewußt in Richtung der in den Evangelien überlieferten Abschiedsreden Jesu stilisiert werden.

Menschen erst erkennen, wenn ich mit meinem Körper nicht mehr hiersein werde." (456)

Nach Grönings Tod bilden seine Anhänger drei Vereine zur Pflege der Erinnerung an Bruno Gröning, um sein Vermächtnis zu verwalten und um in seiner Nachfolge den Heilstrom Notleidenden zuteil werden zu lassen. Besonders weit verbreitet ist der 1979 von Grete Häusler, einer 1950 von Gröning geheilten Lehrerin aus Wien, ins Leben gerufene Bruno-Gröning-Freundeskreis (BGF), der seit ihrem Tod 2007 von ihrem Sohn Dieter Häusler geleitet wird. Mehr als 30000 Menschen sind weltweit in etwa 550 lokalen Gemeinschaften organisiert; sie treffen sich im Abstand von drei Wochen zu Gemeinschaftsstunden, in denen sie sich auf den Heilstrom einstellen mittels einer Methode, die auf Gröning selbst zurückgeht[299], dieser Strom wird an Kranke vermittelt. Der auf ehrenamtlicher Basis organisierte und durch Spenden finanzierte BGF gehört dem „Dachverband Geistiges Heilen" an, nimmt mit seinem Grete Häusler-Verlag, einer GmbH, an zahlreichen Esoterik-Messen teil, wirbt für seine Arbeit durch Veröffentlichungen und Filme über Gröning sowie durch Erfahrungsberichte über Heilungen, die infolge der Gemeinschaftsstunden oder der Vorführung der Filme mit Originalaufnahmen von Gröning wahrgenommen werden. Außerdem veranstaltet der BGF Kinder- und Jugendgemeinschaftsstunden. In weltanschaulicher Hinsicht versteht sich der BGF als überkonfessionell und nicht an eine Religion gebunden, wobei allerdings Gröning selbst den Rang einer messianischen Figur bekleidet und die von ihm vertretene Lehre in zunehmendem Maße mit Elementen außerchristlichen Denkens vermischt wird. Außerdem wird Wert auf die Feststellung gelegt, daß im Freundeskreis weder Diagnosen gestellt noch Therapien durchgeführt würden. „Medikamente werden weder empfohlen noch verordnet oder verabreicht. Ebenso wenig wird von Arztbesuchen, Medikamenteneinnahme, Therapien oder operativen Eingriffen abgeraten. Nach Gröning ist jede Heilung ein Gnadenakt Gottes. Deshalb werden im Bruno Gröning-Freundeskreis keine Heilversprechen abgegeben."[300]

---

299 Man sitzt aufrecht, ohne Berührung der Rückenlehne und ohne gegenseitige Berührung von Armen oder Beinen, weil dies das Fließen des Stromes hindern würde; eine Hilfe bei der Einstellung auf das Wirken des Stromes kann das Bild Grönings sein, das im Raum aufgehängt ist.
300 So die Kurzdarstellung des BGF im Internet. Auf anderen Internetseiten, so etwa bei der gegenüber dem BGF äußerst kritischen „Akti-

3.5 Spiritualität in der Neuzeit

Daß Menschen Heilungsgaben haben, auch heute und auch außerhalb der Kirchen, sollte niemanden verwundern, der den biblischen Verheißungen und der Kraft des göttlichen Geistes mit seinem „Wehen, wo er will" (Joh 3,8) etwas zutraut. Daß Standesvereinigungen und Institutionen darauf mit Irritation reagieren, ist ebenfalls kein neues Phänomen[301]. Doch wie ist der konkrete Fall zu beurteilen?

Bruno Gröning war ein Mensch mit einem ausgeprägten Sendungsbewußtsein, das ihn, in Verbindung mit der ihm geschenkten Gabe und zweifellos auch befördert durch die öffentlich geführte Kontroverse um seine Person, zunehmend in die Gefahr der Selbstüberschätzung brachte, in die Gefahr zu vergessen, daß Menschen immer nur Gefäße der göttlichen Geistesgaben sind, und daß das Gefäß durch seinen Inhalt nicht in seiner Substanz verändert wird. Dennoch war er ohne Zweifel ein Mensch, der an Gott glaubte und auch anderen diesen Glauben vermitteln wollte, der sich von

---

on für Geistige und Psychische Freiheit. Bundesverband Sekten- und Psychomarktberatung e.V., Bonn" (www.AGPF.de) sind deutlich anderslautende Zitate aus unterschiedlichen Gemeinschaftsstunden wiedergegeben. Ich halte deren Authentizität für wahrscheinlich, vermute allerdings, daß sie nicht im Interesse des BGF liegen oder dessen Zustimmung finden – was natürlich an der Problematik nichts ändert. Ein relativ ausgewogenes Urteil findet sich in einer Stellungnahme des Bischöflichen Seelsorgeamtes Augsburg zum BGF aus dem Jahr 2000, die jedoch die Einschätzung dieser Heilungsbewegung als „problematisch" nachdrücklich betonen. Warnungen verschiedener kirchlicher Sektenbeauftragter weisen über die medizinischen Gefahren hinaus auf die mögliche Zerstörung von Familienstrukturen hin, wenn etwa Angehörige sich dem Glauben an den Heilstrom verschlössen; die daraus resultierende Isolation könne dann zur seelischen Abhängigkeit vom Freundeskreis führen.

301 Zu denken ist an Christoph Blumhardt und seine Erfahrungen im Umfeld der Heilung der Gottliebin Dittus, vgl. Johann Christoph Blumhardt, Der Kampf in Möttlingen (Gesammelte Werke I/1 und 2), hg. von Gerhard Schäfer, Göttingen 1979. Nun ist Bruno Gröning kein Blumhardt, vor allem in geistlicher Hinsicht nicht, aber es spricht nichts dagegen, ihn als Menschen mit dem von Gott geschenkten Charisma der Heilung anzusehen.

Gott beschenkt wußte und andere teilhaben lassen wollte an diesem Geschenk. Schwieriger einzuschätzen ist in dieser Hinsicht der Freundeskreis. Zweifellos sind auch hier viele Menschen zu finden, die sich uneigennützig einem höheren Ziel zur Verfügung stellen, denen es um die Linderung von Not und das Heilen von Krankheit geht. Auf der anderen Seite ist es nicht überraschend, daß sich die typischen Probleme einer auf eine charismatische Gründergestalt folgenden Generation im BGF erkennen lassen: Machtinteressen, die Tendenz zu einer Dogmatisierung der Lehre, ein Verlust an heilsamer Unsicherheit und der daraus resultierenden Praxis, sich selbst zu hinterfragen, die Neigung, die um ein Ziel versammelte Gruppe vor allem zur Stillung eigener Bedürfnisse nach Gemeinschaft, Halt oder Bestätigung zu gebrauchen – auch den Kirchen ist keiner dieser Schäden erspart geblieben. Problematischer verhielte es sich mit den theologischen Inhalten, wenn man nicht berücksichtigte, daß der BGF nach eigenem Bekunden keine christliche Vereinigung ist und sein will.

FAZIT: Unabhängig von der Frage, wie die berichteten Heilungen, durch Gröning selbst oder durch das Wirken des Freundeskreises, einzuschätzen sind, lassen sich an der Art, in der sich hier das Interesse an körperlicher Gesundung durch ‚geistige Heilung' äußert, einige Merkmale neuzeitlicher Spiritualität ablesen: Das Ergehen im Diesseits ist von großer Bedeutung, und die Religion wird für dieses Ergehen in Anspruch genommen. Im Freundeskreis sind außerdem auf der einen Seite starke Bedürfnisse nach Verehrung einer messianischen Gestalt zu beobachten, nach Transzendierung des Alltags, nach Sinnstiftung über das Leben auf dieser Welt hinaus, nach einer gleichgesinnten Gemeinschaft, die Orientierung und Halt verspricht und nach einer Überwindung der Spaltung zwischen Körper und Seele. Auf der anderen Seite findet sich ein selektiver und individualisierter Umgang mit der Tradition, bei dem vor allem das eigene Fühlen und Denken zum Kriterium wird, sowie die Neigung, Gott bzw. die Stimme Gottes nur mehr im eigenen Inneren zu verorten. Außerdem spielt bei dem Vertrauen auf die kosmischen oder göttlichen Kräfte, die als jedem frei zugänglich angesehen werden, Christus als Heilsmittler keine Rolle mehr; auch der Kampf gegen das Böse scheint vor allem Sache des einzelnen Menschen zu sein. Weiterhin scheint mir, ungeachtet des Hinweises auf die Gnade, die jede Heilung darstelle, in Hinblick auf eine oft sehr ungebrochen begegnende Heilungsgewißheit die Freiheit Gottes, seine Unverfügbarkeit, tangiert. Und schließlich findet sich der Mensch in die Lage versetzt, seine Heilung (und sein Heil?) durch eigene Anstrengung erreichen zu müssen – er muß sich leer machen, einstellen, den Heilstrom aufnehmen, an seine Wirkung glauben. Daß auch der Glaube eine Gnade Gottes ist, wird nicht gesehen, so daß die hier praktizierte Spiritualität einen bedenklichen Zug zur Gesetzlichkeit aufweist. Wer heilt, hat recht und handelt entsprechend der Weisung Jesu. Dennoch ist festzuhalten, daß wohl bereits das Phänomen ‚Bruno Gröning', jedenfalls aber das des Bruno-Gröning-Freundeskreises außerhalb des Horizontes christlicher Spiritualität, wenn auch vielleicht noch auf deren Grenze, angesiedelt ist.

3.5.6 Zweifel und Glaubenssprachen

Was ist zu tun, wenn die überlieferten Worte, Weisen, Bilder, mögen sie auch bewährt und vertraut sein, den Glauben einer neuen Zeit in seiner Gebrochenheit und Komplexität nicht mehr auszudrücken vermögen? Ein Weg kann sein, sich den Zugang zu den alten Sprachen durch Studium und Einfühlung neu zu erschließen. Ein anderer Weg ist es, neue Sprachen zu finden. Eine solche neue Sprache ist in der Neuen Musik zu sehen, wobei hier mit dieser Bezeichnung natürlich nicht alles seit der Romantik Geschriebene gemeint ist, und ebensowenig die oft epigonalen und künstlerisch belanglosen Erzeugnisse der Popularmusik[302]. Gemeint ist hier

---

302 Allerdings sei festgehalten, daß es in diesem Bereich anspruchsvolle, technisch hervorragend gemachte und ausgesprochen niveauvolle Werke

avantgardistische Musik, näherhin die avantgardistische Kirchenmusik[303].

Neue Kirchenmusik bemüht sich, wie alle Neue Musik, um Grenzüberschreitungen, um immer neues Ausbrechen aus dem gerade vertraut Gewordenen. Sobald eine Kompositionsweise ‚ankommt', wird der Komponist nach neuen Ausdrucksmöglichkeiten suchen, um Ungehörtes zu schaffen mit experimentellem und phantasievollem Einsatz der Stimmen und Instrumente. Die Zustimmung des Publikums ist dabei nicht von vorrangigem Interesse. Statt dessen soll die Musik, so formuliert es Klaus Martin Ziegler, „den provozierenden Charakter des Wortes Gottes deutlich [...] machen und [...] unterstreichen. Gerade die neue Musik, das Ungewohnte, vielleicht sogar Schockierende ihrer Mittel, kann verhindern, daß das Wort quasi unbesehen und ungehört vereinnahmt, die Herausforderung gar nicht wahrgenommen wird."[304] Eines dieser Mittel kann die Fragmentierung oder Deformierung von Worten, ihr Unverständlichwerden sein, ebenso die musikalische Verfremdung leer gewordener Worte. Ein solches Vorgehen kann bewirken, daß neu nach dem Wort gefragt, es neu und aufmerksamer gehört wird. Qualitativ gute Neue Musik versucht, dem Klischee auszuweichen, und sie stellt sich der Wahrheitsfrage.

Gerade die Neue Musik ist also ein wichtiges Medium für die Weltwahrnehmung und ein Weg zu einer der Welt heute angemessenen Sprache. Denn Künstler nehmen die Dissonanzen in der Gesellschaft oft mit seismographischer Genauigkeit wahr und reagieren zudem ehrlicher darauf als ihre Zeitgenossen. Zu der sensiblen Zeitwahrnehmung kommt eine eigene Weise der Zeitverarbeitung

---

gibt, auch wenn diese eher die Ausnahme darstellen (vgl. z.B. die Wise Guys oder das Requiem von Karl Jenkins).

303 „Avantgardistisch" meint den schöpferischen Fortschritt ins Ungewohnte und Experimentelle, die Bereitschaft, künstlerisches Neuland zu erobern – und, um ein Diktum des Schriftstellers, Übersetzers und Theaterkritikers Friedrich Torberg abzuwandeln, Gott gnade der Kunst, die dazu nicht bereit wäre.

304 Klaus Martin Ziegler, Kirchenmusik zwischen Avantgarde und Gemeinde, in: Musik und Kirche 35 (1965) 81.

in einer eindrücklichen, unmittelbar wirksamen Sprache, die auch alte Themen durch ungewohnten Ausdruck neu hören läßt. Musik ist die wohl einzige Möglichkeit, das In-der-Welt-Sein, also unsere Grundbefindlichkeit mit allen ihren Varianten, in einer Art auszudrücken wie auch erlebbar zu machen, der Menschen sich nicht entziehen können. Bücher kann man unaufmerksam überfliegen, bildende Kunst kann ohne seelische Bereitschaft angesehen werden. Musik, die gehört werden will, erlaubt keinen Schutz, es sei denn, man verließe fluchtartig das Konzert. Sie nötigt zu einem qualitativ anderen Hören als es das Hören auf Worte ist, einem buchstäblich berührten Hören. Denn „Musik bringt nicht nur den Hörnerv, sondern den ganzen Körper zum Schwingen. [...] Der Musikhörende [...] konzentriert die ankommenden Schallwellen ins Innere seines Körpers. Das bedeutet, beim Musikhören wird der Körper Musik und die Musik wird Körper. [...] Man spürt sie, man weiß, daß man sie erleidet. Dieses wissende Erleiden heißt im Griechischen pathein. Der Empfang von Musik [...] ist Pathos, und sein Effekt ist Empathie in die Botschaft. Dieser pathetische Charakter ist buchstäblich nur für akustische Botschaften wahr, für alle anderen gilt er nur metaphorisch."[305] Dies gilt für Neue Musik, für die es keine bewährten Hörgewohnheiten geben kann, noch einmal besonders.

Ein Beispiel für eine solche Neuen Kirchenmusik, eine neue Glaubenssprache, die den Brüchen und dem Zweifel ebenso Raum gibt wie der Auseinandersetzung mit der Tradition, ist das *Credo* aus der *Missa hebraica* von Hans Darmstadt[306].

> Der Name, *Missa hebraica*, sagt es bereits: Verwandt wird hier nicht der traditionelle lateinische Text der Messe, statt dessen besteht der Text in weiten Teilen aus originalen Passagen der hebräischen Bibel. Damit geschieht zweierlei: Zum einen werden die

---

305 Vilém Flusser, Die Geste des Musikhörens, in: ders., Gesten. Versuch einer Phänomenologie, Frankfurt/M. 1994, 154f.
306 S. ausführlich Corinna Dahlgrün / Hans Darmstadt (Hg.), neue musik in der kirche 5: missa hebraica. Dokumentation und Kommentare, Frankfurt u.a. 2006 (mit CD).

christlichen Rezipienten an ihre Wurzel erinnert, im Sinne der paulinischen Aussage, nach der die Christen ein wilder Ölzweig sind, dem Ölbaum eingepfropft. „Doch du sollst wissen, daß nicht du die Wurzel trägst, sondern die Wurzel trägt dich." (Röm 11,17ff.) Die andere, unmittelbar spürbare Wirkung der Verwendung hebräischer Sprache ist die Verfremdung. Zwar sind Texte ausgewählt, die wesentliche Gehalte des betreffenden Stückes der Messe wiedergeben, doch die Aussagen erscheinen in unerwarteter Gestalt und in einer beim bloßen Hören selbst für des Hebräischen Kundige nicht verständlichen Weise. Diese hebräischen Abschnitte aus der Tradition werden in der Missa in Dialog gesetzt mit der Gegenwart in Gestalt von Ausschnitten aus deutscher Lyrik und Prosa, deren ältester von 1912/13 stammt. Diese Gegenüberstellung erzeugt in jedem Abschnitt eine Spannung, wie sie auch zwischen der kirchlichen Tradition und neuzeitlichem Denken, Erleben und Sprechen besteht. Doch zugleich sind die gewählten Textausschnitte den hebräischen Bibelworten innerlich verbunden, sie zeigen eine gegenwartsnahe Auseinandersetzung mit alten Gedanken, in ‚verdichteter' Weise.

Das *Credo* der *Missa* will vor allem Ausdruck eines angefochtenen Glaubens sein, denn Glaube ist zu aller Zeit angefochten. Bekenntnisse bedurften und bedürfen immer neu der Aneignung und der Interpretation. In der vorliegenden Interpretation wird das *Credo* inhaltlich stark reduziert, es besteht aus einem hebräischen Satz und einigen deutschen Gedichtzeilen. Das Interesse galt nicht so sehr den Inhalten des Bekenntnisses als vielmehr dem Akt des Bekennens selbst[307]. Jedem Bekennen geht eine Vielzahl von divergierenden Glaubenssätzen voraus, Mangel an Einheit, eine auseinanderstrebende Pluralität, infolgedessen Kampf, das mühselige Finden von Kompromissen, Abgrenzung, die immer mit persönlichem Risiko verbunden ist. Das Ziel ist Vergewisserung des einzelnen und, im Hinblick auf die Gemeinschaft, ein sicheres Fundament.

---

[307] Die Inhalte des Bekenntnisses sind in den drei folgenden Sätzen der *Missa* verarbeitet. Das *Sanctus*, auf der Textbasis von Jes 6, setzt sich mit der Heiligkeit Gottes, seiner Fremdheit und Unverfügbarkeit auseinander, das *Agnus Dei* verweist durch die Zitate aus Jes 53,5, II Chr 29,24 und Ex 24,8 sowie einen Text von Ingeborg Bachmann („ein Kreuz im Blut") auf Christi Erlösungshandeln, wenn auch ohne ihn explizit zu nennen, und das *Dona nobis pacem* fügt mit einer Reihe von Sätzen aus dem Ezechiel-Buch die pneumatologisch-eschatologische Komponente hinzu.

Doch Glaube ist nie Besitz, sondern immer, und immer neu, angefochten. Der Versuch, ein Bekenntnis des Glaubens zu formulieren, wird darum hier als ein Ringen um festen Boden gezeichnet, was dem heutigen Erleben mehr entspricht als den Zeiten, in denen Kirchenzugehörigkeit und ein den Lehren dieser Kirche entsprechender Glaube etwas Selbstverständlicheres waren[308]. Ein Versuch, das für den Glauben charakteristische Ringen um einen Boden unter den Füßen zum Ausdruck zu bringen, ist die Wahl von Gen 32,27: „Ich lasse dich nicht, du segnest mich denn", Jakobs Worte bei dem Kampf an der Furt des Jabbok[309], einem Übergangsort, nachts, also zu einer Zeit besonderer Ausgesetztheit. Der Mensch ist ungeborgen, die Zukunft ist ungewiß, die Versöhnung mit dem Bruder, seine Vergebung sind noch fraglich. Dann erfolgt der Überfall durch einen Unbekannten, der Kampf. In dieser Situation verlangt Jakob einen Segen, etwas, das das Leben fördert, stärkt, auf sicheren Grund stellt. In dem Satz selbst liegt der Übergang vom einen zum anderen Zustand. „Ich lasse dich nicht" ist noch ganz vom Kampf bestimmt, ein verzweifeltes Festklammern am Angreifer, ein Ringen um Halt, um Sicherheit. „Du segnest mich denn" greift voraus auf die Ruhe, den Frieden, das irdische Heil, die der Segen bringen sollen. Dieser Text bekommt als Gegenüber Zeilen aus dem Gedicht „Böhmen liegt am Meer" von Ingeborg Bachmann: „Ich will nichts mehr für mich. Ich will zugrunde gehn. / Zugrund das heißt zum Meer, dort find ich Böhmen wieder. / Zugrund gerichtet, wach ich ruhig auf. / Von Grund auf weiß ich jetzt, und ich bin unverloren"[310]. Auch in diesen Worten ist die oben beschriebene Spannung enthalten. Geschildert wird die Suche nach Verlorenem, nach dem ‚Böhmen' aus Shakespeares ‚Wintermärchen', ein Ort äußerster Gefährdung und gewaltsamen Todes, doch ebenso ein Ort der Rettung des Verlorenen und des neuen Lebens. Allerdings ist die Rückkehr zu diesem Ort nur um einen hohen Preis zu haben: Zugrundegehen, Kampf und Selbstverlust. Erst nach diesem Kampf kehrt Ruhe ein, Zu-sich-selbst-Finden, tieferes Wissen und zuversichtliche Ge-

---

308 Natürlich muß ein solcher Kampf nicht an jedem Sonntag von Neuem geführt werden. Menschen müssen sich in Traditionen, in Worte des Glaubens hineinstellen und sie mitsprechen dürfen, unabhängig von ihrem je aktuellen Stand. Doch auf der anderen Seite gerät dabei die Bedeutung dessen, was ‚Bekennen' meint, leicht in Vergessenheit.
309 Im Urtext: לֹא אֲשַׁלֵּחֲךָ כִּי אִם בֵּרַכְתָּנִי / loʼ ʼašalleḥᵃkā kî ʼim beraktānî.
310 Ingeborg Bachmann, Böhmen liegt am Meer, in: Liebe: Dunkler Erdteil. Gedichte aus den Jahren 1942-1967, München 1984, 54.

wißheit: „und ich bin unverloren". – Zwei Texte, die jeweils eine Spannung enthalten und zudem zueinander in Spannung stehen, bringen das immer neue Ringen um einen sicheren Grund des angefochtenen Glaubens zum Ausdruck, den immer neuen Mut, das Bekenntnis dennoch zu sprechen.

Die Musik läßt nun am Textmaterial das geschehen, was im Kampf und zugleich im Durchschreiten der Furt Jakobs Erleben ist, was im Ringen um einen sicheren Grund des Glaubens für jeden Menschen erfahrbar wird: existentielle Erschütterung. Von der bedrohlichen Begegnung mit einer fremden Macht, an der in erstarrtem Kampfesgestus festgehalten wird, führt die Komposition durch die Enge der Furt, durch ein erstickendes Unter-Wasser-gedrückt-Sein, in dem die Sprachverständlichkeit immer mehr abnimmt und in der keine Töne mehr hervorgebracht werden können, nur noch Laute, ein gewaltsames Verstummen, zum anderen Ufer, das durch ein in äußerstem Überlebenswillen herausgeschleudertes berak̲, ‚segnest', erreicht wird. Hier sind die Klänge aus der Erstarrung der Angefochtenheit wieder ins Fließen gekommen, eine andere, erneut sprachfähige Dimension ist erreicht, deren Teil auch der Bachmann-Text ist.

Der Aufbau des *Credo*[311] weist also zwei Teile auf, die beiden Ufer der Furt. Der Chor setzt in der Mittellage mit dem Wort lo', ‚nicht', ein, sozusagen am linken Ufer der Furt, in starren, fast gewaltsamen Klängen, von sperrigen Rhythmen durchrüttelt. Dann wird aus der Mittellage des Chores heraus, unter Hinzutreten der Außenstimmen, in großem Oktavklang allmählich ein Zwölfton-Klang aufgebaut. Aus dem damit erreichten großen Ambitus heraus entwickelt sich ein enggeführter achtstimmiger Doppelkanon in Gegenbewegung mit dem Textmaterial des ‚ich lasse dich nicht', in dessen Verlauf alle Stimmen in den Mitteltönen Es/Des wie in einem Trichter zusammenlaufen (Abb. 4[312]).

---

311 Hans Darmstadt, Missa hebraica für Soli (Sopran, Bariton) und Vokalensemble a cappella mit Orgel in *Sanctus* und *Dona nobis*. 1994-2004. Hebräische Texte des Alten Testaments und deutsche Lyrik und Prosa des 20. Jahrhunderts. Theologische Konzeption und Textauswahl: Corinna Dahlgrün, Kassel 2005, 53-64.
312 © Hans Darmstadt Selbstverlag; http://www.hans-darmstadt.de.

3.5 Spiritualität in der Neuzeit

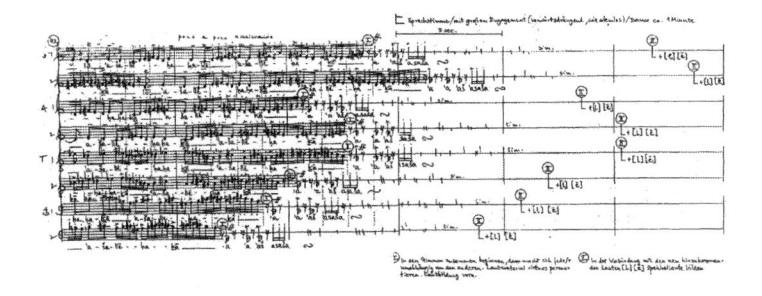

Abb. 4

Zunehmend sind Sprachklänge gewählt, die den Ausführenden eine Tonerzeugung unmöglich machen. Die Spiralbewegungen werden enger, der Ton wird herausgenommen bis zu äußerster Enge und gewaltsamem Verstummmen (Abb. 5[313]).

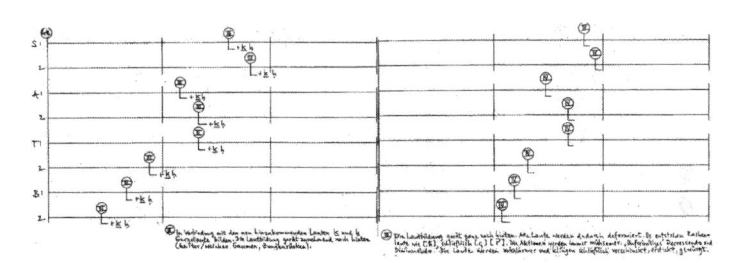

Abb. 5

In dieser Enge erreicht der Kampf seinen Höhepunkt, der Kämpfende ist nahezu zugrundegegangen, doch er gibt den Kampf nicht auf. Verschlußlaute bilden sich, vor allem aus dem im Krebs, also rückwärts verwendeten Konsonantenmaterial der zweiten Satzhälfte, die sich allmählich zu Vokalen hin öffnen, in immer heftigerem Tempo geformt, auf der Suche nach Semantik und Sinn,

---

313 © Hans Darmstadt Selbstverlag; http://www.hans-darmstadt.de.

bis wie in einem verzweifelten Befreiungsschlag das berak, ‚segnest', endlich wieder artikuliert herausgeschrien wird[314]. Das andere Ufer jenseits der Furt ist erreicht (Abb. 6[315]).

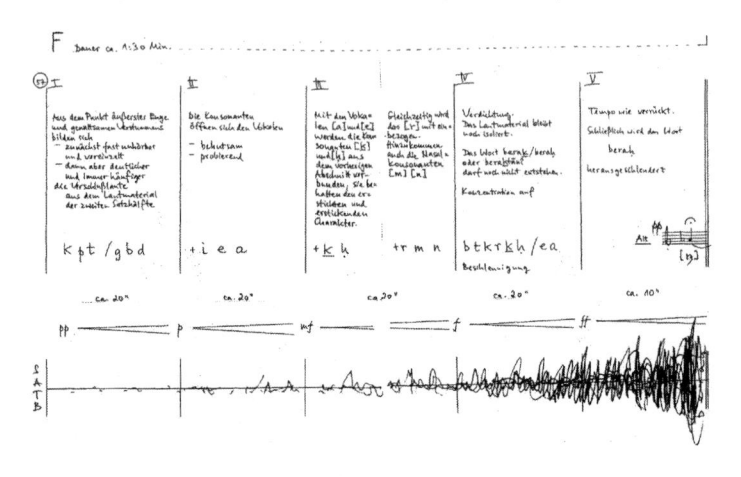

Abb. 6

Der große Zwölftonklang des ersten Teils wird nun rückwärts noch einmal aufgebaut, eine Reminiszenz an den zurückliegenden Kampf, an das linke Ufer. Der Text ist erneut verständlich, das Fließen der Tonsilben zeigt das wieder Bewegliche, Lebendige, doch auch Persönliche und Verletzliche des in der Beziehung von Gott und Mensch neu gefundenen Bodens an. Hier ist das Bachmann-Zitat eingefügt als ein verklingendes Resumée der kämpfenden Begegnung, das deutlich macht, daß sicherer Boden nie ein für allemal gewonnen ist.

---

[314] Mindestens dieser Abschnitt der *Missa* ermöglicht kein unberührtes Hören, um welches Publikum es sich auch handeln mag; so jedenfalls ist meine Erfahrung nach etlichen Konzerten, aber auch nach Seminaren bei Feierabendschwestern in Sarepta/Bethel ebenso wie im universitären Kontext.
[315] © Hans Darmstadt Selbstverlag; http://www.hans-darmstadt.de.

FAZIT: Die Spiritualität, die im *Credo* wie auch in den anderen Sätzen der *Missa Hebraica* zum Ausdruck kommt, gibt dem „Kampf des Glaubens" (Manfred Josuttis), dem Kampf des Menschen um seinen Glauben, dem Suchen nach Sicherheit gewährenden Aussagen im Gegenüber zum ebenso fernen wie nahen Gott eine Sprache. Diese Sprache benennt die Ambivalenz menschlicher Gotteserfahrung und die Fragen daran, sie versucht, die Gebrochenheit des Lebens auf dieser Welt, wie sie in den Erfahrungen der Dichter laut wurde, mit den Sätzen der Tradition, die die Bibel überliefert, zusammenzusprechen. Sie findet in jedem Satz ihr eigenes Idiom, sie ist also immer wieder unvertraut und sie mutet dem Hörenden viel zu. Darin aber kommt sie ihm unabweisbar nahe, sie nötigt ihn, sich den in ihr aufgeworfenen Fragen jedenfalls auszusetzen, doch dann auch, weil es schwer fällt, die Spannung unaufgelöst stehen zu lassen, sich zu ihnen zu verhalten, Stellung zu beziehen.

3.5.7 Ertrag

Die Gestaltungsformen, die christliche Spiritualität über die Jahrhunderte angenommen hat, sind auch in der Neuzeit weiterhin zu finden, alle ‚Wege der Gottsuche' werden begangen, wie in allen vorangegangenen Epochen sind unterschiedliche Weisen des Weltverhältnisses zu erkennen. Die Gemeinsamkeiten zu benennen, fällt – vielleicht wegen der zu geringen Distanz, vielleicht aber auch aus Gründen, die in der Spiritualität dieser Zeit selbst liegen – allerdings schwerer, dennoch ist der Versuch zu unternehmen.
1. Seit jeher ist christliche Spiritualität kontextuell geprägt, doch begegnet nun ein deutlich stärker situativer, ein freierer Umgang mit aller Tradition; dadurch ergibt sich ein noch vielfältigeres Bild als in den vergangenen Epochen.
2. Innerhalb der einzelnen Ausdrucksformen der Spiritualität ist immer wieder der Versuch zu erkennen, Spannungen zu vereinen, Diastasen bewußt zusammenzuhalten (Körper und Seele; „Kampf

und Kontemplation", Tradition und Situation, Geistliches und Weltliches); die Fähigkeit, Spannungen unaufgelöst stehen zu lassen, sie zu ertragen, stellt dabei eher die Ausnahme dar.

3. Der Wunsch nach Halt, der zweifellos zur menschlichen Grundausstattung gehört, wird naturgemäß immer wieder spürbar oder sogar explizit zum Ausdruck gebracht. Doch ist Gewißheit, in welcher Form immer, bestenfalls gebrochen vorhanden, angefochten. Die Reaktionen auf diesen Sachverhalt sind als polar zu bezeichnen: Das Vermeiden von festlegenden Aussagen ist ebenso zu beobachten wie bewußt einseitige Entscheidungen; vollmundige Wahrheiten finden sich demgegenüber eher selten.

4. Die Spiritualität der Neuzeit zeigt auch in anderer Hinsicht schroffe Gegensätze: Entweder ist sie offener und weniger widersprochen politisch[316] als vergangene Epochen[317], und dieses polititsche Engagement führt zu oft schmerzlichen Auseinandersetzung und Kämpfen mit hohem persönlichen Risiko – oder sie ist völlig individualistisch, auf das eigene Sein, das eigene Selbst, auf dessen Entwicklung und dessen Transzendenzbezug konzentriert.

5. Politisches Handeln erfolgt dabei nicht aus ekklesialen Machtinteressen heraus, sondern ist tatsächlich das unmittelbare Resultat einer Frömmigkeitshaltung, die als stark diesseitig orientiert, als innerweltlich beschrieben werden muß – *praxis pietatis* wird nicht länger in Trennung von der Welt, nicht einmal mehr in Entgegensetzung zu ihr (wenn auch zugleich in ihr), sondern aus ihr heraus, untrennbar mit ihr verflochten gelebt. Das kann – im Hinblick auf die Freiheit des Glaubens vom „Mammon" – Folgen haben, die zu Lasten der spirituellen Substanz gehen.

---

316 ‚Politisch' ist hier gemeint im Sinne einer parteilichen Befassung mit tages- oder weltpolitischen Gegebenheiten und Ereignissen, nicht in dem allgemeineren Sinne, daß es so etwas wie eine unpolitische Haltung nicht geben könne.

317 Freilich waren auch Menschen wie Thomas Münzer oder Andreas Karlstadt ‚politisch', doch wurden sie deswegen nicht zuletzt von Luther scharf kritisiert.

6. Ausgesprochen verbreitet zeigt sich das Bedürfnis, aktiv eingreifen zu können, das Schicksal in die eigenen Hände zu nehmen. Dessen andere Seite bildet ein Verlust am Vertrauen in Gottes Fürsorge für den Menschen und sein Geschick und ebenso eine schwindende Bereitschaft, auf die Stimme Gottes zu hören und ihr gehorsam zu sein.

7. Die zunehmende Individualisierung, die ja in jeder Hinsicht zu den Signaturen der Neuzeit gehört, läßt sich auch in der neuzeitlichen Spiritualität feststellen; gleichzeitig und in Abhängigkeit davon begegnet ein verstärktes Bedürfnis nach Gemeinschaftserfahrungen.

8. Die spirituellen Suchbewegungen, die die Neuzeit in hohem Maße charakterisieren, geschehen in einem pluralen Umfeld. Der durch Zugang zu dem geistlichen Wissen vergangener Epochen ermöglichte Zugriff auf die Vielfalt der Tradition führt zu einem selektiven, oft eklektischen und nicht immer theologisch verantworteten Schöpfen aus der Fülle und zur Gestaltung einer *praxis pietatis* entsprechend den jeweiligen Bedürfnissen. Dies zeigt sich im Hinblick auf den einzelnen ebenso wie in Gemeinschaften; die in Gemeinschaften entwickelten Formen sind dann freilich oft Vorgaben, denen sich der nach Orientierung Suchende mehr oder weniger fraglos zu unterwerfen hat.

9. Neuzeitliche Spiritualität ist schließlich gekennzeichnet durch ein schnelleres Aufnehmen von menschlichen Bedürfnissen. Die Frage, was Gott vom Menschen fordern könnte, scheint gegenüber den Fragen, was der Mensch tun kann, was er braucht, was er erfahren möchte, ein wenig in den Hintergrund getreten, so daß die Konzentration auf diese erstere Frage, die Frage nach Gott, ihrerseits wie eine Neuheit wahrgenommen werden kann.

4 Die *praxis pietatis* in theologischer Reflexion

Es gibt verschiedene Fragen im Zusammenhang gelebter Spiritualität, die – über die Beschreibung der Phänomene hinaus und zusätzlich zu den Versuchen, sie aus der Zeit ihres Auftretens heraus zu verstehen und hinsichtlich ihrer exemplarischen Bedeutung einzuordnen – weiter bedacht werden sollen. Drei Bereiche scheinen mir im Blick auf eine **praxis** pietatis besonders relevant. Da ist zunächst die Frage nach dem Gegenüber des Menschen in allen spirituellen Prozessen: Was hat es auf sich mit dem Heiligen, wie ist mit ihm umzugehen, und woran ist zu erkennen, daß es wirklich „das Heilige" war, das in einer spirituellen Erfahrung begegnet ist? Weiterhin ist – insbesondere aus protestantischer Perspektive – zu fragen, wie das menschliche Bemühen in diesem Bereich zu beurteilen ist: Wie ist das Verhältnis von Rechtfertigung und Heiligung zu bestimmen, und ist das Bemühen um Heiligung für den im Glauben gerechtgesprochenen Christen ein verbotener, weil dem Gesetz ausliefernder, ein legitimer oder sogar ein notwendiger Weg? Und drittens: Welche Rolle kann ein menschliches Gegenüber bei diesem Prozeß spielen, eingedenk der Erkenntnis, daß, wiederum protestantisch gedacht, kein Mensch einen Mittler braucht in seinem Verhältnis zu Gott außer Christus allein? Stünde nicht ein geistlicher Führer, dem Gehorsam zu leisten ist, und den viele Texte in unterschiedlichen spirituellen Traditionen für erforderlich halten, zwischen dem einzelnen Christen und Gott (ganz abgesehen von der eher praktischen Frage, wie eine solche Person beschaffen sein müßte und wo sie zu finden ist)? Die bisherigen Ergebnisse bündelnd soll schließlich versucht werden, Kriterien für eine christliche Spiritualität zusammenzufassen.

4.1 Spirituelle Erfahrung und die Unterscheidung der Geister

Menschen machen Erfahrungen, miteinander, mit der sie umgebenden Welt und den in ihr anzutreffenden Atmosphären, mit sich selbst. Manche dieser Erfahrungen können als „religiös" spezifiziert werden[1], als Begegnungen mit der Transzendenz, mit der Sphäre des Göttlichen, als Begegnungen mit dem „Heiligen"[2]. Menschen können diese Erfahrungen machen, ohne darauf vorbereitet zu sein, als Widerfahrnis. Doch ebenso gibt es eine Suche nach dem „Heiligen", resultierend aus dem Wunsch, spirituelle Erfahrungen zu machen, aus dem Bedürfnis, im Vorfindlichen einen Sinn zu entdecken und etwas zu finden, das die gegebene alltägliche Welt übersteigt; denn Menschen erfahren sich und alles Lebendige, das sie umgibt, als endlich, ihre Möglichkeiten als begrenzt. Glück ist nicht zu erzwingen, Gerechtigkeit nicht durchzusetzen, der Kontingenz kein verläßlicher Grund abzugewinnen. Weil Menschen nun, je nach Veranlagung, mehr oder weniger an dieser Erkenntnis leiden, an ihrer Endlichkeit ebenso wie an der Fragilität alles dessen, was sie umgibt, wünschen sie sich sicheren Halt, eine nicht begrenzte Zukunft, die Gewähr, dass es etwas gibt, das größer ist als die alltägliche Wirklichkeit und das darum diese Wirklichkeit in einen höheren Sinnzusammenhang einzubinden vermag. Sie brauchen diesen höheren Zusammenhang für die Hoffnung über diese Welt hinaus angesichts der Vergänglichkeit, unter der alles leidet, was lebt, und auch angesichts des unbezweifelbar vorhandenen Bösen. Die Suchbewegungen der Menschen führen in unterschiedliche Richtungen[3], eine dieser Richtungen ist das „Heilige", andere wären vielleicht die Liebe als alles durchdringendes

---

[1] Zum Begriff der „Erfahrung" s.o. in Abschnitt II.3.1.
[2] Zur inhaltlichen Füllung des Begriffs s.u. 1.1.1.
[3] Zu erwähnen ist, daß die Suchbewegungen anfällig sind für Täuschungen. Die Hoffnung ist mißbrauchbar, weil sie einer tiefen Sehnsucht entspricht. Darum haben die Strategien der politischen (inzwischen auch der ökonomischen) Manipulation seit jeher Erfolg, wenn sie Menschen

4.1 Spirituelle Erfahrung und die Unterscheidung der Geister

und bestimmendes Moment, die Gerechtigkeit oder die Vernunft[4]. Eine Suche nach dem „Heiligen" oder dessen Spuren läßt nach Orten, Zeiten, Gegenständen fragen, die die für eine solche Begegnung erforderlichen Bedingungen erfüllen, ohne daß allerdings immer deutlich wäre, wie diese beschaffen sein müssen, damit die Suche Aussicht auf Erfolg hat. Doch auch im Falle häufiger Mißerfolge wird die Suche nicht ohne weiteres aufgegeben, weil während des Prozesses deutlich wird, daß nur ein machtvolles Heiliges der Garant von „Heil" sein kann[5]. Das „Heilige" wird also gesucht, mitunter wird es gefunden und verschiedentlich werden auch ohne vorherige Suche Erfahrungen spiritueller Natur gemacht. Im Anschluß an die entsprechenden Erlebnisse stellt sich allerdings in der Regel die Frage, ob es wirklich das „Heilige" war, das in einer besonderen Erfahrung begegnet ist. Eine Auseinandersetzung mit diesen Fragen findet statt, seit es Berichte von spirituellen Erfahrungen, von Erlebnissen mit dem Heiligen, gibt, angefangen bereits bei den Verfassern der biblischen Schriften. Einige Antworten, die im Zusammenhang menschlichen Suchens und Findens von spiritueller Erfahrung formuliert werden können, stelle ich in den folgenden Abschnitten zusammen.

---

oder Gegenstände mit einem Anschein der Heiligkeit umgeben, um ihren Einfluß oder Wert zu steigern.

4 Inwieweit die verschiedenen Ziele der Suchbewegungen angesichts der tiefgreifenden Bedürfnisse des Menschen tatsächlich Abhilfe schaffen, soll an dieser Stelle nicht weiter erörtert werden.

5 Zudem gehört zum Menschsein, so scheint es jedenfalls, auch das Bedürfnis, etwas zu verehren (erkennbar an den nicht umsonst so genannten „Idolen"), heute und in unserem Kulturkreis vielleicht in einem Ausgleich zur Rationalität der aufgeklärten Welt. Und zugleich ist das Bedürfnis nach dem Heiligen und der Glaube an seine Existenz der (leider nicht immer wirksame) Garant dafür, dass Menschen letzte Grenzen wahren („Ist dir denn gar nichts heilig?!").

4.1.1 Das Heilige suchen

Menschen suchen, und mitunter suchen sie das „Heilige". Doch wo können sie es mit einiger Aussicht auf Erfolg suchen? Als Christen sind wir auf die Heilige Schrift verwiesen. Doch die biblischen Zeugnisse beantworten die Suchbewegung des Menschen nicht immer hundertprozentig.

Warum ist das so? Wie ist das Verhältnis der biblischen Zeugnisse zu den menschlichen Fragen zu beschreiben, und warum ist immer wieder die Erfahrung zu machen, daß die biblischen Antworten nicht vollständig auf die gestellten Fragen passen? Hier sind verschiedene Sichtweisen möglich. Eine in der liberalen Theologie gelegentlich vertretene Position geht dahin, daß die Bibel die Fragen des neuzeitlichen Menschen infolge ihrer Zeitgebundenheit nicht ausreichend aufnehmen kann und daß infolgedessen ihre Antworten immer wieder an den Fragen vorbeigehen oder gar nicht erst erfolgen. In einer barthianischen Sicht der Dinge ist eher festzuhalten, daß die Haltung eines Befragens des biblischen Textes mit dem Ziel, Antworten auf die eigenen Lebensfragen zu erhalten, eine falsche Herangehensweise an die Heilige Schrift darstellt – nicht wir haben Fragen zu formulieren, die Bibel stellt uns vor die Fragen Gottes. Die dritte Sicht, die ich vertrete, hält das überschießende Moment des biblischen Zeugnisses fest. Wir sind zu der hermeneutischen Einsicht genötigt, daß wir zwar mit Fragen an die Bibel herantreten können, die wir immer wieder auch beantwortet bekommen. Doch ihre Texte kommen aus anderen Kontexten und liefern darum nicht einfach Informationen, sondern können ihrerseits unsere Fragen hinterfragen. Die Heilige Schrift läßt sich auf unsere Fragen nicht einfach ein, oft kommt sie eigenständig auf uns zu, und wir sehen uns einer neuen Perspektive gegenüber, zu der wir uns verhalten müssen.

Obwohl also von den biblischen Schriften nicht immer vollständige und vor allem vollständig paßgerechte Antworten auf die menschlichen Fragen, auch auf die Fragen nach dem Heiligen, zu erwarten sind, ist doch die Bibel die erfolgversprechendste Quelle unserer Religion für weiterführende Auskünfte, weil sie immer wieder mit diesen Fragen befaßt ist.

4.1.1.1 Der Heilige

Nach Auskunft der Bibel gibt es viele Spuren des Heiligen in der Welt. Das Heilige ist biblisch natürlich zunächst *der* Heilige, Gott selbst, sein Wesen, sein Gesetz, seine Gnade, sein Gericht, seine Barmherzigkeit[6] und, nicht zuletzt, auch sein Name, der seine Macht transportiert und diese Macht in Situationen hinein einträgt, der aber auch mißbrauchbar, also schutzbedürftig ist[7]. So meint auch die ursprüngliche Bedeutung des hebräischen Wortes für „heilig", קָדֹשׁ/*qadoš*, die vom Menschen geschiedene Sphäre des Göttlichen; alles andere „Heilige" in der Bibel ist von der göttlichen Heiligkeit abgeleitet, damit zugleich ausgesondert aus dem alltäglichen Leben, dem normalen Gebrauch entnommen, rein zu erhalten.

4.1.1.2 Heilige Zeiten

Alle Zeiten stehen, so heißt es in Ps 31,16, in Gottes Hand. Gott hat ihre Unterscheidung ermöglicht, indem er durch die Erschaffung von Sonne und Mond Licht und Dunkelheit gegeben hat, und er hat manche Zeiten besonders hervorgehoben, aus dem alltäglichen Verlauf der Zeit ausgesondert. Von der Einrichtung einer ersten ausgesonderten Zeit berichtet Gen 2,3: Nachdem Gott die Welt geschaffen hat, gibt er ihr einen besonderen Tag, den Sabbat, als Tag der Ruhe, den er selbst heiligt, und den darum auch die Menschen heiligen, heilig halten sollen[8]. Und er gibt Festzeiten, die an sein Heilshandeln in der Geschichte erinnern und das Heil, das in der Erinnerung präsent ist, für die Gegenwart lebendig machen[9]. Indem Menschen diese Zeiten einhalten und begehen,

---

6 Vgl. Ex 15,11; I Sam 6,20; Ps 66,3.5 u.ö.
7 Vgl. Ex 27,7; Mk 9,38f.; Phil 2,5ff.
8 Vgl. Ex 20,8-11. Heute ist die Feiertagsheiligung, die ja auch das Christentum übernommen hat, vor allem ein Politikum.
9 Im Volksglauben werden damit manchmal ausgesprochen magische Vorstellungen verbunden: Das Heilige soll in diesen Zeiten so konzen-

kommen sie dem heilvollen Geschehen näher, werden ihm gegenwärtig.

4.1.1.3 Heilige Orte

Auch Orte und Gegenstände können Spuren des Heiligen tragen oder dessen besondere Manifestationen sein[10]. Die Orte werden als heilige Stätten zunächst erfahren, dann verehrt und gezielt aufgesucht, an ihnen errichten Menschen Altäre oder Heiligtümer[11]. Zwei Beispiele: Mose sieht in der Wüste einen Dornbusch brennen, der vom Feuer nicht verzehrt wird, und er will sich dieses Schauspiel aus der Nähe ansehen. Doch in den Flammen ist, wie die Bibel es ausdrückt, der Engel des Herrn, der Mose davor warnt: „Tritt nicht heran! Ziehe die Schuhe von den Füßen; denn die Stätte, darauf du stehst, ist heiliges Land." (Ex 3,5) Der Mensch sieht in diesem Geschehen das Besondere, aber er kann es nicht einordnen, es übersteigt seine Verstehens– und Deutungsmöglichkeiten. Doch das Heilige begegnet nicht nur als eine Erscheinung, es vermittelt durch eine Audition dem Menschen auch die Bedeutung des Gesehenen, das Heilige selbst qualifiziert den Ort als einen heiligen.

---

triert in der Luft liegen, daß Wunderbares zu erwarten ist, glückliche Fügungen, besondere Erscheinungen oder die Durchbrechung der Naturgesetze (so etwa für die Zeit zwischen Weihnachten und Neujahr).

10 Erst in der Ewigkeit gibt es keine Trennung von heiligen und profanen Orten mehr, wie es die entsprechende Verheißung in der Offenbarung deutlich macht, wenn sie das himmlische Jerusalem als einen Ort beschreibt, der keinen Tempel mehr benötigt, weil Gott selbst in ihm der Tempel ist (Apc 21,22). Die protestantische Abneigung, die Existenz heiliger Orte anzuerkennen, erscheint damit als nicht ganz sachgemäß.

11 Auch etliche Klostergründungen dürften einen solchen Hintergrund haben, wenn sie nicht in politischer Absicht die Macht und letztliche Überlegenheit des christlichen Gottes über die zuvor an dieser Stelle verehrte Gottheit zum Ausdruck bringen sollten, sich also religiöser Tradition oder politischer Kalkulation verdanken.

Das zweite Beispiel: Jakob kommt auf der Flucht vor seinem Bruder Esau bei Sonnenuntergang „an eine Stätte", einen in seiner Wahrnehmung beliebigen Ort, an dem er sich zum Schlafen niederlegt. In einem Traum sieht er eine Leiter, die bis zum Himmel reicht, mit Engeln darauf, und er sieht Gott oben auf dieser Leiter. Nachdem er Gottes Verheißung von Land und Nachkommen sowie die Zusage seines Schutzes gehört hat, erwacht er und sagt: „Fürwahr, der Herr ist an dieser Stätte und ich wußte es nicht. Wie furchtbar ist diese Stätte! Hier ist nichts anderes als Gottes Haus, hier ist die Pforte des Himmels."[12] In diesem Beispiel erkennt der Mensch selbst aufgrund der Besonderheit des Erlebten die besondere Qualität des Ortes und zieht daraus die Folgerung, den Ort als einen heiligen auch für künftige Generationen zu kennzeichnen.

4.1.1.4 Die Heiligen und die „Gemeinschaft der Heiligen"

Weiterhin ist, graduell unterschiedlich, mitunter in Menschen das Heilige zu finden[13], in einzelnen Personen, wie etwa dem Propheten Jeremia, der von Gott erwählt wird, das Gericht über Juda und Jerusalem in der Zukunft zu sehen und als Stimme Gottes dem Volk zu verkünden, ebenso wie in einer Personengruppe, einer Gemeinschaft. Bei letzterer ist an die „Gemeinschaft der Heiligen" zu denken, die die christliche Kirche im Credo bekennt, doch genauso an Israel, Gottes auserwähltes heiliges Volk[14]. In beiden hier genannten Beispielen werden die Menschen von ihrer Aussonderung durch Gott selbst in Kenntnis gesetzt. Diese besondere Gabe, diese Begabung bringt allerdings nicht nur eine besondere Gottesnähe und göttlichen Schutz, sie bringt auch besondere Auf-

---

12 Gen 28,10-22. Daß es sich nicht um eine Leiter im neuzeitlichen Sinne gehandelt haben wird, sei nur erwähnt.
13 Ausführlicher zu Heiligen und dem Phänomen der Heiligenverehrung s.u. in V. 8.
14 Vgl. Ex 19,6: „Ihr sollt mir ein Königreich von Priestern und ein heiliges Volk sein", oder auch Jes 43,1, die Aussonderung des Volkes, das von Gott bei seinem Namen gerufen wird und damit, darum Gott gehört.

gaben und Anforderungen, denen nicht zu genügen den Heiligen nicht zu empfehlen ist. Und selbst bei vollständigem Gehorsam ist Heiligkeit für Menschen keine leichte oder nur schöne Gabe. Der Prophet Jeremia jedenfalls hat unter seiner Erwählung, seiner Aussonderung vom Mutterleib an, ganz erheblich zu leiden und bringt das deutlich zum Ausdruck[15]; und auch für das heilige Volk bringt die Nähe zum Heiligen offenkundig, wenn man auf die geschichtliche Entwicklung sieht, oft genug eine Erschwernis des Geschicks mit sich.

Das Heilige sondert nicht nur einzelne oder Gruppen aus und begabt sie mit Heiligkeit, es kann auch eine Gemeinschaft in einer besonderen Form stiften, es zielt auf sie hin und mündet in sie ein: Die Verheißung der Nähe Christi ist der Gemeinschaft gegeben (Mt 18,20), der Pfingstgeist kommt über die versammelten Jünger und schafft Gemeinschaft (Act 2). Entsprechendes findet sich im Alten Testament, wenn etwa berichtet wird, wie Gottes Weisungen das Entstehen einer Kultgemeinschaft bewirken[16]. Aus diesen und weiteren biblischen Hinweisen ist immer wieder der Schluß gezogen worden, daß das Heilige, das sich selbst Gemeinde schafft, auch besonders inmitten einer Gemeinschaft zu finden sei[17].

Dieser Gemeinschaft, die sich auf Einwirken des Heiligen hin zusammenfindet, sind besondere ethische Regeln gegeben, beispielsweise das Heiligkeitsgesetz in Lev 17-26, die Weisungen Jesu für seine Jüngergemeinschaft oder die Paränesen in den neutestamentlichen Briefen. Die ethischen Regeln gelten unverbrüchlich,

---

15 „Weh mir, meine Mutter, daß du mich geboren hast", Jer 15,10. Um außerdem ein neutestamentliches Beispiel zu nennen: Auch für Paulus ist seine Erwählung zum Apostel ein sein Leben teilweise erheblich erschwerendes Widerfahrnis.

16 Ex 19,10-15: Gott will sich in einer Wolke dem Mose nähern, um ihm Weisungen zu erteilen, wobei das ganze Volk es hören soll; dazu soll sich das Volk versammeln und sich zwei Tage lang heiligen, reinigen. I Sam 16,5: Davids Familie heiligt sich vor dessen Weihe zum König und kommt dann gemeinsam zu einem Opfer zusammen.

17 Vgl. dazu oben Abschnitt I.3.

sie müssen befolgt werden[18], damit die Gemeinschaft nicht zu Schaden kommt und damit kein Unheil aus der fehlenden Entsprechung zwischen dem Heiligen und der von ihm gegründeten Gemeinschaft erwächst[19].

4.1.1.5 Heilige Handlungen

Bestimmte Handlungen können als heilig gelten. Ich nenne zunächst ein heute als nicht unproblematisch empfundenes biblisches Beispiel, den „Heiligen Krieg". Anders als im gewöhnlichen Kriegschaos im Alten Orient galten in einem Heiligen Krieg besondere Regeln für den kämpfenden Soldaten, bestimmte Verhaltenseinschränkungen: Weder der Feldherr noch der einzelne Soldat durfte in eigenem Interesse, zur eigenen Bereicherung und nach eigenem Willen kämpfen; nur die Schritte und Aktionen, die Gott befahl, waren erlaubt, alle Kriegsbeute gehörte Gott, und der Mensch, der sich an ihr bereicherte, fiel der Vernichtung anheim[20]. Unabhängig von der heutigen Beurteilung des Phänomens: Als „heilig" hat das hier angesprochene Kriegsgeschehen insofern zu gelten, als es mit menschlichen Bestrebungen, gälten sie der Macht, dem Gewinn oder der Rache, selbst der Gerechtigkeit, nichts zu tun hat, nichts zu tun haben darf. Gott allein ist Herr eines solchen Krieges, er hat diese Handlung aus allen von menschlichen Interessen geleiteten Handlungen ausgesondert und verfolgt damit allein seine Ziele.

---

18 Lev 19,2: „Rede mit der ganzen Gemeinde der Israeliten und sprich zu ihnen: Ihr sollt heilig sein, denn ich bin heilig, der Herr, euer Gott."
19 Vgl. die immer wieder begegnende Begründung prophetischer Sozialkritik: Wer etwa die Fürsorge gegenüber Witwen und Waisen vernachlässigt, ist im Kult gefährdet. S. auch I Kor 5,1-13.
20 Das Alte Testament spricht in diesem Zusammenhang vom „Bann", der vollzogen werden muß, so z.B. Jos 6,17 und I Chr 2,7; vgl. auch Jes 13,3: Die Geweihten Gottes sollen das Gericht über die Feinde, über Babel vollziehen.

Unter den gegenwärtigen Bedingungen weniger problematisch und selbstverständlicher ist im Hinblick auf heilige Handlungen der Gedanken an den Kult, den Menschen vollziehen, um das Heilige zu verehren, um ihm nahe zu sein, ihm gegenwärtig zu werden: Gottesdienste sind heilige Handlungen, jedenfalls ihrer Intention nach[21]; sie ermöglichen die Begegnung mit dem Heiligen. „Durch den Vollzug eines religiösen Rituals kann auch die Gottesbeziehung realisiert werden", formuliert Manfred Josuttis[22], „menschliche Anstrengung und göttliche Gnade bilden keine absolute Opposition"[23]. Doch ist das Heilige durch kein menschliches Handeln herbeizuzwingen. Der menschliche Anteil am Geschehen des Kultes dient lediglich der eigenen Aufnahmebereitschaft; Gottes Tun ist nicht verfügbar. Allerdings ist so etwas wie eine Selbstbindung des Heiligen möglich[24], die freilich unveränderlich in der Freiheit des Heiligen steht.

4.1.1.6 Präparation

Menschen suchen das Heilige, an besonderen Orten, zu besonderen Zeiten, in besonderen Menschen oder in bestimmten Vollzü-

---

21 Allerdings wird mitunter, so ist jedenfalls die Überzeugung von Manfred Josuttis, die Begegnung mit dem Heiligen durch die mangelnde Präparation der am Kult Beteiligten verhindert. Oft werde, so kritisiert er, in den Kirchen über Gott nur mehr geredet und „Pfarrer und Pfarrerinnen sind meist außerstande, für die Annäherung an das Göttliche sinnvolle Verhaltensregeln zu formulieren. Das gilt auch und gerade für sie selbst" (Manfred Josuttis, Heiligung des Lebens. Zur Wirkungslogik religiöser Erfahrung, Gütersloh 2004, 34 und 90 [Zitat]), obwohl Gottesdienste von ihrer Anlage her Verhaltenssequenzen sind, „durch die die Realität des Göttlichen [, die uns immer umgibt] realisiert [und methodisch zugänglich] wird" (a.a.O., 43 und [86]).
22 Manfred Josuttis, Religion als Handwerk. Zur Handlungslogik spiritueller Methoden, Gütersloh 2002, 159.
23 A.a.O., 252.
24 Vgl. Mt 18,20, „Wo zwei oder drei versammelt sind in meinem Namen, da bin ich mitten unter ihnen"; s. auch Jer 29,13, „wer mich sucht, von dem will ich mich finden lassen".

gen, aber sie ziehen dazu meist nicht unbedarft und frohgemut los, wie der Königssohn in dem Märchen „von einem, der auszog, das Fürchten zu lernen". Das ist angemessen, denn die Suche nach dem Heiligen, die Annäherung an das Heilige verlangt Präparation, weil das Heilige von einer anderen Art ist als das profane Irdische, weil beide nicht vereinbar sind. Das lehren die unterschiedlichsten Kulturen[25]. Die Annäherung an das Heilige verlangt die Trennung vom Alltäglichen und Weltlichen; Heiligung ist erforderlich beim Übergang aus der Normalität des Profanen in die Sphäre des Heiligen. Zur Heiligung gehört Reinigung: Wer den Kultort aufsuchen will, unterzieht sich Waschungen, wechselt die Kleider. Er bemüht sich um kultische Reinheit, die erreicht wird durch Askese, also Akte, die jedenfalls ein Moment der Selbsttötung enthalten (hinsichtlich Nahrung, Sexualität, oft auch Rede[26], mitunter Aggression), durch vorbereitendes Gebet, aber auch durch einen Lebenswandel, ein Sozialverhalten, das den Anforderungen des Heiligen entspricht[27]. Nicht nur körperliche Reinheit, auch Reinheit in ethischer Hinsicht ist erforderlich, weil jeder, der Heiliges berührt, selbst geheiligt wird - und das ist nicht ungefährlich[28].

Die Heiligkeit jedes Menschen vor Gott soll der Heiligkeit Gottes entsprechen[29], denn sonst ist die Berührung mit dem Heiligen für den Menschen nicht zu überleben. Erforderlich ist also ein Schutz

---

25 Zu denken ist hier an schamanische oder hinduistische Praktiken ebenso wie an die Weisungen der Bibel oder die Bräuche der kirchlichen Tradition.
26 Vgl. etwa das Schweigen oder allenfalls Flüstern, das in vielen Gemeinden vor Gottesdienstbeginn noch üblich ist.
27 Vgl. Ps 24: „Wer darf auf des Herrn Berg gehen, und wer darf stehen an seiner heiligen Stätte? Wer unschuldige Hände hat und reines Herzens ist, wer nicht bedacht ist auf Lug und Trug und nicht falsche Eide schwört."
28 Vgl. Ex 29,37: „Sieben Tage sollst du an dem Altar die Sühnung vollziehen und ihn weihen; so wird er ein Hochheiliges. Wer den Altar anrührt, der ist dem Heiligtum verfallen."
29 Lev 11,44: „Darum sollt ihr euch heiligen, damit ihr heilig werdet, denn ich bin heilig."

des Menschen vor der Sphäre des Heiligen, wie es eine Geschichte aus den Samuelbüchern eindrücklich belegt: Die Lade, in der die von Gott selbst gewirkten Gesetzestafeln aufbewahrt werden und in der damit Gott selbst anwesend ist, soll von Juda nach Jerusalem überführt werden; als die Rinder, die den Wagen ziehen, auf dem sie steht, ausgleiten, greift einer der Männer zu, um zu verhindern, daß der heilige Gegenstand herunterfällt. Doch das Berühren der Lade ist selbst in bester Absicht bei mangelnder Reinheit tödlich: „Da entbrannte der Zorn des Herrn wider Usa, und Gott schlug ihn dort, weil er mit der Hand nach der Lade gegriffen hatte, so daß er dort neben der Lade Gottes starb" (II Sam 6,1-11). Das Heilige ist mit Macht aufgeladen, der kein Mensch ohne weiteres standhalten kann und darum evoziert es – völlig zu Recht – Scheu.

Die entsprechenden Forderungen samt der Begründung finden sich übrigens nicht nur im Alten Testament; in der Bergpredigt verlangt Jesus von den Menschen, „vollkommen" zu sein[30]. Und für die christliche Gemeinde gilt das Heiligkeitsideal gemäß I Kor 5,1-13: Die Gemeinde soll keine Gemeinschaft mit dem Bösen haben, der Unzüchtige ist aus der Gemeinde auszuschließen[31]. Für die Christen gilt: „Denn das ist der Wille Gottes, eure Heiligung" (I Thess 4,3).

FAZIT: Menschen können das Heilige suchen, und sie tun es, weil es einem tief verwurzelten Bedürfnis entspricht. Sie können an geeigneten Orten suchen und an ungeeigneten. Sie können sich präparieren für diese Suche, und das sollten sie auch tun. Sie können aber den Erfolg ihrer Suche nicht erzwingen, schon gar nicht, indem sie den Versuch unternehmen, Heiliges nach eigenem Be-

---

30 Mt 5,48: „Darum sollt ihr vollkommen sein, wie euer Vater im Himmel vollkommen ist."
31 S. auch I Joh 3,9: „Jeder, der aus Gott gezeugt (d.h. getauft) ist, begeht keine Sünde, weil dessen Lebenskeim in ihm bleibt; und er kann nicht sündigen, weil er aus Gott gezeugt ist."

darf herzustellen[32]. Wir können das Heilige nicht schaffen. Wir können es allenfalls entdecken.

4.1.2 Das Heilige finden

Menschen suchen das Heilige, und es läßt sich finden. Bernhard von Clairvaux hält in diesem Zusammenhang fest, daß Menschen ohnehin nur suchten, weil das Heilige selbst gefunden sein wolle: „Voll Güte bist du, Herr, für die Seele, die dich sucht. Doch was erst bist du für die, welche dich findet? Doch darin besteht das Wunderbare, daß niemand dich suchen kann, der dich nicht schon gefunden hat. Du willst also gefunden werden, damit man dich sucht, und gesucht werden, damit man dich findet. Du kannst also gesucht und gefunden werden, aber niemand kann dir zuvorkommen."[33] Woran ist nun zu erkennen, daß an einem Ort, in einem Menschen, in einer Situation wirklich „etwas" zu finden ist, und, vor allem, daß es wirklich das Heilige ist, das gefunden wurde? Hinsichtlich der ersten Frage ist ganz grundsätzlich auf die Wahrnehmung zu verweisen. Doch worauf hat sich diese Wahrnehmung zu richten, welche Eindrücke werden als Erfahrungen des Heiligen interpretiert? Religiöse Erfahrungen[34] werden an ganz unterschiedlichen Phänomenen festgemacht: an Körperwahrnehmungen oder Gefühlseindrücken, an Erscheinungen im visuellen, akustischen oder taktilen Bereich, an Träumen oder Erkenntnissen, auch an allgemein wahrnehmbaren Veränderungen des weite-

---

32 Die Israeliten mußten dies in Zusammenhang mit dem „goldenen Kalb" (Ex 32) erfahren. Gegenwärtig ist gelegentlich festzustellen, daß die Werbung oder die politische Propaganda sich diesbezüglich alle Mühe geben, indem sie Gegenstände und Menschen mit einer Art von Aura zu versehen trachten, über deren Gestaltung sie manches aus der religiösen Tradition gelernt haben.
33 Über die Gottesliebe, VII, 22, in: Bernhard von Clairvaux, Sämtliche Werke lateinisch/deutsch I, hg. von Gerhard B. Winkler u.a., Innsbruck 1990.
34 Zum Begriff der Erfahrung s.o. in Abschnitt II.3.1.

ren Lebens. Immer gehört dazu, daß die Atmosphäre, die wahrgenommen wird, ebenso ehrfurchtgebietend und wunderbar wie unausweichlich ist: „Eine Atmosphäre, die ein Gefühl (oder eine Konstellation von Gefühlen) als ergreifende Macht ist, ist *göttlich*, wenn ihre Autorität für den Ergriffenen unbedingten Ernst besitzt"[35]. Grundsätzlich wichtig ist es, nicht nur nach bestimmten Gefühlen Ausschau zu halten, sondern in die Aufmerksamkeit für die Phänomene die leibliche Dimension einzubeziehen, denn die Begegnung mit dem Heiligen betrifft den ganzen Menschen, weil der Mensch als Resonanzraum auf diese Begegnung – wie auf jedes andere Gefühl – reagiert[36].

An dieser Stelle ist die Frage zu bedenken, wie es sich mit der menschlichen Freiheit angesichts der Begegnung mit dem Heiligen verhält. In der theologischen Tradition gibt es darauf verschiedene Antwortmöglichkeiten, ich nenne drei.

Die erste Verhältnisbestimmung von menschlicher Freiheit und göttlichem Handeln, näherhin göttlicher Gnade, ist beispielsweise von Matthias Flacius gegen verschiedene seiner Mitstreiter in der reformatorischen Bewegung vertreten worden, und zwar im durchaus persönlichen Interesse unanfechtbarer Heilsgewißheit: die absolute, alle menschliche Mitwirkung und auch alle menschliche Gegenwehr ausschließende Betonung des *sola gratia*. Demnach hat der Mensch in der Begegnung mit dem ihn begnadenden und erwählenden Gott keinerlei Entscheidungs- und Handlungsmöglichkeit, er muß zu seiner Gerechtsprechung ebensowenig hinzutun wie zu seinem schließlichen Heil, vor allem: Er kann es nicht. Diese Sicht betont den unbedingten Vorrang Gottes im Heilsgeschehen ebenso wie seine unbegrenzte Macht und ist insofern dogmatisch völlig korrekt; allerdings erscheint sie – einmal abgesehen von der Frage nach der möglichen Zurechenbarkeit menschlicher Sünde angesichts einer vollständigen Unfreiheit des Menschen – ein wenig lebensfern.

Die zweite Verhältnisbestimmung könnte als „quantitativ" beschrieben werden; sie geht von einem Ineinander von göttlicher

---

35 Hermann Schmitz, Das Göttliche und der Raum. System der Philosophie III/4, Studienausgabe, Bonn 2005, 91.
36 „Die Freude beflügelt zum Freudensprung, die Trauer drückt nieder zur Erde, die Ergriffenheit vom Göttlichen bewirkt eine Weitung des Herzens." Josuttis, Heiligung, 107.

4.1 Spirituelle Erfahrung und die Unterscheidung der Geister 383

Gnade und freiem menschlichen Tun aus. In diesem Modell erhält der infolge der Sünde unfreie und verlorene Mensch aus der freien Initiative der Gnade Gottes die Gerechtigkeit in der Taufe zugesprochen, zugleich wird er mit dem Heiligen Geist beschenkt. Dies setzt ihn instand, Gott und den Nächsten zu lieben und ein Leben der Heiligung zu führen[37]. In dieser Freiheit zu gutem Handeln, die somit von Gott geschenkt ist, bleibt er stetig auf die Mitwirkung der göttlichen Gnade angewiesen, doch kann er sich ihr ebenso, auch darin besteht seine Freiheit, verschließen[38].

Die dritte Verhältnisbestimmung schließlich ist als ein „Perspektivenmodell" zu beschreiben: Wenn der Mensch auf sich selbst blickt, wird er sich eine gewisse Freiheit zugestehen müssen; er kann sich selbst nicht als vollständig unfrei denken, wenn er etwa die Entscheidung zu treffen hat, ob er ein bestimmtes „gutes Werk" vollbringen will oder nicht. Wenn hingegen Gott auf den Menschen blickt, ist der Mensch nicht frei. In manchen Widerfahrnissen nun erlebt auch der Mensch sich gegenüber Gott nicht als frei, so ist der Mensch an verschiedenen Gotteserfahrungen nicht aktiv beteiligt und erlebt dies auch nicht so[39]. In solchen Momenten findet also ein Perspektivenwechsel statt, und die Gottesperspektive umgreift alles, oder, genauer: Der Mensch bemerkt, daß seine Perspektive in Wahrheit von Gott umgriffen, daß er also letztlich nicht frei ist.

Die zuletzt skizzierte Überlegung von Josuttis verdankt sich phänomenologischer Beobachtung; theologisch ist sie dabei am ehesten mit der ersten der hier geschilderten Positionen in Übereinstimmung zu bringen, dem unbedingten Vorrang des *sola gratia*, oder

---

37 S. dazu ausführlicher auch im folgenden Abschnitt.
38 Dieses Modell, das ich im folgenden zugrundelege, wird in der Regel als „katholisch" angesehen, doch findet es sich m.E. auch in den Bekenntnisschriften; vgl. dazu ausführlicher Corinna Dahlgrün, ‚Nicht in die Leere falle die Vielfalt irdischen Seins'. Von der Notwendigkeit eschatologischer Predigt (Kontexte 33), Frankfurt/M. 2001, 94-98. Otto Hermann Pesch, Theologie der Rechtfertigung bei Martin Luther und Thomas von Aquin. Versuch eines systematisch-theologischen Dialogs (WSAMA.T 4), 1967, sieht diese Sicht bereits bei Luther vorliegen. Angesichts einer Gottesbegegnung hat der Mensch demnach nicht die Freiheit, dieser Begegnung auszuweichen oder sie von vornherein zu vermeiden, doch er hat durchaus die Freiheit, sich ihr bis zu einem gewissen Grade zu verschließen und jedenfalls keinerlei Folgerungen für sein Leben daraus zu ziehen.
39 S. dazu im folgenden Unterabschnitt.

aber mit der zweiten Perspektive der dritten Position, der Sicht Gottes auf den Menschen, die der Mensch infolge einzelner Widerfahrnisse als die wahrhaft zutreffende wahrnehmen wird.

Die Möglichkeit der Wahrnehmung ist nun freilich nicht bei jedem Menschen gleich, und sie ist vor allem nicht bei jedem in gleichem Maße möglich. Es kann Phänomene geben, die so deutlich, so mächtig sind, daß sie jeder wahrnimmt, es kann aber auch der Fall sein, daß dort, wo der eine einen heiligen Ort erkennt, die andere vielleicht nur ein idyllisches oder ödes Plätzchen sieht. Mitunter ist eine besondere Wahrnehmungsfähigkeit (in der Literatur gelegentlich als „drittes Ohr" oder „drittes Auge" bezeichnet) erforderlich. Diese ist bei den Menschen unterschiedlich ausgeprägt, in jedem Fall ist sie, wie die Erfahrung zeigt, zu schulen, durch einen entsprechenden, d.h. meditativen, betenden Umgang mit Texten der Tradition, mittels der Einweisung durch geistliche Führer, durch das Erlernen und Anwenden von Methoden der Bewußtseinserweiterung oder der Bewußtseinsüberwindung, durch den Rückzug aus den Alltagsgeschäften, durch Stille, durch Konzentration und – eine zentrale Voraussetzung – durch die Bereitschaft zu hören, wahrzunehmen. In jedem Fall kann auf das Repertoire der religiösen Tradition zurückgegriffen werden. Völlig aus eigenem Vermögen herzustellen ist diese Wahrnehmungsfähigkeit allerdings nicht; zu einem nicht geringen Teil ist sie Begabung, theologisch gesagt: Gabe.

4.1.2.1 Die *discretio*

Angenommen nun, es wird etwas gefunden, woran erkennt man dessen Echtheit? Auch das Unechte, das Nachgeahmte kann ein Echo, einen „Schauer" auslösen, weil es die Gesten, das Erscheinungsbild des Echten imitiert. Es ist also erforderlich, das Gefundene zu hinterfragen, es auf der Basis von glaubwürdigen Erfahrungsberichten zu analysieren. Es ist notwendig, zu unterscheiden

4.1 Spirituelle Erfahrung und die Unterscheidung der Geister 385

zwischen dem eigenen Ich und dem Fremden, dem Anderen, das zu diesem Ich hinzugekommen ist. Dabei sollte man keine Angst haben, etwas so zu zergliedern, daß nichts übrig bleibt, vielleicht ein schönes, ehrfürchtiges, erhobenes Gefühl zu zerreden, zu zerstören – was wahr ist, hält stand. Zu beachten ist allerdings, und dies ist insbesondere Theologinnen und Theologen sehr klar zu sagen, daß sich der Geist nicht ausschließlich in den Formen zeigen muß, die von den Kirchen seit jeher akzeptiert werden; auch die Kirchen haben immer wieder Menschen mit besonderer Wahrnehmungsfähigkeit zunächst pathologisiert[40]. Die Frage nach der psychischen Gesundheit desjenigen, der eine Begegnung mit dem Heiligen mitteilt, führt aber nicht weiter, auch wenn es üblich ist, den Inhalt einer solchen Erfahrung an deren „Konformität mit dem Wirklichkeitsmodell der jeweiligen Kultur" zu messen[41]. Ungeachtet dieser Einwände gilt: Der Frage nach der inhaltlichen Übereinstimmung mit den biblischen Schriften und mit der Lehre der Tradition muß sich auch weiterhin eine religiöse Erfahrung stellen, wenn sie als Erfahrung des christlichen Gottes anerkannt werden will. Eine solche Unterscheidung der Geister, wie die Bibel es nennt, eine solche *diakrisis* oder *discretio* ist, nebenbei, nicht nur hinsichtlich der Einordnung von Erfahrungen oder neuen Phänomenen von Bedeutung, sie hilft auch zur persönlichen Entscheidungsfindung. Auf die Frage, welche Merkmale dabei zu beachten sind, gibt es eine Fülle von Antworten[42]; sie lassen sich allerdings in fünf wesentliche Punkte zusammenfassen, die sich bereits in den biblischen Schriften finden. Als solche Kriterien, deren Anwendung durch eine dem Evangelium gemäße Lebensform ermöglicht (Röm 12,1f.)

---

40 Eine immerhin approbierte Heilige wie Teresa von Avila stand wegen ihrer mystischen Erfahrungen bei ihren theologischen Oberen durchaus im Verdacht der Hysterie oder schlimmer: dämonischer Einflüsse. Oder, anders gewendet und mit den Worten des Philosophen Georg Lichtenberg: „Wer einen Engel sucht und nur auf die Flügel schaut, könnte eine Gans nach Hause bringen."
41 Josuttis, Religion, 242.
42 In der Tradition findet sich das Thema bei den verschiedensten Autoren gründlich bedacht, eine Übersicht ist hier nicht zu leisten.

und durch Gebrauch geübt wird[43] sind somit die folgenden zu nennen:

a) Nur wenn sich eine menschliche Erfahrung auf den lebendigen Gott hin öffnet, kann sie als vom Heiligen Geist gewirkt angesehen werden. Insofern sind der Umgang mit dem Gottesnamen und der Glaube an Christus (I Kor 12,3) wesentliche Merkmale für die Unterscheidung der Geister, denn das Bekenntnis zu Jesus geht auf das Wirken des Geistes Gottes zurück: „Ihr Lieben, glaubt nicht einem jeden Geist, sondern prüft die Geister, ob sie von Gott sind; denn es sind viele falsche Propheten ausgegangen in die Welt. Daran sollt ihr den Geist Gottes erkennen: Ein jeder Geist, der bekennt, daß Jesus Christus in das Fleisch gekommen ist, der ist von Gott; und ein jeder Geist, der Jesus nicht bekennt, der ist nicht von Gott." (I Joh 4,1-3a)

b) Ein weiteres Zeichen für das Wirken des Heiligen, in einer bestimmten Erfahrung oder in deren Folge, ist der Nutzen, der für die Gemeinschaft daraus erwächst. Denn ein solches Wirken hat immer den Aufbau, den Erhalt oder, in bestimmten Situationen, die Rettung der Gemeinde zum Ziel; es ist ein heilvolles Wirken (I Kor 12)[44].

c) Zu beachten ist zudem die Wirkung, die die Erfahrung auf das Leben ihres Empfängers ausübt, in den Worten Jesu die ‚Früch-

---

[43] Vgl. Hebr 5,14: „Feste Speise aber ist für die Vollkommenen, die durch den Gebrauch geübte Sinne haben und Gutes und Böses unterscheiden können."

[44] Zu denken ist hier auch an Jesu Antwort an Johannes den Täufer, der wissen will, ob Jesus der verheißene Messias sei. Jesus antwortet mit dem Hinweis auf die Prophezeiung des Jesaja in Jes 35,5f. und nennt damit genau dies Kriterium. Im entsprechenden Sinn nennt Franz von Sales die Liebe, die ein Mensch zeigt, als dasjenige Zeichen, an dem sich eine wahre Gotteserfahrung erkennen läßt, dazu die aus dieser Liebe fließende Begeisterung für und Bereitschaft zu Werken der Barmherzigkeit zum Wohle anderer; gleichzeitig weist er darauf hin, daß die Ansprüche der Liebe hart und hoch seien und nur unsentimental und mit Verzicht und Introspektive zu bewältigen (Franz von Sales, Philotea. Anleitung zum frommen Leben, Eichstätt Neuaufl. 2005, I.1., 25).

te' (Mt 12,13), die sie trägt[45]: Zeigen sich bei ihm Demut, Liebe, Freude, Ruhe, die Neigung zur Eintracht, Gesprächsbereitschaft, das Maßhalten, d.h. weist er keine Übertreibung in seinem Verhalten auf hinsichtlich Strenge oder Rigorismus? Ist eine wachsende Christusförmigkeit des Empfängers der besonderen Erfahrung festzustellen?[46]

d) Weiterhin ist festzuhalten, daß es sich bei einer echten Manifestation des Heiligen inhaltlich eher nicht um die Verkündigung einer himmelstürmend neuen Wahrheit, sondern um eine Anweisung zu qualifiziertem Tun in der konkreten Situation handeln wird; eine Erfahrung des Heiligen vermittelt in der Regel keine neue Behauptung, sondern einen neuen Befehl[47].

e) Der Bericht über das Apostelkonzil (Act 15) zeigt exemplarisch einen letzten entscheidenden Punkt: Den Versuch der Unterscheidung der Geister sollte der Mensch nicht allein unternehmen. Die strittigen Fragen oder Phänomene werden von der Gemeinschaft

---

[45] Insbesondere dieses Kriterium wird auch heute noch vielfach aufgenommen, vgl. Gunther Stephenson, Wege zur religiösen Wirklichkeit, Darmstadt 1995, 81: „Offenbar kann allein die Leben verwandelnde Kraft als Signum ‚echter' Wirklichkeitserfahrung angeführt werden." Ähnlich Geoffrey K. Nelson, Der Drang zum Spirituellen, Olten 1991, 80f. und Josef Sudbrack, Gottes Geist ist konkret, Würzburg 1999, 70-72.

[46] Das Kriterium der Christusförmigkeit, der *conformitas cum Christo*, begegnet in der Tradition immer wieder, beispielsweise in der Didache (11. Kap.) und bei Bernhard von Clairvaux.

[47] Vgl. Karl Rahner, Visionen und Prophezeiungen, Freiburg 1989, 29. S. auch Hermann Schmitz, Das Göttliche und der Raum. System der Philosophie III/4, Studienausgabe, Bonn 2005, 121: „Ein Organon der Kritik besitzt die Ergriffenheit von einem göttlichen Gefühl aber schon an dem unbedingten Ernst seiner Autorität; erst wenn alle Reserven personaler Emanzipation erschöpft sind, ohne daß es gelingt, sich ‚über' das Gefühl und dessen Autorität zu stellen oder in Hegels Sinn davon ‚abstrahieren zu können', ist das Gefühl, die ergreifende Atmosphäre, göttlich. Das Experiment dieses Emanzipationsversuchs wird in vielen Fällen sittlich geboten sein, um falsche Götter von der Schwelle zu weisen, so, wie es schon die alte christliche Rede von der ‚Unterscheidung der Geister' meint."

angehört und im Licht der Tradition – in diesem Fall der Schriften Israels – bedacht; erst nach ausführlichem Gespräch wird die Entscheidung gefällt. Ganz wesentlich bei einem solchen Versuch, die Echtheit einer Erscheinung des Heiligen zu beurteilen, ist also die Überprüfung durch das Gespräch in geistlicher Begleitung; der Begleiter gewinnt seinerseits die Unterscheidungsgabe aus Klugheit, aus der Treue im täglichen Gebet und aus der Gabe des Geistes, dies gilt für einzelne Christen ebenso wie für Gemeinschaften[48]. Eine ausführliche Beschreibung des Vollzugs der *discretio* findet sich bei dem im 17. Jahrhundert wirkenden Jesuiten Louis Lallement, der in seinem Lehren der Frage der geistlichen Unterscheidung besondere Aufmerksamkeit widmete; seine Überlegungen wurden von seinen Schülern aufgezeichnet und nach seinem Tod veröffentlicht[49]: Der Heilige Geist führt den Menschen von der inneren Leere zur Vereinigung mit Gott in Christus, dieser Weg ist vom Menschen aufmerksam zu überwachen und durch die Reinigung des Herzens zu begleiten. Lallement will durch seine Unterweisungen helfen, die Seele für das Wirken des Geistes empfänglich zu machen, „das wichtigste religiöse Anliegen der Seele besteht darin, durch die Reinheit des Herzens und durch Urteilskraft für die Leitung des Geistes offen und empfänglich zu sein"[50], fügsam gegenüber seinem Wirken. Diese Fügsamkeit erfordert „eine fortschreitende Entwicklung in Gehorsam, reiner Absicht, Gebet um Erleuchtung und in der feinfühligen Wahrneh-

---

48 Vgl. die *correctio fraterna* gemäß RB 3 (Die Benediktusregel lateinisch/deutsch, hg. im Auftrag der Salzburger Äbtekonferenz, Beuron ³2001). Ähnliches beschreibt Ignatius von Loyola in den Gründungstexten der Societas Jesu im Zusammenhang mit der Beratung der ersten Gefährten – die Erfahrung des einzelnen muß sich dem Urteil der Gemeinschaft stellen (Ignatius von Loyola, Gründungstexte der Gesellschaft Jesu. Deutsche Werkausgabe, Würzburg 1998).
49 La vie et la doctrine spirituelle du Père Louis Lallement, wiedergegeben nach Michael J. Buckley, Die französische Spiritualität des 17. Jahrhunderts: drei Vertreter, in: Geschichte der christlichen Spiritualität III, 79-88.
50 A.a.O., 83.

mung verschiedener Bewegungen in der menschlichen Seele. Diese Entwicklung findet ihren Niederschlag in christlicher Klugheit oder Urteilskraft. Man wächst allmählich darin, unterstützt von der ständigen Übung der Gewissenserforschung: zunächst durch Ergebenheit gegenüber dem Licht des Geistes; zweitens durch die Reinigung von Sünden und Unvollkommenheit, die dieses Licht trüben; drittens, indem man sich nicht gestattet, von Sinnlichkeit beherrscht zu werden – dann ‚wird Gott für sie die inneren Sinne öffnen'; viertens, durch die Integrität des Seelenlebens, die eine Trennung nicht gestattet und die Bewegungen verschiedener Geister in ihr bemerkt; schließlich durch ständige spirituelle Unterweisung, ‚das vollkommene Offenlegen des Herzens vor dem Oberen oder einem spirituellen Meister'. Eine Seele mit dieser Freiheit und Einfachheit bleibt niemals ‚ohne die Gunst der Unterweisung durch den Heiligen Geist' (Doctrine IV.1.3.5, 175)."[51]

Kriterien sind unverzichtbar im Umgang mit spirituellen Phänomenen ebenso wie mit spiritueller Erfahrung und ihrer Wahrheit. Dennoch: Die Frage nach den „Geistern", die einer Erfahrung zugrunde liegen, ist nie einfach und glatt zu beantworten, sie ist immer eine Ermessensfrage, die ihrerseits nur aus der Erfahrung heraus zu beantworten ist. Sie ist darum nie eindeutig zu klären[52].
Das bedeutet im Hinblick auf konkrete Entscheidungssituationen: „Nur im Prozeß des Lebens wird erfahren und entschieden, ob die konkrete Aufgabe heißt, das Leben aktiv und neu zu gestalten, oder ob einer die augenblickliche (Leidens-?)Situation als gottgewollt annehmen muß, oder ob beides sich – in welchem Verhältnis auch immer – durchdringen muß. [...] Eine feste Norm, aus der heraus das Ja oder Nein in dieser Situation zu deduzieren wäre, gibt es nicht. Die Entscheidung muß im ‚Fließgleichgewicht' prozeßhaft ausbalanciert werden. Nur derjenige, der jeweils in der

---

51 A.a.O., 84.
52 Freilich kann bereits die Tatsache, daß eine solche Frage gestellt wird, selbst als Zeichen bewertet werden, vgl. Sudbrack, 174: „So ist das Mühen um die Wahrheit oft ein besseres Kriterium für die Wahrheit als das Festhalten an Sätzen."

Situation steht, kann sie finden. [...] Es ist dies die traditionelle Lehre von der ‚Unterscheidung der Geister', die verständlicherweise nach einem Gesprächspartner ruft – nicht damit dieser entscheide, sondern als Katalysator, wie ein Zünglein an der Waage, zur rechten Entscheidung verhelfe. Die dialogische Struktur des Menschen vor Gott ist unauflösbar verknüpft mit der dialogischen Struktur des Menschen in seiner sozialen Existenz."[53]

4.1.2.2 Erscheinungsformen des Gefundenen

Das Heilige ist zu finden an besonderen Orten, zu besonderen Zeiten, in besonderen Handlungen oder in besonderen Menschen, bei denen man von einer Aufgeladenheit mit einer besonderen Kraft und darum einer heilvollen Wirkung sprechen kann. Diese wird oft intuitiv wahrgenommen[54]; wenn sie wahrgenommen wurde, ist sie einem Unterscheidungsprozeß zu unterziehen. Dabei ist etwas Weiteres zu bedenken, oder, genauer: zu unterscheiden. Was hier gefunden wird, sind oft eher die Spuren des Heiligen als das Heilige selbst. Dem Heiligen selbst darf man sich, nach Auskunft der Bibel, nur mit seiner Zustimmung nähern[55]. Die bloßen Spuren des Heiligen können nun durch unbedachten Zugriff empfindlich gestört werden, die heilige Atmosphäre kann geradezu entweiht werden. Es ist also ein Schutz des Heiligen erforderlich, und auch dazu dient die bereits dargestellte Heiligung, die zugleich ein Schutz des Menschen ist[56].

---

53 A.a.O., 164f.
54 Vgl. Josuttis, Religion, 133: „In einer alten Kirche kann man die heiligen und frommen Worte, die dort durch die Jahrhunderte hin laut gesprochen worden sind, unschwer erspüren."
55 S. z.B. Jer 30,21: „Ihn [den von Gott eingesetzten Fürsten Israels] will ich mir nahen lassen, daß er vor mich trete; denn wer sonst wagte sein Leben daran, mir zu nahen?"
56 Vgl. Mt 7,6: „Gebt das Heilige nicht den Hunden und werft eure Perlen nicht vor die Schweine, damit sie nicht etwa mit ihren Füßen sie zertreten und sich umwenden und euch zerreißen."

4.1 Spirituelle Erfahrung und die Unterscheidung der Geister 391

Wenn es aber das Heilige selbst ist, das begegnet, was erwartet den Menschen dann, was erlebt er und was bewirkt das in ihm? Die Bibel berichtet von Erscheinungen sehr unterschiedlicher Art, ich nenne zwei Extreme. Da gibt es den 29. Psalm, der zur Anbetung Gottes aufruft aufgrund einer sehr machtvollen Gotteserfahrung: „Die Stimme des Herrn zerbricht Zedern, er macht den Libanon hüpfen wie ein Kälblein; die Stimme des Herrn sprüht Feuerflammen, die Stimme des Herrn macht die Wüste beben; die Stimme des Herrn macht Eichen wirbeln, ja, er reißt Wälder kahl. Und in seinem Palast ruft alles Ehre!" – wohlgemerkt, alle diese ebenso gewaltigen wie gewaltsamen Naturerscheinungen werden allein durch die göttliche Stimme ausgelöst. Der Mensch, der sie erfährt, erinnert sich daran mit Ehrfurcht, mit Erschrecken, doch zugleich auch einem Gefühl der Geborgenheit angesichts einer solchen überwältigenden Macht: „Der Herr hat seinen Thron über der Flut; der Herr bleibt ein König in Ewigkeit. Der Herr wird seinem Volk Kraft geben; der Herr wird sein Volk segnen mit Frieden." Und da gibt es andererseits den Bericht von der Verklärung Jesu in Mk 9,2-10: Jesus geht mit Johannes, Jakobus und Petrus auf einen Berg; dort erscheint er seinen Begleitern plötzlich verändert, seine Kleider leuchten heller als irdisches Weiß. Es erscheinen Elia und Mose und reden mit Jesus; aus einer Wolke, die sie überschattet, hören sie die Stimme Gottes, die Jesus als Gottes Sohn aussagt. Petrus schlägt vor, auf dem Berg zu bleiben und Hütten zu bauen, für Elia, Moses und Jesus. Auch das ist etwas, das vom Heiligen ausgelöst werden kann, daß die vorfindliche Wirklichkeit ungenügend erscheint, daß der Mensch beginnt, sich nach einer anderen Wirklichkeit und nach deren Dauer zu sehnen. Die Wirklichkeit verändernde Kraft hat das nur, wenn das Verklärte wahrer ist als die vorfindliche Wirklichkeit, wahrer als das Vorhandene. Im biblischen Bericht ist es so: Die Jünger erkennen durch die irdische Gestalt Jesu hindurch sein göttliches Wesen und dadurch werden auch sie verwandelt, für einen Moment, „wo alles Licht, wo alles Glück ist und Seligkeit und Freude, wo alles im Herzen still heiter und friedlich ist"[57]. Petrus möchte sich in diesem Glück häuslich einrichten, Hütten bauen auf dem Berg. Doch Gottes Verklärung ist kein gemütliches Heim, sie offenbart Wahrheit mitten in der Welt, und diese Wahrheit ist von so leuchtender Helligkeit, daß Menschen ihr nicht über einen längeren Zeitraum hinweg standhalten könnten. Die Menschen müssen den Berg wieder verlassen. FAZIT: Menschen suchen das Heilige, doch das Heilige ist eine eigenständige Macht, unendlich groß, unverfügbar, alle menschliche Vorstellung übersteigend. Das Heilige ist nicht domestizierbar, nicht kontrollierbar, nicht nach Bedarf hervorzuholen und wegzustellen. Es ist da, und manchmal läßt es sich vom Menschen finden. Manchmal allerdings zeigt es sich auch ungerufen, manchmal findet es uns.

4.1.3 Vom Heiligen gefunden werden

Meist zeigt sich das Heilige dem Menschen verhüllt, in der Gestalt von anderen Menschen oder in der Natur, denn die unmittelbare Begegnung mit dem Heiligen ist gefährlich für den Menschen, und es liegt nicht in seiner Macht, das Heilige in seinem Einwirken auf die Welt zu dosieren. Es liegt auch nicht in seiner Macht, ihm standzuhalten. Wie die Begegnung dann ausgeht, hängt vom Zustand der Welt und des Menschen ab. Im Alten Testament findet sich eine Vorstellung, die diesen Gedanken sehr plastisch werden läßt. Der Alttestamentler Klaus Koch hat dafür den Begriff der „schicksalswirkenden Tatsfäre" geprägt[58]: Menschen können durch ihr Tun oder Reden Böses in die Welt setzen. Dieses Böse ist, wie eine körperlich greifbare Substanz, da; es erreicht den Adressaten, doch es kommt immer auch zum Täter zurück, la-

---

57 Anastasius vom Sinai, zitiert nach: Te Deum. Das Stundengebet im Alltag, hg. von Benediktinerabtei Maria Laach, August 2006, Stuttgart 2006, 67.
58 Vgl. zur Füllung des Begriffs Klaus Koch, Die Profeten I. Assyrische Zeit, Stuttgart u.a. 1978, 67ff.

gert sich wie eine Schicht um ihn. Begegnet nun ein Mensch mit einer aus bösen Taten gebildeten Hülle, einer bösen Tatsphäre, dem Heiligen, ohne sich präpariert, gereinigt, geheiligt zu haben[59], dann wird ihm das Böse zum Schicksal, denn vor dem Heiligen kann nichts Unheiliges bestehen. Ähnliches sagt auch das Neue Testament: „Mit deinem verstockten und unbußfertigen Herzen sammelst du dir selbst Zorn an auf den Tag des Zorns und der Offenbarung des gerechten Gerichtes Gottes." (Röm 2,5) *Vor* der Begegnung mit dem Heiligen sollte sich der Mensch präparieren. *In* der Begegnung mit dem Heiligen wird er – auch gegen seinen Willen – verändert.

4.1.3.1 Verbrennung

Anschaulich wird diese Sicht der Dinge in der Berufungsgeschichte des Propheten Jesaja (Jes 6), von dem nicht einmal bekannt ist, daß er zuvor in besonderer Weise böse Taten begangen hätte. Er war einfach nur ein Mensch, kein Heiliger. Jesaja sieht sich unvermittelt in den Thronsaal Gottes versetzt. Der Saal ist mit Rauch von Räucheropfern erfüllt, alles ist Klang und Gegenwart, ruhig und machtvoll zugleich. Mit gewaltiger Stimme preisen die Himmelsbewohner die Heiligkeit Gottes, seine Größe und Herrlichkeit, so, daß die Türen in ihren Angeln wanken. Für den Menschen ist diese Vision vor allem fremd, überwältigend und zutiefst erschreckend. Gottes Heiligkeit sprengt alle Räume, kein irdisches, unheiliges Wesen kann ihr standhalten.

Im Gegenüber zum Heiligen erkennt der Mensch seine Unwürdigkeit. Sie ist kein persönlicher Makel, sie besteht in der Versehrtheit aller menschlichen Existenz gegenüber dem vollkommenen Gott, sie besteht in der Unreinheit gegenüber der Reinheit des Heiligen, sie besteht in der Sünde. Sie setzt den Menschen großer Gefahr

---

[59] Eine solche Reinigung ist immer nur dadurch möglich, daß böses Tun vom Heiligen selbst vergeben wird.

aus, der Gefahr vollständiger Vernichtung in der Begegnung mit dem Heiligen. Denn vor ihm kann und darf nichts Unreines Bestand haben. Das Heilige selbst schafft Abhilfe, auf eine schreckliche Weise: Es vernichtet nicht den unreinen Menschen, doch es brennt die Unreinheit aus. Engel nehmen sich glühende Kohle vom Altar und reinigen damit den Mund des Propheten. Das Heilige selbst vernichtet das Trennende, die dem Menschen anhaftende Spur der Sünde. Der Mensch erleidet in der Begegnung mit dem Heiligen Verbrennungen, aber er bleibt am Leben.

Doch auch dann noch überfordert die unendliche Reinheit des Heiligen, seine schattenlose Helligkeit das Wahrnehmungsvermögen. Jesaja bekommt einen kaum erträglich Auftrag: „Überziehe das Herz des Volkes mit Fett, mache seine Ohren schwer und verklebe seine Augen, damit es nicht hört, damit es nicht umkehrt, damit man es nicht heilt." Der Heilige befiehlt die Verstockung der Menschen, und damit ihre Vernichtung. Gottes Licht kann hier nur als Finsternis erscheinen, alle Wahrnehmung zerstörend, gnadenlos. Die Begegnung mit ihm ist auch für den unter Schmerzen gereinigten Menschen nur für einen Moment zu ertragen, wie Rainer Maria Rilke sagt: „Das Schöne ist nichts als des Schrecklichen Anfang, den wir noch grade ertragen, und wir bewundern es so, weil es gelassen verschmäht, uns zu zerstören. Ein jeder Engel ist schrecklich."[60]

4.1.3.2 Blendung

Auch der Christenverfolger Saulus wird vom Heiligen gefunden. Er wird, so berichtet es die Apostelgeschichte (Act 9), vor Damaskus von einem himmlischen Licht so sehr geblendet, daß er zu Boden

---

60 1. Duineser Elegie; die Ausführungen zu Jes 6 sind den Begleittexten zum Sanctus der Missa hebraica entnommen: Corinna Dahlgrün, Zum Text der Missa hebraica, in: dies. / Hans Darmstadt (Hg.), neue musik in der kirche V. missa hebraica. Dokumentation und Kommentare, Frankfurt/M. 2006, 56.

fällt. Eine Stimme fragt: „Saul, was verfolgst du mich?" und gibt sich auf Nachfrage als die Stimme Jesu zu erkennen. Saul ist aus der Bahn geworfen, er erblindet. In Damaskus wartet er fastend auf weiteren Bescheid, der ihm nach drei Tagen zuteil wird: Er ist zum Verkündiger Jesu, zum Apostel ausersehen. Saul gehorcht. Er läßt sich taufen. Er verläßt seine Religion, er verläßt seine sozialen Bindungen, alles, was er kannte, glaubte, für richtig hielt, alles, was er bisher war und gelebt hatte. Er wird ein anderer. Er wird Paulus.

4.1.3.3 Überwältigung

Im 17. Jahrhundert erfährt ein Mensch einen Einbruch Gottes in sein Leben, der ihn bleibend verändert. Der Mathematiker und Physiker Blaise Pascal beschreibt dieses Widerfahrnis selbst so: „Von ungefähr halb elf abends bis ungefähr eine halbe Stunde nach Mitternacht. Feuer. Gott Abrahams, Gott Isaaks, Gott Jakobs, nicht der Philosophen und der Wissenschaftler. Gewißheit, Gewißheit. Erfahrung. Freude. Friede. Gott Jesu Christi. [...] Jesus Christus! Ich habe mich von ihm getrennt, ich habe ihn geflohen, mich losgesagt von ihm, ihn gekreuzigt. Möge ich nie von ihm geschieden sein. Nur auf den Wegen, die das Evangelium lehrt, kann man ihn bewahren. Vollkommene und liebevolle Entsagung. Vollkommene und liebevolle Unterwerfung unter Jesus Christus und meinen geistlichen Führer. Ewige Freude für einen Tag geistiger Übung auf Erden. Non obliviscar sermones tuos. Amen."[61]

---

61 Im Original lautet der vollständige Text des Mémorial, das Pascal auf einen Pergamentstreifen geschrieben in seinem Rockfutter eingenäht immer bei sich trug: „L'an de grâce 1654, Lundi, 23 novembre, jour de saint Clément, pape et martyr, et autres au martyrologe. Veille de saint Chrysogone, martyr, et autres, Depuis environ dix heures et demie du soir jusques environ minuit et demi, / FEU. / ‚DIEU d'Abraham, DIEU d'Isaac, DIEU de Jacob' / non des philosophes et des savants. / Certitude. Certitude. Sentiment. Joie. Paix. / DIEU de Jésus-Christ. / Deum meum et Deum vestrum. / ‚Ton DIEU sera mon Dieu.' / Oubli

Pascal erlebt offenbar eine unwiderstehlich machtvolle, brennendleuchtende Gegenwart, die er als den biblischen Gott identifiziert. Ein Entkommen ist nicht möglich, auch Zweifel sind es nicht. Die umwälzende Erfahrung mündet in Freude und dann in Frieden. Sie ändert sein Denken, seine Lebensgrundlage, sie ändert sein Tun. Er setzt sich in seinen Schriften mit dem Glauben auseinander, ringt um seine rechte Gestalt, verteidigt ihn.

Machtvoll begegnet das Heilige, den menschlichen Willen überwältigend. Es läßt keinen Zweifel, wer der Herr des Lebens ist: Gott. „Ich bin's, der tötet und der lebendig macht; ich habe zerschlagen, ich werde auch heilen, und niemand errettet aus meiner Hand." (Dtn 32,39)[62] Das Gefundenwerden vom Heiligen kann den Menschen stärken und stabilisieren, aber es kann auch das Leben gewalttätig verändern, Lebenszusammenhänge zerreißen und alle Stabilität nehmen: „Religiöse Erfahrung besteht im Widerfahrnis von Macht. Deshalb wirkt sie bedrohlich. Sie wirft Lebensplanungen über den Haufen. Sie zerbricht unsere vorgebliche Autono-

---

du monde et de tout, hormis DIEU. / Il ne se trouve que par les voies enseignées dans l'Évangile. / Grandeur de l'âme humaine. / ‚Père juste, le monde ne t'a point connu, mais je t'ai connu.' / Joie, joie, joie, pleurs de joie. / Je m'en suis séparé: / Dereliquerunt me fontem aquae vivae. / ‚Mon Dieu, me quitterez-vous?' / Que je n'en sois pas séparé éternellement. / ‚Cette est la vie éternelle, qu'ils te connaissent seul vrai Dieu, et celui que tu as envoyé, Jésus-Christ.' / Jésus-Christ. / Jésus-Christ. / Je m'en suis séparé; je l'ai fui, renoncé, crucifié. / Que je n'en sois jamais séparé. / Il ne se conserve que par les voies enseignées dans l'Évangile: / Renonciation totale et douce. [/ Soumission totale à Jésus-Christ et à mon directeur. / Éternellement en joie pour un jour d'exercice sur la terre. / Non obliviscar sermones tuos.] Amen." Hinsichtlich der Authentizität der drei letzten Zeilen bestehen Zweifel, da sie nicht in allen später entstandenen Abschriften enthalten sind. Zit. des Textes – mit Ausnahme der möglichen Zufügung – nach: Œuvre de Blaise Pascal, par Léon Brunschwicg, Pierre Boutroux et Félix Gazier, Ser. 2,4: Depuis le Mémorial du 23 nov. 1654 jusqu'au miracle de la Sainte-Épine (fin mars 1656), Paris 1914, Abschnitt LXV, 4, Pl. 1 und 2 (Faksimile des Autographs).

62 Vgl. Josuttis, Heiligung, 62: „Weil er der Herr des Lebens ist, läßt sich dieser Gott auch nicht zum großen Kuscheltier degradieren."

mie. Sie erweitert Ich-Grenzen, aber zerfasert auch Ich-Strukturen. ‚Nun aber lebe nicht ich, sondern Christus lebt in mir', heißt es bei Paulus (Galater 2,20)."[63]

4.1.3.4 Schonung

Nicht immer allerdings wird das Gefunden-Werden vom Heiligen so gewaltsam erfahren, es kann auch unerwartet leise sein wie das Sausen, das der erschöpfte Prophet Elia wahrnimmt und in dem sich ihm Gott nähert, um ihn von neuem zu beauftragen. Nicht im Sturm erscheint ihm das Heilige, nicht im Erdbeben, nicht im Feuer (I Reg 19,11f.). Das Heilige zeigt sich nicht immer in einem dramatischen Geschehen; „die religiöse Qualität des Unauffälligen" sollte nicht verkannt werden[64]. Dennoch ist den hier skizzierten und den weiteren Erscheinungsformen des Heiligen etwas gemeinsam: Selbstzweck sind diese Begegnungen in der Regel nicht, ob sie in Gestalt einer reinigenden Verbrennung, einer Blendung, einer Überwältigung oder schonend auftreten. Sie transportieren eine Beauftragung oder Ermächtigung, jedenfalls gehen sie zusammen mit einer das Leben verändernden Einsicht. So erleben es auch die Hirten in der Weihnachtsgeschichte (Lk 2,8ff.). Ihre erste Reaktion auf die Annäherung des Himmels ist Furcht vor der Klarheit des Herrn, doch sie gehorchen dem Auftrag, kommen zur Krippe und sehen: Hier wird das Heilige berührbar. Es erscheint in der Gestalt äußerster Schwäche, ohne machtlos zu sein – in diesem Kind ist der machtvolle Gott, der Heilige Israels, präsent, darum ist von ihm alles Heil zu erwarten.

FAZIT: Die Frage nach dem Heiligen, die Suche nach ihm, ist eine menschliche Möglichkeit, die, sofern das Heilige selbst die Suchbewegung beantwortet, zum Finden führen kann, dessen Ergebnisse allerdings nach bestem Vermögen und in Auseinandersetzung mit

---

63 A.a.O., 34.
64 Josuttis, Religion, 229.

der Tradition bedacht werden müssen. Eine solche Suche ist jedoch nicht spielerisch oder leichthin zu vollziehen. Der Umgang mit dem Heiligen ist der Umgang mit einer Macht, die unendlich größer ist als der Mensch, und diesem darum und wegen ihrer vollständigen Andersheit gefährlich. „Die Erfahrung des Heiligen führt zur Heilung oder zur Katastrophe."[65] Nach christlichem Verständnis ist das Heilige, der Heilige Gott, in der Inkarnation den Menschen in menschlicher Gestalt nahe gekommen, um sie zu erlösen. Dies vermindert den Schrecken – Gott ist der liebende Vater aller Menschen, wie Jesus Christus vermittelt. Doch sollte dies Wissen den Schrecken nicht ganz nehmen, denn zugleich bleibt dieser nahe gekommene Gott der Gott eines unbegreiflichen und furchtbaren Willens in unzugänglichem Licht (I Petr 5,6; I Tim 6,16): „Schrecklich ist es, in die Hände des lebendigen Gottes zu fallen" (Hebr 10,31). Das Heilige bleibt eine Größe, die vom Menschen zwar gesucht und gelegentlich auch gefunden, nicht aber beherrscht werden kann.

4.2 Rechtfertigung und Heiligung – eine Verhältnisbestimmung

Was hat es auf sich mit dem menschlichen Bemühen um Heiligung, mit einer *praxis pietatis* als Vorbereitung oder Antwort auf die Gottesbegegnung? Ausweislich verschiedenster Quellen gehört Heiligung wesentlich zu gelebter Spiritualität, doch inwieweit ist sie dem Menschen möglich? Und wenn sie möglich ist, ist sie dann nicht „Werkerei", ein Tun, das begründet unter dem Verdacht steht, sich damit das Heil, das doch von Gott im Geschehen der Rechtfertigung nur aus unverfügbarer Gnade geschenkt wird, verdienen zu wollen – was bedeutete, aus dem Evangelium heraus- und erneut unter das Gesetz zu fallen? Doch daß Heiligung – als ein im rechten Geist vollzogenes methodisches Gestalten von Spi-

---

65 Josuttis, Heiligung, 156.

ritualität im eigenen Leben zur Prägung dieses Lebens, als eine tägliche Rechenschaft vor und Heimkehr zu Gott – keinen Widerspruch zu protestantischen Prinzipien darstellen muß, auch nicht zum *sola fide* und *sola gratia*, sondern daß sie sogar zwingend zur Rechtfertigung hinzugehört, ist durchaus auch eine protestantische Erkenntnis, die erst nach der Zeit der Reformation in Vergessenheit geraten ist[66].

4.2.1 Heiligung biblisch

Der Gedanke einer wünschenswerten oder sogar erforderlichen Heiligung des Menschen begegnet an verschiedenen Stellen des Neuen Testaments, vor allem im paulinischen Textkorpus. Doch auch in den Worten Jesu findet sich eine Formulierung, die in diese Richtung weist: „Ihr sollt vollkommen sein, wie auch euer Vater im Himmel vollkommen ist", heißt es in der Bergpredigt im Zusammenhang der Forderung der Feindesliebe (Mt 5,48). Vollkommen, Gott entsprechend, heilig sein, das ist ein unter den Bedingungen dieser Welt zwar anzustrebendes, aber nicht erreichbares Ziel. Es ist ein Ziel, das ein immer neues Bemühen erfordert – nicht, weil der Mensch dadurch besser würde, sondern weil er nur so dem Geschenk der Gnade und Liebe Gottes angemessen antwortet. Nachdem die Taufe in Christus den Menschen neu gemacht hat, soll der Mensch in einem neuen Leben wandeln, frei von der Sünde und als Knecht Gottes, damit er heilig werde (Röm 6,19

---

[66] Für die reformierte Theologie trifft dies weniger zu; ihr ist es erheblich besser gelungen als der lutherischen, den Zusammenhang zu wahren, was der starken Betonung des Gedankens der Heiligung und ihrer Verbindung mit der Kirchenzucht in den Schriften Zwinglis, Calvins und auch Bucers zu danken sein dürfte. Allerdings ist etwa bei Calvin nicht von einem Prozeßgeschehen die Rede, sondern die Heiligung geschieht gleichzeitig mit der Rechtfertigung (Johannes Calvin, Institutio Christianae Religionis Deutsch. Unterricht in der christlichen Religion, Neukirchen 1955, 391), sie wird an die Buße gebunden und sie geschieht durch das Wort (683ff.).

und 22), denn Christus ist dem Menschen von Gott gemacht „zur Weisheit und zur Gerechtigkeit und zur Heiligung und zur Erlösung" (I Kor 1,30). Aus der Gabe folgt somit eine Aufgabe: „Das ist der Wille Gottes, eure Heiligung" (I Thess 4,3), und in dieser Heiligung soll der Mensch bleiben, ebenso, wie er im Glauben und in der Liebe bleiben soll (I Tim 2,15), denn ohne Heiligung wird niemand den Herrn sehen (Hebr 12,14). Die in der Taufe geschenkte rechtfertigende Gnade ist der Beginn eines Weges, auf dem der Mensch, von der Knechtschaft unter Sünde und Tod befreit, Gott antwortend Frucht bringt (Röm 7,4f.). Heiligung ist damit die sachgemäße und notwendige Fortsetzung der Rechtfertigung auf Seiten des Menschen. Auf dem Weg der Heiligung ist der Mensch bleibend auf die Gnade Gottes angewiesen, und er ist verwiesen in die „Gemeinschaft der Heiligen": Der ‚vollkommene Mensch', zu dem jeder Mensch immer neu werden soll, ist das einige ‚wir' in Glauben und Erkenntnis Christi (Eph 4,1-7.11-13).

4.2.2 Heiligung bei Luther und in den lutherischen Bekenntnisschriften

Für Luther beginnt durch die Rechtfertigung ein Prozeß, der immer mehr zur Erfüllung hinführt: „So ist nämlich alles anfangsweise ins Werk gesetzt, damit es von Tag zu Tag mehr und mehr zur Vollendung käme. [...] Und so darfst du dir das Leben eines Christen nicht vorstellen als ein Stehen und Ruhen, sondern als ein Unterwegssein und Aufbrechen von den Lastern zur Tugend, von Klarheit zu Klarheit, von Kraft zu Kraft. Und wer nicht unterwegs ist, den halte du auch für keinen Christen [...] Die Liebe liegt nicht still, sondern sie kreuzigt ununterbrochen das Fleisch. Und sie kann nicht befriedigt stehen bleiben auf ihrer Stufe, sondern sie verschafft sich weiten Raum im ganzen Menschen, ihn von

4.2 Rechtfertigung und Heiligung – eine Verhältnisbestimmung

Grund auf zu reinigen."[67] Darum ist für ihn ein tägliches Bemühen um Heiligung durch Gebet, durch Morgen- und Abendsegen, durch Beschäftigung mit dem Katechismus und Singen von Chorälen in der häuslichen Andacht, durch Lektüre und Bedenken der Schrift selbstverständlich. Er betont in verschiedenen Zusammenhängen, die biblischen Gedanken aufnehmend, die Notwendigkeit eines täglich neuen Bemühens auf Seiten des Menschen, so in der bekannten Forderung des kleinen Katechismus, daß der alte Adam in uns mittels der Methode täglicher Reue und Buße ersäuft werden solle[68]. Auch wird nicht nur das tägliche Gebet für sich genommen und ohne weitere Hinweise dem Menschen verpflichtend ans Herz gelegt, sondern Luther empfiehlt zugleich etliche methodische Schritte, um es mit Gewinn zu vollziehen[69]. Außerdem soll der Christ den Namen Gottes heiligen, indem er dem Wort Gottes entsprechend seinen Alltag mit allen Aufgaben heilig lebt[70]. Vor allem anderen aber ist der Umgang mit der Heiligen Schrift

---

67 Martin Luther, Kommentar zum Galaterbrief 1519, in der Übersetzung von Immanuel Mann, Gütersloh ²1979 (= WA 2,436ff.), 171f.
68 Der kleine Katechismus (zum Sakrament der Taufe), in: Die Bekenntnisschriften der evangelisch-lutherischen Kirche (BSLK), hg. vom Deutschen Evangelischen Kirchenausschuß im Gedenkjahr der Augsburgischen Konfession 1930, Göttingen 1930, 516. Manfred Josuttis bringt das auf die einprägsame Formel: „Der Mensch kann nie von sich aus anfangen. Und der Mensch muss immer wieder neu anfangen." (Josuttis, Religion, 37)
69 Martin Luther, Eine einfältige Weise zu beten, für einen guten Freund (1535), WA 38, 358-375. Die methodischen Hinweise betreffen 1. die Regelmäßigkeit (Gebet als erste und letzte Handlung eines jeden Tages), 2. die Reinigung und Trennung, d.h. die Alltagszusammenhänge müssen verlassen werden (Rückzug in Kammer oder Kirche) und die Gedanken werden gesammelt durch Konzentration, 3. die Erwärmung des Herzens durch lautes Sprechen der Gebote, des Credo oder der Psalmen, 4. das Einnehmen einer förderlichen Körperhaltung (Knien, Stehen, Hände falten), 5. das vorbereitende Gebet, 6. das meditative Beten des Vaterunser.
70 Vaterunser-Auslegung im kleinen und großen Katechismus, BSLK 512 und 670-62. Entsprechendes findet sich auch in der Auslegung des dritten Gebots im großen Katechismus, BSLK 580ff.

die gebotene Methode der Heiligung, nicht weil ihre Lektüre als gutes Werk angerechnet würde, sondern weil sie die Gnade mitteilt: „Was ist denn heilig halten? nichts anders denn heilige Wort, Werk und Leben fuhren. [...] wir Christen sollen [...] täglich mit Gottes Wort ümbgehen, im Herzen und Mund ümbtragen. [...] Denn das Wort Gottes ist das Heiligtumb über alle Heiligtumb, ja das einige, das wir Christen wissen und haben. [...] Gottes Wort ist der Schatz, der alle Ding heilig machet, dadurch sie selbs, die Heiligen alle, sind geheiligt worden. Welche Stund man nu Gottes Wort handlet, prediget, höret, lieset oder bedenket, so wird dadurch Person, Tag und Werk geheiligt, nicht des äußerlichen Werks halben, sondern des Worts halben, so uns alle zu Heiligen machet." (582f.) Eine solche tägliche Heiligung ist unverzichtbar, damit nicht der Teufel über den Menschen Macht gewinnt. Und ein durch den Kontakt mit dem Wort geheiligter Mensch wiederum heiligt sein gesamtes Tun.

Auch die Augsburgische Konfession hält nicht nur fest, daß wir „vor Gott gerecht werden aus Gnaden, umb Christus willen, durch den Glauben"[71], sondern auch, daß aus dem Wissen um die Erlösung selbstverständlich das Gebet folgt und ebenso das Tun guter Werke mit der Hilfe des Heiligen Geistes[72], also ein Leben, das dem Glauben entspricht. „Will sagen: Tut gute Werke, daß ihr bei dem Evangelio, bei eurem himmlischen Beruf bleibet, daß ihr nicht wiederum abfallet, kalt werdet, verlieret Geist und Gaben, die euch aus Gnaden durch Christum wiederfahren sind, nicht um der folgenden Werke willen. Denn in dem Beruf bleibet man fest durch den Glauben, und der Glaube und heilige Geist bleibet in denjenigen nicht, die sundlich Leben führen."[73] Die *praxis pietatis*, die aus dem Glauben folgt, hindert am Rückfall in die Sünde und verhindert damit das Herausfallen aus der Gnade. Zu einer entsprechenden Frömmigkeitspraxis gehört, mehr als Fasten oder

---

71 CA IV, BSLK 55.
72 CA XX, BSLK 76f.
73 ApCA XX, BSLK 316.

4.2 Rechtfertigung und Heiligung – eine Verhältnisbestimmung

„neue Ceremonien", das von Gott Gebotene zu tun, „so jeder nach seinem Beruf zu tun schuldig ist"; aus menschlichen Traditionen aber solle man keinen „notigen Gottesdienst" machen. Doch bedeutet das nicht, daß auf alle spirituellen Methoden Verzicht zu leisten sei, denn es „wird auch gelehrt, daß ein iglicher schuldig ist, sich mit leiblicher Ubung, als Fasten und andrer Arbeit, also zu halten, daß er nicht Ursach zu Sunden gebe, nicht daß er mit solchen Werken Gnad verdiene. Diese leibliche Ubung soll nicht allein etliche bestimbte Tage, sondern stetigs getrieben werden [...], den Leib geschickt zu halten, daß er nicht verhindere, was einem iglichen nach seinem Beruf zu schaffen befohlen ist. Und wird also nicht das Fasten verworfen, sondern daß man ein notigen Dienst daraus auf bestimbte Tag und Speise, zu Verwirrung der Gewissen, gemacht hat."[74] Ebenso sind gottesdienstliche Traditionen, Gesänge und Ordnungen nicht entscheidend für das Heil, weshalb sie ohne Gewissensnot unterlassen werden dürfen, doch sie können nützlich sein. Das Ziel ist, daß der Mensch nicht nur – durch den Glauben – in seiner Person, sondern zudem auch in seinen Werken „gerecht und heilig heißen und sein" soll[75]. Die Konkordienformel schließlich hält fest, daß die Heiligung der Rechtfertigung nachfolgt, denn der Mensch soll, obgleich durch Christi Erlösungshandeln alle Sünden vergeben sind, natürlich keineswegs ohne Buße, Bekehrung und Besserung in seinen Sünden fortfahren[76]. Vielmehr ist dem gerechtgesprochenen Sünder der Heilige Geist gegeben, der ihn erneuert und heiligt und der darum die Liebe zu Gott und Nächstem notwendig folgen läßt, wenn auch „vonwegen unsers verderbten Fleisches in diesem Leben nicht ganz rein und vollkommen" (923). Dennoch: Heiligung, Erneuerung, Liebe gehören zur Gerechtigkeit des Menschen vor Gott, nicht ursächlich,

---

74 CA XXVI, BSLK 100-106.
75 Schmalkaldische Artikel, BSLK 460.
76 FC III, 921. Es wird sogar betont, daß wahre Reue dem Glauben vorhergehe und rechter Glaube in wahrer Buße sei (922). Zur zeitlichen und logischen Abfolge von Rechtfertigung und Heiligung s. auch a.a.O., 927f.

doch im Glauben und aus der Kraft der Gnade geübt und zur Gerechtigkeit hinzutretend.

Die Position Luthers und der Bekenntnisschriften zusammenfassend kann man sagen, daß die Rechtfertigung den Menschen auf den Weg der Heiligung setzt, den er dann beschreiten muß, um die von Gott geschenkte Gnade nicht zu mißachten. Die Möglichkeit, diesen Weg zu beschreiten, die Möglichkeit jeder *praxis pietatis*, jeder Heiligung, verdankt der Mensch dem Heiligen Geist, sie ist – ebenso wie die Gerechtigkeit – Gabe Gottes.

4.2.3 Heiligung als geistliche Notwendigkeit

In protestantischen Gemeinden begegnet heute häufig eine verzerrte Interpretation der Rechtfertigung *sola fide* und *sola gratia*, in Gestalt der Auffassung nämlich, daß ein Bemühen um Heiligung wie jedes andere Tun „guter Werke" für den Christen nicht nur überflüssig, sondern sogar schädlich sei[77]. Schließlich seien wir doch durch Gott allein aus Gnade gerechtfertigt und jedes eigene Bemühen verdunkle die göttliche Gnade. Oder, deutlich laxer: ‚Wozu sollen wir uns anstrengen, wir sind doch schon erlöst'.
Demgegenüber ist die reformatorische Verhältnisbestimmung zwischen Rechtfertigung und Heiligung jüngst von Manfred Josuttis neu betont worden, der dabei größtes Gewicht darauf legt, ein gesetzliches Mißverständnis der Heiligung abzuwehren:

> „Der Blick in die Frömmigkeitsgeschichte zeigt, wie destruktiv die Forderung, ein Christ habe heilig zu leben, immer wieder gewirkt

---

77 Gänzlich neu ist dieses Mißverständnis übrigens nicht, gegen diese Position verwahrt sich schon die Konkordienformel, vgl. FC IV, BSLK 939f., auch unter Verweis auf Luther, der festgestellt habe, daß, wer keine guten Werke tue, ein glaubensloser Mensch sei (941). Die Seligkeit könne, so wird warnend festgestellt, bei einem Leben, das dem Glauben nicht entspreche, verlorengehen (947). Gute Werke und entsprechend ein Leben der Heiligung könnten nur als schädlich angesehen werden, wenn sie in dem falschen Vertrauen, daß durch sie das menschliche Heil gewirkt werde, geübt würden (950).

4.2 Rechtfertigung und Heiligung – eine Verhältnisbestimmung

hat. Nicht nur im Pietismus, Puritanismus und Methodismus haben sich damit Verhaltensnormen und Lebensmuster verbunden, die die Entwicklung und Gestaltung der ‚Freiheit eines Christenmenschen' mehr gestört als gefördert haben. Auch und gerade der Streit um die Feinheiten der Rechtfertigungslehre konnte Luthers fundamentale Bestimmung, dass die Kunst der Theologie in der Unterscheidung zwischen Gesetz und Evangelium besteht, elementar unterlaufen, weil in der Fixierung der reinen Lehre noch keine Kraft zur Gestaltung des freien Lebens enthalten ist. Eine Heiligung, die aus der Forderung des Gesetzes und nicht aus der göttlichen Dynamik des Evangeliums wächst, kann in der Frömmigkeitspraxis keine aufbauenden, sondern nur niederdrückende Prozesse auslösen."[78] Demgegenüber basierten die Überlegungen zu methodischen Schritten der Heiligung auf der „Wirkungslogik von Erfahrung", die vom göttlichen Handeln ausgingen. Die Erfahrung göttlicher Gnade löse im Menschen ein leiblich zu verortendes Resonanzgeschehen aus, das eine Konversion bewirke. Josuttis macht dies am Beispiel einer Alltagssituation deutlich: Ein im Gespräch befindlicher Mensch wird von einem Vorbeigehenden mit Namen angerufen und wendet sich um – das hier erkennbare Wirkungsmodell von einflußnehmendem Handeln, Resonanz und entsprechender „Umkehr" dient ihm zur Strukturierung religiöser Erfahrungen und Methoden[79]. Eine Methodik ist in diesem Rahmen vorstellbar, insofern zwar göttliches Handeln in der Freiheit der Gnade Gottes steht, doch Gott dem Menschen seine Nähe zugesagt hat, wenn der Mensch diese Nähe suche. Die Methodik weise demnach eine dreistufige Struktur auf: die Evokation von göttlichem Einfluß, die geschöpfliche Resonanz, die dementsprechende Erfahrung minima-

---

[78] Josuttis, Heiligung, 15. Ausführlich zur Unterscheidung von Gesetz und Evangelium im Hinblick auf Heiligung und auf ihre methodischen Aspekte: Josuttis, Religion, 32-47.

[79] Josuttis, Heiligung, 17. Freilich ist das beschriebene Modell zunächst wohl eher tauglich, die unweigerliche menschliche Reaktion auf ein Handeln Gottes zu beschreiben, als eine Methodik menschlichen Handelns daraus zu entwickeln, zumal der frei ergehende Anruf Gottes, zu dem die beschriebene Szene am ehesten eine Analogie darstellt, gerade nicht vom angerufenen Menschen ausgelöst wird. In mancher Hinsicht scheint hier zwischen dem Geschehnis rechtfertigender Gnade und der zur Heiligung erforderlichen begleitenden Gnade nicht unterschieden zu werden, und für vom Menschen methodisch gesuchte Begegnungen mit dem Heiligen ist der ‚Anruf' nicht das überzeugendste Bild.

ler oder umfassender Konversion (20f.). Ein solches Heiligungsgeschehen sei kein linearer Prozeß, vielmehr umfasse es die gesamte Gott-Mensch-Beziehung; es bewirke den Wechsel in eine andere Wirklichkeit, die Wirklichkeit des Heiligen, die durch das Praktizieren bestimmter Methoden zugänglich sei, und zugleich habe das Heiligungsgeschehen Widerfahrnischarakter: „Menschen ‚machen' in diesen und anderen Bereichen Erfahrungen, indem sie Methoden anwenden, Rituale praktizieren, Exerzitien vollziehen. Man wird, wenn man diese Handlungen nicht grundsätzlich für sinnlos erklären will, nicht einfach behaupten können: Gott ist unverfügbar." (19) Doch erfordert die Annäherung an Gott, auch wenn er sich in diesen Handlungen erreichen läßt, bedachtsame Präparation auf Seiten des Menschen: „Die Annäherung an das Heilige ist ein asketischer Weg. Man muss persönliche Interessen, berufliche Zwecke, wissenschaftliche Neugier weitgehend hintanstellen können. [... Und es kann] eine Beziehung zu diesem Gott nicht ohne Lebensänderung und eine Verbindung zu ihm nicht ohne Trennungen von anderen Mächten geben." (Ebd.)

Ein Leben auf dem Weg, auf den der Mensch durch die Rechtfertigung gesetzt ist, erfordert das Praktizieren von Frömmigkeit, eine *praxis pietatis*. Für jede Praxis sind verläßlich wirksame Methoden erforderlich. Jede Praxis will etwas erreichen, sie strebt auf ein Ziel zu, ob es in Routine besteht, im Erhalten eines Zustandes oder im Erreichen eines anderen, besseren Zustandes. Die Praxis der Heiligung bemüht sich um die Annäherung an Gott und um ein Leben, das der Gnade der Rechtfertigung entspricht. Ob es dabei einen Fortschritt hinsichtlich eines erreichten Grades der Heiligung geben kann, ist nicht allein eine theologische, sondern auch eine anthropologische Frage, die hier nur gestellt, nicht entschieden werden soll: Ist der Mensch immer gleichbleibend Sünder oder vermag er sich, als „neue Kreatur" infolge der Taufe und durch die Hilfe des Heiligen Geistes, dem Urbild, der *imago Dei* jedenfalls bruchstückhaft anzunähern? Doch selbst wenn – in Abweichung von der lutherischen Position – von einem Fortschritt gesprochen werden kann: Er ist allenfalls fragil, weil die Anfechtung der „dunklen Nacht" ebenso wie ein Verfallen in Überdruß immer wieder alles Erreichte zunichte machen können. Allerdings ist es dem Menschen dann möglich, wieder von neuem zu beginnen mit seinem Bemühen. Doch es sei nochmals betont: Mit allem Bemühen können sich Menschen das Heil, das Heil-Werden nicht verdienen. Und durch keine noch so große Anstrengung können sie sich selbst zu Heiligen machen. Heiligung ist Geschenk. Und nur eine Heiligung, die auf Sicherheit verzichtet, auf den Versuch, durch das eigene Tun den Boden unter den Füßen fester zu machen, eine Heiligung, die zugleich Übung ist, jeden Tag neu in der Haltung der Lilien auf dem Feld zu leben und von Gott alles zu erwarten (Mt 6,25-34), steht nicht in der Gefahr, „Werkerei" zu sein.

FAZIT: Heiligung ist – als eine Weise der Präparation – erforderlich vor der immer neu gesuchten Begegnung mit dem Heiligen. Sie ist ein von Gottes Gnade ermöglichtes und begleitetes Tun, ein Fortschreiten auf einem Weg, auf den der Mensch durch die Rechtfertigung gesetzt ist, ein Fortschreiten allerdings nicht hinsichtlich der Erlösung, die allein Gnade ist, sondern hinsichtlich eines Sich-offen-Haltens für Gott, für die Begegnung mit ihm, für seinen Anruf und seine Forderung[80]. Die auf diesem Weg praktizierten Methoden der Heiligung sind dabei insofern mißbrauchbar, als sie zum Versuch zu verwenden sind, die Haltung der eigenen Frömmigkeit oder den einmal gefundenen Standort im Blick auf Gott zu sichern. Doch eine so mißbrauchte Heiligung schlösse den

---

80 Angesichts des Gedankens eines wünschenswerten „Fortschreitens" sollte andererseits die Angst vor einem möglichen Versagen nicht zu groß sein: „Wenn ich, durchbohrt von Tod und Licht, das auf mein Leben gefallen ist, gewahr werde, daß ich mich von der Liebe schlecht habe lieben lassen, wenn ich vor dem Vater Jesu und meinem Vater sehen werde, daß ich schlecht geliebt habe, weil ich so oft nicht geliebt werden wollte, dann wird der Geist, ich weiß es, mehr als je durch meine nackte Armut hindurch beten. Und der zärtliche Vater wird sich damit begnügen, mich humorvoll anzusehen und wie als Antwort auf dieses letzte Gebet sagen: ‚Wie geht's dir?'" (Jean-François Six, Beten in der Nacht des Glaubens, Freiburg/Basel/Wien ²1972, 51).

Menschen zu, machte ihn gerade unzugänglich für die Begegnung mit Gott und taub für seine Stimme.

4.3 Geistliche Führung, Begleitung, Beratung

Jeder Mensch, der geistlich leben will, hat als Richtschnur für dieses Leben die Heilige Schrift mit dem „größten Gebot" (Mk 12,28b-34), er hat die Gemeinschaft der Mitchristen, in die er gewiesen ist, er hat die Texte der Tradition, der Mütter und Väter im Glauben. Braucht er noch mehr? Nun ist es Konsens bei den im Bereich christlicher Spiritualität Erfahrenen, daß ein Mensch den Weg der Heiligung nicht allein beschreiten sollte, sondern auf geistlichen Rat unbedingt angewiesen ist; dies haben etliche der herangezogenen Quellen gezeigt[81]. Und dieser Konsens ist auch unmittelbar einleuchtend, wenn man bedenkt, daß die Unterscheidung der Geister, die *discretio*, oft schwierig ist im Hinblick auf die eigenen Wahrnehmungen, Gefühle, „Einsprechungen" (Franz von Sales). Hier sind dann ein Blick und eine Stimme von außen erforderlich, der Rat eines Menschen, der die Seele des Ratsuchenden kennt und zu dem der Ratsuchende seinerseits Vertrauen hat. Es stellt sich jedoch angesichts dieses Konsenses die Frage, wie dieser spirituelle Ratgeber, diese Ratgeberin beschaffen sein, welche Voraussetzungen er oder sie erfüllten muß, weiterhin, ob er sein Gegenüber nun „begleitet" oder „führt" und ob er in letzterem Falle nicht eine unangemessene Position zwischen dem Ratsuchenden und seinem Gott einnimmt, und schließlich, ob dem Ratsuchenden – auch in der heutigen Zeit – Gehorsam gegenüber den Weisungen abzuverlangen ist, oder ob eine solche Forderung nicht eine unzulässige Verkürzung menschlicher Freiheit und Selbstverantwortung darstellt.

---

[81] Die Notwendigkeit einer geistlichen Führung ist von den unterschiedlichsten Autoren zu allen Zeiten betont worden, zahlreiche Belege finden sich in den bisherigen Ausführungen; sie ließen sich beliebig vermehren.

4.3.1 Erforderliche Voraussetzungen

Jeder Mensch, der Spiritualität leben will, braucht nicht nur ganz allgemein die Gemeinschaft der Mitchristen zur Stützung und zum Leben seines Glaubens, er braucht ganz speziell einen Menschen, der auf demselben Weg ist, und zu dem er darum mit seinen Erfahrungen, mit seinen Fragen, mit seinen Schwierigkeiten und Nöten kommen kann. Er braucht jemanden, der ihn kennt und versteht, und dem gegenüber er zu völliger Offenheit bereit und in der Lage ist. Er braucht jemanden, dessen Worten Autorität eignet, der in Zweifelsfällen raten kann, der bei Verirrungen zurechtweist und dem er so weit vertraut, daß er seiner Weisung folgt und – was schwerer ist – sich die Zurechtweisung gefallen läßt.

Über was für besondere Eigenschaften muß ein solcher Mensch verfügen, wie und wo ist er zu finden? Daß es nicht irgendein beliebiger Mitmensch sein kann, ist angesichts der Erfordernisse deutlich. Es kann nicht einmal irgendein beliebiger Geistlicher sein, denn die Gaben sind nicht gleichermaßen an alle Christen verteilt, und auch die Gabe der Unterscheidung der Geister ist nicht jedem gegeben (I Kor 12,10). Die Fähigkeiten geistlicher Ratgeberschaft sind also nicht zwingend an das Amt, an Ordination oder Weihe, gebunden, obwohl sich jemand mit diesen Fähigkeiten durchaus darin finden kann – und hoffentlich nicht zu selten finden wird[82].

4.3.1.1 Der Ertrag der Quellen

Unverzichtbar für einen Ratgeber in geistlichen Belangen sind, darüber sind sich alle Autoren spiritueller Schriften einig, neben

---

82 Allerdings wäre es – nicht nur unter diesem Aspekt – wünschenswert, daß die Kirchen verstärkt geistliche Kriterien bei der Auswahl ihrer Pfarrer, Pfarrerinnen und Priester einsetzten. Und ebenso wünschenswert wäre es, daß sich Gemeinden von ihrer Pfarrerzentriertheit lösten, und dies nicht nur, weil der Pfarrermangel, die Finanzprobleme der Kirchen oder sonstige äußere Gründe ihnen keine andere Wahl lassen.

der selbstverständlichen zu erwartenden Klugheit und der Gabe der *discretio*, die eigene geistliche Praxis und Erfahrenheit in geistlicher Führung. Weiterhin ist Menschenkenntnis erforderlich, die die Möglichkeiten und Grenzen des Gegenübers einzuschätzen in der Lage ist, aber auch die Fähigkeit, eigene Interessen außer Acht zu lassen in einer Haltung der Liebe zum Ratsuchenden[83]. Hinzutreten sollte etwas, das Philipp Spener „Erleuchtung" nennt, eine erkennbare Lebendigkeit des Glaubens und der Gottesbeziehung, die spürbare, sich dem anderen mitteilende Praxis des Gebets. In der *Philokalie* wird noch eine weitere Forderung erhoben, die der Irrtumslosigkeit. „Und das Zeichen dafür, daß er sich nicht irrt, ist nichts anderes als daß das, was er sagt, tut und denkt, in jeder Hinsicht von der göttlichen Schrift bezeugt wird."[84]

Der Ratgeber, die Ratgeberin muß also ein geistlicher Mensch sein, muß den Weg selbst gehen und darauf mindestens so weit gekommen sein wie der Ratsuchende. Er muß beten und den Ratsuchenden betend begleiten. Er sollte die Bereitschaft haben, Vorbild zu sein (mit allen Anforderungen an die eigene Person, die das mit sich bringt). Er oder sie braucht geistliche, fachliche, persönliche Autorität. Er muß Mut haben, um seinem Gegenüber auch Härten nicht zu ersparen. Und er selbst sollte seinerseits regelmäßig eine spirituelle Begleitung aufsuchen.

> Kees Waaijman formuliert, seine Betrachtung zahlreicher Quellen und die Überlegungen zum Verlauf spiritueller Prozesse abschließend, die folgenden, gegenüber dem bisher Gesagten teilweise anders akzentuierten Anforderungen: Der geistliche Ratgeber muß über Wissen, Erkenntnis und Einsicht verfügen, Wissen um die Struktur und die wahrscheinlichen Schritte eines Lebens in der *pra-*

---

[83] So Franz von Sales in der *Philothea*: „Er soll voll Liebe, Wissenschaft und Klugheit sein. Fehlt eine dieser Eigenschaften, so bist du in Gefahr." (A.a.O., s.o. III.4.2., 34.) Ähnliches ist in den Wünschen Philipp Speners an die Professoren in der *Pia desideria* enthalten, vgl. a.a.O., s.o. III.4.3., 68, wenn er erwartet, daß sie „nicht ihre eigene Ehre, Gewinn oder Wohlbehagen, sondern in allem allein ihres Gottes Ehre und der Anvertrauten Heil suchten".

[84] So Gregorios der Sinaite, a.a.O., s.o. III.4.5., V/438.

xis pietatis, Erkenntnis der dialogischen Struktur und Einsicht in das Handeln Gottes am Menschen: „Insight into the transition from human activity to God's working is of essential importance for a proper spiritual accompaniment."[85] Seine Unterscheidungsgabe muß den äußeren Anschein durchschauen und zwischen scheinbarem und echtem Fortschritt auf dem spirituellen Weg unterscheiden können. Er muß über eigene Erfahrungen verfügen und imstande sein, diese zu reflektieren. Außerdem muß er sich Rechenschaft ablegen über seine eigenen Motive im Hinblick auf seine Bereitschaft, die Begleitung eines Menschen zu übernehmen: „Am I keeping someone in accompaniment, because *I* have a need for this? Do I dare to admit that a certain accompaniment exceeds the limits of my competence?"[86] Und schließlich sollte er sich die Frage stellen, ob tatsächlich er derjenige ist, der diesen Ratsuchenden begleiten sollte. „He must, after all, know that every spiritual way is unique and that not everyone is suited to everyone. It calls for experience to assess this situation correctly."[87]

Diese letzte Feststellung leitet weiter zu der eher praktischen Frage, wie der richtige geistliche Ratgeber gefunden werden kann (eine „Gebrauchsanleitung" für die Suche ist in einem theoretischen Text naturgemäß nicht zu erwarten).

4.3.1.2 Suchen und Finden

Die Wahl des richtigen Ratgebers ist für den Verlauf des Weges und für eine spirituelle Entwicklung und Reifung entscheidend, vor allem dann, wenn die Reaktion auf die Hinweise und den Rat auf Seiten des Geführten Gehorsam sein soll. Nicht jeder Ratgeber, gleich wie fähig er oder sie sein mag, paßt für jeden Ratsuchenden, darin ist Kees Waaijman zuzustimmen – wenn kein Vertrauensverhältnis entsteht, nützt die stärkste Begabung nicht. Daß ein

---

85 Kees Waaijman, Spirituality. Forms, Foundations, Methods (Studies in Spirituality Supplement 8), Leuven/Paris/Dudley,MA 2002, 920; zum gesamten Zusammenhang s. 895-920.
86 Ebd.
87 Ebd.

wirklich „passender" Ratgeber nicht leicht zu finden ist, muß nicht eigens betont werden; nicht umsonst hat Franz von Sales das Diktum der Teresa von Avila, geeignet sei einer unter tausend, noch verschärft: Nur einer unter zehntausend komme ernstlich in Frage. Doch wo ist dieser eine zu finden?

Aussichtsreich ist eine Suche zunächst grundsätzlich in christlichen Gemeinschaften und deren Umfeld, wobei es einige Gemeinschaften gibt, wie etwa Orden im Bereich der römisch-katholischen Kirche oder Kommunitäten im Bereich des Protestantismus, die über eine höheres Maß an Erfahrung in geistlicher Begleitung oder Führung verfügen, als es sich in klassischen Ortsgemeinden und Parochien findet[88]. Doch sollte der Blick hier nicht zu eng sein. In vielen Gemeinden gibt es Menschen, die über große Begabungen verfügen, ohne zugleich in Ämter zu drängen, und mindestens Protestanten täten gut daran, den Gedanken des „Priestertums aller" auch in dieser Hinsicht ernster zu nehmen. Grundsätzlich empfiehlt es sich, wie in allen anderen geistlichen Belangen auch, die Suche im Gebet zu begleiten.

Hat der Ratsuchende dann jemanden gefunden, sollte er die im vorigen Abschnitt benannten Kriterien anlegen: Ist der gefundene Ratgeber ein Mensch, der geistlich lebt, der von den eigenen Interessen absehen kann, dessen Tun mit seinem Reden übereinstimmt und dem doppelten Liebesgebot entspricht? Der Ratsuchende sollte auch überprüfen, ob er zu wirklich schonungsloser Offenheit gegenüber diesem Menschen imstande ist – es ist kein anonymes Gegenüber, dem ich in solchen Gesprächen die Abgründe meines Herzens anvertraue, und ich muß in der Lage sein, meine wahrscheinlich vorhandene Scham zu überwinden. Sind alle diese

---

[88] Interessanterweise ist das Vertrauen der Protestanten in die diesbezüglichen Kompetenzen ihrer Tradition sehr gering: Etliche Pfarrerinnen und Pfarrer suchen sich geistlichen Rat lieber bei katholischen Geschwistern als im eigenen Umfeld. Dies mag freilich auch damit zu tun haben, daß einige Scheu besteht vor einer emotionalen und geistlichen „Selbstentblößung" vor den eigenen Geschwistern im Amte, wie sie mit geistlicher Beratung notwendig einhergeht.

Fragen positiv beantwortet, scheint mir der Rat des Franz von Sales weise: „Setze dein Vertrauen nicht auf seine Person noch auf sein menschliches Wissen, sondern auf Gott. Er wird dir seine Gunst erweisen und durch diesen Menschen zu dir sprechen, ihm das in Herz und Mund legen, was deinem Glück dient. Deshalb musst du auf ihn wie auf einen Engel hören, der vom Himmel herabgestiegen ist, um dich emporzuführen."[89] Damit ist nicht ausgeschlossen, daß im Laufe des geistlichen Weges ein anderer Ratgeber gesucht werden muß, doch ist eine solche Entscheidung nur nach gründlichem Bedenken und keinesfalls bei dem ersten Auftreten von Unmut oder Unzufriedenheit zu treffen.

4.3.2 Begleitung oder Führung?

Die Autoren der *Philokalie* fordern von jedem gottsuchenden Menschen ausdrücklich, sich einen geistlichen Vater zu suchen, sich ihm bedingungslos unterzuordnen und ihm Gehorsam zu leisten. „Vater" wird hier somit klassisch patriarchal verstanden, der „Vater" ist ein weiser, erfahrener Mann mit Autorität, er ist ein „Führer". Generell haben die Quellen aus dem Bereich geistlicher Literatur mit dieser Vorstellung eines direktiv und autoritär, sogar streng vorgehenden geistlichen Begleiters keinerlei Schwierigkeiten, im Gegenteil: Von den Alten Kirche an bis in die Neuzeit wird geistliche Führung als unverzichtbar angesehen. In zahlreichen Veröffentlichungen der letzten Jahre auf dem Gebiet der Spiritualität allerdings findet sich zumeist nurmehr eine geistliche „Begleitung", und entsprechend lauten auch die Ausschreibungen von Fortbildungen in Pastoralkollegs; auf Nachfrage wird auf die Abneigung des neuzeitlichen Individuums hingewiesen, sich Autoritäten unterzuordnen. Diese Scheu vor der Möglichkeit, die Autonomie des modernen Menschen zu hinterfragen oder sogar zu gefährden, ist jedoch nicht in allen neuzeitlichen Zusammenhängen anzutref-

---

[89] Franz von Sales, Philothea, 34.

fen. So sprechen Managementtheorien in administrativen Fragen von „Leitung", hinsichtlich des Umgangs mit Menschen aber ganz selbstverständlich von „Führung" – und in die Leitung gelangt nur, wer Führungsqualifikation unter Beweis gestellt hat[90]. Offensichtlich ist, wenn es um Ziele geht, auch Führung erforderlich. Zeitgenössische Protestanten nun haben in vieler Hinsicht überhaupt keine Erfahrung mit „Führung"; infolge der Tendenz zur Individualisierung, die dem Protestantismus spätestens seit Schleiermacher innewohnt, sind sie sich in ihrer Erkenntnis und Einsicht oft selbst genug. Diese Selbstgenügsamkeit[91] tritt in verschiedenen Ausprägungen auf, als bürgerliche Saturiertheit, die sich ohne Einrede von außen auf dem richtigen Weg wähnt, ebenso wie als liberale Beliebigkeit. Die vielerorts begegnende Vorliebe für den demokratischeren Begriff einer geistlichen „Begleitung" ist ein Beleg für eine solche bürgerlich-liberale Haltung. Sachgemäß ist das nicht, denn wo es im Hinblick auf das Einrichten des eigenen Lebens ein „richtig" und ein „falsch" gibt, wo das Abweichen von einem Weg Gefahr bedeutet (gemäß den Bekenntnisschriften sogar die Gefahr, aus der Taufgnade hinauszufallen), muß jemand den Weg kennen und vor Umwegen oder Abwegen warnen können. Eine entsprechende Warnung kann von einem Begleiter kommen, doch ist hier neben der biblischen Warnung vor den blinden Blindenführern (Mt 15,14) die menschliche Neigung zu bedenken,

---

90 Skills für Führungspersonen sind, so jedenfalls bei Siemens (nach Auskunft eines Verantwortlichen aus dem Management): Zielorientierung; Beachten der Regel, daß keine Maßnahme ohne Diagnose ergriffen werden darf; ganzheitliches Denken und Handeln, die Verknüpfung von *ratio* und Emotion; Beteiligung der Betroffenen; Hilfe zur Selbsthilfe; prozeßorientierte Steuerung, wobei der Prozeß transparent sein muß; sorgfältige Auswahl der Schlüsselpersonen; lebendige Kommunikation. Probleme bei Führungspersonen liegen, so wurde festgestellt, oft nicht im konkreten Verhalten, sondern in der Haltung, der Einstellung, in einer Angst im Blick auf Veränderung, auf Neues, auf mögliches Versagen.
91 Die Möglichkeit eines In-sich-selbst-Verkrümmtseins ist hier durchaus mitzuhören.

4.3 Geistliche Führung, Begleitung, Beratung

bei angenehmer Wegbegleitung den Weg nicht in Frage zu stellen. „Begleiter" sind grundsätzlich alle Mitchristen, die sich auf dem Weg gelebter Spiritualität befinden, tastend, suchend, Wegstrecken erprobend, und ein aufrichtiger Erfahrungsaustausch mit ihnen wird immer wieder sinnvoll und sogar hilfreich sein. Doch bei der in den Quellen angemahnten „geistlichen Führung" geht es um etwas anderes, nämlich um die Kenntnis des Weges, und es geht um Anweisungen. Diese harmlos als „Begleitung" ausgeben zu wollen, wäre ein Etikettenschwindel.

Dennoch ist ein Moment dieser nicht nur terminologischen, sondern auch inhaltlichen Verschiebung ernst- und aufzunehmen angesichts einer im protestantischen Raum neuen Erscheinungsform geistlicher „Begleitung": Die evangelische Freiheit ist zu wahren gegen ein aus jesuitischen Ansätzen entwickeltes Ordnungsschema, wie es von manchen seit einiger Zeit gern rezipiert wird, oft genug vermischt mit Haltungen, die von Zen-Meistern übernommen wurden – das andere Extrem gegenüber einer Ablehnung jedes autoritären Umgangs[92]. In diesen Ansätzen liegen verschiedene Gefahren: Zum einen können sie den Geführten alle Verantwortung für den eigenen Weg und das eigene Leben aus der Hand nehmen und die Vernunft dispensieren, zum anderen suggerieren sie eine Sicherheit, die es im geistlichen Leben nicht geben kann und führen darum oft in gesetzliche Starrheit. Es ist also zu fragen, welche Form einer geistlichen Führung und welcher Umgang damit protestantischer Frömmigkeit entspricht.

---

[92] Verschiedene Lehrer der Spiritualität im protestantischen Raum geben, auch im Rahmen von kirchlich akkreditierten Fortbildungen, Verhaltensanweisungen, die unbedingt eingehalten werden sollen. Bereits eine Nachfrage, von einem Hinterfragen ganz zu schweigen, scheint in unzulässiger Weise die Autorität dieser Lehrer in Frage zu stellen, so daß Sanktionen, bis hin zur Verweigerung von Teilnahmescheinen für die regelmäßig besuchte Fortbildung, die Folge sind. Ob diesem sich absolut gebärdenden Anspruch auf geistliche Führerschaft im Einzelfall eine sich gesetzlich auswirkende Methodengläubigkeit oder persönliche Eitelkeit zugrundeliegen, mag dahingestellt bleiben.

Inhaltlich halte ich, auch aus eigener Erfahrung, das Moment der „Führung" für unverzichtbar. Der Terminus „Begleitung" klingt zwar angenehm demokratisch (von dem freundlicheren und unbelasteteren Klang des „Begleiters" gegenüber einem „Führer" ganz zu schweigen), und er läßt mir auch die Illusion von Autonomie. Handelt es sich allerdings bei dem damit gemeinten Geschehen wirklich nur um eine Begleitung im Sinne eines „Schau'n wir mal, wo wir miteinander so hinkommen", ist das zu wenig in einem Bereich, in dem es immerhin um ein Leben *coram Deo* geht, das Gott und der von ihm geschenkten Rechtfertigung entsprechen soll. Ein Kompromiß könnte es sein, von einer „geistlichen Beratung" zu sprechen, in dem einem Menschen durch einen „geistlichen Ratgeber" der erfragte – oder aber auch der nicht gesuchte – „geistliche Rat" erteilt wird. In diesen Begriffen ist jedenfalls das größere Wissen, die weiterreichende Erkenntnis des Beratenden enthalten, ohne die dieser einem anderen in geistlichen Fragen nicht weiterhelfen könnte. Freilich ist den erteilten Ratschlägen, wenn die geistliche Beratung einen Sinn haben soll, Folge zu leisten[93] – wie bedingt oder unbedingt, ist abschließend zu erörtern.

4.3.3 Gehorsam und Verantwortung

Gemäß traditioneller Sicht hat der Gehorsam des Menschen gegenüber seinem geistlichen Führer vorbehaltlos und unbedingt zu sein[94]. Kann diese Sicht heute, gerade auch im Hinblick auf den

---

93 Ein Beispiel für ein solches Geschehen bietet Andersens Märchen ‚Der Reisekamerad' (Die schönsten Märchen von Hans Christian Andersen, aus dem Dänischen übertragen von Albrecht Leonhardt, Gütersloh 1959, 57-88). Darin gibt der Begleiter des jungen und unerfahrenen Johannes – ein Toter mit dem erforderlichen esoterischen Wissen, der eine Dankesschuld abzutragen hat – ihm Ratschläge, die dieser ohne zu verstehen, doch zu seinem Vorteil, gehorsam befolgt.
94 So beispielsweise Dorotheus von Gaza, s.o. III.2.3., Franz von Sales, s.o. III.4.2. und die *Philokalie*, s.o. III.4.5.: „Der Gehorsam, den ein jeder seinem geistlichen Vater gegenüber erweist, macht ihn ja sorglos von

häufigen Mißbrauch des Gehorsamsbegriffs durch die Erfüllungsgehilfen totalitärer Regime, noch vertreten werden? Widerspricht er nicht der Autonomie des freien Ich? Widerspricht er nicht der christlichen Freiheit?
Nun ist die Frage der Freiheit oder Unfreiheit eines Christenmenschen, der Freiheit seines Willens und der Freiheit seines Handelns immer wieder kontrovers diskutiert worden. Festgehalten sei das Folgende: Der Mensch ist als Geschöpf Gottes auf die Beziehung zu Gott hin geschaffen und von seinem Schöpfer in die Freiheit der eigenen Entscheidung für das Gute oder das Böse entlassen. Diese Freiheit führt unter den Bedingungen dieser Welt, selbst wenn man dem Menschenbild Augustins und seinem *non posse non peccare* nicht völlig zustimmen möchte, zur Sünde, in die jeder Mensch in der einen oder anderen Weise verstrickt ist, die ihn bindet und die dazu führt, daß der Mensch sein In-sich-selbst-verkrümmt-Sein nicht aus eigenem Willen aufbrechen kann. Darum ist der Mensch angewiesen auf eine erneute Befreiung, die Erlösung durch Christi Tod und Auferstehung aus Gottes Gnade, wie Paulus seinen Gemeinden immer wieder einschärft. Nimmt der Mensch Christi Erlösungshandeln im Glauben an, wird er durch das Wirken des Heiligen Geistes, der ihm in der Taufe gegeben wird, frei zum Widerstand gegen die Sünde, frei zum Guten, frei auch, Gott und den Nächsten und sich selbst zu lieben: „So gibt es nun keine Verdammnis für die, die in Christus Jesus sind. Denn das Gesetz des Geistes, der lebendig macht in Christus Jesus, hat dich frei gemacht von dem Gesetz der Sünde und des Todes." (Röm 8,1f.) In und zu dieser Freiheit zum Guten bleibt er allerdings auf das Wirken Gottes in ihm angewiesen, und er bleibt verwiesen auf seine Bestimmung, die Gottes- und Nächstenliebe.

---

allem, denn er hat seine Sorge auf seinen geistlichen Vater geworfen [...]. Denn jener, der sich selbst und seine ganze Sorge Gott und seinem geistlichen Vater anheimstellt, lebt in diesem wahren Gehorsam nicht mehr sein eigenes Leben, um seinen Willen zu tun, sondern ist von jeder leidenschaftlichen Anhänglichkeit an die Welt und an seinen Leib abgestorben." (Symeon der Neue Theologe V/414)

Der Mensch ist frei, aber er steht damit nicht im luftleeren Raum völliger Selbstbestimmtheit, er hat den einen Macht-Raum, den der Sünde verlassen können, doch nur, indem er einen anderen Macht-Raum, den Raum Gottes, betritt: „Denn ich bin durchs Gesetz dem Gesetz gestorben, damit ich Gott lebe." (Gal 2,19a) Die christliche Freiheit ist nicht Freiheit „an sich", sie ist die Freiheit der Liebe, die das Gesetz Christi erfüllt, und sie ist Freiheit zur Liebe: „Denen, die ohne Gesetz sind, bin ich wie einer ohne Gesetz geworden – obwohl ich doch nicht ohne Gesetz bin vor Gott, sondern bin in dem Gesetz Christi –, damit ich die, die ohne Gesetz sind, gewinne." (I Kor 9,21) Der Verzicht auf Freiheit ist also Gehorsam gegenüber dem Liebesgebot: „Einer trage des anderen Last, so werdet ihr das Gesetz Christi erfüllen." (Gal 6,2) Frei ist, wer im Evangelium der befreienden Liebe Gottes begegnet ist, frei von der Sünde, frei von allen Menschen und unabhängig von Konventionen, Ansprüchen und Meinungen. Diese Freiheit führt, weil sie aus der Liebe kommt, in die Liebe und damit in die Knechtschaft hinein, zugleich aber in die Freiheit von sich selbst und von der eigenen Freiheit. Wer diese Freiheit nicht im Opfer des Dienens bewährt, verleugnet die Liebe als Grund der Freiheit: „Denn obwohl ich frei bin von jedermann, habe ich doch mich selbst jedermann zum Knecht gemacht, damit ich möglichst viele gewinne." (I Kor 9,19)

Martin Luther nimmt dieses Paradox nachdrücklich auf: „Und obwohl er [sc. der Christ] nun ganz frei ist, will er sich doch willig zu einem Diener machen, seinem Nächsten zu helfen, mit ihm verfahren und handeln, wie Gott mit ihm durch Christus gehandelt hat [...] Sieh, so fließt aus dem Glauben die Liebe und die Lust zu Gott und aus der Liebe ein freies, williges, fröhliches Leben, dem Nächsten umsonst zu dienen." Luthers Fazit: „Aus dem allen ergibt sich die Folgerung, daß ein Christenmensch nicht in sich selbst lebt, sondern in Christus und in seinem Nächsten; in Christus durch den Glauben, im Nächsten durch die Liebe."[95] Frei ist der Mensch nur solange, wie er sich im Herrschaftsbereich Gottes befindet, wie der Geist Gottes in ihm wirken darf: „Der Herr ist der Geist; wo aber der Geist des Herrn ist, da ist Freiheit." (II Kor 3,17)

Der Mensch ist aus Gnade frei, frei von der Sünde, frei zur Liebe, frei von der Diktatur des eigenen Ich, frei zum Gehorsam gegenüber Gott und Gottes Gebot, frei zum Gehorsam gegenüber Menschen, durch die Gott spricht. Gehorsam gegenüber einem geistlichen Ratgeber ist also im Vertrauen darauf, daß der Ratgeber Gott untersteht und seinerseits Gott in allem gehorcht, sinnvoll, gut, richtig. Gehorsam ist auch darum gut und richtig, weil er nur möglich ist in einer Haltung der Demut, die er gleichzeitig einübt. Und Demut ist, wenn auch gegenwärtig nicht sehr populär – bei aller Freude an der eigenen Geschöpflichkeit und bei allem Bewußtsein von deren Würde – die einzig angemessene Haltung des Geschöpfes gegenüber seinem Schöpfer und Erlöser.

Freilich dispensiert der Gehorsam nicht, nach Art eines „Kadavergehorsam", völlig von eigenem Hinfühlen und Überdenken; hier widerspreche ich der *Philokalie* und anderen Texten der Tradition, allerdings nicht den biblischen Zeugnissen. Der Mensch soll die Verantwortung für sein eigenes Leben nicht völlig in die Hand eines anderen *Menschen* legen, denn auch ein geistlicher Ratgeber ist nicht vor Rückfällen in seiner *praxis pietatis* geschützt, auch er ist zugleich gerechtfertigt und auf dem Weg der Heiligung befindlich *und* bleibend Sünder, auf die Umkehr und die Gnade Gottes bleibend angewiesen. Außerdem wächst die Kenntnis der Seelen, die Fähigkeit zur Einschätzung der Äußerungen des jeweils anderen im Laufe der Zeit auf beiden Seiten[96].

---

95 Martin Luther, Von der Freiheit eines Christenmenschen, WA 7,20-38, zit. nach: Ausgewählte Schriften I, hg. von Karin Bornkamm und Gerhard Ebeling, Frankfurt/M. 1990, 259f. und 263.
96 Die Frage, wann ein Rat in Vollmacht gegeben ist, kann – wenn eine Beratung Ertrag bringen soll – nicht je von neuem gestellt werden. Aber auf wachsende Zweifel ist achtsam zu reagieren. Nicht zweckmä-

Wenn auch das Zögern hinsichtlich eines unbedingten Gehorsams gegenüber einem Führer nachvollziehbar sein mag, so ist doch ein in freiem Gehorsam gewähltes Befolgen des geistlichen Rates unverzichtbar – in dem Vertrauen darauf, daß Gott diesen Rat im und durch den anderen Menschen gibt und vor allem in demütiger Einsicht in die eigenen Grenzen. In diesem Sinne sollte einem geistlichen Rat verantwortet „gehorcht" werden.

FAZIT: Christen, die den Weg der Heiligung gehen und eine *praxis pietatis* leben wollen, sind angewiesen auf eine helfende, korrigierende, kenntnisreiche Begleitung ihres Weges, sie sind angewiesen auf geistliche Ratgeber. Das eigene Herz zu erkennen ist oft schwer oder gar nicht möglich; die unterschiedlichen Schritte, die möglich wären, zu überblicken und den richtigen auszuwählen, erfordert einen Abstand, den ein Mensch gegenüber sich selbst meist nicht aufbringt. Hier hilft es nur, sich einem im Leben des Glaubens und im Blick auf die menschliche Psyche erfahrenen Mitchristen in völliger Offenheit anzuvertrauen, einem Menschen, dem die Gabe der *discretio* geschenkt ist und der bereit ist, sich selbst zurückzunehmen im Interesse des anderen. Vom Rat eines solchen Menschen soll sich der Christ auf seinem Weg in einer Haltung des verantworteten, bewußten Gehorsams leiten lassen.

4.4 Kriterien christlicher Spiritualität

Die Überlegungen dieses Kapitels kurz zusammenfassend sollen nun abschließend ohne Anspruch auf Vollständigkeit einige wesentliche Kriterien christlicher Spiritualität zusammengestellt

---

ßig ist es, die Frage an die Art des Rates zu knüpfen, etwa: Wann ist ein Rat in Vollmacht gegeben, wenn er mich bestätigt oder wenn sie mich korrigiert? Die Antwort kann nur lauten: Keines von beiden. Bestätigung ist als solche nicht verdächtiger denn eine Kritik; wichtig ist, daß letztere möglich bleibt, damit eine Korrektur (ob im wesentlichen oder in Feinheiten) erfolgen kann.

werden. Sie können unterschiedlich gewichtet werden, verzichtbar ist keines von ihnen.

Zunächst ist festzuhalten, daß christliche Spiritualität aus einer menschlicher Suchbewegung erwachsen kann, freilich nur im Wissen, daß diese *von Gott initiiert* ist und ohne Gottes gewährende Gnade und die Gabe seines Geistes nicht zum Ziel kommen wird. Dazu gehört auch das Wissen um die grundsätzliche Erfahrbarkeit Gottes, ohne daß damit eine Aussage über die Art und Weise einer solchen möglichen *Gotteserfahrung* gemacht werden könnte. Charakterisiert ist christliche Spiritualität dann zuerst durch ihre Bezogenheit auf Christus als den „Anfänger und Vollender des Glaubens" (Hebr 12,2), durch ihre *Christozentrik*[97], weiterhin durch ihre *Sehnsucht nach Gott*, in dem allein das menschliche Herz Ruhe finden kann, und durch ihre *Hoffnung*, im Leben und über dieses Leben hinaus, durch eine *eschatologische Grundhaltung*.

Christliche Spiritualität wird sich erkennbar ausdrücken in einem Leben, das dem *Doppelgebot der Liebe* zu entsprechen sucht und vom *Bemühen um Heiligung* geprägt ist. In diesem Bemühen werden *Regelmäßigkeit* und *Verbindlichkeit* wahrzunehmen sein, christliche Spiritualität ist kein „event", sie ist eine Einstellung, eine Haltung, die das gesamte Leben bis in die alltäglichsten Vollzüge hinein nach Art einer *Selbstverpflichtung* prägt, die eine Form der *Askese* darstellt. Darum werden Menschen, die eine christliche Spiritualität leben, betende Menschen sein, das *Gebet*, in welcher Form immer, regelmäßig, „ohne Unterlaß" praktizieren, weil ihnen ein Leben der Spiritualität anders gar nicht möglich wäre und weil sie darum wissen. Sie werden ebenso regelmäßig und aufmerksam mit der *Heiligen Schrift* umgehen, die ihr Leben immer neu aus-

---

[97] Ebenso, doch mit einer stärker kreuzestheologischen Pointe, Gerhard Ebeling, Die Wahrheit des Evangeliums. Eine Lesehilfe zum Galaterbrief, Tübingen 1981, 303: „Das Kriterium des rechten Geistverständnisses und der Unterscheidung der Geister ist die Beziehung zum Gekreuzigten. Nur das ist heiliger Geist [und entsprechend: christliche Spiritualität], was diesem Kriterium standhält."

richten wird. Sie werden die *Gemeinschaft* mit anderen Christen suchen und sich immer wieder von ihr tragen lassen, insbesondere im *Gottesdienst* mit Wort und *Sakrament* als der Mitte allen spirituellen Lebens, und sie werden sich bemühen, einen Menschen als ihren *geistlichen Ratgeber* zu finden, dem die Gabe der „Unterscheidung der Geister" geschenkt ist, dem sie sich in völliger Offenheit anvertrauen und dessen Weisung sie folgen.

Menschen auf dem Weg christlicher Spiritualität werden sich selbst lieben, dem Liebesgebot entsprechend, doch sich dabei selbst nicht zu wichtig nehmen, sie werden – immer wieder von neuem – in eine Haltung der *Demut* finden und zu vernünftigem, bewußtem, verantwortetem *Gehorsam* bereit sein. Sie werden bereit sein, in evangelischer *Freiheit* zu leben und auf Sicherheit zu verzichten, trotz aller Regelmäßigkeit und Verbindlichkeit in ihrem Leben, trotz allen Bemühens um ein gutes Maß. Sie werden wissen um die bleibende *Ungesichertheit*, die den Menschen auf dem Weg christlicher Spiritualität daran erinnert, alles von Gott zu erwarten, aus dem er täglich lebt. Und sie werden in dieser Ungesichertheit (meist) furchtlos, zuversichtlich, geduldig sein und *„fröhlich in Hoffnung"* (Röm 12,12).

5 Methoden und Medien christlicher Spiritualität

Der Mensch ist aufgerufen, im Gefolge der geschenkten Rechtfertigung so zu leben, daß und wie es diesem Geschenk entspricht. Er soll sich nicht nur passiv, wenn auch dankbar, gerechtfertigt wissen, sondern er soll diesem Wissen auch die entsprechenden Taten folgen lassen. Denn: „Das ist der Wille Gottes, eure Heiligung" (I Thess 4,3) – sei es dergestalt, daß er Gottes Wirken an sich selbst mittels des Heiligen Geistes zuläßt und befördert, in dem er von anderem unbesetzte Räume in sich und um sich bereitstellt, sei es, daß er aktiv Wege beschreitet, die von Vorgängern im Glauben erprobt wurden und so als geeignet erscheinen, das eigene Leben christusförmiger zu gestalten. Wenn aber Heiligung etwas ist, das der Mensch anstreben, das er – im Wissen um das freie Wirken der Gnade ebenso wie im Wissen um seine bleibende Angewiesenheit auf geistlichen Rat – aktiv betreiben soll, dann muß es auch Wege geben, Methoden, Medien, die diesem Ziel förderlich sind.

Natürlich kann die Frage gestellt werden, inwieweit angesichts der Größe, Freiheit und Unverfügbarkeit Gottes im Bereich des Glaubens überhaupt von Methoden gesprochen werden kann. Und natürlich kann der Verdacht erhoben werden, der Mensch meine, sich mit religiösen Methoden Macht über die Gottheit zu verschaffen, auf sie und ihr Wirken zugreifen zu können. Es kann, mit einem Wort, der Magieverdacht geäußert werden. Ausführlich setzt sich mit dieser Frage Manfred Josuttis in den ersten vier Paragraphen seiner Darstellung der „Handlungslogik spiritueller Methoden" auseinander[1]. Josuttis macht hier sehr klar, daß die Verwendung von Methoden grundsätzlich keinen Versuch der Bemächtigung oder

---

1   Manfred Josuttis, Religion als Handwerk. Zur Handlungslogik spiritueller Methoden, Gütersloh 2002, 21-81.

Instrumentalisierung darstellt, auch wenn ein vorhandenes Methodenrepertoire im Einzelfall so eingesetzt werden könne. „Aber prinzipiell werden Methoden mit einer anderen Intention eingesetzt. Sie sollen die Gegenstände vor der individuellen Überwältigung schützen, den Text vor den Einfällen der Lesenden, den Klienten vor den Gefühlen des Therapeuten, das Kind vor den irrationalen Regungen der Erziehenden. Indem Methoden Handeln strukturieren und begrenzen, regulieren sie den Zugriff auf die Wirklichkeit, auf die sie eingestellt sind. Auch Methoden in der Religion können dieser Aufgabe dienen, indem sie das Göttliche vor einer Bemächtigung durch die Menschen, aber vielleicht auch die Menschen vor der Überwältigung durch das Göttliche schützen."[2] Zugleich dienten religiöse Methoden dazu, die Macht Gottes zu vergegenwärtigen – unverzichtbar für Menschen, die die Weisung Gottes für ihren Weg durch die Welt erkennen wollen.

Die meisten dieser Methoden sind bereits in verschiedenen Zusammenhängen und in unterschiedlicher Ausführlichkeit in den vergangenen Abschnitten zur Sprache gekommen: Im Bemühen um Heiligung feiert der Mensch Gottesdienste, er betet, schweigend, mit Psalmen, mit dem Herzensgebet oder auf andere Weise, er singt und lobt, er liest in der Heiligen Schrift und versucht, auf Gottes Stimme zu hören. Er sucht manchmal die Einsamkeit, manchmal die Gemeinschaft anderer Christen, um in ihr zu leben, sich in sie einzuordnen, in ihr Trost zu finden und mit ihr die Botschaft weiterzutragen[3]. Er wendet sich in kleinem oder großem Maßstab Notleidenden zu und setzt sich ein für Gottes Schöpfung. Er sucht eine Balance zwischen Gottes-, Nächsten- und Selbstliebe immer neu herzustellen, versucht maßzuhalten, übt Disziplin

---

2   A.a.O., 53.
3   Diese Gemeinschaft ist an unterschiedlichen Orten zu finden, in Kirchengemeinden und Orden, in Kommunitäten und auf kirchlichen Großveranstaltungen wie dem Kirchentag. Nur erwähnt seien an dieser Stelle die zahlreichen missionarischen Aktivitäten unterschiedlicher Größenordnung, die immer ebenso nach innen wie nach außen wirken: Großveranstaltungen wie ProChrist oder Christival, aber auch Hauskreise, Glaubenskurse, kirchliche Projekte wie „Neu anfangen", Cursillo oder die Thomasmesse, etc.

(Askese), reinigt und präpariert sich vor der Begegnung mit dem Heiligen und müht sich ihm gegenüber um Demut und Gehorsam[4]. Einige andere Methoden und Medien christlicher Spiritualität, teils von grundlegender Bedeutung für eine gelebte Frömmigkeit wie das Kirchenjahr oder die Kunst, ebenso die unterschiedlichen Formen privater Andacht und – wenn auch erst im Begriff, wiederentdeckt zu werden – die Beichte, teils speziellerer Natur wie die Wallfahrt, das Bibliodrama, die Meditation bzw. Kontemplation und die Heiligenverehrung, sollen abschließend in diesem letzten Abschnitt dargestellt werden. Natürlich kann dies angesichts der fast unüberschaubaren Fülle der Möglichkeiten nur eine sparsame Auswahl sein, und vielen werden Methoden fehlen, die sie selbst mit Gewinn praktizieren. Ergänzungen sind in diesem Bereich immer möglich.

Generell scheint mir eines im Umgang mit allen Methoden von Bedeutung, das aus dem frühchristlichen Umgang mit den Dingen zu lernen ist: Methoden sind hilfreich und heilsam, sofern sie angewandt werden aus der Haltung eines Dialoges heraus, eines Dialoges mit den Erfordernissen der jeweiligen Gegenwart, dem ‚Zeitgeist', der jedoch auch seinerseits offen sein muß für eine Korrektur vom Evangelium her. In keinem Fall empfiehlt es sich, verbissen an bestimmten Formen festzuhalten, weil sie sich bei einer früheren Generation bewährt haben. Ebensowenig empfiehlt es sich, sie aus ebendiesem Grunde abzulehnen[5]. Auch aktuell dürfen Menschen auf dem Weg der Heiligung dem Wirken des Heiligen Geistes etwas zutrauen, das ihnen den ihnen gemäßen Weg in irgendeiner Form weisen wird.

---

4 Die entsprechenden Hinweise und Ausführungen sind über das Stichwortregister zu finden.
5 Vgl. Gordon S. Wakefield, Anglikanische Spiritualität, in: Geschichte der christlichen Spiritualität. 3. Bd. Die Zeit nach der Reformation bis zur Gegenwart, hg. von Louis Dupré u.a., Würzburg 1997: „Es darf durchaus als anmaßend bezeichnet werden, wenn wir, anstatt uns als Erben der Vergangenheit zu betrachten, davon ausgehen, daß die Weisheit mit uns beginnt."

5.1 Kirchenjahr

Eine regelmäßig wiederkehrende und erprobte Möglichkeit, die für eine spirituelle Praxis entscheidenden Elemente des christlichen Glaubens zu erleben, sich in sie einzuüben und das eigene Leben durch sie prägen zu lassen, bietet der Wechsel von Festen und festlosen Zeiten im Kirchenjahr. Das Kirchenjahr ist die leibhaft gewordene Gestalt der Glaubensbekenntnisse, es läßt spürbar werden und so erst aneignen, was ich durch mein Mitsprechen als meinen Glauben aussage[6]. Das Kirchenjahr zeichnet den Lauf der Heilsgeschichte nach, „alle Jahre wieder", und gerade darin mir die Möglichkeit gewährend, zusammen mit der christlichen Gemeinschaft die nie ganz auslotbaren Geheimnisse des Erlösungshandelns Gottes immer tiefer zu verstehen. Der Mitvollzug des Kirchenjahres übt ein in eine gemeinschaftliche *praxis pietatis*[7].

5.1.1 Ein erstes Beispiel: Advent

Es ist nur das mitzuvollziehen, was die Gemeinschaft tatsächlich praktiziert. Wie sieht es damit aus beispielsweise in den Wochen vor dem Weihnachtsfest? Nun gibt es in dieser Zeit tatsächlich etwas, das gemeinschaftlich praktiziert wird: Menschen

---

[6] Vgl. Otmar Kampert, Das Sterben der Heiligen. Sterbeberichte unblutiger Märtyrer in der lateinischen Hagiographie des Vierten bis Sechsten Jahrhunderts [MThA 53], Altenberge 1998, 308: „Die heiligen Tage, unterschieden durch ihre Grade der Heiligkeit, bestimmen das Kirchenjahr, in dem das Leben Christi nachvollzogen wird. An ihnen erinnern sich die Gläubigen an das göttliche Heilsereignis und vergegenwärtigen es durch Wiederholen, so daß man an hohen Festtagen Christus selbst anwesend glaubt."
[7] Hier haben es die katholischen Christen in vieler Hinsicht – noch – leichter als die Protestanten, denn zum einen gibt es bei ihnen einen differenzierteren Festkalender, zum anderen ist vielerorts das Begehen dieser Feste (etwa durch Prozessionen wie an Fronleichnam) nach wie vor selbstverständlicher Brauch.

aus der Kerngemeinde, die sogenannten Distanzierten, die religiös gar nicht Gebundenen – sie alle treffen sich nicht nur bei den Weihnachtseinkäufen, sondern oft auch auf einem der vielen Weihnachtsmärkte in den großen und kleinen Städten. Weihnachtsmärkte sind für viele der Inbegriff der Vorweihnachtszeit, alle Jahre wieder dasselbe zwar, aber doch als eine schöne Einstimmung wahrgenommen und aufgesucht, ein beliebtes Event, für viele ein vorweihnachtliches Pflichtprogramm. Hier kommt etwas zum Ausdruck, was als Sehnsucht zu bestimmen ist, nicht unbedingt allerdings eine inhaltlich präzise zu bestimmende Sehnsucht nach Gott, sondern eher der mehr oder weniger diffuse Wunsch nach einem helleren, friedlicheren Leben[8]. Die Vorweihnachtszeit ist also eine Zeit des Zugehens auf ein Fest, dessen Licht und Wärme, dessen Glanz und immer neue Friedensankündigung, dessen Verheißung von gelingendem Leben ungeduldig erwartet werden, dessen Gaben offenkundig so dringend benötigt werden, daß der Beginn dieses Festes immer weiter vorverlegt wird. Doch scheint die wirkliche Befriedigung der Bedürfnisse weder dadurch noch

---

[8] Dies zeigt sich sehr deutlich in den Schilderungen in der Literatur. Die ‚warme, glänzende Stimmung' der Vorweihnachtszeit, die ‚glitzernde' Atmosphäre wird immer wieder in reich gemalten Bildern beschworen. Für das Weihnachtsfest selbst gilt das natürlich noch einmal vermehrt, angefangen bei Friedrich Schleiermachers bürgerlich-idyllischem Wohnzimmer bis hinab in die ärmliche thüringische Pfarrstube bei Eugenie Marlitt. Mit dem Advent sieht es signifikant anders aus: Literarische Darstellungen des Advents finden sich nur ausnahmsweise und nur bei dezidiert christlichen Autoren, dazu eher in Gedichtform denn als erzählende Passage in einem Prosatext (und selbst ein dezidiert mit „Advent" überschriebenes Gedicht von Mascha Kaléko, beginnend mit einer Naturbeschreibung, endet mit „In unsern Träumen / Weihnachtet es seit gestern schon." [Die paar leuchtenden Jahre, hg. von G. Zoch-Westphal, München 2003, 170]); eine gewisse Ausnahme von dieser Regel bildet das 1992 geschriebene Kinderbuch Jostein Gaarders, Das Weihnachtsgeheimnis, das immerhin von einem magischen Adventskalender handelt und das Moment der Erwartung und Hoffnung erkennbar enthält.

durch das eigentliche Fest zu erfolgen. Und gemäß der Logik des Kirchenjahres ist auch – mit gutem Grund – anderes vorgesehen[9]. Dem Weihnachtsfest wird seit dem 5. Jahrhundert eine Vorbereitungszeit vorangestellt, die jedoch keine „Vorweihnachtszeit" ist. In der Sprache des Kirchenjahres ist vom „Advent" die Rede. Advent ist die Zeit der Präparation auf ein großes, wichtiges Fest, Reinigung, Bereitung, Ablegung alles dessen, was am heilwirkenden Empfang des kommenden Gottes hindert. Darum ist der Advent eine Zeit der Buße und eine Fastenzeit. Inhaltlich ist er Erinnerung an die begonnene Vollendung, an die im Glaubenden bereits angekommene Zukunft und zugleich das Warten auf das noch Ausstehende, die endgültige Vollendung. Advent ist das Warten auf das ewige Heil – und eben die Erwartung dieses Heils kann vor Verzweiflung bewahren angesichts der Heillosigkeit der Welt. Advent ist das Warten auf die Vollendung der Ankunft Christi.

Auch der Advent ist zu feiern. Und es gibt eine spezifische adventliche Freude – keine überschäumende Festfreude, sondern eine nüchterne Freude, demütiger, auch ernsthafter, denn der Advent fordert etwas: die Entscheidung für oder gegen die Annahme des kommenden Gottes, das Bereit-Sein für ihn, um nicht den richtigen Zeitpunkt zu versäumen. Diese unterschiedlichen Aspekte des Advents bringen Spannung mit sich: Die Christen sind aufgerufen, ganz in der Erwartung zu leben, zugleich können und sollen sie aber etwas von dem spüren, was verborgen bereits gekommen ist. Karl Rahner formuliert es so: „Wer wachen und schweigen und warten kann, der kann schon jetzt erfahren, daß der Advent geheimnisvoll das scheinbar Unerfahrbare Gottes erfahren läßt. Nur muß man eben adventlich gelernt haben, daß die Stille Höheres und Seligeres sagen kann als der Lärm auf dem Markt des Lebens"[10] – und das gilt für den Weihnachtsmarkt ganz entspre-

---

9 Weihnachten ist freilich durchaus ein zeitlich ausgedehntes Fest, s. dazu unten 1.2.4.
10 Karl Rahner, Das große Kirchenjahr. Geistliche Texte, hg. von A. Raffelt, Freiburg u.a. 1987, 27. Rahner weist zudem darauf hin, daß das

chend. Diese Erwartung bewahrt davor, das Fest, die Geschenke, die Stimmung, mit dem zu verwechseln, was wirklich not tut. Der Mensch darf und soll in der Gegenwart leben und sich an der Gegenwart freuen. Aber als Christ soll er nicht in der Gegenwart aufgehen. Doch gibt es eine Möglichkeit, die sich kommerziellen Interessen verdankende Vorweihnachtszeit zu vermeiden, gibt es eine Rückkehr zum Advent? Und was ist zu beachten, wenn das Kirchenjahr für die Spiritualität erneut fruchtbar werden soll? Um letztere Frage zu beantworten, sind zunächst einige Überlegungen zu dem anzustellen, was ein Fest ausmacht.

5.1.2 Fest

Festtage werden im Bereich religionswissenschaftlicher Forschung ganz allgemein als herausgehobene, ausgesonderte Tage bestimmt, die einen bestimmten Tag in Kontakt zu einer übernatürlichen Wesenheit bringen, einer Gottheit oder einer göttlichen Sphäre. Häufig sind sie auf die Zeit des Ursprungs bezogen, die beispielsweise in Kultdramen dargestellt wird, damit aus diesem Rückbezug Vergewisserung und damit Sicherheit für die Zukunft erwachsen kann. Aus diesem Grund sind sie in der Regel mit religiösen Begehungen, mit Ritualen verbunden. Feste gliedern die Zeit und gestalten sie rhythmisierend. Zu unterscheiden sind einerseits Feste der Gemeinschaften wie Naturfeste und heilsgeschichtliche Feste und andererseits Feste, die zwar die Gemeinschaft tangieren und auch nicht ohne Gemeinschaft begangen werden können, doch die letztlich Feste des einzelnen sind, sogenannte Übergangsfeste[11]. Feste, die vorrangig von ganzen Gemeinschaften begangen werden, neigen zur Wiederholung. Demgegenüber sind die eigent-

---

ganze Leben des Christen von dieser adventlichen Haltung geprägt sein müsse, auch in und während der Feier des Weihnachtsfestes (56f.).

11 Diese entsprechen den „Kasualien" in den christlichen Kirchen wie etwa Trauung oder Konfirmation.

lichen Feste des einzelnen einmalige Ereignisse[12], sie begleiten die Übergangssituationen in einem Leben als *rites de passage* (Arnold van Gennep), die Sicherheit gewähren, indem sie den Abschied von einer Lebensphase und den Übertritt in eine andere ausdrücken, begehen und begleiten. Festzeiten sind vom Alltag in vielerlei Hinsicht unterschieden, ich nenne einige Merkmale:

(a) Die gesellschaftlichen Regeln können in ihnen spielerisch verkehrt sein (Weiberfasnacht, die Wahl eines Kinderbischofs), generell sind die Verhaltensregeln gelockert. Das hat zwei mögliche Folgen: Entweder dient es der Entlastung, dem Abbau von Spannungen, und ermöglicht anschließend eine friedlichere Rückkehr zum gewohnten Alltag, oder es ist ein Ausdruck von Protest, ein Moment der Anarchie, in dem eine sonst nicht verfügbare Freiheit gelebt wird. In jedem Fall ist das Fest eine Erhebung über den Alltag, eine Unterbrechung der alltäglichen Zeiterfahrung und – ganz schlicht – der erlebte Gegensatz zu Alltag und Arbeitstag, zum Nicht-Fest.

(b) Profane Tätigkeiten werden unterlassen, auch eine Ruhezeit kann zum Fest gehören (der Sabbat, der ja zu den großen Festen wie Passah hinzugehört, ist hier ein besonders deutliches Beispiel). Oft ist das Fest dazu in einen oder mehrere Feiertage eingebettet.

(c) Zum Wesen des Festes gehören außerdem Musik und Lied, reiche Mahlzeiten und besondere Kleidung, dazu verschiedene Rituale (Prozessionen, Tänze, Opfer, sportliche Wettkämpfe, Umzüge), die eine fast schauspielhafte Gestalt annehmen können[13].

(d) Gefühle werden deutlicher als sonst zur Schau gestellt. Das zumeist vorherrschende Gefühl ist die Freude, doch kann sich in diese auch Beunruhigung mischen.

---

12 Als solche Feste sind Geburt, Initiation in die Welt der Erwachsenen, Hochzeit und Tod anzusprechen. Freilich gibt es auch individuelle Gedenktage, die regelmäßig diese einmaligen Ereignisse erinnern sollen: Geburtstage, Ehejubliäen, auch das Gedächtnis des Tauftages oder der Konfirmation.

13 Der Karneval ist so an manchen Orten, wie Rio oder Venedig, von einem Fest der Bevölkerung zu einer Touristenattraktion geworden.

Wie entsteht ein Fest? Ich skizziere die Entwicklung am Beispiel des Erntefestes, das es in der einen oder anderen Form in den verschiedensten Kulturen gibt: Menschen nehmen den Wechsel von Hell und Dunkel, Regen und Trockenheit, Fruchtbarkeit und Unfruchtbarkeit, Wärme und Kälte, also einen kosmisch-vegetativen Wechsel, wahr, sie nehmen ihn als wichtig wahr, darum halten sie ihn fest und überliefern das Wissen um einen solchen regelmäßigen, zyklischen Wechsel. Dieses Wissen, das die Ernte die Zeit der Fruchtbarkeit abschließt und von einer Phase der Unfruchtbarkeit gefolgt wird, die vor der neuen Aussaat abgewartet werden muß, ist ein Erfahrungswissen, das für den einzelnen wie für die Gemeinschaft unverzichtbar ist. Durch das Erntefest wird es in das kollektive Gedächtnis einer Kultur eingetragen, und indem es immer wieder begangen wird, wird es kommenden Generationen überliefert, von diesen rekonstruiert und fortgeschrieben.

Doch es tritt noch ein Moment hinzu: Der das Leben strukturierende Wechsel wird religiös qualifiziert, die genannten Phänomene werden mit dem göttlichen Willen und Handeln verbunden; diese werden im Ritus vergegenwärtigt. Für die Feiernden bedeutet das Fest auf einer bestimmten Stufe der Entwicklung des Kultus mehr als eine Erinnerung an das ursprüngliche Tun der Gottheit: Es bedeutet zum einen, daß die Zeit in ihrem Verlauf einen Sinn erhält, indem sie nicht einfach als geschehend, sondern als zum Besten des Menschen so und nicht anders gewollt gedacht wird. Zum anderen bedeutet es, daß durch das Begehen des Festes auch der weitere Ablauf der Zeit in der als sinnvoll wahrgenommenen Weise gewährleistet wird. „Kultisch-religiöses Handeln zeichnet die natürlichen Rhythmen nicht nur nach, heftet ihnen auch nicht einfach nur zusätzliche Bedeutungen an; es bringt sie vielmehr – nach Überzeugung derer, die hier handeln – in gewisser Weise erst hervor."[14] Indem das Erntefest gefeiert wird, wird der Erfolg der weiteren Arbeit, die nächste Ernte gesichert, weil die Feiern-

---

14 Karl-Heinrich Bieritz, Das Kirchenjahr, in: Hans-Christoph Schmidt-Lauber und Karl-Heinrich Bieritz (Hg.), Handbuch der Liturgik. Litur-

den durch ihren kultischen Dank die Gottheit freundlich stimmen. Als ein drittes Moment wird das kultisch-religiös qualifizierte Fest vergeschichtlicht, mit einem bestimmten historischen Ereignis und dessen Sinn verbunden[15].
Die Funktion der Feste ist oft die Wiederherstellung oder Erneuerung des sozialen Zusammenhalts – jede soziale Gruppe ist zur Erhaltung ihrer Identität auf Feste angewiesen –, und zwar über das Mittel einer Rückkehr zum (mehr oder weniger organisierten) Chaos. Durch eine dargestellte, begangene Rückkehr zum Ursprung geschieht ein Neubeginn, der Ängste und Hoffnungen zum Ausdruck bringt, aber damit zugleich hilft, diese Ängste zu überwinden und das Leben neu zu schaffen[16]. Diese gemeinschaftsstiftende Funktion erhält ein Fest, indem die Gemeinschaft sich feiernd ihrer Zusammengehörigkeit versichert und diese Zusammengehörigkeit nach außen darstellt.

5.1.2.1 Feste im Alten Testament und im Judentum

Feste haben nicht zu allen Zeiten dieselbe Gestalt oder denselben Inhalt, sie wandeln sich infolge wachsender Erkenntnis, sich ändernder Bedürfnisse, neuer Sichtweisen, und sie sind darin Zeugnis lebendiger Spiritualität. So beginnt das Passah, die Erinnerung an den Exodus und die Bewahrung Israel vor dem Verderben, als ein Familienfest, wird dann von der Festreform des Deuteronomiums (Dtn 16,1-8) mit dem Massotfest[17] zusammengelegt und zum Wallfahrtsfest gemacht. Der Sabbat, ein Ruhetag ohne vergleich-

---

giewissenschaft in Theologie und Praxis der Kirche, Leipzig/Göttingen ²1995 (korrigierte Auflage), 459.
15 S.u. in 1.2.1. zum Passah sowie zum Herbst- und Laubhüttenfest.
16 Das Feuerwerk zu Silvester hatte ursprünglich diesen Sinn, in mancher Hinsicht scheint das, auf tieferen Bewußtseinsebenen, noch immer der Fall zu sein. Sonst würde kaum auch und gerade in wirtschaftlich angespannten Situationen so viel Geld dafür ausgegeben.
17 Das Massotfest ist von seinem Ursprung her ein Erntefest am Neumond des Frühjahrsmonats.

bare außerisraelitische Parallele, der während des Festes begangen wird, unterstellt dabei die Erntezeit der Herrschaft Gottes. Der ursprünglich mit dem Passah verbundene Blutritus wird im Laufe der Entwicklung durch ein Gemeinschaftsopfer ersetzt, das immer mehr die Züge einer Sühnefeier annimmt. Zugleich kommt es zu einer Verinnerlichung in der Festtheologie: Ohne entsprechende innere Einstellung wirken die Riten nicht auf die Menschen, die sie begehen[18]. Im Exil und vollends im späteren Judentum, nach der Zerstörung des zweiten Tempels, wird das Passah in die Familie zurückverlagert, wo es bis heute gefeiert wird, auch von Juden, die ihre Religion nicht praktizieren – eine identitätsstiftende und -vergewissernde mehr denn eine explizit religiöse Handlung. Die festgeschriebene Passahliturgie, die Pessachhaggada, wird hier stark säkularisiert und enthält statt der historischen Erinnerung an Gottes rettendes Handeln Aussagen zur jüngeren Geschichte. So tritt besonders in einigen Reformkibbuzim an die Stelle der Erinnerung an den Auszug der Kinder Israel aus Ägypten vor der Landnahme in Palästina das Gedenken an die nationale Befreiung nach dem Zweiten Weltkrieg, auch an die Erfolge beispielsweise im Sechs-Tage-Krieg. Doch die traditionelle Form der Pessachfeier mit Kerzen, bestimmten Gerichten und Segenssprüchen wird eingehalten, so daß eine spirituelle Komponente jedenfalls hinzutritt. Ähnliches geschieht im Fall des Herbst- oder Laubhüttenfestes, einer Erntefeier zur Lese von Wein und Baumfrüchten, das die Feier des Jahreswechsels und allmählich auch den Tag der Sühne, Jom Kippur, an sich zieht[19]. In späterer Zeit, vielleicht zusammenhängend mit dem Brauch des Schofar-Blasens, nimmt es eine eschatologische und unversalistische Dimension an: Nach jüdischer Vorstellung wird in der Völkerwallfahrt nach Jerusalem zum Laub-

---

18 Das ist dem lutherischen Gedanken entsprechend vorzustellen, daß der Glaube zu Wort und äußerem Zeichen hinzutreten muß, wenn ein Sakrament seine Wirksamkeit entfalten soll. Es gilt für die anderen Feste, vor allem den Versöhnungstag, analog.
19 Der Jom Kippur war zuvor an wechselnden Terminen begangen worden.

hüttenfest schließlich das Heil für alle Völker anbrechen, das Fest wird also über Israel hinaus geöffnet.

Neben einem solchen Zusammenwachsen von Festen ist zudem die Entstehung neuer Feste wie des relativ spät entstandenen Purimfestes zu beobachten[20]; ein anderes spät entstandenes Fest ist Chanukka, das Gedenken an die Tempeleinweihung in zwischentestamentlicher, makkabäischer Zeit, eine Abgrenzung jüdischer Identität gegen Überfremdung[21]. Als Fest der religiösen Selbstbehauptung wird Chanukka auch von Juden ohne religiöse Bindung begangen.

Grundsätzlich gelten alle diese Feste, auch der Versöhnungstag mit seinem ernsten Charakter (Erinnerung an die Verstorbenen, Sündenbekenntnis) als freudige Feste. Im Gottesdienst werden auf das Fest bezogene Bibelabschnitte gelesen, das Achtzehnbittengebet enthält auf das Fest abgestimmte Stücke, zu Hause werden vor Sonnenuntergang Kerzen angezündet, zu Anfang und Ausgang des Tages der Segen über dem Wein gesprochen und drei festliche Mahlzeiten eingenommen[22].

5.1.2.2 Feste im Urchristentum und in der Geschichte der Kirche

Die Jesusbewegung und die Urkirche sind im Judentum verwurzelt, im Prinzip haben sie an deren Festen Teil, wenn sich auch bei

---

20 Inhalt des Festes ist das Gedenken an die Rache der Juden an ihren Verfolgern in der persischen Diaspora, die Festlegende ist im Estherbuch nachzulesen. Zu diesem Fest gehören im heutigen Judentum das Almosengeben und das Verschenken von Eßwaren, auch Karnevalselemente haben sich angelagert (Verkleiden der Kinder).
21 Zentral ist ein Lichtritus, der an das Anzünden der Lampen bei der Tempelweihe erinnert.
22 Genaueres zu den Festen aus theologisch-exegetischer Perspektive s. Eckart Otto / Tim Schramm, Fest und Freude, Stuttgart u.a. 1977. Für die Ebene des Erlebens der Feste im Judentum s. Bella Chagall, Brennende Lichter, Reinbek bei Hamburg 1966.

Jesus ein mitunter kritischer Umgang mit ihnen feststellen läßt[23]. Bei Paulus findet sich sogar eine generelle Abwendung und Abgrenzung vom jüdischen Kultgesetz und vom Einhalten der „Tage, Monate, Festzeiten und Jahre", wie es in Gal 4,10 heißt. Allerdings plädiert er nicht für ein konsequentes Mißachten dieser Tage, sondern für Toleranz, denn alles Achten auf Tage geschehe für Christus (Röm 14,5f.). Alle Feste sind für Paulus also christologisch begründet. Entscheidend ist dabei aber, daß tatsächlich nur noch das Christusereignis gefeiert wird. Also wird das zentrale Fest für die frühe Kirche der Sonntag, jeder Sonntag, mit seiner freudigen Erinnerung an die Auferstehung Jesu beim Begehen des Mahles des Herrn – eine wöchentliche Osterfeier, die schließlich zu einem Jahresfest an einem bestimmten Termin wird. Weitere Feste werden dann erst allmählich im Laufe der weiteren Entwicklung in der Alten Kirche übernommen, was seine Ursache darin haben dürfte, daß Menschen, die mit dem baldigen Anbruch des Gottesreiches rechnen, weniger irdische Vergewisserung benötigen als solche, die sich ganz in diese Welt gewiesen wissen, und daß erstere darum weniger das Bedürfnis nach dem Begehen von Festen haben. Der Weg zu dem größeren Festkalender ist jedenfalls ein vielschichtiger Prozeß von Übernahme, Umbildung und Neubildung in der Folge der Parusieverzögerung, des Ausbleibens der Wiederkunft Christi und des Weltendes[24].

Das grundlegende Fest bleibt auch in der Folge dieses Differenzierungsprozesses Ostern, das einerseits wöchentlich an jedem Sonntag, andererseits einmal im Jahr am Sonntag nach dem ersten Frühlingsvollmond gefeiert wird. Relativ früh traten zu diesen

---

23 Zu denken ist hier etwa an Jesu Praxis und seine Worte im Hinblick auf den Sabbat (Mt 12,1ff.; Mk 2,27f.), der für das Judentum ein unbedingt einzuhaltender Feiertag war; ein anderes Beispiel ist das Fasten, vgl. Mt 9,14ff.

24 Das gilt natürlich genauso für die später angenommenen Feste, bis hin zu den Märtyrerfesten, die als ein Ersatz für heidnische Feste geschaffen werden, weil Menschen, die für unabsehbare Zeit an die Erde gebundenen sind, ein Bedürfnis nach Fest und Feier haben, das Berücksichtigung verlangt.

österlichen Feiern die Gedächtnisfeiern für Heilige, zunächst vor allem für Märtyrer, hinzu, die als eine Art kleines Ostern in ihrem Sterben den auferstandenen Christus bezeugten[25]. Erst im vierten Jahrhundert kam Epiphanias, ein Jahrhundert später Weihnachten und Pfingsten hinzu, die Festdaten schwankten zunächst stark. Die Ausdifferenzierung in verschiedene Feste hatte durchaus theologische Gründe. Ursprünglich wurde das Osterfest als dasjenige Fest verstanden und gefeiert, in dem alle heilsgeschichtlichen Daten enthalten waren. Doch in den christologischen Auseinandersetzungen, die schließlich zum Nicänum führten, wurde die Gottheit Christi immer stärker betont, seine Passion erschien immer mehr als Durchgangsstation, so daß der Karfreitag aus dem Osterfest ausgegliedert und ihm voran gestellt wurde. Auch die anderen Feste verdanken sich einer Auffächerung der verschiedenen Aspekte der altchristlichen Osterfeier[26]. Die wichtigeren Christusfeste erhielten mit der Zeit Vor- und Nachfeiern[27].

In der Zeit der Reformation wurde auf protestantischer Seite die Zahl der Feste drastisch reduziert, vor allem die Heiligenfeste und eine große Zahl der Marienfeste wurden von den Reformatoren aus dem Festkalender gestrichen. Anlaß dazu war die Kritik an der Verweltlichung der Feste, die Verwischung der Rangordnung unter ihnen, aber ebenso die durch die Feiertagsruhe bewirkten

---

25 Für Heilige gilt das entsprechend, nur das hier auch das christusförmige Leben eine wesentliche Rolle spielte.
26 Die Zahl der Heiligenfeste stieg dabei immer weiter, auch immer neue Marienfeste bürgerten sich ein; allein zwischen 1200 und 1550 wurden etwa 200 neue Feste eingeführt – zahlreiche Kriege, Seuchen und Hungersnöte ließen das Bedürfnis nach immer neuen und immer spezialisierteren Nothelfern anwachsen; m.a.W.: die Heiligen wurden immer weniger nachgeahmt, dafür immer öfter angerufen, so daß die an Gott gerichteten Gebete in den Hintergrund gedrängt werden konnten.
27 Fasten zur Vorbereitung, ein zweiter Feiertage und eine Festwoche, die Oktav, in der Folge; mit der Zeit gab es mehr als 85 arbeitsfreie Tage im Jahr.

ökonomischen Folgen. Die verbleibenden Feste waren biblisch begründet und christozentrisch konzentriert[28].

5.1.2.3 Säkularisierte Feste und Festelemente

Antikirchliche Strömungen haben sich, teilweise recht erfolgreich, bemüht, eigentlich christliche Feste mit einem anderen, nichtreligiösen Sinn zu versehen; in manchen anderen Fällen wird ein „dogmatisches" Fest von den Gläubigen nur eingeschränkt angenommen, hier überlagert die säkulare Deutung den kirchlichen Sinn auch ohne entsprechende Propaganda. Ein Beispiel für ersteres ist die Wintersonnenwendfeier der Nationalsozialisten anstelle des Weihnachtsfestes, die als Lichtfest einen starken familiären Bezug hatte und sicher dazu beigetragen hat, aus Weihnachten das ‚Fest der Familie' zu machen. Auch der Lichterschmuck der Städte verdankt sich diesem Einfluß. Ein Beispiel für letzteres ist Himmelfahrt, ein Fest von nicht besonders großer Anschaulichkeit in seiner Aussage, das vielen Menschen nicht einmal mehr unter diesem Namen bekannt ist. Da gehört dann zum Vatertag (oder, im Gebiet der ehemaligen DDR, dem Männertag) der Männerausflug mit Schinken und Schnaps.

Als ein einzelnes Festelement, das ursprünglich aus dem religiösen Raum stammt, aber immer wieder gezielt oder unbewußt auch säkular verwendet wurde und wird, ist beispielsweise der Umzug, die Prozession zu nennen. Militärisch begegnet die Prozession als Parade oder Triumphzug, politisch als Demonstration oder Kranzniederlegung; Ende des 20. Jahrhunderts kam zudem die semireligiöse Love-Parade auf. Auch die säkularisierten Formen der Feste oder einzelner Elemente sollen jedoch leisten, was von religiösen Festen erwartet wird: Alltagsunterbrechung, Stärkung der Gemeinschaft, Strukturierung der Zeit.

---

28 Zum Umgang mit den Heiligen und den entsprechenden Festen s.u. V.8.

5.1.2.4 Das Fest in liturgischer und dogmatischer Perspektive

Die dargestellten Veränderungen in Bedeutung und Praxis der Feste zeigen, daß die gegenwärtigen Bedeutungsverschiebungen nur als eine weitere Phase innerhalb der Geschichte der Feste zu sehen sind. Allerdings kann es zuzeiten nötig sein, gegenüber Anlagerungen und Modifizierungen die biblischen Gehalte der Feste neu ins Gedächtnis zu rufen, denn es gibt so etwas wie einen „Soll-Gehalt" christlicher Feste, der sich aus ihrer biblischen Begründung und der theologischen Deutung herleitet[29]:

(a) Der Weihnachtskreis. Der Weihnachtskreis beginnt mit dem Advent (mit dem seinerseits das Kirchenjahr beginnt), einer vorbereitenden Bußzeit, die auf den Empfang des Menschgewordenen einstimmt. Damit ist nicht nur die Erinnerung an Jesu Geburt, an das erste Kommen des Menschensohnes gemeint, sondern ebenso sein Wiederkommen zum Gericht am Ende der Zeiten, die Adventszeit hat also als zweiten Akzent eine stark eschatologische Komponente, die Hoffnung und ein Moment der Freude impliziert. Als einen dritten Akzent kann man das Feiern der Ankunft Christi in den Herzen der Glaubenden nennen. Das Weihnachtsfest ist das wohl mittlerweile populärste Christusfest[30], das in seiner theologischen Aussage die Offenbarung Gottes in Jesus Christus feiert, mit so unterschiedlichen Themen wie der hier aufscheinenden „Menschlichkeit Gottes"[31], dem Geheimnis der Gottmenschheit Jesu, dem in die Welt gekommenen Licht und der Offenbarung der Herrlichkeit im armen Fleisch, einem wunderbaren Tausch mit dem Ziel der Erlösung des Menschen. Die Weihnachtszeit reicht, nach der Weihnachtsoktav, bis zum Epiphaniasfest am 6. Januar und den folgenden „Sonntagen nach Epiphanias", deren Zahl sich nach dem Osterfest, also dem Frühlingsvollmond richtet. Das Ende der Weihnachtszeit wird unterschiedlich bestimmt, sachgemäß scheint mir der 2. Februar, der „Tag der Darstellung des Herrn"[32]. Während

---

29 Zum folgenden vgl. Karl-Heinrich Bieritz, Das Kirchenjahr. Feste, Gedenk- und Feiertage in Geschichte und Gegenwart, München 1994.
30 Es hat in dieser Hinsicht – mindestens was seine Breitenwirkung angeht – Ostern überflügelt.
31 Bieritz, Das Kirchenjahr, 195.
32 Eine alte, volkstümlich aber noch gebrauchte Bezeichnung lautet „Mariae Lichtmess", resultierend aus dem gallischen Brauch der Kerzenseg-

5.1 Kirchenjahr

Weihnachten sich auf die Erniedrigung Gottes in der Menschwerdung konzentriert, feiert Epiphanias das Erscheinen, das Offenbarwerden der Königsherrschaft Christi[33].

(b) Der Osterkreis. Wie der Weihnachtskreis beginnt auch der Osterkreis mit einer vorbereitenden Bußzeit, in der katholischen Kirche Fastenzeit genannt, in der evangelischen Kirche Passionszeit, mit dem Schwerpunkt auf dem Nachvollziehen der Leiden Christi[34]. Die Passionszeit hat ihren Höhepunkt in der Karwoche, mit der Feier des Abendmahls am Gründonnerstag, dem Gedenken an Jesu Sterben am Karfreitag, dem Begehen der Grabesruhe am Karsamstag[35], der Feier der Osternacht mit dem Umschlag vom Tod zum Leben, dem Ostersonntag als Auferstehungsfeier. Die folgenden Sonntage gehören als eine Zeit besonders enger Gemeinschaft mit dem Auferstandenen zur österlichen Freudenzeit, am 40. Tag nach Ostern wird Christi Himmelfahrt gefeiert, am 50. Tag endet der Osterkreis mit dem Pfingstfest, das in der Sendung des Geistes eine neue Weise der Christusgemeinschaft feiert, die zugleich Grundlegung der Kirche als einer neuen Sozialform ist.

---

nung. Das Tagesevangelium Lk 2, 22-35(40) berichtet, die Kindheitsgeschichte abschließend (der Bericht über den zwölfjährigen Jesus im Tempel [Lk 2,41ff.] zeigt bereits einen seiner selbst und seiner Sendung bewußten Menschen), wie der Säugling von den Eltern zur Weihe in den Tempel gebracht wird, sowie von den Begegnungen mit der Prophetin Hanna und mit Simeon.

33 Die Predigt- und Lesungstexte in der protestantischen Perikopenordnung zeigen das deutlich: Anbetung der Weisen, Berufung zum Sohn in der Taufe, Wein- und Brotwunder als Machterweise.

34 In der frühen Kirche entwickelte sich, in Bezugnahme auf biblische Berichte von vierzigtägigen Übergangs- und Läuterungszeiten (Gen 7,4ff., Ex 24,18; I Reg 9,8; Mk 1,13 u.ö.), der Brauch einer vierzigtägigen Vorbereitungszeit auf das Osterfest. Da an den Sonntagen nicht gefastet wurde, begann die Fastenzeit am Aschermittwoch und endete am Karsamstag. In den Kirchen des Ostens ist auch der Samstag vom Fasten ausgenommen, außerdem zählt die Karwoche nicht mehr zu den Vierzig Tagen, darum beginnt die Vorbereitungszeit dort zehn Wochen vor Ostern.

35 Hier ist auch das im Apostolicum benannte „hinabgestiegen in das Reich des Todes" zu verorten, während dessen nach traditioneller Vorstellung Christus die Gläubigen des alten Bundes aus der Hölle befreit hat.

(c) Trinitatis und die Sonntage danach. Das rein dogmatische Ideenfest Trinitatis[36], das seit dem 14. Jahrhundert in der ganzen Kirche gefeiert wird, das sich aber wegen seiner mangelnden Anschaulichkeit in den Gemeinden nie wirklich als Fest eingebürgert hat, eröffnet die sogenannte festlose Zeit[37], in die jedoch der Erntedanktag (seit der Reformationszeit), der Reformationstag (seit dem 17. Jahrhundert), der Buß- und Bettag, der Volkstrauertag[38] und der Toten- oder besser Ewigkeitssonntag (seit dem 19. Jahrhundert) fallen. Die Aussage und der Gehalt dieser nachtrinitarischen Feste geht aus ihren Namen hervor.

Diese exegetisch-dogmatische Blickrichtung auf die Feste des Kirchenjahres wurde praktisch-theologisch wirksam in der Festtheorie und den entsprechenden Bemühungen der neueren Liturgischen Bewegung, die sich nach 1950 um eine Rekonstruktion des Kirchenjahres mit seinen großen und kleinen Festen bemühte. In ganzer Vielfalt hatte das nur in wenigen Gemeinden und einigen Kommunitäten Erfolg (Michaelsbrüder, Ansverus-Gemeinschaft), dort sind die Erfahrungen allerdings überzeugend[39].

---

36 Trinitatis feiert das Glaubensgeheimnis der Dreieinigkeit Gottes, damit ist die Gleichordnung der drei göttlichen Personen theologisch ausgesagt gegen eine Vorstellung, nach der z.B. nur Gott durch Christus im Heiligen Geist angebetet werden kann. Insbesondere die Gebete an Trinitatis haben auch Christus und den Heiligen Geist zu Adressaten.
37 Die Zahl und Datierung der entsprechenden Sonntage hängt vom jeweiligen Ostertermin ab.
38 Der Volkstrauertag ist kein kirchlicher Feiertag, doch wegen der großen emotionalen Bedeutung für die Gemeinden in den Gottesdiensten immer mit zu bedenken.
39 Es kann durchaus gelingen, etwa Michaelis, den Karsamstag als Tag der Grabesruhe oder den Johannistag am 24. Juni als eigene Feste mit eigenem Charakter einzuprägen. Den Johannestag könnte man, wie in einer Hamburger Gemeinde geschehen, beispielsweise dadurch hervorheben, daß der Altar vom Stein bis zum Altarbild mit Rosen geschmückt wird.

5.1.2.5 Der soziologische und sozialethische Blickwinkel

Sobald der Blick auf die Feste stärker anthropologisch bestimmt wird, wie in verschiedenen soziologischen Festtheorien, werden auch die Veränderungen im Gehalt der Feste positiver gewürdigt, denn gleich welcher Art der Wandel ist, er kann als Antwort auf ein Bedürfnis interpretiert werden[40]. Als Festtheorien aus soziologischer Perspektive seien die folgenden kurz benannt:

(a) Fest als Verausgabung (Georges Bataille, Marcel Mauss). Das Fest basiert auf Verschwendung, es ist beabsichtigte, tatsächliche und symbolische Verausgabung[41]. Damit das System funktionieren kann, ist es auf Tausch angelegt.

(b) Fest als „gebotener Exzeß" (Sigmund Freud). Das Übertreten von sonst einengenden und reglementierenden Verboten ist im Fest gestattet und wird gelebt[42]. Diese rauschhafte Grenzüberschreitung bewirkt intensiven Kräfte-Umsatz und einen Rückgang ins schöpferische Chaos, sie ermöglicht damit die Erneuerung der Gesellschaft.

(c) Fest als Gegenüberstellung anderer Lebenssysteme (Harvey Cox). Das Fest vermittelt, indem es einen historischen Impuls nicht nur erinnert, sondern aktualisiert („Alle Jahre wieder *kommt* das Christuskind") eine andere Wirklichkeit. Darin vermittelt es Vergangenheit und Zukunft, und zwar im Medium einer voll aus-

---

40 Grundsätzlich haben diese stärker anthropologisch orientierten soziologischen Festtheorien ihren praktisch-theologischen Niederschlag in der „Rehabilitation des Festkirchgängers" gefunden (Gerhard Rau, Peter Cornehl). Die hier zugrundeliegende Vorstellung ist, daß man das Bedürfnis der volkskirchlichen Mehrheit nach Lebensbegleitung dadurch erfüllen sollte, daß der Prozeß- und Wegcharakter der Feste deutlicher gottesdienstlich herausgearbeitet wird, und daß eben diejenigen Feste theologisch gerechtfertigt zu Schwerpunkten werden, die es vom faktischen Gottesdienstbesuch her bereits sind.
41 Lediglich in manchen Südseevölkern hat dies regelmäßig den Ruin des Gastgebers zur Folge.
42 Ein Beispiel dafür bietet das Besäufnis bei Betriebsweihnachtsfeiern und Betriebsausflügen.

gelebten Gegenwart. Damit können Feste das offizielle System relativieren, es sogar zeitweise außer Kraft setzen.

(d) Fest als Zustimmung zur Welt (Josef Pieper). Das Fest ist nur möglich auf der Basis einer grundlegenden Zustimmung zu der Welt, wie sie zu erleben ist, und es begeht deren Gutheißung.

(e) Fest als Bewußtseinserweiterung (Gerhard Marcel Martin). Weil Feste auf einer Basis der Zustimmung bei gleichzeitigem Exzeß das gewohnte Lebensfeld aufsprengen, eine Gegenzeit und einen Gegenraum vorübergehend real erlebbar machen, haben sie eine bewußtseinserweiternde utopische Funktion.

(f) Fest als Vorbild (Gerhard Marcel Martin, Henri Lefebvre). Weil Feste diese utopische, geradezu messianische Funktion haben, soll und kann auch der Alltag Qualitäten des Festtages erhalten.

Allerdings gibt es auch aus anthropologischer Perspektive Einwände gegen eine ungebrochen positive Sicht auf den heutigen Umgang mit den Festen: Ein wirkliches Problem der gegenwärtigen Festpraxis ist darin zu sehen, daß das Fest zum Bereich der Freizeit gerechnet wird, auch von Seiten der Kirche[43]. ‚Freizeit' steht dabei im Gegensatz zu ‚Arbeit'; und es ist immer wieder die Meinung zu hören, daß wir zwar im Bereich der Arbeit fremdbestimmt seien, doch in der Freizeit eine Chance zur Freiheit, zur Selbstverwirklichung und zu ganzheitlicher und gemeinschaftlicher Lebenspraxis hätten[44]. Doch wird die sehr ambivalente Parzellierung der menschlichen Lebenszeit auf diese Weise nur kirchlich legitimiert. Und dabei wird übersehen, daß Arbeit und Freizeit auch im Rahmen dieser Parzellierung in Wahrheit gar nicht so sehr voneinander getrennt sind, wie die Ideologie es vermittelt.

---

43 Vgl. zum Zusammenhang Manfred Josuttis, Praxis des Evangeliums zwischen Politik und Religion. Grundprobleme der Praktischen Theologie, München [4]1988, 237-253.

44 Das steht auch hinter dem gewerkschaftlichen Slogan „ohne Sonntag gibt es nur noch Werktage". Im Gegensatz dazu hat der jüdische Sabbat sehr viel mit dem Alltag zu tun, er hat – neben seinen theologischen Implikationen – eine sozial regulative Funktion und steht in engem Zusammenhang mit der Gleichbehandlung von Sklaven und Fremden.

Das Freizeitverhalten ist von den Bedürfnissen des Arbeitsalltags geprägt – auf Anspannung soll Erholung folgen, auf eine psychisch und physisch erschöpfende Tätigkeit eine Kompensation durch ein völlig andersgeartetes Verhalten. Damit arbeitet die Freizeit dem Arbeitsalltag zu. Der einzelne soll in seiner Freizeit seine Arbeitsfähigkeit wiederherstellen, er soll sein Bedürfnis nach Sinn in seiner Freizeit befriedigen. Aber wenn ich die Hoffnung auf Sinnerfüllung in die Freizeit verlege, gebe ich jede Hoffnung auf, daß die Arbeit mit Sinn erfüllt sein könnte[45]. Im Hinblick auf das Fest heißt das: Während das antike Fest die Regeneration der Welt und der Gemeinschaft vollzog, dient das neuzeitliche Fest nicht der Erhaltung der Wirklichkeit, sondern der Erholung des einzelnen von der Arbeit und damit der Erhaltung der Alltagswelt[46]. Festzeit steht dem einzelnen zur privaten Disposition, sie ist Teil der Freizeit geworden, in der Menschen Entspannung suchen. „Religion findet statt in den Grenzen der Freizeit. Daß innerhalb dieser Grenzen eine Tradition verwaltet wird, die diese Grenzen aufsprengen will, die nicht nur dem Einzelnen ein privates Glück, sondern die allen Menschen ein sinnvolles Leben jenseits der Dichotomie von Arbeit und Freizeit im Reich der Freiheit verheißt, ist ein Widerspruch in der Wirklichkeit dieser Gesellschaft, der Skepsis wie Hoffnung gleichermaßen begründet."[47]

5.1.2.6 Das Fest in phänomenologischer Betrachtung

Aus dieser Perspektive sind, manches Gesagte wiederholend, sechs Aspekte festzuhalten:

---

45 Hier ist aus theologischer Perspektive vor allem ein krasser Widerspruch zum Berufsverständnis Luthers mit seinen Folgen für das Verständnis des Alltags zu konstatieren, vgl. dazu oben I.6.2.
46 Nämlich entweder über ihre Stabilisierung als Folge der Erholung oder als Folge einer kompensatorischen Funktion des Festes, also als Folge des Ventils, den Spannungen und Ambivalenzen im Fest gefunden haben.
47 Josuttis, Praxis, 252.

(a) Feste sind soziale Gelegenheiten, in denen sich die individuelle und kollektive Identität regeneriert. In diesem Sinne sind alle Feste Geburtstage, sie begehen einen Rückblick auf den Ursprung der Identitätsbildung von Individuum und Gesellschaft. Die großen christlichen Feste haben, so verstanden, die drei großen Geheimnisse des Lebens zum Thema: das Geheimnis des Geborenwerdens zu Weihnachten, das Geheimnis von Tod und Leben im österlichen Feiern von Sterben und Auferstehen und das Geheimnis der Vereinigung, der Entgrenzung zu Pfingsten; hinzuzusetzen ist die Thematik von Tod und Ewigkeit, die vor allem am Ende des Kirchenjahres thematisiert wird[48].

(b) Feste drücken eine grundsätzliche Bejahung des Seins aus und transzendieren deshalb die Alltagszwecke, in denen es um einen Erhalt des Lebens geht, dem jedoch allenfalls ein sehr verkümmertes ‚Ja' zum Leben zugrundeliegen muß. Natürlich muß man auch für die Bewältigung des Alltags leben wollen, doch genügt zum Arbeiten meist bereits der Wille zum Überleben. Allein der physische Selbsterhaltungstrieb wird im Normalfall dafür sorgen, daß zum Leben Notwendiges getan wird. Das Fest dagegen feiert die Tatsache des Lebens, im Fest wird nicht gearbeitet, sondern gefeiert[49].

(c) Neben der grundsätzlichen Bejahung des Lebens enthält das Fest jedoch immer auch exzessive Aspekte, Grenzüberschreitungen in Verbindung mit den Trieben von Sexualität und Aggression. So gehörten in früheren Zeiten zu einem ‚ordentlichen' Volksfest immer auch selbstverständlich eine Hinrichtung und oft ein sexueller Exzess[50]. Zu den exzessiven Aspekten gehört außerdem,

---

48 Vgl. zu dieser Interpretation Manfred Josuttis, Verführung zum Leben. Über die Geheimnisse des christlichen Glaubens, Gütersloh 2006, 73ff.
49 Vgl. dazu die Sicht Schleiermachers: Das Fest ist keine Geschäftstätigkeit, sondern deren Unterbrechung, es ist „darstellendes Handeln".
50 Heute erscheint dieses Ausagieren der Triebe allenfalls gemildert, in Gestalt des Seitensprungs nach der Weihnachtsfeier oder in Form der Prügelei. Auch der Karneval ist als Beispiel heranzuziehen: In seiner ursprünglichen Form enthält er durch seine extatisierenden Medien (Al-

daß beim Fest die ökonomische Kalkulation aussetzt: Fest ist Verschwendung von Ressourcen.

(d) Feste brauchen Vorbereitung. Das gilt äußerlich (Schmuck der Räume, Herstellung des festlichen Mahlzeiten, Präparation der eigenen Person durch Reinigung und Schmuck). Das gilt ebensosehr in Bezug auf eine innerliche Vorbereitungsarbeit. Das Wissen darum ist in manchen Chorälen aufbewahrt (etwa „Wie soll ich dich empfangen", EG 11). Nur wer sich lange und langsam auf das Festgeschehen einstellt, wird etwas Wesentliches erleben. In dieser Perspektive ist der Sinn der langen Advents- und Passionszeit jeweils die Hinführung zu einem Lebensgeheimnis, und diese Zeiten wurden in der Vergangenheit auch so wahrgenommen. Heute sind diese Vorbereitungen bis zur Unkenntlichkeit zugleich kommerziell verlängert und im persönlichen Bereich reduziert. Das sichtbare Geschehen ist im wesentlichen eine rein pragmatische Organisation des kommenden Fest-Ablaufes.

(e) Von den großen Festen wurden ursprünglich alle Menschen erfaßt. Heute gilt dies nicht mehr für Pfingsten, und allenfalls sehr eingeschränkt für Ostern. Doch unverändert, wenn nicht verstärkt gilt es für das Weihnachtsfest: Man kann Weihnachten nicht nicht feiern – auch das bewußte Nicht-Feiern steht immer noch in Beziehung zum Fest. Diese allgemeine Wirksamkeit dieses Festes kann für den einzelnen eine schwere Belastung sein[51]. Sie wird durch die Symbole, die zum Fest gehören, und durch den öffentlichen Umgang mit diesen Symbolen, die zu der Breitenwirkung ganz erheblich beitragen, verstärkt. Der Schmuck der Straßen in der Vorweihnachtszeit (in diesem Fall die sachgemäßere Bezeichnung gegenüber dem Advent) weist unausweichlich darauf hin, daß hier etwas besonders Schönes, Festliches geschehen wird. Die Konsumangebote mit ihrem besonderen Schwerpunkt auf Geschenkvorschlägen machen deutlich, daß man zu Weihnachten jemanden

---

kohol, Tanz, Musik) immer auch politisch-rebellische Elemente (früher z.B. Militärkritik).
51 Zu denken ist etwa an die psychischen Probleme, die besonders mit dem Weihnachtsfest zusammenfallen.

haben soll, dem man etwas schenken möchte. Das Symbol des Kindes in der Krippe fordert auf, das eigene Menschsein dankbar, bejahend, freudig zu begehen. Der Tannenbaum mit allen damit verknüpften Bräuchen[52] ruft das fast unumgängliche Bild einer Familie wach, die um diesen Baum versammelt ist. Der Weihnachtsmann erinnert die Kinderlosen an diesen Mangel. Die Engel verheißen Frieden und strahlen einen Glanz aus, der mit dem Streit in vielen Familien und der Trostlosigkeit der Einsamen nun gar nicht harmoniert – die Aufzählung ließe sich leicht verlängern. Alle Symbole weisen auf Freude und Gemeinschaft. Und das hat einen in der Substanz des Festes selbst liegenden Grund: Einem wirklichen Fest ist man nicht als einzelne, als einzelner gewachsen, es braucht die Gemeinschaft.

(f) Das Fest weist über sich selbst hinaus, so wie ein Geburtstagsfest die Feier des bisherigen und des zukünftigen Lebens zugleich ist. Zu jedem Fest gehört ein Mythos, eine heilige Geschichte, weil es hier um den Grund des Lebens geht. Diese heilige Geschichte verlangt nach einer angemessenen Wiedergabe, damit sie zur Wirkung gelangen kann[53]. Der universale Horizont beispielsweise des Weihnachtsfestes wird deutlich, wenn man einen Blick auf die zeitliche Ansiedlung des Festes wirft. Zunächst wurde, vor allem im Osten, die Feier der Inkarnation am 6.1., dem Epiphaniastag, begangen, doch dann wurde das Fest auf den 25.12. gelegt, auf das römische Fest des unbesiegten Sonnengottes, *sol invictus*. Damit hatten die Christen den für alle Welt bedeutenden und erfahrbaren Übergang von der Finsternis zum Licht für ihren Gott reklamiert. Inhaltlich ist damit das Begehen einer Neujahrsfeier impliziert:

---

52 Dazu gehört das gemeinsame Schmücken, das Hereinrufen und Bestaunen, das Tanzen um den Baum, es gehört dazu, ihn zu besingen und die Geschenke unter ihn zu legen.

53 Von daher ist zu fragen, ob es dem großen Heilsereignis der Erniedrigung Gottes in seiner Menschwerdung angemessen ist, wenn die Weihnachtsgeschichte von Kindern aufgeführt wird – es ist mehr als fraglich, ob Krippenspiele als Vergegenwärtigung des Mythos anzusprechen sind.

Das neue Jahr, das neue Leben, die neue Ordnung beginnen mit der Geburt Jesu, mit der Geburt des menschgewordenen Gottes.

5.1.3 Ein zweites Beispiel: Karfreitag

Was vergegenwärtigt der Karfreitag? Oder, persönlicher: Was erwarte ich von der Feier dieses Tages im Hinblick auf mein geistliches Leben? Ich möchte an jedem Karfreitag neu verstehen und annehmen können, daß am Kreuz von Golgatha etwas geschehen ist, das mein Leben trägt und verwandelt. Dazu muß ich das Heilsgeschehen von Christi Tod und Auferweckung, das Sterben *pro nobis*, *pro me*, nahegebracht bekommen, die Botschaft von der Rechtfertigung muß eine Gestalt bekommen, die mich erreicht, sie muß dazu – in welcher Form auch immer – in meine Gegenwart hineingesprochen werden.

Die Frage, wie so etwas möglich ist, möchte ich mit einem Rückblick auf Inhalt und Ziel der Paschafeier in der Alten Kirche zu beantworten versuchen[54]:

> Bis in das 4. Jahrhundert hinein wirkt in der liturgischen Gestaltung die Einheit des Christusmysteriums formbildend, das heißt, es werden alle Inhalte des Osterfestes, Christi Leiden, Tod und Auferweckung, zusammengenommen in der Paschavigil liturgisch begangen, auch wenn durchaus eine unterschiedliche Gewichtung, also eine stärkere Betonung der Passion oder der Auferweckung begegnen kann. Die Vigil ist ein sich über die ganze Nacht erstreckender Gottesdienst, in dem die Gläubigen das heilsgeschichtliche Geschehen fastend, wachend und schließlich die Eucharistie und ein Agapemahl feiernd vergegenwärtigen und mitvollziehen.

---

54 Die folgenden Ausführungen stützen sich v.a. auf Martin Klöckener, Die „Feier vom Leiden und Sterben Jesu Christi" am Karfreitag. Gewordene Liturgie vor dem Anspruch der Gegenwart, in: LJ 41 (1991) 210-251. Die Darstellung ist einem Aufsatz entnommen: Corinna Dahlgrün, Die Karfreitagspredigt. Zu Aufgaben und Umsetzungsmöglichkeiten, in: Klaus Grünwaldt / Udo Hahn (Hg.), Kreuzestheologie – kontrovers und erhellend (FS Weymann), Hannover 2007, 183-194.

Ab der Mitte des 4. Jahrhunderts wird das Gedenken stärker ausdifferenziert, so daß die Jerusalem-Pilgerin Egeria 383/384 von einer eigenen Karfreitagsliturgie berichtet, einem als Stationsliturgie gestalteten Wortgottesdienst. Die Gemeinde vollzieht an den jeweiligen historischen Orten das in den Passionsberichten dargestellte und durch Lesung vergegenwärtigte, im Wort Gegenwart werdende Geschehen mit. Die Liturgie beginnt in der Donnerstagnacht in der Ölbergkirche mit Gebeten (Orationen), Hymnen und Lesungen; wichtige Elemente sind die Kreuzesverehrung am Morgen des Karfreitag (eine Reliquie vom Kreuz Jesu und die entsprechende Inschrift werden von allen Gläubigen einzeln mit Stirn und Augen berührt, nach dem Kuß des Holzes ziehen sie weiter) und ein Lese- oder Wortgottesdienst am Mittag, in dem die Passion Christi als Erfüllung der prophetischen Verheißungen ausgesagt wird, strukturiert wiederum von Orationen als Antwort und Bitte um Aktualisierung. Zur Todesstunde Jesu wird die entsprechende Schilderung aus dem Johannesevangelium gelesen, auf die die Gläubigen nach dem Zeugnis der Egeria mit Klagen und Weinen reagieren. Ein weiterer Gottesdienst am Nachmittag enthält vermutlich ein Lucernarium (Lichtritus, mit Dank für Christus als das wahre Licht), in der Anastasis-Kirche beschließen die Perikope von der Grablegung, Gebet und Segen die Liturgie vom Leiden und Sterben Jesu. Diese Form der Vergegenwärtigung ist naturgemäß stark an die räumlichen Gegebenheiten geknüpft.

Doch auch der Papstgottesdienst Ende des 7. Jahrhunderts in Rom wird als Stationsliturgie gefeiert, bei der die Prozession vom Lateran zur Kirche S. Croce mit der Kreuzreliquie, aufliegend auf dem Rücken des Papstes, zum Gedächtnis des Kreuzweges Jesu wird. Weitere Elemente dieser Liturgie sind ein Wortgottesdienst mit verschiedenen Lesungen aus Propheten und Evangelien und, als zentrales Element, die Kreuzverehrung, die vom Papst durch Prostratio (völliges Sichniederwerfen) und Kuß des Kreuzes auf dem Altar eröffnet wird; für das Volk wird die Reliquie dazu zu den Chorschranken getragen. Fürbitten, Salutatio und die Prozession zum Lateran beschließen den Gottesdienst[55].

Charakteristisch ist in allen Fällen die Verbindung von Wort und Zeichen, einem Wort, das die *Vergegenwärtigung* des vieldimen-

---

55 Eine Eucharistiefeier ist nicht enthalten, auch wenn den Gläubigen am Ende Gelegenheit zum Empfang des Leibes Christi gegeben wird.

5.1 Kirchenjahr

sionalen Paschamysteriums in seinem heilsgeschichtlichen Ablauf insbesondere im Hinblick auf den gekreuzigten Christus ermöglicht und einer zeichenhaften Vertiefung, die die persönliche *Aneignung* erleichtert – dies gilt in besonderer Weise hinsichtlich der „Hochschätzung der Kreuzverehrung durch die Gläubigen, die durch solche Teilnahme unter Zeichen sich das gefeierte Heilsgeschehen besonders intensiv zu eigen machen"[56].

Demgegenüber ein kurzer Blick auf die protestantische Karfreitagsliturgie: Je nach Prägung wird der Gottesdienst mit oder ohne Abendmahl gefeiert. Gelegentlich finden sich Gestaltungsbemühungen im Hinblick auf geschlossene oder verhängte Altäre und sparsamen (oder keinen) Schmuck, seltener begegnet der Verzicht auf die Orgel[57]. Agendarisch ist ein Wortgottesdienst vorgesehen, der eher durch Weglassung sonst gebräuchlicher als durch Hinzufügung

---

56 Klöckener, 225. Klöckener kritisiert die Ordnung des Papstgottesdienstes allerdings als eine unbefriedigende und unausgereifte Vermischung zweier ritueller Formen (Wortgottesdienst und Kreuzverehrung als ergänzendes volkstümliches Element), die auf eine Neuentwicklung in der Spiritualität der Bevölkerung reagiert habe (225f.) Auch das allmähliche und nicht unbedingt organische Hinzuwachsen der Eucharistiefeier ist unter diesem Aspekt zu sehen.
57 Das EGB (Evangelisches Gottesdienstbuch. Agende für die EKU und die VELKD, hg. von der Kirchenleitung der VELKD und im Auftrag des Rates von der Kirchenkanzlei der EKU, Berlin/Bielefeld/ Hannover 2000) gibt an: „Liturgische Farbe: schwarz oder violett. ‚Ehre sei dem Vater', ‚Halleluja' und ‚Ehre sei Gott in der Höhe' entfallen. Es kann auf jede Farbe verzichtet werden. Der Altar kann auch ohne Kerzen, Blumen und jeglichen Schmuck bleiben." (312) Ein eigener Vorschlag zur Gestaltung dieses Gottesdienstes sieht folgenden Ablauf vor: [Glockengeläut], [Musik zum Eingang], [Gesang zum Eingang], Gruß, Anrede, Kyrie und Vaterunser, Psalm mit Agnus Dei, Tagesgebet, atl. Lesung, Lied/Gesang, Epistel, Lied, Evangelium, Lied/Gesang, Predigt, Lied/Gesang, Fürbittengebet/Litanei, Abkündigungen, Dankopfer, Sendungswort, Segen, [Musik zum Ausgang] (177; die Elemente in eckigen Klammern sind fakultativ), eine Verbindung mit der Abendmahlsfeier wird als Möglichkeit genannt. Weiter heißt es: „Für den Nachmittag des Karfreitags stehen weitere gottesdienstliche Formen zur Verfügung (Andacht in der Todesstunde Jesu, Kreuzweg, Meditation)." (178) Die vorgeschlagene Form, ein Wortgottesdienst ohne weitere Ausgestaltung, entspricht der des Buß- und Bettages.

neuer Elemente ausgezeichnet ist. Inhalt und Ziel des liturgischen Geschehens ist vor allem die heilvolle *Erinnerung*, allenfalls in den Chorälen könnte ein Moment der individuellen Aneignung für die Gemeinde gesehen werden. Die Liturgie bildet hier einen Rahmen für die Predigt, die alles darüber Hinausgehende allein zu leisten hätte.

Das Fazit aus diesem liturgiegeschichtlichen Exkurs: In den protestantischen Gottesdiensten werden die verschiedenen Dimensionen des Christusmysteriums eher nicht sicht- und erlebbar, so daß die zum alleinigen Mittelpunkt gewordene Predigt hier eine Kompensation bieten müßte. Das stellt jedoch selbst für den besten Prediger, die beste Predigerin eine Überforderung dar. Denn selbst die gelungenste Predigt, die wirklich etwas zu sehen, zu hören, zu riechen, zu schmecken und zu spüren gibt, muß wohl hinter dem Erleben oder besser Mitvollziehen einer in sich schlüssigen, formen- und facettenreichen Liturgie zurückbleiben. Doch ist damit zugleich ausgesagt, daß zumeist weder eine Vergegenwärtigung noch eine persönliche Aneignung des karfreitäglich-österlichen Heilsgeschehens im Karfreitagsgottesdienst der protestantischen Kirchen möglich sein wird.

Der ‚katholische' Vorzug der Anschaulichkeit der liturgisch gelebten Kreuzverehrung für die Frömmigkeit[58] wird im Protestantismus oft mittels der Musik eingeholt, handle es sich um eine Passionsmusik zur Todesstunde oder um die Aufführung einer der großen Bach'schen Passionen – dies kann hinsichtlich seiner Bedeutung wie hinsichtlich seiner Wirksamkeit nicht hoch genug eingeschätzt werden. Doch auch in der eigentlich liturgischen Gestalt hatten die protestantischen Kirchen in früheren Jahren ein Äquivalent. Die in den meisten Gemeinden geübte Praxis, die Eucharistie nur am Karfreitag als Ausdruck der Sündenvergebung zu empfangen, hat genau dies Moment von Eindrücklichkeit und

---

58 Dies gilt freilich unter der Voraussetzung, daß es der Gemeinde ermöglicht wird, den Ritus mitzuvollziehen; ein bloßes Betrachten dürfte hinter den Möglichkeiten, die in der Form liegen, merklich zurückbleiben.

Anschaulichkeit gewährt: Sündenernst und Vergebungserfahrung (mit der Spürbarkeit des Gewichts der Gnade) waren genuin protestantische Erlebnisformen von Spiritualität. An dem Tag und nur an dem Tag, der durch die Worte der Evangelien das Leiden und Sterben Christi *pro nobis*, für unsere Sünden ausführlich vor Augen stellt, damit aber auch das Bewußtsein für die eigene Sündhaftigkeit und Schuld nachhaltig einschärft, wird das Gedächtnismahl an dieses Opfer empfangen – der besondere Ernst der Situation wird verbunden mit einer durch ihre Seltenheit zweifellos besonders intensiven körperlichen Erfahrung[59]. Die sinnvolle und angemessene Veränderung in der Abendmahlspraxis, die, von den Kirchentagen ausgehend, zu einer erheblich häufigeren Feier der Eucharistie und zu einer sachgemäßen Erweiterung der mit ihr verbundenen Thematik geführt hat[60], hat für die Feier des Karfreitags nichts Vergleichbares zur Verfügung stellen können.

5.1.4 Folgerungen

Sind die Wandlungen, die an vielen Festen zu beobachten sind, im Hinblick auf die darin zum Ausdruck kommende Spiritualität als Niedergang oder als Bereicherung aufzufassen? Diese Frage wird, je nach Perspektive, unterschiedlich beantwortet werden müssen. Zunächst einmal sind es, wertfrei, einfach Wandlungen, die zu befragen sind hinsichtlich ihrer Ursachen wie hinsichtlich der unterschiedlichen Nuancierungen, die die Feste dadurch erfah-

---

59 Diese beginnt bereits beim Gang zum Altar, dem sich die Gemeinde sonst nicht nähert – Reste der damit verbundenen Scheu sind selbst gegenwärtig noch mitunter bei älteren Kirchenbesuchern wahrzunehmen.
60 Das Abendmahl war nun nicht mehr – nahezu ausschließlich – Mahl der Sündenvergebung, sondern gewann die Dimensionen von Gemeinschaft, eucharistischer und eschatologischer Freude etc. wieder zurück; vgl. Georg Kugler (Hg.), Forum Abendmahl, Gütersloh 1979; Rolf Christiansen / Peter Cornehl (Hg.), Alle an einen Tisch. Forum Abendmahl 2, Gütersloh 1981.

ren. Daß ein Fest, und ich greife hier nochmals auf das Beispiel des Passah zurück, unter den Bedingungen eines intakten politischen Reiches mit einem intakten, mächtigen Kultsystem anders gefeiert werden muß als nach der Zerschlagung des Reiches und seines Kultus, ist naheliegend. Daß im Fall der gemeinschaftlichen Feier im Tempel andere Aspekte des Festinhaltes stärker betont werden als im Falle der stärker privaten häuslichen, der familiären Feier, ist ebenfalls naheliegend. Doch ist es damit jeweils dasselbe Fest? Bei beiden Varianten handelt es sich um die Vergewisserung des befreienden und begleitenden Gottes, bei beiden Varianten werden die nationale und die religiöse Identität der Feiernden vergegenwärtigend thematisiert – insofern handelt es sich um dasselbe Fest. Natürlich können Veränderungen im Charakter der Feier gemessen an einer theologisch möglichst facettenreichen Gestalt als Verlust wahrgenommen werden, so daß als vollgültige Form allein die gemeinschaftliche Kultfeier am Tempel anzusehen wäre. Auf der anderen Seite ist zu fragen, inwieweit dieser Facettenreichtum von der Mehrzahl der Feiernden wahrgenommen und mitvollzogen worden ist – und in dieser Sicht kann eine Konzentration auf einzelne Züge als eine Verdichtung und Vertiefung positiv eingeschätzt werden, jedenfalls, solange die in der Schrift festgehaltene zentrale Aussage des Festes dabei nicht übergangen wird, solange diese Aussage in der Gestalt der Feier erkennbar bleibt.

Eine solche Erkennbarkeit ist unverzichtbar, und keineswegs nur aus äußeren Gründen: Die Feste im Ablauf des Kirchenjahres sollen nicht allein ein Gedenken an die Heilsgeschichte mit ihren unterschiedlichen Stationen ermöglichen, sondern ein Vergegenwärtigen ihres Gehaltes, das den Menschen mit allen Sinnen und Emotionen einbezieht und damit den Feiernden eine Möglichkeit bietet, sich dieses Geschehen nahekommen zu lassen und es – *pro me, pro nobis* – anzueignen. Denn entscheidend für jede Form von lebendiger Spiritualität ist die Aneignung des Heilsgeschehens; insofern sie durch die Zueignung des Geistes geschieht, ist sie unverfügbar, doch können und sollen in den Gottesdiensten der Gemeinden Voraussetzungen dafür geschaffen werden[61]. Zu diesen Voraussetzungen gehört unverzichtbar Wissen, die Kenntnis der Geschehnisse; da sie sich aber dem Verstehen im letzten entziehen, ist vor allem ein Verstehen mit dem Herzen erforderlich. Nur wenn das Geschehen fühlend mitvollzogen wird, kann auch Heilsgewißheit spürbar werden. Damit aber das Geschehen fühlend mitvollzogen werden kann, müssen sich die Feiernden – so am Karfreitag – unter das Kreuz begeben, selbst dem Paschamysterium gegenwärtig werden (H.U. von Balthasar). Aus den Gottesdiensten der frühen Kirche (übrigens auch aus den geistlichen Spielen des Mittelalters und selbst noch aus einem Film wie Mel Gibsons „Passion Christi") ist zu lernen, daß dies am ehesten möglich ist, wenn das Geschehen (gottesdienstlich) wirklich aktualisiert wird. Eine weitere Voraussetzung für die Aneignung ist die Beteiligung der Feiernden am Geschehen in irgendeiner Form; damit ist kein „Mitspielen" gemeint, auch Sehen und Hören kann beteiligen, wenn es etwa in ein Mitbeten mündet[62].

In liturgiewissenschaftlicher Hinsicht gibt es nicht nur reiche, sondern auch hinreichende Möglichkeiten, die Feste in ihrem unterschiedlichen Charakter so zu gestalten, daß eine Vergegenwärtigung geschehen kann und dementsprechend eine Aneignung möglich wird, nämlich die in der Tradition entwickelten und immer mehr entfalteten de-tempore-Elemente der Liturgie, das Proprium, das es in manchen Fällen allerdings erst wiederzugewinnen oder den heutigen Bedingungen anzupassen gilt[63]. Wie aber ver-

---

61 Vgl. I Kor 2,1-5; I Thess 1,4-7; Röm 10,9f.; CA V.
62 Das Hören von Musik nötigt zu einer solchen Beteiligung, s. dazu unten V.6. Wenn die beteiligende Musik das Paschamysterium zum Inhalt hat, wird beim Hören dieser Musik die Aneignung der Inhalte möglich (eine Erfahrung, die Menschen anhand der Passionen Bachs immer wieder machen).
63 Ein Beispiel für eine solche Anpassung ist eine von der Ansverus-Geschwisterschaft gestaltete gottesdienstliche Feier am Abend des Karfreitag. Ihr Höhepunkt war eine mit Blumen auf einem angedeuteten Grabhügel zeichenhaft vollzogene Grablegung Jesu, die natürlich keine spielerische Wiederholung der Passionsberichte sein sollte.

hält es sich mit dem eingangs skizzierten Fall des zum Problem gewordenen Advent? Die Inhalte von Weihnachten sind kommerzialisiert, verflacht und zeitlich in die Vorweihnachtszeit verlagert worden, ohne daß darin eine Vorbereitung auf das Fest möglich wäre; der eigentliche Gehalt des Advent ist außerhalb der Kirchen vollständig verlorengegangen und scheint es auch in den Kirchen zunehmend schwer zu haben.
Gibt es hier eine Möglichkeit der Abhilfe, eingedenk des Faktums, daß in einer kapitalistisch und marktwirtschaftlich eingestellten Gesellschaft die Kirchen weniger Gewicht haben als die Ökonomie[64]? Die gesellschaftliche Entwicklung ist schwerlich umkehrbar. Übrig bleibt nur die bewußte Verweigerung der Konformität, auch wenn dies unangenehme Folgen haben kann. „Wäret ihr von der Welt, so hätte die Welt das Ihre lieb. Weil ihr aber nicht von der Welt seid, sondern ich euch aus der Welt erwählt habe, darum haßt euch die Welt." (Joh 15,19) Haß ist in der gegenwärtigen Situation kaum zu erwarten, eher schon Marginalisierung oder Spott. Dies ist in Kauf zu nehmen, wenn das Kirchenjahr als Ort gelebter Spiritualität erhalten oder eher: wiedergewonnen werden soll. Eine solche Wiedergewinnung ist kaum verzichtbar. Der Wechsel von Fest und festloser Zeit muß erkennbar sein, denn erst aus der festlosen Zeit heraus leben die Feste – das gilt übrigens für den Sonntagsgottesdienst analog[65] – und die festlose Zeit lebt aus der Kraft des Festes. Darum ist die Wiedergewinnung mancher Feste oder besonderer Gottesdienstformen[66] zu ihrem Anlaß so wichtig; darum sind auch alle Initiativen zu begrüßen, die einzelnen und

---

64 Inwieweit die Kirchen sich – unbedingt zu ihrem Schaden – den Gesetzen dieser Gesellschaft mehr oder weniger bereitwillig anpassen, bleibe hier dahingestellt.

65 Wenn in der Woche nicht an Gott gedacht wird, kann ein Gottesdienst nicht wirklich gefeiert werden. Umgekehrt lebt die Woche von der Feier des Sonntags.

66 Auf Seiten der Protestanten ist hier beispielsweise die Osternachtsfeier zu nennen, die seit einigen Jahren, analog dem katholischen Brauch, wieder gehalten wird; aber auch Stationengottesdienste wie der Kreuzweg werden immer öfter angeboten.

Gemeinden helfen, nicht nur die Feste, sondern auch deren Vorbereitungszeiten in einer Weise zu gestalten, die dem egalisierenden kapitalistischen Sog etwas entgegenzusetzen hat[67] und ermöglichen, das Kirchenjahr wirklich zu erleben. Im Hinblick auf den Advent kann das heißen: Nicht nur die Gottesdienste sollten den agendarisch vorgesehenen Charakter aufzuweisen suchen, auch die anderen Aktivitäten wären zu überdenken. Müssen beispielsweise die Gemeindekreise ihre Weihnachtsfeiern im Advent ausrichten? Muß der Kirchenchor zwei Wochen vor Weihnachten sein Weihnachtskonzert aufführen[68]? Sachgemäßer wären in beiden Fällen Adventsandachten respektive -musiken in Analogie zu denen der Passionszeit.

Die Kirchen müssen sich dazu verstärkt ihrer Traditionen, der ihnen anvertrauten Inhalte erinnern, auch wenn sie damit dem Trend der Zeit nicht entsprechen. Und die einzelnen Christen müssen von ihrer Kirche, von ihren Gemeinden notfalls einfordern, was sie zum (geistlichen) Leben brauchen. Dazu gehört auch ein ausgestaltetes Kirchenjahr.

---

[67] Der vom Amt für Öffentlichkeitsarbeit der Nordelbischen Kirche alljährlich herausgegebene Adventskalender „Der andere Advent" gibt, wie man auch im einzelnen über die Beiträge denken mag, immer wieder Hinweise für eine alternative Gestaltung dieser Wochen. Das Konzept „Sieben Wochen ohne", Jahre zuvor ebenfalls in Nordelbien entwickelt, ist inzwischen weit verbreitet und hat zahlreichen Menschen die Besonderheiten der Passionszeit neu oder erstmals nahegebracht.

[68] Natürlich gibt es für eine solche Entscheidung durchaus nachvollziehbare Gründe, nämlich die Konsumgewohnheiten der Interessenten. Und nicht nur aus finanziellen Erwägungen ist eine volle Kirche wünschenswert, sondern auch, damit die Musik und ihre Aussage möglichst viele erreicht. Dennoch ist an die Mahnung Jesu in Mt 6,24 zu erinnern – niemand kann zwei Herren dienen.

5.2 Andacht

Christliche Spiritualität gibt es in unterschiedlichen Gestalten, geprägt durch den historischen Ort ihrer Entstehung, geprägt durch den kulturellen Raum, in dem sie sich entwickelt haben. Der Protestantismus war nun in dieser Hinsicht nicht übermäßig kreativ[69], zum einen wegen der dargelegten Vorbehalte gegenüber dem Gedanken der Heiligung, zum anderen einfach auch darum, weil es ihn – im Verhältnis betrachtet – noch nicht so sehr lange gibt. Lapidar gesagt: Die ‚Evangelischen' haben die Spiritualität nicht erfunden, nur, sofern überhaupt, übernommen und in mancher Hinsicht modifiziert. Freilich sind dabei einige wenige genuin „protestantische" Formen entstanden, die ohne diesen speziellen Wurzelgrund nicht denkbar wären: die Form der häuslichen Andacht und die sehr reiche Kirchenmusik, letztere ist inzwischen auch in der römisch-katholischen Kirche erkennbar integriert[70].

Zur begrifflichen Klärung sei eine Definition des von mir mit „evangelisch" oder „protestantisch" Gemeinten eingeschoben[71]. Die Mitte auch der protestantischen Frömmigkeit ist der Gottesdienst, von ihm her und auf ihn hin lebt jede Gestaltungsform individueller Spiritualität. Das ist freilich nicht unbedingt immer zu merken, denn der Protestantismus neigt seit seinen Anfängen dazu, sehr betont die Situation des einzelnen Menschen *coram Deo* in den Blick zu nehmen, und zwar, dies ist ein weiteres wesentliches Moment, die Situation dieses einzelnen Menschen innerhalb der von Gott geschaffenen und von ihm durchwirkten Welt – die durch die Reformatoren beförderte Aufhebung der stets biblisch begründeten strengen Scheidung von Welt und Heiligem ist gerade in der Frage der gelebten Spiritualität zu beachten. Im Hinblick auf die Konzentration auf das „ich" vor Gott ist vor allem auf Martin Luther zu rekurrieren, ungeachtet der nicht geringen Bedeutung, die

---

69 Dies mag ein Grund dafür sein, daß die gegenwärtigen Versuche, eine „evangelische" Spiritualität zu umreißen, zumeist nur eingeschränkt überzeugen können.
70 „Andachten" finden im Katholizismus in der Regel im kirchlichen Raum, eingebunden in gottesdienstliche Feiern der Gemeinschaft, statt.
71 ‚Evangelisch' wird hier konfessionell verstanden, nicht inhaltlich.

dann seit dem 19. Jahrhundert insbesondere Schleiermachers Gedanken über das fromme Individuum für speziell diesen Aspekt hatten und noch haben. Die für Luther entscheidende Frage nach der Rechtfertigung des Sünders und, in deren Fortgang, nach dessen täglichem Bemühen um seine Heiligung fokussiert das Interesse vor allem auf den Glauben, die Glaubensgewißheit, die Gottesbeziehung und auch das Gewissen des einzelnen. Eine Vernachlässigung des Gemeinschaftsaspektes ist damit zwar keineswegs intendiert, in der alltäglichen Praxis jedoch naheliegend.

Das eigentliche Spezifikum protestantischer Spiritualität ist nun in folgendem zu sehen[72]: Ausgehend von der reformatorischen Grundeinsicht, der Überzeugung, daß das ewige Heil durch das Handeln des Menschen nicht zu beeinflussen sei, da nur die im geistgewirkten Glauben angenommene freie Gnade Gottes den Menschen gerecht mache, können für Luther alle Menschen, unabhängig von ihrem Stand, Gott gleichermaßen nahestehen. Aus dieser Grundeinsicht folgen drei Konsequenzen, die für die Ausgestaltung evangelischer Spiritualität folgenreich sind, und die ich hier wegen ihrer zentralen Bedeutung kurz wiederhole: das Priestertums aller Getauften[73], die Heiligkeit aller im Gehorsam gegen Gott geübten Werke und die Berufung eines jeden Menschen zur Erfüllung des Liebesgebotes.

Weil für Luther gemäß I Petr 2,9 alle Getauften als Priester anzusehen sind, sind sie sämtlich ohne die Mittlerschaft eines anderen und auch außerhalb des Raumes der Kirche imstande und gerufen, ihren Glauben zu leben. Eine eigene Ausprägung erhält dieser Gedanke in Luthers dritter Gestalt des Gottesdienstes, der praktizierten Frömmigkeit in Hausgemeinschaften außerhalb des kirchlichen und gottesdienstlichen Rahmens (Deutsche Messe). Da weiterhin kein menschliches Werk den Menschen vor Gott rechtfertigen kann, sind alle Werke, die der Mensch im Gehorsam gegen Gott ausführt, gleichermaßen heilig, sofern sie dem Liebesgebot entsprechen. Besondere Berufungen spielen darum schließlich keine große Rolle, denn jeder Stand kann ein Ort „heiliger" Lebensführung sein. Der gerechtfertigte Sünder findet sich also in der Welt vor; und er ist durch die Rechtfertigung auf den Weg der Heiligung gesetzt. Diesen Weg geht er, mit Gottes Hilfe und im immer neuen Bedenken seiner

---

72 S. dazu ausführlich oben in I.6.2.
73 Oft wird, den Wortlaut der CA aufnehmend, vom „Priestertum aller Gläubigen" gesprochen, da allerdings die CA mit Gläubigen selbstverständlich Getaufte meint, scheint mir obige Bezeichnung sachgemäß.

eigenen Sündhaftigkeit und Hilflosigkeit, *in* der Welt, nicht herausgenommen aus ihr, in einem gesonderten, geheiligten Bereich. Er geht ihn und er soll ihn gehen, doch das ist ihm nur darum möglich, weil und insoweit er bereits „angefangen hat, fromm zu sein"[74]. Jedem einzelnen ist damit aufgegeben, sich in seinem Alltag um seine Heiligung zu bemühen und, unmittelbar zu Gott, seine Spiritualität zu praktizieren.

Fragt man also nach evangelischen Konkretionen christlicher Spiritualität, nach den Formen, in denen Protestanten ihre Frömmigkeit gestalten, nach Orten und Methoden, ist die erste Antwort: der Gottesdienst. Er ist die Mitte der protestantischen Frömmigkeit, die lobende, betende, verkündigende Antwort auf die Anrede Gottes, und nach lutherischem Verständnis sind die Sakramente sein Zentrum. Nun ist dies natürlich nicht spezifisch evangelisch bzw. protestantisch. Fragt man weiter, stößt man, insbesondere im Gegenüber zu bestimmten „katholischen" Formen[75], auf einen Begriff, der ein bißchen hausbacken wirkt, auch wenn er binnenkirchlich selbstverständlich verwandt wird: die Andacht[76], und zwar insbesondere die private, die häusliche Andacht.

5.2.1 Eine Konkretion: Andacht im Kirchenchor

Als eine erste Konkretion füge ich eine Reihe von Erinnerungen ein, die verschiedene Formen zeigen, der Forderung nach einer alltäglichen *praxis pietatis* zu entsprechen: Seit meinem 15. Lebensjahr singe ich in Kirchenchören und Kantoreien. Am Ende der

---

[74] „Grund und Ursach aller Artikel D. Martin Luthers, so durch römische Bulle unrechtlich verdammt sind" von 1521, WA 7,337,5ff.

[75] Zu denken ist hier etwa an das Rosenkranzgebet, das aber als eine auch protestantisch adaptierte Gestalt des Betens dennoch Erwähnung finden soll.

[76] Das Jesus- oder Herzensgebet sei als eine individuell praktizierte Form in diesem Zusammenhang jedenfalls genannt, ausführlich dazu s.o. III.4.5.

5.2 Andacht

Proben habe ich im Laufe der Jahre fünf unterschiedliche Rituale erlebt.

Mein erster Chorleiter[77] schloß immer mit einem frei formulierten Gebet, oft sehr eindrücklich formuliert, in dem er auf Geschehnisse des Tages oder auf die Texte der geprobten Werke Bezug nehmen konnte, in der aber vor allem ein behutsam und offen formuliertes Schuldbekenntnis, die Bitte um Vergebung und das zuversichtliche Sich-der-Gnade-Gottes-Anvertrauen regelmäßig vorkamen. Eine Formulierung am Ende eines dieser Gebete ist mir heute noch im Ohr: „Wir wünschen uns dieses aufregende Leben, aber fest an Deiner Hand."

In der Kantorei der Hamburger Hauptkirche St. Katharinen, in der ich vierzehn Jahre lang mitgesungen habe, schloß der in seiner Art eher spröde und oft beißend ironische Kantor die Probe ebenso selbstverständlich wie unhinterfragt, indem er die über 100 Sängerinnen und Sänger gemeinsam das Vaterunser sprechen ließ (wer nur wegen der Musik dabei war, schwieg an dieser Stelle) und dann den trinitarischen Segen zusprach.

Sein Nachfolger, aus der Familie eines für Hausmusik und gemeinsames Musizieren begeisterten Theologieprofessors stammend, ließ den Chor als Abschluß den Choral „Hinunter ist der Sonne Schein" (EG 467) singen: „Hinunter ist der Sonne Schein, die finstre Nacht bricht stark herein; leucht uns, Herr Christ, du wahres Licht, laß uns im Finstern tappen nicht. / Dir sei Dank, daß du uns den Tag vor Schaden, G'fahr und mancher Plag durch deine Engel hast behüt' aus Gnad und väterlicher Güt. / Womit wir heut erzürnet dich, dasselb verzeih uns gnädiglich und rechn es unsrer Seel nicht zu; laß schlafen uns mit Fried und Ruh. / Dein Engel uns zur Wach bestell, daß uns der böse Feind nicht fäll. Vor Schrecken, Angst und Feuersnot behüte uns, o lieber Gott." – Das ‚Wir' benennt seine Situation und vergewissert sich Christi als des wahren Lichtes. Es formuliert Dank, Vergebungsbitte und die Bitten um

---

[77] Es handelt sich dabei um den Leiter des Gemeindechores der Freikirche, in der ich groß geworden bin.

Ruhe der Nacht und Beistand gegen geistliche und weltliche Übel, ein klassisches Nachtgebet der Gemeinschaft.

Im Vokalensemble der Zionskirche in den von Bodelschwinghschen Anstalten Bethel stand am Schluß der Probe, manchmal ein wenig beliebig anmutend und dennoch ein festes Ritual, die Wahl eines Kanons oder Choralsatzes durch – so vorhanden – eines der Geburtstagskinder der letzten Woche oder die vom Kantor bestimmte Wiederholung einer der geprobten Passagen, die inhaltlich als Abschluß geeignet erschienen.

In der Kantorei der Stadtkirche St. Michael in Jena, in der ich inzwischen mitsinge, wird die Probe beendet durch die Lesung der Herrnhuter Losung für den Tag.

Was sagen diese Beispiele, die für andere kirchliche Kreise analog zusammenzustellen sind, aus im Hinblick auf evangelische Spiritualität? Zunächst einmal ist deutlich, daß die Probe eines Kirchenchores, auch wenn sie im Alltag stattfindet und für viele Beteiligte eine Form der Freizeitgestaltung darstellt, die eher wegen der Freude am Singen als wegen der geistlichen Dimension der geprobten Sätze praktiziert wird, eine gottesdienstliche Dimension zugesprochen bekommen kann – wenn sie sie nicht aus sich heraus bereits hat, denn das gemeinsame Singen ist von jeher ein unverwechselbares Kennzeichen protestantischer Frömmigkeit, und die Kirchenmusik spielt für diese Frömmigkeit eine kaum zu überschätzende Rolle. Ein nicht unwesentliches Merkmal dieser gottesdienstlichen Dimension der Kantoreiproben ist das Wiederholungsmoment, dessen Verläßlichkeit, das für die Beteiligten Vertrautheit und damit Geborgenheit mit sich bringt. Weiterhin wird deutlich, daß der Leiter des Chores – ungeachtet möglicher demokratischer Strukturen wie Chorbeirat oder ähnlichem – das Gesicht des geistlichen Abschlusses bestimmt, daß er diese Funktion aber in unterschiedlicher Weise ausfüllen kann: Die dritte Variante, der gemeinsam gesungene Choral, betont die Gemeinschaft, in die sich der Kantor als deren Teil hineinbegibt, womit er das die Probe über durchgehaltene Gegenüber zu seinem Chor verläßt (vielleicht der Tatsache geschuldet, daß es sich um einen sehr jungen Menschen handelte, der sich ein geistlich vollmächtiges Handeln nicht recht zutraute). Die vierte Variante ist insgesamt ein wenig unspezifisch (der Kantor verstand sich mehr als Künstler denn als geistlichen Menschen). Die anderen drei Varianten aber zeigen den Chorleiter in der Rolle des Hausvaters, der für seine Gemeinschaft und mit ihr den Tag zum Abschluß vor Gott bringt. Besonders gelungen scheint mir dabei die zweite Variante, das gemeinsam gesprochene Vaterunser und der zugesprochene Segen[78]: Das geprägte Gebet ermöglicht ein Mitbeten der verschiedenen einzelnen leichter als ein noch so schön formuliertes persönliches Gebet, es verbindet die getauften Gotteskinder (und ungeachtet anderer Erfahrungen sollte in einem Kirchenchor von deren Vorhandensein ausgegangen werden) in der gemeinsamen Anrede Gottes, des Vaters. Der zugesprochene Segen entläßt behütend auf den Nachhauseweg, in die Nacht, er gibt etwas mit, das ich mir nicht allein sagen muß und kann und bringt so das Geschenk des *extra nos* zur Geltung.

5.2.2 Die Andacht in der Geschichte des Protestantismus

Häusliche Andacht und persönliche Frömmigkeit sind von Anfang an Spezifika protestantischer Spiritualität gewesen. Alles Handeln des Menschen kann „fromm" sein, es kann im Sinne von Röm 12,1 ein Gottesdienst sein oder aber dieses Ziel verfehlen. „Denn was immer Menschen tun, was immer sie erleben", so faßt es der Historiker Lucian Hölscher, „es kann dies in frommem Sinn geschehen: Ob sie arbeiten oder schlafen, ob sie Politik machen oder die Natur betrachten"[79].

---

[78] Zweifellos ist es eine Frage des individuellen Geschmacks und der Gewohnheit, welche der Formen vorgezogen wird.
[79] Lucian Hölscher, Geschichte der protestantischen Frömmigkeit in Deutschland, München 2005, 12. Vgl. auch zum folgenden.

5.2.2.1 Protestantische Frömmigkeit nach der Reformation

Die ältere protestantische Spiritualität bis ins späte 17. Jahrhundert war in ihrer Praxis der katholischen ähnlich, obwohl die von den Reformatoren gewünschte Distanz gegenüber bestimmten verbreiteten Wegen der Heilsvermittlung wie Wallfahrten, Weihungen und zahlreichen Benediktionen seitens der Gemeinden nach einer Kompensation verlangte und diese in einer merklich pädagogisch geprägten häuslichen Frömmigkeit, die nun, vermittelt durch die Gottesdienste, von den Gläubigen gefordert wurde, auch erhielt. Evangelische Christen vollzogen Hausandachten, in denen neben der Bibel und dem Katechismus vor allem Gesang- und Gebetbücher Verwendung fanden, die Gesangbuchtexte (die nebenbei oft die Form gesungener Gebete des einzelnen hatten) wurden, ebenso wie der Katechismus, meist auswendig gewußt. Sehr verbreitet waren außerdem Erbauungsbücher, aus denen während der Andacht vorgelesen wurde. Hölscher beschreibt es so: „Im Haus versammelte sich die Hausgemeinde zur täglichen Morgen- und Abendandacht. Dabei wurden gemeinsam Lieder gesungen, Gebete vorgetragen [vielleicht, so wäre zu hoffen, sogar gebetet] und an die Lesung einiger Bibelabschnitte durch den Familienvorstand (in der Regel den Hausherrn, seltener die Hausfrau) schloss sich häufig eine kurze freie Meditation und christliche Vermahnung an, welche den Bezug zum gegenwärtigen Tag herstellte. An der Hausandacht nahm über die Kernfamilie der Eltern und Kinder sowie der im Hause lebenden Verwandten hinaus auch das Gesinde teil. [...] Hausandachten gehörten nicht erst seit der Reformation zum Kernbestand christlicher Frömmigkeitspflege, sie wurden jetzt jedoch in neuer Weise in das Regelwerk kirchlicher Gemeinschaftspflege eingebaut. Von den Reformatoren wurde die private Hausgemeinde geradezu als ‚kleine Kirche' (‚ecclesiola'), als ‚Haus-Kirche', entworfen, in der Hausherr und Hausfrau die Aufgaben von ‚Haus-Bischöfen' und ‚Haus-Predigern' wahrnahmen."[80] Sie

---

80 A.a.O., 73.

hatten überdies für die Katechismuskenntnisse der Hausgemeinschaft, für die Tischgebete vor und nach dem Essen und natürlich ebenso für die Regelmäßigkeit des Kirchen- und Abendmahlsbesuches Sorge zu tragen. Diese häusliche Frömmigkeit förderte die Individualisierung des Glaubens im protestantischen Raum in hohem Maße und bereitete so die folgende Entwicklung vor.

5.2.2.2 Die Wirkung von Pietismus und Aufklärung

Durch die in ihrer Intention divergierenden, im Resultat aber in mancher Hinsicht ähnlichen Einflüsse des Pietismus und der Aufklärung wandelte sich das Bild, „die Frömmigkeit des Einzelnen gewann gegenüber derjenigen der kirchlichen Gemeinden einen eigenen Wert und Charakter."[81] Dabei veränderte sich die Frömmigkeitsgestaltung des gebildeten Bürgertums gegenüber der der ländlichen Bevölkerung, die an den hergebrachten Formen festhielt, einerseits und der pietistischer Gruppen andererseits. Die Pietisten radikalisierten die reformatorischen Ansätze, indem sie die Forderung nach einem frommen Leben nicht auf den Gottesdienst und religiöse Übungen beschränkten. „Vielmehr strebten sie danach, alles, selbst die einfachsten und alltäglichsten Verrichtungen als Gottesdienst und in diesem Sinne als frommes Tun zu begreifen und danach einzurichten."[82] Dies bedeutete eine methodische Absonderung von den ‚Kindern der Welt', Entsagungsübungen, häufiges Gebet, „die Pflege von Gefühlen der Reue und Zerknirschung als Quellen intensiver Gottesgemeinschaft"[83] und die Ausprägung einer äußerlich erkennbaren Gottessehnsucht. Das kultivierte, aufgeklärte und wohlhabende Bürgertum distanzierte sich demgegenüber von der oft als Manieriertheit und Heuchelei erlebten pietistischen Frömmigkeit und forderte an ihrer Stelle eine vernünftige, dem Gemeinwohl förderliche Moralität, die Beach-

---

81 A.a.O., 25.
82 A.a.o., 126.
83 A.a.O., 127.

tung des Tugendkataloges der antiken Tradition, die Achtsamkeit für die Stimmen von Vernunft und Gewissen. Hinzu trat eine Naturfrömmigkeit, die „die Verehrung Gottes über den engen Raum der kirchlichen Gottesdienste und Hausandachten hinaus auf Wald und Feld, Berg und Tal aus[dehnte]. Wie die heiligen Orte der Gottesverehrung so unterwarf sie auch die heiligen Schriften einem Prozess, den man heute ebenso gut als Säkularisierung wie als Sakralisierung beschreiben kann: Statt der Bibel, der Katechismen und Gesangbücher stiegen nun Gedichte, Romane und selbst wissenschaftliche Untersuchungen zu bevorzugten Quellen religiöser Erbauung auf."[84] Religiöse Lektüre und familiäre Hausmusik traten häufig an die Stelle des regelmäßigen Kirchenbesuchs. „Die aufklärerische Frömmigkeit war ferner grundsätzlich auf Geselligkeit angelegt, ja sie erfüllte sich sogar weitgehend in ihr. Deshalb legte sie höchsten Wert auf die praktische Betätigung christlicher Gesinnung, trat für ein tätiges, nicht ein kontemplatives Leben ein und sanktionierte gesellschaftlich nützliche Arbeit als Erfüllung göttlicher Pflichten."[85]

5.2.2.3 Das 19. Jahrhundert

Im 19. und beginnenden 20. Jahrhundert wandte sich nach den „höheren Ständen" nun auch die Unterschicht von den traditionellen Formen spiritueller Praxis ab, lediglich der Mittelstand praktizierte noch tägliche Andachten unter Beteiligung der Familie, Morgen- und Abendgebet, Tischgebete und den Umgang mit Bibel, Gesangbuch, Kalendern und Andachtsbüchern oder -blättern, in größter Vielfalt vertrieben von zahlreichen Bibel- und Traktatgesellschaften. Befördert wurde die Religiosität dieser Schicht zudem durch zahlreiche kirchliche Vereine sozial-karitativer, missionarischer, gesellschaftspolitischer oder kultureller Natur wie

---

84 A.a.O., 146.
85 A.a.O., 149.

Stadtmissionen, evangelische Jünglings-, Männer-, Jungfrauen-, Arbeitervereine, Rettungshäuser, Gefängnisgesellschaften, Vereine für kirchliche Kunst oder Paramente. „Die Frömmigkeitskultur der kirchlichen Vereine richtete sich sowohl nach innen auf die Erkenntnis der eigenen Sündhaftigkeit und Erlösungsbedürftigkeit als auch nach außen auf die tätige Hilfe für die Armen und Gefallenen."[86] Außerdem „trug die kirchliche Presse [...] wesentlich dazu bei, einen geschlossenen protestantischen Lebensraum herzustellen, in dem sich eine spezifisch protestantische Frömmigkeit mit einem häufig intensiven kirchlichen Bewusstsein herausbildete."[87] Daneben existierte die pietistische Spiritualität, nun in Gestalt einer „erweckten" Frömmigkeit, ebenso fort, wie die Bildungsreligion der höheren Schichten (einschließlich Goethe- und Schillerkult als Ausdruck einer weltbejahenden „Weltfrömmigkeit").

5.2.3 Heutige Formen der Andacht

Häusliche Andacht und persönliche Frömmigkeit sind über einen langen Zeitraum Spezifika protestantischer Spiritualität gewesen und auch heute nicht ausgestorben, allerdings keiner signifikanten Prozentzahl von Kirchenmitgliedern mehr geläufig. Doch sind sie nicht nur in Kreisen der Kerngemeinde zu finden, sondern ebenso dort, wo man es kaum erwarten würde, nämlich bei den eher distanzierten Kirchenmitgliedern und sogar bei Ausgetretenen (jedenfalls die Gebete mit Kindern, und bei einer überraschend großen Anzahl auch die Losungen).

Der Begriff „Andacht" sagt heute nur mehr eingeschränkt etwas über das Verhalten und die innere Haltung während der so bezeichneten Handlung oder über deren Inhalt aus, vielmehr zeigt

---

86 A.a.O., 264.
87 A.a.O., 265.

er an, daß die Frage der Form eher offen ist[88]. Eine solche Andacht kann Sache des einzelnen Menschen vor Gott oder eine in einer Gemeinschaft gestaltete „Zeit der Besinnung und des Gebets" sein. Die in einer Andacht Verwendung findenden Formen und Medien haben sich seit der Zeit der Reformation zwar partiell durchaus verändert (für Luther gehörten etwa Katechismusunterweisung und entsprechende Verhöre selbstverständlich hinzu, die heute ausnahmslos fehlen), dennoch ist auch in diesem Bereich, der von den klassischen Kirchenmitgliedschaftsumfragen nicht unbedingt erfaßt wird, viel Vertrautes zu finden.

Die Formen sollen im folgenden – ohne Anspruch auf Vollständigkeit – benannt und kurz beschrieben werden. Etwas ausführlicher eingehen werde ich auf die Losungen wegen ihrer großen Verbreitung und auf Luthers Morgen- und Abendsegen, weil sie m.E. idealtypisch einiges von dem aufweisen, was bei der individuellen Gestaltung einer *praxis pietatis* beachtet werden sollte.

5.2.3.1 Kalender

In einer großen Zahl von Haushalten finden sich Kalender, die für jeden Tag ein Blatt aufweisen, mit biblischen Texten oder Zitaten christlicher Autoren, mit religiösen Sinnsprüchen oder, eine nicht christliche Variante, mit verschiedenen meditativen Texten zur Motivation. Diese Kalender sind erhältlich in der traditionellen Form, in der die Blätter täglich abgerissen werden – sie werden mehrheitlich zur stillen, seltener zur gemeinsamen Lektüre beim Frühstück verwandt –, aber auch beispielsweise in der Form der „Tempus"-Kalender, die die Herrnhuter Losungen enthalten.

---

[88] Wenn es im protestantischen Raum für eine gottesdienstliche Form – eben mangels Form – keinen präzisen Namen gibt, wird diese Form gern als ‚Andacht' bezeichnet.

5.2.3.2 Gebetswürfel

Besonders bei Familien mit kleineren Kindern und bei Jugendlichen, etwa auf Freizeiten, beliebt ist eine neueres Medium, die Gebetswürfel, Holzwürfel mit einer Seitenlänge von ca. 6 cm, auf denen je sechs Gebete zu unterschiedlichen Anlässen stehen. Es gibt sie für Morgen- und Abendgebete, für klassische und moderne Kindergebete, für Tischgebete und Segenssprüche, für sogenannte Grundgebete, zu denen etwa das Vaterunser gehört, und für Dankgebete; die Gebete stammen aus unterschiedlichen Ländern und Traditionen. Sie dienen als Anregung oder zur Abwechslung und können überdies bei einer entsprechenden Einstellung das Gefühl mindern, die Gebete nur nach dem eigenen Belieben auszuwählen[89].

5.2.3.3 Andachtsbücher

Wie die seit langem bekannten Kalender finden auch die noch traditionsreicheren Andachtsbücher weiterhin Verwendung, zumeist freilich für die private Lektüre des einzelnen, nicht wie früher zur Verlesung in der Gemeinschaft; besonders verbreitet ist beispielsweise „Womit wir leben können. Das Wichtigste aus der Bibel in der Sprache unserer Zeit, für jeden Tag des Jahres ausgewählt und neu übersetzt von Jörg Zink"[90]; ebenfalls rezipiert werden nach wie vor die im 19. und frühen 20. Jahrhundert äußerst verbreiteten und populären Predigten Charles Spurgeons. Weiterhin sind zu nennen die täglichen Betrachtungen aus den ebenfalls zu Beginn des 20. Jahrhunderts entstandenen Bibelkursen von Oswald

---

89 Manche Benutzer gehen so weit, in einem dreimalig gleichen Fallen des Würfels eine Bedeutung zu sehen und daraus eine Lernaufgabe zu schließen.
90 1. Auflage Stuttgart 1963, inzwischen gibt es mehr als 30 Auflagen.

Chambers[91] sowie andere Werke aus dem englischen Sprachraum, etwa von C. S. Lewis, oder christliche Jahrbücher wie „Anno Domini", das von der Agentur des Rauhen Hauses in Hamburg herausgegeben wird.

5.2.3.4 Herrnhuter Losungen

Die bereits erwähnten Herrnhuter Losungen sind ein Phänomen eigener Art. Sie werden von der Herrnhuter Brüdergemeine verantwortet, die entstand, nachdem sich erweckte Protestanten aus Böhmen und Mähren unter Führung des Zimmermannes Christian David ab 1722 auf dem Gut des Grafen Zinzendorf in der Oberlausitz angesiedelt hatten. Es entwickelte sich in der Siedlung ein besonderes Seelsorgesystem, das den religiösen Spannungen unter den Kolonisten entgegenwirken sollte. Die Kommunikation zwischen den Geschwistern wurde dazu präzise strukturiert, die Menschen in variable Gruppen aufgeteilt: Chöre (nach Stand und Geschlecht, durch die jeder Mensch immer schon in einer natürlichen Lebensgemeinschaft steht), Klassen (nach Problemlagen und Aufgabenstellungen) und Banden (nach Neigung und mitmenschlichem Interesse); die leitenden, seelsorglichen und diakonischen Ämter in der Gemeinschaft wurden jeweils männlich und weiblich besetzt, weil Zinzendorf überzeugt war, daß Seelsorge innerhalb des gleichen Geschlechts wirksamer und hilfreicher sei. Als Leiter aller Banden und Gruppen und jedes einzelnen Menschen in der Herrnhuter Gemeinde wurde das inthronisierte Lamm Gottes angesehen, das im Bedarfsfall seine Meinung durch das Orakel (das geworfene Los) kundtat. Die Gruppen fanden sich täglich zusammen in einem reichen Gottesdienstprogramm, liturgische Versammlungen wurden am Morgen, Mittag und Abend abgehalten. Die sonntäglichen Versammlungen waren der Höhepunkt der Wo-

---

91 Oswald Chambers, My Utmost For His Highest. Features the author's daily prayers, Uhrichsville/Ohio USA 1994; dt.: Mein Äußerstes für sein Höchstes. Tägliche Betrachtungen, Wuppertal [29]2002.

che, das Abendmahl als Sakrament der Vereinigung mit Christus und untereinander war ihr Zentrum.

Am Abend des 3. Mai 1728 ruft der Leiter der gottesdienstlichen Versammlung, Graf Zinzendorf, der Gemeinde eine Parole für den kommenden Tag zu, einen von ihm gedichteten Liedvers: „Liebe hat dich hergetrieben, Liebe riß dich von dem Thron; und wir sollten dich nicht lieben?" Dieses Wort ist am nächsten Morgen der Weckruf für die Geschwister, Zuspruch und zugleich Aufforderung. Von diesem Tag an wird an jedem Morgen die Tageslosung von den Geschwistern verbreitet, was häufig in ein Gespräch über das Losungswort mündet. 1731 erscheint das erste Losungsbuch, in dem Zinzendorf für jeden Tag ein Bibelwort und einen Gebetsvers zusammengestellt hat, unter dem Titel: „Ein guter Muth; Als das Tägliche Wohl-Leben Der Creutz-Gemeinde Christi zu Herrnshut, im Jahre 1731. Durch die Erinnerung ewiger Wahrheiten, Alle Morgen neu." Seit diesem Jahr erscheint das Losungsbuch ununterbrochen bis heute. Nach dem Willen der Brüdergemeinde, die es nach wie vor verantwortet, soll es alle Leser der Losungen „weltweit zur Gemeinde Christi verbinden."[92] Die Losungen werden einmal im Jahr in Herrnhut aus ca. 1800 alttestamentlichen Bibelversen ausgelost; in einem zweiten Schritt wird in den folgenden Monaten passend zur Losung der Lehrtext aus dem Neuen Testament ausgewählt; er stammt häufig aus der fortlaufenden Bibellese. Diese Zuordnung wird mittlerweile von einer Pfarrerin oder einem Pfarrer der Gemeinschaft vorgenommen. Losung und Lehrtext bekommen als einen dritten Text einen Liedvers, ein Gebet oder einen bekenntnisartigen Text, der zum Gebet hinführt, zugeordnet; bei der Auswahl der Texte für diese Rubrik wird versucht, das unterschiedliche Alter und die verschiedenartigen Frömmigkeitsprägungen der Leser zu berücksichtigen[93]. Weiterhin angegeben finden sich erste und zweite Bibellese, die erste nach dem

---

92 Das Zitat ist der Internetseite www.losungen.de entnommen.
93 Die Liednummer bezieht sich auf das Evangelische Gesangbuch (EG) oder das Gesangbuch der Evangelischen Brüdergemeinde von 1967.

Kirchenjahr und den Sonntagstexten, die zweite als *lectio continua* durch das Neue Testament in vier Jahren und durch die wichtigsten Bücher des Alten Testaments in sieben Jahren; letztere wird von der Ökumenischen Arbeitsgemeinschaft für Bibellese zusammengestellt. Das Manuskript wird von einem Ausschuß der Brüdergemeinde aus Theologen und Laien gemeinsam verantwortet.

Inzwischen werden die Losungen in ca. 50 Sprachen übersetzt, chinesisch ebenso wie afrikaans, isländisch wie indonesisch, türkisch wie zulu; eine modernere Sprachgestalt gibt es speziell für Jugendliche, und für Pfarrer, die ihre Kenntnisse in den alten Sprachen trainieren möchten, erscheint eine Fassung im Urtext mit Übersetzungshilfen. Und es gibt die Losungen mittlerweile in einer Vielzahl von Erscheinungsformen; die traditionellen Hefte sind nur eine von ihnen. Die Losungen können den Abonnenten jeden Tag auf das Handy gesendet werden, oder man kann sie in kurzer Fassung auf den Palmtop, einen computergesteuerten Kalender, downloaden. Sie können nach dem Hochfahren des Computers als erste Bildschirmansicht nach dem Windowssymbol erscheinen, je aktuell auf der Homepage plaziert oder als Bildschirmschoner eingesetzt werden.

Die explizierte Intention der Herausgeber betont dabei den individuellen ebenso wie den kollektiven Aspekt sowie die Verknüpfung von Spiritualität und Alltag: „Die Losungen wollen Gottes Wort und unseren Alltag zusammenbringen. Dabei muss es bewusst bleiben und immer wieder neu bewusst werden, Gottes Wort ist nicht leicht zu verstehen [dies offenkundig gegen eine zu unmittelbare oder gar ‚schicksalhafte' Rezeption des Losungswortes gesagt]. Immer wieder machen Menschen diese Erfahrung. Es ist und bleibt ein Anstoß. So wollen die Losungen auch in unseren jeweiligen Tag hinein übersetzt werden. Dabei sprechen die Losungen nicht nur den einzelnen Leser oder die einzelne Leserin an, sondern die Gemeinde Jesu Christi. Durch die Losungen sind wir in die große Gemeinde der Losungsleser und -leserinnen aufgenommen. Das Wort Gottes verbindet uns über alle Grenzen hinweg, die wir Menschen zwischen Personen, Kirchen oder Völkern aufrichten. Die Losungen setzen den Gedanken Zinzendorfs um, dass es kein Christentum ohne Gemeinschaft gibt. Persönlich machen wir mit den Losungen unsere unverwechselbaren Erfahrungen. Sie können uns ermutigen, wenn wir von Problemen umgetrieben werden. Wenn wir selbst nicht mehr weiter wissen, dann kann das Losungsbuch einen guten Gedanken Gottes für uns bereit haben."[94] Außerdem haben die Losungen nach dem Willen der Brüdergemeine eine missionarische Dimension.

5.2.3.5 Podcast-Andachten

Eine andere, stets elektronische Variante eines von außen kommenden „Wortes", zudem tatsächlich des gesprochenen, das Ohr erreichenden Wortes, sind die religiösen Botschaften in den Podcasts, die über Internet erstellt und verbreitet werden, und anschließend von den Nutzern auf MP3-Player heruntergeladen werden können, abonnierte Podcast-Feeds werden automatisch heruntergeladen. Es gibt in diesem Feld die unterschiedlichsten Anbieter und entsprechend sehr verschiedene Botschaften. Das Spektrum reicht von den Predigten aus dem Kölner Dom über wöchentlich zugeschickte 45-Sekunden-Ansprachen kirchenleitender Personen und Morgenandachten einiger Radiosender bis zu dem 14tägig versandten „Seelenheil in 2:33 Min" des Senders „mea culpa 06". Die Wirkung ist Berichten von Nutzern zufolge unterschiedlich, abhängig davon, ob ein Wort „trifft", weil es gerade zur individuellen Befindlichkeit paßt oder nicht; jedenfalls aber werden die Botschaften wenn schon nicht erwartet, so doch durchaus mit großem Interesse gehört.

---

[94] So wiederum auf der Internetseite.

5.2.3.6 Choräle

Traditionellerer und stärker kirchlich geprägter Frömmigkeit entspricht der Brauch, das Familienfrühstück mit einem Choral aus dem EG zu beginnen; gebräuchlich ist dies entweder in einem Wochenrhythmus, so beispielsweise am Sonnabend oder Sonntag, wenn die Zeit für das gemeinsame Frühstück reicht (dann kann dieser Brauch den Gottesdienstbesuch ersetzen) oder aber an besonderen Tagen, etwa Geburtstagen. Über eine tägliche Praxis liegen mir keine Mitteilungen vor. Im Gesangbuch finden sich, wie bereits im 17. und 18. Jahrhundert, auch Gebete und Andachtsformulare, das Maß von deren Nutzung ist allerdings nicht in verläßlichen Angaben erfaßt.

5.2.3.7 Geprägte Gebete

Vor allem in Familien mit Kindern ist das Sprechen geprägter Gebete wieder regelmäßiger Brauch geworden, er ist im Zusammenhang mit den Gebetswürfeln bereits angeklungen; gelegentlich handelt es sich dabei um Tischgebete, häufiger um ein Ritual im Zusammenhang mit dem Ins-Bett-Bringen, die Abendgebete mit den Kindern, die auch in Liedform vollzogen werden können. Vielfach haben sie weniger eine explizit religiöse Bedeutung als vielmehr die Funktion, die Gemeinschaft und die Geborgenheit in ihr zu vergewissern und eine verläßliche Abfolge von Handlungsschritten zu gewährleisten, die das Einkehren der abendlichen und nächtlichen Ruhe ermöglicht. In etlichen Gemeinden ist es üblich geworden, Taufeltern ein Buch mit entsprechenden Gebetsformularen zum Geschenk zu machen, das in aller Regel ausgesprochen dankbar angenommen und dem Vernehmen nach auch genutzt wird.

5.2.3.8 Luthers Morgen- und Abendsegen

Verschiedentlich wird für die Abendgebete auf Luthers Abendsegen zurückgegriffen, dem in manchen Fällen auch der Morgensegen korrespondiert[95]. Da es sich hier um sehr ursprüngliche Elemente häuslicher protestantischer Frömmigkeit handelt, in denen zudem wesentliche, in der häuslichen Praxis zu beachtende Momente enthalten sind, seien die Texte vollständig zitiert. Luther hat in diesen Gebeten für die Eckpunkte des Tages – analog den orthodoxen *Orthros* und *Hesperinos*[96] – die Erinnerung an die zentralen Glaubensgehalte und eine Hinwendung zu Gott vorgesehen; die Form dieser Hinwendung ist erfrischend knapp und wird von ihm in evangelischer Freiheit belassen („kannst du, willst du, oder was dir deine Andacht eingibt").

Der Wortlaut des Morgensegens: „Des Morgens, wenn du aufstehst, kannst du dich segnen mit dem Zeichen des heiligen Kreuzes und sagen: Das walte Gott Vater, Sohn und Heiliger Geist! Amen. Darauf kniend oder stehend das Glaubensbekenntnis und das Vaterunser. Willst du, so kannst du dies Gebet dazu sprechen: Ich danke dir, mein himmlischer Vater, durch Jesus Christus, deinen lieben Sohn, daß du mich diese Nacht vor allem Schaden und Gefahr behütet hast, und bitte dich, du wollest mich diesen Tag auch behüten vor Sünden und allem Übel, daß dir all mein Tun und Leben gefalle. Denn ich befehle mich, meinen Leib und Seele und alles in deine Hände. Dein heiliger Engel sei mit mir, daß der böse Feind keine Macht an mir finde. Alsdann mit Freuden an dein Werk gegangen und etwa ein Lied gesungen oder was dir deine Andacht eingibt."

Der Tag wird beschlossen mit dem Abendsegen; sein Wortlaut: „Des Abends, wenn du zu Bett gehst, kannst du dich segnen mit dem Zeichen des heiligen Kreuzes und dazu sagen: Das walte Gott Vater, Sohn und Heiliger Geist! Amen. Darauf kniend oder ste-

---

[95] Er findet sich in den regionalen Ausgaben des EG unter unterschiedlichen Nummern.
[96] S. dazu unten im Exkurs unter 2.3.10.

hend das Glaubensbekenntnis und das Vaterunser. Willst du, so kannst du dies Gebet dazu sprechen: Ich danke dir, himmlischer Vater, durch Jesus Christus, deinen lieben Sohn, daß du mich diesen Tag gnädiglich behütet hast, und bitte dich, du wollest mir vergeben alle meine Sünde, wo ich Unrecht getan habe, und mich diese Nacht auch gnädiglich behüten. Denn ich befehle mich, meinen Leib und Seele und alles in deine Hände. Dein heiliger Engel sei mit mir, daß der böse Feind keine Macht an mir finde. Alsdann flugs und fröhlich geschlafen."

Mit dem Morgen- und Abendsegen liegen Gebetsformulare für den einzelnen Christen vor, die in Regelmäßigkeit zu beten sind. Die verwendeten Elemente sind: erstens die Tauferinnerung im fakultativen Kreuzeszeichen und in der trinitarischen Eröffnung, mit allen Anklängen, die für Luther hier mitzuhören sind, wie etwa das Moment des Sündenbekenntnisses und der Vergebungsvergewisserung durch das tägliche Ersäufen des alten Adam in der Taufe; zweitens ein Element, daß ich als katechetisch-affirmativ bezeichnen möchte, nämlich das Beten von Credo und Vaterunser, katechetisch, insofern es wesentliche Teile durch Wiederholung einschärft; affirmativ, insofern es der Gemeinschaft mit der betenden Kirche vergewissert – hier kommt gegenüber dem individuellen Vollzug ein kollektives Moment hinzu; drittens das eigentliche Gebet, das, ganz im Sinne von Luthers kleinem Katechismus, eine Vergewisserung des christologisch bestimmten *sola fide* und *sola gratia* bietet: Der Mensch ist ganz auf Gott verwiesen, er verdankt sich allein Gottes in Christus erwiesener Gnade und macht sich darum auch allein an Gott fest, erhofft alles von ihm und überläßt ihm alles, indem er für den gewährten Schutz dankt, um weitere Bewahrung bittet (am Abend verbunden mit einer Vergebungsbitte, der allerdings keine Gewissenserforschung vorausgeht) und sich in allen Teilen Gott anbefiehlt.

5.2.3.9 Stille Zeit

Aus der pietistischen Tradition kommt die „Stille Zeit", mit oder ohne Bibellese bzw. mit anderen Medien[97]. Diese Zeit, die zwischen wenigen Minuten und einer halben Stunde dauern kann, wird, am Morgen oder am Abend, zu Gewissenserforschung, Meditation, Gebet, Bedenken des Tages o.ä. frei als Zeit vor Gott genutzt.

5.2.3.10 Individuelles Stundengebet

Verschiedene Varianten von individuell verrichtetem Stundengebet sind zu erwähnen, obwohl sie eigentlich in den Bereich der gemeinschaftlich praktizierten Frömmigkeit gehören, insofern sie auf die kirchliche Gemeinschaft ausgerichtet sind selbst dann, wenn sie – gegen ihre Intention – allein vollzogen werden. Genutzt werden hier, je nach individueller Vorliebe, die unterschiedlichsten Formulare, vom ‚Evangelischen Tagzeitengebet' der Michaelsbrüder über das an der Perikopenordnung der EKD orientierte ‚Rummelsberger Brevier' bis zum benediktinischen ‚Te Deum'. Zu nennen ist außerdem das vor allem für viele Menschen im Gebiet der ehemaligen DDR vertraute, von Erich Hertzsch zusammengestellte, sehr handliche ‚Biblische Brevier'. Es enthält ein Ordinarium für Mette, Laudes, Vesper und Komplet, ein Proprium mit Texten und jeweils einem Rembrandt-Bild für die einzelnen Wochentage sowie die Wochenlesungen und Wochenlieder. Es bietet mit dieser Zusammenstellung eine Art „eiserne Ration" an biblischen Texten, so jedenfalls die Aussage von Menschen, die es unter dem Sozialismus genutzt haben und noch nutzen. Das Brevier ist, wegen der Schwierigkeit gemeindlicher Zusammenkünfte, mehrheitlich für die individuelle Andacht genutzt worden, allerdings war

---

[97] Neben den oben und im weiteren Verlauf genannten finden zunehmend auch Medien wie Engelkarten Verwendung; ebenfalls sehr verbreitet sind die Texte von Anselm Grün.

das Wissen um die Verbreitung dieser Praxis und damit um die Verbundenheit mit der Gemeinde immer vorhanden.

EXKURS: Stundenliturgie

Mit der Stundenliturgie, dem Tagzeiten- oder Stundengebet[98] nehmen Christinnen und Christen seit der frühen Kirche Zeit, sogar – selbst angesichts der größeren Ruhe und Übersichtlichkeit der Lebensumstände – verhältnismäßig viel Zeit aus ihrem Alltag, ihrer Arbeitszeit heraus. Sie nehmen sich diese Zeit für Gott, für Lob und Bitte, selbstverständlich, in Ruhe und auf den Augenblick konzentriert. Diese Selbstverständlichkeit, Ruhe und Konzentration sind den Gebeten anzuhören. Umschreibungen dessen sind schwierig und wenig anschaulich, besser wäre ein unmittelbarer oder jedenfalls ein vermittelter Eindruck, letzteres etwa anhand einer der zahlreichen Einspielungen von Stundenliturgien[99].

---

98 Vgl. Martin Klöckener / Heinrich Rennings (Hg.), Lebendiges Stundengebet. Vertiefung und Hilfe, Freiburg/Basel/Wien 1989; Paul Ringseisen, Morgen- und Abendlob mit der Gemeinde. Geistliche Erschließung, Erfahrungen und Modelle, Freiburg/Basel/Wien [2]1994; Romano Guardini, Vom Geist der Liturgie, Freiburg [4]1959; Anselm Grün OSB, Chorgebet und Kontemplation, Münsterschwarzach 1989; Herbert Goltzen, Der tägliche Gottesdienst. Die Geschichte des Tagzeitengebets, seine Ordnung und seine Erneuerung in der Gegenwart, Leiturgia 3/2 (hg. von Karl Ferdinand Müller und Walter Blankenburg), Kassel 1956, 100-296. Der folgende Exkurs ist im wesentlichen zusammengestellt aus zwei meiner älteren Veröffentlichungen zum Thema: Stundengebet II. praktisch-theologisch, in: TRE XXXII (2000) 276-280; Zeit aus der Zeit genommen. Zur Theologie des Stundengebets, in: Jahrbuch der European Society for Women in Theological Research 7: Zeit - Utopie - Eschatologie, Leuven 1999, 117-123.
99 Beispiele für die westliche Tradition: Evensong & Vesper at King's, The Choir of King's College, Cambridge, Director of Music: Stephen Cleobury, Master Music 1997; Vesper und Komplet. Chœur des moines de l'abbaye Saint-Pierre de Solesmes, Direction: Dom Jean Claire, Association Jean-Bougler, Abbaye Saint-Pierre de Solesmes 1985; Choral Evensong live from King's College, Cambridge, Choir of King's College,

5.2 Andacht

Der Name, Stundenliturgie, Stundengebet oder auch Tagzeitengebet (auch: Officium oder Breviergebet), resultiert aus dem Vollzug: Die Gemeinschaft kommt täglich zu bestimmten Stunden zum Gebet zusammen. Bereits in der Alten Kirche haben sich zwei sehr unterschiedliche Formen herausgebildet: der kathedrale und der monastische Typus[100].

– Die kathedrale Liturgie ist am Tagesablauf orientiert und begeht mit Morgen- und Abendlob, *Laudes* und *Vesper*, jeweils den Übergang zwischen Tag und Nacht. Wesentliches Element in diesen Feiern ist die österliche Ausrichtung, wie sie in der Lichtsymbolik zum Ausdruck kommt: Christus als das wahre, das abendlose Licht, dessen Auferstehung den Tag erhellt, dessen Wiederkunft den ewigen Tag heraufführen wird. Diese gemeindlich sehr fest verankerte Form des Stundengebets ist in der anglikanischen Tradition (*Mattins* und *Evensong*) ebenso wie in den orthodoxen Kirchen des Ostens (*Orthros* und *Hesperinos*) nach wie vor beheimatet.

– Die monastische Liturgie bemüht sich um die Erfüllung des Gebotes des immerwährenden Gebets (I Thess 5,17), indem sie den Tag mit häufigen Gebetszeiten, die jeweils einen bestimmten theo-

---

Cambridge, Director of Music: Stephen Cleobury, EMI Records Ltd. 1992. Beispiele aus der östlichen Tradition: Gesänge aus dem russisch-orthodoxen Gottesdienst, Russischer Kammerchor München, Leitung: Viktor Dreving, Christophorus-Verlag 1990; The Russian Easter. Selected Hymns, Choir of the Trinity – St. Sergius Laura Sagorsk, Archimandrite Matthew, Melodiya. Beispiel aus Taizé: Ubi caritas. Prière à Taizé, Ateliers et Presses de Taizé 1996. Beispiel für deutsche Gregorianik: Psalmen für die Sonn- und Festtage mit Wochenspruchantiphonen, Advent-Pfingsten, Ludwig Thomas, Choralschola der Evangelischen Michaelsbruderschaft, Leitung: Godehard Joppich, Conventus Musicus 1997. Beispiel für die Integration Neuer Musik: Choral Evensong for the Feast of Edmund, King and Martyr, St. Edmundsbury Cathedral Choir, Organ: Scott Farrell, directed by Mervyn Cousins, Priory Records 1994. (Alle Angaben beziehen sich auf CD-Aufnahmen.)

100 Die Paschavigil, die ihrerseits deutliche Verwandtschaft zum jüdischen Tagzeitengebet aufweist, ist der Ursprung des christlichen Stundengebets, das von der Zeit der ersten Gemeinden an in zwei Ausformungen begegnet, die allerdings selten unvermischt auftreten; vgl. Albert Gerhards, Stundengebet I. Geschichte, in: TRE XXXII (2000) 268f.

logischen Schwerpunkt haben, strukturiert. Auch der klösterliche Tag beginnt mit der Schöpfungs- und Auferstehungserinnerung in der *Laudes*, die – wie im kathedralen Typus – die Hoffnung auf den ewigen Tag in sich trägt, darauf folgte die erste der ursprünglich vier kleinen Horen, die *Prim* (die später mit der Laudes zusammenwuchs), als Rüstung auf den Kampf des Tages; der markinischen Passionsgeschichte folgend erinnert dieses Gebet an Christi Stehen vor Gericht. Die *Terz*, zwischen Sonnenaufgang und Mittag, ist die Stunde der Kreuzigung, doch ebenfalls die Stunde der Ausgießung des Heiligen Geistes. Die *Sext* am Mittag erinnert an die Finsternis über Golgatha, doch auch an die in der Apostelgeschichte überlieferte Vision des Petrus. Die *Non* am Nachmittag ist die Todesstunde Jesu und auch die Stunde der Heilung des Gelähmten an der Pforte des Tempels durch Petrus und Johannes. Die *Vesper* am Abend erinnert an die Grablegung, die *Komplet*, unmittelbar vor dem Schlafengehen, an die Grabesruhe. Sie hat zudem einen stark eschatologischen Akzent (die Wache der Jungfrauen in Mt 25, Tagesende und Lebensende), so auch die ursprünglich gegen 2 Uhr gefeierte *Vigil* (auch *Nocturn* oder *Matutin*), die dem Warten auf das Wiederkommen Jesu gewidmet ist[101].

Für die Rezeption der Stundenliturgie im Protestantismus ist zunächst festzustellen, daß Luther an der zu seiner Zeit gebräuchlichen Gebetspraxis Kritik übt, denn die Gebete galten als Werk des Geistlichen und waren als Pflicht abzuleisten, was dazu führen konnte, daß Luther selbst jeweils am Sonnabend das Gebetspensum der ganzen Woche hintereinander sprach (mit mutmaßlich nur geringem geistlichen Nutzen), oder sogar einen Bruder bat, sein Pensum an seiner Stelle zu erledigen, um Zeit für das Studi-

---

101 Die Einhaltung dieser in Folge der Liturgiereform des II. Vaticanums verminderten Gebetszeiten ist Pflicht der Mönche und Priester, doch Laudes, Mittagsgebet, Vesper und Komplet sind den Gemeinden ebenfalls empfohlen. Im Raum der orthodoxen Kirchen ist es möglich, anstelle der Stundengebete eine bestimmte Anzahl von Herzensgebeten zu vollziehen, s.o. III.4.5.

um zu gewinnen. Gottes Wort als Werk zu handhaben, lasse, so erklärt er aus dieser Erfahrung heraus, den Glauben untergehen. Dennoch hält er an der Praxis von Morgen- und Abendgebet fest, fordert allerdings, daß das Lesen, Beten und Singen nicht ohne Auslegung geschehe, daß es außerdem nicht zu lang gehalten werden solle, damit sich kein Überdruß einstelle. Dabei gilt Luthers Empfehlung dieser Form nicht der gesamten Gemeinde (außer an Sonntagen, an denen er Mette und Vesper verbindlich vorsieht). Er sieht die Stundenliturgie als die freiwillige Sache einiger, eines „kleynern hauffen". Einen eigenen Entwurf der Tagzeitengebete legt er nicht vor; wohl auch aus diesem Grund verfiel die Form immer mehr, wenn auch in den „Andachten" die Gewohnheit täglicher Gebetszeiten erhalten blieb.

Eine Erneuerung des evangelischen Tagzeitengebets geschieht im 19. und 20. Jahrhundert, zum einen in den diakonischen Einrichtungen[102], zum anderen durch die neueren liturgischen Bewegungen, die auf unterschiedliche Weise die Stundenliturgie im evangelischen Raum heimisch zu machen versuchen[103]. Infolgedessen sind die von Luther empfohlenen Tagzeitengebete, im Grunde eine Mischform aus kathedralem und monastischem Typ, im EG zu finden. Sinn und Bedeutung des Stundengebets heute werden sehr unterschiedlich eingeschätzt. Einerseits wird ihm ein „eher elitäre(r) Charakter"[104] bescheinigt, dessentwegen es in den Gemeinden ohne größere Wirkung geblieben sei. Andererseits gibt es eine große Zahl neuer Veröffentlichungen zu Stundengebeten und in kirchlicher Praxis zahlreiche Bemühungen um Erhalt oder Wiederbelebung. Auch ist in der jüngsten Vergangenheit erneut

---

[102] Zu nennen ist hier etwa Wilhelm Löhe (1808-1872) in Neuendettelsau, der für sein Diakonissenhaus Mette und Vesper vorsieht; er bezieht sich dazu auf Luther, die Form ist an das römische Brevier angelehnt.

[103] Zu den Gruppen und den von ihnen entwickelten Formularen s. den Überblick im praktisch-theologischen Abschnitt des oben genannten TRE-Artikels, 277.

[104] Christian Grethlein, Abriß der Liturgik, 2. überarb. Aufl., Gütersloh 1991, 203.

eine lebhafte Diskussion um die gesamte Form wie um einzelne Elemente zu konstatieren, so z.B. um die gemäß neuester semiologischer Forschung angemessene Wiedergabe der Gregorianik in den Landessprachen und um den Stellenwert des Psalters.
Hinsichtlich der Zahl der Feiernden wie auch der Regelmäßigkeit der Gottesdienste kann weder im katholischen noch im evangelischen Bereich (im Unterschied zu den orthodoxen Kirchen und den Anglikanern) von „volkskirchlicher" Verbreitung gesprochen werden. Als geschätzte, doch befristete Erfahrung werden Stundengebete allerdings in vielen evangelischen und katholischen Akademien, Pastoralkollegs, Tagungshäusern sowie auf Freizeiten gefeiert. Ebenfalls zu nennen sind Morgen- oder Mittagsgebete an manchen theologischen Fakultäten sowie die liturgische Form verschiedener Schulgottesdienste, die am Stundengebet orientiert ist. Auf den Evangelischen wie Katholischen Kirchentagen finden sich zahlreiche Gottesdienstformen, die in engerem oder weiterem Sinne in der Tradition des Stundengebetes stehen (notwendig in Projektform, z.B. liturgische Nacht).
Gegenwärtig tritt die Stundenliturgie in vielfältigen Gestalten auf; zu unterscheiden ist dabei im wesentlichen zwischen Konzepten (vor allem innerhalb der evangelischen liturgischen Bewegungen), die auf die Evidenz und Kraft der traditionellen Form vertrauen, und denjenigen, die aus anthropozentrischen Erwägungen heraus eine Ermäßigung der Anforderung und größere Zeitbezogenheit aufweisen[105]. Damit stellt sich die Frage nach den Elementen, die Stundengebete wesentlich ausmachen. Zur traditionellen Form gehören 1. die Gemeinde – es ist kein Gottesdienst von einzelnen; 2. Regelmäßigkeit, die Bereitschaft zu Verbindlichkeit und Unbequemlichkeit eingeschlossen; 3. Psalmen – Psalmodie (in antiphonaler Singweise); 4. Hymnus/Lied; 5. biblische Lesungen (kursorisch oder osterzentriert) mit Responsorien; 6. Stille/Meditation;

---

[105] Z.B. „Frühschicht" in katholischen Gemeinden, „literarisches" Stundengebet vgl. Henning Schröer, Hora poetica: Sybille Fritsch-Oppermann / ders. (Hg.), Lebendige Liturgie. Bd. 2: Vom Kirchentag zum Kirchenalltag, Gütersloh 1992, 114-125.

7. Orationen/Kollekten; 8. Fürbitten; 9. Lesungen religiöser Texte (im protestantischen Raum eingedenk der Mahnung Luthers oft eine Auslegung); 10. mitunter rituelle Vollzüge (Taufgedächtnis, Lichtritus, etc.). Über die Notwendigkeit der Elemente Lesung, Lied und Gebet herrscht weitgehend Einigkeit, hinsichtlich ihrer Gestalt werden u.a. folgende Fragen diskutiert: Gehört zum Stundengebet die Gregorianik, die Psalmodie oder erreichen gemeindefreundlichere neue Kompositionen, eventuell neue Lieder dasselbe Ziel? Ist eine leichter verständliche, zeitgemäßere Sprache einzusetzen, oder gehen dabei Inhalte verloren, die das Lateinische oder die älteren Lutherrevisionen bieten? Ist, wenn denn Psalmen ein wesentliches Element sind, größere Nähe zum Urtext anzustreben? Abschließend noch einige Anmerkungen zur Theologie der Stundenliturgie. Es begegnet, wie auch im Hinblick auf den Sonntagsgottesdienst, zum einen ein stärker anthropozentrischer Ansatz: Die Feier geschieht um des Menschen willen, ihr Ziel ist Selbstfindung, Selbstvergewisserung. Zum anderen ist ein stärker theozentrischer Ansatz zu erkennen: Erstes Ziel der Stundenliturgie ist die Zuwendung zu Gott. Die Gottesbegegnung wird geschenkt; Ruhe, Selbstfindung, meditative Einstimmung können daraus resultieren. Das „Opfern" des Selbst läßt das Selbst finden. Der ursprünglichen Intention wird letzterer Ansatz eher gerecht, er scheint aber auch für die heutige Zeit fruchtbar zu machen zu sein: Menschen geben Gott die von ihm empfangene Zeit zurück und empfangen sie darin neu, durch das Ostergeschehen geprägt. Damit wird das Wissen um die Einbettung der Zeit in größere Zusammenhänge, also die eschatologische Erwartung wachgehalten. Zeit und betender Mensch werden im Gebet geheiligt. Die Unterordnung unter eine fremde Form und unter die Gemeinschaft befreien den Menschen aus seiner Alltagsverhaftetheit, begrenzen seine Neigung, seine eigenen Gefühle als Zentrum des Geschehens zu sehen, tragen ihn und führen ihn von sich selbst weg zu Gott. Die Regelmäßigkeit läßt dabei den tragenden Grund zuverlässig erfahren. Zu fragen ist, ob nicht der Sinn des Stundengebetes überhaupt erst

jenseits der „Passion" von Pflicht und Langeweile erreicht wird, im Verzicht auf Selbstbestimmtheit (Demut) und in der Öffnung auf andere hin (Liebe).

5.2.3.11 Rosenkranzgebet

Seit dem 13. Jahrhundert beten katholische Christen im Westen den Rosenkranz[106] als ihr Jesusgebet[107]. 150 Ave Maria[108] ergaben in Verbindung mit dem Vaterunser und der kleinen Doxologie, dem *Gloria patri*, den Marienpsalter, der von Illiteraten anstelle der 150 Psalmen des biblischen Psalters gebetet wurde; die letzten 50 Ave Maria wurden als „Rosenkranz" bezeichnet. Um eine rein mechanische Ableistung dieses immer gleichen Gebetes zu verhindern, wurden den Ave Maria-Reihen Meditationsimpulse hinzugefügt; diese Verbindung mit den Inhalten des Christusgeschehens geht vermutlich auf die Zisterzienser zurück. In der seit 1569 verbindlichen Form enthält der Rosenkranz nach den sinnvollen und gebräuchlichen, aber nicht offiziellen Eingangsgebeten[109] 150 Ave Maria in Zehnergruppen (Dekaden, „Gesätze"), die jeweils mit einem Vaterunser begonnen und mit einem *Glo-*

---

106 Der Begriff *rosarium* bezeichnete ursprünglich literarische Sammelwerke, doch ebenso den Blütenkranz, mit dem im Rahmen der Marienminne Statuen geschmückt wurden; er steht für das gesamte Gebet, für einzelne Elemente darin (s.u.) und für die Perlenschnur, die als Konzentrationshilfe und zum Zählen der Gebete dient.
107 S.o. III.4.5., vgl. Rainer Scherschel, Der Rosenkranz – das Jesusgebet des Westens, Freiburg i.Br. ²1982.
108 Der Text setzt sich zusammen aus dem Gruß des Engels Lk 1,28, dem Gruß der Elisabeth Lk 1,42, dem Namen Jesu und einem Bittgebet: *Ave Maria, gratia plena, Dominus tecum. Benedicta tu in mulieribus, et benedictus fructus ventris tui, Iesus. Sancta Maria, Mater Dei, ora pro nobis peccatoribus, nunc, et in hora mortis nostrae. Amen.*
109 In der deutschsprachigen Betweise: Kreuzeszeichen, apostolisches Glaubensbekenntnis, Vaterunser, drei Ave Maria mit eingefügten Bitten um Glaube, Hoffnung und Liebe und ein Ehre sei dem Vater. Die romanische und die ostkirchliche Betweise weichen an einigen Stellen ab.

ria patri beendet werden. Zu den Dekaden gehört die Betrachtung der „Geheimnisse", jeweils an den Jesus-Namen angeschlossen; die Betrachtung entfaltet in fünfzehn Einzelgeheimnissen das heilsökonomisch gegliederte Christusereignis[110]. Jeweils fünf der Gesätze bilden einen Zyklus, der seinerseits als Rosenkranz bezeichnet wird. Der erste, „freudenreiche" Rosenkranz erzählt die Heilsereignisse der Menschwerdung und der Kindheit Jesu, der zweite, „schmerzhafte" Rosenkranz folgt dem Weg der Passion, der dritte, „glorreiche" Rosenkranz betrachtet, ausgehend von der Auferstehung Jesu, die Vollendung Mariens als Ausdruck der Hoffnung für die Christen. Seit 2002 gibt es zudem den „lichtreichen" Rosenkranz, der Stationen des Erdenlebens Jesu bedenkt[111]; in Deutschland ist seit der Mitte des 20. Jahrhunderts, einen Impuls von Romano Guardini aufnehmend, außerdem der „trostreiche" Rosenkranz gebräuchlich, der seinen Blick auf die eschatologischen Ereignisse richtet, die von dem im Himmelreich herrschenden und wiederkommenden Christus ausgehen werden (Jesus, der als König herrscht; Jesus, der in seiner Kirche lebt und wirkt; Jesus, der wiederkommen wird in Herrlichkeit; Jesus, der richten wird die Lebenden und die Toten; Jesus, der alles vollenden wird).

---

110 Vgl. Heinrich Janssen, Perlen des Gebets. Der Rosenkranz – Hinführung und geistliche Deutung, Freiburg i.Br. 2003, 71: „Der Gegenstand oder Inhalt der Betrachtung im Rosenkranz-Gebet wird jeweils in einem kurzen Satz zusammengefasst und ‚Geheimnis' genannt. Geheimnis steht als Ausdruck für das Unfassbare. Jeweils zehn Ave Maria betrachten das gleiche Geheimnis und bilden ein ‚Gesätz' (von ‚Satz', *clausula*." Ursprünglich gehörte zu jedem Ave Maria ein eigener Satz; die Reduktion dieser 150 Clausulae war die Voraussetzung für die Verbreitung des Rosenkranzes als Volksgebet. In den in gottesdienstlichen Zusammenkünften verwendeten „Lese-Rosenkränzen" werden die einzelnen Gesätze wiederum in jeweils zehn Sätze aufgelöst, die von einem Vorbeter gesprochen werden.
111 Es gibt eine Reihe weiterer Rosenkränze, wie beispielsweise den der heiligen Birgitta, die, als Abweichungen von der offiziellen Form, als „Korone" bezeichnet werden.

Der Rosenkranz ist ein christozentrisches und biblisch fundiertes Gebet[112], das die Heilsgeschichte von der Verkündigung der Geburt Jesu an aus der Perspektive der Gottesmutter vergegenwärtigt und in eine Haltung des Dankes und des Lobes hineinführt. Mit Worten Pauls VI.: „Als biblisches Gebet, in dessen Mitte das Geheimnis der erlösenden Menschwerdung steht, ist der Rosenkranz ganz klar auf Christus hin ausgerichtet. Auch sein charakteristisches Element, die litaneiartige Wiederholung des *Gegrüßet seist du, Maria* wird zu einem unaufhörlichen Lobpreis Christi, um den es eigentlich bei der Verkündigung und dem Gruß der Mutter des Täufers geht."[113] Durch diese christozentrische Ausrichtung wurde der Rosenkranz – nach den schroffen konfessionellen Abgrenzungen im Gefolge der Reformation, die sich häufig gerade an diesem Gebet und seiner sichtbaren Begleiterin, der Perlenschnur, festmachten – inzwischen auch für protestantische Christen zu einer Möglichkeit der Christusmeditation und des Christuslobes. Allerdings wird im protestantischen Kontext das Ave Maria meist durch ein Christus-Gebet ersetzt, für das es unterschiedliche Varianten gibt; zudem sind einige andere Formulierungen der Rosenkranz-Geheimnisse entwickelt worden. So lautet die Fassung der Evangelischen Michaelsbruderschaft: „Gelobt sei, der da kommt im Namen des Herr: Jesus Christus, Gottes und Marien Sohn [z.B.: der für uns das Kreuz getragen hat]. Wir beten dich an, Herr Jesus Christus, und preisen dich, denn durch dein heiliges Kreuz hast du die Welt erlöst."[114] Im Gegenüber zu der katholischen Alternative zum Ave Maria, dem Christus-Gebet

---

112 Mit der möglichen Ausnahme – jedenfalls in protestantischer Perspektive – des fünften Gesätzes des glorreichen Rosenkranzes, „Jesus, der dich, o Jungfrau, im Himmel gekrönt hat".
113 Paul VI., Marialis cultus, Rom 1974, Nr. 46.
114 Evangelisches Tagzeitenbuch, hg. von der Evangelischen Michaelsbruderschaft, Münsterschwarzach/Göttingen, 4. völlig neu gestaltete Aufl. 1998, Nr. 930 und 933 – das Formular bietet acht Gesätze: der menschgewordene, leidende, auferstandene und erhöhte Herr, der Herr seiner Kirche, der Engel, seiner Zeugen, der Sohn der Jungfrau Maria. S. dazu Patrick Fries, Der Christus-Rosenkranz im Evangelischen Tagzei-

im *Gotteslob* (GL 6,3), fällt allerdings auf, daß dieses Gebet keine Bitte enthält. Zwar ist ein reiner Lobpreis unter Absehung von den eigenen Bedürfnissen durchaus eine wünschenswerte Form des Betens, doch liegt die Stärke des Bittens demgegenüber gerade im Einbekenntnis des eigenen bleibenden Angewiesenseins auf Hilfe, Beistand und Erbarmen[115].

5.2.3.12 Perlen des Glaubens

Eine relativ neue Erscheinung sind die „Perlen des Glaubens", eine Erfindung des protestantischen schwedischen Bischofs Martin Lönnebo, die im deutschen Kontext erstmals auf dem Ökumenischen Kirchentag 2003 in Berlin durch die Nordelbische Evangelisch-Lutherische Kirche vorgestellt wurde[116]. Lönnebo hat, seinem eigenen Bericht zufolge, 1996 während eines Sturms auf einer kleinen griechischen Insel frierend in seinem Zimmer festsitzend, ein Gebetband in sein Notizbuch gezeichnet, in dem das für die menschliche Annäherung an Gott Wichtigste enthalten sein sollte. In einem längeren Prozeß von Erweiterung, Reduktion und erneuter Erweiterung entstand so ein Band aus 18 Perlen aus Glas oder Stein, in denen er dieses Wichtigste enthalten sah.

Anfang und Ende ist die goldfarbene Gottesperle als Beginn und Ziel des Weges, Ausdruck von Sinn, Gottes Gegenwart, als das, was das Leben zusammenhält. Es folgt die erste von sechs schmalen, länglichen, sandfarbenen „Perlen der Stille", die zum Schweigen, Aufatmen, Loslassen anregen sollen. Eine kleine perlmuttfar-

---

tenbuch – eine Chance ökumenischer Spiritualität?, in: LJ 55 (2005) 39-56. Eine ähnliche Form bietet Rudolf Ehrat, zit. bei Tibi, 31.

115 Dies wird dem protestantischerseits immer wieder betonten *simul iustus et peccator* m.E. sogar besser gerecht als die rein doxologisch gehaltene Fassung.

116 Zu den Perlen des Glaubens s. Tibi, a.a.O., 33ff. und Amt für Öffentlichkeitsarbeit der NEK in Zusammenarbeit mit der Pastoralen Dienststelle im Erzbistum Hamburg (Hg.), Mit den Perlen des Glaubens leben, Kiel 2005.

bene Ich-Perle zeigt die eigene Kostbarkeit und Würde als Geschöpf an, das mit der Gottebenbildlichkeit gewürdigt und darum gerufen ist, sich selbst zu lieben und zu bejahen. Die weiße Tauf-Perle steht für Licht, Reinheit und Erleuchtung , die dem Menschen in der Taufe zuteil werden und kann der Tauferinnerung dienen. Die sandfarbene Wüsten-Perle drückt die Mühsal wie die Chance von Wüstenerfahrungen aus, Zeiten der Einsamkeit, des Schuldig-Werdens, der Versuchung, in denen deutlich wird, was wichtig und was unwichtig ist, und die darum zur Reifung führen können. Die blaue Perle der Gelassenheit steht für inneren Frieden wie für das Loslassen-Können der Sorge. Zwei rote Perlen der Liebe drücken das doppelte Liebesgebot aus, können aber auch dazu verhelfen, sich das Ich und Du in der persönlichen Liebeserfahrung, das Schenken und das Beschenktwerden, ins Bewußtsein zu rufen. Drei kleine perlmuttfarbene Geheimnisperlen sollen dem Raum geben, über das der Beter mit keinem Menschen sprechen will, kann oder darf; sie können für Träume, Wünsche oder Ängste stehen, doch auch für die Geheimnisse anderer. Die schwarze Perle der Nacht erinnert an den Tod, an Dunkelheit und Schatten, an Angst, Zweifel und Schmerz, sie steht für die Nachtseite des Lebens; zugleich erinnert sie daran, daß der Mensch seine Angst vor dem Tod durch den Glauben an Christus überwinden kann. Dies wird bekräftigt durch die weiße Perle der Auferstehung, die den Sieg des Lebens über den Tod ausdrückt; sie ermutigt zu Hoffnung, Aufbruch und Veränderung, führt in die Einkehr bei sich selbst und Gott zugleich. Die Gottesperle als Segensperle spricht schließlich Schutz und Kraft zu.

Festgelegte Gebete gibt es zu den Perlen des Glaubens nicht, jeder Beter kann und soll das Band entsprechend den eigenen Erfahrungen und Bedürfnissen nutzen, zu Lob und Dank, zu Bitte und Fürbitte, zur Betrachtung des Lebensweges Jesu. Ebenso kann in einer konkreten Situation eine bestimmte Perle besonders betrachtet werden. Lönnebo selbst formuliert folgende Ratschläge für den Umgang mit den Perlen: „Oft wirst du dich aus Gründen des Leids, der Freude oder wegen Zeitknappheit auf nur eine, zwei oder drei der Perlen beschränken. Ich selbst mache das sogar oft. Das ist keine schlechtere Art zu beten als die ‚vollständige', und der Beter muss deswegen kein schlechtes Gewissen haben. Wenn du dich vor lauter Kummer ganz schwer fühlst, fasse die blaue Perle an, hänge dir den blauen Mantel um und bleibe so, bis du Frieden gefunden hast. Wenn du das Bedürfnis nach einem Fürbittgebet hast, so fasse die zweite rote Perle an und die drei perlmutternen Perlen der Geheimnisse und tue dann deine Arbeit. [...] Ein Gebetsband ist ein gutes Hilfsmittel, um sich zu sammeln. [...] Das Wichtigste ist, nicht zu streng und zu bestimmt vorzugehen, dann dann wird man bald aufhören, das Band zu benutzen, oder es wird zu einer neuen Pflicht, und davon haben wir ja schon genug. [...] Eine Minute mit der goldenen Perle reicht, um dich auf die Ewigkeit zu besinnen, wo Zeit unwichtig ist, die dich immer umschließt. Auch wenn du nur wenige Minuten zur Verfügung hast, versäume es nicht, noch die zweite rote Perle zu besuchen. Sie führt uns hin zu den anderen, die uns brauchen so wie wir sie. Diese Minuten wirst du nicht bereuen. Natürlich wirst du dich mit bestimmten Perlen öfter beschäftigen als mit anderen. Die ausgelassenen Perlen werden sich trotzdem nicht übersehen fühlen. Sie freuen sich darüber, dass du bekommst, was du brauchst. In unserer kritischen und resignierenden Zeit ist die erste kleine Perle besonders wichtig. Es ist so leicht, sich selbst abzulehnen! Wie wichtig ist es da, sich selbst wieder zu finden! Das Perlenband enthält eine ganze Welt an Freiheit und Möglichkeiten. So soll es sein, wenn man sich darin übt, nahe bei Gott zu leben."[117]

Der schwedische Bischof hat mit den Perlen des Glaubens einen Weg der individuellen Andacht gefunden, der den Betenden Anregungen für die Gestaltung ihres Betens im Alltag gibt – dessen Regelmäßigkeit schon im eigenen Interesse durchaus empfohlen wird – und der zugleich alle Freiheit darin läßt. Die Perlen ermöglichen ihren Nutzern, eben weil ihnen „das Wort" nicht verbind-

---

117 Lönnebo, in: Mit den Perlen des Glaubens leben, 84-87.

lich beigegeben ist, sehr Unterschiedliches, es ist ebenso möglich, sich mit ihnen die zentralen Inhalte des christlichen Glaubens täglich zu vergegenwärtigen wie das vergegenwärtigte Gegenüber zu funktionalisieren (Schutz, Trost) und dem eigenen Bedürfnis unterzuordnen.

5.2.3.13 Adaptierte Formen

Schließlich ist zu erwähnen, daß innerhalb der protestantischen Frömmigkeit immer mehr Gestalten der *praxis pietatis* aus Traditionen nicht-christlicher Prägung in die „Andacht" übernommen werden (Yoga, Zen, etc.). Diese werden häufig als mit christlichem Gedankengut kompatibel behauptet oder auf einen umfassenden und darin letztlich einheitlichen religiösen Wurzelgrund zurückgeführt[118], jedoch nicht eigentlich mit den Spezifika protestantischer Frömmigkeit verbunden. Inwieweit sie von den Praktizierenden als „Andacht" aufgefaßt werden und nicht vielmehr als ein zum eigenen Wohlbefinden durchgeführtes Ritual im Sinne einer Psychohygiene, ist nur im Einzelfall zu entscheiden; darum lasse ich sie hier unberücksichtigt.

5.2.4 Zur Einschätzung

Worin sind die *Stärken* dieser protestantischen Form christlicher Spiritualität zu sehen, immer unter der Voraussetzung, daß die Praxis der einzelnen Christinnen und Christen der Intention der jeweiligen Andachtsvariante ideal entspräche? Eine entscheiden-

---

118 Es ist eine Frage des Standpunkts, ob die entsprechende Haltung als eklektisch, synkretistisch, interreligiös aufgeschlossen, weltanschaulich tolerant oder beliebig bezeichnet wird. Eingedenk der Definition christlicher Spiritualität, die ich in II.3.5. entwickelt habe, sind solche Haltungen für mich mehrheitlich nicht mehr als Ausdruck einer „christlichen" Spiritualität ansprechbar.

de Stärke ist zweifellos die Verknüpfung von Glaube und Alltag, von christlicher Existenz und Leben in der Welt, deren wechselseitige Durchdringung. Der ganze (Arbeits-)Tag ist von Gott her geprägt, kein Bereich menschlichen Lebens fällt aus dem Umfangensein durch Gott hinaus.
Manfred Josuttis hat eine andere, dem gegenwärtigen Trend zu Selbstfindung und Selbstdeutung freilich widersprechende Stärke einer solchen regelmäßigen Praxis am Beispiel von Luthers Morgen- und Abendsegen sehr eindrücklich hervorgehoben. Er schreibt: „M. Luther hat seinen Vorschlag zur rituellen Gestaltung der Wendepunkte des Tages am Morgen und Abend nicht ohne Grund mit der Mahnung beschlossen: ‚Alsdann mit Freuden an dein Werk gegangen und etwa ein Lied gesungen oder was dir deine Andacht eingibt' – ‚alsdann flugs und fröhlich geschlafen.' Der Segen am Morgen und am Abend erweist seine Kraft nicht zuletzt darin, dass er von jeder Tendenz zur Selbstreflexion befreit. Die Träume der Nacht wie die Sorgen des Tages lösen sich auf, wenn der dreieinige Gott wirklich waltet und wenn sein heiliger Engel die Macht des bösen Feindes begrenzt. Der Segensraum ist ein Lebensraum, in dem man sich ohne permanente Selbstbespiegelung der Arbeit des Tages wie der Ruhe der Nacht hingeben darf."[119] M.a.W.: Die Hinwendung zu Gott in der täglichen Andacht befreit den Menschen – nicht zu einer Haltung der Selbstvergessenheit oder der Selbstverleugnung, wohl aber vom Kreisen ausschließlich um sich selbst, um seine Sorgen, seine Bedürfnisse und zu einem getrosten In-die-Welt-gestellt-Sein, in dem er frei ist, dem Liebesgebot zu folgen.
Weiterhin bindet die häusliche Andacht die Praktizierenden über die soziale und zwischenmenschliche Ebene hinaus in der Gemeinschaft gelebten Glaubens zusammen, unmittelbar in der Hausgemeinschaft und darüber hinaus mit der kirchlichen Gemeinschaft, deren einzelne Glieder je an ihrem Ort im Wissen um das grö-

---

[119] Manfred Josuttis, Religion als Handwerk. Zur Handlungslogik spiritueller Methoden, Gütersloh 2002, 171.

ßere Ganze gemäß ihrem Glauben handeln. Dieses Wissen wird den Wunsch stärken, im sonntäglichen Gottesdienst den alltäglich geübten Glauben in der Gemeinschaft der Geschwister ebenso zu feiern wie zu vergewissern. Das ist in zweierlei Hinsicht von Bedeutung: Zum einen lebt die alltägliche *praxis pietatis* auf den sonntäglichen Gottesdienst ebenso hin, wie sie von ihm her lebt, zum anderen aber ist der Gottesdienst seinerseits, um lebendig zu sein, auf eben diese Praxis der einzelnen angewiesen.

Zudem erinnert die täglich praktizierte Andacht, in der – das ist im Protestantismus kaum anders vorstellbar – die Lektüre der Bibel ebenso eine Rolle spielt wie das fürbittende Gebet, an die Verantwortung für die Mitmenschen und an die Weltverantwortung der einzelnen Christen. Auch durch diese Erinnerung befreit sie die Betenden aus dem heute so verbreiteten Egozentrismus und mahnt zur Erfüllung des Liebesgebots.

Außerdem ist das Faktum, daß eine regelmäßige häusliche Andacht die Kenntnis wesentlicher Inhalte des christlichen Glaubens lebendig halten und weitergeben wird (also das Moment der Traditionspflege), nicht zu vernachlässigen. Der häufig und völlig zu Recht konstatierte Traditionsabbruch ist ja – protestantisch gedacht – nicht in erster Linie wegen seiner schmerzlichen Folgen für die Volkskirche zu beklagen, sondern vor allem wegen seiner Auswirkungen auf die Glaubensgewißheit des einzelnen: Was ich nicht kenne, kann nicht die Basis meines Vertrauens sein[120].

Schließlich ist die Verantwortung positiv hervorzuheben, die in der häuslichen Andacht jeder Christ für die Gestaltung persönlicher Frömmigkeit übernimmt – im Sinne des Priestertums aller Getauften wie in dem des Bemühens um die eigene Heiligung[121].

---

120 Aus dieser Einsicht resultierte auch das nachdrückliche pädagogische Interesse der Reformatoren.
121 Um Mißverständnisse zu vermeiden sei hier nochmals betont, daß diese Heiligung den von Gott allein aus Gnade Gerechtfertigten aufgegeben und ihnen durch die Gabe des Geistes ermöglicht ist, vgl. dazu oben IV.2.

5.2 Andacht

Nun ist die ideale Praxis vermutlich relativ selten zu finden; von daher sind die *Defizite* zu bedenken, die dieser protestantischen Frömmigkeitsgestaltung anhaften können. Hier ist an erster Stelle der fehlende Gemeinschaftsbezug zu nennen, wenn eine „Hausgemeinde" nicht mehr gegeben ist. Zwar lassen sich alle Andachtsformen auch in Single-Haushalten durchführen, doch können sie, wenn das Bewußtsein für ein mindestens ideelles Eingebundensein in die Gemeinschaft schwindet, zu einer einigermaßen egozentrischen Frömmigkeitshaltung (was die pietistische Tradition nicht ohne Grund „Heilsegoismus" nannte), zur Weltvergessenheit und zur Vernachlässigung des Nächstenliebegebots führen. Eine andere Folge kann die Neigung sein, eklektisch und beliebig aus den unterschiedlichen Methoden zu wählen. Dies ist nicht unproblematisch, zum einen, weil nicht alle Methoden wirklich für jeden geeignet sind[122], zum anderen, weil die eigene Praxis dann in der Regel nicht mehr an der Tradition überprüft wird, was zu einer merklichen Entfernung von den gemeinsamen Glaubensgrundlagen führen kann.

Eine damit zusammenhängende weitere und sehr reale Gefahr ist, daß die verschiedenen Andachtsformen nicht die Grundlage bzw. die Frucht des Gottesdienstes bilden, sondern an dessen Stelle treten, daß die häusliche Andacht, in welcher Form immer, bei vielen den Gottesdienst ersetzt. Doch wäre dies für den Gottesdienst ebenso von Nachteil wie für die persönliche Frömmigkeit; ersterem fehlte eine wesentliche Grundlage, aus der heraus er erst wirklich lebendig sein könnte, letzterer ginge die Mitte verloren, aus der heraus sie lebt.

Hinsichtlich der Traditionspflege wie auch hinsichtlich der Begrenzung der neuzeitlichen Neigung zur Selbstreflexion ist anzumerken – dies gilt jedenfalls für die verschiedenen neuen, auf Abwechselung setzenden Medien einer praktizierten Spiritualität –, daß eine

---

122 Dies gilt auch dann, wenn diese Methoden attraktiv wirken; hier ist geistliche Unterscheidungsgabe vonnöten, wie sie sich bei einem erfahrenen Mitglied einer größeren Gemeinschaft mit einiger Wahrscheinlichkeit finden wird.

zunehmend auch innerkirchlich anzutreffende Eventkultur, die vor allem das Besondere sucht (und zwar im Gottesdienst wie auch in der persönlichen Frömmigkeit), dazu tendiert, Spiritualität zu einer Freizeitbeschäftigung werden zu lassen, die eben nicht mehr Teil des Alltags ist. Aus einer solchen Randexistenz wird sie sich nicht mehr ohne weiteres lösen können, doch damit hätte sie eine ihrer zentralen Funktionen eingebüßt.

Gerade in ihrer unspektakulären Art der häuslichen Andacht ist die persönliche Frömmigkeit für eine protestantische Gestalt der Spiritualität unverzichtbar, als ein regelmäßiges Stillwerden vor Gott, als ein ständiges Zwiegespräch, darin auch als die immer neue persönliche Rechenschaft für das eigene Tun und Lassen, und, mit Luther, als das immer neue sich in der Taufe Bergen, das die Vergewisserung unserer Lebensgrundlage ist.

Die praktizierte persönliche Frömmigkeit ist also notwendig, zum einen, um die Gefahr eines Austrocknens des Glaubens und in dessen Folge eines Absterbens des Gottesdienstes zu mindern. Sie ist weiterhin notwendig, um eine erneute Trennung von Glaube und Alltag, die Luther gerade hatte aufheben wollen, zu verhindern, denn in einem Alltag, der losgelöst von der Gottesbeziehung geführt wird, verfehlt der Mensch seine Bestimmung.

> Diese Bestimmung ist formuliert – das sei an dieser Stelle noch einmal ausdrücklich wiederholt[123] – im sogenannten Doppelgebot der Liebe aus Mt 22,37-39, zusammengefügt aus Dtn 6,5 und Lev 19,18, erweitert um den Aspekt der Selbstliebe: „Du sollst den Herrn, deinen Gott, lieben von ganzem Herzen, von ganzer Seele und von ganzem Gemüt. Dies ist das höchste und größte Gebot. Das andere aber ist dem gleich: Du sollst deinen Nächsten lieben wie dich selbst." Zum Verständnis wichtig ist zudem die Anwendung dieses Gebotes in Lk 10,25-37, dem Gleichnis vom barmherzigen Samariter, in dem zum einen das Gewicht auf das Tun gelegt wird („Tu das, und du wirst leben"), und das zum anderen deutlich macht, wie die Frage, wer mein Nächster sei, zu beantworten ist, nämlich vom bedürftigen anderen her, der mir zum Nächsten wird. Die-

---

[123] S.o. I.7.

ses Doppelgebot konstituiert ein „anthropologisches Dreieck", ein Dreieck, in dem jeder Mensch steht, aus Gott, dem Nächsten (unter dem Aspekt, ob ich zum Nächsten werde für den, der mich braucht) und dem Ich (wie dich selbst), das sich in der Welt vorfindet.

Die Eckpunkte dieses „anthropologischen Dreieckes", in dem der Mensch sich immer vorfindet, im Gleichgewicht zu halten, ist die bleibende Aufgabe jedes Menschen. Geht die Balance verloren, gerät zwangsläufig ein Eckpunkt in Vergessenheit, fallweise auch zwei, Gott, der Nächste oder das eigene Ich; auch die Welt kann dann ausgeblendet oder nur mehr egozentrisch, auf den eigenen Nutzen hin wahrgenommen werden. Gerät Gott in Vergessenheit, und das ist die Gefahr eines Alltags ohne bewußte Hinwendung zu ihm, hat das auch Folgen für den Umgang mit den Mitmenschen. Da Menschen nicht imstande sind, den Nächsten um seiner selbst willen zu lieben – eine solche Liebe ist nur in der Gottesliebe möglich –, wird der Nächste als ein solcher ebenfalls in Vergessenheit geraten; übrig bleiben das Ich und die Welt, die oft stellvertretend für die anderen Pole geliebt wird, bis die Diesseitigkeit dieser Liebe zu Leere oder Überdruß führt.

Die Wahrung der Balance bleibt dem Menschen aufgegeben. Sie ist nicht dauerhaft zu erreichen, sondern allenfalls ein instabiles Gleichgewicht; sie erfordert darum immer, täglich neu Aufmerksamkeit und Selbstprüfung, ein immer neues Bemühen im Wissen um die in der Vergebung liegende Chance des Neubeginns. Die häusliche Frömmigkeit ist eine Gestalt dieser Aufmerksamkeit.

Wie ist eine solche Einsicht zu vermitteln? Die Antwort, die ich auf diese letzte Frage geben kann, ist kurz, unspektakulär und methodisch wenig raffiniert: Die Einsicht ist am ehesten dadurch zu vermitteln, daß Menschen selbst diese *praxis pietatis* leben oder sie sich gegebenenfalls wieder aneignen. Wenn jemand seinen Glauben alltäglich lebt, teilt sich das mit und strahlt aus.

5.3 Beichte

Gelebte Spiritualität bedarf immer wieder einer Vergewisserung, die der Mensch selbst sich nicht geben kann. Eine solche Vergewisserung gewähren die *Sakramente* und die *Rituale* der Kirchen, die den glaubenden Menschen Gottes Begleitung, seine Gnade und Vergebung mitteilen und leibhaftig erleben lassen. Die Begriffe bedürfen der Erläuterung: Ein *Sakrament* ist ein Zeichen, das mittels Wort und hinzukommendem Element eine unsichtbare Wirklichkeit anzeigt und deren Gaben zueignet, nicht in einem höheren Maße als es die göttliche Gegenwart als solche vermöchte, doch greifbarer. Diese Wirklichkeit, die im Sakrament bezeichnet wird, ist Christus. Die Sakramente können, mit Herbert Vorgrimler, als „hervorgehobene liturgische Symbolhandlungen der Kirche" bestimmt werden[124], ebenso sind sie aber auch als Rituale anzusprechen. Ihre Zahl ist in den Kirchen verschieden, abhängig von einem engen respektive weiten Sakramentsbegriff: Während die protestantischen (lutherischen) Kirchen nur die Taufe und das Abendmahl – wegen der Stiftung durch Jesus und des expliziten Befehls – akzeptieren, zählen die Orthodoxie sowie die katholische und die anglikanische Kirche außerdem Beichte, Firmung/Konfirmation, Ehe, Ordination/Weihe und Krankensalbung hinzu. Über die Heilsnotwendigkeit von Taufe und Eucharistie besteht Einigkeit, doch auch die anderen Sakramente sind in den Zusammenhang der Rechtfertigung einzuordnen. Auf Seiten des Empfangenden muß zum Zeichen der vertrauende Glaube hinzutreten, damit das Sakrament wirksam werden kann. Mit dem weiteren Begriff des *Rituals* (Ritus) wird eine religiöse Zeremonie bezeichnet, die nach feststehenden Regeln wiederholbar abläuft und die Vergegenwärtigung eines Heilsereignisses oder die Vergewisserung der Nähe der Transzendenz zum Inhalt hat. Rituale sind also alle gottesdienstlichen Feiern, alle Zusammenkünfte der christlichen Gemeinschaft, in denen zu immer gleichen Anlässen immer gleiche Handlungen nach festen Regeln ausgeführt werden, die Gott und den Menschen gleichermaßen gerecht werden sollen: Stundenliturgien, Gottesdienste mit Eucharistiefeier, Taufen,

---

[124] Herbert Vorgrimler, Neues Theologisches Wörterbuch, Freiburg 2000, 542.

Trauungen, Konfirmationen, in Gottesdiensten vollzogene Beichte[125] und Beerdigung.
Rituale strukturieren das Leben und stellen es in den Zusammenhang der Geschichte Gottes mit den Menschen und der Welt. Und sie lassen diesen Zusammenhang erlebbar werden in Singen und Beten, in Berührung (Segen, Absolution), im Miteinander und, im Falle von Taufe und Abendmahl, im Element. Daß ein solches leibliches Erleben der Nähe und Gnade Gottes in den Ritualen für einen gelebten Glauben von großer Bedeutung ist, wurde schon verschiedentlich betont[126]; seine Chancen sollen nun am Beispiel der Beichte ausgeführt werden[127].

Im Geschehen der Beichte sieht sich der Mensch konfrontiert mit sich selbst, mit seinem schuldhaften Denken oder Reden, mit seinem Partizipieren an Unrechtszusammenhängen[128], mit seinem

---

125 Von der gottesdienstlichen Beichte ist hier im Gegenüber zur stärker seelsorglich bestimmten Einzelbeichte die Rede, obwohl auch für diese agendarische Weisungen vorliegen, s. z.B. Agende für Evangelisch-Lutherische Kirchen und Gemeinden. Band III: Die Amtshandlungen, Teil 3: Die Beichte, herausgegeben von der Kirchenleitung der VELKD, Hannover 1993 (neu bearbeitete Ausgabe).
126 Vgl. z.B. die Ausführungen zum Karfreitag oben in diesem Kapitel in Abschnitt 1.3. und 1.4. Im Verlauf der Kirchengeschichte ist zudem immer wieder die Entwicklung einer stark betonten Sakramentsfrömmigkeit zu beobachten gewesen.
127 Zitate aus folgenden Arbeiten der Verfasserin werden nicht im einzelnen gekennzeichnet: Nicht in die Leere falle die Vielfalt irdischen Seins. Von der Notwendigkeit eschatologischer Predigt (Kontexte 33), Frankfurt/M. 2001, 67-102; „Sorry, du, dumm gelaufen". Beobachtungen zur Kultur des Beichtrituals, in: PTh 91 (2002), 308-321; Zum Profil einer lutherischen Praktischen Theologie – an den Beispielen Kirchenmusik und Beichte, in: Reinhard Rittner (Hg.), Was heißt hier lutherisch! Aktuelle Perspektiven aus Theologie und Kirche (Bekenntnis 37), Hannover 2004, 211-233; Wie neugeboren. Gedanken zur Beichte in der evangelischen Kirche, in: Psychotherapie und Seelsorge 1 (2005) 2, 24-29; Die Beichte als christliche Kultur der Auseinandersetzung mit sich selbst *coram Deo*, in: Handbuch der Seelsorge. Grundlagen und Profile, hg. von Wilfried Engemann, Leipzig 2007, 493-507.
128 Eine solche Verstrickung in die sogenannte strukturelle Sünde stellt im Zusammenhang der Frage nach der Beichte ein Problem dar: Men-

Handeln und Unterlassen. Er sieht sich konfrontiert mit seiner Schuld oder Sünde gegenüber den Mitmenschen, gegenüber sich selbst und (bzw. oder) gegenüber Gott[129]. Eine solche Konfrontation kann im eigenen Inneren geschehen, doch wird meist eine weitere Instanz hinzugezogen, wie es bereits die ursprüngliche Wortbedeutung nahelegt: Beichte – mhd. *bigiht* oder *bijiht*, von *gihten*, „etwas bekennen, aussagen, gestehen" (aus dem ahd. *jehan* „sagen, bekennen") – meint, eine Verfehlung auszusprechen vor einem anderen. Dabei kann diese andere Instanz diejenige sein, der gegenüber die Verfehlung begangen wurde, ebenso das eigene Gewissen, ein unbeteiligter Mensch oder Gott.

5.3.1 Zur Entwicklung der Beichte

Die Beichte gibt es, der Sache nach, auch außerhalb des Christentums: Die Religionsphänomenologie kennt die Institution einer öffentlichen Beichte in zahlreichen schriftlosen Kulturen im amerikanischen und afrikanischen Raum, ebenso eine stärker private Beichte in etlichen Kulturen Asiens. Die jüdische Religion kennt das private oder öffentliche Schuldbekenntnis vor Gott (zu den-

---

schen werden ohne ihr Wollen und aktives Zutun schuldig, insofern sie an den Vorteilen der globalen ökonomischen Ungerechtigkeit partizipieren, die Zerstörung der Umwelt jedenfalls nicht verhindern und – aus Ohnmacht – gegen Kriege und Gewalt nicht einschreiten. Eine Beichte wird hier kaum Erleichterung schaffen, denn auch bei aufrichtiger Reue kann kaum jemand erklären, künftig nicht mehr daran beteiligt sein zu wollen. Darum erscheint die Klage als angemessenerer Umgang mit dem Phänomen.

129 In allgemeinster Definition setzt der Begriff ‚Schuld' Normen wie etwa Gerechtigkeit oder Verantwortlichkeit voraus, die aktiv oder zulassend verletzt oder verfehlt werden können, sowie eine Instanz, die diese Normverletzungen beurteilt. Eine begriffliche Unterscheidung zwischen Sünde als der Grundbefindlichkeit des Menschen vor Gott, Sünden als deren Aktualisierung in konkreten Taten und Schuld als der daraus resultierenden zwischenmenschlichen Perspektive kann sinnvoll sein, wird jedoch im Folgenden nicht vorgenommen.

ken ist an die Sündenbekenntnisse der Psalmen), die Forderung und den Vollzug der Umkehr, in Haltung und Tat zum Ausdruck gebrachte Reue und Buße, Wiedergutmachung sowie Rituale der Entsündigung[130]. Die christliche Kirche knüpfte an diese Traditionen an[131].

5.3.1.1 Neutestamentliche Grundlegung

Die Kirche tauft zur Vergebung der Sünden (Act 22,16). Sie bezieht sich bei ihren Ausführungen zur Vergebung auf Jesu Worte über das irdische Binden und Lösen mit seinen ewigen Folgen (Mt 16,19; 18,18) und über das Nachlassen und Behalten der Sünden (Joh 20,23), sie hält sich an seine Mahnung, dem Reuigen zu vergeben (Lk 17,3), nachdem ihm seine Verfehlung zunächst allein, bei Uneinsichtigkeit in immer größerer Öffentlichkeit vorgehalten wurde (Mt 18,15-17). Außerdem orientiert sie sich an der von Paulus empfohlenen Praxis, den Sünder ausschließen, wenn Schaden für die Gemeinschaft droht (I Kor 5,9ff.), doch ebenso an seinem Hinweis, daß eine Reue, die Trauer auslöst, Seligkeit wirke (II Kor 7,8-10). Zu bedenken ist auch die von Jesus selbst berichtete Praxis im Umgang mit Petrus (Joh 21,15ff.): Entsprechend der dreimaligen Verleugnung wird der Jünger dreimal nach der Größe und Festigkeit seiner Liebe zu Jesus gefragt. Im wiederholten Fragen kann eine der Tat entsprechende Buße gesehen werden, in jedem Fall vertieft es die Reue. Die Weiterführung der fünften Vaterunserbitte macht auf der anderen Seite deutlich, daß unser Vergeben von Jesus geboten ist unabhängig von der Reue des Täters. Allerdings liegt in expliziter Vergebung zugleich Schuld-

---

130 Auch der Begriff des Beichtens ist jedenfalls in den späteren Schichten der hebräischen Bibel zu finden, die Wurzel ידה ydh im Hitpael steht für „bekennen, gestehen, beichten", so z.B. in Esr 10,1; Neh 9,3 oder Dan 9,4.
131 Im folgenden liegt der Schwerpunkt auf der Entwicklung der Beichte im Protestantismus.

aufdeckung, denn wozu wäre ein Vergebung erforderlich, wenn der Vergebende nicht die Schuld seines Gegenübers erkannt hätte. Das bedeutet zugleich: Im Evangelium liegt Gesetz. Im Annehmen der Vergebung, das zweifellos mit Reue zusammengeht, liegen zugleich Schuldanerkenntnis und -annahme, denn indem ich zugebe, daß ich Vergebung nötig habe, sage ich zugleich, daß ich zuvor schuldig geworden war. Die Vergebung kann damit beim Schuldigen die Reue allererst auslösen.

5.3.1.2 Die Entwicklung in der Alten Kirche und im Mittelalter

Nach der Taufe begangene schwere Sünden, die als solche grundsätzlich vom Heil ausschließen, kann nur eine öffentliche Kirchenbuße tilgen, dies ist die allgemeine Überzeugung vom 2. Jahrhundert an. Das Bußinstitut sieht eine einmalige öffentliche Beichte vor, die abgeschlossen wird mit der liturgischen Wiederaufnahme des reuigen Sünders durch einen Amtsträger (Absolution). Die Rezeption der monastischen iro-schottischen und altbritischen Bußpraxis läßt ab ca. 650 neben die öffentliche eine private, geheime und wiederholbare Buße treten. Die Rekonziliation, in der öffentlichen Buße nach Abschluß der Bußleistung, der *satisfactio*, vorgenommen, wird durch die direkt auf die Beichte folgende Absolution ersetzt, doch als beendet ist die Buße erst nach der Ableistung der *satisfactio* anzusehen. So verlagert sich der Schwerpunkt von der Buße auf die Beichte und vor allem auf die Reue, die als sündentilgendes Bußwerk angesehen wird. Immer wieder wird neben der Beichtpflicht auch die Angewiesenheit des Menschen auf die Beichte und ihre weitreichende Wirkung für die Seele betont, so etwa von Bernhard von Clairvaux in einer Predigt über Beichte und Buße: „Gegen sich selbst sündigt nämlich, wer sich entschuldigt, weil er dadurch das Heilmittel der verzeihenden Gnade von sich weist und sich so mit eigenem Mund dem Leben verschließt. [...] Das Bekenntnis soll aber auch gläubig sein, so daß du voll Hoffnung bekennst und an der Verzeihung nicht völlig verzweifelst. Es soll ja nicht so sein, daß du dich mit deinem eigenen Mund eher verurteilst als rechtfertigst."[132]

5.3.1.3 Beichte in den reformatorischen Theologien

Für die reformierte Theologie, in der die Betonung der Majestät Gottes die gleichzeitige Behauptung einer Bindung Gottes an Äußeres bzw. Weltliches untragbar macht, hat das Geschehen der Beichte allenfalls eine die Befreiung des Menschen von der Sündenlast unterstützende Funktion, so bei Zwingli, für den mit dem glaubenden Hören des Evangeliums bereits die Absolution stattgefunden hat[133]; der Akt der Beichte selbst ist unnötig. Entsprechendes gilt für Calvin, der keine weitergehenden Aussagen zur Beichte gemacht hat, außer der Forderung des Sündenbekenntnisses zu Beginn jeden Gebets als Ausdruck einer demütigen Beugung vor Gott. Generell sind seine Überlegungen zu Beichte und Buße der Prädestinationslehre untergeordnet[134]. „Die Verkündigung der Buße im Namen Christi geschieht, wenn die Menschen durch die Lehre des Evangeliums vernehmen, daß all ihre Gedan-

---

[132] Sermones super Cantica Canticorum (Sämtliche Werke lateinisch/deutsch V, hg. von Gerhard B. Winkler u.a., Innsbruck 1994) 16,241.

[133] Huldrych Zwingli, Sämtliche Werke III, Leipzig 1914, aus dem Commentarius de vera ac falsa religione von 1525, Art. 19, De confessione: „Confessio igitur auricularis ista nihil aliud est, quam consultatio [...]. Euangelizat ergo te verbi minister; tu vero, qum euangelizatus es, hoc est: cum Christum recepisti, iam absolutus ac liberatus es ab onere peccatorum, quam tu allevationem in mente sentis, etiam si nullus pontifex concepta verba super te imprecetur." (821)

[134] Für die Nichterwählten sind die Gnadenmittel ohnehin nur leere Zeichen, nur die Erwählten können umkehren. Sie stehen nicht mehr unter der Herrschaft der Sünde, können jedoch noch sündigen. Dagegen hilft die stetige innere Buße, die dem Glaubenden geschenkt ist als ein Fortschreiten im Glauben und die mit einem maßvollen, in gewissem Sinne asketischen Leben einhergeht; einer eigentlichen Beichte und einer wiederholten Umkehr bedarf es nicht.

ken, ihre Regungen, ihre Vorsätze verderbt und sündig sind und daß sie deshalb notwendig neu geboren werden müssen, wenn sie in Gottes Reich eingehen wollen. Die Verkündigung der Sündenvergebung geschieht, wenn der Mensch gelehrt wird, daß Christus uns ‚gemacht ist' zur Erlösung, zur Gerechtigkeit, zum Heil und zum Leben [...], daß wir in seinem Namen aus Gnaden vor Gottes Auge gerecht und unschuldig dastehen. Diese zwiefache Gnade wird im Glauben ergriffen"[135]. Damit sind Reue und Buße keine Voraussetzungen der Vergebung, sondern Gaben Gottes für die Erwählten[136]. In allen reformierten Ansätzen ist die Heilsgewißheit allein aufgrund der geglaubten Botschaft des Evangeliums gegeben. Der Mensch ist auf die subjektiven Wirkungen des Geistes verwiesen, weitere Gnadenmittel sind nicht vonnöten.

Für Luther ist zunächst, im Rekurs auf die biblischen Schriften, deutlich, daß der Mensch Sünder ist. Sünde meint dabei für ihn nicht ein einzelnes moralisches Fehlverhalten, sondern eine tiefgreifende Störung, die den Menschen in seinem Sein vor Gott, in seinem Verhältnis zu den Mitmenschen und in seinem Selbst tangiert. Sie besteht zuerst in der Verletzung des Liebesgebotes, gegenüber Gott und gegenüber dem Mitmenschen, in welche Gestalt sich diese Verletzung auch immer kleidet. Auch Christen brauchen,

---

[135] Johannes Calvin: Institutio christianae religionis (nach der letzten Ausgabe übersetzt und bearbeitet von Otto Weber, Neukirchen-Moers 1955, III.3, 19, 391.

[136] Karl Barth führt im 20. Jahrhundert diese Gedanken noch weiter: Der ewige Bund meine die ewige Wahl des Menschen; er werde von Gott durchgehalten, auch wenn der Mensch den Bund breche. Und: In der Wahl des einen Menschen Jesus Christus seien alle Menschen erwählt; zugleich sei Christus der einzige verworfene Mensch. Darum gilt für Barth: Aufgrund des Kreuzes, in dem Gott sich unsere Verworfenheit zugezogen habe, sei kein Mensch mehr verworfen. Erst diese bereits geschehene Vergebung ermögliche einen Vorgang wie etwa die menschliche Beichte, deren Bedeutung aber nur mehr darin bestehe, daß das, was von Gott her wahr sei, vom Menschen wahrgenommen werde. Vgl. Karl Barth: Kirchliche Dogmatik II/2, Zürich 1959, 1-563, bes. 32-35, die Ausführungen zu Gottes Gnadenwahl; s. auch die programmatische Schrift „Evangelium und Gesetz" von 1935.

5.3 Beichte

als gerecht gesprochene und gerecht gemachte Sünder, darum die Predigt des Gesetzes. Ohne vermittels des Gesetzes auf diese Sünde angesprochen zu werden, die seine Wirklichkeit ist, kann der Mensch das Evangelium nur als Selbstbestätigung hören, damit bleibt er in seiner Sünde, wirft sich nicht, wie Luther es nennt, Christus immer neu in die Arme, und verfehlt sein Heil. Luther ist überzeugt: Den Christen das Gesetz nicht predigen, den Christen nicht von ihrer Sünde reden und nicht von ihnen fordern, daß sie diese Sünde einbekennen und darum von ihr losgesprochen werden können, heißt, sie dem Teufel ausliefern. Vor allem im Antinomerstreit vertritt Luther die Notwendigkeit des überführenden Gebrauches des Gesetzes und betont, daß es Rechtfertigung ohne Reue nicht gebe[137]. Das Gesetz ist dabei keine Wirkursache, sondern lediglich eine Voraussetzung[138]. Wahre Reue erwächst demgegenüber aus der Evangeliumspredigt, weil diese den Glauben weckt, der notwendig ist, damit Buße zur Umkehr führt – bereits die Reue ist also Gabe. Erst der Glaube weiß, daß das Gesetz notwendig ist für die Sündenerkenntnis[139]. Und nur der Glaube an die Wirksamkeit der Absolution nimmt die Sünde[140]. Der Mensch bedarf immer neu der vergebenden Gnade und er darf ihrer, wenn er seine Schuld, seine Sünde bereut und um Vergebung bittet, sicher sein, denn das in der Absolution zugesprochene vergebende Wort vermittelt ihm Heilsgewißheit[141]. In dieser Gewißheit wird

---

137 WA 39/I,382,7-10.
138 WA 39/I,469,13-19.
139 WA 39/I,444,14-446,5.
140 Sermon vom Sakrament der Buße, WA 2,714ff.
141 Zur Wirkmächtigkeit der Absolution vgl. z.B. ApCA XII (Die Bekenntnisschriften der evangelisch-lutherischen Kirche, hg. vom Dt. Ev. Kirchenausschuß, Göttingen 1930, 259). Luther kann die Beichte sogar zu den Sakramenten rechnen, vgl. WA 6,501,33-38; 6,572,11-22. Er wollte, bei aller Kritik an der zeitgenössischen Bußpraxis, die Beichte beibehalten, gerade auch in Gestalt der Privatbeichte, die für ihn jedoch vor allem aus zwei Elementen bestand: der in aufrichtiger Reue ausgesprochenen *confessio* und der von Gott durch Menschenmund zugesprochenen *absolutio*; s. Großer Katechismus, BSLK , 729. Die *satisfactio* folgte als selbstverständliche Frucht.

es dem Menschen möglich, die Verantwortung für sein Tun und sein Unterlassen zu übernehmen. Zum anderen erhält er, freigesprochen durch die Macht des lösenden Wortes, die Chance des Neubeginns.

5.3.1.4 Neuzeitliche Entwicklungen

In der lutherischen Orthodoxie wurde die Beichte zu einem verpflichtenden pädagogischen Mittel vor dem Abendmahlsempfang[142]; dies galt bis in die Mitte des 17. Jahrhunderts. Pietismus und Aufklärung übten aus unterschiedlichen Gründen scharfe Kritik an der Privatbeichte, was Ende des 18. Jahrhunderts zu ihrer Ablösung durch die allgemeine Beichte führte[143].

Friedrich Schleiermacher, dessen Sicht auch in dieser Frage gegenwärtig von einigem Einfluß ist, steht in vieler Hinsicht der reformierten Position nahe. Die Erwählungslehre wird für ihn zu einer Geschichtstheologie, in der Gott in fortschreitendem erwählenden Handeln schließlich alle zum Heil bringt[144]: Die Gesamtheit der neuen Kreatur ist aus der Gesamtmasse herausgerufen; dabei entspricht die Gesamtheit der Gesamtmasse, eine Auswahl geschieht

---

142 Diese Entwicklung konnte sich auf Luthers Anweisung zu einer persönlichen Anmeldung zum Abendmahl berufen, in der das Gemeindeglied Rechenschaft über seinen Glauben und seinen Lebenswandel abzugeben hatte (WA 12,215). Aus diesem Pflichtverhör wurde eine katechetisch orientierte, in den einzelnen Landeskirchen unterschiedlich geordnete Pflichtbeichte (der, nebenbei, auf Seiten der Reformierten die Praxis der Hausvisitationen als Mittel der Kirchenzucht entsprach, die Privatbeichte blieb hier auf den Raum des Seelsorgegesprächs beschränkt).
143 Die pietistische Kritik galt der das Innere nicht tangierenden formalen Durchführung, die aufklärerische dem mit der Menschenwürde nicht zu vereinbarenden kirchlichen Zwang.
144 S. Friedrich D.E. Schleiermacher: Der christliche Glaube nach den Grundsätzen der evangelischen Kirche im Zusammenhang dargestellt (1821/22), hg. von Hermann Peiter, Berlin/New York 1980 (Kritische Gesamtausgabe Erste Abteilung, Bd. 7/2), 31-154, 117-132, die Ausführungen zu Person und Geschäft Christi sowie zur Aneignung der Erlösung.

also lediglich über ein historisches Nacheinander. Ist schon von diesen Überlegungen her die Sinnhaftigkeit der Beichte fraglich, wird dies unterstrichen durch sein Verständnis von rituellem Handeln, das im Kontext seiner „Theologie des Bewußtseins" zu sehen ist: Während etwa Kirchenzucht für ihn wirksames Handeln ist, ist aller Kultus darstellendes Handeln des religiösen Gefühls. Die Sakramente sind zunächst Gemeindehandlungen innerhalb der Gemeinschaft der Wiedergeborenen und darum bzw. darin (damit, darunter) auch fortgesetzte Wirkungen Christi; die Wirkmächtigkeit eines äußerlichen Gnadenmittels kann von daher nicht angenommen werden.

Seit dem 19. Jahrhundert sind immer wieder Versuche unternommen worden, die Privatbeichte erneut in der kirchlichen Praxis zu verankern[145], doch blieb der Erfolg auf kleine Kreise beschränkt. Grundsätzlich ist eher von einem Verlust der Beichte zu sprechen, wozu die empirische Wende in der Praktischen Theologie, speziell in der Seelsorge, nicht unwesentlich beigetragen hat. In einer schroffen Abkehr von der kerygmatischen Seelsorge, wie sie von Eduard Thurneysen oder Hans Asmussen vertreten wurde, für die das Beichtgespräch das Zentrum der Seelsorge ausmachte, lehnten wichtige Vertreter der therapeutischen Seelsorgebewegung die Beichte als Mittel im seelsorglichen Gespräch nachdrücklich ab. So beschreibt der Theologe und Psychoanalytiker Joachim Scharfenberg in einer frühen Veröffentlichung[146] einen Fall, der ihn zur Abkehr von spezifisch geistlichen Methoden in der Seelsorge und zur Hinwendung zu therapeutischen Konzepten geführt habe. Eine Frau sei zu ihm zur Beichte gekommen, er habe sie von ihren Sünden losgesprochen, doch am nächsten Tag sei sie erneut erschienen – der Beichtakt habe sie nicht von den quälenden Schuldgefühlen befreit. Scharfenberg zieht aus dieser Erfahrung den zunächst einmal durchaus verständlichen Schluß, daß die Bewältigung von Konflikten und die Hilfe bei Orientierungslosigkeit eher durch be-

---

145 Im 19. Jahrhundert durch Philipp Marheinicke, Wilhelm Löhe, Christoph Blumhardt, Claus Harms u.a., im 20. Jahrhundert durch die neuere liturgische Bewegung und die protestantischen Kommunitäten.
146 Seelsorge als Gespräch, 1972, S. 22ff.

ratendes Gespräch als durch seelsorgliches, geistliches Handeln erfolge. Er sieht eine wesentliche Ursache dafür in der unbezweifelbaren Tatsache, daß der Seelsorger nicht Jesus sei, insofern könne er den heutigen Menschen, dessen Verhältnis zu Autorität ein anderes sei als in früheren Zeiten, auch nicht wirkmächtig von seinen Verfehlungen lossprechen, weil die dazu erforderliche schrankenlose Übertragung gegenwärtig nicht mehr zustande kommen könne und dürfe. Vielmehr seien die krankhaften Prozesse und Verdrängungen langsam im Gespräch zu bearbeiten, um Befreiung herbeizuführen[147].

Generell wird seit etlichen Jahren ein „Abschied von der Schuld" diagnostiziert[148], und Beobachtungen in protestantischen Gottesdiensten bestätigen diesen Eindruck, im Hinblick auf die Predigt wie auch auf die Liturgie[149]. Angesichts dessen kann bezweifelt werden, daß die Beichte, insbesondere die Privatbeichte, zu aktualisieren sei. So äußert sich beispielsweise Manfred Josuttis eher

---

147 In späteren Veröffentlichungen hält Scharfenberg jedoch fest, daß Schuld bekannt werden müsse, um nicht verdrängt zu werden, denn Verdrängtes neige zum Wiederkehren. Vgl. Joachim Scharfenberg: Welchen Sinn hat es, von Schuld zu sprechen? Wunden, die die Zeit nicht heilt, in: Ev. Komm. 22 (1989) 5, 40 und ders.: Pastoralpsychologie als Remythologisierung?, in: WzM 40 (1988) 141.
148 Vgl. Richard Riess (Hg.): Abschied von der Schuld? Zur Anthropologie und Theologie von Schuldbewußtsein, Opfer und Versöhnung (Theologische Akzente 1), Stuttgart/Berlin/Köln 1996.
149 In Predigten spielt allenfalls die strukturelle Sünde eine Rolle. Eher ist von der Orientierungslosigkeit, Hilflosigkeit, Vereinsamung von Menschen die Rede, mitunter verbunden mit dem Appell, dem Nächsten Freundlichkeit und Hilfe zuteil werden zu lassen. In liturgischer Hinsicht ist festzustellen, daß die Gemeinden, in deren Gottesdienstordnung ein Sündenbekenntnis am Beginn vorgesehen ist, die Ausnahme darstellen; auch die „offene Schuld" vor dem Abendmahl gilt vielfach als unangemessen. Unterschiedliche Gründe werden dafür genannt: Das Bekennen der Sünde entspräche nicht der Befindlichkeit und dem Selbstverständnis der Gemeinde; es gehe nicht an, den erlösten Christen immer wieder als Sünder anzusprechen; auch in der Kirche wisse kaum noch jemand, wovon die Rede sei; es wirke deprimierend, zumal zu Beginn eines Gottesdienstes.

skeptisch: Heute sei „das Phänomen der Verschuldung für viele Zeitgenossen emotional wie kognitiv sehr schwer zugänglich [...]. Eine Erneuerung der Beichte ist in einer solchen Situation wahrscheinlich zum Scheitern verurteilt."[150] Dennoch ist mittlerweile von einer langsamen Wiederentdeckung der Beichte zu sprechen[151].

5.3.2 Die Praxis der Beichte

Beichte befreit. Sie klärt die Gefühle des Menschen im Hinblick auf seine Schuld, sie ermöglicht es, diese Schuld zu Gott zu tragen und im Vertrauen auf seine Macht bei ihm zurückzulassen. Die Folgen der Schuld können zwar in vielen Fällen nicht rückgängig gemacht werde, doch die damit verbundene Last wird abgelegt. Darum ermöglicht die Beichte einen neuen, unbelasteten Beginn – Menschen können sich durch die Beichte wie neugeboren erleben.

> In diesem Sinne äußerte sich vor etlichen Jahren am Morgen nach dem Aschermittwochsgottesdienst eine Frau aus meiner damaligen Gemeinde. Sie war um die 40, energisch, fröhlich, in vielen Kreisen engagiert, immer hilfsbereit. Für mich darum überraschend ließ sie mich das Folgende wissen: „Letzte Nacht habe ich zum ersten Mal

---

[150] Manfred Josuttis: Segenskräfte. Potentiale einer energetischen Seelsorge, Gütersloh 2000, 189. Andererseits stellt er aber fest (187): „Daß jede Verschuldung einen Akt der Sünde darstellt, [...] daß er/sie in der Situation der Entfremdung, im Zustand der Gefangenschaft existiert hat, das geht einem Menschen erst auf, wenn er/sie durch die Macht Gottes der Herrschaft des Bösen entrissen ist."

[151] Vgl. z.B. die Praxis in den vielerorts gefeierten Thomasmessen, die verschiedenen kirchlichen Handreichungen, etwa Klaus-Peter Hertzsch: Wie mein Leben wieder hell werden kann. Eine Einladung zur Beichte in der evangelisch-lutherischen Kirche, hg. im Auftrag der Kirchenleitung der VELKD, Hannover 2002, ebenso Versuche der Entwicklung von Kasualfeiern als „Ansatzpunkte nicht nur einer präventiven, sondern auch einer krisenorientierten Seelsorge in der Gemeinde" (Christoph Morgenthaler: Systemische Seelsorge. Impulse der Familien und Systemtherapie für die kirchliche Praxis, Stuttgart/Berlin/Köln 1999, 173).

seit Monaten wieder ruhig geschlafen – ich fühle mich wie neugeboren." Sie redete noch etwas weiter, erzählte, wie nach der Beichte in diesem Gottesdienst – gestaltet als offen formuliertes Schuldbekenntnis mit längerer Stillephase zur Besinnung und anschließender Absolution unter Niederknien und Handauflegung – alles Bedrückende von ihr abgefallen sei. Eine Befreiung sei es gewesen, und das Resultat ein ganz neues In-der-Welt-Sein. Eben „wie neugeboren". Bei dem Sündenbekenntnis vor dem allsonntäglichen Abendmahl habe sie so etwas dagegen nie empfunden[152].

Ähnlich war das Resultat für ein Paar, das seine Trauung mit einer öffentlichen Beichte verband. Für beide war es die zweite Ehe, beide empfanden den Bruch ihres zuvor gegebenen Eheversprechens als Schuld. Bei der nun erfolgenden Trauung, der etliche intensive Gespräche vorausgegangen waren, sind die geschmückten Stühle für die Eheleute vor den Altarstufen zunächst leer. Die Brautleute sind nicht gemeinsam eingezogen, von Wagner oder Mendelssohn begleitet; sie sitzen, beide mit einem Freund, einer Freundin neben sich, weit auseinander in den ersten Bankreihen. Der Pfarrer erklärt das in seiner Trauansprache: Die Schuld, die in dem gebrochenen Versprechen der ersten Ehen liege, sei noch nicht aus der Welt geschafft. Auf die Ansprache folgt im liturgischen Ablauf also eine Beichte mit einem als offene Schuld ganz im Sinne Luthers formulierten Bekenntnis: Es bringt die erforderliche Gesinnung, nämlich Reue, zum Ausdruck, verzichtet aber auf die Ausbreitung von Details. Darauf empfangen sie knieend die Absolution unter Handauflegung. Und nun erst, befreit, wie es in der Ansprache formuliert worden war, befreit für ihr je eigenes Leben und füreinander, ist ihr Platz auf den Brautstühlen, Seite an Seite. Beide haben später mitgeteilt, daß diese Form ihnen einen wirklichen, gemeinsamen Neubeginn ermöglicht habe, ebenso das Empfangen des Segens mit einem befreiten Gewissen.

Was ist im Vollzug der Beichte zu beachten, damit eine solche Wirkung erreicht wird? Hinsichtlich der Form ist festzuhalten, daß eine Beichte als Einzelbeichte[153] ebenso geübt werden kann wie

---

[152] Entsprechende Erfahrungen berichten Menschen nach einer Einzelbeichte. Hier ist zu beachten, daß der eigentlichen Beichte zur Klärung der Beichtinhalte Gespräche vorausgehen sollten.
[153] Die Einzelbeichte erfolgt vor einem Pfarrer, einer Pfarrerin oder einem anderen Menschen mit geistlicher Autorität und Unterscheidungsgabe.

als Gemeindebeichte im Rahmen eines Gottesdienstes[154], als ein in der Stille vor Gott abgelegtes Bekenntnis, eine sogenannte Herzensbeichte, oder als Abbitte vor dem Nächsten. Ohne Vorbereitung wird allerdings die Beichte, gleich in welcher Form, zumeist wirkungslos bleiben. Diese Vorbereitung kann erfolgen, indem der Beichtwillige sein Gewissen prüft und sich dazu das Doppelgebot der Liebe (Mt 22,37ff.) vor Augen führt, indem er die sogenannten Bußpsalmen (6, 32, 38, 51, 102, 130, 143) oder den 139. Psalm bedenkt, indem er sich und sein Tun anhand der Zehn Gebote oder eines „Beichtspiegels" prüft hinsichtlich seiner Schuld vor Gott und der Schuld gegenüber dem Nächsten. Hilfreicher als diese zweifellos guten Möglichkeiten ist allerdings ohne Zweifel ein Beichtgespräch, d.h. das seelsorgliche Gespräch mit einem konkreten Gegenüber (einem geistlichen Ratgeber), dem der Beichtwillige sein Denken und Fühlen ohne Vorbehalte offen legt und der ihm darum helfen kann, zu einer unverstellten und möglichst vollständigen Erkenntnis seines Seins vor Gott zu kommen.

Im Beichtgespräch oder in der selbständigen Gewissensprüfung ist zu klären, ob die Voraussetzungen für eine Tilgung von Schuld gegeben sind, das heißt, ob der Täter, die Täterin die Verantwortung für die schuldhafte Tat übernimmt[155], mithin auch die Be-

---

Es ist darauf hinzuweisen, daß jeder, der einem anderen die Beichte abnimmt, das Beichtgeheimnis unverbrüchlich zu wahren hat. Allerdings steht dieses Beichtgeheimnis nur bei ordinierten Amtsträgern unter dem Schutz des Gesetzes; die Nicht-Ordinierten müssen gegebenenfalls bereit sein, die ihnen wegen der Wahrung des Geheimnisses im Falle von Straftaten drohenden gesetzlichen Folgen in Kauf zu nehmen.

154 Hier muß in jedem Fall Raum zur persönlichen Besinnung gegeben sein, eine Stille, in der der Beichtwillige seine individuelle Schuld betend vor Gott bringen kann. Daraufhin erfolgt ein gemeinsam gesprochenes Bekenntnis, die entsprechenden Formulare finden sich in den Agenden, im Evangelischen Gottesdienstbuch von EKU und VELKD wie in der Reformierten Liturgie.

155 Die Grenze zwischen tatsächlicher Schuld und bloßem Schuldgefühl ist sorgsam zu beachten. Erstere kann mit dem Psychoanalytiker Mathias Hirsch als tatsächliche Schuld des Tuns oder des Seins bestimmt werden (Schuld und Schuldgefühl. Zur Psychoanalyse von Trauma und

strafung annimmt, theologisch gesprochen Reue empfindet, Vergebung wünscht und zur Wiedergutmachung bereit ist. Eine weitere wesentliche Voraussetzung ist der Glaube: Damit Beichte eine sinnvolle Handlung sein kann, ist der Glaube an die durch sie zu empfangende Vergebung erforderlich, und dieser Glaube ist – ebenso wie bereits die Reue – Geschenk. Der Mensch kann sich darum bemühen, er kann ihn erbitten, doch er kann ihn nicht aus eigener Kraft herstellen. Damit kommen die Überlegungen, was erforderlich sei, damit Beichte und Absolution zur Wirkung gelangen können, an ihre Grenzen.

Das Geschehen der Beichte, das Aussprechen der Schuld, wird, mit Ausnahme der stillen Beichte, abgeschlossen durch die Lossprechung, die *absolutio*. Dazu gehört auf Seiten des Menschen, der gebeichtet hat, der Glaube an die Vergebungsbereitschaft Gottes und der Glaube, daß diese Vergebung in der Absolution gültig vermittelt wird, damit auch die Bereitschaft, das Gebeichtete nach dem Vollzug wirklich hinter sich zu lassen, es Gott zu überlassen. Auf Seiten dessen, der los spricht, gehören dazu bestimmte, zumeist in eine Formel gefaßte Worte, die verbunden werden können mit einer Geste (Kreuzeszeichen) oder einer Berührung (Handauflegung). Die Absolution ist ein performativer Sprechakt, das heißt: Sie wirkt, was sie zuspricht, nämlich die Vergebung der Sünden. Sie tut dies, wenn sie durch drei dazu notwendige Strukturelemente gekennzeichnet ist:

Introjekt, Göttingen 1997, 58ff., 86ff.), das Schuldgefühl sei demgegenüber als ein irrationaler und meist neurotischer Affekt infolge von nicht eingestandenen Wünschen oder latenten Aggressionen anzusehen. Tatsächlicher Schuld könne wiederum Schuldbewusstsein folgen als ein Affekt der Reue aufgrund der Anerkennung einer realen Schuld gegen einen anderen oder auch gegenüber sich selbst als Objekt des eigenen Handelns. Dass die Vergebung von Schuld im Geschehen der Beichte nur eine solche reale Schuld zur Voraussetzung haben und auch nur eine solche wegnehmen kann, ist deutlich – von einem Schuldgefühl kann nicht los gesprochen werden; auf der anderen Seite ist eine tatsächliche Schuld nicht durch Therapie behebbar.

– die Gegenwärtigkeit (die Lossprechung muß also als präsentische Anrede erfolgen, nicht als Information, nicht als Erinnerung an frühere Verheißungen oder vergangene Heilsereignisse. Sie will und soll in der Gegenwart der Angeredeten deren Leben verändern. Jetzt, in diesem Moment, mit dem Hören dieser Worte wird der Sünder vor Gott gerecht),
– den Anredecharakter (die Sündenvergebung muß adressatenbezogen, dem tatsächlichen Gegenüber zugesprochen werden. Sie darf nicht lediglich allgemeine Wahrheiten oder dogmatisch richtige Sätze mitteilen. Sie muß den konkreten Menschen erreichen und ihn von seiner Sünde und seinem Kreisen um sich selbst befreien)
– und den Autoritätsanspruch (notwendig ist das Handeln im Namen der einen Autorität, die Macht zu einem solchen Handeln hat, im Namen Gottes. Dazu gehört, daß der Mensch, der die Absolution erteilt, dieses autorisierte, vollmächtige Handeln in seinem „Ich" zum Ausdruck bringt).
Eine solche im Glauben gehörte Lossprechung befreit von Lasten, die Leben beeinträchtigen und mindern, sie stiftet ein neues Verhältnis zu sich selbst, zum Nächsten, zu Gott. Für die Reformatoren folgten daraus selbstverständlich, deshalb nicht eigens benannt, Taten, die der geschehenen Umkehr entsprechen, ein Bemühen um *satisfactio*, um einen Ausgleich des Schadens.

5.3.3 Die Bedeutung der Beichte für eine *praxis pietatis*

Die seelsorglichen Möglichkeiten der Beichte im Falle eines konkreten Schuldig-geworden-Seins sind im vorigen Abschnitt deutlich geworden. Zu fragen ist nun abschließend, welche Chancen die Beichte für eine *praxis pietatis*, für die im Alltag gelebte Spiritualität eines Menschen enthält, der sich um Heiligung bemüht, doch dabei notwendig *simul iustus et peccator* bleibt. In der geistlichen Literatur findet sich, darauf wurde immer wieder hingewiesen, stets die Forderung, nicht nur täglich das eigene Gewissen zu erforschen, sondern auch das eigene Herz ohne jeden Vorbehalt regelmäßig einem geistlichen Ratgeber offenzulegen. Diese Forderung einer regelmäßigen Beichte hat verschiedene überzeugende Gründe, ich nenne zwölf:

1. Tägliche Gewissensprüfung und regelmäßige Beichte sind wesentliche Hilfen, um die eigene Aufmerksamkeit wachzuhalten, die Wachsamkeit im Sinne von Mt 24,42 oder I Petr 5,8. Anders als die ersten christlichen Gemeinden leben wir nicht mehr in der unmittelbaren Erwartung des Endes der Zeiten. Und ebenso setzen wir uns mit dem Gedanken an den eigenen sicheren Tod im Alltag eher selten auseinander. Doch der Moment, in dem jeder Mensch vor seinem Richter stehen und der Verantwortung für sein Leben gewürdigt werden wird, wird unbedingt kommen. Darum ist die Aufmerksamkeit für das eigene Glauben, Denken, Tun und Unterlassen unverzichtbar notwendig.

2. Gewissensprüfung und Beichte helfen, die Balance zwischen den Eckpunkten des anthropologischen Dreiecks zu überprüfen und das erforderliche Gleichgewicht, aus dem jeder Mensch immer wieder hinausfallen wird, neu herzustellen.

3. Die selbstauferlegte und eingehaltene Verpflichtung, nicht nur alle Taten, sondern auch alle Gedanken und Antriebe in Worte zu fassen und bei ihrem Namen zu nennen, hilft, der allgemeinen und auch verständlichen Neigung, über den Beginn von Fehlhaltungen hinwegzusehen, entgegenzuwirken.

4. Die eigenen Gedanken sind im Gespräch mit einem Menschen, der über die Gabe der *discretio* verfügt, besser zu erkennen und besser zu verstehen als das allein möglich wäre.

5. Eine regelmäßig praktizierte Beichte wird nicht nur den Blick für mögliche Fehlhaltungen bei uns selbst und bei anderen schärfen, sondern auch dazu führen, daß wir Milde entwickeln gegenüber den Verfehlungen anderer im Bewußtsein der eigenen Unvollkommenheit und Fehlbarkeit – nicht, um diese Verfehlungen zu übergehen, sondern um vor möglichen Abgründen nicht ver-

ständnislos zurückzuschrecken und um auf tatsächliche Fehler in Liebe hinzuweisen.

6. Das vor einem anderen Menschen praktizierte Offenlegen der eigenen Verfehlungen und Unvollkommenheiten, seien sie größer oder kleiner, ist ein sehr wirksames Mittel, um Demut einzuüben. Und Demut, im Sinne eines Wissens um die eigene stete Angewiesenheit auf die Gnade, um die Neigung, sich gegenüber anderen oder vor Gott groß zu machen aufgrund von Fähigkeiten oder Taten, die doch immer nur verdankt sind, Demut auch im Sinne eines Wissens um die immer gegebene Gefahr der Lieblosigkeit ist die einzig angemessene Haltung des Menschen vor dem heiligen, gerechten, vollkommenen Gott.

7. Die tägliche Gewissensprüfung und die regelmäßige Beichte sind ein Weg, das, was uns möglich ist, zu tun, um ein Herausfallen aus der Gnade, vor dem etwa die Bekenntnisschriften warnen, zu vermeiden[156].

8. Die Praxis einer regelmäßigen Beichte erinnert daran, daß wir immer und immer neu allein aus der Gnade leben.

9. Die Beichte ermöglicht in wesentlich höherem Maße als die allein und still praktizierte Gewissensprüfung, sich dieser Gnade – eben im Gegenüber und durch das Gegenüber – tatsächlich bewußt zu werden, sich ihrer tröstend und bestärkend zu vergewissern.

10. In der regelmäßig praktizierten Beichte werden wir unsere Angewiesenheit auf die Gemeinschaft erfahren – lebendiger Glaube kann nicht im Alleingang gelebt werden. (Das wird spätestens dann deutlich spürbar, wenn die Möglichkeit zum klärenden Gespräch einmal nicht gegeben ist.)

11. Doch wir erfahren nicht allein unsere Angewiesenheit, wir können in der Beichte ebenso erfahren, daß wir nicht allein *sind*.

12. Nur wer ein solches Offenbaren des eigenen Herzens praktiziert, kann die Beichte eines anderen hören – und dazu sind alle Christen im Sinne des von Luther in den Schmalkaldischen Artikeln geforderten *mutuum colloquium et consolatio fratrum*, der

---

[156] S. die in IV.2.2. angeführten Belege.

gegenseitigen geschwisterlichen beratenden und tröstenden Fürsorge, gerufen.

5.4 Meditation

Eine der verbreitetsten Methoden auf dem Gebiet der Spiritualität, sei sie christlich, anderweitig religiös oder esoterisch geprägt, ist die Meditation. Sie wird in der Gestalt des Autogenen Trainings von Ärzten verschrieben und von Krankenkassen bezahlt, in Volkshochschulen und Kirchengemeinden in Form von Yoga-, Zen- oder Tai Chi-Kursen angeboten, in einer Flut von Büchern aus dem Bereich der Wellness oder dem Selbsthilfesektor leicht nachvollziehbar dargestellt. Sie gilt als ein Königsweg zur Selbst- und Sinnfindung, als ein Heilmittel gegen unangenehme Gefühlsschwankungen und -ambivalenzen, als eine wirksame Medizin gegen die Reizüberflutung, den Streß und die zerstörerischen Anforderungen einer in der freien Marktwirtschaft um Erfolg kämpfenden Leistungsgesellschaft. „Auf 110 Seiten präsentiert zum Beispiel die elfte Ausgabe des Versandkatalogs ‚Klang und Stille' neben Schriften, Videos und CDs aus dem Bereich östlicher Weisheitslehren ‚Meditationsbedarf' und Importe aus Japan, China und Tibet. Erhältlich sind Utensilien für die Praxis des Zazen, dem rituellen Sitzen im Zen-Buddhismus, Räucherwerk, Klangschalen und Gongs, Buddha- und Tarastatuen, Zubehör für die Tee-Zeremonie und für Kalligraphie, Schmuck und weitere exotisch anmutende Güter aus Asien. Andere Spezialgeschäfte bieten Edelsteine, Räucherwaren, Utensilien für die Divination und sonstiges Zubehör für die spirituelle Suche an. Zuweilen scheint es, dass diesen Gegenständen selbst Heiligkeit zugesprochen wird. Die weite Verbreitung von Angeboten zur Aromatherapie, Yoga-Gerätschaften oder ‚Meditationsmusik' belegt, dass die spirituelle Suche weite Teile der Gesellschaft durchdrungen hat. Dabei verwandelt sie sich allerdings mehr und mehr in eine Frage des Lifestyles."[157] Angesichts dieses Befundes stellt sich die Frage, wie Meditation als Methode einer *christlichen* Spiritualität aussehen könnte – eine Frage, die dem Bereich der *discretio* zuzurechnen ist –, zu fragen ist weiter, wie sie herzuleiten ist, welches ihre Inhalte sein können und welche Ziele sie verfolgt.

5.4.1 Lernen vom Fremden

Wie viele andere Motive und Methoden der Spiritualität war auch die Meditation, und zwar sowohl das Wissen um ihre Tradition im östlichen wie westlichen Christentum als auch die Kenntnis der entsprechenden Praxis, im Gefolge der Aufklärung aus der nichtmonastischen *praxis pietatis* weitgehend verschwunden. Erst das beginnende 20. Jahrhundert brachte eine Wiederentdeckung, dies allerdings auf dem Weg der Rezeption von Meditationspraktiken nicht-christlicher Religionen, vor allem des *Yoga* aus dem Hinduismus und des *Zen* aus dem Buddhismus; der islamische Sufismus kam im ausgehenden 20. Jahrhundert hinzu. Nicht immer geschah diese Rezeption im Zusammenhang des weltanschaulichen Hintergrundes der Praktiken[158], in einem reflektierten Dialog mit christlicher Theologie oder in einem verantworteten Versuch der Verbindung der östlichen Methoden mit westlicher Spiritualität[159]; häu-

---

157 Inken Prohl, Der Geist weht, wo er will. Religiöse Phänomene gibt es überall. In: Maria Jepsen (Hg.), Evangelische Spiritualität heute. Mehr als ein Gefühl, Stuttgart 2004, 53f.
158 Ein positives Beispiel für eine umfassende Darstellung bieten Daisetz Teitaro Suzuki (ZEN und die Kultur Japans, Hamburg 1958), Heinrich Dumoulin (Zen. Geschichte und Gestalt, Bern 1959), Swami Vivekananda (Karma-Yoga und Bhakti-Yoga, Zürich 1953) und der protestantische Autor Friso Melzer (Meditation in Ost und West, Stuttgart 1957), der die Meditation u.a. in *Zen, Yoga*, ostkirchlicher Spiritualität, in den ignatianischen Exerzitien und im Kontext der Anthroposophie Rudolf Steiners untersucht, dabei allerdings vor einer Assimilation östlicher Wege durch Christen warnt.
159 So für den *Zen*-Buddhismus zu finden beim Philosophen Karlfried Graf Dürckheim oder den Jesuiten William Johnston (Zen – ein Weg für

fig war und ist ein eklektischer und unbedachter Zugriff zu beobachten oder sogar, wie in einigen seit den 60er Jahren auftretenden religiösen Subkulturen, ein bewußt manipulativer Einsatz[160].
Der *Yoga*, eine Zügelung des Geistes mit dem Ziel der Befreiung des Selbst aus dem Kreislauf der Wiedergeburt, ist der Oberbegriff für unterschiedliche in Indien seit spätestens dem 2. Jahrhundert vor Christus verbreitete Heilswege, die in verschiedene Stufen gegliedert sind und über asketische Übungen (Selbstbeherrschung, Befreiung von Begierden, Hingabe an Gott, Kontrolle des Bewegungsapparates, der Atmung und der Sinne, Konzentration des Geistes und Anhalten des Denkens) zu einer vollständigen Entleerung des Bewußtseins führen. Dabei können mehr tätige und mehr kontemplativ-emotionale Varianten des *Yoga* unterschieden werden (unter anderem *Karma-Yoga* und *Bhakti-Yoga*). Im *Tantrismus* kann sich der Meditierende, um seinem Ziel näher zu kommen, verschiedener Hilfsmittel bedienen, beispielsweise der *Mandalas* (Kreis- oder Vieleckbilder, die in konzentrischer Anordnung den Kosmos oder die Götterwelt versinnbildlichen), der *Mantras* (kurze heilige oder magische Formeln zur immer wiederholten Rezitation) und der *Mudras* (symbolische Körper- bzw. Hand- oder Fingerhaltungen), oder er kann eine Erweckung der *Chakren*, der sieben Energiezentren im menschlichen Körper, anstreben.

Christen, Mainz 1977) und Hugo Makibi Enomiya-Lassalle, der jedoch ebenso ganz bewußt in christlicher Meditation unterwies (Meditation als Weg zur Gotteserfahrung, Mainz 1980). Von Enomiya-Lassalle und von Dürckheim beeinflußt unterrichtete auch Willi Massa Meditation im Stil des *Zen*; er fand seine Einsichten in der „Wolke des Nichtwissens", einer anonymen Schrift aus dem 14. Jahrhundert bestätigt (Kontemplative Meditation. Die Wolke des Nichtwissens. Einführung und Anleitung, Mainz 1974).

160 So zum Beispiel in der ‚Transzendentalen Meditation' des Maharishi Mahesh Yogi, bei den Hare-Krishna-Anhängern, in der Ananda Marga-Organisation und im Fall der sogenannten Dynamischen Meditation des ‚Bhagwan' Rajneesh Chandra Mohan; s. Reimar Lenz, Meditation in der religiösen Subkultur, in: Udo Reiter (Hg.), Meditation – Wege zum Selbst, München 1976, 98-127 (mit Angabe von Quellen und Literatur).

5.4 Meditation

Auch für den Buddhismus ist die Meditation das wesentliche Mittel zur Befreiung aus dem Kreislauf der Wiedergeburten, wobei in den Texten, die in die verschiedenen Stufen einführen, immer wieder auf das Erfordernis eines Lehrers hingewiesen wird, der in die Methoden einweist. Ähnlich wie im hinduistischen *Yoga* wird das Einnehmen einer bestimmten Körperhaltung (Lotos-Sitz) nahegelegt, in der sich der Meditierende unter Beachtung des Atems auf die einzelnen Schritte konzentriert (Loslösung von Affekten und Begierden, zunehmende Konzentration und Erkenntnis). Diese führen ihn allmählich von der Einsicht über das vollständige Erlöschen von Haß, Begierde und dem Nichtwissen über die Wirklichkeit zum *Nirvana*. Die individuelle Existenz des Meditierenden ist damit aufgehoben und eine unpersönliche, absolute letzte Wirklichkeit ist erreicht. Objekte der Meditation zur Erreichung dieses Zieles können der Buddha und seine Lehre sein, die Elemente wie Feuer oder Wasser, Mitleid, Freude, Frieden, aber auch der Tod, die Ekelhaftigkeit der Nahrung oder die Stadien der Verwesung eines Leichnams, die Vergänglichkeit und das Leiden. In der im 1. Jahrhundert begründeten Schulrichtung des *Mahayana*-Buddhismus wird in China unter Einwirkung des Taoismus das *Zen* entwickelt, das in unterschiedlichen Formen oder ‚Wegen' praktiziert wird: als *Zazen*, ein regelmäßiges versunkenes und gedanklich entleertes Sitzen, das zu Erleuchtung führt, als *Koan*, bei dem dem Meditierenden vom Lehrer ein Rätselwort oder eine logisch widersprüchliche Geschichte als Inhalt des Nachdenkens gegeben wird, oder als eine meditative Verrichtung von Alltagshandlungen (Teezeremonie, Blumenstecken, Selbstverteidigung) zur Erfahrung der Leere.

Viele Christen fühlen sich durch diese Methoden ebenso angezogen wie durch die verheißenen Ziele: die Freiheit von Affekten und Leiden, eine große Gelassenheit und Gleichgültigkeit gegenüber den Dingen des Lebens und möglichen Schicksalsschlägen. Allerdings ist zum einen mit Bernardin Schellenberger einzuwenden, daß es sich bei dieser partiellen Rezeption, die in eine Art

‚Nischenexistenz' führen kann, nicht um einen erfolgversprechenden Weg handelt: „Weil das spirituelle Leben im *Leben* steckt und man es sich nicht wie ein Bonsai-Bäumchen im Wohnstudio halten und pflegen kann, läuft man einer Illusion nach, wenn man das Leben ausklammert, um ‚spirituellen Erfahrungen' nachzuspüren."[161] Zum anderen ist davon auszugehen, daß die Rezipienten die Qualität des Gebotenen in der Regel nicht prüfen und beurteilen können. Daran erinnert der ehemalige Dominikaner Hans Conrad Zander, der auf seiner Suche nach Gott und nach lebendiger Gotteserfahrung von dem in Indien als Heiligen und als großen Weisen verehrten Sri Dada Ji eine deutliche Zurechtweisung zu hören bekommt: „Gott ist im Westen wie im Osten. Fahre heim und suche Gott in deiner eigenen Welt."[162] Später erklärt Dada Ji die Bedeutung dieser Bemerkung: „Auf keinem Lebensgebiet, so sagte mir der indische Weise, gebe es so viel Betrug und Selbstbetrug wie in der Religion. Wer sich dann auch noch aufmache, Gott in der blendenden Exotik einer fremden Kultur zu suchen, der liefere sich dem frommen Schwindel hilflos aus. Deshalb sei es ein elementares Gebot der religiösen Vernunft, Gott im eigenen Kulturkreis zu suchen, da, wo jeder das Echte vom Falschen am leichtesten unterscheiden kann"[163]. Ohne die asiatischen Wege der Meditation oder selbst ihre oft nicht völlig reflektierte westliche Rezeption als ‚falsch' oder gar als ‚Schwindel' abqualifizieren zu wollen, ist doch eine Anfrage an das diesbezügliche Urteilsvermögen der Rezipienten ebenso angemessen wie die Anfrage an die Vereinbarkeit dieser – eine bestimmte und eben nicht-christliche Weltanschauung transportierenden – Methoden mit christlichem Gedankengut. Infolgedessen scheint mir eine Erinnerung an die eigenen Traditionen auch im Hinblick auf die Meditationspraxis

---

161 Bernardin Schellenberger, Auf den Wegen der Sehnsucht. Zum spirituellen Leben heute, Freiburg/Basel/Wien 2004, 14; Hervorhebung im Original.
162 Hans Conrad Zander, Die emanzipierte Nonne. Gottes unbequeme Freunde (Gesammelte Werke Band 4), Münster 2004, 2.
163 Ebd.

sehr angebracht, eine Rückbesinnung auf die Formen der Meditation, die sich im Raum des Christentums entwickelt haben.

5.4.2 Stationen der Entwicklung der Meditation im Christentum

Die Methode der Meditation, von einer Haltung des Gebets nicht grundlegend zu unterscheiden, begegnet als stetig wiederholende, alles Tun begleitende, halblaute Rezitation biblischer Worte bereits bei den Wüstenvätern. Sie befolgen die Weisung des Psalmisten, *et in lege eius meditabitur die ac nocte* (Ps 1,2 Vulgata), und praktizieren während ihrer Handarbeit, etwa dem Körbeflechten, eine *ruminatio*, ein stetiges Wiederholen, ein ‚Wiederkäuen' der Texte. Damit befolgen sie die allegorisch verstandenen Speisegebote Lev 11,3 und Dtn 14,6[164]. Innerhalb der monastischen Regeln meint ‚meditieren' dann, diese Bedeutung aufnehmend, ein stimmhaftes Wiederholen, ein Einüben und Auswendiglernen, vor allem der Psalmen und Lesungen. So heißt es in der Regula Benedicti: *Quod vero restat post vigilias, a fratribus, qui psalterii vel lectionum aliquid indigent, meditationi inserviatur* – „Was nach den Vigilien an Zeit noch übrigbleibt, sollen die Brüder, die es brauchen, auf das Einüben der Psalmen und Lesungen verwenden." (RB 8,3)[165]. Das Ziel dieses meditierenden, betenden Lernens ist es, Gottes Weisungen, und damit die Gottesfurcht und Gott selbst, immer im Gedächtnis zu haben[166].
Das Christentum des Ostens folgt demgegenüber mit der Übung des Jesus- oder Herzensgebets den Wüstenvätern in der Praxis der

---
164 Zur Lebensform der Wüstenväter s.o. I.1.2.
165 Regula Benedicti. Die Benediktusregel lateinisch/deutsch, hg. im Auftrag der Salzburger Äbtekonferenz, Beuron 1992; s.o. I.3.2. In RB 48,23 und 58,5 findet sich die Meditation als Aufgabe sowohl der Brüder wie der Novizen.
166 RB 7,10f.: *si timorem dei sibi ante oculos semper ponens oblivionem omnino fugiat et semper sit memor omnia, quae praecepti deus* – „Der Mensch achte stets auf die Gottesfurcht und hüte sich Gott je zu vergessen. Stets denke er an alles, was Gott geboten hat".

alles andere Handeln begleitenden Meditation. Ebenso allerdings kennt es eine allein auf das stetig wiederholte Gebet konzentrierte, Körper und Geist gleichermaßen einbeziehende Hinwendung zu Gott, wie sie die *Philokalie* an vielen Stellen empfiehlt[167].

Im Mittelalter wird allmählich eine Unterscheidung verschiedener Stufen innerhalb des Prozesses der ‚Meditation' eingeführt, der mit dem Lesen der Schrift (*lectio*) einsetzt, über die einübende Aneignung (*meditatio*) weiterführt zum Gebet (*oratio*) und schließlich in die geschenkte, vom Geist eingegossene Beschauung (*contemplatio*) mündet[168]. Doch gibt es durchaus Varianten. Richard von St. Victor beispielsweise unterscheidet sechs Stufen der Meditation oder, wie es bei ihm heißt, der Kontemplation: Die Stufen eins und zwei werden gebildet durch Vorstellungen, die ihrerseits durch die Sinneserfahrung vermittelt werden. Der Meditierende soll aufnehmen, was den Sinnen zugänglich ist und er soll seine Erfahrungen analysieren, denn bewußt wird etwas durch die Sinne. Die Stufen drei und vier bildet die Vernunft, die von der Sinneserfahrung abstrahiert oder sich selbst reflektiert; die Bilder erwachsen nun aus der Vorstellungskraft, sie sind symbolisch zu deuten auf spirituelle Wirklichkeiten. Die Stufen fünf und sechs umfassen das geistige Verstehen, das die Vernunft übersteigt und sonst unzugängliche Wirklichkeiten erfaßt. Durch das geistige Verstehen ist Gott der Seele innerlich gegenwärtig, Bewußtheit erlangt der Meditierende nun durch göttliches Geschenk. „Die Kontemplation selbst wird definiert als ein Schauen in Verwunderung und Entzücken, wobei die ‚Dinge' in umfassender Intuition begriffen werden. Es ist nicht-diskursiv und nicht-analytisch; es ist ein Bewußt-

---

[167] Vgl. oben III.2.3. Anm. 89 und v.a. III.4.5.
[168] Vgl. z.B. den Gebrauch in den Hoheliedpredigten des Bernhard von Clairvaux (Sämtliche Werke lateinisch/deutsch, Bd. V, hg. von Gerhard B. Winkler u.a., Innsbruck 1994 – Predigten I-XXXVIII; Bd. VI, Innsbruck 1995 – Predigten XXXIX-LXXXVI; zitiert nach laufender Nummer und Seitenzahl), SC 18,256-259; SC 46,127-137, SC 53,204-207. In SC 18,264f. findet sich die Unterscheidung zwischen *orationis studium*, dem „Eifer im Gebet" und *contemplationis otium*, der „Ruhe der Betrachtung". Vgl. oben III.3.2.

5.4 Meditation

Sein im Zustand vollständiger innerer Ruhe und Empfänglichkeit. Es gibt drei Weisen der Kontemplation: 1. das Weitwerden des Geistes, 2. die Erhebung des Geistes und 3. das Aussichheraustreten des Geistes oder die Ekstase. Das Weitwerden ist die Frucht menschlicher Anstrengung; diese Form der Kontemplation kann erlernt werden und wird gewöhnlich mit den ersten vier Stufen der Kontemplation gleichgesetzt. Die Erhebung des Geistes umfaßt zugleich menschliche Anstrengung und göttliche Gnade, welche dem Mystiker eine visionäre Erfahrung schenkt."[169] Von besonderer Bedeutung ist die Methode der Meditation also im Bereich der Mystik. Meist meint sie die bewußt vollzogene, konzentrierte Annäherung, die auf einen Gegenstand gerichtete gedankliche und emotionale Vorstufe der bild- und inhaltslosen, nur auf das Empfangen der Gegenwart Gottes ausgerichteten ‚Kontemplation', die ihrerseits in eine ekstatische *unio mystica* münden kann[170]. Gegenstand der Meditation kann beispielsweise das Leben Jesu sein, seine Kindheit, seine Passion, die Seitenwunde, das Herz Jesu, die Gottesmutter, das Bild des Lammes, des Weinstocks oder einer Hostie sowie jedes Bibelwort.

Die *Devotio Moderna*, begründet von Gerhard Gro[o]te (1340-1384) und Florens Radewijns (1350-1400) nach dem Vorbild der urkirchlichen Apostelgemeinde, ‚demokratisiert' die mittelalterliche Mystik und bemüht sich dabei um einen Ausgleich zwischen Gottesschau und praktizierter Nächstenliebe. „Vorbild ist Christi Erdenleben. Innerlichkeit, Gelassenheit, frohe und demütige Arbeit sollten das Leben der Devoten bestimmen. Diese konnten eine nicht nach Spektakulärem suchende Mystik weit im Volk verbreiten, da sie ohne an Gefühlswärme zu verlieren, weder die ekstatische Gottesvereinigung noch die philosophische Vergottung

---

[169] Grover A. Zinn, Die Regularkanoniker, in: Bernard McGinn / John Meyendorff / Jean Leclercq (Hg.), Geschichte der christlichen Spiritualität. Erster Band – Von den Anfängen bis zum 12. Jahrhundert. Mit einer Einführung für die deutsche Ausgabe von Josef Sudbrack, Würzburg 1993, 239.
[170] Vgl. oben I.4.

betonten, sondern das Gewicht auf die individuelle Meditation legten. Sie leiteten dazu an, Gott in der eigenen Seele zu finden, wozu der ‚Königsweg' die Betrachtung des Lebens Jesu war."[171]

Im 16. Jahrhundert ist auf der einen Seite die Bedeutung der Meditation für die Exerzitien des Ignatius von Loyola hervorzuheben, auf der anderen Seite ist hinzuweisen auf die Rezeption der Meditationstradition durch Martin Luther. Ignatius leitet in den „Geistlichen Übungen" detailliert und methodisch zu einer Evangelienbetrachtung unter Einbeziehung aller Sinne an. Auf der Basis einer gründlichen Gewissenserforschung und mit dem Ziel guter Lebensentscheidungen soll die Meditation der Heiligen Schrift und besonders der Geheimnisse des Lebens Jesu erlernt werden; dabei kommt es Ignatius vor allem auf ein innerliches „Verspüren" (*sentir*) an[172]. Auch für Luther ist die Beteiligung des ganzen Menschen mit Sinnen, Herz und Verstand beim Studium der Heiligen Schrift von großer Bedeutung. Allerdings wird das Spüren der Nähe Gottes bei ihm nicht durch die Kontemplation, sondern durch die an ihre Stelle tretende Anfechtung bewirkt.

> So sagt er in der Vorrede zum ersten Band der Wittenberger Ausgabe seiner Deutschen Schriften von 1539: „Darüber hinaus will ich dir anzeigen eine rechte Weise, in der Theologie zu studieren – denn ich habe mich geübt. [...] Und zwar ist es die Weise, die der heilige König David im 119. Psalm lehrt [...]. Darin wirst du drei Regeln finden, durch den ganzen Psalm reichlich vorgestellt. Und heißen so: Oratio, Meditatio, Tentatio. Erstens sollst du wissen, daß die heilige Schrift ein solches Buch ist, das die Weisheit aller andern Bücher zur Narrheit macht, weil keines vom ewigen Leben lehrt als dieses allein. Darum sollst du an deinem Sinn und Verstand stracks verzagen. [...] Sondern kniee nieder in deinem Kämmerlein und bitte mit rechter Demut und Ernst zu Gott, daß

---

171 Peter Dinzelbacher, Christliche Mystik im Abendland. Ihre Geschichte von den Anfängen bis zum Ende des Mittelalters, Paderborn/München/Wien/Zürich 1994, 335. Die Verbreitung der Ideale der *Devotio Moderna* geschah wesentlich vermittels religiöser Schriften.
172 S. Ignatius von Loyola, Die Exerzitien, Einsiedeln/Freiburg [12]1999, 7. Vgl. auch Peter Knauer SJ, Hinführung zu Ignatius von Loyola, Freiburg/Basel/Wien 2006, 44f.

5.4 Meditation

er dir durch seinen lieben Sohn wolle seinen heiligen Geist geben, der dich erleuchte, leite und Verstand gebe. [...] Zum andern sollst du meditieren, das ist: nicht allein im Herzen, sondern auch äußerlich die mündliche Rede und im Buch geschriebenen Worte immer treiben und reiben, lesen und wiederlesen, mit fleißigem Aufmerken und Nachdenken, was der heilige Geist damit meint. Und hüte dich, daß du nicht überdrüssig werdest oder denkest, du habest es ein Mal oder zwei genug gelesen, gehört und gesagt und verstehest es alles bis auf den Grund. Denn daraus wird nimmermehr ein guter Theologe. [...] Zum dritten ist da Tentatio, Anfechtung. Die ist der Prüfstein, die lehrt dich nicht allein wissen und verstehen, sondern auch erfahren, wie recht, wie wahrhaftig, wie süß, wie lieblich, wie mächtig, wie tröstlich Gottes Wort sei, Weisheit über alle Weisheit."[173] Und in der Schrift für Meister Peter Beskendorf von 1535, „Eine einfältige Weise zu beten, für einen guten Freund", nennt er eine entsprechende Folge von Schritten, die ein fruchtbares Beten ermöglichen sollen: Als erstes Werk am Morgen oder als letztes am Abend soll sich der Mensch entweder in seiner Kammer absondern oder die Kirche aufsuchen und durch lautes Sprechen des Dekalogs, des Credo, verschiedener Worte Christi oder Pauli und der Psalmen das Herz zu sich selbst kommen lassen und es erwärmen für das Gebet. Danach soll der Mensch niederknien oder mit gefalteten Händen die Augen zum Himmel erheben und ein vorbereitendes Gebet sprechen. Darauf soll er dann das Vaterunser beten, bei einzelnen Bitten verweilend, sie wiederholend, mit vielen oder mit wenigen Worten. Luther nennt zu jeder Bitte verschiedene mögliche Worte (mit den Schritten Lehre, Dank, Beichte, Gebet), warnt aber davor, sie alle nachzusprechen. „Sondern ich will das Herz damit angereizt und unterrichtet haben, was es für Gedanken im Vaterunser fassen soll. [...] Wenn ich auch selber mich an solche Worte und Silben nicht binde, sondern heute so, morgen anders die Worte spreche, je nachdem ich warm bin und Lust habe, bleibe ich doch gleichwohl – so nahe ich auch immer kann – bei denselben Gedanken und bei demselben Sinn. [...] Und wenn auch solche reichen, guten Gedanken kommen, so soll man die andern Gebete fahren lassen und solchen Gedanken Raum geben, ihnen

---

[173] Martin Luther, Ausgewählte Schriften Band I, hg. von Karin Bornkamm und Gerhard Ebeling, Frankfurt 1990, 8f. (entspricht WA 50,657-661). Eine Ausweitung dieser Anweisung auf die gesamte Theologie findet sich bei Oswald Bayer, Theologie (HST 1), Gütersloh 1994, 55ff. (die Sicht Luthers), 418ff. (die Position Bayers).

mit Stille zuhören und sie beileibe nicht hindern. Denn da predigt der heilige Geist selbst [...]. So will auch jedes Ding, wenn es gut gemacht werden soll, den Menschen ganz haben mit allen Sinnen und Gliedern"[174].

In den Kirchen der Reformation verliert die Meditation in der Zeit der Orthodoxie infolge einer diskursiv geprägten „Auseinandersetzungs- und Diskussionsmentalität"[175] immer mehr an Bedeutung; erst der Pietismus bringt durch seine stärker mystisch geprägten Vertreter eine Wiederbelebung. Im katholischen Raum sind die ignatianischen Exerzitien (bis in die Gegenwart hinein) sehr wirkmächtig. Eine ohne weiteres auch im Alltag praktikable und vielfach rezipierte Weise der Meditation wird von Franz von Sales entwickelt[176], der die inzwischen etablierte Unterscheidung von Meditation und Kontemplation weiter verwendet, wobei Meditation meist den inneren Umgang mit einem Gegenstand (Wort, Bild, Symbol, Geschichte) meint, Kontemplation ein inneres Entleeren, um Gott Raum zu geben. Bei Franz von Sales steht Kontemplation für „die liebende, reine, dauerhafte Aufmerksamkeit gegenüber Gott und seinen Dingen, im Gegensatz zur diskursiven Bewegung der Meditation. Meditation ist der Ursprung der Liebe, Kontemplation jedoch ist ihre Verwirklichung und Weiterentwicklung."[177] Auch die französische Mystik des ausgehenden 17. Jahrhunderts erweist sich, ungeachtet der Kontroverse um den Quietismus[178], als wirkmächtig, in Deutschland nicht zuletzt durch die Vermittlung Gerhard Tersteegens, der in seiner zweiten Weise der

---

174 Martin Luther, Ausgewählte Schriften Band II, hg. von Karin Bornkamm und Gerhard Ebeling, Frankfurt 1990, 275f. (entspricht WA 38,358-375).
175 Gerhard Ruhbach, Theologie und Spiritualität, Göttingen 1987, 153.
176 S.o. III.4.2.
177 Michael J. Buckley, Die französische Spiritualität des 17. Jahrhunderts: drei Vertreter, in: Louis Dupré und Don E. Sailers (Hg.) in Verbindung mit John Meyendorff, Geschichte der christlichen Spiritualität. Dritter Band – Die Zeit nach der Reformation bis zur Gegenwart. Mit einem Vorwort von Josef Sudbrack, Würzburg 1997, 90 Anm. 8.
178 Gemeint ist mit diesem Begriff der Vorwurf der übertriebenen Betonung einer passiven, rein kontemplativen Gebetshaltung anstelle eines

Meditation (neben individueller Lied- und Schriftmeditation), der ‚Meditation der Gegenwart Gottes', daran anknüpft[179].

5.4.3 Orte, Haltungen, Medien

Im Gegensatz zu einer liturgisch geprägten Frömmigkeit ist die kontemplative Frömmigkeit, der die Meditation zuzuordnen ist, individuell, sie wird im privaten Raum geübt, zunächst am besten im Alleinsein an einem Ort, der Stille gewährt und Sammlung ermöglicht. Dieses Alleinsein kann der in der säkularen Gesellschaft lebende Christ in seinem Zuhause suchen, dort sinnvollerweise in einem eigens dazu gestalteten Bereich, der nur in den Zeiten aufgesucht werden sollte, die der Meditation, dem Gebet, der Andacht gewidmet sind. Ebenso kann das Alleinsein in der Natur gesucht werden, in einer auch werktags geöffneten Kirche, im Aufenthalt in einem „Kloster auf Zeit", wie es verschiedene Ordensgemeinschaften und Kommunitäten anbieten, auf einem der zahlreichen Kreuzwege, die seit dem 12. Jahrhundert Hilfen zur Meditation anbieten oder auf einem Pilgerweg.

In Entsprechung zu den verschiedenen Orten gibt es auch hinsichtlich einer zweckmäßigen Körperhaltung vielfältige Varianten – die Wahl sollte von den individuellen Prägungen, Neigungen und vor allem Möglichkeiten abhängen. Wer beim Stillsitzen regelmäßig unkonzentriert und unruhig wird, sollte sich nicht dazu zwingen, weil sonst seine gesamte Konzentration und Kraft auf eine äußerliche Ruhe verwandt werden. Er sollte statt dessen

---

aktiven Meditierens des Lebens Jesu und einer Übung der christlichen Tugenden.

179 Gerhard Tersteegen, Weg der Wahrheit, Solingen 1750; Geistliches Blumen-Gärtlein inniger Seelen; oder, kurtze Schluszreimen, Betrachtungen und Lieder, ueber allerhand Wahrheiten des inwendigen Christenthums; zur Erweckung, Stärkung und Erquickung in dem verborgenen Leben mit Christo in Gott, Frankfurt/Leipzig 1729, vor allem das zweite Buch. S. auch oben I.4.5.

seinen Meditationsgegenstand in einer aktiven Meditation „unter die Füße nehmen", sei es im Tanz[180] oder im Spazierengehen. Er sollte zunächst auf die körperlichen Abläufe bei der Bewegung und auf den Atem achten und dann das Bibelwort, das Bild, das Symbol in sich bewegen und alle anderen Gedanken nur kommen und wieder gehen lassen. Auch ein meditierendes Vollziehen profaner Tätigkeiten ist möglich, sei es Gartenarbeit, Bügeln oder das Waschen des Autos. Wer sich im Knien, im Sitzen oder auch im Liegen (sofern ihn das nicht dem Einschlafen zu nahe bringt) besser konzentriert, wähle die entsprechende Haltung, wobei generell darauf zu achten ist, daß der Atem frei ein- und ausströmen kann und daß der Blutkreislauf nicht durch abgeknickte, übereinander geschlagene oder verschränkte Gliedmaße behindert wird. Ob die Hände gefaltet oder geöffnet, eventuell erhoben werden, ist ebenfalls eine Frage der individuellen Vorlieben. Weiterhin ist zu entscheiden, ob die Augen während der Meditation geschlossen werden – was dabei helfen kann, Ablenkendes auszuschließen. Für manche Menschen ist es allerdings besser, die Augen geöffnet zu halten, damit sie nicht müde werden oder ins Träumen geraten. Wichtig ist jedenfalls, daß der Blick auch der geöffneten Augen nach innen gerichtet wird, auf den Meditationsgegenstand, und nicht auf etwas Äußerliches. Wer zu einer solchen Konzentration auf etwas Nicht-Sichtbares nicht in der Lage ist, sollte die Meditation sitzend vor einem Bild erproben, vor einem Satz aus der Schrift oder vor einer Skulptur, die das Auge festhält und den Blick nach innen führt. Generell ist zu beachten, daß der Meditierende zwar zur Ruhe kommen muß, doch nicht als ein Selbstzweck oder als eine Entspannungsübung. Meditation ist Aktivität, eine in hohem Maße konzentrierte Befassung mit einem Gegenstand oder ein gesammeltes Wahrnehmen und Hinhören auf das, was aus ihrem Gegenstand oder durch ihn vermittelt zu dem Meditierenden spricht. Für die Kontemplation gilt das – sofern die Terminini

---

180 S. Johannes B. Lotz, Einüben ins Meditieren am Neuen Testament, Frankfurt a.M. ³1973, 127ff. und 148.

nicht synonym verwendet werden – analog, hier ist die Konzentration darauf zu verwenden, daß der Meditierende nicht aktiv denkt. Er versucht wertfrei wahrzunehmen, was die Augen sehen, die inneren wie die äußeren, um innerlich leer zu werden, schweigend und still vor dem lebendigen Gott, bereit für die Begegnung mit ihm.

Eine Vielzahl von Medien kann diesen Prozeß unterstützen: Der Einsatz der eigenen Stimme – singend, halblaut lesend, Gebete wiederholend, eventuell unter Zuhilfenahme von Gebetsschnüren wie dem Rosenkranz – kann ebenso in die Meditation hineinführen wie gleichförmig erscheinende Musik, beispielsweise die Gregorianik (die Unterschiedenheit einzelner Passagen hört nur das geschulte Ohr) oder wie die Teilnahme an orthodoxen Gottesdiensten mit ihren immer wiederholten Doxologien. Die Betrachtung der Natur, des Meeres, eines Baumes oder Berges, eines Blattes kann das Meditieren ebenso anleiten wie Bilder (Ikonen, Tafelmalerei, Buchmalerei, Glasmalerei – ihre Betrachtung, doch genauso ihre Herstellung), Skulpturen (Holzschnitte, Reliefschnitzerei; Monstranzen, Kruzifixe), Worte der Heiligen Schrift, Betrachtungen des Lebens Jesu oder der Gottesnamen, Worte des Katechismus oder eines Beichtspiegels, Lieder und Choräle. Der Meditierende kann aus einer großen Fülle auswählen, doch sollte er immer nach den Inhalten fragen, die durch die Medien transportiert werden. Nicht jeder Inhalt eignet sich für ein meditierendes oder kontemplatives Gebet, ein Sein vor Gott.

5.4.4 Inhalte und Ziele

Menschen, die den Weg der Meditation gehen wollen, bereiten sich durch die Wahl eines Ortes und eines Gegenstandes und durch das Einnehmen einer bestimmten Haltung darauf vor. Sie versuchen zunächst, ganz gegenwärtig zu werden, konzentriert ‚da' zu sein, durch aktive Konzentration in einen Zustand ruhender Aufmerksamkeit zu kommen, der äußere Eindrücke ausschaltet. Dann wenden sie sich ihrem Gegenstand zu, nehmen ihn wahr, bedenken ihn unter Einbeziehung aller ihrer Kräfte und Möglichkeiten. Sie lassen sich selbst los und lassen sich auf ihn ein. Vielleicht geraten sie dabei in einen Zustand der Kontemplation, in ein reines, inneres Schweigen vor Gott ohne Bilder, Worte oder Gedanken, in eine unvermittelte Begegnung mit Gott[181]. Sie lassen schließlich das Wahrgenommene, das Erfahrene und Gespürte in das bewußte Gespräch mit Gott, in das Gebet einfließen. Welche Gegenstände kommen nun für einen solchen Weg der Meditation in Frage[182]? Gerhard Ruhbach postuliert zur Beantwortung dieser Frage folgendes Kriterium, das manche der Inhalte buddhistischer Meditation von vornherein ausschließt und ausschließen soll: „Wenn Meditation diesen betrachtenden, inständigen, wiederholenden Umgang mit Gott meint, ergibt sich daraus, daß nur Positives meditiert werden soll. Wie könnte ich das Störende, das Dunkle, das Schädliche meditieren, weil ich mich damit ja in das einüben

---

181 Dazu will Franz Jalics anleiten (Kontemplative Exerzitien. Eine Einführung in die kontemplative Lebenshaltung und in das Jesusgebet, Würzburg [9]2005): „Die Bilder, Texte und Symbole sind tatsächlich Mittel, zur Gegenwart Gottes zu kommen. Als Mittel helfen sie auf dem Weg zu Ihm, bis der Moment kommt, wo man ihrer nicht mehr bedarf. Dann fangen sie an, ein Hindernis zu sein." (267)
182 Mitunter wird in protestantischen Veröffentlichungen von einer im engeren Sinne ‚evangelischen' Meditation gesprochen, wohl im Gegenüber zu einer ‚katholischen'. Erstere wäre dann streng wortbezogen, eine reine Schriftmeditation ohne weitere Gesten und ohne weitergehende Methodik; so etwa Maria Jepsen im Vorwort zu dem von ihr herausgegebenen Buch Evangelische Spiritualität heute, 10; ebenso Ruhbach, Theologie, 134. Ich halte dies für ein Engführung, die Gottes Anwesenheit in seiner Schöpfung nicht gerecht wird. Zu denken ist auch an Luther selbst, der Bilder als Gebete für die Augen verstehen konnte, als Zeichen, die den Glauben stärkten. In einer Hinsicht mag die Unterscheidung freilich doch berechtigt sein: Protestantische Frömmigkeit wird es nicht bei einer rein kontemplativen Existenz bewenden lassen, wie sie in einigen Orden angestrebt wird – auch Meditation und Kontemplation müssen wieder in den Alltag in der Welt münden.

würde, wovon ich gerade frei sein möchte!"[183] Ein Meditieren der Leiden Christi und seines Todes sind damit nicht ausgeschlossen, weil sie ja nicht als Selbstzweck erfolgten, sondern um durch sie die Größe des Heilshandelns und die Tiefe der Liebe Gottes zu vergegenwärtigen. Doch wie verhält es sich mit Inhalten, die in den Bereich der *ars moriendi* gehören? Und ist nicht auch ein meditierendes Bedenken der eigenen Sünde fruchtbringend? Ich denke also, die Grenzen dürfen nicht zu eng gezogen werden, zumal das christliche Leben immer wieder auch mit Dunkelheiten – seien es die eigenen, seien es die des Lebens auf der Welt, sei es die Wahrnehmung der Verborgenheit Gottes – konfrontiert ist, die aus einem betenden Bedenken vor Gott nicht ausgespart werden sollten. Meditiert werden kann also grundsätzlich alles zur Schöpfung Gehörige (naturale Meditation). Christliche Symbole wie Labyrinth, Kreuz oder das Radsymbol des Nikolaus von Flüe können Gegenstand der Symbolmeditation sein, Darstellungen biblischer Motive, Szenen oder Personen, auch Heilige, Gegenstände einer Bildmeditation[184]. Texte der Heiligen Schrift können ebenso meditiert werden wie einzelne „Herzwörter" (Liebe, Barmherzigkeit, Demut, Frieden) oder Gebete, handle es sich um das Vaterunser oder um Texte aus der Tradition; auch geistliche Dichtungen wie beispielsweise Gesangbuchlieder sind geeignet[185]. Ein weiterer Meditationsgegenstand ist der Mensch, der andere Mensch, doch auch der Meditierende selbst: Unter der Überschrift „Mit der Erfahrung des Leibes beginnen" beschreibt Josef Sudbrack Medita-

---

183 Ruhbach, Theologie, 178.
184 Ich erinnere mich an eine sehr bewegende Bildmeditation zum Ausklang des Evangelischen Kirchentags 1981 in der Katharinenkirche in Hamburg. Eine Umarmung der Heiligen Franziskus und Dominikus wurde zunächst als Begrüßung beschrieben, den Beginn des Kirchentages erinnernd, dann als Abschied – „Geh mit Gott. Gott geht mit. Keiner geht allein." (Die Meditation sprach der damalige Hauptpastor von St. Katharinen, Dr. Klaus Reblin.)
185 Generell ist es auch möglich, säkulare Werke der Dichtung heranzuziehen, doch ist dabei natürlich in besonderem Maße auf die inhaltliche Eignung zu achten; vgl. dazu Lotz,193ff.

tionen, die bei Körperübungen einsetzen, um zu einem vertieften Verständnis biblischer Texte, Motive oder Haltungen zu führen: Das Kreuz, die Erfahrung des Kirchenraums und den liturgischen Tanz[186]. Weiterhin geeignet ist eine „Meditation der Begegnung", sie meint das Bedenken der Begegnung eines bestimmten Menschen mit Christus, aus der die Wandlung dieses Menschen folgt (Beispiele dafür sind Thomas, Maria Magdalena, der reiche Jüngling oder die Gottesmutter)[187]. Auch andere Gegenstände aus dem Bereich christlicher Spiritualität sind als Gegenstände der Meditation vorstellbar, sofern sie die Kriterien der *discretio* erfüllen[188]. Meditation ist also ein Weg, der auf vielerlei Weise gegangen werden kann – doch zu welchem Ziel? Zunächst einmal ist zu unterscheiden zwischen ‚Zielen' und ‚Folgen' der Meditation. Mögliche Folgen wie Gelassenheit, ein positives, heilvolles Einwirken auf die leibliche Verfaßtheit, die Verbesserung der Gesundheit oder des Schlafes, die Unterstützung einer Schmerztherapie sind zweifellos zu begrüßen. Ebenso gilt das für eine größere persönliche Reife, ein dem Leistungsdruck und der Entfremdung Entgegenwirken; es gilt für Selbstfindung, die Mobilisierung neuer Kräfte, Hilfe beim Setzen von Prioritäten, eine Relativierung der Verstandesherrschaft und eine Integration der „Schatten" (C.G. Jung). Alles das kann durch Meditation hervorgerufen oder bewirkt werden, alles das ist wünschenswert. Aber es ist nicht der Zweck eines bewußten Seins vor Gott.

Als Ziele der Meditation können vor allem die Haltung des Einübens und Praktizierens und ein Sich-Offenhalten gelten: Eingeübt wird der Glaube, „die Spiritualität des Beschenktseins, des Angenommenseins, der Rechtfertigung allein aus Gnade"[189]. Eingeübt wird die christliche Existenz, die im Gebet besteht, die Bewährung des Glaubens im Alltag und die Lebensorientierung an

---

[186] Josef Sudbrack, Auf Gott hin ausgespannt. Der Weg des Meditierens, Freiburg i.Br. 1983, 182-206.
[187] Lotz, 231ff.
[188] S.o. IV.1.2.1.
[189] Ruhbach, Theologie, 136.

der Heiligen Schrift, deren Veränderungspotential sich der Meditierende aussetzt. Eingeübt wird vor allem das Hören, als betendes Hören und hörendes Beten, das den Beter an Gott und seinem Wort bleiben läßt und sein Herz mit dem Wort Gottes anfüllt, so daß er sich in seinem Alltag immer mehr durch die Heilige Schrift bestimmen läßt und einzuwilligen lernt in den Willen Gottes.
Das Sich-Offenhalten für Gott ermöglicht eine vertiefte Glaubenserfahrung, es vertieft damit die Sehnsucht nach Gott und bestärkt die Suche nach ihm. „Meditation ist somit Beschreibung für zielgerichtetes, aber offenes Leben; sie zielt nicht auf Resultate, sondern auf Existenz, auf Hintergrund, auf Tiefe oder Mitte, nicht so sehr auf das Wie des Vollzugs, sondern auf den Vollzug selbst"[190]. Der Mensch, der sich in der Meditation auf Gott hin öffnet und offen hält, kann schließlich Gott begegnen, wobei eine solche Gottesbegegnung vom Menschen nicht erreicht, nur von Gott geschenkt werden kann. In jedem Fall aber wird die Meditation die Seele ernähren und stärken.

5.4.5 Christliche Meditation

Meditation ist der Existenzvollzug einer spirituellen Existenz. Das gilt für die unterschiedlichsten Formen der Meditation in den unterschiedlichsten Zusammenhängen. Damit eine Meditation (oder auch eine Kontemplation) als ‚christlich' bezeichnet werden kann, müssen ihre Inhalte und ihre Ziele der Überprüfung der *discretio* standhalten, denn *christliche* Meditation kann nur der Existenzvollzug der christlichen Existenz vor dem lebendigen, dreieinigen Gott sein. Ich versuche, das in vier Punkten noch genauer zu sagen:
1. Christlich ist eine Meditation dann, wenn sie den Meditierenden zur Wahrnehmung der Wirklichkeit führt, zur Wirklichkeit der Welt, in der er lebt, doch noch mehr zur Wirklichkeit seiner

---

[190] A.a.O., 152.

selbst, zum Ablegen aller idealistischen Selbstbilder. „Kontemplation hat zunächst überhaupt nichts Tröstliches. Sie zeigt uns die Dinge so, wie sie sind. Sobald wir die äußeren Reize wegnehmen, bricht ein riesiger innerer Tumult aus. Unabgeschlossene Emotionen, unaufgelöste Spannungen, alle, auf die wir wütend sind, alle, die wir anders haben wollen, und all die *Dinge*, die wir uns wünschen. [...] Erst dann, wenn wir den ständigen Aufmarsch neuer Stimmen und Ideen stoppen, sehen wir die zu Grunde liegenden, immer wiederkehrenden Muster. Diese Erfahrung ist demütigend. [...] Ich kann keinen eigenen Wert herausstellen, noch viel weniger irgendeine Form von Überlegenheit. Ich bin nackt und arm. Am Anfang, nach vielen Jahren falscher Dekoration, wird es sich anfühlen wie das reine Nichts. Nichts zu sein steht in einer guten Tradition. Wenn wir nichts sind, sind wir in einer guten Ausgangsposition, um alles von Gott zu empfangen."[191] Auf der anderen Seite gilt, daß alle menschlichen Gefühle, alle Regungen des Körpers einen Weg zu Gott darstellen, und eingedenk des Wunders der Inkarnation sind Christen zur Integration des Leiblichen in ihre *praxis pietatis* aufgerufen. „Es ist überdeutlich, dass wir in unserem Körper nicht zu Hause sind. Und Jesus ist gekommen, um uns zu zeigen, dass wir genau unserer menschlichen, diesseitigen Erfahrung trauen müssen und können. Sie ist unser notwendiger und guter Ausgangspunkt. Ja, nach der Inkarnation wird die Welt der Materie zum bevorzugten Ort der Begegnung mit dem Göttlichen."[192]

2. Christlich ist eine Meditation dann, wenn sie den Meditierenden nicht in eine Isolation führt, sondern ihn stärkt für seine Zuwendung zum Nächsten und zur Welt, wenn sie also die Balance hält zwischen den Eckpunkten des anthropologischen Dreiecks[193]. Hinsichtlich der Zuwendung zum Nächsten gilt: „Wahrhaft lebendige Wesen werden und bleiben wir nur im Magnetfeld von Beziehun-

---

[191] Richard Rohr, Wer loslässt, wird gehalten. Das Geschenk des kontemplativen Gebets, München [4]2002, 71-73; Hervorhebung im Original.
[192] A.a.O., 133.
[193] S.o. I.7.

gen. Verlassen wir dieses Kraftfeld oder gleiten wir wider Willen aus ihm heraus, so zerbröseln wir wie das Muster der Eisenfeilspäne beim Abschalten des Elektromagneten."[194] Und hinsichtlich der Zuwendung zur Welt gilt, daß christliche Meditation und Kontemplation sozial engagiert sind – im Gegensatz zum größten Teil der gegenwärtigen Spiritualität, der „irgendwo in der Luft" schwebt: „Sie hat keine sozialen Zielsetzungen, kein soziales Bewusstsein, weil sie nichts von der Menschwerdung versteht."[195]

3. Christlich ist eine Meditation, wenn sie das Ganze des Seins in dieser Welt, also auch alle Ambivalenzen und Spannungen, und das Ganze des Glaubens, also auch alle Dunkelheiten, einbezieht, wenn sie dem Meditierenden ermöglicht, als der, der er ist, vor dem dreieinigen Gott zu leben im Wissen um seine Angewiesenheit auf ihn, und wenn sie ihn darin bestärkt, in seiner ganzen unvollkommenen, schwachen Existenz auf Gott bezogen zu sein[196]. Wo dagegen „Erfahrungen angepriesen werden, die Sicherheit und Meisterschaft verleihen wollen, muß man ein großes Fragezeichen hinter ihre noch so sehr betonte Christlichkeit setzen. Die bleibende Dunkelheit des Glaubens wird vergessen; das Gegenüberstehen von Ich und Du wird in Identität aufgelöst; die freie Liebe des anderen in Wesensnotwendigkeit verfälscht. Wo aber eine Erfahrung in diese Grunddemut des Daseins hineinführt, beugt sich der Mensch vor dem bleibenden Geheimnis [...]. Alles Licht der Er-

---

194 Schellenberger, 35. Vgl. a.a.O., 13: „Kann es denn wahr sein, dass in einer Zeit, in der unsere Menschheit und unmittelbare Umgebung in einer vitalen Krise stecken und klare Unterscheidung, Stellungnahme und energisches Engagement angesagt wären, auf spirituellem Gebiet vorwiegend geträumt, gesehnt, gekuschelt, gespielt, getanzt, entspannt und das kleine Alltagsglück kultiviert wird? [...] Die echte spirituelle Erfahrung kosten den Einsatz des eigenen Lebens. Sie findet sich eher in der ‚Hölle' des ganz normalen verrücken Alltags als im ‚Himmel' der wohltuenden Entspannung."
195 Rohr, 122.
196 Vgl. Schellenberger, 48f.: „Für mich ist diese Formulierung die gelungenste Beschreibung dessen, was christliche Kontemplation ist: dass der Mensch ganz bei sich ist und zugleich ganz in der Beziehung zu Gott und dass sich beides gegenseitig bedingt und verstärkt."

fahrung ist durchzogen von dem blinden Glauben an den freien Ursprung dieses Lichts."[197]

4. Christlich ist eine Meditation schließlich dann, wenn sie nichts anderes ist als ein „Kreisen um Christus"[198], denn „als Christen [...] wissen wir, daß Jesus Christus den Anspruch erhebt, die Antwort auf die Frage nach dem Sinn selber zu sein (Joh 14,6). Deshalb sammelt die christliche Meditation den Menschen und seine Sinne auf ihn hin."[199]

5.5 Kunst

Immer wieder ist im Laufe der Entwicklung der christlichen Spiritualität die bild- und wortlose Anbetung, die Übung der Kontemplation als innere Entleerung, die sich ganz der menschlich nicht faßbaren Erfahrung des Göttlichen öffnet, als eine besonders wertvolle Form der *praxis pietatis* angesehen worden. Doch zugleich haben Menschen immer wieder Sichtbares, Greifbares, Hörbares für ihre Andacht herangezogen, um etwas zu haben, das einigermaßen verläßlich *extra nos*, ‚von außen' Trost vermittelt und Gewißheit bestärkt, das die Konzentration befördert und die Gefühle auf die geistliche Übung einstimmt, das in komprimierter Form das Wesentliche vor Augen und Ohren führt und so an den Gehalt des Glaubens erinnert. Dieses Sicht- und Hörbare fanden sie beispielsweise an Märtyrergräbern und heiligen Orten, in geweihten Gebäuden und Gegenständen, in Liedern, Kruzifixen, Marienstatuen und Glockenklängen wie dem Angelus-Läuten[200], die ihnen

---

[197] Josef Sudbrack, Mystik als Lerngebiet der Meditation: Dunkle Nacht und Geschenk der Gnade, in: Gerhard Ruhbach (Hg.), Glaube – Erfahrung – Meditation, München 1977, 82f.
[198] Lotz, 66f.
[199] Manfred Seitz, Praxis des Glaubens. Gottesdienst, Seelsorge und Spiritualität, Göttingen 1978, 203.
[200] Das Läuten zum Sonnenaufgang, am Mittag und in der Abenddämmerung ruft die Gläubigen zu einem Gebet, das mit den Worten „Der Engel des Herrn ..." beginnt (s. Gotteslob, 2.7), und in Bezugnahme

in einer eben nicht abstrahierend begrifflichen, sondern „analogen" Kommunikation[201] von der Kirche aus diesem Grund und zu diesem Zweck nahegebracht wurden. Etliche Jahrhunderte hindurch waren die entsprechenden Bilder, die Musik, die Skulpturen gleichzeitig das Ergebnis des jeweiligen zeitgenössischen Kunstschaffens. Seit dem Ausgang des Mittelalters begannen allerdings die Künste aus der Kirche auszuwandern, eine Entwicklung die bis heute andauert – es entwickelte sich eine säkulare, autonome Kunst, während die gleichzeitig entstehende kirchliche Kunst teilweise nur mehr als epigonal zu beschreiben war und häufig an der Stilmanier vergangener Epochen erstarrt festhielt. Vom Gesichtspunkt künstlerischer Qualität aus gesehen noch einmal unterhalb dieser kirchlichen Gebrauchskunst liegen Erzeugnisse, die als ‚religiöser Kitsch' anzusprechen sind, wobei die Grenzen hier fließend und nicht unstrittig sind. Doch welcher Rubrik ein Kunstwerk auch zuzuordnen ist – es kann ein Medium der individuellen oder kollektiven Andacht und Frömmigkeitspraxis werden. Dies gilt ebenso für explizit säkulare, autonome Kunst, die keinen unmittelbar erkennbaren religiösen Inhalt hat, denn auch diese Kunst kann eine Sprache des Glaubens sein, und in jedem Fall kann sie zum Glauben des Rezipienten sprechen.

Denn Kunst ist Ausdruck, Ausdruck von Gefühlen oder Gedanken, manchmal, auch gegenwärtig noch, Ausdruck von Glauben, zu Form gewordener Gestaltungswille der jeweiligen Künstler in ihrem jeweiligen Medium, sei es Musik oder Geste, Bild, Skulptur oder Wort. Kunst ist Verdichtung, damit Reduktion des Mög-

---

auf Lk 1,26ff. dankbares Gedenken an die Menschwerdung Christi zum Ausdruck bringt. Zur Bedeutung insbesondere der sog. Gnadenbilder für die Volksfrömmigkeit s. Ludwig Mödl / Tamara Steiner, Den Alltag heiligen – Rituale, Segnungen und Sakramentalien. Die Bedeutung der Volksfrömmigkeit und praktische Vorschläge für die Seelsorge (Feiern mit der Bibel 26), Stuttgart 2008, 135ff.

201 Die Bezeichnungen ‚analoge' (bildliche) und ‚digitale' (begriffliche) Darstellung eines Gegenstandes gehen zurück auf Paul Watzlawick und seine Forschergruppe in Palo Alto (Menschliche Kommunikation. Formen, Störungen, Paradoxien, Bern u.a. [4]1974, 62ff.).

lichen, Konzentration. So ist sie oft zugleich Vereindeutigung und Erhöhung der Komplexität, Eröffnung eines Raumes von Beziehungen. Kitschiges reduziert demgegenüber grundsätzlich die Komplexität und bietet infolgedessen anstelle des Ausdrucks eines echten Gefühls, das meist ein Moment der Ambivalenz enthält, nur dessen Echo, die Sentimentalität, dies allerdings unter gehäufter Verwendung meist oberflächlicher Reize, bestimmter stilistischer oder kompositorischer Elemente. Diese ermöglichen dem entweder diesbezüglich unempfindlichen, weil ungeschulten, oder dem seine Geschmacksbildung zum Zwecke der Entspannung ausblendenden Rezipienten die Wirklichkeitsflucht, weil sie die Realität verklärt oder nur in sorgsam ausgewählten Ausschnitten zeigen, unter Vermeidung der Darstellung des einfach Häßlichen[202], Problematischen oder nur Alltäglichen. Kitsch führt also von der Wahrnehmung der Wirklichkeit fort, während Kunst sie in wesentlichen Ausschnitten zu erfassen versucht und sich mit ihr auseinandersetzt, verdichtend, neue Perspektiven aufzeigend. Dennoch kann auch andächtig rezipierter Kitsch echtes Gefühl hervorrufen, und er soll es tun, vermittels reichhaltiger Klischees, die direkte Rührung, Erhobenheit, Spannung oder unmittelbare Identifikation hervorrufen wollen. Die so evozierten Gefühle sollten allerdings wiederum zur Realität in Beziehung gesetzt werden, auch wenn dies eine eher schmerzliche Ernüchterung bedeutet, die nach der Rezeption wirklicher Kunst meist nicht eintritt.

Es gibt also christliche wie nicht-christliche Kunst, es gibt säkularen und religiösen Kitsch, und alles kann zum Medium der Spiritualität werden. Kunst wie Kitsch als Ausdruck von Gefühlen oder Gedanken spricht nun nicht nur unterschiedlichste Bereiche im Rezipienten an, beides kann ihn auch zur Überschreitung seiner selbst bewegen oder sogar Erfahrungen der Transzendenz ermöglichen[203]. Dabei ist einschränkend anzumerken, daß Künst-

---

202 Wird Häßliches gezeigt, muß es besonders abstoßen, geradezu grauenerregend häßlich sein, und auf jeden Fall eindeutig *nur* häßlich.
203 Nicht jedes Kunstwerk eignet sich allerdings zu regelmäßig wiederholter und geplant eingesetzter Evozierung von Erfahrung – dies gilt für

lerinnen und Künstler in ihren Ausdrucksformen durch ihre Zeit, ihre Lebenswelt geprägt sind – ebenso wie die Rezipientinnen und Rezipienten in ihrem kognitiven wie emotionalen Verstehen der Kunstwerke, daß also nicht alle Kunstwerke zu allen Zeiten und auf jeden in gleicher Weise wirken.

5.5.1 Ikonen, Einhörner und Sonnenuntergänge

Das Bilderverbot des Dekalogs (Ex 20,4f.; Dtn 4,15-19) prägt zunächst das Verhältnis der Christen zur Kunst, doch im 3. Jahrhundert finden sich im Westen erste Bilder auf Gräbern[204], und mit Beginn des 5. Jahrhunderts werden auch Kirchen bildlich ausgeschmückt. Der Osten ist in dieser Hinsicht zurückhaltender, doch ab dem 6. Jahrhundert entsteht dort die Tradition des verehrten Bildes, der Ikone, eines Portraits der heiligen Person, oft dargestellt unter Hinzufügung liturgischer Epitheta als Heilszusagen[205]. Mit den Reliquien enthaltenden Kultbildern beginnt im 10. Jahrhundert auch im Westen die Bilderverehrung. Andachtsbilder (Pietà, Schmerzensmann, Kreuzträger, Christus-Johannes-

---

Konzerte und Theaterinszenierungen, die nicht aufgezeichnet werden, ebenso wie für eine Performance oder ein Happening; auch viele Bücher sind infolge ihres Umfanges nicht in Gänze in dieser Weise in Dienst zu nehmen.

204 Dabei handelt es sich zunächst vor allem um Totenbilder, die Bilder der Märtyrer, und um Christusdarstellungen, die jedoch keine Abbildung des tatsächlichen Gottessohnes sein sollten, sondern lediglich auf ihn verweisen wie etwa die Figur des Orpheus, des guten Hirten oder des Herkules. Das Kreuz als ein noch in Gebrauch befindliches Hinrichtungswerkzeug findet sich in den ersten Jahrhunderten weder auf Gräbern noch in den Versammlungsorten der Christen, erste Darstellungen begegnen im vierten Jahrhundert.

205 Der Bilderstreit des 8. und 9. Jahrhunderts und das in seinem Gefolge ausgesprochene Bilderverbot kann diese Entwicklung nicht auf Dauer unterbinden; schließlich setzt sich mit dem Konzil von Nizäa 787 die Überzeugung durch, daß der menschgewordene Christus als Ikone Gottes durchaus darstellbar sei.

Gruppe, später auch Marien- und Heiligenbilder), die Bilderschrift der *Biblia pauperum* des 14. Jahrhunderts, die bildhafte Verkündigung im Kirchenschmuck werden hier seit dem Mittelalter als eine Möglichkeit wahrgenommen, das nicht lesekundige Volk an die Inhalte des Glaubens heranzuführen und seine Frömmigkeit zu formen. Martin Luther knüpft an diese positive Bewertung und Nutzung der Bilder an, kritisiert allerdings Bildinhalte, die er als nicht biblisch fundiert ansieht, wie etwa die Schutzmantelmadonna[206]. Der reformierte Zweig der protestantischen Kirchen folgt demgegenüber der strengeren Sicht Zwinglis und Calvins, wie sie sich im Heidelberger Katechismus findet, und entfernt alle bildlichen Darstellungen aus Gottesdiensträumen und, soweit es sich um Andachtsbilder handelt, auch aus Wohnungen[207].

Mittlerweile finden sich Kruzifixe, Ikonen, Darstellungen der Madonna mit Kind und Engel in Kirchen wie in Haushalten, nicht allein in orthodoxen oder katholischen, sondern ebenso in vielen protestantischen; und sie können hier dem Schmuck der Räume oder dem Ausdruck einer bestimmten Einstellung ebenso dienen

---

[206] Etliche Ausführungen zu dieser Frage finden sich in der Schrift ‚Wider die himmlischen Propheten' von 1525, in der er gegen Andreas Karlstadt nicht nur die Freiheit des Christen im Umgang mit den Bildern betont, sondern sie als wünschenswert und als Gebete für die Augen bezeichnet, WA 18,67,12f. und 83,3-5. Das Betrachten eines Gnadenbildes, des gekreuzigten Christus nämlich, kann Luther sogar explizit als einzig wirksames Mittel gegen existentielle Ängste nahelegen, so im Sermon von der Bereitung zum Sterben von 1519, WA 2,685-697.

[207] Im Heidelberger Katechismus heißt es: „Darf man denn gar kein Bild machen? Gott kann und darf in keiner Weise abgebildet werden. Die Geschöpfe dürfen abgebildet werden, aber Gott verbietet, Bilder von ihnen zu machen und zu haben, um sie zu verehren oder ihm damit zu dienen. Dürfen denn nicht die Bilder als ‚der Laien Bücher' in den Kirchen geduldet werden? Nein; denn wir sollen uns nicht für weiser halten als Gott, der seine Christenheit nicht durch stumme Götzen, sondern durch die lebendige Predigt seines Wortes unterwiesen haben will." (Heidelberger Katechismus. Revidierte Ausgabe, hg. von der Ev.-ref. Kirche u.a., Neukirchen-Vluyn 1997, 63; Frage 97 und 98) Es gibt noch heute reformierte Gemeinden, die schon Kerzen auf dem Altar als eine Trübung der reinen Verkündigung des Wortes betrachten.

wie der regelmäßig oder gelegentlich praktizierten Andacht. Immer wieder knüpfen Menschen, vor allem im Raum der katholischen Kirche, auch weitergehende Hoffnungen an bestimmte bildliche Darstellungen der Maria, des Christus oder bestimmter Heiliger: Sie erwarten sich von ihnen Hilfe in der Not, Schutz, die Erfüllung von Wünschen und wunderbare Korrekturen der unbefriedigenden Wirklichkeit. Natürlich wird mit einer solchen Haltung und dem entsprechenden Handeln die in allen Kirchen vorgenommene Unterscheidung zwischen der erlaubten, sogar erwünschten *Verehrung* des Dargestellten, der mit Hilfe des Bildes erinnert, vergegenwärtigt wird, und einer *Anbetung* des Bildes selbst verwischt, zudem wird im Zusammenhang der Anbetung oft die Grenze zu einem Versuch der Bemächtigung des Heiligen überschritten. Und ohne Zweifel liegt dann ein Mißbrauch der Bilder vor.

Doch in jedem Fall, ob es sich nun um Kunst oder um Kitsch handelt, und ob daraus ein Verehren oder eine darüber hinaus reichende Hoffnung resultiert, läßt sich mit Ludwig Mödl festhalten: „Das andächtige Verweilen vor dem Bild vermittelt Glaubenssicherheit, es relativiert innere Nöte, gibt ein Gefühl des Geborgenseins und lässt Orientierung finden. Ein Bild, also ein Gegenstand, wird zum Haftpunkt nicht nur für die Augen, sondern für die aufgewühlte oder geängstigte Seele. Nicht nur durch Hören von Botschaften und geistlichen Worten kommt Glaubensbestärkung, sondern durch meditatives Schauen."[208]

Damit ein Bild auf diese Weise Trost und Vergewisserung spenden und Hinweis auf das heilvolle Wirken Gottes auf dieser Welt sein kann, muß allerdings dessen Sprache für die Rezipienten jedenfalls soweit entschlüsselbar sein, daß die Betrachtenden vom Inhalt berührt werden oder ihre eigenen Vorstellungen an diesen Inhalt anlagern können. Das ist im Hinblick auf manche Bildinhalte nicht mehr ohne weiteres gegeben. Zu denken ist etwa an die Darstellung einer Frau, die in einem verschlossenen Garten sitzt. Offenbar hat

---

208 Mödl, 145. Allerdings wird das Maß der Orientierung vom Bildinhalt abhängen.

gerade eine Einhornjagd stattgefunden, und ein menschenähnliches geflügeltes Wesen, ausgestattet mit einer Lanze und begleitet von einer Hundemeute, hat ein Einhorn in diesen Garten getrieben. Das Tier macht Anstalten, der Frau auf den Schoß zu springen, und sie empfängt es mit einer liebevollen und fürsorglichen Gebärde[209]. Ein solches Bild wird der Andacht nicht dienen, wenn der Betrachter darin eine Märchen- oder Fantasy-Szene sieht, die ihn vielleicht an den ersten der Harry Potter-Bände oder einen Zeichentrickfilm wie „Das letzte Einhorn" erinnert. Doch wer erkennt schon ohne entsprechende kunstgeschichtliche oder ikonographische Schulung, daß es sich hier um eine bildliche Umsetzung der lukanischen Verkündigungsszene (Lk 1,26ff.) handelt[210]?

Wie verhält es sich nun demgegenüber mit Bildern gleich welchen Niveaus, die keine erkennbar christliche Botschaft transportieren, Darstellungen einer Waldlichtung etwa, eines Sonnenunterganges oder eines Sandstrandes (mit oder ohne Fußspuren), denen, anders als bei Plakaten christlicher Verlage oft üblich, weder ein vereindeutigender Bibelspruch noch ein entsprechendes Zitat beigegeben ist? Bereits 1982 hat Horst Albrecht darauf hingewiesen, daß diese Bilder im Kontext der Symbolsprache von Arbeitern als „Landschaftssymbol" anzusehen sind, das ebenso kompensatorisch dem Alltag und der oft geringen Mobilität entgegengestellt wird, wie es Ausdruck von Sehnsucht nach dem Paradies ist, nach einem

---

209 Zu diesem Motiv und seiner Deutung vgl. in Kürze ausführlich die Dissertation von Christiane Eilrich, Gott zur Welt bringen: Maria. Von den Möglichkeiten und Grenzen einer protestantischen Verehrung der Mutter Gottes.
210 Der Engel ist Gabriel, der Maria ihre Mitwirkung an der Heilsgeschichte ankündigt. Und das Einhorn galt bereits der Alten Kirche als ein Bild für Christus. Da die Überlieferung zu berichten wußte, daß es nur von einer reinen, schön gekleideten Jungfrau gefangen werden könne, bot es sich an, die Menschwerdung Christi in der Jungfrau Maria auf diese Weise darzustellen. Transportiert wurde diese Deutung unter anderem durch den ‚Physiologus', ein Werk, das vom frühen dritten Jahrhundert an über Jahrhunderte von unbekannten Autoren fortgeschrieben wurde.

5.5 Kunst

Ort „physischen und psychischen Heils. Streß, Arbeit, aber auch soziale Unterschiede scheint es hier nicht zu geben."[211] Inwieweit die ‚Andacht' vor einem solchen Bild, das im Hinblick auf eine explizite Vermittlung christlicher Inhalte jedenfalls keinen wesentlichen Beitrag leistet, den Kriterien christlicher Spiritualität in jeder Hinsicht gerecht wird, ist natürlich im Einzelfall fraglich[212], andererseits aber nicht von vornherein auszuschließen. Generell gilt hier: „Je volkstümlicher eine Darstellung, desto stärker ist die Übertragung von kollektivem Gut. Die allervolkstümlichsten und daher auch allerwirksamsten Ausdrucksformen haben die schmalste Reizgrundlage und den geringsten Informationsgehalt, weisen dafür aber eine starke Stilisierung auf und eine typisierende Her-

---

211 Horst Albrecht, Arbeiter und Symbol. Soziale Homiletik im Zeitalter des Fernsehens (Gesellschaft und Theologie: Abteilung Praxis der Kirche 38), München/Mainz 1982, 112. Albrecht verwendet den Begriff ‚Symbol' im Sinne Paul Watzlawicks für jede Art analoger Kommunikation; sie bestimme vor allem den regressiven Verhaltensbereich, sie sei arm an Inhalten, aber reich an Beziehungen. Darin sei sie disjunktiv, gebe also entweder eine positive oder eine negative Beziehung wieder. Mit Susanne K. Langer faßt er visuelle und sprachliche Kommunikation diesbezüglich zusammen, so daß der Symbolbegriff bei ihm „potentiell alle intuitiven, nicht digitalen, also nicht abstrahierten und nicht reflektierten Kommunikationsweisen" umfaßt (126, im Original kursiv). Von Paul Tillich übernimmt Albrecht schließlich die Einsicht in das Erfordernis sozialer Anerkanntheit von Symbolen und damit in ihre Zeitgebundenheit (vgl. 170f.), so daß er der im Hinblick auf zahlreiche theologische Veröffentlichungen berechtigten Kritik Michael Meyer-Blancks an der Verwendung des Symbolbegriffs m.E. entgeht – im Sinne Albrechts kann weiterhin von ‚Symbol' statt von ‚Zeichen' gesprochen werden (vgl. Michael Meyer-Blanck, Vom Symbol zum Zeichen. Symboldidaktik und Semiotik, Rheinbach ²2002).
212 Dabei ist es nicht allein und nicht einmal in erster Linie den Rezipienten aus der „Unterschicht" anzulasten, wenn sie über die Inhalte des christlichen Glaubens nicht zureichend informiert sind. Hier sind eher Anfragen an die Praxis der Verkündigung, des kirchlichen Unterrichts sowie kirchlicher Äußerungen in der Öffentlichkeit zu richten, in der es nur selten gelingt, die großen Formeln des Glaubens in eine anschauliche, auch für nicht dem Bildungsbürgertum angehörige Menschen faßliche und dabei zugleich in künstlerischer Hinsicht qualitätvolle „Sprache" zu übersetzen.

vorhebung weniger allgemein vertrauter und verständlicher Einzelmerkmale."[213] Dem Verstehen und damit dem theologischen Urteil zugänglich allerdings sind auch solche Ausdrucksformen – und erst das aktive Verstehen verhindert eine Rezeption im Sinne bloßer eskapistischer Regression oder Kompensation und läßt die Paradiesdarstellung einer unberührten Naturszenerie als Verheißung im Sinne des Gottesreiches zum Betrachter sprechen.

5.5.2 An der Krippe und unter dem Kreuz

Musik ist analoge Kommunikation par excellence. In fast allen Kulturen gehört sie zum Ritus, sie dient funktional der Kommunikation mit Göttern und Ahnen, evoziert die für den Ritus erforderliche Stimmung und Einstellung, drückt zweckfrei Gotteslob aus oder stimmt vorausnehmend in den himmlischen Jubel ein. Obwohl sie dazu nicht immer an Worte gebunden ist, kann sie doch schon bei geringer Vertrautheit mit musikalischen Ausdrucksformen verstanden werden (anderenfalls würde sie nur ‚fremd' klingen und Fremdheitsgefühle hervorrufen oder sogar lediglich als Geräusch wahrgenommen werden). Dies ist jedenfalls die Auffassung Martin Luthers, der alle Musik, geistlich oder weltlich, vokal oder instrumental, nicht nur als möglichen Ausdruck des Gotteslobes, sondern sogar als mögliches Mittel der Verkündigung ansieht. Er steht damit, anders als die Reformatoren in der Schweiz, die in der Linie kynischer, stoischer und neuplatonisch-spiritualistischer Kritik über die Musik urteilen und gerade die gottesdienstliche Musik – ähnlich wie die katholische Kirche – strikt beschränken und reglementieren, in aristotelisch-mittelalterlicher Tradition. Für ihn ist die Musik eine Schöpfungsgabe, die der im Glauben gerechtfertigte Mensch frei, dankbar und verantwortungsvoll gebrauchen

---

213 K.V. Riedel, zitiert nach Albrecht, 330, Anm. 16. Riedel hält diesen kommunikativen Unterschied im Hinblick auf Fernsehdramaturgie fest und nennt als eine besonders eindrückliche Parallele explizit das Andachtsbild.

darf. Wie die Sprache gehört die Musik für Luther als Teil der vom Wort gedeuteten Schöpfung zu den *conservatores rerum*, zu den Kräften und Ordnungen, die ein Gegenmittel gegen Auflösung und Zerstörung der Welt durch die Kräfte des Bösen sind[214].
Musik ist also nicht nur ein analogisch vorgehendes, sie ist auch ein machtvolles Ausdrucksmittel. Sie nötigt zu einem qualitativ anderen Hören als es das Hören auf Worte ist, einem buchstäblich berührten Hören. Der Philosoph Vilém Flusser erklärt das folgendermaßen: „Musik bringt nicht nur den Hörnerv, sondern den ganzen Körper zum Schwingen. [...] Der Musikhörende [...] konzentriert die ankommenden Schallwellen ins Innere seines Körpers. Das bedeutet, beim Musikhören wird der Körper Musik und die Musik wird Körper. [...] Man spürt sie, man weiß, daß man sie erleidet. Dieses wissende Erleiden heißt im Griechischen pathein. Der Empfang von Musik [...] ist Pathos, und sein Effekt ist Empathie in die Botschaft. Dieser pathetische Charakter ist buch-

---

[214] Vgl. die Ausführungen Luthers in den Tischreden (WA Tischreden Bd. 1 Nr. 1096 und 1258; s. auch WA 30/II,696 und WA 35,477). Die katholische Tradition trennt ab dem späten 13. Jahrhundert Liturgie und Musik – letztere wird damit von einem Bestandteil zu einem Schmuck des Gottesdienstes. Gegenüber der Verselbständigung dieses Schmuckes wird immer wieder besonderer Wert auf die Verstehbarkeit des Wortes gelegt, was verschiedentlich zum Verbot mehrstimmiger Musik führt (1538 Modena, 1552 York). Das Trienter Konzil betont das Erfordernis der Sakralität der musikalischen Mittel, in seinem Gefolge wird auf die Wortverständlichkeit besonderer Wert gelegt. Romantik und Caecilianismus (nach dem 1868 gegründeten Caecilien-Verein für Kirchenchöre) heben wiederum das Musica-Sacra-Ideal hervor, demgegenüber fördert die französische Abtei Solesmes den gregorianischen Choral. Das II. Vaticanum bindet die Musik erneut in den Gottesdienst ein und sieht den Gesang als liturgisches Handeln, woraus sich strenge formale Anforderungen ergeben. Zur protestantischen Entwicklung s. Corinna Dahlgrün, Die Botschaft des Evangeliums und die Sprache der Töne. Theologische Überlegungen zur Musik im Gottesdienst, in: LJ 56 (2006) 158-180.

stäblich nur für akustische Botschaften wahr, für alle anderen gilt er nur metaphorisch."[215]

Insofern Musik nun analoge Kommunikation und machtvolles Ausdrucksmittel ist, und weil sie immer nur im „Jetzt" erklingt, vermag sie in besonderem Maße Menschen zu berühren und geistliche Inhalte zu vergegenwärtigen, besser noch: ihre Hörer diesen Inhalten gegenwärtig zu machen. Wer eine Aufführung des Weihnachtsoratoriums von Johann Sebastian Bach besucht, kann schließlich wirklich mit den anbetenden Weisen an der Krippe stehen und „Herz, Seel' und Mut" darbringen (Choral „Ich steh' an deiner Krippen hier" in der sechsten Kantate). Wer am Karfreitag Bachs Matthäuspassion hört, die zuläuft auf die Worte des Hauptmanns nach Jesu Tod, „Wahrlich, dieser ist Gottes Sohn gewesen", findet sich – oft zutiefst berührt und erschüttert – unter dem Kreuz wieder. Nun ist die Einsicht nicht neu, daß große kirchenmusikalische Werke eine solche die Andacht und spirituelles Erleben ermöglichende Wirkung haben können[216]. Doch wie verhält es sich mit säkularer, mit avantgardistischer und populärer Musik? Wie verhält es sich mit musikalischem Kitsch?

Im Hinblick auf säkulare Musik ist nochmals an die Haltung Luthers zu erinnern. Musik ist eine Schöpfungsgabe und als solche in der Freiheit des Heiligen Geistes zu gebrauchen, mit anderen Worten: Wer durch Richard Wagners Tristan-Ouvertüre, durch ein Konzert von Pink Floyd, durch ein Streichquartett Ludwig van Beethovens, durch ein Lied Robert Schumanns oder Jacques Brels in eine Haltung der Anbetung Gottes, in den Dank hineingeführt wird, wer darin seine Klage *coram Deo* ausgedrückt findet, wer darin die Überschreitung seiner alltäglichen Wirklichkeit auf

---

215 Vilém Flusser, Die Geste des Musikhörens, in: ders., Gesten. Versuch einer Phänomenologie, Frankfurt/M. 1994, 154f.
216 Das gilt bereits für das Hören dieser Musik, das Singen kann für sich genommen als eine geistliche Übung angesehen werden, vgl. zu dieser Frage beispielsweise Christa Reich, Evangelium: klingendes Wort. Zur theologischen Bedeutung des Singens, Stuttgart 1997. Zum Singen von Chorälen als Mittel der Andacht s. oben in Abschnitt V.2.1. und 2.3.6.

den Gott Jesu Christi hin erlebt oder vollziehen kann, kann dies ohne Bedenken wahrnehmen. Freilich ist er – wie bei jeder anderen Musik und bei jedem anderen Medium der *praxis pietatis* auch – dazu gerufen, aufmerksam zu bleiben für die Unterscheidung der Geister, die vermittelt durch die Musik auf ihn wirken, und darauf, ob ihn die Musik wirklich zu Gott führt oder nicht vielleicht in den Genuß der eigenen Gefühle, des eigenen Selbst[217].

Avantgardistische Musik, auch die geistliche, begegnet in den Kirchen (von den Gottesdiensten ganz zu schweigen) nur in Ausnahmefällen, sie ist darum den meisten Menschen unvertraut und infolgedessen nur für wenige ein Medium geistlicher Vertiefung. Ähnlich wie für eine ertragreiche Betrachtung mancher Bilder oder Skulpturen ikonographische Kenntnisse Voraussetzung sind, ist nämlich mindestens eine durch Gewohnheit zu erzielende rudimentäre Vertrautheit mit der Tonsprache Neuer Musik (oder eine behutsame Hinführung) erforderlich, um etwa in Jörg Herchets Pfingstkantate das kraftvolle, leise oder mächtig-überwältigende Wehen des Geistes, sein Ausgegossenwerden über die Hörenden[218] zu erkennen und zu spüren. Wer es allerdings erkennt, weiß genauer als nach den meisten Gottesdiensten, welche Bedeutung das Pfingstgeschehen für die Christen aller Zeiten und für ihn selbst hat.

---

[217] Besonders problematisch im Hinblick auf geistliches Erleben sind natürlich Musikstücke, die einen dezidiert anti-christlichen Inhalt haben, und es kann bezweifelt werden, daß – von nicht planbaren Erfahrungen und deren Auswertung abgesehen – sich durch die Beschäftigung mit ihnen tatsächlich eine Vertiefung oder Bereicherung des eigenen Glaubens ereignen wird. Natürlich gibt es auch eine meditativ-nachdenkliche und individuell wie gesellschaftlich fruchtbare, dabei jedoch nicht-religiöse Beschäftigung mit säkularer Musik, beispielsweise mit Protestsongs Bob Dylans oder Joan Baez'; allerdings spielt dies für die Frage spiritueller Methoden und Medien keine Rolle.

[218] Dieser Eindruck wurde beim unmittelbaren Erleben der Aufführung in der Dresdener Kreuzkirche 2005, wenige Tage nach der Uraufführung unter der Leitung von Christfried Brödel, noch verstärkt durch die Verteilung der Chöre und Solisten im gesamten Kirchenraum.

Für populäre Musik gilt im Prinzip alles bereits Dargelegte analog. Ihre Eingängigkeit und allgemeine Beliebtheit sind nicht von vornherein Argumente gegen ihre Eignung zur Vermittlung geistlichen Erlebens.

So überraschte die Rapperin Sabrina Setlur 1997 ihr Publikum mit einem Titel, den sie selbst als erklärungsbedürftig eingeschätzt haben muß, denn sie leitet ihn mit einer Vorrede ein, in der sie feststellt, daß sie zwar meist nur negatives Zeug rede, weil es vor allem negatives Zeug zu sehen gebe, daß aber alles nicht zu ertragen wäre, „wenn's nicht 'ne Hoffnung gäbe". In diesem Titel, „Das will ich sehen" (im Album „Die neue S-Klasse"), klagt sie mit einer komprimierten Mischung aus biblischen Zitaten die säkularen Kreisen unvertraut gewordenen Verheißungen eines Friedensreiches ein, eines Himmels auf Erden[219]. Die Wirkung dieses in großer Ernsthaftigkeit vorgetragenen Titels beruht auf dem Zutrauen zu den biblischen Texten in der Sprache Luthers, die, kaum verändert, in der Weise eines Florilegiums eingesetzt werden und auch in dieser neuen Kombination große Kraft entfalten. Während also bei diesem Titel die geistliche Wirkung aus dem Stück selbst resultiert, verdankt sie sich in einem anderen Fall, bei dem Song „Only time" der Sängerin Enya, der Verknüpfung mit einer konkreten historischen Situation. Nach dem 11. September 2001 wurde dieser ein Jahr alte Titel – in Kombination mit Bildern des 11. September als Video-Clip ebenso wie für sich genommen im Radio – zur Hymne der Trauernden, obwohl der Text kaum einen anderen Trost spendet als den Hinweis auf die vergehende Zeit, die allein weiß, was geschehen wird[220]. Doch vermochte diese Offenheit anscheinend, der

---

219 Ein Auszug aus dem Text: „Ich will sehen wie sein Zelt bei den Menschen ist und er bei ihnen weilt Das will ich sehen / Ich will sehen wie sie seine Völker sind und er selbst bei ihnen ist Das will ich sehen / Ich will sehen wie Wolf und Lamm einträchtig weiden und der Löwe Stroh frißt wie der Stier / Ich will sehen wie kein Schaden gestiftet wird noch irgendwie Verderben auf seinem ganzen Heiligen Berg Das will ich sehen / Ich will sehen wie er Kriege aufhören läßt bis an das äußerste Ende der Erde Das will ich sehen / Ich will sehen wie sie ihre Schwerter zu Pflugscharen schmieden Das will ich sehen Das will ich sehen / Ich will sehen wie er jede Träne von ihren Augen abwischt und der Tod nicht mehr ist".
220 „Who can say / when the road goes / where the day flows – only time / And who can say / if your love grows / as your heart chose – only

Rat- und Hilflosigkeit Ausdruck zu geben und die Menschen in eine stärkende Gemeinschaft und zu gegenseitiger Anteilnahme zu führen. Freilich bleibt zu vermuten, daß dieser Trost innerweltlich und zwischenmenschlich blieb, da ihm jeglicher Hinweis auf die Transzendenz und damit ein überschießendes Moment, das eine neue Perspektive hätte eröffnen können, fehlte. – In noch weitaus höherem Ausmaß als ein Gesangstitel ist natürlich nicht-wortgebundene Musik imstande, als Ausdruck unterschiedlicher Gefühle, Sehnsüchte, Hoffnungen zu dienen oder auf diese zu antworten, doch ist auch Instrumentalmusik auf ihre Möglichkeiten zu befragen, die Hörer über ihr eigenes Selbst hinauszuführen.

An welchem Punkt und durch welches musikalische oder dichterische Element die Grenze zum musikalischen oder musikalisch-religiösen Kitsch überschritten wird, mag dahingestellt bleiben[221]. Festzuhalten ist jedoch, daß auch musikalischem Kitsch – entsprechend den kitschigen Erzeugnissen der bildenden Kunst – die Funktion zukommen kann, die persönliche Frömmigkeit sehr präzise auszudrücken und zu vertiefen. Auch ein kitschiges Musikstück kann, gerade wegen seiner vertrauten und verständlichen Sprache, ein Mittel der Andacht sein und den Hörenden oder (Mit-)Singenden unter das Kreuz oder an die Krippe führen[222].

---

time [...] Who can say / when the roads meet / that love might be / in your heart [...] Night keeps all your heart [...] Who knows – only time".

221 Von der kurzen Halbwertszeit populärer Musik einmal abgesehen: Für den einen kann ein Kirchentagslied beispielsweise von Fritz Baltruweit oder Ludger Edelkötter eine gültige Weise sein, christlichen Glauben heute singend auszudrücken, der anderen sind sowohl die Melodien und Harmonien wie die Texte wegen ihrer simplifizierenden und die Mehrdimensionalität der Wirklichkeit reduzierenden Flachheit unerträglich. Das Urteil ist, unabhängig von der Möglichkeit, sachliche Kriterien aufzuführen (wie es etwa Peter Rühmkorf, Über das Volksvermögen. Exkurse in den literarischen Untergrund, Reinbek ⁹1979, 118ff. im Hinblick auf den Schlager im Gegenüber zum Volkslied tut), eine Frage der eigenen Hörgewohnheiten und des entsprechend herausgebildeten Geschmacks sowie der kulturellen Prägung.

222 Albrecht versteht musikalischen Kitsch geradezu als Sehnsuchts- oder Erlösungssymbol angesichts eines Leidens, das keine Worte mehr findet. So zitiert er die Mutter eines spastisch gelähmten Kindes, der die

5.5.3 Der große Spaß und „Die große Stille"

Literatur unterhält, sie zeigt andere Welten und läßt, jedenfalls im Falle guter Literatur, in deren Schilderung die eigene Welt deutlicher erkennbar werden. Literatur kann spannend sein, aufwühlend, erhellend, traurig, unglaublich komisch, weiterführend – und wenn man Glück hat, ist sie alles zusammen. Ob das Lesen den Menschen verändert, gar nachhaltig prägt, ist strittig, aber auf jeden Fall bleiben immer wieder Gedanken, Erzählmotive, Figuren, Sätze oder Bilder aus Büchern im Bewußtsein ihrer Leser hängen, sie regen zum Nach- oder Weiterdenken an, sie führen vor Fragen, sie beflügeln die Phantasie. Wegen dieser Wirkung wurde und wird Literatur, und keineswegs allein geistliche, sondern auch säkulare Dichtung[223], von einzelnen zur Unterstützung ihrer Andacht oder als Grundlage ihrer Meditation seit jeher herangezogen. Ebenso fand und findet sie in Predigten als Exempel, zur Bestätigung („wie schon der große Goethe sagte") oder, bei mangelndem Zutrauen zu den eigenen Worten und Gedanken, als Predigtschluß Verwendung, freilich in der Regel nicht im Zusammenhang des gesamten Werkes, sondern stets in geeigneten Ausschnitten, Zitaten, knappen Nacherzählungen oder kurzen Passagen der Novelle, des

---

Musik von James Last zur Bewältigung ihres Schmerzes verhilft, indem sie ihr die Flucht aus der unerträglichen Realität ermöglicht und sie „alles vergessen" läßt (a.a.O., 114). Daß ein solches Resultat zuzeiten wünschenswert ist, leuchtet ein; ob es gut und weiterführend ist, ob es letztlich befreiend wirken kann, muß ohne Kenntnis der genaueren Umstände offen bleiben.

223 In der Sicht beispielsweise der Bultmann-Schule muß, wer von Gott reden will, vom Menschen und seiner Wirklichkeit reden. Davon, von dieser Welt und der Entfremdung, spricht das Kunstwerk, und tut es in exemplarischer und gültiger Weise, weil es, sofern es gelungen ist und von hoher Qualität, das allgemein Menschliche (oder einen substantiell entscheidenden Aspekt dessen) ausdrückt. Insofern ist auch säkulare Literatur für die Vertiefung der Frömmigkeitspraxis geeignet.

Romans oder Theaterstückes[224]. Auch Gedichte werden häufig nur in Form einzelner Strophen oder Verse zitiert, sie können zudem inzwischen im protestantischen Gottesdienst sogar in liturgischer Funktion erscheinen[225].

Nun spricht natürlich nichts dagegen, dichterische Worte, die Erkenntnisse in der denkbar einprägsamsten Weise formulieren, aus ihrem Zusammenhang zu lösen und ihnen ‚nachzudenken'. Allerdings sollte bei dieser Art der ‚Nutzung' die Frage nicht völlig aus dem Blick geraten, ob der Künstler selbst einer solchen Deutung wie Verwendung seines Werkes zugestimmt hätte – zum einen ist die Gefahr theologischer Vereinnahmung zu bedenken[226], zum anderen ist vorstellbar, daß eine möglicherweise atheistische oder synkretistisch-eklektische Haltung des Schaffenden sich seinem Werk eingeprägt hat. Diese muß für die Rezipienten, zumal in einem kurzen Ausschnitt, nicht bewußt wahrnehmbar sein, dennoch kann eine solche Haltung unterschwellig wirksam werden.

---

224 S. oben in Abschnitt V.2.3.1. und 2.3.3. Daß diese Steinbruchmethode den herangezogenen Werken natürlich nicht gerecht wird, sei nur am Rande erwähnt.

225 Begegnet ist mir der Einsatz eines Gedichtes als erweitertes Kyrie, auch die Verwendung von Zeilen der „üblichen Verdächtigen" Marie Luise Kaschnitz, Kurt Marti, Hilde Domin, Lothar Zenetti, Rose Ausländer, aber auch Paul Celan in Fürbitten kommt immer wieder vor (wobei das in aller Regel nicht zu empfehlen ist, denn die dichterische Sprache ist häufig ebenso schön wie komprimiert und ermöglicht eben darum kein Mit- oder Hineinbeten), oder im Schlußteil des Gottesdienstes, in Sendung und Segen.

226 Sogar hinsichtlich „offener" Kunstwerke ist vor einer zu selbstverständlichen und methodisch nicht hinterfragten theologischen Vereinnahmung zu warnen, zu der insbesondere eine neoliberale Begeisterung für das Aufspüren „religiöser" Inhalte in allem Säkularen neigt. Natürlich ist es möglich, einen humanistisch geprägten Ruf zu menschlichem Miteinander als Ausdruck einer Haltung christlicher Nächstenliebe zu verstehen – wer sein Werk aus der Hand gibt, gibt es frei für jede Interpretation. Doch muß bewußt bleiben, daß hier ein Hineindeuten vorliegt. Und im Interesse des Kunstwerkes wie des Künstlers wäre es überdies wünschenswert, wenn die Rezeption nicht rein funktional, sondern dialogisch geschähe.

Von Filmpredigten oder Filmnacherzählungen in Predigten[227] einmal abgesehen verhält es sich mit der Verwendbarkeit von Filmen anders. In der Regel werden sie sich kaum unmittelbar zur Förderung geistlicher Besinnung einsetzen lassen. Allerdings können sie sehr wohl Anlaß zu einer vertieften Beschäftigung mit theologischen Fragen sein und auf diesem Wege zum Praktizieren von Spiritualität führen. Das gilt bereits für kommerzielle Filme, die etwa die Frage nach dem Lebensende und der Jenseitserwartung oder -hoffnung des Zuschauers aufwerfen, wie zum Beispiel „Rendezvous im Jenseits" (O: Defending your life, USA 1991), „Terminator 2 – Tag der Abrechnung" (O: Judgment Day, USA 1991), „Schräger als Fiktion" (O: Stranger than fiction, USA 2006) oder „Hinter dem Horizont" (O: What dreams may come, USA 1998)[228]. Mehr noch gilt es für einen Film wie Philip Grönings „Die große Stille" (Deutschland 2005), der zahlreiche Zuschauer stark angesprochen und zu eigener Auseinandersetzung geführt hat mit einem kontemplativen Leben für Gott in der Abgeschiedenheit eines Kartäuser-Klosters, mit der Bedeutung des Schweigens oder des Betens. Immer wieder wurde auch berichtet – zumeist von Zuschauern, die über einige Übung in kontemplativer Betrachtung verfügen –, daß das Sich-hinein-Fühlen in die Tages- und Jahreszeitenabläufe des monastischen Alltags, an dem der Zuschauer, vermittelt durch die beobachtende Kamera, teilnahm, wirklich zu einem immerhin dreistündigen Stillwerden und einer inneren Öffnung geführt habe[229].

---

227 Vgl. das (fiktive) Predigtbeispiel zum Film „Bruce allmächtig" (O: Bruce almighty, USA 2003) in: Corinna Dahlgrün, „Nicht mehr in Bildern"? Homiletische Überlegungen zur Rede von Gott, BThZ 22 (2005), 86-103.
228 Und immerhin lautet das Fazit des Piraten Jack Sparrow am Ende des Films „Fluch der Karibik" (O: Pirates of the caribean: the curse of the black pearl, USA 2004): „Also, eigentlich find' ich das alles sehr hübsch. Wir sind doch schließlich alle irgendwie weitergekommen, spirituell, dramatisch, menschlich."
229 Auf der anderen Seite stellt dieser Film für Ungeübte zumeist eine gewaltige Überforderung dar.

5.5.4 Glaubenssprachen der Kunst und die Unterscheidung der Geister

Es gibt christliche Kunst unterschiedlichen Niveaus, es gibt christlichen Kitsch, ebenso gibt es nicht-christliche Kunst und nicht-christlichen Kitsch, und es gibt offene Kunstwerke. Im Hinblick auf eine kirchliche Verwendung eines Werkes ist ebenso nach dessen Inhalten wie nach der Gelungenheit seiner Form, seiner Qualität zu fragen, denn die Kirchen haben gegenüber ihren Gemeinden nicht nur eine theologische, sondern auch eine Bildungsverantwortung. Die Verantwortung für diejenigen Werke, die Menschen für ihre individuelle *praxis pietatis* heranziehen, ist seitens der Kirchen kaum zu übernehmen, doch können und sollten sie in allen religionspädagogischen Feldern geschmacksbildend wirken, aus zwei Gründen. Zum einen spricht analoge Kommunikation theologisch nicht geschulte Menschen unmittelbar auf der Gefühlsebene an, Menschen, die nicht über die Möglichkeit zur Beurteilung und Abwägung des Mitgeteilten verfügen. Das bedeutet, daß der Inhalt dieser Kommunikation von großer Bedeutung ist und von Verantwortlichen im Raum der Kirche nicht sich selbst überlassen werden sollte. Analoge Kommunikation, also eine Kommunikation in Symbolen und deren Erzählform, den Mythen, ist immer durch die Möglichkeit des manipulativen Mißbrauchs gefährdet. Horst Albrecht hat nachdrücklich darauf hingewiesen, daß diese Gefahr eine Brechung des Mythos durch distanzierendes intellektuelles Verstehen unverzichtbar mache[230], wie es im kirchlichen Unterricht ebenso wie in zufälligen Gesprächen eingeübt werden kann. Dies gilt um so mehr, so betont Albrecht mit einem Zitat von Ferdinand Klostermann, als „der ‚einfache' Glaube gar kein so wünschenswerter und erhaltenswerter Zustand ist. Er ist ein Zeichen von Unreifheit und Unerwachsenheit; er ist allen dunklen Kräften von innen und außen ausgeliefert; er hält den Belastungen eines pluralistischen und rationalen Zeitalters nicht stand und

---

230 Vgl. Albrecht, 180.

ist aufs äußerste gefährdet. Er bedarf darum der ‚Aufklärung', er sollte zur Freiheit, Reflexion, Kritikfähigkeit und Rationalität geführt werden und sollte sich dem nicht entziehen."[231] Nur so kann analoge Kommunikation im Bereich der Spiritualität dem Inhalt des Evangeliums gerecht werden. Ihre Relevanz muß sich „in der kritischen Kraft gegenüber symbolischer Repression erweisen"[232].

Der zweite Grund für das Erfordernis kirchlicher Aufmerksamkeit im Bereich der individuell genutzten analogen Kommunikation gleich welcher Gattung resultiert aus ihrer gesellschaftlichen Verantwortung, insofern nämlich Kunst – und damit ist nun weder epigonale Kunst noch Kitsch gemeint, sondern niveauvolle Kunst, und hier insbesondere die zeitgenössische – durchaus weitreichende Folgen für die Weltwahrnehmung und die Einstellung der Rezipienten haben kann[233]. Künstler gestalten Worte, Töne oder Materialien intuitiv oder bewußt, doch immer willentlich unter Einbeziehung ihrer eigenen Innenwelt, stets ihres Fühlens, oft ihres Denkens und Wissens, auch ihres Glaubens, im Rahmen ihrer handwerklichen Möglichkeiten. Dabei stehen sie in einem konkreten gesellschaftlichen, sozialen, kulturellen Kontext, in einer konkreten historischen Situation, die ihr Schaffen beeinflussen wird. Nun ist ihre Weltwahrnehmung häufig genauer als die ihrer Mitmenschen und darum für eine Kirche, die in der Welt existiert, unschätzbar wertvoll. Die Kunstwerke, die so entstehen, weisen dabei nicht notwendig eine tagespolitische Aktualität auf. Kunst behält ihre Gültigkeit, gerade indem sie nicht aktuell ist, sondern sich auf der Suche nach der Wahrheit über den Menschen befindet, wobei sie sein Leben, in seiner Zeit und in seiner Welt, zu verstehen und zu veranschaulichen sucht. Indem sie dies subjektiv beschreibt, ist sie jedoch kein systemfunktionaler Subjektivismus, der kompen-

---

231 Ferdinand Klostermann, zitiert nach Albrecht, 164 mit Anm. 84.
232 Albrecht, 173.
233 Während Lektüre als Weltflucht zur Verweigerung verantwortlichen Handelns führen kann, mag durch die Betrachtung der Skulptur eines Künstlers aus einer Diktatur durchaus das Bewußtsein für Unrecht geschärft und ein entsprechendes Tun hervorgerufen werden.

satorisch wirkt, sondern sie bietet widerständige Seiten, mit den Worten von Adolf Muschg: „Die Kunst zeigt Mann und Frau, wie weit wir vom Ziel sind, dem Paradies. Da sie ganz tun muß, was sie tut, deckt sie auch das Ganze unserer Entfremdung auf – aber auch, in der Tiefe der Entfremdung, das Ganze"[234].

Damit stellt sich die Frage nach den Kriterien, die im Umgang mit derjenigen Kunst zu beachten sind, die von der kirchlichen Gemeinschaft oder von den einzelnen Christen für den Dialog mit dem Glauben herangezogen wird. Kunst ist daraufhin zu befragen, ob sie als Ausdruck des Wortes Gottes, als Sprache der Verkündigung oder als Sprache des Glaubens anzusehen ist, ob sie hilft, die Welt genauer wahrzunehmen, ob sie mehr verstehen läßt und so der Wahrheit dient, oder ob sie die Augen blendet, die Ohren verstopft, den Verstand einlullt und die Herzen abstumpft. Es gibt, so scheint mir, im Bereich der Kunst durchaus ein richtig oder falsch, besser: ein wahr oder unwahr, und darum gibt es auch ein geeignet oder ungeeignet hinsichtlich des Umgangs mit der Kunst im Bereich christlicher Spiritualität.

Die Kriterien, die hier anzuwenden sind, entsprechen teilweise den Regeln der *discretio*, die in der Frage der Echtheit religiöser Erfahrungen anzuwenden sind[235]: Öffnet sich das Kunstwerk auf den lebendigen Gott hin, gibt es dem Glauben an Christus Ausdruck und fördert es ihn, bzw. im Falle eines säkularen oder offenen Kunstwerks: Versperrt es den Weg zu Gott jedenfalls nicht, auch wenn es provoziert, Zweifel, Anklagen, Verzweiflung, den Abgrund der Glaubenslosigkeit zum Ausdruck bringt? Wird durch das Kunstwerk die Gemeinschaft gefördert, aufgebaut, erhalten, und anders akzentuiert: Hat es eine heilsame Wirkung auf den einzelnen Menschen[236]? Spricht das Kunstwerk zum Rezipienten,

---

234 Adolf Muschg, Literatur als Therapie? Ein Exkurs über das Heilsame und das Unheilbare. Frankfurter Vorlesungen, Frankfurt 1981, 48.
235 S. oben IV.1.2.1.
236 Wahre Kunst heilt, wenn auch nicht so, wie es das Evangelium tut, das uns von Vergebung nicht nur berichtet, sondern sie uns zuspricht, zueignet. Kunst heilt, wenn sie es tut, vermittelt, als Katalysator, und

spricht es verstehbar, und berührt es ihn darum so, daß es auf sein Leben einwirkt, es verändert? Weckt es auf und bringt es in Berührung mit der Wirklichkeit? Ist das Kunstwerk Ausdruck der wahrgenommenen Zeitverantwortung seines Schöpfers und bewegt es auch die Rezipienten zur Wahrnehmung dieser Verantwortung? Kunstwerke, hinsichtlich derer die Antwort auf diese Fragen ‚Ja' lautet, sind ein wertvolles Medium für eine gelebte Spiritualität.

5.6 Wallfahrt

Jesus hat die Jahre seiner Wirksamkeit auf Wanderschaft verbracht, ohne einen Ort, „wo er sein Haupt hinlege" (Mt 8,20). Viele seiner Anhänger haben alles verlassen, um ihm zu folgen, und nach seiner Auferstehung sendet er sie aus zu allen Völkern (Mt 28,19); die diesem Befehl entsprechenden Reisen des Paulus sind in der Apostelgeschichte dokumentiert. Dies ist die eine mögliche Existenzform, in der innerhalb der neutestamentlichen Schriften das Motiv des Unbehaustseins des Menschen gelebt wird, die erste Gestalt der Umsetzung des Pilgermotivs: Pilgern im Literalsinn, sich in der Christusnachfolge auf eine Wanderschaft begeben, die ein Leben lang dauern kann. Die zweite Gestalt der Umsetzung ist existentieller Natur, der Mensch bleibt in seinen Lebensbezügen, ist sich dabei aber des grundsätzlichen Unbehaustseins alles Lebenden auf dieser Welt bewußt, sie bildet den Grundton seiner Existenz. In diesem Sinne erinnert der Hebräerbrief an die Gläubigen des Alten Bundes. Sie alle „haben bekannt, daß sie Gäste und Fremdlinge auf Erden sind. Wenn sie aber solches sagen, geben sie zu verstehen, daß sie ein Vaterland suchen. Und wenn sie das Land gemeint hätten, von dem sie ausgezogen waren, hätten sie ja Zeit gehabt, wieder umzukehren. Nun aber sehnen sie sich nach einem

---

sie ist dabei oft nicht ohne Ambivalenz. Außerdem: Wenn Kunst wahrhaftig ist, Wahrheit zum Ausdruck bringt, kann sie verstören und verletzen, denn die Wahrheit berührt, der Geist der Wahrheit befreit und überführt.

besseren Vaterland, nämlich dem himmlischen." (Hebr 11,13-16a) Demzufolge mahnt das Schreiben *alle* Glaubenden, sich in der vorfindlichen Welt nicht zu sicher einzurichten, sondern Jesus nach „draußen" zu folgen, sich immer unterwegs zu wissen: „So laßt uns nun zu ihm hinausgehen aus dem Lager und seine Schmach tragen. Denn wir haben hier keine bleibende Stadt, sondern die zukünftige suchen wir." (Hebr 13,13f.) Im frühen Mittelalter verwirklichen die iroschottischen Mönche im Sinne der ersten Gestalt der Umsetzung die biblischen Prinzipien, sie gestalten mit ihrem Leben das Fremdsein auf der Erde um Christi willen (*homo viator*). 1675 setzt John Bunyan in Aufnahme der zweiten Gestalt die Aufforderung des Hebräerbriefes in seiner „Pilgerreise" dichterisch um[237], und in demselben Sinn beschreibt Gerhard Tersteegen 1745 das gesamte menschliche Leben als eine Reise: „Ein Tag, der sagt dem andern, / mein Leben sei ein Wandern / zur großen Ewigkeit. / O Ewigkeit, so schöne, / mein Herz an dich gewöhne, / mein Heim ist nicht in dieser Zeit."[238], und 1850 macht sich der russische Pilger auf seinen Weg, der erst mit dem Tod endet[239].

Christen sind nur Gäste auf dieser Erde. Sie sind Fremdlinge, ihre Heimat ist bei Gott. Sie sollen sich darum immer bewußt sein, daß sie unterwegs sind, auf dem Weg zum Gottesreich, das ihnen entgegenkommt, unterwegs wie das alttestamentliche Gottesvolk, das auf Befehl Gottes in die Fremde aufbricht (Gen 12,1ff., Ex 3,7ff., Dtn 26,5ff.). Doch neben dieser Wanderschaft, die aus dem prinzipiellen Unbehaustsein resultiert, auf der sich alle befinden und die das Pilgern als ein Bild für das gesamte Leben im Glauben nahelegt, gibt es besondere Formen des Unterwegs-Seins, die helfen, sich selbst als Wandernde zu erleben und zu erkennen. Es gibt die Möglichkeit, zu Orten zu reisen, an denen sich die Reisenden Gott näher glauben, und die ihnen darum Kraft geben für die grundsätzliche Unbehaustheit ihres Lebens.

---

237 S.o. III.4.4.
238 EG 481,5.
239 S.o. III.4.5.

Menschen der unterschiedlichsten Religionen begeben sich seit jeher – zur Erfüllung eines Gebotes, auf der Suche nach einer besonderen Weise der Gotteserfahrung oder aus dem Wunsch, besondere heilige Orte einmal im Leben betreten zu haben –, auf Wallfahrten, Juden und Christen, Moslems, Hindus und Buddhisten. Im Raum des Christentums pilgern Menschen nach Jerusalem, Rom und Santiago de Compostela, nach Lourdes, Fatima, Guadalupe Hidalgo und Tschenstochau, nach Altötting, Vierzehnheiligen und Kevelaer und an viele andere Orte. Sie legen in einigen Tagen oder in vielen Wochen kürzere oder weitere Entfernungen zurück[240]. Sie machen sich allein auf den Weg oder in größeren oder kleineren Gruppen, sie übernachten in kargen Pilgerherbergen in großen Schlafsälen, in bequemen Betten in Vier-Sterne-Hotels oder im Freien. Sie reisen zu Fuß, auf dem Rad (wie früher zu Pferde), mit dem Schiff, mit dem Auto oder mit Reisebussen, dabei zwischendurch wandernd, überschaubare und nur wenig unbequeme Etappen. Sogar mit Flugzeugen wird mittlerweile gepilgert[241]. Menschen nehmen Mühen, Unbequemlichkeiten und selbst Gefahren in Kauf, sie investieren Zeit und Geld, um die Erfahrung des Auf-dem-Weg-Seins zu machen und um diese Orte zu erreichen – zur Vergebung einer bestimmten Sünde oder eines sündigen Lebens,

---

240 Verschiedentlich wird, besonders in Veröffentlichungen aus dem Raum der Volkskunde und der Literaturwissenschaft, der Versuch gemacht, zwischen „Pilgerreise" (von lat. *peregrinatio*, ‚in der Fremde unterwegs sein') und „Wallfahrt" (mhd. *wallen*, ‚gemeinsam reisen, wandern') zu unterscheiden; ersteres wäre demgemäß die Reise eines einzelnen über eine weite Distanz, letzteres eine Gruppenunternehmung in die nähere Umgebung, die entsprechend weniger Zeit in Anspruch nähme. Allerdings ist die Grenze schwer zu ziehen – wie ist etwa eine Reise von einer Woche, bei der fünf Menschen zusammen unterwegs sind, zu bezeichnen? –, darum werden die Begriffe hier synonym verwandt.
241 Die Flugzeuge tragen die Farben des Vatikan, gelb und weiß, und auf den Kopfteilen der Sitze ist ein Motto aus Ps 27,8b zu lesen: „Cerco il tuo volto, Signore!" – „Ich suche dein Antlitz, Herr." Vgl. Andreas Lukas Fritsch, Wenn Fernseh-Promis wallfahren. Warum Pilgern nicht nur in Deutschland boomt, in: Herder Korrespondenz 62 (1/2008) 44-48.

als auferlegte Bußübung oder freiwillig, zur Erfüllung eines Gelübdes, auf der Suche nach Heilung, wegen eines unerfüllten Kinderwunsches oder aufgrund welcher menschlichen Not auch immer. Von Anfang an mischten sich in diese Ziele andere Motive hinein; verstärkt traten seit dem 19. Jahrhundert kulturelle und touristische Interessen hinzu, die Suche nach Abenteuer und nach Durchbrechung des Alltags, die Flucht vor wirtschaftlichen oder ehelichen Problemen[242]. Immer wieder aber war es die Suche nach einem dichteren spirituellen Erleben, als es ein Gottesdienstbesuch gewöhnlich vermittelte, die Menschen aufbrechen ließ. Mittlerweile ist als ein durchaus wesentliches Motiv die Suche nach dem eigenen Ich, die Selbstfindung hinzugetreten, die Suche nach einer das Leben prägenden und verändernden Erfahrung, die mit der Suche nach Gott in ungeklärtem Mischungsverhältnis zusammenkommen kann[243].

5.6.1 Eine kurze Skizze der Geschichte des Pilgerns

Die ersten Christen waren zwar häufig auf Reisen, doch besuchten sie Menschen – die Apostel und die Gemeinden –, keine geographisch fixierten Stätten. Sie unternahmen keine Wallfahrten zu besonderen heiligen Orten, denn sie wußten im Sinne von Mt 18,20 das Heilige bei ihren Versammlungen gegenwärtig. Auch die Abgrenzung von der auf Jerusalem fixierten jüdischen Frömmigkeit dürfte dabei eine Rolle gespielt haben. Erst im vierten Jahrhundert wuchs das Interesse an den in der Bibel aufgeführten Orten, und Menschen begannen gezielt die in den Berichten der Evange-

---

[242] Vgl. insbesondere für das 19. Jahrhundert die noch nicht veröffentlichte Habilitationsschrift von Stefan Böntert, Friedlicher Kreuzzug und fromme Pilgerschar. Liturgiehistorische Studien zur Heilig-Land-Wallfahrt aus dem deutschen Sprachgebiet zwischen Mitte des 19. Jahrhunderts und 1914 im Spiegel von Pilgerberichten.
[243] So beispielsweise bei Hape Kerkeling, Ich bin dann mal weg. Meine Reise auf dem Jakobsweg, München 2006.

lien und der Apostelgeschichte genannten, durch das Wirken Jesu oder der Apostel bedeutsam gewordenen Stätten aufzusuchen, um mit den ansässigen Gemeinden in einer gemeinsam gefeierten Liturgie des hier Geschehenen zu gedenken. In zunehmendem Maße galten die Orte selbst als heilig, als Zentren einer besonderen Gegenwart des Heiligen, einer Berührung von Himmel und Erde, und als Stätten heilvoll wirksamer Kräfte. Eine weitere Quelle des Pilgerwesens sind die kultischen Versammlungen zunächst an Apostel- und Märtyrergräbern, später zudem an den Grabstätten der Bekenner; die ersten solchen Zusammenkünfte sind für Rom bereits am Ende des 2. Jahrhunderts zu verzeichnen[244]. Auch diese Gräber wurden als heilige Orte erlebt, als Stätten, an denen sich das Heilige in besonderer, spürbarer Weise finden ließ.

Das Aufkommen des Reliquienkultes stellt eine weitere Stufe in der Entwicklung der christlichen Wallfahrt dar. Die mitgebrachten Erinnerungsstücke transportierten das Heilige in den Alltag und garantierten seine andauernde Gegenwart; die Berichte über die durch diese Präsenz gewirkten Wunder taten ein übriges. Eine besondere Bedeutung erlangten die Reliquien, nachdem die Moslems im siebten Jahrhundert den Christen den Zugang zu den heiligen Stätten verwehrten – wenn schon das Grab des Apostels oder der Ort der Kreuzigung Jesu nicht mehr zugänglich war, war es doch wenigstens ein sichtbarer und berührbarer Teil von ihm, ein Knochen, ein Stück des Gewandes, ein Splitter des Kreuzes, so daß deren Aufenthaltsorte nun ihrerseits zu heiligen Stätten werden konnten.

Einen ersten quantitativen Höhepunkt hatte die Wallfahrt im Mittelalter zu verzeichnen: Tausende von Menschen unternahmen, trotz der erheblichen Gefahren und der großen Zahl von Todesopfern, die Reise in das Heilige Land – die Kreuzfahrer, um die christlichen Stätten aus der Hand der Moslems zu befreien (ein Unterfangen, das im 13. Jahrhundert endgültig scheiterte), friedliche Pilger, um einen Ablaß zu erlangen, um Gott nahe zu sein,

---

[244] S.o. III.2.1.

5.6 Wallfahrt

um dem Weg Christi zu folgen, doch auch, um finanziell oder menschlich unerträglichen häuslichen Zuständen zu entkommen oder einfach aus Abenteuerlust. Zugleich entstanden, infolge der zahlreichen von den Kreuzfahrern mitgebrachten Reliquien, die an bestimmten Orten aufbewahrt und zu bestimmten Zeiten gezeigt wurden, viele Wallfahrtsorte in Europa, zu denen die Menschen zu pilgern begannen, um dadurch dem Heiligen nahe zu sein[245]. Damit änderte sich auch die Gestalt der Wallfahrt: Immer häufiger waren große Gruppen von Pilgern unterwegs, was eine liturgische Gestaltung des Geschehens zum Beispiel durch Prozessionen mit dazugehörigen Gebeten, Gesängen und Litaneien nahelegte. Dies galt in besonderer Weise für das erste „Heilige Jahr", 1300, das den Rompilgern einen Nachlaß aller zeitlichen Sündenstrafen zusagte[246].

Die Reformatoren kritisierten die Wallfahrten theologisch in schroffer Weise, nicht so sehr wegen ihrer Praxis als vielmehr wegen der Gründe, die Menschen zum Pilgern bewögen: Gott schenke Menschen die Vergebung der Sünde, die Rechtfertigung *sola gratia*, allein aus Gnade – keine menschliche Anstrengung könne daran mitwirken. Ein solcher Versuch, wie er in den Bußwerken unternommen werde, drücke mangelndes Vertrauen in die Gnade Gottes aus und nehme die Erlösung in die eigenen Hände. Gott sei Herr der ganzen Welt und ausweislich der Lehre Jesu jedem Menschen, der an ihn glaube, gleich nahe – deshalb sei die Verehrung besonderer Orte oder Gegenstände nicht schriftgemäß, sie

---

245 Ludwig Mödl weist auf eine inhaltliche Veränderung in dieser Zeit hin: Die Christus-Reliquien-Wallfahrt sei, im Gefolge der wachsenden Sakramentsfrömmigkeit und der Dogmatisierung der Transsubstantiationslehre auf dem IV. Lateranum, zunehmend zu einer eucharistischen Wallfahrt geworden; ab dem 14. Jahrhundert sei die Marienwallfahrt hinzugekommen (a.a.O., 170-174). Hinzuweisen ist außerdem auf den Beginn der Santiago-Wallfahrt im 12. Jahrhundert.
246 Konkrete Zahlen, die einen Eindruck von den Größenordnungen verschaffen können: 1392 zogen im Laufe einer Woche 60.000 Pilger nach München, um die dort ausgestellten Andechser Reliquien zu sehen, und Einsiedeln (Schweiz) verzeichnete im Jahr 1466 über 130.000 Pilger.

widerspreche dem Grundsatz des *sola scriptura*. Die Erwartung von Hilfe am Grab eines Heiligen oder am Aufbewahrungsort einer Reliquie schließlich beeinträchtige die alleinige Mittlerschaft Christi, das *solus Christus*[247]. Eine Wallfahrt, die aus dem Wunsch unternommen werde, einen Nachlaß der Sündenstrafen zu erhalten, sei nicht nur vergeblich, sondern eine Sünde gegen das erste Gebot. Diese Sicht der Dinge und zudem die mit der Reformation einhergehenden Unruhen und Auseinandersetzungen brachten das Wallfahrtswesen vielerorts zum Erliegen oder beeinträchtigten es jedenfalls erheblich. In den folgenden Jahrhunderten dominierten die Wallfahrten zu den regionalen Heiligtümern[248].

Einen erneuten Aufschwung des Pilgerwesens brachte das 19. Jahrhundert, zum einen durch zahlreiche Marienerscheinungen, die das Entstehen neuer Wallfahrtsorte zur Folge hatten (Paris, La Salette, Lourdes), zum anderen durch ein verstärktes Interesse am Heiligen Land, bewirkt durch die Leben-Jesu-Forschung, verbesserte Reisemöglichkeiten und zahlreiche weitere Gründe[249]. Vor allem an den Palästina-Wallfahrten beteiligten sich nun erstmals auch etliche evangelische Pilger, deren Berichte den Aufbruch vieler weiterer zur Folge hatten.

Nach einer Unterbrechung durch die beiden Weltkriege und die nachfolgende Zeit der langsamen wirtschaftlichen Konsolidierung und der Wiederherstellung der Reisemöglichkeiten begann im 20. Jahrhundert das Wallfahrtswesen wieder aufzuleben, in bis dahin kaum vorstellbaren Dimensionen. Heute sind jährlich viele Millionen von Menschen auf Wallfahrten unterwegs, wobei sich die Marienwallfahrten besonderer Beliebtheit erfreuen[250].

---

247 S. dazu auch unten in diesem Abschnitt, 8.1.
248 Zu Beginn der Neuzeit ist jedoch ein kurzes Wiederaufleben der Wallfahrt auch nach Palästina zu verzeichnen.
249 Vgl. dazu die Untersuchung von Stefan Böntert.
250 Um nur einige Beispiele zu nennen: Ins mexikanische Guadalupe ziehen pro Jahr 15-20 Millionen Menschen, nach San Giovanni Rotondo in Italien 7,5 Millionen, ins argentinische Aparecida 7,3 Millionen, nach Santiago 4,5 Millionen, nach Israel, nach Yamoussoukro (Elfenbeinküste) und nach Lourdes je 2 Millionen, nach Tschenstochau zu jedem der

5.6.2 Der Weg ist das Ziel?

Warum gehen heute Menschen auf eine Wallfahrt? Was versprechen sie sich vom Pilgern, und was erhoffen sie sich am Ziel? Oft geben die Wallfahrer selbst darüber Auskunft, denn seit jeher halten viele Pilger ihre Erlebnisse in Briefen, in Berichten für die Daheimgebliebenen oder in autobiographischen Schriften fest. Die Dokumente reichen vom Pilgerbericht der Egeria um 400[251] über die Erinnerungen des Felix Fabri aus dem 15. Jahrhundert[252] und eine Fülle von autobiographischen Texten aus dem 19. Jahrhundert[253] bis in unsere Zeit[254]. Andere verarbeiten die Erfahrungen in Vers- oder Romanform[255]. Manche lassen sie auch in

---

hohen Feste Hunderttausende, nach Kevelaer über 1400 unterschiedlich große Gruppen jährlich, dazu zahlreiche Einzelpilger.

[251] Egeria Itinerarium. Reisebericht. Übersetzt und eingeleitet von Georg Röwekamp, unter Mitarbeit von Dietmar Thönnes (Fontes Christiani 20), Freiburg 1995.

[252] Felix Fabri, Galeere und Karawane. Pilgerreise ins Heilige Land, zum Sinai und nach Ägypten 1483, bearbeitet und mit einem Nachwort versehen von Herbert Wiegandt, Stuttgart u.a. 1996.

[253] S. die bei Stefan Böntert angegebenen Quellen.

[254] Hape Kerkeling; Shirley MacLaine, Der Jakobsweg: Eine spirituelle Reise, München 2001; Cees Nooteboom, Der Umweg nach Santiago, Frankfurt/M. [7]1992 (insgesamt vor allem ein „Spanienbuch"); Paolo Coelho, Auf dem Jakobsweg. Tagebuch einer Pilgerreise nach Santiago de Compostela, Zürich 1999.

[255] Zu denken ist hier zum Beispiel an das Ezzo-Lied von 1064/65 (Christoph Lange, Das Ezzo-Lied in der Vorauer Überlieferung. Text, Übersetzung und Kommentar [Erlanger Studien 133], Erlangen/Jena 2005. Zur Entstehung s. Hartmut Freytag, Ezzos Gesang und die Jerusalemwallfahrt von 1064/65, in: Auslandsbeziehungen unter den salischen Kaisern. Geistige Auseinandersetzung und Politik. Referate und Aussprachen der Arbeitstagung vom 22.-24. November 1990 in Speyer, hg. von Franz Staab, Speyer 1994, 41-67); möglicherweise an die mittelenglischen Vers-Novellen von Geoffrey Chaucer aus dem 14. Jahrhundert (Canterbury Tales, from the Text and with the Notes and Glossary of Thomas Tyrwhitt, London/New York 1867) und, aus der jüngeren Vergangenheit, an einen Krimi von Petra Oelker (Tod auf dem Jakobsweg. Kriminalroman, Reinbek bei Hamburg [5]2008).

eine fachliche Auseinandersetzung einfließen[256], und seit einigen Jahren werden Wallfahrtserfahrungen zudem immer öfter filmisch dokumentiert[257]. Was also sind die Gründe, die zeitgenössische Pilger in Bewegung setzen? Eine Sichtung der Literatur ergibt eine eindrucksvolle Sammlung von Motiven, vielfach in Kombination auftretend, deren einige in engerem oder weiterem Sinne religiös zu nennen sind: Die Pilgernden wollen ihren Glauben gestalten; sie nutzen den Weg für Exerzitien; sie wollen sich in einer Zeit der Askese von Negativem reinigen und als ‚neuer Mensch' zurückkehren; sie erhoffen sich auf dem Weg oder am Ziel eine Gotteserfahrung, ein Erleben größerer Gottnähe, als sie es aus ihrem Alltag kennen; sie wollen Zeit, Kraft, Lebensenergie aus Dankbarkeit oder in Erfüllung eines Gelübdes zum Opfer bringen; sie wünschen sich eine intensivere Erfahrung kirchlicher Gemeinschaft, als sie in Gottesdiensten möglich ist; sie wollen an dem besonderen Ort für sich und andere beten; sie erhoffen sich von der Präsenz des Heiligen am Zielort ein Wunder[258]. Doch beinahe noch zahlreicher

---

[256] So auf katholischer Seite jüngst z.B. Ludwig Mödl, Den Alltag heiligen, 164-183 und Michael Rosenberger, Wege, die bewegen. Eine kleine Theologie der Wallfahrt, Würzburg 2005; auf evangelischer Seite Peter Zimmerling, Hat das Pilgern ein Heimatrecht in der lutherischen Spiritualität? In: Pilger – Wege – Räume. Historische, religionspädagogische und kunsttherapeutische Reflexionen mit einer Liste evangelischer Pilgerinitiativen in Niedersachsen (Quellen und Forschungen zum evangelischen sozialen Handeln 18), Hg. Martin Cordes / Simone Wustrock, Hannover 2005, 137-148. Bei einem unmittelbaren Vergleich fällt auf, daß die katholischen Veröffentlichungen das gottesdienstliche Moment der gesamten Pilgerreise stärker betonen; auf evangelischer Seite wird stärkeres Gewicht auf die individuelle Erfahrung gelegt.

[257] So etwa die Dokumentation Ferenc Tolvalys („Der Jakobsweg") von 2008 oder die Doku-Soap „Promi-Pilgern", die 2007 in Pro-Sieben lief, und die von Henryk M. Broder nicht gänzlich zu Unrecht als „Big Brother" auf dem Jakobsweg charakterisiert wurde (www.spiegel.de/kultur/gesellschaft am 15. Oktober 2007).

[258] Dies geschieht nicht ohne Grund: Für Lourdes sind etwa 7000 medizinisch auffällige Heilungen verzeichnet, davon werden 2000 von den Ärzten als unerklärlich eingestuft. Angesichts dessen kann das Widerstre-

sind allgemein-menschliche Motive: Die Pilgernden machen sich auf die Suche nach sich selbst, nach ihrer Identität; sie wünschen sich einen Neuanfang und wollen sich über neue Ziele klar werden; sie wollen aus der Situation eines „burn-out" herauskommen; sie wollen alles Alte abwerfen; sie suchen Naturerfahrungen; sie suchen Grenzerfahrungen; sie wollen die sportliche Herausforderung annehmen; sie wollen ihrem Alltag entkommen und einen ‚besonderen' Urlaub erleben; sie wollen die Langsamkeit entdecken; sie suchen das Abenteuer; sie interessieren sich für die fremde Kultur; sie sind neugierig auf die besonderen Orte (touristische Interessen); sie suchen den „Kick", das „Event"[259]. Die Beschaffenheit der Motive wird zunächst die Reise beeinflussen, doch auch eine aus rein oder überwiegend menschlichen Erwägungen heraus angetretene Wallfahrt verhindert religiöse Erfahrungen nicht, wie etliche der Berichte zeigen.

Der Schriftsteller David Lodge läßt in seinem Roman „Therapie" den Ich-Erzähler Laurence „Tubby" Passmore, der sich nach etlichen Lebenskrisen auf den Weg nach Santiago gemacht hat, um seine Jugendliebe Maureen zu finden (aus durchaus egoistischen Motiven und mit dem Auto, nebenbei), folgende nachgerade exemplarische Beschreibung der Camino-Pilger formulieren:

„Ich lernte die verschiedensten Pilgertypen kennen. Am häufigsten begegnete man spanischen Jugendlichen, die mit der Wallfahrt einen wunderbaren Vorwand hatten, der elterlichen Aufsicht zu entkommen und in gemischter Gesellschaft zusammenzusein. In den *refugios* gibt es keine Geschlechtertrennung. Nicht, daß es dort zu Liebesabenteuern käme (dazu spielt sich alles zu öffentlich ab), aber abends spürte ich bisweilen dieses erwartungsvolle Knistern, das ich von früher aus dem Jugendklub in Erinnerung hatte. Auch viele weltläufigere Rucksackreisende aus dem Ausland waren unterwegs, muskulöse, braungebrannte junge Leute, bei denen sich

---

ben verwunderlich erscheinen, die vom Bruno-Gröning-Freundeskreis berichteten Heilungen zu akzeptieren (vgl. oben III.5.5.).
259 Sowohl Rosenberger wie Zimmerling versuchen, einige dieser menschlichen Motive religiös zu unterlegen oder zu deuten; die Berechtigung dessen ist im Einzelfall nicht auszuschließen, generell halte ich es jedoch weder für sinnvoll noch für erforderlich.

herumgesprochen hatte, daß Santiago ein echt cooler Trip war: tolle Landschaft, billiger Wein und Herbergen, in denen du kostenlos deinen Schlafsack ausrollen kannst. [...] und auch Verheiratete und unverheiratete Paare wurden toleriert, die einfach gern wanderten oder sich für spanische Geschichte oder romanische Architektur interessierten und jedes Jahr gemächlich eine Etappe des *camino* hinter sich brachten. Für diese Einzelwanderer oder Gruppen war die Wallfahrt in erster Linie ein Alternativ- oder Abenteuerurlaub. Dann aber gab es auch zielstrebige Pilger mit ganz persönlichen Motiven: ein junger Mann, der eine gesponserte Radtour machte, um Geld für eine Krebsstation zusammenzubekommen; ein holländischer Künstler, der unbedingt zu seinem vierzigsten Geburtstag in Santiago sein wollte; ein sechzigjähriger Belgier, der mit der Wallfahrt seinen Ruhestand einleitete; ein arbeitsloser Fabrikarbeiter aus Nancy, der über seine Zukunft nachdenken wollte; alles Menschen, die einen Wendepunkt in ihrem Leben erreicht hatten, die Frieden suchten oder Erleuchtung oder auch nur eine Atempause im täglichen Trott. [...] Es gab auch Katholiken unter ihnen, die meisten aber hatten keine speziellen religiösen Bindungen. Für manche, die ihre Pilgerreise anfangs wie ein unterhaltsames Experiment betrachtet hatten, war sie zu einer tiefen innerlichen Erfahrung geworden, aber es gab natürlich auch Typen, die schon zu Beginn der Reise ein bißchen wunderlich waren."[260]

Tubby Passmore findet Maureen auf einer der Stationen unterwegs und begleitet ihre Fußwanderung vom Auto aus, da sie sich weigert, nur wegen einer Bänderzerrung die Wallfahrt abzubrechen. „Ehrlich gesagt, wäre wohl auch ich enttäuscht gewesen, wenn Maureen es nicht geschafft hätte. Obwohl ich ganz banal mit dem Auto unterwegs war, begann die Pilgerreise mich in ihren Bann zu ziehen, und auch ich spürte einen Hauch von dem, was Maureen auf ihrem langen Fußmarsch erlebt und erfahren hatte."[261]

In Cebrero läuft Passmore einem britischen Fernsehteam vor die Kamera, das einen Dokumentarfilm über Wallfahrt drehen und dazu mit einem Wallfahrer sprechen will. Tubby erklärt, kein wahrer Wallfahrer zu sein – ein wahrer Wallfahrer, so führt er, beeinflußt durch eine intensive Kierkegaard-Lektüre, aus, sei jemand, für den die Wallfahrt ein existentieller Akt der Selbstdefinition sei, ein Sprung in die Absurdität. Der begeisterte Regisseur will daraufhin

---

260 David Lodge, Therapie, München 1997, 347-349.
261 A.a.O., 358.

5.6 Wallfahrt

unbedingt Tubbys existentialistische Deutung der Wallfahrt hören, und dieser tut ihm vor laufender Kamera den Gefallen und formuliert folgende, durchaus inspirierende Kategorisierung: „Ich umriß die drei Stadien der persönlichen Entwicklung nach Kierkegaard – das ästhetische, das ethische und das religiöse Stadium – und unterschied dementsprechend auch drei Wallfahrertypen. Dem ästhetischen Typ, sagte ich, geht es hauptsächlich um Zerstreuung, er freut sich an den landschaftlichen und kulturellen Schönheiten, die der Jakobsweg ihm bietet. Der ethische Typ will mit seiner Pilgerreise sein Durchhaltevermögen und seine Selbstdisziplin unter Beweis stellen, er kennt die Regeln der Pilgerreise genau (weiß beispielsweise, daß man auf gar keinen Fall im Hotel übernachten darf) und sieht andere Wallfahrer gewissermaßen als Konkurrenz. Der wahre Wallfahrer aber ist der (im kierkegaardschen Sinne) religiöse Wallfahrer. Für Kierkegaard ist die christliche Lehre ‚absurd'. Wäre sie ausschließlich rational bestimmt, wäre der Glaube kein Verdienst. Der entscheidende Punkt ist ja eben, daß nicht rationale Zwänge einen zum Glauben bringen, sondern daß man einen Sprung ins Nichts tut und damit die Wahl für sich selbst trifft. Über Tausende von Meilen zum Schrein von Santiago zu pilgern, ohne zu wissen, ob dort tatsächlich jemand begraben liegt, das ist so ein Sprung. Der ästhetische Wallfahrer nimmt für sich gar nicht erst in Anspruch, ein wahrer Wallfahrer zu sein. Der ethische Wallfahrer denkt ständig darüber nach, ob er einer ist. Der wahre Wallfahrer denkt nicht nach, er tut es."[262]

Nach der Rückkehr findet Passmore für viele seiner Probleme eine Lösung, andere, wie der stete, ebenso heftige wie unerklärliche Schmerz in seinem Kniegelenk, sind von allein verschwunden, und er besiegt seinen völlig verblüfften Tennispartner in einem sehr laufstarken Spiel, „indem ich nach jedem Service zum Netz lief und bei seinen Lobs zur Grundlinie zurückhetzte. ‚Ich denke, du hast was mit dem Knie?' keuchte er. Wir hatten um einen Zehner gespielt. ‚Es geschehen eben noch Zeichen und Wunder, Joe.' Das war nur halb scherzhaft gemeint, aber ich weiß nicht, ob er es gemerkt hat."[263]

In welchem Verhältnis stehen Weg und Ziel zueinander? Wird der Weg oder der Aufenthalt an der heiligen Stätte stärker gewich-

---
262 A.a.O., 362.
263 A.a.O., 380.

tet? Prägt das Ziel den Weg? Diese Fragen werden sich kaum einheitlich beantworten lassen, doch läßt sich vielleicht viererlei sagen. Zum einen: Je weiter der Weg zu einem Wallfahrtsort ist, desto wichtiger dürfte er in der Wahrnehmung des Pilgers sein oder werden. Weiterhin: Für Menschen mit vor allem allgemeinmenschlicher Begründung der Pilgerfahrt ist der Weg mit seinen verschiedenen Erlebnismöglichkeiten vermutlich wichtiger als für diejenigen mit religiösen Gründen, die das Ziel als einen Ort besonderer Gottnähe verstehen und darum aufsuchen wollen. Dann: Wer konkrete Erwartungen an das Erreichen des Zieles knüpft, wird den Aufenthalt am Ziel stärker gewichten als den Weg dorthin, möglicherweise so stark, daß die Erfüllung der Erwartungen über die Beurteilung der Wallfahrt als Erfolg oder Mißerfolg entscheidet. Und schließlich: Die Gewichtung kann sich – je nach der Gestaltung der Wallfahrt, nach ihrer liturgischen Prägung, nach dem Erleben auf der Reise und am Zielort – entweder schon während der Wallfahrt oder aber im Nachhinein verschieben. Zweifellos gibt es beide Haltungen unter Pilgern, eine ‚Wegorientierung' und eine ‚Zielorientierung', und sicherlich treten sie meist in Kombination auf. In aller Vorsicht sei eine konfessionelle Unterscheidung angeschlossen: Ich halte es für vorstellbar, daß katholische Pilger, bei allem Interesse am Weg, den Schwerpunkt ihrer Wallfahrt stärker auf das Ziel legen als ihre protestantischen Weggefährten, da sie zu heiligen Orten und Gegenständen eher eine Beziehung entwickeln konnten als evangelische Christen[264]. Für letztere dürfte, resultierend aus den traditionell vermittelten Überlegungen in der reformatorischen Theologie, weder das ei-

---

[264] Als mögliche Ausnahme könnten, je nach Einschätzung, die „Wallfahrten" zu den Kirchentagen angesehen werden: Für Gruppen sind sicherlich sowohl die Hin- wie die Rückwege als ein Vorbereiten bzw. Ausklingen-Lassen von Bedeutung, doch das Entscheidende geschieht am Zielort. Das Interesse an spezifisch protestantischen „Wallfahrtsstätten", etwa der Tintenfleck in der Wartburg oder Calvins Predigtstuhl, verdankt sich nach meiner Einschätzung eher historischen oder kulturellen Interessen; von wundersamen Erfahrungen an diesen Orten ist bisher nichts verlautet.

ne noch das andere existieren; infolgedessen können sie in ihrem Pilgern eher an die auf neutestamentlicher Tradition beruhende Deutung des Lebens als Pilgerweg anknüpfen.

5.6.3 Wallfahrts-Folgen

Welche Wirkung hat die Durchführung einer Pilgerfahrt als Initiative des einzelnen oder eine Teilnahme an einer Gruppenwallfahrt für die *praxis pietatis* des Alltags? Auch auf diese Frage gibt es keine allgemeingültigen Antworten. Reisen und die damit verbundenen Erlebnisse prägen die Reisenden, das läßt sich zunächst ganz generell und unspezifisch festhalten. Manche Erlebnisse werden dabei von besonderer Wirkung sein: Wer am Wallfahrtsort am eigenen Leibe oder beobachtend ein Wunder erlebt, wem eine besondere Gotteserfahrung zuteil wird, wer seine Gebete erhört findet, wird jedenfalls in seinem Glauben entscheidend gestärkt sein und etwas gewonnen haben, das auch in möglichen späteren Zweifeln tragen und ermutigen kann[265]. Wer auf der Reise menschliches Miteinander erlebt, Nähe zu anderen Pilgern oder die Gastfreundschaft von Menschen auf dem Weg, wird lebendig verstehen, warum Christen nicht als solitäre Existenzen gemeint, sondern in die Gemeinschaft anderer verwiesen sind, und er wird seinen Gast-Status auf dieser Welt am eigenen Leibe erfahren haben. Doch auch diejenigen, die ‚nur' zu einer Pilgerfahrt aufbrechen, den Weg zurücklegen, sich am Zielort aufhalten und wieder heimkehren, tun dies nicht, ohne sich zu verändern.
Das Zurücklegen eines Pilgerweges führt in gedrängter Weise etliche konstituierende Elemente der menschlichen Existenz vor Augen und hilft so, das eigene Sein zu verstehen und anzunehmen, in seiner Unruhe und letzten Heimatlosigkeit, in seiner Bruchstück-

---

[265] Die Ermutigung kann durch Erinnerungsgegenstände erheblich befördert werden – das Belächeln einer Andenkensammler-Mentalität ist von daher kaum angebracht.

haftigkeit[266], in seiner Begrenztheit und Angewiesenheit, in seiner „abschiedlichen" Gestalt[267] und in seiner Sehnsucht nach einem Ziel, an dem alles Leid ein Ende hat. Wer pilgert, kann sich als Teil des „wandernden Gottesvolkes" erleben, das in der Begleitung des mitgehenden Gottes unterwegs ist zur „zukünftigen Stadt".

5.7 Bibliodrama

Einige spirituelle Methoden, wie Singen, Beten und Feiern des Gottesdienstes, werden ohne Unterbrechung praktiziert, seit es christliche Gemeinschaften gibt, andere werden in bestimmten geschichtlichen Situationen wiederentdeckt oder stärker gewichtet, so beispielsweise gegenwärtig das Pilgern, einige wenige kommen neu hinzu. Zu diesen neu entwickelten Methoden gehört das Bibliodrama, das sich seit den 70er Jahren des 20. Jahrhunderts allmählich aus dem Bemühen um eine ganzheitliche, Gefühl und Körper einbeziehende Arbeit mit der Bibel entwickelte. Gänzlich voraussetzungslos ist natürlich auch dieser Ansatz nicht, er nimmt – neben Anleihen beim säkularen experimentellen Theater – die Tradition des zunächst liturgisch gebundenen, dann freien geistlichen Spiels des Mittelalters auf[268], vieles verdankt er der jahr-

---

266 Diese Bruchstückhaftigkeit resultiert aus unserer sich stets verändernden Existenz in der Zeit, die wir immer nur ausschnittweise wahrnehmen (Kindheit, Jugend, Alter; Glück, Unglück), ebenso daraus, daß wir selbst Teil einer Geschichte sind, die wir gleichfalls nur begrenzt erkennen. „Only when our pilgrimage is fully ended will we know where we have arrived. Till then we can live only in hope." (Subhash Anand, Wisdom Through Stories, in: Journal of Indian Theology 1 [2008] 10-31, hier: 19.)
267 Die Psychoanalytikerin Verena Kast hat den Terminus der Einübung in die „abschiedliche Existenz" geprägt für das wünschenswerte Resultat am Ende eines Trauerprozesses (Trauern. Phasen und Chancen des psychischen Prozesses, Stuttgart 1982, 139ff.).
268 Vgl. dazu oben III.3.4. zum Redentiner Osterspiel.

hundertealten Methode der Meditation, und auch zu den ignatianischen Exerzitien sind Parallelen erkennbar[269].
Jemandem, der diesen besonderen Zugang zu biblischen Texten nicht aus eigenem Erleben kennt, zu beschreiben, was bei einem Bibliodrama äußerlich abläuft und vor allem, was dabei innerlich geschehen kann, ist ein begrenzt aussichtsreiches Unterfangen. Dennoch soll es hier unternommen werden, zum einen, weil einzelne Elemente dieser Methode sehr vielfältig einsetzbar sind, zum anderen, weil das Bibliodrama durch die Einbeziehung des ganzen Menschen (und nicht nur des einzelnen, sondern auch der Gemeinschaft) Chancen der Begegnung und Erfahrung mit der Bibel eröffnet, wie sie unserem Kulturkreis sonst kaum zu Gebote stehen.

5.7.1 „Sei Zacharias" – „Sei Elisabeth"

Eine Gruppe von Erwachsenen, Männer und Frauen unterschiedlichen Alters, geht in einem großen, leeren Raum hin und her. Es ist der zweite gemeinsame Tag in einer neuen Gruppe, im Rahmen einer Langzeitfortbildung „Bibliodrama"[270]. Die Gruppe wird sich in dieser Woche mit einer Geschichte aus dem Lukasevangelium beschäftigen, mit der Ankündigung der Geburt Johannes des Täufers (Lk 1,5-25). Die Männer und Frauen haben die Anweisung erhalten, in den neuen Tag zu laufen, nach einer Weile verändern sich die Körperhaltungen, die Schritte, das Tempo, denn nun sollen sie „untadelig wandeln", zunächst allein. Nach einer Weile werden sie aufgefordert, zu zweit „untadelig zu wandeln in den Satzungen" (1,6). Wieder verändert sich das Bild, der gemein-

---

[269] Vgl. Heike Radeck, Ignatianische Exerzitien und Bibliodrama. Eine hermeneutischer Strukturvergleich, Stuttgart/Berlin/Köln 1998.
[270] Die Lehrerin dieser Gruppe ist die Theologin und Bibliodrama-Leiterin Heidemarie Langer; sie selbst beschreibt ihre Arbeit in verschiedenen Veröffentlichungen, s. z.B. Heidemarie Langer, Vielleicht sogar Wunder. Heilungsgeschichten im Bibliodrama, Stuttgart 1991.

same traditionsgerechte und gesetzesgemäße Wandel scheint die Spannung zu vergrößern, die Bewegungsabläufe werden merklich steifer. Nach ein paar Minuten stummen Wandelns wird die Gruppe zu einer Runde im Stehen zusammengerufen: „Wie ist es, zu zweit in den Satzungen zu wandeln?" Die Antworten benennen die Polarität oder Ambivalenz der Erfahrungen: ‚sicher, aber unfrei'; ‚gerade und aufgerichtet, dennoch schwer'; ‚wohltuend durch das Gleichmaß, aber auch langweilig'; ‚alles ist richtig, aber es fehlt etwas'.

In einer „Wissensrunde" zu Lk 1,5 wird jetzt, um den Text in seiner historischen Distanz zur Sprache kommen zu lassen, zusammengetragen, was den Teilnehmenden zu Zacharias, Elisabeth und der Bedeutung der Namen einfällt, zu Priestertum, Aaronstochterschaft, Tempeldienst, Opfer und Tempelbezirk, zu Römern, Herodes und der religiös-kulturellen Lage insgesamt. Da die Gruppe fast ausschließlich aus Theologen besteht, kommen viele Informationen zusammen.

Anschließend werden die Teilnehmenden durch Imagination und Identifikation erst in Zacharias, dann in Elisabeth hineingeleitet („Sucht euch einen Ort im Raum. Stellt euch Zacharias vor – was seht ihr, wie alt, wie groß, Haltung, Bewegung ..."; dann: „Sei Zacharias"). Darauf folgt jeweils ein kurzer Austausch, um die Rollen wieder zu verlassen. Nun sollen sich alle für eine Rolle entscheiden und sich in zwei Gruppen sammeln, die eine gemeinsame Gestalt von Elisabeth bzw. Zacharias entstehen lassen. Nach einer kurzen Phase des Gesprächs zwischen je einer Elisabeth mit einem Zacharias findet eine Gegenüberstellung der Gruppen statt. Diese Aussprache mündet – obwohl im Text so nicht vorgegeben – recht schnell in gegenseitige Vorwürfe. ‚Elisabeth' und ‚Zacharias' geben in wachsender Verbitterung einander die Schuld an der eigenen Unzufriedenheit mit der ehelichen Situation, doch die Leiterin interveniert[271]: Die Parteien sollten innehalten, den eigenen Wunsch

---

271 Die Notwendigkeit zu dieser Intervention resultiert aus der Entscheidung, um einer tieferen Einfühlung in die Personen willen ein Gesche-

erspüren, dann den Mut aufbringen, den Wunsch auszusprechen: „Sagt euch eure Wünsche, seht euch dabei an, achtet auf die nötige Nähe und Distanz zwischen euch. Fühlt, wo sitzt der Wunsch, in dir, wo in dir, oder sitzt er mehr in der Beziehung? Was entsteht in dem Raum zwischen euch? Haltet das eine Weile aus." Nach dem Ende dieser Phase und einer Pause erfolgt ein Ebenenwechsel; die Gruppe bildet eine Runde um die Plätze von Elisabeth und Zacharias herum und analysiert die Auseinandersetzung: Er ‚habe' Gott, sie sei eifersüchtig. Es entstehe ein Mann-Frau-Konflikt aus dieser Eifersucht heraus. Sie müsse Gott für sich finden, um Frau zu sein, nicht von ihrem Mann erwarten, daß er sie zur Frau mache. Natürlich könne auch das in der Begegnung zwischen beiden geschehen, doch es vom anderen einzuklagen, führe zu Verhärtungen. Letztlich mache die Gottesbeziehung Elisabeth zur Frau und Zacharias zum Mann – füreinander. Nach diesem Austausch wird konstatiert: Die verschiedenen bibliodramatischen Elemente haben die Gruppe zu einem neuen Verständnis des Textes geführt.

5.7.2 Bibliodrama-Methoden

Was hier abläuft, ist, so beschreibt es Heidemarie Langer, ein Prozeß mit ganz eigener Dynamik. Diese „entwickelt sich in dem Zusammenspiel zwischen Menschen und Geschichten; ein vielschichtiges Zusammenwirken, das ganz persönliche ebenso wie politische und ökologische Themen einschließt, den inneren Weg der Menschen anspricht wie auch den der öffentlichen Auseinandersetzung. Bibliodrama heißt diese dynamische Arbeit gleichzeitigen Geschehens wie Zusammenwirkens, die unseren wachen Verstand, Präsenz, offene Sinne braucht und die sich durch alle Lebensthemen hindurch einer Begegnung mit dem Göttlichen öffnet.

---

hen zu inszenieren, das wohl im Hintergrund des Textes gestanden haben mag, von ihm aber nicht berichtet wird. Sobald das Spiel nicht mehr auf der Basis des Textes geschieht, wächst die Wahrscheinlichkeit, daß die Gruppenmitglieder ihre eigenen Themen eintragen.

Über weite Strecken verlangt diese Arbeit leise, nach innen gerichtete Spannung und Aufmerksamkeit, kennt intensive körperlich-geistige Übungen, um in die Grundhaltungen der Geschichten hineinzukommen. Die innere Arbeit ermöglicht die nach außen gehenden Kräfte [...]. Und sie öffnen uns in die Wahrnehmung des Göttlich-Geistigen, das mit uns in heilendes Zusammenspiel kommen will."[272] Ausgangspunkt einer solchen Bibliodrama-Arbeit ist stets ein biblischer Text, den eine Gruppe nicht einfach nachspielt, sondern in den sie sich in kleinen Schritten, unter Einbeziehung der ganzen Person, Geist, Seele und Leib, mit allen Erinnerungen, soziokulturellen Prägungen und lebensgeschichtlichen Bedingtheiten, hineinbegibt. In der eingangs geschilderten Einheit haben sich alle Teilnehmerinnen und Teilnehmer – nach ausführlicher, textbezogener Körperarbeit[273], nach erstem wiederholtem Lesen des Textes und ersten eigenen Annäherungen durch das Festhalten von Leitworten und das Finden von Gesten dazu – den Zacharias, die Elisabeth und die Beziehungskonstellation erarbeitet, in der diese beiden sich vor dem Eingreifen Gottes befinden[274]. Das in einzelnen Spielszenen Erlebte wird nach dem bewußten Verlassen des Spiels in der Gruppe ausgewertet. Zu dieser Auswertung werden unterschiedlichste Momente herangezogen: Einsichten der Tiefen- und Gestaltpsychologie, der systemischen Therapie und der Gruppendynamik, Wissen um Mythen, Ikonographie und aktuelle politische und soziale Entwicklungen, nicht zuletzt auch theologische Kenntnisse. Die eingeschobene „Wissensrunde" ist dabei unverzichtbar, denn sie sorgt durch die Eintragung der historisch-kritischen Dimension für die erforderliche Distanznahme und damit für einen theologisch verantworteten Umgang mit

---

[272] Langer, 7f.
[273] In die Anleitungen fließen Erkenntnisse aus Yoga und Bioenergetik ebenso ein wie das Wissen um die Bedeutung des Singens.
[274] Es ist sinnvoll, die einzelnen Figuren des Textes zunächst von allen erarbeiten zu lassen, denn es ermöglicht den Mitvollzug des Spiels durch alle, eine größere Nähe aller zum Text insgesamt, ein berührteres Verstehen.

dem Textbestand. Immer wieder wird – jedenfalls in der hier dargestellten Form des Bibliodrama – die eigentlich leitende Frage formuliert: „Wie versteht ihr jetzt den Text?"

„Das" Bibliodrama gibt es nicht. Die Methode, die von verschiedenen Menschen etwa zeitgleich in unterschiedlicher Weise entwickelt worden ist, erscheint in recht verschiedenen Spielarten, teils auch unter verschiedenen Bezeichnungen[275], und je nach Schwerpunkt der bibliodramatischen Arbeit sind unterschiedliches Vorgehen wie auch unterschiedliche Fokussierung im Zusammenhang der Auswertungen des Spiels möglich:

Im bibliodramatischen *Psychodrama* wird in der Überzeugung, daß biblische Texte archetypische Krisensituationen enthalten und einer Lösung zuführen, der Schwerpunkt auf die Konflikte und Krisen des einzelnen gelegt, die im Spiel, getragen vom biblischen Text, neu und anders durchlebt und auf eine Überwindung hin geöffnet werden. In der von Samuel Laeuchli entwickelten *Mimesis*-Arbeit[276] wird ein „modernes Mysterienspiel" vollzogen, „eine Mischung von Psychodrama und biblischem Nachvollzug, von ritualistischem Experiment und Gespräch, von Bewußtmachungsprozeß und akademischer Alternative. Er hat sich in einem über viele Jahre erstreckenden Zusammenfügen von Spiel, Mythos, Drama und Kunst auf der ersten, von Theologie, Spiritualität und Meditation auf der zweiten und von Gruppenarbeit, Intervention und Therapie auf der dritten Ebene entwickelt."[277] Bei diesem

---

275 Angesichts der immer weiter erfolgten Ausdifferenzierung und der immens angewachsenen Sekundärliteratur ist ein vollständiger Überblick nicht möglich; zu verweisen ist bei weitergehendem Interesse auf eine Bibliographie, die jedenfalls die Veröffentlichungen bis 2002 umfaßt: Hans-Jörg Rosenstock / Roland Rosenstock (Hg.), Bibliodrama Bibliographie. Personen – Themen – Bibeltexte (Bibliodrama Kontexte – Beiträge zur Theorie der Bibliodramapraxis 2), Schenefeld 2003.
276 Samuel Laeuchli, Das Spiel vor dem dunklen Gott. „Mimesis" – ein Beitrag zur Entwicklung des Bibliodramas, Neukirchen-Vluyn 1987; ders., Jesus und der Teufel. Begegnungen in der Wüste, Neukirchen-Vluyn 1992.
277 Samuel Laeuchli, Die Bühne des Unheils. Das Menschheitsdrama im mythischen Spiel, Stuttgart 1988, 7.

Prozeß erschließen sich nach Überzeugung Laeuchlis verborgene Aspekte des Textes wie der beteiligten Personen gleichermaßen. Das auf der Spiel- und Theaterpädagogik basierende *Bibeltheater* entwickelt, ausgehend von szenischer Improvisation unter Einbeziehung von Körperarbeit und des Gestaltens mit kreativen Medien, ein Spielstück, das zum Erleben und Aneignen eines biblischen Textes führt; dies ermöglicht zum einen das Überschreiten sozialer Festlegungen der Spieler und Entdecken neuer Möglichkeiten und Rollen, zum anderen das Gespräch über Fragen des Glaubens und der eigenen Existenz, und schließlich eine potentiell verändernde Begegnung mit biblischen Texten und Symbolen. Jüngst ist zu diesen Varianten noch der von Peter Pitzele entwickelte *Bibliolog* hinzugekommen[278], bei der die biblische Geschichte – häufig im gottesdienstlichen Rahmen – durch individuelle Imagination angeeignet wird. Die Predigt entsteht, in einem gelenkten Prozeß, aus den Beiträgen der einzelnen Teilnehmenden, die jeweils aus der Perspektive eines der Charaktere des Textes heraus sprechen. Doch auch die „Bibliodrama" genannten Verfahren weisen erhebliche Unterschiede auf. So sind für Gerhard Marcel Martin biblische Texte die Basis der körperbezogenen Arbeit in einer Gruppe, deren Mitglieder notwendig ihre eigenen Themen in den Prozeß mitbringen[279]. Um die „Tiefen und Untiefen eines Textes" genauer erfassen zu können, fügt er dem Methodenkanon des Bibliodrama die experimentierende Arbeit mit dramatischen Gattungen (Tragödie, Komödie, absurdes Theater bis hin zur Groteske) hinzu, ebenso den Prozeß der ‚Verfremdung'[280]. Der Zugang ist spiele-

---

278 Peter A. Pitzele, Scripture Windows. Toward a Practice of Bibliodrama, Los Angeles 1998; Pitzele ordnet das Verfahren in die Tradition der jüdischen Bibelauslegung der Midraschim ein.
279 Gerhard Marcel Martin, Sachbuch Bibliodrama. Praxis und Theorie, Stuttgart/Berlin/Köln 1995.
280 A.a.O., 82: „Ist eine doppelte oder gar dreifache Färbung im Material selbst gar nicht vorhanden, könnte die Inszenierungsidee mit der ‚falschen' Gattung eine Verfremdung bewirken, die tiefere Schichten der angemessenen (‚richtigen') Gattung vielleicht allererst deutlich werden läßt."

rischer als bei Langer, und entsprechend ist in seiner Definition des Prozesses der menschliche Anteil stärker betont: „Bibliodrama geht den Weg durch die Abgründe Gottes und der Menschen hindurch in der Hoffnung, den Ort grenzenloser Freiheit und unermeßlicher Liebe zu finden, an dem sich leben läßt. Bibliodrama ist die theologische, ästhetische und lebens-praktische Konstruktion dieses Ortes."[281] Jedoch benennt auch Martin, unter theoretischem Rekurs auf das Modell der binären Oppositionen Niklas Luhmanns, eine Berührung der Immanenz mit der Transzendenz ausdrücklich als Möglichkeit bibliodramatischer wie auch gottesdienstlicher Prozesse[282]. Bei Heidemarie Langer dient dagegen das Bibliodrama vor allem der Begegnung mit dem Text und seinem vertieften Verständnis und darin der Begegnung mit der Transzendenz, denn Langer ist sich der verändernden und heilenden Präsenz dessen gewiß, das sie als „Christus-Kraft" bezeichnet[283] und das auf die beteiligten Menschen einwirkt, indem „die durch die Texte angesprochenen Kräfte und Themen wirksam werden können und sich in uns selbst zu lebendigen Kräften, Bildern und Leitworten verdichten."[284] Doch wie werden im Prozeß bibliodramatischer Arbeit diese Kräfte erweckt?

5.7.3 „Engelschule"

Wie wird man Gabriel? Auf welche Weise können sich Menschen darauf einstellen, einen Engel zu „spielen"?[285] Die Männer und Frauen werden angewiesen, sich einen Partner zu suchen, der et-

---

281 A.a.O., 92.
282 Vgl. a.a.O., 100f.
283 Auch eine „Engelkraft" kann auftreten, so beschrieben für die Geschichte der Heilung am Teich Bethesda Joh 5,6-16, vgl. Langer, 33ff.
284 A.a.O., 136.
285 Noch brisanter ist die Frage im Hinblick auf den Christus der Evangelien. Es gibt Gruppen, in denen sich trotz sorgsamer Vorbereitung der Figur und ausführlicher Übungen zur „Christus-Kraft" niemand findet, der ihn spielen will. Allerdings muß das, wie die Erfahrung der Praxis

wa die gleiche Körpergröße hat, und sich Rücken an Rücken hinzustellen. Der eigene Rücken soll erspürt werden in diesem Kontakt, langsam vom Steißbein an nach oben gehend, im Bereich der Schulterblätter sollen die Flügelansätze erkundet werden, dann die Arme bewegt, schließlich soll ein Ton, ein Laut erzeugt werden. Dann lösen sich die Partner voneinander, spüren den Raum hinter sich. Jeder findet eine Geste, die der Engel bei seiner Selbstvorstellung vollzieht. Der Einsatz der Stimme tritt hinzu: ‚Gabriel' – die Vokale und Konsonanten tönen. Es folgt eine Dreierübung: Je zwei helfen dabei dem Gabriel, wärmen, massieren die Beine, den Körper, sie stützen die Geste des andern, tragen seine Arme, bis er/sie ‚danke' sagt, dann lassen sie ihn langsam los. Später wird die Partnerübung, Rücken an Rücken, wiederholt, wiederum von unten nach oben, nach einer Weile verbunden mit Gähnen, Räkeln, Tönen. Dann lösen sich die Partner langsam, treten ein wenig auseinander, spüren den Raum in ihrem Rücken und in sich, finden ihre Gebärde. Nun umkleiden sie einander, ohne sich dabei zu berühren, mit einem „Engelgewand", indem sie mit den Handflächen an der Silhouette des Partners entlanggehen. Der Umkleidete macht seine Geste, auch die Geste wird umkleidet. Dabei ist zu spüren, welchen Abstand der andere braucht, und wo er die Umkleidung besonders nötig hat: „Das Gewand ist der Raum, den ihr um euch habt. Er erwacht bei dieser Übung nur." Anschließend machen die ‚Engel' eine Proberunde im Himmel; sie begegnen einander, der eine macht seine Geste, sagt seine Botschaft dazu – noch nicht unbedingt den Bibeltext, sondern das Wort, das im Kontakt kommt. Allen geht es gut nach dieser Einheit. Die Engelkraft wirkt bis in die privaten Geschichten der einzelnen Teilnehmerinnen und Teilnehmer hinein, das Klima in der Gruppe ist positiv „aufgeladen".

---

zeigt, das Spiel nicht hindern; auch eine Leerstelle mit der Lesung der Rede Christi läßt die Geschichten geschehen.

5.7.4 Möglichkeiten und Grenzen

Grundsätzlich sind alle biblischen Texte in einem Bibliodrama spielbar, doch ist zweierlei zu beachten. Zum einen: Der Gehalt der Geschichte wird das Klima in der Gruppe und ihr Erleben bestimmen. Wenn der Sturm auf dem See Genezareth tobt und Angst die Jünger beherrscht (Mk 4,35ff.), werden unweigerlich alte, tiefsitzende Ängste der Spielenden wach und der Vorwurf der fehlenden Abhilfe kann ohne weiteres, statt den Jesus im Spiel, die Leitung treffen. Wenn Jesus vor dem Hohen Rat steht, verhört und verurteilt wird (Mt 26,57ff.), hat das Auswirkungen auf den Umgangston der Gruppe und ebenso auf ihre Art, die Leitung und den gesamten Prozeß zu erleben, selbst wenn objektiv kein Unterschied feststellbar wäre gegenüber den Abläufen, Anweisungen und Interventionen bei einer Wundergeschichte – der Raum des Bibliodrama und seine Leitung werden bei einem solchen Text in keiner Weise stärkend und schützend erfahren, sondern konfrontierend, mit Härte und Schärfe fordernd, kritisierend. Wenn dagegen „Engelkraft" aufgebaut oder eine Heilungsgeschichte gespielt wird, haben die Spielenden an der Kraft oder am Geschehen dieser Heilung teil[286]. Die genannten Beispiele entstammen den Evangelien, doch ebenso können Texte der hebräischen Bibel zugrundegelegt werden, wobei zu beachten ist, daß in ihnen oft ein anderer „Geist" wirkt als in den Jesusgeschichten. Und natürlich ist es auch möglich, mit Lehrtexten zu arbeiten, etwa den Ermahnungen der Pastoralbriefe – gerade die Auseinandersetzung mit einem abstrakteren Text kann sehr reizvoll und sehr ertragreich sein.

Zum anderen ist zu beachten, daß jeder Text je nach Gruppensituation eine eigene Dynamik entfaltet, denn in unterschiedlichen Lebensphasen wird derselbe Text an unterschiedliche Themen,

---

[286] Das gilt jedenfalls, sofern die Heilung im Spiel gelingt. Sollte das Wunder nicht geschehen, wie ich es einmal im Falle von Mk 5,41f. erlebt habe – das Mädchen stand nicht auf –, hängt alles von der Auswertung des Spiels ab.

Fragen, innere Konflikte der Teilnehmenden rühren. Mit einer Gruppe von Vikaren kurz vor dem zweiten Examen an Lk 1,5ff. zu arbeiten, führt schnell auf das Thema der Initiation zum priesterlichen Amt – die Angst vor dem Verstummen angesichts der großen Zumutung wird eine wichtige Rolle spielen und eine andere Dynamik in das Spiel eintragen, als es bei Menschen der Fall ist, die schon seit längerer Zeit in ihren jeweiligen Berufen stehen[287]. In anderen Gruppen kann die Beziehungsthematik oder die Sehnsucht nach einer wunderbaren Veränderung der eigenen Situation, auch die Sehnsucht nach einer Begegnung mit dem Heiligen eine größere Rolle spielen und die Leitung tut gut daran, dies vor Beginn der Arbeit nach Möglichkeit zu antizipieren – auch wenn es ein Bibliodrama ohne Überraschungen dennoch nicht geben wird. Grundsätzlich ist die Bibliodrama-Arbeit heilvoll; wenn es sich um einen entsprechenden Text handelt, bereits die Hinführung auf das Spiel und das Spiel für sich genommen. Oft wird das Heilvolle in der Körpererinnerung aufbewahrt – wer einmal mit Hilfe anderer seinen Stand gefunden hat, darin gestärkt und gestützt wurde, kann dies Gefühl auch nach Jahren noch abrufen. Im Falle von Texten, die Aggressionen, Trauer, Ängste oder Konfrontationen enthalten, ist zur Entfaltung der heilvollen Wirkung die sorgsame Auswertung erforderlich. Daß es dazu – wie generell zur Anleitung von Spielen – einer geistlich erfahrenen, in Gruppenprozessen versierten, im Hinblick auf Körperarbeit kenntnisreichen und seelsorglich wie psychologisch geschulten Leitung bedarf, muß kaum eigens betont werden. Gerade weil im Bibliodrama emotionale Tie-

---

[287] Das heißt nicht, daß eine solche Textwahl ausgeschlossen wäre; sie kann im Gegenteil sogar äußerst chancenreich sein. Allerdings wird der Prozeß konfliktreicher ablaufen als etwa bei der Wahl der Heilung des Gelähmten, Mt 9,1ff.

fenschichten berührt werden, ist ein hohes Maß an Professionalität erforderlich[288].

Grundsätzlich ist Bibliodrama in seiner Vollform, als Prozeß vom ersten Lesen des Textes bis zum Spiel, nur in solchen Gruppen einzusetzen, die dazu ihr Einverständnis gegeben haben und die darauf hingeführt worden sind. In allen Gruppen können dagegen auch ohne besondere vorherige Verabredung Elemente des Bibliodrama verwandt werden: Verschiedene Weisen der Textlesung, wiederholend, aus verschiedenen Übersetzungen, nur Männer oder Frauen, verweilend; Bewegen im Raum zur Lesung, Finden eines Ortes im Text, Benennen dieses Ortes; Finden eines Leitwortes und einer Geste zu diesem Leitwort; auch das Zusammensetzen verschiedener Leitworte zu Bildern sind einige solche Elemente. Wichtig ist allerdings auch bei der Arbeit mit einzelnen Elementen, diese anschließend immer auszuwerten, es nie beim bloßen Erleben zu belassen, auch wenn sich Gruppen gegen ein ‚Zerreden‘ der ‚Erfahrung‘ wehren sollten – was wahr ist, hält stand[289]. Naturgemäß sind die Anforderungen an die Teilnehmenden an einem vollständigen Bibliodrama-Prozeß höher als bei der Arbeit mit einzelnen Elementen, doch andererseits sind auch die Chancen tiefgreifender geistlicher Erfahrungen erheblich größer.

---

288 Dazu gehört auch, daß die Leitung ihre Grenzen kennt und bei Aufbrechen von seelischen Konflikten mit den Betroffenen nur soweit im Gespräch bleibt, wie sie mit dem jeweiligen Konflikt angemessen umzugehen in der Lage ist.

289 Die Auswertung kann, um einen Schutzraum zu schaffen, in Zweiergesprächen oder in kleinen Gruppen geschehen, sie muß nicht immer in der ganzen Gruppe erfolgen. Doch die Anbindung, Rückbindung an den Text, um dessen Verstehen es geht, sind wir mindestens dem historischen Abstand schuldig, der eine verfälschende Aneignung biblischer Perikopen im Spiel ebenso verhindern sollte wie in der Predigt.

5.7.5 „Bist du noch da?"

Nun wird Lk 1,8-22 insgesamt gespielt, zunächst werden die Rollen verteilt, der ‚Zacharias', seine Mitpriester, der ‚Gabriel', der gefragt wird, ob er seinen Auftrag allein erfülle – nein, es seien zwei Engel bei ihm, die er dann aussucht, das Volk. Darauf gehen alle in ihre Rollen hinein. Das Volk stellt sich vor dem als Tempel abgegrenzten Bezirk auf, erwartet ein Ritual wie immer, ist mit eigenen Wünschen und Gedanken, mit Klatsch und Alltäglichem beschäftigt. Derweil inszeniert die Gruppe der Priester, ein wenig abseits, ein heiliges, schweres, ernstes Ritual. Sie lassen den Zacharias erleben, wie das Los auf ihn fällt; er fügt sich, die Priester segnen ihn ein. Unterdes hat der Gabriel mit seinen unterstützenden Engeln den Altar vorbereitet, auch die Engel bereiten sich vor, mit Hilfe einiger Berührungen und Haltungen aus der Engelschule. Sie stehen mit eher kleiner Geste im Tempel, als Zacharias hereinkommt. Er spricht sein Gebet für das Volk. Dann werden die Engel sichtbar mittels einer kleinen Änderung in Haltung und Geste – ein Moment echten Schauderns, der sich auch dem wartenden Volk mitteilt: „Was ist da drin eigentlich los? Irgendwas ist anders heute." Gabriel erklärt, daß das Gebet des Zacharias erhört sei, er werde einen Sohn bekommen. Doch nun wehrt sich Zacharias: „Aber ich habe doch gar nicht an Elisabeth gedacht im Augenblick." Gabriel erwidert: „Du betest zu Hause auch." Zacharias wehrt sich weiter, er verstehe nicht, wieso solle so etwas geschehen. „Wie kommst du überhaupt hierher?" Gabriel läßt sich auf das Gespräch ein, er bemüht sich, den verwirrten, das Neue abweisenden Menschen zu überzeugen. Doch dann ist alles gesagt, er kündigt ruhig und bestimmt an, daß Zacharias stumm sein werde, weil er den Worten des Engels keinen Glauben geschenkt habe. Zacharias protestiert: „Stumm? Ja, aber ..." Die Engel nehmen ihre Geste zurück, bleiben abwartend stehen. Zacharias ist spürbar fassungslos. Er geht in Richtung auf die Engel, mit einer Hand am Altar Halt suchend, in einigem Abstand von ihnen hält er ein: „Bist du noch da?" Weitergehen kann er nicht. Schließlich scheint er zu akzeptieren. Er wendet sich zum inzwischen unruhig gewordenen Volk, das Gesicht völlig erschüttert. Er setzt zur Segensgeste an, zweimal, führt dann die Hände zum Herzen und geht an den Altar zurück. In seinem Segen teilt sich das Neue mit, ebenso aber die Erschütterung. Er *ist* stumm, und sein Stumm-Sein läßt die ganze Gruppe still werden.

5.7.6 Chancen geistlichen Erlebens

Die meisten Teilnehmer an dem geschilderten Bibliodrama haben, so sagen sie übereinstimmend in der Auswertung, etwas wahrgenommen, das über ihre je individuelle Erwartung und Stimmung hinausging, etwas Fremdes, etwas, das außerhalb ihrer seinen Ursprung hatte, etwas, das hinzukam[290]. Die Benennung dieses Hinzugekommenen fällt schwer, teils aus Skepsis, aus Mißtrauen gegenüber dem eigenen Erleben, teils aus der Scheu akademisch geschulter Theologen gegenüber dem Aussprechen persönlicher geistlicher Erfahrung, teils aus der Ungeübtheit im Anwenden der *discretio*[291].

Immer wieder kommt es in Bibliodramaprozessen zu solchen Erfahrungen, wenn das Spiel sorgsam vorbereitet und mit Einsatz der ganzen Person und im Vertrauen auf den zugrundegelegten Text von allen ausgeführt wird. Allerdings sind diese Erfahrungen, ungeachtet aller Methodik, in keiner Weise ‚machbar'. Doch auch, wenn sie sich nicht ereignen, eröffnet ein Bibliodrama den Beteiligten Chancen geistlichen Erlebens:

---

[290] Einige wenige waren aufgrund ihrer persönlichen Disposition nicht in der Lage gewesen, sich dem Spiel und dem Geschehen zu öffnen, hatten aber dennoch gespürt, *daß* ‚etwas' zum spielenden Wiederholen des geschilderten Textes hinzugetreten war.

[291] Insbesondere an diesem Punkt ist eine geistlich erfahrene Leitung unverzichtbar.

Zunächst führt der Prozeß Menschen näher an biblische Texte heran, als es eine noch so sorgsame und intensive Lektüre vermöchte, und er tut es im Rahmen einer Gemeinschaftserfahrung, in der sich alle mit ihren leiblichen, geistigen und seelischen Möglichkeiten in ein gemeinsames Handeln hineinbegeben und sich darin recht weitgehend einander aussetzen. Insofern ist das Bibliodrama nicht nur eine Hinführung zu biblischen Geschichten, sondern auch eine Schule des Vertrauens und der Nächstenliebe, denn diese Öffnung auf den anderen hin muß immer wieder damit fertig werden, daß nicht alle Teilnehmenden einander sympathisch sind und sich genau diese Gruppe für einen solchen Prozeß ausgesucht hätten[292].

Weiterhin rührt das Nacherleben des Textes eigene innere Festlegungen und Verhärtungen an und bringt sie mit der heilvollen Wirklichkeit, die in den biblischen Texten aufbewahrt ist, in Berührung – oft ein schmerzhaftes Geschehen, doch zumeist eines, das über die eigene Begrenzung hinausführt. Dabei ist es von entscheidender Bedeutung, daß das Bibliodramageschehen dem Text genau folgt, denn diese Texte reichen weiter als die jeweiligen individuellen Geschichten, und sie haben, das hat sich in den Spielen immer wieder gezeigt, eine immanente Ordnung, die auch Verstörungen des Individuums oder der Gruppe zu tragen imstande ist.

Und schließlich macht das Nacherleben der Texte den eigenen Glauben lebendiger, bringt ihn vom Kopf in den Körper und eröffnet so neue Weisen des Wissens. Wer sich der bibliodramatischen Arbeit an einem Text wirklich aussetzt, wird verändert aus diesem Prozeß hervorgehen, er oder sie wird neu und tiefer verstehen, was (und wieviel) biblische Texte zu sagen haben; er oder sie wird genauer wissen, daß Christen in eine Gemeinschaft gewiesen sind, ohne die sie ihren Glauben nicht leben können, und er

---

292 An den Antipathien muß auch eine langjährige Zusammenarbeit nicht unbedingt etwas ändern; doch erfährt man genug voneinander, um versöhnliche Züge zu entdecken und einander jedenfalls zu ertragen und im Bedarfsfall zu unterstützen.

oder sie wird jenseits allen dogmatischen Wissens Aufmerksamkeit entwickeln für die Anwesenheit des ganz anderen unter uns.

5.8 Heilige und Heiligenverehrung

Auf das menschliche Bedürfnis, Spuren des Heiligen in der Welt wahrzunehmen und diese auch zu verehren, wurde bereits mehrfach hingewiesen. Der Umgang mit *den* Heiligen ist für Protestanten jedoch mühevoll und erscheint, sofern er überhaupt eine Rolle spielt, nicht unproblematisch. Muß das so sein? Oder kann es sich hier um einen für alle Christen, gleich welcher Konfession, begehbaren Weg handeln, der die Heiligung befördert?

5.8.1 Ein Fall protestantischer Heiligenverehrung und seine Beurteilung

Die englische Krimiautorin P.D. James berichtet in ihrem Tagebuch von der generellen Mühe, Titel für ihre Bücher zu finden, und besonders von einem sehr komplizierten Fall:

„Das Buch war bereits druckfertig und hatte immer noch keinen befriedigenden Titel, obwohl wir ständig im *Oxford Book of Quotations* herumblätterten, das immer eine nützliche Quelle ist, wenn man in Not ist. Dann fiel mir ein, dass eine römisch-katholische Freundin immer zum heiligen Antonius betet, wenn sie etwas verloren hat, und ich kam auf den Gedanken, der Heilige könnte vielleicht auch einer Protestantin helfen, etwas zu finden, was zwar nicht im eigentlichen Sinn verloren gegangen war, sich aber doch der Entdeckung entzog. Also sprach ich am Abend im Bett die passenden Worte und erwachte am nächsten Morgen mit dem Titel *Innocent Blood* im Kopf und auf den Lippen. Dieser Begriff war eine viel bessere Lösung als der ursprünglich vorgesehene, und ich rief sofort mit der guten Nachricht [bei den Herausgebern] an. Meine Freundin, die von meinem Erfolg keineswegs überrascht war, fragte nur, welchen ‚Preis' der Heilige verlangt habe – oder, besser gesagt, was ich anschließend bezahlt hätte. Ich nahm mir vor, meine Schuld zu begleichen, wenn ich das nächste Mal an einer römisch-katholischen Kirche vorbeikommen würde."[293]

Drei Prämissen hat das Vorgehen der Romanautorin. Die erste Prämisse: daß Tote bei Gott Lebende sind; nicht tot, nicht Schlafende, die auf die Auferweckung warten, sondern Lebende, die handeln können. Die zweite Prämisse: daß es eine ‚Gemeinschaft der Heiligen' über die Grenzen des Todes hinaus gibt, so daß den Toten an den Lebenden liegt und sie in deren Sinne handeln *wollen*. Die dritte Prämisse: daß Beten hilft und daß es mehr verändert als nur den Beter. – Darauf komme ich zurück.

Doch zunächst ist aus protestantischer Perspektive zu konstatieren, daß diese anglikanische Christin ein nicht unbedenkliches Fehlverhalten an den Tag gelegt hat. Zu erinnern ist hier an die diesbezüglichen Sichtweisen der Reformatoren, die sämtlich am römisch-katholischen Umgang mit den Heiligen Kritik geübt haben. So scheiterte 1541 der Versuch einer Wiedervereinigung zwischen Protestanten und Katholiken u.a. an dieser Frage (neben Eucharistie und kirchlicher Hierarchie; die Rechtfertigungslehre war kein Hindernis). Allerdings sind auf protestantischer Seite Unterschiede festzuhalten. Während Luther die Anrufung der Heiligen ablehnte, ihre Verehrung jedoch zugestand, betonten Zwingli, Bucer und vor allem Calvin den Unterschied zwischen Gott und Mensch so stark, daß jedes „heilige" Element im Menschen bestritten werden mußte. Heiligenverehrung war für sie eine Vergötterung der Kreatur und hatte zu unterbleiben. Entsprechend verwirft der Heidelberger Katechismus, das Grunddokument des reformierten Protestantismus, nicht nur die Anrufung der Heiligen im Zusammenhang der Absage an Götzendienst und Aberglauben als etwas, das das Seelenheil gefährde, sondern er untersagt auch die Verehrung der Bilder[294].

---

293 P.D. James, Zeit der Ehrlichkeit, München 2001, 159f.
294 Heidelberger Katechismus, revidierte Ausgabe 1997, hg. von der Evangelisch-reformierten Kirche (Synode der ev.-ref. Kirchen in Bayern und Nordwestdeutschland), von der Lippischen Landeskirche und

5.8 Heilige und Heiligenverehrung

Allerdings wird auch durch die lutherischen Bekenntnisschriften, die in diesen Fragen eine Differenzierung enthalten, ein Verhalten, wie es P.D. James an den Tag legte, ausdrücklich ausgeschlossen. Denn CA XXI[295] unterscheidet im Sinne Luthers zwischen dem erwünschten oder jedenfalls möglichen Heiligengedenken und der Christen nicht erlaubten Anrufung der Heiligen. Das Heiligengedenken diene der Glaubensstärkung, und zwar durch den Anblick der den Heiligen widerfahrenen Gnade, und es zeige ein Beispiel guter Werke, könne also als Vorbild dienen. Ein Anrufen der Heiligen oder ein Bitten um Nothilfe wäre nicht schriftgemäß, denn Christus sei der einzige Mittler und Fürsprecher vor Gott, und die Anrufung habe damit, entsprechend den reformatorischen Grundsätzen *solus Christus* und *sola scriptura*, zu unterbleiben.

Die ApCA XXI[296] setzt sich dann ausführlich mit den gegen diese Maßgaben erhobenen Argumenten auseinander. Zunächst wird wiederholt, daß die Heiligen zu ehren in dreifacher Hinsicht richtig und sinnvoll ist: Wir dankten erstens Gott damit, daß er ein Exempel seiner Gnade gegeben habe und daß er der Kirche Lehrer und andere Gaben geschenkt habe; die Heiligen seien dafür zu loben, daß sie diese Gaben wohl gebraucht hätten. Zweitens könnten wir am Exempel der Heiligen unseren Glauben stärken. Und drittens erhielten wir mit ihnen ein Exempel des Glaubens, der Liebe, der Geduld, dem wir nachfolgen könnten und sollten, ein Vorbild, dem jeder nach seinen Möglichkeiten, an seinem Ort, in seinem Beruf folgen sollte. Hinsichtlich der Fürbitte wird festgehalten, daß der Hinweis auf das (mögliche und sinnvolle) Gebet der lebenden Hei-

---

vom Reformierten Bund, Neukirchen-Vluyn 1997, 62f. Vgl. Frage 94: „Was fordert der Herr im ersten Gebot? Gott will, daß ich allen Götzendienst, alle Zauberei und Wahrsagerei, allen Aberglauben, auch das Anrufen der Heiligen oder anderer Geschöpfe meide und fliehe, damit ich meiner Seele Heil und Seligkeit nicht verliere. [...]" und Frage 97: „Darf man denn gar kein Bild machen? Gott kann und darf in keiner Weise abgebildet werden. Die Geschöpfe dürfen abgebildet werden, aber Gott verbietet, Bilder von ihnen zu machen und zu haben, um sie zu verehren oder ihm damit zu dienen."

295 Die Augsburgische Konfession, in: Die Bekenntnisschriften der evangelisch-lutherischen Kirche (BSLK), hg. vom Deutschen Evangelischen Kirchenausschuß im Gedenkjahr der Augsburgischen Konfession 1930, Göttingen 1930, 81-83.
296 Die Apologie der Konfession, in: BSLK, 316-326.

ligen füreinander kein Argument für die Anrufung der Toten sein könne[297]. Sicher gebe es die Möglichkeit der Fürbitte durch die Engel und durch lebende Heilige (für die Fürbitte der Toten finde sich dagegen nur ein Beleg, der Traum im II Makk 15,12-16). Doch auch wenn Heilige für die Kirche beteten, folgte daraus nicht, daß man sie anrufen oder um Hilfe bitten *solle*, denn das stehe nicht in der Schrift. D.h.: Weil ein solches Verhalten nicht auf Gottes Weisung erfolge, weil es nicht Gottes Wort habe, sei kein Verlaß darauf, daß Gott sich diese Anrufung gefallen ließe; sie gehöre damit in den Bereich der „ungewissen Dinge" (BSLK 319). Und: Die Heiligen als Mittler zu sehen, schmälere die Ehre, die Christus allein zukomme. Selbst wenn in der theologischen Lehre unterschieden werde zwischen dem Erlöser und den fürbittenden Heiligen – in der Praxis vertrauten die Menschen doch leicht dort auf die Heiligen, wo sie nur auf Christus vertrauen sollten, und machten sie so zu Erlösungsmittlern, Christus erschiene ihnen dagegen als strenger Tyrann[298].

---

[297] Die in diesem Zusammenhang angeführten Belege aus der Alten Kirche beträfen zudem das Ehren, nicht das Anrufen der Heiligen. Auch sei es ein neuer Brauch, denn die alten Kollekten gedächten wohl der Heiligen, riefen sie aber nicht an.

[298] Zu einem Mittler gehöre überdies Gottes Erlösungsverheißung, und die entsprechende Zusage für die Heiligen fehle. „Darum ist solch Anrufen nicht aus dem Glauben." (BSLK 320) Weiterhin gehöre zum Mittler die Möglichkeit, dessen Verdienst zugerechnet zu bekommen, diese Möglichkeit bestehe aber nur bei Christus. Das Verdienst der Heiligen dagegen sei uns nicht zuzurechnen, es mache uns nicht selig (so zeige es das Beispiel der fünf törichten Jungfrauen, die vom Öl der klugen nichts bekommen könnten); auch gebe es kein Gebot, daß wir zu den Heiligen fliehen sollten. Auch Maria sei in dieser Hinsicht keine Sonderrolle zuzubilligen. Als Mutter Gottes möge sie für die Kirche bitten, doch in der Todesstunde des Menschen seien ihre Bitten wirkungslos. „Denn was wäre Christus not, wenn Maria das vermöchte?" (BSLK 322) Außerdem ließe diese Vorstellung einer wünschenswerten Flucht zu Maria im Moment des Todes Christus wiederum als rachgierigen Richter erscheinen. Die Vorstellung schließlich, daß bestimmte Heilige bestimmte Gaben gewähren könnten (wie etwa Anna gegen Armut helfe) sei völlig abwegig; sie stamme von den Heiden; außerdem sei dies Beispiel gefährlich, denn es verleite zum Vertrauen auf Menschen anstelle auf Christus, und schließlich folgten auf das Anrufen heidnische Mißbräuche wie etwa ein Vertrauen auf eine magische Kraft der Bilder und darauf dann „Betrug mit den Bildern" (BSLK 324).

Das Fazit nach diesem Blick auf die Bekenntnisschriften: Das Leben und die Widerfahrnisse der Heiligen können und sollen den Glauben an Gott und seine Gnade stärken, ebenso die Gottesfurcht und das Vertrauen, und sie können und sollen als Vorbild dienen. Doch sich um Hilfe oder Fürbitte an Heilige zu wenden, ist dem gläubigen Christen nicht erlaubt.

5.8.2 Der Umgang mit den Heiligen in der Geschichte

Aus reformatorischer Perspektive ist also zu unterscheiden zwischen einer Verehrung der Heiligen und einer Kommunikation mit ihnen, ersteres ist möglich, sogar nützlich, letzteres undenkbar. Die Betrachtung der Heiligen und der Umgang mit ihnen ist allerdings, ungeachtet der theologischen Grundsätze, stets merklichen Schwankungen unterworfen gewesen, die zumeist mit zeitgeschichtlichen Bedürfnissen korrespondierten. Vier kurze Skizzen können dies unterstreichen, die Praxis der ersten Gemeinden, die der Kirche im Mittelalter und die des Pietismus.

5.8.2.1 Die Praxis der ersten Gemeinden

Nach biblischem Verständnis und entsprechend in der Zeit der ersten Gemeinden gilt allen getauften, gerechtfertigten Christen die Berufung zur Heiligkeit innerhalb des Bundes Gottes mit den Menschen[299]. Die Gemeinschaft der Christen war eine noch kleine, von der Umwelt unterschiedene Gruppe mit hohem spirituellen und ethischen Anspruch, das Bewußtsein für die endzeitliche Erwartung an die Vollkommenheit der einzelnen, wie sie in den

---

[299] Alttestamentlich ist dies Gottes Bund mit dem auserwählten, dem heiligen Volk, und wer den Bund nach den Geboten lebt, ist heilig (Lev 19); neutestamentlich verwirklicht die heilige Kirche die Heiligkeit (Röm 11,7, I Kor 1,2, I Petr 2,9f., Eph 5,26; Röm 4,5, I Thess 1,3, I Joh 4,16-5,2).

überlieferten Jesusworten transportiert wird, war in hohem Maße vorhanden. Diese allgemeine Berufung zur Heiligkeit war damit von allen Mitgliedern der Gemeinschaft zu akzeptieren und umzusetzen auf dem Weg der Heiligung, d.h. der immer größeren Annäherung an Gott. Den Menschen, die innerhalb der Gemeinschaft eigens als „Heilige" bezeichnet wurden, war diese Annäherung in besonderer Weise gelungen – es gab also graduelle, doch keine grundsätzlichen Unterschiede innerhalb der Gemeinde der Heiligen, graduell auch hinsichtlich der Vollendung der Heiligkeit: Auf dieser Welt haben die Christen Anteil am Erbe der Heiligen (Kol 1,12), ganz werden sie es im Himmel erhalten (Apc 7,9-11). Aus Kol 1,24 (dem stellvertretenden, ergänzenden Leiden des Briefschreibers für die Gemeinde) wird die mögliche Mittlerschaft der Heiligen abgeleitet[300]; die Einbeziehung in den Lebensstrom des Leibes Christi verdeutlicht dabei die Fülle der Liebe Gottes.

5.8.2.2 Die Kirche im Mittelalter

Im Mittelalter gab es keine nennenswerten Räume außerhalb der Kirche, dementsprechend wurde innerhalb ihres Raumes stärker differenziert. Die Menschen nahmen einerseits zahlreiche gravierende Verfallserscheinungen wahr (z.B. Simonie, ein ungebildeter Klerus, Ausschweifungen und Machtgier bei kirchlichen Würdenträgern), andererseits geistliche Aufbrüche und Versuche zur Erneuerung von Kirche und Frömmigkeit im Sinne der Lehre Jesu. Es lag nahe, bei denen ein höheres Maß an Heiligkeit zu vermuten, die ein entsprechendes Leben der Aufmerksamkeit für Gott führten, als bei den durchschnittlichen, eben nur getauften Christen. Entsprechend wurden Ordensgründer und Erneuerer der Kirche oft schon zu Lebzeiten als Heilige wahrgenommen und verehrt. Da gleichzeitig in Predigten und über das Bußinstitut eine Diszi-

---

[300] Die Idee der Fürsprache wird übrigens erstmals von Origenes im 3. Jahrhundert formuliert, der dabei auf Vorstellungen des Philo zurückgreift.

plinierung der Gläubigen vermittels Höllen- und Gerichtsdrohung versucht wurde, erschienen selbst asketisch-strenge Heilige näher, menschlicher, vielleicht gnädiger als der richtende Gott bzw. Christus. Die Hinwendung zu den leichter erreichbaren Heiligen wurde zudem befördert durch die Angst und das Gefühl des Ausgeliefertseins an ein unbarmherziges Geschick in Gestalt von Kriegen und Seuchen – die Heiligen standen dem menschlichen Geschick näher, sie um Hilfe zu bitten fiel, eben weil sie Menschen waren, leichter; zudem waren sie, dem Volksglauben entsprechend, auf bestimmte Bereiche spezialisiert, darum schneller oder effektiver in ihrer Hilfe[301]. Entsprechend nahm die Zahl der – vom Volk erhobenen – Heiligen nahezu unkontrollierbar zu, worüber Christus nicht selten in Vergessenheit geriet. Aus dieser Entwicklung wurden seitens der Theologen verschiedene Folgerungen im Umgang mit den Heiligen gezogen: In der römisch-katholischen Kirche bemühte man sich um Eindämmung durch eine klareres Regelwerk zur Frage, wer als Heiliger zu verehren sei; seit dem 16. Jahrhundert lag die Entscheidung darüber nur mehr beim Papst. Die neu entstehenden protestantischen Kirchen reagierten, wie dargestellt, mit Zurückweisung bzw. der Unterscheidung bezüglich des angemessenen Umgangs mit den Heiligen.

---

[301] Eine sehr einfühlsame Beschreibung der zugrundeliegenden Motive findet sich in einem der Scheibenwelt-Märchen von Terry Pratchett (Der Winterschmied, München 2007, 295): Die Schafhirten im Kreideland wenden sich mit ihren Bitten um Hilfe noch immer an die verstorbene weise Frau, die Hexe Oma Weh. „Sie schrieben ihre Bitten zwar nicht auf, aber sie waren trotzdem da, schwebten unsichtbar in der Luft: ‚Oma Weh, die du die Wolken am blauen Himmel hütest, bitte wache über meine Schafe. Oma Weh, bitte heile meinen Sohn. Oma Weh, bitte such meine Lämmer.' Es waren die Gebete kleiner Leute, die zu demütig waren, um sich an die Götter oben im Himmel zu wenden. Sie vertrauten dem, was sie kannten. Sie hatten weder Recht noch Unrecht. Sie hatten nur ... Hoffnung."

5.8.2.3 Der Pietismus

Der Pietismus, die große Erneuerungsbewegung des Protestantismus im 17. und 18. Jahrhundert, bemühte sich angesichts von Staatskirchentum, konfessionellen Konflikten und der aus ihnen resultierenden Veräußerlichungen und Erstarrungen, eine *ecclesiola in ecclesia* zu schaffen, Gruppen von wahrhaft Frommen, die das geistliche Priestertum praktizierten und christliches Leben im Sinne des Neuen Testaments als Heiligung verwirklichten. Dementsprechend zeigt sich in diesen Kreisen ein verstärktes Interesse am Lebenszeugnis „gottseliger Personen" (Gottfried Arnold) und „heiliger Seelen" (Gerhard Tersteegen) als Glaubensexempla. Durchaus im Sinne der CA wurden die Heiligen also zur Glaubensstärkung und als vorbildhafte Beispiele für ein christliches Leben betrachtet; angerufen wurden sie nicht.

5.8.3 Heilige in der Neuzeit

Im heutigen Protestantismus, dessen Grenzen hin zur Unkirchlichkeit an den Rändern (bei den sog. Distanzierten) verschwimmen, sind unterschiedliche Tendenzen zu beobachten. Zunächst wurden in den letzten Jahrzehnten ausgesuchte Heilige der römisch-katholischen Tradition protestantisch wiederentdeckt; als besonders „anschlußfähig" erwiesen sich angesichts eines ausufernden Kapitalismus und zunehmender ökologischer Gefährdung diejenigen, die auf der Seite der Armen gestanden und im Einklang mit der Schöpfung gelebt hatten, allen voran Franziskus, aber auch Elisabeth von Thüringen oder Martin von Tours. Anziehend wirkte ebenso ein kritischer Umgang mit Repräsentanten staatlicher Macht (Katharina von Alexandrien). Als Beispiele mutigen, christlich konsequenten und der Gerechtigkeit bzw. der Bewahrung der Schöpfung förderlichen Verhaltens tauchten sie zunehmend in Predigten oder Reden kirchenleitender Personen auf, wobei auch die Faszination des „Besonderen", des außergewöhn-

5.8 Heilige und Heiligenverehrung

lichen Lebenslaufs eine Rolle gespielt haben mag. Dieser schmale Heiligenkalender wurde in stillschweigendem Konsens vermehrt um Vertreter eines gewaltfreien Widerstands gegen Unrechtsregime oder -verhältnisse, die ihrerseits durch Gewalt ums Leben gekommen waren (Dietrich Bonhoeffer, Martin Luther King, auch Mahatma Gandhi) sowie um Menschen, deren Handeln in besonderer Weise durch Liebe geprägt war (Mutter Teresa)[302].

Der Rekurs auf diese protestantischerseits natürlich nicht kanonisierten Heiligen geschieht zumeist in paränetischer Absicht: Heilige sind Beispiele vorbildlichen Verhaltens. So konnte Bischof Wolfgang Huber zu Beginn des Bonhoeffer-Jahres 2006 in einem Fernsehbericht über Bonhoeffer feststellen, daß dieser „ein evangelischer Heiliger" sei, an den wir uns erinnern sollten, weil er mutig und unter Aufopferung seines Lebens für die jesuanischen Ideale eingestanden sei. Gleichzeitig, neben diesem paränetischen Zug, ist aber vielfach ein Bedürfnis nach Verehrung zu konstatieren, das oft zu kritikloser Überhöhung und Stilisierung der Person führt, an der dann keinerlei Fehler mehr erkennbar sind bzw. sein dürfen[303].

---

[302] Auf eine ganz eigenwillige Weise gilt das, jedenfalls nach ihrem Tod, auch für die zur Ikone stilisierte Prinzessin Diana, die freilich nicht als ethisches Vorbild, sondern als Gegenbild gegen die Härte, Kälte und Lieblosigkeit der Gesellschaft eingesetzt wird.

[303] Die ‚historische Kritik' an diesen Personen setzt häufig mit einer erheblichen Verzögerung ein, so Berichten von Mitgliedern zufolge beispielsweise innerhalb der Bultmann-Gesellschaft im Falle Bultmanns. In kleinerem Rahmen war etwas Ähnliches nach dem frühen Tod des Hamburger Neutestamentlers Henning Paulsen zu erkennen, ich führe das Beispiel wegen seiner Plastizität an: Kerzen und Blumen unter seinem Photo im Foyer und vor seiner Zimmertür, offene Briefe an ihn z.B. „Du bist uns nur vorangegangen. Ich spreche Dich mit ‚Du' an, weil ich weiß, Du hättest nichts dagegen." – Die bei aller Verbindlichkeit vorhandene persönliche Distanziertheit des Verstorbenen wird, zweifellos auch im eigenen Denken des Schreibers, geleugnet. Diese Verehrung hat sich freilich nicht zu einer dauerhaften Verehrung manifestiert, nach einem Semester war sie weitgehend abgeklungen; dennoch liegt hier m.E. dasselbe Phänomen vor.

Ein weiterer Zug dieser protestantischen Wiederentdeckung der Heiligen könnte die Suche nach näheren Ausprägungen des Transzendenten sein, zumal feststellbar ist, daß – ungeachtet der jahrelangen Einschärfungen des nur lieben und nahen Gottes – Gott doch (durchaus sachgemäß) von vielen Christen als jedenfalls auch fern und distanziert, als in seiner Heiligkeit und Gerechtigkeit furchteinflößend wahrgenommen bzw. vage geahnt wird.

Schließlich ist, in mancher Hinsicht der Gefühlslage der Menschen im Mittelalter nicht unähnlich, ein vermehrtes Bedürfnis nach Schutz erkennbar, das allerdings von protestantischen Christen eher nicht durch Heilige erfüllt wird, sondern durch zwar oft als persönlich zugeordnet gedachte, aber namenlose Engel[304].

5.8.4 Heiligenverehrung heute?

Wie ist dieser protestantische Umgang mit Heiligen zu kommentieren? In Bezug auf die positive Sicht der Heiligen sei nochmals festgehalten, daß sie lutherisch prinzipiell kein Problem darstellt; aus reformierter Perspektive bliebe einzuschärfen, daß der Mensch nicht vergöttert werden darf. Eine Wahrnehmung als Vorbild wird dagegen von den verschiedenen protestantischen Denominationen zugestanden bzw. befördert. Und tatsächlich kann das Beispiel der Heiligen in einer Zeit, in der die Einbindung des einzelnen Christen in die christliche Gemeinschaft zunehmend schwächer und damit auch die Tradierung einer *praxis pietatis* wirkungsloser wird, Formen gelebten Glaubens vor Augen stellen, Anstöße zu einer Gestaltung christlichen Lebens, die dem Zeitgeist widersteht. Außerdem kann ein weiteres Merkmal der Heiligen, ihr Handeln für den Nächsten nämlich und damit ihr Gemeinschaftsbezug, der Tendenz zur Vereinzelung des Christen vor Gott entgegenwirken,

---

304 Die Engelkonjunktur erstreckt sich dabei weit über die Grenzen der Kirchen hinaus. Freilich könnte man fragen, was genau eigentlich Gemeinden tun, die ihre Gemeindehäuser mit einem Personennamen versehen – wird hier nicht oft unausgesprochen eine Art Patronat erhofft?

5.8 Heilige und Heiligenverehrung

zu dem insbesondere der Protestantismus mit seiner Betonung des frommen Subjekts in mitunter bedenklicher Weise neigt. Auch das Moment einer Stärkung des eigenen Glaubens durch den Blick auf Leben und Glauben der Heiligen könnte, etwa in Predigten, in seelsorglichem Interesse wieder deutlicher hervorgehoben werden. Daß wir Protestanten die Heiligen daraufhin übermäßig schätzten, ist kaum zu befürchten. Eher schon drohen zwei andere Gefahren: Einerseits ist dies die Gefahr der Idealbildung, die ein unrealistisches Bild vor Augen stellt, das nicht nur dem konkreten Menschen nicht gerecht wird, sondern auch zu Fehlformen und Verzerrungen im Umgang mit ihm führen kann. Im Raum katholischer Frömmigkeit scheint mir dies vor allem im Hinblick auf die Person des Heiligen der Fall zu sein, der bei seinen Anhängern zu einem Muster aller denkbaren Tugenden wird und seine Menschlichkeit dabei zunehmend verliert. Im protestantischen Bereich betrifft es stärker das literarische Werk, dem keinerlei Fehler nachzusagen ist und in dem noch die schwächste und banalste Stelle Tiefen kaum auslotbarer Weisheit und Weitsicht offenbart[305]. Zum anderen droht die Gefahr einer Überforderung durch ein überhöhtes Ideal, dem kein Mensch gerecht werden kann; besonders problematisch wird dies, wenn das Ideal in eine Leistungsethik überführt wird.

Dies betrifft freilich nur das Moment der – lutherisch zugestandenen – Verehrung der Heiligen. Was läßt sich hinsichtlich der Kommunikation mit ihnen sagen? Undenkbar erscheint diese in der Sicht der Reformatoren, weil es erstens kein biblisches Gebot dazu gibt (*sola scriptura*) und weil zweitens die Gefahr besteht, daß die Rolle Christi als alleiniger Heilsmittler verdunkelt wird (*solus Christus*), so daß schließlich die Heiligen an seiner Stelle angebetet würden. In letzterem Punkt besteht übrigens Einigkeit zwischen protestantischer und römisch-katholischer Position,

---

[305] Doch kann es verheerende Folgen haben, jede Äußerung Luthers mit biblischer Dignität zu versehen, etwa wenn es darin um Menschen jüdischen Glaubens geht.

die letztere unterscheidet ebenfalls streng zwischen der Anbetung Gottes und der Verehrung der Heiligen: „Die Anrufung der Heiligen muß in die Einmaligkeit und Einzigartigkeit der Mittlerschaft Jesu Christi integriert sein."[306] Und auch die gottesdienstliche Heiligenverehrung ist in katholischer Perspektive zwar legitim und wichtig, aber „weder Pflicht noch heilsnotwendig" für den einzelnen Christen[307]; Heiligenverehrung bietet einen Freiraum für die persönliche Frömmigkeit, in dem die Anrufung der Heiligen allerdings eingeschlossen ist. Hinsichtlich der Unterscheidung zwischen Anbetung und Verehrung ist die Einzigartigkeit der Mittlerschaft Christi, das Prinzip des *solus Christus*, somit nicht tangiert.

5.8.5 Bitte um Fürbitte?

Doch wie verhält es sich mit einer Anrufung der Heiligen, die mit dem Ziel erfolgt, sie um ihre Fürbitte zu ersuchen? Besteht dabei nicht doch die Gefahr, die Heiligen als Mittlergestalten zu sehen, die die menschlichen Gebete wirkungsvoller vor Gott tragen können als die Menschen selbst dies vermöchten? Eine solche Vorstellung widerspräche dem reformatorischen Gedanken des Priestertums aller in Christus Getauften, nach dem der sich auf Christus berufende Mensch um des Heilshandelns Christi willen unmittelbaren Zugang zu Gott hat – bei aller denkbaren Distanz zwischen Mensch und Gott, die der Majestät und Heiligkeit Gottes geschuldet ist. Gott wird die Gebete eines so bittenden Menschen nach seinem Willen erhören, unabhängig davon, von wie vielen und welchen anderen diese Gebete vor ihn gebracht werden. Sinnvoll ist eine gemeinsame Fürbitte dennoch, aus zwei Gründen: Zum einen stiftet sie Gemeinschaft unter den Bittenden (die sie natürlich zuvor bereits voraussetzt, und dieser Gemeinschaft gilt die Verhei-

---

306 Georg Kraus, Gnadenlehre – Das Heil als Gnade, in: Glaubenszugänge. Lehrbuch der katholischen Dogmatik in drei Bänden, hg. von Wolfgang Beinert, Paderborn/München/Wien/Zürich 1995, III. Bd., 288.
307 A.a.O., 287.

ßung, vgl. Mt 18,20) und trägt so den, für den gebetet wird. Zum anderen kann sie in bestimmter Hinsicht stellvertretend geschehen, wenn der eigene Glaube, in dem wir beten sollen (Mk 11,24), von Zweifeln angefochten ist oder Unsicherheit besteht bezüglich des Inhaltes einer dem Beter selbst geltenden Bitte, die das eigene Unterscheidungsvermögen nicht zu beheben vermag. In diesem Rahmen gedacht ist die Fürbitte der Heiligen sinnvoll, sie bewirkt aber keine schnellere oder vollständigere Erhörung unserer Gebete, sie ist kein „Dienstweg", den Gläubige einhalten müßten, um vor der göttlichen Majestät erscheinen zu dürfen, denn der Weg zu Gott ist den Glaubenden durch Christus eröffnet. So verstanden ist also auch durch eine Bitte um Fürbitte der Heiligen das *solus Christus* nicht berührt.

Damit bleibt aus reformatorischer Perspektive das Argument der Schriftgemäßheit. Hier ist nun jedoch daran zu erinnern, daß die Bibel zwar kein diesbezügliches *Gebot*, doch ebensowenig ein *Verbot* ausspricht, CA und ApCA dementsprechend ebenfalls nicht; lediglich die Unverläßlichkeit des Brauches wird warnend vor Augen gehalten. Doch ist dieses fehlende Gebot, dieser Hinweis auf das *sola scriptura* wirklich ein überzeugendes Argument angesichts mancher Phänomene öffentlicher Präsentationen der Kirche? Fernsehgottesdienste, in denen Schauspieler historische Figuren, eventuell sogar Heilige, verkörpern, entsprechen ebenfalls nicht biblischem Gebot, werden aber von kirchlichen Medienbeauftragten und Verantwortlichen in den Kirchenleitungen als eine wirklich glückliche Idee im Kampf um die Quoten angesehen[308]. Mir scheint, daß im Vergleich mit einer solchen Gottesdienstgestaltung die Anrufung der Heiligen mit der Bitte um deren Für-

---

308 So zog am 4. März 2006 in einem Fernsehgottesdienst, übertragen aus der Zionskirche in Bethel, ein als Friedrich von Bodelschwingh verkleideter Schauspieler mit ein, der im Eingangsteil des Gottesdienstes den Präses, die Vorsitzende des Landtages, Ärzte, Patienten, Diakonissen und Diakoninnen zu ihrer heutigen Sicht der Anstalten und deren Aufgaben befragte. In den Reaktionen auf die Übertragung wurde speziell dies Element als besonders gelungen beurteilt.

bitte das biblisch vertretbarere Geschehen ist[309], denn es kann sich zum einen auf das ausdrücklich gebotene Handlungsmodell der gegenseitigen Fürbitte, zum anderen auf die über diese Welt hinaus bestehende, die eschatologische „Gemeinschaft der Heiligen" berufen[310].

Eine solche Bitte um Fürbitte setzt, so wurde eingangs festgehalten, dreierlei voraus, zunächst, daß verstorbene Gemeindeglieder als Lebende bei Gott gedacht werden, eine Frage der eschatologischen Vorstellungen, die jedoch durchaus in dieser Weise beantwortet werden kann[311]. Weiterhin setzt der Wunsch nach einer

---

309 Die Überlegungen von Wolfgang Beinert, Einleitung in die Dogmatik – Theologische Erkenntnislehre, in: Glaubenszugänge. Lehrbuch der katholischen Dogmatik in drei Bänden, hg. von Wolfgang Beinert, Paderborn/München/Wien/Zürich 1995, I/129, gehen mir in dieser Frage etwas zu weit: „Im Lauf der durch das Wirken des Hl. Geistes sich durchsetzenden Offenbarung vermag die Kirche *immer genauer und deutlicher* die Einschlüsse zu sehen, die im Zeugnis der Bibel enthalten sind. Sie kann daher, um der Treue zum Wort Gottes willen zu Aussagen oder Formulierungen gedrängt werden, die material so nicht in der Schrift stehen, die aber genau in der Intention des dort Gesagten liegen. Es kann daher zu formal ‚neuen' Dogmen und dogmatischen Sätzen kommen: Sie müssen allerdings sorgfältig der Kritik durch die Bibel, die bisherige Tradition und die Gemeinschaft der Glaubenden heute unterzogen werden." Zwar ist, hierin stimme ich ihm zu, von einem Wirken des Geistes Gottes auch über den Kanon hinaus auszugehen, doch scheint mir die Zuschreibung bestimmter Gedanken als „im Zeugnis der Bibel enthalten" ein wenig zu zuversichtlich; als Protestantin würde ich mich in Bezug auf Weiterungen lieber mit der Feststellung zufriedengeben, daß sie dem Geist, der Intention der Schriften nicht widersprechen.
310 In dieser Frage überzeugt mich die Argumentation von Georg Kraus, a.a.O., 288: „In der eschatologischen Einheit der ‚Gemeinschaft der Heiligen' besteht eine lebendige Verbindung zwischen den noch ringenden und den bereits vollendeten Heiligen, wie die Mitglieder der Kirche auf Erden aus Liebe zur Heilssolidarität füreinander eintreten, so können auch die vollendeten Glieder der Kirche für die noch auf dem Weg befindlichen fürsprechend eintreten."
311 S. dazu Corinna Dahlgrün, ‚Nicht in die Leere falle die Vielfalt irdischen Seins'. Von der Notwendigkeit eschatologischer Predigt (Kontexte 33), Frankfurt/M. 2001, 143-154.

solchen Fürbitte voraus, daß die verstorbenen Christen ihre Verbundenheit mit der christlichen Gemeinschaft auch in der Vollendung bewahren und bewähren[312], doch besteht kein Anlaß, dies in Zweifel zu ziehen, wenn denn Heiligkeit Gabe Gottes an einen Menschen in einer Gemeinschaft (und dieser Gemeinschaft zugute) ist, die zudem verbunden ist mit der Berufung zur Heiligkeit als einem Leben der Heiligung, einem Leben, das die Gabe entfaltet in Taten der Gottes- und Nächstenliebe. Und schließlich setzt die Bitte um eine Fürbitte der Heiligen voraus, daß Gebete eine Wirkung haben, die über eine immer wieder unterstellte bloße Autosuggestion, ein klärendes Selbstgespräch, oder den ästhetischen oder intellektuellen Genuß an einem Sprachspiel hinausgeht. Es ist, ungeachtet der biblischen Zeugnisse in diesem Punkt, eine Frage des persönlichen Glaubens, ob ich dem Gebet Macht zutraue oder nicht[313].

Die eingangs erwähnte Heiligen-Anrufung durch P.D. James hat, abgesehen davon, daß sie offenläßt, ob die Hilfe in diesem Fall eigentlich von Gott oder nicht vielmehr vom Heiligen selbst erwartet wird, einen doch etwas unangenehm anmutenden utilitaristischen Zug: Sie verehrt den Heiligen nicht, so geht es aus ihrer Darstellung hervor, aber sie will etwas von ihm. Darum liegt es für sie nahe, nach Erfüllung ihrer Bitte an die Begleichung einer „Schuld" zu denken, durchaus materiell, denn auch bei ihrer Bitte ging es

---

[312] Dies entspräche der sozialen Dimension der Heiligkeit, wie sie Georg Kraus betont (a.a.O., 286f.): „Die Heiligkeit ist wesentlich eine theozentrische, personale, soziale, universale und eschatologische Wirklichkeit." Und: „Nur in Taten der Liebe für die Gemeinschaft mit Gott und den Mitmenschen kann sich dann die geforderte Heiligkeit vollziehen."

[313] Ich selbst bin von einer solchen Macht der Gebete, auch der Gebete für andere, überzeugt, wende mich mit der Bitte um eine Fürbitte jedoch am liebsten an Menschen, die ich kenne, denen ich mich gemeinschaftlich verbunden weiß, und deshalb eher nicht an mir unbekannte – und wegen der Tradition, in der ich großgeworden bin, zudem unvertraute – Heilige. Aber wer mit dem Gedanken an den heiligen Antonius aufgewachsen ist, „kennt" ihn, kann sich ihm verbunden fühlen und wird sich darum selbstverständlich an ihn wenden.

um Materielles. Immerhin erscheint ihre Haltung insofern angemessen, als sie nicht die bloße Tatsache ihrer Bittgebets bereits als eine Vorauszahlung auffaßt.

FAZIT: 1. Die Wiederentdeckung der Heiligenverehrung ist für Protestanten gut und nützlich, denn Heilige sind Beispiele der Gnade Gottes, Zeichen für die geschehene Erlösung. Sie machen die Konkretheit des Heiles, das Gott schenkt, sichtbar und können darum den schwankenden, zweifelnden Glauben ermutigen.
2. Die Wiederentdeckung der Heiligenverehrung in den protestantischen Kirchen kann über deren Grenzen hinaus positive Wirkungen entfalten, denn Wertediffusion und Worthülsen in Verlautbarungen (politischen wie kirchlichen) lassen das Bedürfnis nach greifbaren möglichst konkreten Beispielen christlicher Lebenspraxis wachsen. Wichtig ist dabei freilich, die Zeugen des gelebten Glaubens, die Beispiele einer *praxis pietatis* realistisch wahrzunehmen und Verzerrungen in der Wahrnehmung der Person zu vermeiden, die zu Fehlformen der Verehrung führen können[314].
3. Die Heiligenverehrung kann uns Protestanten gegen unsere Neigung zur Vereinzelung des frommen Subjekts die Dimension der Gemeinschaft anschaulich und heilsam vor Augen führen, denn Heilige sind Gaben Gottes für die Gemeinschaft der Christen. Sie verwirklichen ihren Glauben als gelebte Religiosität, und „je tiefer, je vitaler sie ist, um so relevanter wird dieser Christ für die Feststellung des Glaubenssinnes der Gläubigen. Daher haben die Heiligen [...] eine besondere Bedeutung in der Kirche nicht nur als Beispiele des christlichen Lebens, sondern auch als Bezeugungsinstanzen des Glaubens."[315] Dies gilt analog, wenn auch abgeschwächt, von allen Christen als den durch Gottes Geist Geheiligten innerhalb der „Gemeinschaft der Heiligen".
4. Heilige können aufgrund ihres exemplarischen Lebens als Vorbilder einer *praxis pietatis* dienen. Dies kommt einer verbreiteten

---

314 Heilige sind, eben wegen ihres Realitätsbezuges, unbequemer als die so beliebten Engel, doch das spricht nur für sie.
315 Beinert, a.a.O., 180.

Sehnsucht nach Vorbildern christlicher Lebensverwirklichung entgegen, die aus der schwächer gewordenen Einbindung in die Gemeinschaft resultiert. Allerdings sollte hier die Gefahr einer ethischen Überforderung bzw. einer Leistungsethik im Blick behalten werden.

5. Wenn Protestanten die eschatologische Prämisse eines Lebens der Verstorbenen bei Gott teilen, wenn sie an eine Verbundenheit der Gemeinschaft der Christen über den Tod hinaus glauben, wenn sie schließlich die Wirksamkeit von Fürbitten für möglich halten, sollten sie die Vorstellung eines fürbittenden Handelns der Heiligen, einer Fürbitte durch die Lebenden in der anderen Welt nicht vorschnell zurückweisen. Damit ist weder gesagt, daß ihr Gebet wirksamer sei als das der Lebenden auf dieser Erde, noch, daß man sich an sie wenden müßte, um bei Gott Gehör zu finden. Aber es gäbe dann jedenfalls keinen Grund, nicht um die Fürbitte der Heiligen zu bitten[316].

6. Für unser Glauben, Lehren und Leben bleiben, auch und gerade im Zusammenhang einer protestantischen Heiligenverehrung, immer drei Momente zu beachten: die christozentrische Konzentration (Christus ist es, der in seinen Zeugen begegnet), die ekklesiologische Ausrichtung (Heilige gibt es um der Gemeinschaft willen und sie wirken in der und für die Gemeinschaft) und die soteriologische Zielrichtung (es geht in allem um die Erlösung für die Glieder des Bundes).

---

[316] Aus der Perspektive der Heiligen wäre eine solche Fürbitte Fortsetzung des irdischen Liebeshandelns, Ausdruck einer „Solidarität, die sich die Glieder der Kirche untereinander mit der Hilfe des Gnade Gottes [der die Bitten durch seinen Sohn erhört] erweisen", so Herbert Vorgrimler, Art. Heiligenverehrung, Neues Theologisches Wörterbuch, Freiburg 2000, 274.

6 Nachwort von Ludwig Mödl

Eingeladen war ich, an dem vorliegenden Werk mitzuschreiben, um den ökumenischen Charakter zu garantieren. Meine Säumigkeit – verursacht durch vielerlei Unzulänglichkeiten und Umstände – hat es mit sich gebracht, dass Frau Dahlgrün das Buch allein verfasst hat. Nach dem Lesen des Manuskripts muss ich sagen: Es war besser so. Das Buch ist durch diesen Umstand vielleicht ökumenischer geworden als es mit einem katholischen Co-Autor gelungen wäre; denn es ist verfasst aus einem Blickwinkel heraus. Die protestantische Sichtweise dominiert, aber die katholische (wie auch die orthodoxe) ist nicht nur mit Respekt wahrgenommen, sondern auch sachgerecht dargestellt und in einer Weise eingebunden, dass die Gemeinsamkeiten deutlich hervortreten und die Unterschiede in ihrer Relativität, ihrer historischen Kontextualität und in ihrer heutigen (oftmaligen) Unbedeutendheit sichtbar werden. Es ist gelungen, was zu Beginn als ökumenisches Anliegen genannt wird, „die Vielfalt der verschiedenen ausdifferenzierten Formen, auch die konfessionellen Ausprägungen und Besonderheiten im Bereich der Spiritualität in ihren Stärken wahrzunehmen, doch vor allem ihre gemeinsamen Wurzeln und Grundthemen zu erkennen, um gemeinsam und voneinander zu lernen und auch auf diesem Wege daran zu arbeiten, die Trennung der Kirchen zu überwinden" (s.o. I). Der evangelisch-lutherische Blickwinkel bleibt unverrückt, der Katholik fühlt sich dennoch verstanden und ernst genommen. Ja ich habe nicht den Eindruck, meine Gesprächspartnerin hätte sich verbiegen oder um meinetwillen ihre Positionen verwässern müssen. Gerade dieser Eindruck hat mir den ökumenischen Charakter des Buches als echtes Dialog-Buch deutlich werden lassen. Nie zuvor wurde mir so bewusst wie bei der Lektüre dieses Manuskriptes, wie viel Gemeinsamkeiten die reformierten Kirchen und die katholische Kirche haben, wenn wir sie unter der Überschrift „Spiritualität" betrachten. Gott-Suche und Liebes-Streben, Gott-Erfahrung und Gott-Ferne werden gleicher Massen erlebt und erlitten. Das Buch zeigt somit überdeutlich, wo und wie der ökumenische Dialog und vor allem die ökumenische Praxis ansetzen können und müssen. Ohne die Verschiedenheiten zu leugnen, sind die Grundpositionen gemeinsam vorhanden. Mögen Theologien verschieden tönen, sie sind allemal Reflexionsversuche über etwas, das in Erfahrung und Lebenspraxis erschmeckt und erahnt wird. Dann freilich beeinflussen diese Theologien wiederum die spirituelle Praxis. Dies geschieht auch in diesem Buch, und so wird es, wie ich denke, zu einem ausgesprochen ökumenischen Buch, das auch für katholische Studierende und Interessierte ein Handbuch für christliche Spiritualität sein kann. Die typisch konfessionellen unterschiedlichen Nuancen sind gekennzeichnet. Die Themen, die zu behandeln sind, geben Einblick und Überblick in alle die Spiritualität betreffenden Fragen. Und die mit vielen praktischen Beispielen und Hinweisen ausgestatteten Argumentationslinien helfen auch einem Leser, der bislang wenig mit der Sache befasst war, sie schnell zu verstehen.

Gerade der phänomenologische Ansatz ermöglicht es, so unterschiedliche Spiritualitäten wie jene eines Merton mit der eines Simon des Säulenstehers, jene der Shaker-Gemeinschaft mit der eines Benedikt von Nursia, jene des Johannes vom Kreuz mit der Luthers zusammen zu stellen und sie als gültige – da erfolgreich gelebte Ansätze gelten zu lassen. Hier ist es gelungen, die am 31. Oktober 1999 in Augsburg vom Lutherischen Weltbund und dem Einheitsrat der Katholischen Kirche gemachte Erklärung ernst zu nehmen, dass – unter den heutigen Verstehens-Gegebenheiten – die Rechtfertigungsfrage kein eigentlich Kirchen trennendes Thema mehr sein kann. So erweisen sich die verschiedenen spirituellen Ansätze (sieht man von misslungenen Praktiken wie auch der gegen diese gerichtete Polemik ab) als eine beglückende Vielfalt, deren gemeinsame Basis aufgezeigt werden kann.

Der protestantische Blickwinkel der Autorin wird spürbar, wenn die Reflexion immer wieder auf die Rechtfertigungsfrage kommt, wenn es um die Darstellung bestimmter Praktiken wie auch konfessioneller Sonderheiten geht, wenn Gewichtungen vorgenommen werden und vor allem auch, wenn es um die Auswahl von Gewährsleuten bzw. Autoren geht, die allemal gemacht werden muss, da im Laufe der Kirchengeschichte unendlich viel gesagt, geschrieben und unternommen worden ist, was für die Spiritualität Gewicht hat. Ich habe als Katholik keine Schwierigkeit mit diesen charakteristischen Akzenten und auch nicht mit der vorgenommenen Auswahl der Gewährsleute. Manches war mir überraschend neu, und ich habe es mit großem Interesse aufgenommen und festgestellt: Es ist katholisch einbindbar. Wir Katholiken können von evangelischer Spiritualität lernen, wie die Autorin zeigt, dass sie auch von der katholischen gelernt hat. Sie hat versucht, genau hinzuschauen und dabei die historisch gewachsenen Vorbehalte der *discretio*, der Gabe der Unterscheidung zu unterwerfen. Und es zeigt sich überraschend, dass sich die eigentlichen Intentionen der früheren Akteure als im Letzten gemeinsames Anliegen erweisen, nämlich die *praxis pietatis* zur größeren Ehre Gottes und zum Heile der Menschen zu fördern und sie nicht verunklaren zu lassen. Was herauskam, ich sage es noch einmal: Der Kern unserer Glaubenspraxis, unsere Spiritualität, hat viel mehr Gemeinsamkeiten als Trennungen, weil es bei der Spiritualität immer darum geht, sich zu öffnen für das Gnadengeschenk, das uns in der langen Geschichte des Heiles und endgültig in Christus Jesus geschenkt wurde.

Drei Themen würde ich noch gerne ergänzt sehen, die für die Spiritualität im katholischen Umfeld eine gewichtige Rolle spielen. Sie sind wohl angesprochen, aber nicht in dem Masse gewichtet, wie sie in der katholischen Praxis wirksam sind. Es sind die Themen: Kirche und Spiritualität, Bedeutung der Orden für die Spiritualität und Volksfrömmigkeit als Ort christlicher Spiritualität.

6.1 Kirche und Spiritualität

6.1.1 Kirchenpolitischer Kontext

Seit dem ersten Drittel des 19. Jahrhunderts spielt in der katholischen Theologie das Thema „Kirche" eine zentrale Rolle. Das hat neben theologischen auch historische Gründe. Die Französische Revolution in Frankreich und die in katholischen Landen des heutigen Deutschlands durchgeführte Säkularisation haben der katholischen Kirche und ihren vielen Institutionen, die bislang ein staats-kirchliches System ausmachten, praktisch alles weggenommen, was nicht für die unmittelbare Religionsausübung und Pastoration notwendig war. Die Bischöfe – bisher meist zugleich weltliche Herrn – wurden entmachtet, die Eigentümer der Diözesen weithin verstaatlicht. Vor allem wurden nahezu alle Orden aufgelöst und deren Besitz enteignet. Die bislang reiche Kirche war plötzlich arm. Die so tragenden Institute der Orden waren nicht mehr existent. Sie hatten das kirchliche Bildungswesen dominiert und waren vor allem Leitbilder der praktischen Spiritualität. Die staatliche Reglementierung über die gebliebenen Kircheninstitutionen wurde als bedrückend erlebt. Die Kirche musste in der Gesellschaft neu ihren Platz suchen. Klerus und Volk verbanden sich zu einer verborgenen *acies ordinata*, einer geordneten Schlachtreihe, es bildete sich der Katholizismus heraus, der in einigen Bereichen fast eine eigene Welt neben der säkularen darstellte und dieser gegenüber grundsätzlich skeptisch war. Seine Merkmale waren: enge Verbindung mit dem Papst in Rom (Rom galt als Garant der katholischen Freiheit), Aktivität der Laien unter Leitung der Bischöfe (vor allem ab den dreissiger Jahren mit Hilfe der Vereine), politische Einlinigkeit (zunächst unter Führung der Bischöfe, dann durch hierarchietreue Laien), Revitalisierung und Neugründung von Orden (vor allem für Bildungsaufgaben, soziale Dienste und für die Mission) und spirituelle Betonung der „katholischen Praxis", die liturgisch und volksfrömmigkeitsbetont orientiert war. Theologisch hat zunächst die sog. Tübinger Schule das Kirchenthema in einer großen Offenheit und mit ökumenischer Tendenz forciert. Diese aber wurde dann nach der Gelehrtenversammlung in München von 1862 durch die römische Schule abgelöst, die – durch die *„acies-ordinata*-Mentalität" dominiert – die Entwicklungen der modernen Welt generell als gefährlich einstuften (vgl. den Syllabus von 1864), ein straffes Kirchenregiment förderte und die Katholiken einschwor auf eine einheitliche Theologie („Im Krieg gibt es keine Argumente, da gibt es Parolen" – Karl Sonnenschein). Eine strenge Reglementierung in Liturgie und Kirchenordnung sowie eine vom Ritual dominierte Frömmigkeit des Klerus und des Volkes waren die Folgen. Denn als Feinde wurden jetzt – nach der grundlegenden Regelung der Verhältnisse – nicht sosehr die staatlichen Organe angesehen, sondern die in der Zeit liegenden Ideen, die sich sukzessiv im Staat Einfluss verschafften: der Liberalismus, der Sozialismus (vor allem in seiner kommunistischen Form) und der Nationalismus.

Die Mentalität der Abschottung herrschte bis herauf zu Pius XII. (1939–1958). Auch wenn kirchenpolitisch und pastoral-praktisch mit jeder dieser Ideengruppe dort, wo sie politisch mächtig geworden war, Kompromisse geschlossen werden mussten, waren die Kirchenleitung und viele im Volk im Inneren skeptisch bis ablehnend. Erst Papst Johannes XXIII. (1958–1962) hat gemerkt, dass diese Feinde stumpfe Zähne bekommen hatten. Das von ihm einberufene II. Vatikanische Konzil wollte für die Kirche eine neue Orientierung geben. Und in der Tat ist das dort verhandelte Kirchenthema das wichtigste Ergebnis dieses Konzils geworden – sowohl für die Liturgie und damit die Spiritualität, wie auch für die Ökumene und den Umgang mit der säkularen Welt.

Das II. Vatikanische Konzil (1961–1965) hat für die katholische Kirche einen Perspektivenwechsel gebracht und ist in seinen reformatorischen Beschlüssen bis heute noch nicht in allem durchgeführt und auch noch nicht verkraftet. Die zunächst für die Spiritualität einschneidendsten Änderungen brachte die Reform der

Liturgie. Die Einführung der Volkssprache, zunächst nicht direkt geplant, aber dann de facto durchgesetzt, förderte eine „Theologisierung" im Gottesdienst, welche die frühere Dominanz des verweilenden Schauens und Hörens ablöste durch eine *participatio actuosa* am liturgischen Geschehen selbst. Die Zentrierung auf die Eucharistie, die freilich immer schon galt, aber durch ihre lateinische Form immer nach Ergänzung rief, wurde jetzt in vielen Orten zur einzigen Gottesdienstform. Damit ist das Andachtswesen zurückgedrängt worden bzw. „weggestorben". Die Veränderungen im Kalender des Kirchenjahres, vor allem bei den Heiligenfesten, haben viele Bräuche ausgedünnt und sterben lassen. Die bislang so wirksame Volksfrömmigkeit wurde durch theologisch dominierte Neuregelungen vielfach marginalisiert. Die Katholiken mussten sich in vielem umgewöhnen. Manche taten es begeistert, viele gezwungener Maßen. Dennoch war die Reform notwendig. Die Reformwellen waren nach dem Konzil (wenn ich recht urteile) zunächst von den eher Progressiven, dann ab Ende der siebziger Jahre des vorigen Jahrhunderts von den Konservativen und seit Ende der neunziger Jahre eher von ausgleichend-verhaltenen Akteuren dominiert. Trotz der Reformen und teilweise durch sie wieder gestärkt ist die Spiritualität im katholischen Bereich immer noch von bestimmten Elementen geprägt, die ich im Folgenden – reichlich plakativ – zu benennen suche.

6.1.2 Spirituelle Tendenzen

Der gewöhnliche Katholik sucht spirituell zu leben mit möglichst wenig Papier. Er liebt mehr die Rituale und die Zeichen. Dagegen sucht die offizielle Kirche alles genau aufzuschreiben und festzulegen. Sie trägt den Seelsorgern auf, sie sollen mit dem Volk ein geistliches Leben gestalten. Dabei will der ganze Körper ins spirituelle Geschehen eingebunden sein mit allen Sinnen, dem Geruch (als dem ältesten Sinnesorgan), dem Gehör, dem Tastsinn, dem

Geschmack und vor allem dem Auge; denn menschliches Denken tastet sich weithin an Bildern entlang. Der ganze Körper soll mithelfen, indem er je eine besondere Haltung einnimmt im Stehen, Knien, Sitzen, Sich-Verbeugen, im Vornehmen von Gesten und Zeichen bis zum Umarmen oder Händeschütteln. Alles am Menschen soll beten, wenn er betet, auch seine Motorik. Dabei sind die einzelnen Elemente durch die Tradition genormt, manche sind regional unterschieden, viele weltweit einheitlich. Es gibt Rituale des alltäglichen Gebrauchs und andere, die nur bei besonderen Gelegenheiten benützt werden wie z.B. Weihrauch nur bei feierlichen Gottesdiensten oder bei einigen Segnungen.

Diese grundlegende Tendenz kennt sehr verschiedene Ausprägungen im Detail, sie ist liturgisch dominiert und kirchlich-gemeinschaftlich geprägt.

So wird ein Katholik kein Gebet beginnen ohne rituelle Einbindung. Er wird zu Anfang und zu Ende des Gebets ein Kreuzzeichen machen. In den allermeisten Fällen wird er vorgeprägte Worte benützen, und er wird auch eine Gebetshaltung einnehmen, er wird knien oder stehen oder zumindest die Hände falten. Auch das meditative Gebet wird er, so die Empfehlung des Ignatius von Loyola, dessen Methode allgemein übernommen ist, rituell rahmen: Er wird einen geeigneten Raum aufsuchen, wird eine bestimmte Haltung einnehmen, wird ein mündliches Einleitungsgebet sprechen und auch den Abschluss des Gebetes rituell gestalten. In offiziellen Gottesdiensten ist die ritualisierte Form gegeben, bei der Eucharistie und beim Stundengebet im Detail vorgeschrieben, bei anderen Gottesdienstformen in den einzelnen Elementen auch weithin formalisiert. Der Katholik betet also meist rituell geformt. Wichtige Lebensstationen werden durch die Sakramente oder Sakramentalien religiös gestaltet – die Bewältigung von Schuld war zumindest bis vor kurzem bei vielen, gegenwärtig bei eher wenigen, mit der Beichte verbunden, Segnungen begleiten das Leben. Zeichen wie das Weihwasser oder gesegnete Gegenstände gelten im privaten Bereich. Gebetsformeln spielen eine wichtige Rolle.

Dazu kommt die meditative Wiederholung. Viele dieser Formeln werden oftmals gesprochen – nicht jedes Wort wird dabei bedacht. Die Worte geben gleichsam einen meditativen Rahmen, in dem ein Gedanke oder eine Bitten oder auch Gefühle eingebettet sind. So klingen – vornehmlich dann, wenn sie oft wiederholt werden – die Gebete wie Leiergebete, die aber deswegen nicht schon Geplapper sein müssen. Auch wenn die Meditation und das Gebet neben der Liturgie in bestimmten Richtungen katholischer Spiritualität eine wichtige Rolle spielen, so sind diese zumindest rituell gerahmt und ergänzen die sonstige liturgische Dominanz.

Für den Gottesdienst gab es eine wichtige Neuerung. Das Konzil stellte fest: Die Predigt ist Teil des Gottesdienstes und muss zumindest am Sonntag stattfinden. Zuvor wurde in den Pfarreien auch jeden Sonntag gepredigt. Doch die Predigt war Teil des so genannten *Pronaus*, d.h. was vor dem Tempel (griechisch: *naos*) zu geschehen habe. Deswegen wurde sie entweder zu Beginn der Messe gehalten oder der Gottesdienst wurde nach dem Evangelium unterbrochen. Der Prediger legte dann das Messgewand ab, bestieg – nur mit Albe und Stola bekleidet – die Kanzel, trug die Abkündigungen vor und begann – nach einem Zitat aus dem Evangelium, das als Predigttext gelten sollte – mit einem Kreuzzeichen die Predigt, die bis zu einer dreiviertel Stunde dauern konnte. Die Idee dieser alten Form war: Die Predigt ist als Auslegung der Schrift und als theologische Rede Menschenwort. In der Liturgie sollte aber kein persönliches Wort vorkommen, nur Gotteswort und die von der Kirche approbierten und offiziell geprüften Zusatzworte sollten gesprochen werden. Das II. Vatikanische Konzil stellte hingegen fest: Die Predigt ist Teil der Feier. Das persönliche deutende Menschenwort gehört in die Liturgie.

Bei der Sakramentenspendung wurden ebenfalls die Rituale vereinfacht, die Landessprache eingeführt, Segensformeln reduziert usw. Vor allem soll hier das erklärende und deutende Wort nicht fehlen.

Nun zeigen sich zwischenzeitlich einige Probleme, die vor allem die Spiritualität betreffen. Ein erstes Problem: Die gesamte Gottesdienstlandschaft hat sich auf die Messe konzentriert. Die anderen Gottesdienstformen wie Vesper, Andacht, Rosenkranz, heilige Stunde, Vigil u.ä. sind in vielen Gemeinden fast verschwunden. Ein weiteres Problem ist, und das werfen die Kritiker der Reform vor: Der meditative Charakter des Gottesdienstes erscheint vielen reduziert. Damit ist der Platz für die Gebets-Anliegen der einzelnen eingeengt. Das Hauptproblem der Pastoral ist aber nochmals drängender. Mehr als 80% der Katholiken kommen nicht mehr regelmäßig zum eucharistischen Gottesdienst am Sonntag, obwohl eine wöchentliche Teilnahme offiziell immer noch als verpflichtend angemahnt wird. Das liegt sicherlich an vielen Faktoren, die nicht mit der Liturgie zusammenhängen. Was die Sache bedenklich erscheinen lässt: Viele, bei denen die Liturgie ausfällt, haben dafür keine anderen Weisen des Betens oder des Gottesdienstfeierns für sich gefunden – oder zumindest äußerst marginale. Wenn kein Gottesdienst, dann auch nichts anderes! Wenn Liturgie ausfällt, bleibt Leere.

Mit der letzten kritischen Bemerkung signalisiere ich ein großes Problem der Spiritualität, die jetzt auch die katholische Kirche erfasst hat: eine Entsinnlichung bzw. eine Unfähigkeit, adäquate Bilder oder Symbole oder innovative Ausdrucksformen zu finden, die der theologischen Reflexion standhalten. Bei der Reform der Liturgie standen Leute vorne dran, die wenigstens teilweise ikonoklastische Wünsche hatten. Und nicht umsonst hat man in den sechziger und beginnenden siebziger Jahren viele Kirchen ausgeräumt, Altäre, Bilder und Figuren entfernt – weithin die Werke aus dem 19. Jahrhundert. Heute besteht die Tendenz, alles wieder zurückzuholen. Die Gemeinden sind dazu gerne bereit. Aber es gibt große Schwierigkeiten, in modernen Kirchen anspruchsvolle Bildwerke zu positionieren und – noch schwieriger – zeitgenössische Bildwerke in die Kirchen zu bringen. Viele Menschen sperren sich. Die Tendenz zur Bild- und Zeichenlosigkeit steckt eindeutig in den Köpfen der Theologen – nicht bei den meisten Leuten. Doch die Aversion gegen zeitgenössische Kunst findet sich bei vielen. Sie holen sich dann die künstlerisch zweifelhaften Bilder ins Haus – in den Wallfahrtsorten kaufen sie sich diese. Und diese Bilder prägen die religiöse Vorstellungswelt von Menschen, die – wie wir alle – in einem Bilder-Meer leben.

In diesem Kontext scheint es mir unverzichtbar für die praktische Theologie, sich der Bilder wie auch der gesamten Frage der Sinnlichkeit von Religion verstärkt anzunehmen und Wege zu zeigen, wie Bilder und andere Elemente für eine sinnenhafte Wahrnehmung dem spirituellen Mühen dienen können. Die ganze Kirche muss in all ihren Ausprägungen und in ihrem Handeln zu einem Spiegel-Bild der erbarmenden Zuwendung Gottes zu uns Menschen werden.

Hier wird ein zweites Phänomen sichtbar, das für die Spiritualität im katholischen Bereich von Bedeutung ist: die Orden; denn obwohl das II. Vatikanische Konzil die Stellung der Laien in der Kirche klar definiert und die Berufung aller zum „geistlichen Leben" herausgestellt hat (was nie bestritten war), spielen die Sonderwege des „gott-geweihten Lebens" noch eine große Rolle. Dies hat wohl viele historische und psychologische Gründe.

6.2 Die Bedeutung der Orden für die Spiritualität

So sei im Folgenden versucht, das Phänomen der Orden und ihre Bedeutung für die Spiritualität im katholischen Denken bis heute mit einer historischen Skizze deutlich zu machen. Es hängt wohl – um es vorweg zu sagen – mit dem schon im alttestamentlichen Gottesvolk geltenden Doppelschema zusammen, dass zwei Elemente führend sein sollen, das Gesetz und die Propheten, die ordentlichen Leitungsfiguren und die außerordentlichen, die offiziell mit einem Amt betrauten und die inoffiziell unvermittelt-spontan wirkenden.

6.2.1 Die Ordensbewegung im vierten Jahrhundert

Noch ehe sich die Kirche im öffentlichen Bereich zu einer gesellschaftlichen Größe entwickelt hatte, war zunächst am Rand der Wüste eine geistliche Bewegung entstanden, die bald zu einem kritischen und spirituell-führenden Potential in der Kirche geworden ist, das Mönchtum. Im Buch ist davon gehandelt (s.o. I.1.). Die Anfänge sind schwer zu fassen. Doch bereits innerhalb einer Generation hat sich das Phänomen explosionsartig verbreitet. Voraus waren es zunächst (viele Generationen lang) Frauen gewesen, die um Christi willen jungfräulich lebten, d.h. keuschehelos, einfach, Almosen spendend und im Kleinsten dem Evangelium gehorsam. Sie waren in ihren Großfamilien geblieben und verbrachten dort ihre Tage in relativer Zurückgezogenheit. Dann kamen im letzten Jahrzehnt des vierten Jahrhunderts junge Männer, die von zu Hause fortgingen an den Rand der Wüste oder in die Wüste selbst hinein. Sie wollten das Evangelium wörtlich leben. In ständigem Gebet und in Abtötung verbrachten sie ihre Tage, wachten in den Nächten und suchten das Irdische zurückzudrängen, um das Geistige intensiver zu spüren. Tausende waren es. Meist lebten sie in Kolonien beisammen, da der geistliche Weg eine gegenseitige Stütze und vor allem eine geistliche Begleitung erfordert. Um einzelne Führungsgestalten gruppierten sie sich – die einen als Einsiedler (Eremiten), die sich meist wöchentlich einmal trafen, die anderen als Bewohner von Lauren (Koinobiten), d.h. Kloster-Dörfern, die ummauert waren. Paulus von Theben und vor allem Antonius der Ägypter waren führende Leitfiguren der Einsiedler, Pachomius der Anreger für die in Gemeinschaft Lebenden. Diese hatten eine Kirche als gemeinsamen Gebetsort im Kloster, um die herum sich die Zellen der Einzelnen gruppierten – umschlossen von einer Mauer, damit die „Welt" nicht störend eindringe. Daneben entwickelte sich im Osten auch noch das Gyrovagentum, d.h. Mönche zogen herum von Ort zu Ort – oft bettelnd. Diese Form aber hat sich schnell überlebt, führte zu einem perversen Vagantentum. Eine vierte Form, die sich im Umfeld der großen Zentren entwickelt hat und über kurze Zeit große Aufmerksamkeit erheischte, versuchten die Säulensteher. Davon ist auch im Buch gehandelt (s.o. I.12.). Dies waren Mönche, die oft Jahre als Asketen auf einer Säule verbrachten in absoluter Armut und Bedürfnislosigkeit – dem Wind und Wetter ausgesetzt, den Menschen zwar nahe, aber doch entrückt. Diese Extremform hat freilich nach dem Sinn solcher Extrem-Askese und vor allem auch des Einsamlebens fragen lassen.

Basilius der Große hat den Eremiten und Koinobiten in der Ostkirche eine Form und Regel gegeben, die bis heute das ostkirchliche Ordenswesen bestimmt. Nach ihm bedarf das Leben als Einsiedler einer vorausgehenden Klosterzeit. Prägend ist bei seiner Regel: Jedes Kloster ist dem Ortsbischof unterstellt, ein Abt leitet das Kloster äußerlich und spirituell, und bei aller Abgeschiedenheit ist die Verbindung zur diözesanen Kirche dadurch gegeben, dass die Klöster unter der Aufsicht des örtlichen Bischofs stehen, geistliche Zentren auch für die Gläubigen werden und damit Orte der außerordentlichen Seelsorge darstellen.

6.2.1.1 Hintergründe und Motive

Was die Motive für dieses asketische Mönchtum und die Spiritualität der wörtlichen Evangeliums-Deutung war, können wir nur vage angeben, wobei wir weithin auf Vermutungen angewiesen sind. Ich denke, dass im gesamten Lebensgefühl der Zeit eine Grundstimmung herrschte, die zum einen geneigt war, das Christentum als verfasste Religion zum „Quasi Grundgesetz" für die gesellschaftlichen und politischen Ordnungen anzunehmen, und die zum anderen das Mönchtum als Lebensform des Aussteigens förderte. Ziel des asketischen Lebens ist die Erlangung der Seligkeit und die sittliche Vollkommenheit. Die Flucht vor der Welt ist ein Teil der Methode. Was das Christentum für die Gesellschaftsordnung als

6.2 Die Bedeutung der Orden für die Spiritualität 611

Leitlinie anbot, war: Die Christen lebten weltweit vernetzt, hatten eine klare Führungsstruktur und eine Lehre, die alle Lebensbereiche menschengerecht und gemeinschaftsfördernd ordnete. Loyal dem Staat und jeder Obrigkeit gegenüber, blieben die Christen dennoch selbständig und unabhängig überall dort, wo es um Grundüberzeugungen ging. Griffen öffentliche Institutionen ungerechtfertigt ins Leben ein, widersetzten sich die Christen. Daneben gab es in den Dokumenten des christlichen Glaubens ideale Forderungen, die als Tendenz die gesamte Glaubensgemeinschaft vor einer Verwässerung der Überzeugungen bewahren wollte. Diese kamen dem Lebensgefühl vieler ideal gesinnter Menschen entgegen und riefen nach Mustern, die Tendenz dieses Gefühls zu konkretisieren. Und hier liegen wohl die Motive für das Mönchtum. Ich möchte sie folgender Maßen beschreiben.

Der Mensch der Spätantike war beseelt von der Idee, frei zu werden von einengenden Lasten. Diese empfand man in den materiellen bzw. körperlichen Bedingtheiten gegeben. Der freie Geist ist gebunden in einem unfreien Körper, welcher zudem von Leidenschaften und Antrieben behindert wird. Frei werden ins Geistige! Das war die Sehnsucht. Dazu aber muss der Mensch das Irdisch-Körperliche in Schranken weisen und zügeln. Und zwar muss die Bändigung dort beginnen, wo im Menschen Antriebe und Interessen zum Handeln vorhanden sind. Das sind der Trieb nach Besitz, der Trieb nach Macht und der Trieb nach Sexualität bzw. nach erotischer Spannung. Um hier zügelnd eingreifen zu können, müssen Gegenstrategien versucht werden. Und diese lassen sich in den drei so genannten evangelischen Räten finden: arm leben, sich einem geistlichen Leiter in Gehorsam unterstellen und sexuell abstinent bleiben. Um dies erreichen zu können, ist Askese hilfreich in Fasten, Schweigen, ohne Unterbrechung beten und in anderen Übungen des Überwindens. Diese asketischen Versuche mit „Fleischverachtung" im Sinne eines Dualismus zu deuten scheint mir schon deswegen abwegig, weil ja gerade das Christentum im Kerndogma der Auferstehung Jesu Christi von der Verwandlung des Fleisches in die Auferstehungsherrlichkeit spricht und nicht dessen Verschwinden lehrt. Die Abtötung macht den Geist frei, um auch das Fleisch in die Geistwelt des göttlichen Bereiches kommen zu lassen.

6.2.1.2 Entwicklung und Bedeutung

Dieses schon in der letzten Phase der Verfolgung entstandene Mönchtum, das zusätzlich auch die Idee des Martyriums durch Askese beinhalten konnte, wurde vor allem durch die Biographie des hl. Antonius (251-356) propagiert, welche Bischof Athanasius (295-373) geschrieben hat[1]. Er war der erste bischöfliche Förderer des Mönchtums, in welchem anfängliche (möglicherweise) antiklerikale Tendenzen vorhanden gewesen sein mögen. Athanasius weihte als erster Mönche zu Bischöfen und bahnte damit den Weg, dass das spirituelle Streben des Mönchtums im Leben der gesamten Kirche in Ost und West Einfluss nehmen konnte. Basilius der Große (329-379) hat es, wie schon gesagt, in eine bis heute gültige Form gebracht. In der Westkirche wurde der Mönchs-Bischof Martin von Tours (317-397) dafür ein früher Exponent. Was sind die spezifischen spirituellen Elemente? Ich nenne fünf. Die Biographie des Antonius stellt sie heraus.

Erstens: Die Mönche sind Aussteiger aus der Gesellschaft. Ihr Motiv ist, das Evangelium wörtlich zu leben. Sie wollen vollkommen werden und das ewige Ziel erlangen – dessen Ahnung sie schon jetzt in die Gegenwart holen. Vollkommen sein heißt: Nach den Gesetzen des Ewigen zu leben versuchen – in Einfachheit und in allem durchsichtig auf das Ewige hin.

Zweitens: Immerwährendes Gebet soll den Kontakt mit dem Ewigen beständig ermöglichen. Die Mönche beten weithin hesychastisch, d.h. sie wiederholen pausenlos ein heiliges Wort. Sie hören,

---

[1] 365 oder 357, übersetzt von Evagrius ins Lateinische, von einem Unbekannten ins Syrische, 376 bereits in Trier gelesen. Vgl. Bibliothek der Kirchenväter, Athanasius II. Band, 1917.

lesen oder rezitieren häufig die Heilige Schrift. Auch lernen sie viele Passagen auswendig, um die Worte jederzeit verfügbar zu haben. Da Beten immer Antwort auf das Wort Gottes ist, gehört das Sich-Erinnern an die Gott-Worte wesentlich zum Gebet.

Drittens: Die Auseinandersetzung mit den Dämonen nimmt einen ausgesprochen großen Platz ein. Das Böse, so wird immer wieder festgestellt und gesagt, will den Menschen abhalten vom Tugendpfad, will ihn hinabziehen in die Leidenschaften und ins Irdische. Der Mönch muss das Böse entlarven, er muss die Geister unterscheiden und die Schwäche des so mächtig auftretenden Versuchers beweisen und kundtun. Waffen sind ihm das Gebet, Worte der Bibel und das Kreuzzeichen. Furchtlos muss er den so furchtbar erscheinenden Gestalten des Bösen begegnen. So wird er unangreifbar. Er wird ins Geistige hinein befreit. Askese durch Fasten, sexuelle Enthaltsamkeit und einfachste Lebensweise ohne jeden Komfort sowie in Stille sind Methoden, um frei zu werden von jedweder Anhänglichkeit an das Irdische.

Viertens: Auf dem Weg zur Vollkommenheit braucht der Mönch einen geistlichen Vater, der ihm Kontrolle und Weisung schenkt. Die Gemeinschaft der Brüder gibt Stütze. Niemandem will der Mönch zur Last fallen. Deshalb erarbeitet er sich den kargen Lebensunterhalt selbst.

Fünftens: Von den kirchlichen Oberen und der staatlichen Leitung wurden die Mönche wahrgenommen. Sie standen als lebendige Opposition im Raum, ohne dass sie direkt auch nur das Geringste politisch äußerten. Ihr Kampf gegen die Versuchungen spiegelt die öffentlichen und gesellschaftlichen Versuchungen, denen die Kirche auch ausgeliefert ist. Sie muss in der neuen Gesellschaft das sich überall einschleichende Böse entlarven, seine Schwäche darstellen und furchtlos öffentlich dagegen sprechen. Die aus dem Mönchtum kommenden Bischöfe sollten furchtlose Entlarver und Weiser im politischen und gesellschaftlichen Leben sein. Jedwede Ungerechtigkeit sollen sie anprangern, jedwede Versuchung sollen sie aufdecken, und die Dominanz des geistlichen Lebens gegenüber dem rein weltlichen sollen sie durchzusetzen versuchen. Nicht ein cleverer Politiker sei die führende Figur in der Kirche, sondern der kritisch-geistliche Mönch, der Unbestechliche. Er fürchtet weder den Teufel, noch den Kaiser. Den einen vertreibt er, den anderen erinnert er freimütig an das Evangelium. (Vgl. die alte Schicht der Nikolauslegenden). Diese Tendenz im Mönchtum hat sich in der Ostkirche noch teilweise erhalten. Die Westkirche nahm die Impulse auf, veränderte sie aber im Laufe der Geschichte.

6.2.2 Das Benediktinische Mönchtum

Das westliche Mönchtum schloss sich zunächst an das östliche an, wurde aber durch einige Personen, besonders durch Benedikt von Nursia dahingehend verändert, dass es eine deutlichere Struktur des Gemeinschaftslebens bekam und vor allem der Arbeit im Rahmen des spirituellen Lebens einen festgelegten Ort gab. Über Benedikt ist im Buch gehandelt (s.o. I.3.2.).

Geboren ist Benedikt um 480, das ist 230 Jahre nach der Geburt des Antonius und 124 Jahre nach dessen Tod. Die Mönchsbewegung war also in der Zeit seiner Lebensentscheidung schon mehr als 150 Jahre alt und hatte manche Modifizierung erfahren. Basilius hatte im Osten um 360 bereits die Regel verfasst, also auch schon 120 Jahre vor der Geburt des Benedikt. Und auch im Westen gab es offensichtlich schon Regeln – vor allem die so genannte *Regula Magistri*.

Benedikt kam als junger Mann nach Rom, um die *artes liberales* zu studieren. Was er dort vorfand, stieß ihn ab – eine dekadente, lebensgierige Genussgesellschaft, gezeichnet von kulturellem Tiefstand. Es herrschte eine Zivilisation mit flacher Geistigkeit ohne Perspektiven! Geld und Genuss spielten für viele junge Menschen die Hauptrolle. Intrigen und politische Kabalen beherrschten die öffentliche Szene. Benedikt war angeekelt. Als Glück empfand er es, dass er gerade in diesem Umfeld das Evangelium fand. Hier schien ihm ein Ansatz zur Rettung dieser desolaten Gesellschaft gegeben zu sein. So zog er sich zurück – drei Jahre als Einsiedler in eine Grotte bei Subiaco, einer ehemaligen kleinen Residenzstadt des Nero. Danach holten ihn Mönche, die schon in einem Kloster beisammen lebten – wohl mit einer vorläufigen und nicht in allem greifenden Regel, damit er ihr Abt werde. Er versuchte, das geistliche Leben dieser Gemeinschaft zu heben, scheiterte aber an den vitalen Wünschen dieser Brüder. Benedikt kehrte wieder in seine Einsiedelei zurück. Doch seine Reformversuche wurden allgemein bekannt. Es schlossen sich ihm andere Brüder an, die wie er ein Asketenleben mit Qualität anstrebten. Benedikt gründete 12 kleine Klöster gleichsam als Klosterverband. Doch es gab Schwierigkeiten, sowohl mit dem örtlichen Klerus (die Priester wurden eifersüchtig), als wohl auch mit einigen Brüdern, wahrscheinlich wegen seiner strengen bzw. konsequenten Auffassung von Gebet, Fasten und Arbeiten. Die Legende, dass einige ihn vergiften wollten, spricht jedenfalls in diese Richtung. Benedikt verließ Subiaco wieder. Einige Gefährten folgten ihm. Er gründete mit diesen ein neues Kloster auf dem Montecassino, einer uralten Arx, d.h. einer verfallenen Akropolis. Das Grundstück wurde ihm wohl übereignet. Einen dort noch stehenden Tempel baut er in eine Kirche St. Martin um. (Das Patrozinium ist wohl nicht zufällig; denn Martin war der erste Mönch der westlichen Kirche, der als Mönch strenger Asketenobservanz Bischof war und damit sowohl dem Mönchtum, als auch dem bischöflichen Amt eine je eigene Prägung gab.) Auf der Spitze des Berges gründet Benedikt ein Johannesoratorium – wohl wiederum kein zufälliges Patrozinium; denn Johannes galt als Lieblingsjünger besonders sensibel für die geistlichen Zusammenhänge (man vergleiche den Wettlauf mit dem Petrus zum Grab: „Er sah und glaubte!") und als Verfasser der Apokalypse als Schauer der göttlichen Geheimnisse. Beide Patrone sollten für die neue Form von Mönchtum Leitfiguren sein: das sensible Hören auf die Kernaussagen der Botschaft und der praktische Sinn einer Lebensgestaltung, die nicht nur das kleine Mönchsleben betrifft, sondern das Umfeld im Auge behält. Hier auf dem Montecassino schrieb Benedikt seine Regel, die dem westlichen Mönchtum bis heute seine Prägung gibt und die diesem Mönchtum für lange Zeit einen wichtigen Platz in der Kirche zuschrieb. Am 21. März 547 starb Benedikt – stehend, wie die Lebensberichte betonen. Zwei Brüder haben ihn gestützt. Er wollte stehend, also zum Dienst bereit, seine Seele übergeben. Was ist nun das Spezifische des benediktinischen Mönchtums und seiner Spiritualität?

6.2.2.1 Die Regel des Benedikt

Benedikt hat nach zwei gescheiterten Versuchen, Einsiedlerleben und Gemeinschaftsleben zu verbinden, eine Regel geschrieben, die neben seiner Erfahrung die schon vorhandenen Regeln einbezieht. Sie alle nennen als ihre wichtigste Norm die Heilige Schrift. Aber auch die Schriften der Väter und ihre Regelansätze zieht Benedikt bei, so vor allem Pachomius, Basilius, Augustinus, Cassian, Cyprian, Leo den Großen und Mönchsviten. Ein Teil der Benediktregel dürfte wörtlich der so genannten *Regula Magistri* entnommen sein (bis Kap 7). Ziel der Regel Benediks ist es, einen Weg „unter Führung des Evangeliums" aufzuzeigen. In den frühen Zeiten hat man vom Christenglauben als dem „neuen Weg" gesprochen. Diese Tradition wollten die Mönche und vor allem Benedikt aufgreifen und das Evangelium als Weggeleit verstehen. Es soll durch das Leben führen. Die Grundhaltung ist im ersten Wort ausgesprochen: *Ausculta, mi fili!* – Höre mein Sohn! Alles Gebet, alles Handeln beginnt mit dem Hören. Immer spricht Gott zuerst. Gebet ist Antwort! Als Grundfrage, ob jemand in die Gemeinschaft aufgenommen werden könne, so soll Benedikt einmal gesagt haben: „Prüft, ob er wirklich Gott sucht. Ist er ein Suchender, nehmt ihn auf. Sucht er nicht, weist ihn ab." Suchen, hören, sensibel in allem und hinter jedem eine Spur göttlichen Wirkens vermuten, um zu entdecken, das muss die Grundhaltung sein. Und dies gilt nicht nur für den Mönch. Bei ihm soll es ein leitendes Prinzip werden. Bei jedem Christen sollte es gelten – nach dem Maß des Möglichen.

Sodann legt die Regel die Grundstruktur des Klosters fest: Die Regel ist die Norm, ein Abt ist äußerer und innerer Leiter, ihm steht ein gewählter Rat zur Seite, der in allen wichtigen Angelegenheiten gefragt werden muss. Bei bestimmten Dingen müssen alle Mönche zustimmen. Der Abt ist an diese Entscheidungen gehalten. Sodann nennt Benedikt die Grundsatztugenden, die im Kloster dominant gelten müssen, d.h. als selbstverständlich anzusehen sind: Liebe zu allen, Gehorsam gegenüber dem Evangelium und dem Abt, Schweigen zu bestimmten Zeiten und an bestimmten Orten, sowie generell Schweigsamkeit als Angewohnheit und Demut allen gegenüber.

Sodann wird die gesamte Klosterorganisation geregelt, also die Liturgie, die Bußpraxis (bzw. Strafverfahren bei Regelübertretungen), der Umgang mit den Gütern, die Tagesordnung.

Geprägt ist jeder Tag durch drei Elemente: die gemeinsame Liturgie, die *Lectio* (d.h. Lesen der Heiligen Schrift mit Kommentierungen, also theologischen Erklärungen) und die Arbeit. Da man die *Lectio* als ein Hinhorchen auf die Gott-Rede auffassen muss, gehört sie gleichsam zum Gebet, ja ist jener Teil des Gebetes, in dem Gott spricht. Und so ist als Schlagwort für die Benediktinische Lebensweise die Kurzformel entstanden: Bete und arbeite! *Ora et labora.*

Einen großen Teil nimmt in der Regel der Umgang mit Gästen ein, die eine bevorzugte Rolle spielen, und die wie Christus behandelt werden sollen. Da die Mönche stabil am Ort leben, ist ihre spezifische Lebensform das Tägliche. Es bleibt sich gleich und will in der Geordnetheit das Hören fördern. Gäste freilich bringen etwas von außen, sind also gleichsam Ideenspender. Doch diese nimmt man ins Eigene, d.h. im eigenen Kontext werden sie von vorne herein gefiltert. Auch muss das Gastwesen so gestaltet sein, dass es die Ordnung des Klosters nicht durcheinander bringt.

Gebet und Arbeit bilden den Ordo des Lebensweges. Alles aber muss so geordnet sein, dass gelten kann, was in Kap. 72 als Kernpunkt formuliert ist: „Christus überhaupt nichts vorziehen, der uns gemeinsam zum ewigen Leben führe."

6.2.2.2 Das Besondere der benediktinischen Spiritualität

Das Wichtigste habe ich eben schon gesagt, es sei nochmals hervorgehoben. *Ausculta mi fili!* Höre mein Sohn! Jede Hinwendung zu Gott geschieht im Hinhören; denn Gott hat zuerst gesprochen. Nicht der Mensch hat ihn entdeckt, Gott ließ sich entdecken. Fünf spezifische Elemente der benediktinischen Spiritualität scheinen mir bedeutend, von denen jedes auch für die allgemeine christliche Geistesart fruchtbar werden kann.
Erstens: Die Dominanz der Liturgie „Dem Gottesdienst darf nichts vorgezogen werden." Dieses Wort des Benedikt deutet an, dass dem direkten Gott-Suchen die Präferenz gegeben wird, und zwar als gemeinsames Unternehmen. Gottesdienst heißt ja gemeinsam hören und beten. Und dies bedeutet wiederum, dass das Gebet in einer Atmosphäre geschieht, die dem einzelnen Stütze und Führung gibt. Acht Mal pro Tag hat Benedikt die Mönche zum Gebet gerufen – Matutin in der Nacht, Laudes beim Morgengrauen, Prim zur ersten Stunde um sechs Uhr, die Terz um neun Uhr, die Sext um zwölf Uhr, die Non um fünfzehn Uhr, die Vesper beim Anbruch des Abends und die Komplet im Dormitorium vor dem Schlafengehen, dazu kam noch an bestimmten Tagen die hl. Messe. Der Tag war also strukturiert durch das gemeinsame Gebet. In einer Woche sollten alle 150 Psalmen gebetet werden, dazu wurde noch kontinuierlich die Heilige Schrift gelesen.
Zweitens: Die Arbeit wurde im Tag fest eingeplant und sollte auch ein spirituelles Element darstellen. Diese blieb nicht – wie bei den Wüstenvätern – nur ein mechanisches Handeln, sondern konnte und sollte wohl auch Qualifiziertes leisten – im Handwerklichen

wie im Geistigen. Hierin liegt der Ansatz, dass sich die Benediktinerklöster in späteren Entwicklungen zu Kulturträgern entwickeln konnten.

Drittens: Die *stabilitas loci* garantierte, dass nicht eine Event-Kultur das regelmäßige Gott-Suchen überfremdete und im Außergewöhnlichen das Besondere gesucht wird, sondern dass es im Gewöhnlichen Besonderes zu entdecken gilt. Flieh nicht vom Ort; denn du nimmst dich immer mit! Suche nicht in der Abwechslung das Große, es verbirgt sich in deiner Welt.

Viertens: Die Gastfreundschaft ist, wie schon gesagt, ein Dienst an Menschen, die partizipieren am geistlichen Gewinn einer geistlichen Gemeinschaft. Sie bringt aber auch innovative Gedanken, ohne dass diese in aufregender Weise daherkommen.

Fünftens: Bei aller Gemeinschaft ist dem Einzelnen ein innerer Freiraum zuerkannt, der vor allem durch das demütige Umgehen miteinander und durch die Atmosphäre des Schweigens und der Diskretion garantiert sein soll. Jeder untersteht zwar in allen äußeren Dingen dem Abt und muss sich in die Ordnung einbinden, aber in allen geistlichen Dingen ist er frei – allein seinem Gott verantwortlich.

Die Regel des Benedikt hat im Laufe der Jahrhunderte viele unterschiedliche Konkretionen erfahren. Doch sie war der große Durchbruch für das Mönchtum in der westlichen Kirche. Dass das Leben ganz von der Liturgie strukturiert wird und dennoch ein werktätiges Leben sein kann, und dass die Gott-Suche in Allem nicht das Mitschaffen in der Arbeit behindert, sondern ein Teil davon ist, das kommt in der benediktinischen Spiritualität in den Blick.

6.2.3 Varianten und Reformen im westlichen Mönchtum

6.2.3.1 Mönchtum und Mission

In Irland und Schottland wie auch in Gallien finden wir im siebten und beginnenden achten Jahrhundert Varianten des Mönchtums, die vom benediktinischen Mönchtum abwichen, sich aber mit ihm wieder verbanden. Die Gottsuche der Mönche war immer schon gekoppelt mit der Idee der „Fremdlingschaft" (vgl. I Petr 2,11), also einer Weltferne. Nun bekam diese Idee ein neues Gesicht. Heimatlos wollten die Mönche leben, d.h. sie wollten in die Fremde ziehen, nicht wissen, was morgen sein wird, in unwirtlichen Gegenden hausen, fasten und beten in freier Natur und weithin auf sich selbst gestellt. Diese Lebensweise wurde als besondere Askese empfunden. So zogen sie aus ihren Heimatklöstern in die Fremde und siedelten sich dort für kurze oder längere Zeit an. Zurückgezogen wollten sie leben. Aber dabei ergab es sich, dass sie vielen Menschen begegneten, die fragten: Wo kommt ihr her? Was wollt ihr? Was sucht ihr? Und ihnen erzählten sie: Wir suchen in allem Gott. Wie Christus sind wir unterwegs. Und sie begannen, diesen Menschen den Glauben zu erzählen. Sie wurden Missionare, indem sie an den Auftrag Jesu dachten: „Machet alle Menschen zu Jüngern!" Sie verbanden also das Grundmotiv des Mönchseins, in allem Gott zu suchen, mit dem Missions-Auftrag Jesu.

Damals waren nach der Völkerwanderung die Völkerschaften wieder sesshaft geworden. In diesem Kontext passten diese Ideen gut in die Zeit. Die Mönche begannen die Franken und Germanen und die anderen Stämme zu missionieren. Das war eine erste Sonderprägung des westlichen Mönchtums, wobei offensichtlich mehrere Mönchsregeln diese Lebensweise beeinflussten.

Die nachfolgenden angelsächsischen Missionare freilich, die dem Ganzen eine überregionale Struktur und Ordnung gaben, blieben weithin bei der Regel Benedikts. Und diese Form wurde dann prägend ab der zweiten Hälfte des achten Jahrhunderts, als das

Land schon weithin missioniert war. Aber jetzt musste der Glaube gefestigt werden. Und hierbei bekamen die Mönche eine neue Aufgabe.

6.2.3.2 Mönche und Kultur

Karl der Große hat die Benediktregel mit einigen zusätzlichen Konstitutionen als einzige Form des klösterlichen Lebens anerkannt und massiv gefördert. Jetzt wurden den Klöstern zusätzliche Aufgaben zugedacht. Ein Kloster wurde geistliches Zentrum, Schulzentrum, Kulturzentrum, Wirtschaftszentrum und politisch zuverlässiger Standort. Der missionarische Wille der iroschottischen und angelsächsischen Mönche wurde dahingehend erweitert, dass den Menschen mit dem christlichen Glauben auch eine „christliche Kultur" vermittelt werden sollte, die alle Bereiche des Lebens betraf. Die Mönche tradierten jetzt die antiken Zeugnisse der Literatur und Kunst. Sie schrieben Texte aller Art ab und ordneten das Wissen vieler Bereiche. Sie lehrten die Menschen den Ackerbau, brachten ihnen verschiedene Handwerke bei, förderten soziale Verhaltensweisen, wirtschaftliche Gesetze und Methoden und alles andere, was zu einer gehobenen Kultur gehört. Während theologische Studien dem *ora* dienen sollten, wurde das *labora* durch diese weltlichen Beschäftigungen zum Aufbau der menschlichen Kultur geformt. Wie bei Benedikt ist dieses sachliche Handeln aber nicht nur eine rein weltliche Angelegenheit, sondern es soll durch die Motivation, durch eine gute Meinung oder – und das vor allem – durch die Idee der Mitschöpfung in die gesamte Linie des Mönchseins eingebunden sein, nämlich in allem Gott zu suchen.

Nachdem dann ein Jahrhundert später durch die Ungarneinfälle und andere, das Klosterideal verwässernde Einflüsse, zu Ende des zehnten Jahrhunderts eine Reform vonnöten war, kamen die großen Bewegungen von Gorze und Cluny zu einem Höhepunkt einer solchen Auffassung von Kloster und Spiritualität. Vor allem Cluny wurde jetzt zum Zentrum dieser Idee, die wir benennen können mit: Die gesamte Gesellschaft durch das „Grundgesetz des Glaubens" aufzubauen. Das *ora et labora* sollte für alle Menschen zum Richtmass werden. Die ganze Politik sollte dorthin führen. Zuvor hatten die Kaiser sich schon der Kirche bedient, um das Reich zusammenhalten zu können. Sie nahmen Einfluss auf die Leitung der Kirche, ja machten sich zum obersten Organisator und Diakon. Hier nun opponierten die reformierten Orden. Sie stellten nicht nur das prophetische Element neben dem des Gesetzes dar, sondern wollten die weltlichen Kräfte unter die geistlichen zwingen. Es kam zum Konflikt im Investiturstreit; Die weltliche Dominanz der Kaiser hatte das Geistliche dominiert und überformt, als sie Bischöfe einsetzten, die in erster Linie Politiker und erst in zweiter Linie Geistliche waren. Die Mönchspartei – auf den Papstthron gekommen – hat dann zwar vorläufig gesiegt, langfristig aber das Problem, wie weltliches Leben und Spiritualität ineinander verflochten sein sollen, nicht gelöst. Die Frage, wie viel Weltliches das Geistliche braucht und wie viel Geistliches das Weltliche, ist bis heute eine Kernfrage geblieben und ein Hauptproblem der kirchlichen Leitung.

6.2.3.3 Reform der Reform – die Zisterzienser

Innerhalb des Mönchtums regte sich auch Opposition, und zwar gegen dieses mächtig gewordene Klosterregime in der Kirche. Cluny hat ja ein Symbol gesetzt für diese Idee der Dominanz des „Geistlichen im Weltlichen". Sie bauten eine Kirche, die größer war als der heutige Petersdom. Auch war die Organisation gewaltig, und viele affiliierte Klöster gehörten zu einem mächtigen Klosterverband. Das Geistliche begann alle menschlichen Bereiche in einer Weise zu beeinflussen, dass es immer mächtiger wurde. Und

Macht dieser Art ist eine spezielle Form von Weltlichkeit, auch wenn sie sich geistlich gibt.

Da formte sich ein neues Mönchtum. Im 11. Jahrhundert mehr in Richtung zu kontemplativen Formen. Es kamen die Kamaldulenser (1047 von Heinrich III. anerkannt) und Kartäuser (Bruno von Köln zog sich 1084 zurück). 1098 zog sich Robert von Molesme mit 21 Mönchen nach Citeaux zurück, es entwickelten sich unter der Regel des Benedikt die Zisterzienser. Sie haben von vorne herein die von Cluny erfundene Affiliierung vieler Klöster zu einem Verband übernommen. Aber sie wollten diese nicht als Instrument der Macht verstehen, sondern der geistlichen Vernetzung, um wirksamer die Dominanz des Geistliche im Weltlichen zu konkretisieren. Die Zisterzienser waren Opponenten und Reformer. Sie gaben dem geistlichen Leben im Kloster wieder den ersten Platz. Sie bauten zwar hochwertige Kirchen und Klostergebäude – es entwickelte sich ein eigener Stil, die Zisterziensergotik. Aber der ganze Prunk von Figuren, Farbfenstern und dergleichen sollte bei ihnen keinen Platz haben. Vor allem verschmähten sie das Machtsymbol von Türmen. Nur ein Glockenträger sollte auf einer Kirche aufgesetzt sein mit einer, höchstens zwei Glocken, welche zum Gebet rufen und auch durch das verschwebende Schweigen die Atmosphäre der Ruhe fördern. Stille und meditatives Gebet sollten anstelle der ausladend gewordenen Liturgien stehen. Alles einfach! Das war eine Devise. Und die Arbeit sollte auch vornehmlich unter Schweigen verrichtet werden, so dass das hesychastische Gebet während dem Werken möglich ist. So arbeiteten die Zisterzienser vornehmlich in Sumpf- oder Waldgebieten. Und hiermit förderten sie wieder eine gesellschaftlich notwendig gewordene Sache, die niemand anderer mit solcher Nachhaltigkeit hätte leisten können. Sie machten Ländereien urbar; denn zu dieser Zeit ist ein erstaunliches Bevölkerungswachstum festzustellen, das neue Ackerflächen für den Anbau von Getreide und Früchten anderer Art nötig hatte. So brachte die geistliche Erneuerung etwas Nutzbringendes für die Gesellschaft. Hier hat sich also das *ora et labora* in anderer Form als bei den vorausgehenden Anpassungen konkretisiert. Das geistliche Tun hat einen weltlichen Nutzen gebracht – zum Segen für viele Menschen. Und inmitten eines weltlichen Handelns konnte das geistliche Tun dominant bleiben.

Gleichzeitig kamen im 12. Jahrhundert noch andere Orden ins Leben, die ein gemeinsames geistliches Leben verbanden mit zeitnotwendigen Aufgaben. Vor allem wurden Kanonikatsstifte gegründet, die ihre Aufgabe in der Seelsorge und in kulturellen Aufgaben sahen. Eine gewisse Rolle spielte auch der Totenkult, so dass zur Pflege der Grabstätten und des Totengedenkens Klöster gestiftet wurden, die freilich oftmals (nach Stifterwillen) mit dem Totenkult noch anstehende Aufgaben verbinden sollten.

Damals im elften und zwölften Jahrhundert war die Idee der gemeinschaftlichen Spiritualität so dominant geworden, dass sich auch der Seelsorgeklerus in Gemeinschaft zusammen fand, so dass viele Kanonikatsstifte und auch Seelsorgsorden entstanden (Prämonstratenser, Augustiner u.a.). Die meisten lebten nach der Regel des heiligen Augustinus. Viele Varianten entwickelten sich im Laufe der nächsten Jahrhunderte. Auch Ordensgemeinschaften mit bestimmten Funktonen entstanden wie z.B. die Ritterorden,, die Hospitalorden, Orden zur Befreiung von Gefangenen (Mercedarier, Trinitarier) u.a. Diese Zentren des spirituellen Lebens stellten, da sie wie die klassischen Klöster weithin exemt waren und nicht direkt dem Ortsbischof, sondern dem Papst in Rom unterstellt waren, eine quasi parallele Hierarchie dar, die für die Variationsmöglichkeiten im spirituellen Leben große Vorteile brachten. Eine große Breite des „Katholischen" und der Spiritualität waren damit garantiert.

6.2.4 Franziskanische Spiritualität

Das IV. Laterankonzil 1215 hat versucht, die Sonderzweige der Orden, die sich nach den Klosterreformen des Jahrhunderts zu-

6.2 Die Bedeutung der Orden für die Spiritualität

vor stark differenziert hatten, wieder einzubinden und zu ordnen. Restriktiv wollte man sein, da die Gefahr bestand, dass niemand mehr den Überblick behalten könne und die Bischöfe eben nicht genügend Einfluss nehmen könnten in ihren Sprengeln. Auch war eine Sektierung der Gemeinden die Gefahr. Doch just entwickelte sich in diesen Tagen eine ganz neue Form von Orden, die Bettelorden (Dominikaner, Franziskaner, Augustiner-Eremiten, Karmeliten). Viele wussten zunächst nichts damit anzufangen, vor allem mit der franziskanischen Bewegung. Doch Innozenz III., der so mächtig-ohnmächtige Papst, sah darin eine neue Möglichkeit der Kirchenreform und förderte sie. Schon 1209 ist Franz von Assisi vorstellig geworden. Er wollte einfach das Evangelium wörtlich nehmen und die evangelische Armut ohne Abstriche leben. Kein eigentliches Kloster wollte er haben. In stallähnlichen Behausungen wohnten er und seine Brüder, auf engstem Raum. Wohl beteten sie in Kirchen, aber genau so im Freien. Wie die Ärmsten der Armen lebten sie, in den Vorstädten und vor den Städten, wo die Armen hausten. Franz unterwarf sich ganz dem Papst, was die sektiererischen Vertreter der Armutsbewegung mitnichten taten. Es war eine spirituelle Welle über Europa gegangen. Die wirtschaftlichen Neuerungen, die im Gefolge der Kreuzzüge die Geldwirtschaft gebracht hatte und die Lebensräume veränderte, hatte diese gewaltige Bewegung ausgelöst. Nicht mehr die Burgen und Dörfer waren die Wohn- und Arbeitswelten, sondern die Städte. Das Bürgertum strebte nach oben, die Kultur fand in den Städten breit gefächerte Möglichkeiten. Dazu sammelte sich jenseits der Mauern und an deren Rand verarmtes Volk, Opfer dieses „Frühkapitalismus". Die doppelte Besteuerung hatte viele arm werden lassen; denn zum einen gab es noch die Naturalabgaben, zum anderen lag auf den Gütern, die sie kaufen mussten, eine Menge von Abgaben. Viele verloren immer mehr an Besitz, sie wurden arm. Doch da gab es die gewaltige Geistesbewegung, die das Lebensgefühl mächtig beeinflusste und die bis zu einer völligen Erneuerung z.B. der Architektur führte, hin zur Gotik. Die Analytik hatte die symbolisch-bildhafte Denkweise verdrängt, ein Abélard hatte zwei Generationen zuvor schon einen Bernhard von Clairvaux attakiert; Universitäten als Orte freien Redens waren im Entstehen. Ein Trend, alles nach den einfachsten Formen abzufragen und aus diesen Formen kunstvollste Gebilde zu konstruieren, wie es die Gotik tat, hat auch nach Grundformen des christlichen Lebens fragen lassen. Die Inkarnation des göttlichen Wortes im armen Kind von Bethlehem, die Erlösergestalt des armen, zerschundenen Gottessohnes berührte die Menschen. Das Einfache und Arme ward in seinem Reichtum erkannt. Die bürokratisch und machtstrategisch so optimal funktionierende Kirche des Jahrzehnts war vielen abstoßend. Viele Sekten hatten sich gebildet, sie hatten ungeheuren Zulauf, entpuppten sich als soziale Revolutionsgruppen und als religiöse Spaltpilze. Die Obrigkeiten wollte man nicht mehr anerkennen. Wie sich in den Städten selbständige Räte entwickelten und Selbstverwaltungen aufkamen, so wollten auch die Armen nicht mehr einfach den Oberen gehorchen, die es nicht zustande brachten, ihnen ein normales Leben zu ermöglichen. Die Ordnungen wurden hinterfragt. Auch im Glauben wollte man das komplizierte Vielerlei nicht mehr. Einfach sollte alles sein und überschaubar. Das förderte die Sekten, das brachte auf der anderen Seite freilich in hoch intellektueller Weise ein Systemdenken, das großartige Ordnungen schuf, wie wir etwa in der Hochscholastik sehen. Im Spirituellen aber suchten die Menschen das Einfache. Und da kam einer, der einfach war und doch hoch differenziert, Franz von Assisi.

Er war ein einfacher Mann, arm lebend wie's ärmer nicht mehr geht. Doch er zeigte sich – im Gegensatz zu den Sektierern – als treues Glied der Kirche. Er gab ein anderes Kirchenbild, seine Gemeinschaften präsentierten ein völlig anderes Bild auch von Kloster. Massig kamen junge Männer – und dann auch junge Frauen. Bereits 1217 mussten die Brüderschaften in Provinzen aufgeteilt werden, da in allen Ländern Anhänger wie Franz zu leben begannen, 1220 musste man Noviziate errichten, um die Neuen recht einzuführen. Von einer umwerfenden Naivität mit höchster Geistigkeit war Franz erfüllt, und die Brüder ahmten ihn nach. Sie erhielten, obwohl keine Geistliche, vom Papst Predigterlaubnis – vielen Kurialen unverständlich. Sie erzählten einfach das Evangelium. Franz ging sogar nach Palästina – zum Sultan. Er wollte ihn zum Christentum bekehren. Beeindruckt war dieser ob solch ehrlicher Absicht und naiver Furchtlosigkeit. Er entließ ihn mit großem Wohlwollen. Das einfache Evangelium erwies sich als mächtig.

Was ist das Spezifische dieser Spiritualität? Ich suche sie in ein Stichwort zu fassen: Armut als Reichtum. Wie der arme Jesus wollte Franz leben. Er orientierte sich an der Passionsgeschichte und der Weihnachtsgeschichte. Hier zeigt sich die Weise Gottes, uns erlösend zu begegnen, am deutlichsten. Die Spiritualität des Franz setzt an bei einer der Kernaussagen des christlichen Glaubens: Das göttliche Wort ist Mensch geworden, es hat sich mit uns Armen solidarisiert. Die Solidarisierung des Ewigen mit uns armseligen Menschen ist der Betrachtungspunkt. Arm leben mit Jesus heißt, solidarisch leben mit allen Armen, um sie spüren zu lassen die Zuwendung des Ewigen. Und davor war die gesamte Schöpfung schon davon betroffen; denn der Schöpfer hat alles aus Liebe geschaffen. Die Liebe des Unendlichen ist das Grundprinzip allen Daseins. Ihm sich zuwenden gibt den wahren Reichtum. So hat Franz oft die ganze Nacht einen einzigen Satz gebetet: Mein Gott und mein Alles!

Noch viele andere Ordensgründungen finden wir in der Zeit vom zehnten bis dreizehnten Jahrhundert. Auch die Jahrhunderte danach waren geprägt von Ordensgründungen und Ordensreformen. Eine interessante Variante stellt das Werk der Birgitta von Schweden dar, die auf die ausgestorbene Form der Doppelklöster zurückgriff und eine Klosterstruktur schuf, in welcher die Frauen dominieren. Die vielfachen Reformversuche gerade des 15. Jahrhunderts hatten alle die Nebenabsicht, der Kirche als Ganzer einen Reformimpuls zu geben, da man zunehmend spürte: Es hat sich so vieles rechtlich und praktisch eingeengt, was alles kompliziert und unbeweglich machte und das Spirituelle gefährdete. Das Kloster als geistliche Gemeinschaft, die den Gemeinden Impulse und Anregungen geben könnte, diese Idee ist damals gescheitert. Die Reform der Kirche kam nicht mehr voran, wie überdeutlich die ganze Reformationsgschichte zeigt.

6.2.5 Ignatianische Spiritualität

Die Reformation hat somit etwas offen gelegt, was lange zuvor vorhanden war und von den kirchlich Verantwortlichen entweder zu wenig wahrgenommen wurde oder dem gegenüber sie machtlos waren. Gesellschaftlich hatte sich viel geändert und auch religiös waren Übungen und Aktivitäten üblich geworden, die all zu weit von den Kernhandlungen abgewichen sind und ungesunde Wirkungen hatten. Es gab viel zu viele Priester, die keine Arbeit hatten – nur täglich die Messe sollten sie lesen, viele waren ungenügend ausgebildet, so dass sie das meiste von dem, was sie da taten, nicht verstanden.

In den Städten war eine Bürgerschaft herangewachsen, die den Kleinbereich von Hausgemeinschaft als ihren eigentlichen Lebensraum ansah und politisch nicht weit über die Region hinaus agieren wollte. Das Reich wie auch die großen Einheiten, also das Globale, das durch Kaiser und Papst symbolisiert wurde, ist als nicht hilfreich, ja als belastend empfunden worden. Die Religion spielte in diesem klein gewordenen „Weltreich" von Familien und Fürstentümern eine überdimensionale Rolle – und zwar nach dem Muster dieser Kleinräumigkeit. Die Privatfrömmigkeit nahm überhand. Der Einzelne und Gott – das war die Devise. Die geistliche Bewegung der *Devotio moderna* hat dies – allerdings in intensiver und gültiger Form – unterstützt, konnte aber Übertreibungen bei anderen nicht verhindern. Diese religiösen Überschwänge hat die Kirchenleitung falsch gedeutet – etwa durch die Ablassbriefe, mit deren Hilfe man nochmals andere als religiöse Ziele verfolgte. Und diese Marginalie war dann der Funke, der das schwelende Gasgemisch zur Explosion brachte. Die Kirche wurde als Belastung für die Religion, d.h. die Spiritualität empfunden. Der Einzelne wie die kleine Gruppe hatten ihren Eigenwert entdeckt, und so nahm alles seinen Lauf. Die Einheit der Kirche ist zerbrochen.

Die katholische Reform war zögerlich und tastend. Große Frauen und Männer bereiteten sie vor. Sie brachten das neue Lebensgefühl in die Kirche und ihre Frömmigkeit ein – in einer Weise, die in die alte Kirchenstruktur eingebunden blieb. Im Umfeld vornehmlich der Reformation war die mönchische Lebensweise nicht mehr leitend, ja wurde von der Reform-Seite her abgelehnt. Das Typische dieser Lebensform, dass die Gott-Suche das Leben strukturiere und Gebet, Askese und andere Sonderpraktiken die Tagzeiten und das Leben prägen sollten, war tendenziell als „Werkfrömmigkeit" gebrandmarkt worden. Jetzt hat die bürgerliche Welt die religiöse Praxis umgedreht. Die gewöhnlichen Verrichtungen und Notwendigkeiten strukturieren den Tag, die Frömmigkeit unterstützt das Leben. Inmitten des täglich-normalen Lebens wird Gott gesucht und werden die göttlichen Gaben und Geschenke erkannt und angenommen. Verheiratet sein und Kinder erziehen ist auch für den, der in gesonderter Weise Gott sucht und sich mit den Gott-Quellen auseinandersetzt, also den Theologen und Pfarrer, das Normale. Die Frömmigkeit orientiert sich an der Bibel als dem sicheren Gotteswort. Keine kirchlichen Zusatzvorschriften werden akzeptiert, außer jenen, die das Hören des Gotteswortes fördern. Der einzelne steht vor seinem Gott, und sein normales Leben wird geprägt von dieser Beziehung. Religion stützt das bürgerliche Leben und gibt ihm eine Perspektive. Keine Sonderwege des Lebens werden angestrebt! Sie könnten Werkgerechtigkeit sein. Das war Devise im Protestantismus. So wurden die Pfarrer angehalten zu heiraten. Das bürgerliche Leben sollte christlich gestaltet werden. Die Hausandacht mit Lesung und Bibelmeditation war Familiengebet. Der Gottesdienst bestand vorzüglich aus der Bibelauslegung. Der

Einzelne sollte alles mit seinem Gott ausmachen, die Kirche und das kirchliche Handeln wurden nur als Hilfe dazu angesehen. Dahinter stand, wie schon gesagt, in der gesamten Generation schon der Zeit zuvor die Dominanz der privaten Frömmigkeit. Wie konnte da die kirchliche Reform des spirituellen Lebens diese Impulse aufgreifen und zugleich das „Kirchliche" allen Betens und aller Frömmigkeit beibehalten? Die theologischen Klarstellungen wie auch die Neuordnung allen liturgischen und kirchlichen Lebens waren die grundlegenden strukturellen Vorgaben. Das Konzil von Trient hat sie weithin gebracht, ohne die Einheit wieder herstellen zu können. Die Tendenzen zum Individuellen aber haben – schon vorweg – große Figuren der Zeit aufgegriffen (vornehmlich Spanier und Italiener): eine Theresia von Avila, ein Philipp Neri, ein Kajetan und vor allem Ignatius von Loyola. Die Reform im katholischen Bereich – gemeinhin Gegenreformation genannt – ist ausgegangen und spirituell fundiert vornehmlich von Ordensleuten. Wie sehr die kirchliche Hierarchie und die Theologie vor allem durch das Trienter Konzil und die Reformen eines Karl Borromäus und anderer die Leitlinien zogen und die Strukturen festlegten, die eigentliche spirituelle Basis dieser Reform war und ist bis heute, wenn ich recht sehe, durch Klosterleute getragen. Der spirituelle Neuansatz eines Ignatius von Loyola ist am wirksamsten gewesen. Er hat die Priesterschaft reformiert – und ist bis heute einflussreich geblieben. Es ist die Exerzitien-Spiritualität, die als Basis der katholischen Reform anzusehen ist.

Ignatius war ein ehrgeiziger Offizier, der sich – fast romantisch – am Ritterideal orientierte. Eine Kugel zerschmetterte ihm ein Bein und beendete seine Karriere und damit seine Pläne, als Offizier Großes zu leisten. In den langen Tagen im Krankenbett machte er Bekanntschaft mit dem Leben von Heiligen. Er entdeckte, dass diese Menschen größer waren als seine bisherigen Helden. Sie suchten das Höchste. Keiner von ihnen blieb stehen, jeder suchte nach mehr. Und da begann er zu ahnen, was diese eigentlich bewegte: den immer noch größeren Gott zu entdecken. *Deus semper maior!*

6.2 Die Bedeutung der Orden für die Spiritualität

Wenn ich etwas von seiner Größe erahne, merke ich: Das ist immer noch zu klein gedacht. Wenn ich mich an diesem Gott ausrichten möchte, dann muss ich immer nach „mehr" streben. Ein *magis* muss mein Denken beflügeln. Ich darf nirgends hocken bleiben. Und wenn ich mein Leben groß werden lassen möchte, dann muss ich mich an diesem großen Gott ausrichten. Ich muss alles zur größeren Ehre Gottes tun. Und damit sind die wichtigen Stichworte des Fundamentes dieser Spiritualität benannt: *Deus semper maior* (Gott ist immer noch größer) – *magis* (mehr) – *Omnia ad majorem Dei gloriam* (Alles zur größeren Ehre Gottes).

Nun hat Ignatius einen Weg gesucht, wie er hierbei voranschreiten könnte. Als langjähriger Militär-Mensch wusste er: Da muss jemand exerzieren, einüben und dann am dauernden Üben bleiben. Er entwickelte die Methode der vierwöchigen Exerzitien. Auf uralte Traditionen des geistlichen Lebens baute er auf, den asketischen Dreischritt. Wer den Berg der Gotteserkenntnis bezwingen will, der muss gleichsam auf dem Serpentinen-Weg immer wieder die drei gleichen Schritt tun: *via purgativa, via illuminativa et via unitiva*. Reinigen muss sich der Mensch, immer wieder, wie er sich täglich waschen muss. Dann muss er dauernd neue Erkenntnisse gewinnen, damit er die Wahrheiten in ihrem Zusammenhang und vor allem in ihrer Bedeutung für sich entdeckt. Und dann muss er versuchen, den gegenwärtigen Gott direkt anzusprechen, sich in seine Gegenwart hineinzufühlen und hineinzugeben. Bei diesen drei Schritten ist die ganze Kirche behilflich, und zwar vor allem durch ihre grundlegende Verkündigung Jesu. Deshalb ist die Heilige Schrift das Material, mit dessen Hilfe der Exerzitand sich erkennt, die Wahrheit für sich entdeckt und die Botschaft von der Einung mit dem Ewigen vermittelt bekommt.

Die Größe der Liebe Gottes wird uns also nahe gebracht im Leben und Wirken Jesu Christi. Das *magis* muss der Mensch in der Wahl leisten. Er muss wählen, ob er sich dem himmlischen König zuwendet oder dem Irdischen verhaftet bleiben will. Wählt er Ersteres, dann heißt das: Täglich reflektiert und kritisch das Leben anschauen, ob es der Größe Gottes entspricht, ob es das *magis* befördert und ob es wirklich zur größeren Ehre Gottes wirkt. Zweimal am Tag soll der Mensch sein Gewissen erforschen, am Mittag und am Abend. Vom Mitbruder im Orden verlangt Ignatius kein Chorgebet, kein gemeinsames Leben, sondern neben der zweimaligen Gewissenserforschung eine Stunde Meditation nach der Methode der Exerzitien. Ansonsten sollen jene, die Priester sind, noch die Pflichten und Gewohnheiten eines guten Weltpriesters übernehmen – das Brevier beten (Matutin, Laudes, Tageshore, Vesper und Komplet) und täglich die Messe feiern.

Was die Jesuiten dann noch auszeichnet, ist das besondere Gelübde des Gehorsams – dem Papst, d.h. der Weltkirche gegenüber. Die Hörsamkeit, die durch die Exerzitienfrömmigkeit gesteigert wird, soll für die Kirche fruchtbar werden, und zwar dergestalt, dass sie ihr in den überregionalen und anstehenden Aktivitäten hilft, damit die Universalkirche den Regionalismus neutralisiere und überwinde. Der Einzelne ist in seiner Frömmigkeit ernst genommen, die Lebensweise der regionalisierten Welt ist teilweise aufgegriffen, aber neu und intensiv dem Anliegen der Tradition verwandt geblieben, dass nicht das bürgerliche Leben den Takt bestimmt, sondern der Glaube – freilich anders als in den überkommenen Formen.

Die ignatianische Spiritualität ist deswegen für die Weltpriester bis heute zur Leitlinie geworden, weil sie ins moderne Leben passt – auch das gegenwärtig neu verbürgerte und noch mehr vereinzelte. Es gibt diesem nicht nur geistliche Impulse, sondern gestaltet es – durch die reflexe Gewissenserforschung und die Meditation. Dem je größeren Gott (*Deus semper maior!*) durch eine bewusste Wahl (*Magis!*) immer näher kommen wollen, sich von ihm beschenken lassen und alles zu seiner größeren Ehre (*Omnia ad maiorem Dei Gloriam!*) verrichten, das ist die Leitlinie der Ignatianischen Spiritualität. In Exerzitien-Tagen als geistlichen Übungstagen und in regelmäßig-täglicher Meditation mit Gewissenserforschung soll das ganze Leben auf Gott ausgerichtet werden. Im Gehorsam gegenüber dem Wort Gottes erkennt dabei der Mensch seine Aufgaben.

Diese geistlichen Übungen des Ignatius von Loyola sind bis heute eine Leitmethode für die Spiritualität im katholischen Bereich geblieben. Die vielen Varianten, die vor allem im französischen Bereich in den letzten Jahrhunderten geübt wurden und werden, setzen meist bei diesem Grundmuster an. Dieses hat auf alle geistlichen Bewegungen Einfluss genommen. Das Gleiche gilt von der neuen ignatianischen Ordensgemeinschaft, die von Anfang an auf aktives Handeln in der Kirche ausgerichtet war. Gemeinschaft ist nicht, wie bei anderen Orden, durch Chorgebet und andere gemeinsame geistliche Übungen zusammengehalten, sondern ist geprägt von den zu leistenden Aktivitäten im Bereich von Bildung, Wissenschaft, Erziehung, Seelsorge (meist Sonderseelsorge) und Mission. Das Zusammenleben in den Residenzen (wie die Jesuitenhäuser meist genannt werden) kennt zwar gemeinsames Beten und Leben. Dieses ist aber, wie gesagt, geprägt von den Aufgaben, welcher der Einzelne zu leisten hat. Das Gebetspensum entspricht dem des Weltpriesters plus der einstündigen Meditation, die jeder täglich üben soll. Hier ist also durchaus die Idee, wie wir sie bei den Reformatoren finden, aufgegriffen, aber auf eine geistliche Gemeinschaft übertragen, die nach den evangelischen Räten lebt, so dass nicht die Gebetszeiten, sondern die zu verrichtenden Aufgaben den Tag prägen und Gebet wie auch andere spirituelle Übungen sich hier einbinden.

Die in den folgenden Jahrhunderten gegründeten Orden und Kongregationen wirken weithin nach einem ähnlichen Muster. Die Aufgaben bestimmen die Formen des spirituellen Gemeinschaftslebens. Wie weit sie mehr aus dem monastischen oder mehr aus der jesuitischen Lebensweise übernommen haben, bestimmt sich von den Aufgaben her. Dabei haben sie unterschiedliche Methoden spirituellen Handelns entwickelt, die meist durch die Gründergestalten geprägt wurden. Ihre Zahl ist sehr groß, vor allem in den weiblichen Zweigen.

Ich darf zum Schluss dieses Abschnittes eine These formulieren und zugleich andeuten, wie sehr sich im katholischen Bereich eine spirituelle Krise abzeichnet: Die spirituelle Prägung der katholischen Kirche ist nach der Reformation in vielleicht noch höherem Maß als zuvor durch Ordensleute geprägt, da der Klerus nach deren spirituellen Mustern ausgebildet wurde und wird, so dass auch die Gemeinden daran partizipieren. Dies zeigt sich neben anderem schon daran, dass die Spirituäle (geistliche Begleiter alias Leiter) in den Seminaren meist Ordensleute sind oder Priester, die bei Ordensleuten gelernt haben.

Das Faktum, dass viele Orden massiv an Personalmangel leiden, zeigt überdeutlich, wie die bisherige Orientierung des spirituellen Lebens an dem Ordens-Rhythmus in eine Krise gekommen ist. Die moderne Welt und die individuelle Gestaltung der Tage machen ein geordnetes Leben im Gebetsrhythmus schwierig, da die Menschen nicht mehr zyklisch leben, sondern linear. Jeder Tag hat einen anderen Plan. Und auch nicht mehr in quasi Großfamilien leben die Menschen, wie man einen Orden als eine spirituelle Großfamilie verstehen könnte. Die Reformation hatte sich, wenn ich recht sehe, im spirituellen Leben an der bürgerlichen Familie orientiert, wie sie sich damals herausgebildet hatte. Es war wie selbstverständlich, dass auch ein Pfarrer verheiratet ist und in einer Familie lebt. Die katholische Gegenreformation hat gerade den Priester als die leitende Figur in einer Gemeinde wieder auf die zölibatäre Lebensform verpflichtet und damit ein Element des Mönchischen gehalten. Und selbst dort, wo die individuelle Seite der Frömmigkeit neu aufgegriffen wurde, wie etwa bei Ignatius von Loyola, fand man eine neue Form von Orden. Die Ausbildung im Priesterseminar, die ab dem Trienter Konzil verpflichtend gefordert wurde und wird, übt das Leben in eine teilweise mönchische Form ein mit täglicher Messe, täglicher Meditationszeit, Elementen des Stundengebets, Zeiten des Schweigens und geistlicher Führung. Der Priester lebte und lebt dann zwar nicht als Mönch, aber doch sind viele Elemente dieser Lebensweise bei ihm prägend bzw. sollen es sein. Nun ist die Sinnhaftigkeit gerade eines zölibatären Lebens des Weltpriesters vielfach in Frage gestellt worden. Viele Orden sterben aus – vornehmlich Frauenorden im sozialen Dienstbereich. Männerorden konzentrieren sich zunehmend und weithin auf Seelsorge. Die rein kontemplativen Orden haben zwar wieder Zulauf, strahlen aber bislang noch wenig auf das Ganze des kirchlichen Lebens aus. Die Lebensform des „Viel-Betens" und des regelmäßigen „Betens als Beruf" hat keine mitreißende Wirkung. Die Menschen sind anderweitig beschäftigt und wohl auch ausgefüllt. Die vielen Formate der virtuellen Begleiter in Fernsehen und Rundfunk haben eine ritualisierend-prägende Wirkung und werden für die einzelnen prägend bzw. helfen ihnen den Tag zu gestalten. Dabei kommt Gebet kaum vor. Die regelmäßige Erhebung des Geistes und Gemüts zu Gott ist selten geworden. Sie prägt nur bei wenigen den Tag. Das ist ein großes Problem der gesamten religiösen Szene. Nicht mehr der Gott-Bezug ist prägendes Merkmal einer Lebensgestaltung, sondern andere Faktoren sind leitend. Die Gebets-Glocken am Morgen, Mittag und Abend tönen noch ins Land, aber niemand zieht den Hut, bleibt stehen und betet. Dennoch, so meine ich, spielen die Orden in der Kirche noch eine große Rolle. Dort, wo ihnen Elemente von Reform gelungen sind, beginnen sie wieder zu strahlen. Noch ein weiteres Phänomen spielt in der Spiritualität der katholischen Kirche eine Rolle, das man mit dem unzutreffenden Begriff der „Volksfrömmigkeit" benennt. Dazu seien noch ein paar Anmerkungen erlaubt.

6.3 Volksfrömmigkeit als Element katholischer Spiritualität

Die Kirche spielt für die Spiritualität eines Katholiken, so habe ich oben ausgeführt, eine große Rolle, und damit ist ein

Gemeinschafts-Element betont, das in vielen Bereichen zu einer gewissen Volksfrömmigkeit tendiert. Ein paar Beispiele seien angezeigt.

6.3.1 Kirchenjahr als spirituelle Leitlinie

Was wir bei der liturgischen Einfärbung katholischer Spiritualität schon gesehen haben, zeigt sich deutlich in allen anderen Bereichen geistlichen Lebens – bis hinein in die Volksbräuche. Das Kirchenjahr prägt die Gebete und auch die gesonderten Rituale. Zu Weihnachten gehört für die meisten Katholiken mindestens ein Gottesdienstbesuch. Für die Fasten- und Osterzeit war früher die Beichte Pflicht, was heute (Gegendweise sehr verschieden) nur noch für die Glieder der Kerngemeinde zutrifft. Was für den Großteil der Katholiken aber wie selbstverständlich ist, ist der Gräberbesuch an Allerheiligen bzw. Allerseelen zur Gräbersegnung. Überhaupt ist das Totengedenken an Sterbe- oder Erinnerungstagen noch bei vielen Anlass zum Gottesdienstbesuch. Auch Segnungen spielen eine nicht geringe Rolle im Volksbrauchtum wie auch andere durch das Kirchenjahr vorgegebene geistlich-spirituelle Handlungen. Freilich sind die noch vor einem halben Jahrhundert in allen Bereichen wichtigen Segnungen heute nur noch in traditionsbewussten Gegenden zu finden, und dort oft nur noch im ländlichen Raum. Die Speisesegnung an Ostern etwa oder eine Tiersegnung wie auch andere Segenshandlungen finden noch allgemeines Interesse. Allerdings zeichnet sich in den letzten Jahren der Trend ab, wieder auf diese Formen der „Sakramentalien" zurück zu kommen. Nachdem kurz nach dem Konzil die Prozessionen in vielen Gemeinden verringert wurden und die Teilnehmerzahl drastisch zurückging, haben sich bestimmte Traditionsprozessionen wieder stabilisiert – wie z.B. in vielen Orten die Fronleichnamsprozession. Vor allem dort, wo man solchen geistlichen Handlungen einen gewissen Event-Charakter gibt, finden sie Zulauf. Dies gilt ganz besonders für Wallfahrten. Sie erleben geradezu einen Boom.

6.3.2 Religiöse Events – besonders Wallfahrt als gemeinschaftliche Aktion

Eine Wallfahrt ist ein großer Event mit spirituellem Schwerpunkt. Es gibt verschiedene Formen, im Buch ist davon die Rede (s.o. I.6.). Die klassische ist die Fußwallfahrt. Bei ihr laufen die Menschen zu bestimmten Terminen einen oder mehrere Tage (bis zu einer Woche) zu einem Wallfahrtsziel hin. Übernachtungen und Zwischenstationen sind meist seit Generationen geordnet. Auf dem Weg wird viel gebetet – fast ausschließlich in ritueller Form. Bis zu dreimal pro Tag wird der Rosenkranz-Psalter durchgebetet, das sind drei mal fünfzehn Gesätze, dazu kommen Litaneien, Lieder und zwischendurch noch Andachten. Die tägliche Gebetszeit beträgt etwa bei der Pfingstwallfahrt nach Altötting bei einem siebenstündigen Marsch ungefähr fünfeinhalb Stunden – viereinhalb Stunden Rosenkranz, eine halbe Stunde Litanei, dazu Andacht und meist täglich an einem Zwischenhalt eine Eucharistiefeier. Anders verlaufen die Wallfahrten mit Bus oder Bahn oder Flugzeug. Da wird innerhalb der Fahrzeuge ungefähr die Hälfte der Zeit gebetet – wiederum meist rituell. Doch am Wallfahrtsort selbst wird ein intensives Gebets- und Gottesdienstprogramm angeboten. Dabei stellen an den ganz großen Wallfahrtsorten wie Lourdes oder Fatima die abendlichen Lichterprozessionen einen gewissen Höhepunkt dar.

Zusätzliche Großtreffen mit Wallfahrtscharakter sind die Weltjugendtage, die Kirchentage oder auch (ein neues, nicht unproblematisches Phänomen) Papst-Visiten. Solche Events sind eine Mischung von geistlichem und weltlichem Tun. Dies eignet der spirituellen Praxis im katholischen Volk in vielen Bereichen, Geistliches in Weltliches einzustreuen oder umgekehrt Weltliches mit dem Geistlichen zu verbinden. Einzelwallfahrer finden meist am Wallfahrtsort je eine eigene Geschichte und einen eigenen Orts-Ritus vor, der vom Waschen der Augen, Aufstecken von Kerzen bis zum Empfang des Buß-Sakramentes oder bestimmten Gottesdiensten sehr vielfältig sein kann. Von den ca. 1000 größeren oder kleineren Wallfahrtsorten in Deutschland sind ca. 700 Marienwallfahrten. Dies weist auf eine Besonderheit katholischer (und orthodoxer) Spiritualität hin, die Heiligen- speziell die Marienverehrung.

6.3.3 Heiligenverehrung, besonders Marienverehrung

Die Heiligenverehrung ist zunächst ein Element communialer Frömmigkeit und damit ein Spiritualitäts-Faktor. Besonders Maria hat hier im katholischen Volk auch heute noch einen wichtigen Platz, während andere Heilige meist nur regional eine Rolle spielen. Maria wird – verkürzt gesagt – als vornehmstes Glied der Kirche und somit Typus eines gläubigen Menschen angesehen. Sie spielt als besonders Erwählte im Erlösungswerk eine wichtige Rolle. An ihr wird sichtbar, wozu wir selbst berufen sind. An ihre Seite stellt sich der Beter und sucht – etwa im kontemplativen Rosenkranzgebet – gleichsam durch ihre Brille grundlegende Geheimnisse des Glaubens zu betrachten. Diese indirekte Gebetsweise orientiert sich an einer Sprechform, die etwa bei manchen Psalmen oder hymnischen Texten der Schrift sichtbar wird. Dort werden alle möglichen Geschöpfe angesprochen, sie mögen mit mir Gott preisen – die Sonne, der Mond, verschiedene Menschen, ja sogar Tiere („Preiset den Herrn, all ihr Tiere, wilde und zahme, preiset den Herrn, ihr Menschen" Dan 3,83). Im Ansprechen der Heiligen wird diese Weise des Betens intensiviert und ein Heiliger, oder besonders Maria, bemüht mit der Aufforderung: Hilf mir beten! Sag's Du dem Herrn! Sei meine Mit-Beterin und Für-Beterin!

6.3 Volksfrömmigkeit als Element katholischer Spiritualität 639

Diese Sichtweise haben die meisten Katholiken, so dass das Problem der Christuszentrierung nicht bewusst ist.
Freilich haben die Heiligen in erster Linie (theologisch gedacht) eine andere Funktion: Sie sollen Interpreten des Evangeliums sein. Ihre Biographien sollen kundgeben, wie ein christliches Leben aussehen kann oder wie ein Wort des Evangeliums konkret gelebt werden konnte. Diese Form spiritueller Praxis, vor allem mit Blick auf Maria zu beten, ist weit verbreitet – auch und gerade heute wieder. Viele Katholiken, die mit dem offiziellen Gottesdienst nicht mehr viel anfangen können und auch in den Gemeinden kaum noch auftauchen, haben zu dieser Weise des spirituellen Handelns oft noch Zugang. Sie werden es nicht versäumen, vor einer wichtigen Entscheidung bei einem Marienbild eine Kerze anzuzünden und zu beten.

Zusammenfassend sei gesagt: Die vorgenommene Skizze konnte nur die wichtigsten katholischen Spezifika der Spiritualität anreißen, die ich bezeichnet habe mit: liturgisch-rituelle Dominanz, Bedeutung der Orden und Tendenz zur Volksfrömmigkeit. Dass diese Besonderheiten heute vielfach problematisch geworden sind und neue pastorale Konzepte erfordern, liegt auf der Hand. Die seit dem II. Vatikanischen Konzil im katholischen Bereich gesuchte spezielle „Laienspiritualität" findet in vielen der so genannten geistlichen Bewegungen in den letzten Jahrzehnten unterschiedliche konkrete Formen, die teils an den traditionellen Übungen anknüpfen, teils Neues kreieren. Nachdem ich das Manuskript des vorliegenden Buches gelesen habe, kann ich sagen: Wir Katholiken können zu dieser Frage auch von der Spiritualität im evangelischen Raum vieles lernen.

Bibelstellenregister

Altes Testament
- Gen
  - 1,2 — 116
  - 1,26f. — 37
  - 2,21ff. — 262
  - 2,3 — 373
  - 2 — 263
  - 5,24 — 282
  - 7,4ff. — 439
  - 8,21 — 151
  - 12,1ff. — 553
  - 13,15 — 163
  - 28,10-22 — 375
  - 31 — 158
  - 32,27 — 63, 361
- Ex
  - 3,5 — 374
  - 3,6 — 101
  - 3,7ff. — 553
  - 3,8 — 260
  - 4 — 331
  - 15,11 — 373
  - 15,20 — 30
  - 19,10-15 — 376
  - 19,6 — 375
  - 20,4f. — 535
  - 20,8-11 — 373
  - 24,18 — 439
  - 24,8 — 360
  - 27,7 — 373
  - 29,37 — 379
  - 32 — 381
- Lev
  - 11,3 — 517
  - 11,44 — 379
  - 17-26 — 376
  - 19,18 — 84, 492
  - 19,2 — 102, 377
  - 19 — 585
  - 20,26 — 102
- Dtn
  - 4,15-19 — 535
  - 6,4f. — 163
  - 6,5 — 84, 492
  - 14,6 — 517
  - 16,1-8 — 432
  - 26,5ff. — 553
  - 32,39 — 396
- Jos
  - 6,17 — 377
  - 24,19 — 102
- I Sam
  - 2,2 — 102
  - 6,20 — 373
  - 16,5 — 376
- II Sam
  - 6,1-11 — 380
  - 6,14 — 30

I Reg		82	71
9,8	439	89,39ff.	51
19,11f.	397	99	102
II Reg		102	507
2,1	282	104,29f.	116
2,11	282	119	520
I Chr		130	507
2,7	377	137	161, 168, 178
II Chr		139	507
15,2	4	143	507
29,24	360	148	346
Esr		150	346
10,1	497	Prov	
Neh		9,10	101
9,3	497	9,4	60
Hi		31,8f.	25
1,1	101	Jes	
1,21	62	1,4	102
Ps		6,3	102
1,2 (Vg)	517	6	360, 393f.
4	323	13,3	377
5	343	26,20	63
6	507	35,5f.	386
23	319	43,1	375
24	379	53,5	360
27,8b	554	55,6	4
29	391	66,12f.	60
31,16	373	Jer	
32	507	15,10	376
34,15	101	23,23	51, 261
38	507	29,13	378
45	256, 261	30,21	390
51	507	Dan	
66,3	373	3,83	638
66,5	373	9,4	497
71,22	102	Hos	
73,25f.	63	2,8-18	51

Nah			18,15-17	497
3,10		166	18,18	497
Apokryphen			18,20	26, 376, 378, 555, 593
SapSal				
3,1		63f.	22,35ff. parr.	16
Sir			22,37-39	84, 492
30,24		229	22,37ff.	507
II Makk			24,42	510
7		192	25,31ff.	16, 18, 24, 311
15,12-16		584	25,42-44	330
Neues Testament			25	478
Mt			26,57ff.	575
4 parr.		6	27,46	51
5,48	38, 104, 380, 399		27,54	218
6,24		74, 455	28,19	552
6,25-34		407	Mk	
6,25ff.		311	1,10	116
6,6		288	1,12f. parr.	116
7,6		190, 390	1,13	439
8,18		6	1,23ff.	116
8,20		552	1,35	6
9,14ff.		435	2,27f.	435
9,15		263	4,35ff.	575
9,1ff.		576	5,25ff. parr.	185
10,39		44	5,41f.	575
10,8		347	9,2-10	391
11,12		288	9,38f.	373
11,28		220	11,24	593
12,13		387	12,28b-34	408
12,1ff.		435	15,39	218
13,33		50	Lk	
14,13		6	1,26ff.	533, 538
14,23 parr.		6	1,28	482
15,14		414	1,42	482
16,16		287	1,5	568
16,19		497	1,5-25	567
16,24		16	1,5ff.	576

1,8-22	578	6,1ff.	104, 313
2,22-35(40)	439	9,3f.	101
2,27ff.	63	9,41	313
2,41ff.	439	9	394
2,8ff.	397	15	387
6,36	104	17,34	38, 195
10,25-37	85, 492	22,16	497
10,25ff.	311	Röm	
10,27	260	2,5	393
10,36	24	3,10	284
11,10	4	4,1	186
14,26f.	6	4,5	585
17,21	37	6,19	399
17,3	497	6,22	400
18,38	287	7,4f.	400
Joh		8,1f.	417
1,5	176	8,22	74
1	37	8	116
3,16	63	10,9f.	453
3,8	355	11,17ff.	360
5,6-16	573	11,25f.	275
10,11	218	11,7	585
14,6	532	12,1	461
15,19	454	12,12	422
15,5	262	12,1f.	66, 129, 385
17,11	102	12	129
19,30	220	14,5f.	435
20,23	497	14,8	63
20	240	I Kor	
21,15ff.	497	1,2	585
21,19-24	72	1,30	400
Act		2,1-5	453
2,42ff.	26, 104	2,15	116
2	160, 376	2,6ff.	173
3,1ff.	347	2	25
4,32ff.	104	5,1-13	377, 380
4	160	5,9ff.	497

6,20	49, 66	4,11-13	400
7,25ff.	314	5,22-24	255
7,29ff.	68	5,26	585
9,19	418	5,30ff.	263
9,21	418	6,10ff.	103
12,10	409	Phil	
12,27	262	1,21	62
12,3	287, 386	1	172
12,9	347	2,5ff.	373
12	386	3,12-16	104
14	276	3,20f.	63
II Kor		4,12	113
3,17	419	Kol	
4,10	175	1,12	586
4,6	176	1,24	586
5,17	50, 66	3,10	58
5	172	3,12ff.	103
7,8-10	497	3,16	26
8,1f.	310	3,16f.	66
8,5	311	I Thess	
12,1-9	170	1,3	585
12,10b	174	1,4-7	453
12,9	82	4,3	102, 380, 400, 423
12,9b	174	5,17	77, 285, 477
12	172	I Tim	
Gal		2,15	400
2,19a	418	3,8ff.	313
2,20	38, 177, 397	5,3ff.	313
3,27	66	6,16	398
4,10	435	II Tim	
4,13	173	3,14	91
5,16ff.	116	I Petr	
5,22f.	116, 127	2,11	620
5,25	50, 66	2,9	70, 457
6,2	418	2,9f.	585
Eph		5,6	398
4,1-7	400	5,8	510

II Petr		1	207
1,3f.	37	5,14f.	348
I Joh		Apc	
3,9	380	4,8	102
4,1-3a	386	7,9-11	586
4,16-5,2	585	14,13	64
4,2	287	18f.	275
Hebr		19,7	255
5,14	386	20	26
10,31	398	21,11	262
11,13-16a	553	21,2	255
11,5	282	21,22	374
12,14	400	21,9	255
12,2	421	22,16	255, 261
13,13f.	553	22,17	255
Jak			

Personenregister

Abaelardus, Petrus 626
Abraham 319, 395
Adam 74, 80, 401, 474
Adam, Alfred 317
Adler, Jacob Georg Christian 294, 298f.
Ahab 159
Albertus Magnus 215
Albertz, Rainer 157
Albrecht, Horst 538–540, 545, 549f.
Alexander der Große 159
Alexander III. 223
Alkuin 212
Ameling, Walter 184, 189, 191, 193f.
Anand, Subhash 566
Anastasius vom Sinai 392
Andersen, Hans Christian 289, 416
Angela von Foligno 47
Anna 584
Anselm von Canterbury 214
Antonius der Ägypter 40, 181f., 581, 595, 609, 614
Archimandrite Matthew 477
Aristoteles 202
Arius 38
Arndt, Johann 272f.

Arnold, Gottfried 588
Asmussen, Hans 503
Assor, Albertine 318
Athanasius von Alexandrien 38–40, 53, 182, 612
Aurelius Augustinus 69, 182f., 212, 223, 417, 616, 624
Ausländer, Rose 547
Averroes 213
Avicenna 213
Bérulle, Pierre de 265
Böhme, Jakob 250
Böntert, Stefan 555, 558f.
Bach, Johann Sebastian 255, 450, 453, 542
Bachmann, Ingeborg 360–362, 364
Bacon, Roger 215
Baez, Joan 543
Baker, Mildred 29
Balthasar, Hans Urs von 118f., 124, 453
Baltruweit, Fritz 545
Barsanuphius 202
Barth, Hans-Martin 117, 120, 137f.
Barth, Karl 306, 500
Basilides 180

Basilius der Große 202, 610, 612, 614, 616
Bataille, Georges 441
Bayer, Oswald 521
Bayly, Lewis 279
Becker, Hansjakob 255
Beethoven, Ludwig van 542
Beinert, Wolfgang 238, 592, 594, 596
Bell, John 340
Bender, Ernst 62
Benedikt von Aniane 213
Benedikt von Nursia 33–35, 182, 600, 614–618, 621
Berger, Klaus 158
Bernhard von Clairvaux 9, 43f., 69, 87, 214, 223–233, 248, 260, 381, 387, 498, 518, 626
Beskendorf, Peter 521
Bethge, Eberhard 79
Beyreuther, Erich 273
Bezzel, Hermann 107
Bhagwan Rajneesh Chandra Mohan 514
Bieritz, Karl-Heinrich 330, 431, 438
Birgitta von Schweden 483, 627
Bismarck, Otto Eduard Leopold Fürst von 304
Blandina 187f.
Blankenburg, Walter 255, 476
Bloch, Peter 221
Blumenberg, Franz-Jürgen 134
Blumhardt, Johann Christoph 355, 503

Bodelschwingh, Friedrich von, d. Ä. 304, 307, 312, 317, 593
Boff, Leonardo 308
Bojaxhieu, Agnes Gonxha *siehe* Mutter Teresa
Bonath, Gesa 68
Bonaventura 109
Bonhoeffer, Dietrich 75–79, 136, 272, 308, 589
Bonifatius, Wynfrith 212
Bonino, José Míguez 343
Bornkamm, Günther 172
Bornkamm, Karin 419, 521f.
Borromäus, Karl 315, 630
Bosco, Giovanni 304
Boutroux, Pierre 396
Brödel, Christfried 543
Brackett, Joseph 29
Brady, Susanna M. 32
Brels, Jacques 542
Bremmer, Jan N. 189, 193
Breugel, Pieter B. 127
Brodde, Otto 254
Broder, Henryk M. 560
Brother Louis *siehe* Merton, Thomas
Bruno von Köln 623
Bruno, Giordano 250
Brunschwicg, Léon 396
Buber, Martin 161f., 165
Bucer, Martin 399, 582
Buckley, Michael J. 5f., 270, 388, 522
Bultmann, Rudolf 170f., 306, 311, 546, 589

Bunyan, John 251, 279f., 284, 553
Buschmann, Gerd 186f.
Cajetan, Jakob de Vio 630
Calixt II. 214
Calvin, Johannes 249, 399, 499f., 536, 564, 582
Canaris, Wilhelm 76
Capra, Fritjof 349
Cardenal, Ernesto 342f., 346f.
Cassian 12, 41, 616
Celan, Paul 547
Chagall, Bella 434
Chagall, Marc 219
Chambers, Oswald 468
Chantal, Jeanne-Françoise de 265f.
Charmoisy, Louise de 265
Chaucer, Geoffrey 559
Chlodwig I. 182
Christian VII. 293
Christiansen, Rolf 451
Claire, Dom Jean 476
Clark, Mary T. 83
Claudius, Matthias 266, 294
Clemens II. 213
Cleobury, Stephen 476f.
Cochran, Dorothea 32
Coelho, Paulo 236, 239, 559
Cohn, Gertrud 350
Columbus, Christoph 217
Cordes, Martin 560
Cornehl, Peter 441, 451
Cousins, Mervyn 477
Cox, Harvey 441
Cromwell, Oliver 278

de la Cruz, Juan *siehe* Johannes vom Kreuz
Cyprian 616
Dürckheim, Karlfried Graf 513f.
Dada Ji, Sri 516
Dahlgrün, Corinna 68, 224, 283, 302, 359, 362, 383, 394, 447, 541, 548, 594
Dalai Lama 349
Darmstadt, Hans 359, 362, 394
Darwin, Charles 304
David 30, 158, 166, 258, 261, 319, 376, 520
David, Christian 468
Decius 181, 186
Delp, Alfred 185, 308
Dent, Arthur 279
Descartes, René 251, 348
Deus, W.-H. 254
Diana, Princess of Wales 589
Diderot, Denis 251f.
Dinzelbacher, Peter 11, 30, 44, 48, 87, 520
Diokletian 181
Dobhan, Ulrich 53f.
Domin, Hilde 547
Dominikus 215, 527
Domke, Sigi 122
Dorotheus von Gaza 201–208, 233, 416
Dreving, Viktor 477
Dufossé, Josette 350
Dumoulin, Heinrich 513
Dunant, Henri 304
Dunn, James D. G. 157
Dupré, Louis 5, 425, 522
Dylan, Bob 543

Ebeling, Gerhard 419, 421, 521f.
Eckhart von Hochheim (Meister Eckhart) 44–46, 216
Eddy, Mary Baker 304
Edelkötter, Ludger 545
Egeria 448, 559
Ehrat, Rudolf 485
Eilrich, Christiane 538
Einstein, Albert 349
Elia 13, 159, 282, 391, 397
Elisa 159, 289
Elisabeth 482, 567–570, 578
Elisabeth von Thüringen 23, 215, 588
Engels, Friedrich 303
Engemann, Wilfried 495
Enomiya-Lassalle, Hugo Makibi 514
Enya 544
Epiktet 202
Epikur 202
Erasmus von Rotterdam 69
Esau 375
Esther 318
Eusebius von Caesarea 183
Evagrius Ponticus 40–43, 45, 78, 202, 612
Fabri, Felix 559
Fahlbusch, Erwin 124
Farrell, Scott 477
Feldmann, Christian 17 19, 22
Felicitas von Karthago 180, 186, 189f.
Feuerbach, Ludwig 303
Flacius, Matthias 382
Flatt, Johann Friedrich 108
Fliedner, Theodor 303, 316

Flusser, Vilém 359, 541f.
Foucauld, Charles Eugène Vicomte de 306
Francke, August Herrmann 251, 315
Franz II. 253
Franz von Sales 80, 265–267, 270–272, 386, 408–413, 416, 522
Franziskus von Assisi 20, 23, 47f., 140, 215, 527, 588, 625–627
Freud, Sigmund 306, 349, 441
Freytag, Hartmut 244, 559
Friedrich Wilhelm III. 302
Fries, Patrick 484
Fritsch, Andreas Lukas 554
Fritsch-Oppermann, Sybille 480
Gaarder, Jostein 427
Gabriel 538, 573f., 578
Galen, Clemens August Graf von 307
Galerius 181
Galilei, Galileo 250
Gallienus 181
Galloway, Kathy 334, 336
Gandhi, Mahatma 75, 308, 589
Gazier, Félix 396
Gennep, Arnold van 430
Gerhards, Albert 477
Gertner, Hannes 185
Gertrud von Helfta 11
Gibson, Mel 453
Gifford, John 279
Gilead 348
Gillespie, Mary Ann 33

Goethe, Johann Wolfgang von 465, 546
Gogarten, Friedrich 306
Goltzen, Herbert 476
Gottliebin Dittus 355
Gröning, Bruno 350–357, 561
Gröning, Philip 548
Grönkowski, Bruno *siehe* Gröning, Bruno
Grün, Anselm 475f.
Grünwaldt, Klaus 447
Gregor I. (der Große) 182, 191, 223
Gregor IX. 215
Gregor VII. 214
Gregor von Nazianz 40, 202
Gregor von Nyssa 40f., 195
Gregorios der Sinaite 287–290, 410
Greiffenhagen, Martin 321
Greshake, Gisbert 122, 136f.
Grethlein, Christian 479
Gribomont, Jean 14
Groote, Gerhard 519
Gryphius, Andreas 62
Guardini, Romano 476, 483
Gutenberg, Johannes 217
Gutierrez, Gustavo 308
Händel, Georg Friedrich 30
Häusler, Dieter 354
Häusler, Grete 354
Hölscher, Lucian 461f.
Hahn, Udo 447
Hambrick-Stowe, Charles 73
Hanna 439
Harms, Claus 107, 503
Hartmann von Aue 66–68, 224

Haydn, Joseph 30
Hegel, Georg Wilhelm Friedrich 387
Heil, Günter 195
Heiler, Friedrich 306
Heinrich IV. 214
Heinrich V. 214
Heinrich VIII. 249
Heisenberg, Werner Karl 349
Henoch 282
Hense, Elisabeth 53f.
Herbst, Michael 79, 119, 130
Herchet, Jörg 543
Herkules 535
Herms, Eilert 138
Herodes 160, 568
Hertling, Ludwig 184–187, 192
Hertzsch, Erich 475
Hertzsch, Klaus-Peter 505
Herzl, Theodor 305
Hesychios der Priester 288
Heyse, Johann Christian August 118
Heyward, Carter 147
Hick, John 135, 139
Hieronymus 223
Hildegard von Bingen 214
Hiob 139
Hirsch, Mathias 507
Hitler, Adolf 307
Hopko, Thomas 40f.
Horton, Lizzie 32
Hrabanus Maurus 213
Huber, Wolfgang 589
Hugo von St. Victor 214
Hus, Jan 216
Hussein, Saddam 168

Ignatius von Antiochien 180, 186
Ignatius von Loyola 249, 388, 520, 605, 630–634
Institoris, Heinrich 217
Irenäus von Lyon 116, 202
Irving, Edward 303
Isaak 395
Isebel 159
Jakob 72, 258, 261, 361f., 375, 395
Jakob von Vitry 30
Jakobus 391
Jalics, Franz 526
James, P[hyllis] D[orothy] 581, 595
James, P[yllis] D[orothy] 582f.
James, William 35, 138–146, 156f., 172
Janssen, Heinrich 483
Jeanne d'Arc 217
Jenkins, Karl 358
Jenkins, Ruth 7
Jepsen, Maria 78, 141, 309, 513, 526
Jeremia 51, 375f.
Jesaja 386, 393f.
Joachim von Fiore 215
Johannes 219f., 240, 261, 391, 478, 535
Johannes der Prophet 202
Johannes der Täufer 88, 386, 484, 567
Johannes Duns Scotus 213, 215
Johannes vom Kreuz 51, 53–57, 61, 64, 79, 86, 88, 600
Johannes XXIII. 603
Johnston, William 513

Jonas, Justus 78
Joppich, Godehard 477
Josuttis, Manfred 102, 129f., 242, 365, 378, 382f., 385, 390, 396–398, 401, 404f., 423, 442–444, 489, 504f.
Jung, Carl Gustav 528
Jungclaussen, Emmanuel 286
Köhler, Rudolf 263
Körner, Reinhard 53–55
Kaléko, Mascha 427
Kamp, Matthias 351, 353
Kampert, Otmar 185, 191, 193, 426
Kant, Immanuel 107, 252
Karl der Große 211–213
Karlstadt, Andreas 71, 366, 536
Kaschnitz, Marie Luise 547
Kast, Verena 566
Katharina von Alexandrien 588
Kerkeling, Hape 555, 559
Kierkegaard, Søren Aabye 562f.
King, Martin Luther 75, 309, 589
Kirschbaum, Engelbert 184–187, 192
Kitsch, Anne 318
Klöckener, Martin 447, 449, 476
Klein, E. 187–190
Klostermann, Ferdinand 549f.
Knauer, Peter 520
Koch, Klaus 167, 392
Kolbe, Maximilian 185
Kolodiejchuk, Brian 21
Kolping, Adolph 303
Konstantin der Große 181
Konstantius 182

Kopernikus, Nikolaus 249
Krüger, Gustav 186–189
Krahe, Susanne 170
Kraus, Georg 238, 592, 594f.
Kugler, Georg 451
Kuhfuß, Ruth 351
Kury, Helmut 134
Kurzke, Hermann 255–257
Kuske, Martin 76
Löhe, Wilhelm 107, 316, 479, 503
Lönnebo, Martin 485–487
Laeuchli, Samuel 571f.
Lallement, Louis 388
Lange, Christoph 559
Langer, Heidemarie 567, 569f., 573
Langer, Susanne K. 539
Largier, Niklaus 45f.
Lassek, Reinhard 141
Last, James 546
Le Rond d'Alembert, Jean-Baptiste 252
Leclercq, Jean 14, 34, 130, 223, 519
Lee, Ann 26, 28
Lefebvre, Henri 442
Leggett, Ezra T. 32
Lenz, Reimar 514
Leo der Große 616
Leonhardt, Albrecht 289, 416
Leppin, Volker 134
Lessing, Gotthold Ephraim 251
Lewis, Clive Staples 87, 468
Lichtenberg, Georg 385
Liebs, Detlef 191
Lindsay, Bertha 29
Lodge, David 561f.

Lohse, Bernhard 69
Lotz, Johannes B. 524, 527f., 532
Lubich, Chiara 307
Lucius Septimius Severus 180
Luhmann, Niklas 573
Luther, Martin 50, 52, 60, 64, 68–75, 78f., 161f., 165, 170, 201, 232, 249, 266, 269, 272, 315, 321, 343, 366, 383, 400f., 404f., 418f., 456–458, 466, 473f., 478f., 481, 489, 492, 500–502, 506, 511, 520–522, 526, 536, 540–542, 544, 582f., 591, 600
Mödl, Ludwig 533, 537, 557, 560
Möller, Christian 78f., 110, 119, 129, 266
Müller, Ferdinand 476
Müller, Gerhard Ludwig 76
Müller, Konrad 329f.
Müller, Ludwig 307
Münzer, Thomas 366
MacLaine, Shirley 559
MacLeod, George 307, 334f., 340
Maharishi Mahesh Yogi 514
Mahrenholz, Christhard 255, 257
Maistre, Joseph Marie Comte de 302
Mani 180
Mann, Immanuel 401
Marheinicke, Philipp 503
Maria 21, 219f., 234–239, 261, 484, 537f., 584, 638f.
Maria Magdalena 240, 243, 528

Markion 180
Marlitt, Eugenie 427
Marti, Kurt 547
Martin von Tours 340, 588, 612, 615
Martin, Gerhard Marcel 442, 572f.
Martin, Thérèse siehe Thérèse von Lisieux
Marx, Karl 303
Massa, Willi 514
Mattes, Anton 266
Maule, Graham 340
Mauss, Marcel 441
Maximilla 180
McGinn, Bernard 14, 130, 519
Mechthild von Magdeburg 216
Melanchthon, Philipp 78f.
Melzer, Friso 513
Mendelssohn, Moses 251
Mendelssohn-Bartholdy, Felix 30, 506
Merton, Owen 7
Merton, Thomas 6–11, 15f., 135f., 343, 600
Meyendorf, Rudolf 173
Meyendorff, John 5, 14, 130, 519, 522
Meyer-Blanck, Michael 539
Miller, Bonifaz 12
Miller, William 304
Miriam 30
Montanus 180
Morgenthaler, Christoph 505
Morus, Thomas 185
Mose 13, 42, 101, 374, 376, 391
Mundakel, T. T. 17, 19–21

Muschg, Adolf 551
Mutter Teresa 17f., 20f., 23–25, 309, 315, 589
Napoleon I. 234, 252f.
Nayak, Anand 7
Nebukadnezar 161
Nelle, Wilhelm 255–257
Nelson, Geoffrey K. 15, 81, 123, 133, 139, 157, 387
Neri, Filippo 249, 630
Nero 160, 172
Nethöfel, Wolfgang 124
Nicolai, Philipp 253–257, 259–265
Niemöller, Martin 307
Niemann, Raul 173, 176
Nietzsche, Friedrich 305
Nikolaus 614
Nikolaus von Flüe 527
Nooteboom, Cees 559
Oberlin, Johann Friedrich 316
Oelker, Petra 559
Origenes 38, 180, 202, 223, 586
Orpheus 535
Otto I. (der Große) 213
Otto, Eckart 434
Pachomius 609, 616
Palamas, Gregorios 292
Palmer, Christian 254
Pascal, Blaise 251, 395f.
Paschasius Radbertus 213
Paul III. 249
Paul VI. 305, 484
Paul, Hermann 68
Pauli, Judith 201, 203
Paulsen, Henning 589

Paulus 38, 66, 79, 140, 161, 169–178, 292, 310f., 376, 394f., 397, 417, 435, 497, 521, 552
Paulus von Theben 609
Peeters, Elisabeth 53f.
Peiter, Hermann 502
Perpetua 180, 186, 188–190, 192
Pesch, Otto Hermann 383
Peter I. (der Große) 252
Petrus 70, 240, 391f., 478, 497
Pfendsack, Werner 219
Phelps, Lillian 29, 32
Philo von Alexandria 586
Pieper, Josef 442
Pink Floyd 542
Pitzele, Peter A. 572
Pius X. 305
Pius XI. 306f.
Pius XII. 308, 603
Plinius 180
Plotin 181
Polykarp von Smyrna 180, 186f., 190, 192
Pontius Pilatus 242f.
Pratchett, Terry 587
Preuss, Hans 187, 189
Priscilla 180
Prohl, Inken 513
Pseudo-Dionysius Areopagita 38, 113, 195, 198–201, 209, 214
Quenstedt, Johann Andreas 107
Röhß, Johann Gottlieb 294
Röwekamp, Georg 559
Rühmkorf, Peter 545
Radeck, Heike 567

Radewijns, Florens 519
Raffelt, Albert 428
Rahner, Karl 125, 146, 387, 428
Rannenberg, Werner 325
Rau, Gerhard 441
Reblin, Klaus 175f., 527
Reich, Christa 110, 542
Reimarus, Hermann Samuel 251
Reisinger, Franz 266
Reiter, Udo 514
Rembrandt, Harmenestoon van Rijn 475
Rennings, Heinrich 476
Reuß, Heinrich Posthumus 62
Richard von St. Victor 518
Richert, Hans-Georg 235
Riedel, K. V. 540
Riess, Richard 504
Rilke, Rainer Maria 394
Ringseisen, Paul 476
Rittner, Reinhard 495
Robert von Molesme 214, 623
Rohr, Richard 530f.
Romero, Oscar A. y Galdamena 185, 309, 342
Rorem, Paul 199
Rosen, Klaus 193
Rosenberger, Michael 560f.
Rosenstock, Hans-Jörg 571
Rosenstock, Roland 571
Rothe, Richard 107
Ruhbach, Gerhard 186–189, 522, 526–528, 532
Russell, Charles Taze 304
Söhngen, Oskar 255, 257
Sölle, Dorothee 329
Sailers, Don E. 5, 522

Saladin 215
Salomo 159
Sauer-Geppert, Waltraut-Ingeborg 257, 261f.
Saulus *siehe* Paulus
Schäfer, Gerhard 355
Schönherr, Albrecht 76
Schütz, Heinrich 62–64
Scharfenberg, Joachim 503f.
Scharfetter, Christian 119
Schellenberger, Bernardin 515f., 531
Scherschel, Rainer 482
Schiller, Johann Christoph Friedrich von 465
Schleiermacher, Friedrich Daniel Ernst 107, 299, 302, 305, 414, 427, 444, 457, 502
Schließke, Otto 255, 257
Schmidbauer, Wolfgang 147
Schmidt-Lauber, Hans-Christoph 330, 431
Schmitz, Hermann 41, 134, 138, 382, 387
Schneider, Reinhold 61
Schneider, Sandra 120
Schober, Theodor 321
Scholem, Gershom 111f.
Schottmann, Brigitta 242
Schröer, Henning 480
Schramm, Tim 434
Schumann, Robert 542
Schutz, Frère Roger 20, 307
Schwartz, H. 254
Schwarzer de Ruiz, Anneliese 343
Seidensticker, Tilman 194

Seitz, Manfred 3, 79, 107f., 119, 532
Seridus 202
Setlur, Sabrina 544
Seven, Friedrich 312, 321
Shakespeare, William 264, 361
Simeon 63, 439
Six, François 61, 407
Smend, Julius 305
Smith, Joseph 303
Sonnenschein, Karl 603
Soubirous, Bernadette 304
Sparrow, Jack 548
Spee von Langenfeld, Friedrich 250
Spener, Philipp Jacob 251, 272–278, 410
Spieckermann, Hermann 164–166
Spitta, Friedrich 305
Sprenger, Jakob 217
Spurgeon, Charles 467
Städtler, Thomas 149
Stümke, Volker 73
Staab, Franz 559
Stahlhut, Christian 138
Steffensky, Fulbert 92–94
Steiner, Rudolf 306, 513
Steiner, Tamara 533
Steinmeier-Kleinhempel, Anne M. 254
Stephenson, Gunther 99, 109, 123, 138, 387
Stoll, Joachim 272
Strauß, David Friedrich 303
Suérez, Francisco 250

Sudbrack, Josef 5, 14, 61, 126f., 133, 155, 387, 389, 519, 522, 527f., 532
Sulmasy, Daniel P. 348
Suzuki, Daisetz Teitaro 513
Symeon der Neue Theologe 288, 290f., 417
Symeon Stylites 12f., 182, 600
Symeon von Thessaloniki 288f., 291
Syricius 182
Tödt, Ilse 76
Teresa von Avila 52, 61, 113, 140, 250, 268, 270, 385, 412, 630
Tersteegen, Gerhard 47, 522f., 553, 588
Tertullian 180
Thérèse von Lisieux 17, 60f.
Thönnes, Dietmar 559
Thadden-Trieglaff, Rein[h]old von 327
Theißen, Gerd 157
Theodosius I. 182
Thielicke, Helmut 320
Thomas 528
Thomas von Aquin 109, 215, 383
Thomas von Kempen 216
Thomas, Ludwig 477
Thomas, Madathilparampil Mammen 120
Thunberg, Lars 39
Thurneysen, Eduard 503
Tibi, Daniel 289, 485
Tillich, Paul 539
Tolvaly, Ferenc 560
Torberg, Friedrich 358

Torres, Camilo 342
Tracy, David 8f.
Trajan 180
Truhlar, Karl Vladimir 133
Tugwell, Simon 53
Tyrwhitt, Thomas 559
Ulrich von Augsburg 213
Urban II. 214
Usa 380
Valentinian 106, 180
Valerian 181
Vinzenz von Paul 250, 315
Vivekananda, Swami 513
Voltaire 251
Vorgrimler, Herbert 125, 494, 597
Waaijman, Kees 89f., 101, 104f., 108–110, 112, 114, 118, 120, 128f., 133, 137f.
Wagner, Richard 506, 542
Wakefield, Gordon S. 425
Waldes, Petrus 215
Ware, Kallistos 43
Watzlawick, Paul 533, 539
Weber, Max 107
Weber, Otto 500
Wesley, Charles 252
Wesley, John 252
White, Ellen Gould 304
Whitson, Robley Edward 29
Wichern, Johann Hinrich 303, 316, 326
Wiegandt, Herbert 559
Wiggermann, Karl-Friedrich 116
Wilhelm von Ockham 216
Wilhelm von Saint-Thierry 87

Winkler, Gerhard B. 224, 381, 499, 518
Winkler, Klaus 325
Wustrock, Simone 560
Wyclif, John 216
Xanthopulos, Ignatios 289, 291f.
Xanthopulos, Kallistos 289, 291f.
Xystus (Sixtus) II. 187
de Yepes, Juan *siehe* Johannes vom Kreuz
Zacharias 567–570, 578
Zander, Hans Conrad 12, 94, 516
Zenetti, Lothar 547
Zenger, Erich 165–168
Ziegler, Klaus Martin 358
Zimmerling, Peter 50, 129, 560f.
Zink, Jörg 467
Zinn, Grover A. 519
Zinzendorf, Nikolaus Ludwig Graf von 252, 316, 468f., 471
Zoch-Westphal, Gisela 427
Zwingli, Huldrych 249, 399, 499, 536, 582

Stichwortregister

Abendmahl *siehe* Eucharistie, eucharistisch
Absolutismus 252
Acedia (Überdruß) 88
Ästhetik 149
  Ästhetisch 139, 562f., 573, 595
Affekte 116, 270f., 276, 508, 515
Albigenser *siehe* Katharer
Alltag 32f., 66f., 78f., 82, 97f., 127, 177, 211, 265, 271f., 279, 283, 293, 300, 321, 328, 333, 347, 356, 384, 401, 405, 430, 442–444, 458, 460, 470, 476, 481, 487, 489, 492f., 509f., 522, 526, 529, 531–533, 538, 548, 555f., 560f., 565
  Alltägliches 206, 276, 314, 333, 370–373, 379, 421, 430, 457f., 490, 493, 534, 542, 578, 605
Alltagsbewußtsein 119, 142
Alltagsbezug 178
Alltagserfahrungen 342
Alltagshandlungen 515
Alltagsunterbrechung 437

Amt 196, 212f., 303, 309, 313–315, 327, 409, 412, 468, 576, 608, 615
Ämterstruktur 161
Amtsbegriff 160
Amtsstruktur 126
Amtsträger 498
Andacht 455f., 458, 461–467, 471–475, 479, 487–492, 523, 532f., 535–540, 542, 545f., 604, 607, 629, 637
Anfechtung (tentatio) 10, 13, 60, 65, 79, 88, 107, 208, 279, 282, 520f.
  Angefochtensein, -heit 63, 169, 360–362, 366, 406, 593
Anthropologisches Dreieck 85, 88, 122, 131, 148, 150, 156, 176, 210, 229, 301, 341, 493, 510, 530
Apophase, Apophatische(s) 8
  Frömmigkeit 216
  – *siehe auch* Frömmigkeit
  Gebet 43
  Spiritualität 8
  Theologie 15, 96, 195
  – *siehe auch* Verneinung

Arbeit(en) 77f., 244, 271, 277,
    431, 442–445, 461,
    464, 476, 487, 489,
    517, 519, 539, 566,
    569–572, 575–577,
    580, 613–615, 617–
    619, 623, 625, 628
  Betende 67
  Körperliche 7, 31, 33f., 251,
    524
Armut, Arme 12, 17f., 28, 47,
    215, 274, 310f., 316–
    318, 347, 407, 588,
    610, 625–627
Askese, Aszese 7, 12, 14f., 34,
    40f., 47, 49, 53f., 79,
    87, 95, 97, 105–108,
    128, 180, 202, 205f.,
    209, 213, 251, 287,
    292, 379, 421, 425,
    560, 611–613, 620, 629
  Asketen 179, 610, 615
  Asketik 105, 107f.
  Asketisch 9, 12, 52, 94, 182,
    199f., 214, 265, 286,
    406, 499, 514, 587,
    610f., 631
  Enthaltsamkeit 106
  Theologia ascetica 107
Aufklärung 2, 248f., 252, 257,
    264, 301, 463, 502,
    513, 550
  Aufklärer 257
  Aufklärerisch 464, 502
Aufopferung 47, 270
  - *siehe auch* Entsagung
  - *siehe auch* Opfer

Augustiner 624
Augustiner-Eremiten 625
Ausdauer 94
Autorität(en) 223, 409f., 413,
    415, 504, 506, 509
  Autoritär 413, 415
  Autoritätsanspruch 509
Banalisierung
  Göttlicher Forderung 81, 98
  der Sünde 82
Baptisten 279
  Baptistisch 250
Barmherzigkeit (misericordia)
    314, 321, 373, 386, 527
  Barmherzig 35, 104, 281,
    284
  - *siehe auch* Gnade
  Gottes 50, 228
  als christliche Tugend 82
Basisgemeinden (Südamerika)
    23f., 342
Befreiungstheologie 308, 342, 347
  Befreiungstheologisch 117
Beginen 215
Beichte(n) 14, 183, 215, 231, 236,
    245, 248, 268, 275,
    295, 306, 425, 493–
    511, 521, 605, 636
  Beichtgeheimnis 507
  Beichtgespräch 503, 507
  Beichtpflicht, Pflichtbeichte
    498, 502
  Beichtspiegel 507, 525
  Beichtvater 276
  Einzelbeichte, Privatbeichte
    501–506
  Gemeindebeichte 507

Herzensbeichte, Stille Beichte 507f.
Benediktiner 87, 619
　Benediktinisch 314, 335, 340f., 475, 614, 616–620
　- *siehe auch* Regula Benedicti
Berufung 4, 17f., 40, 60, 72, 96, 157, 172, 279, 457, 585f., 595, 608
　Berufen sein, werden 70, 72, 80, 83, 638
Bestimmung (des Menschen) 193, 492
Betrachtung(en), Betrachten 183, 269–271, 450, 468, 518, 520
Bibel *siehe* Heilige Schrift
Bibliodrama 425, 566–580
Bilder (Ikonen), bildliche Darstellung 196, 212, 226, 357, 525–527, 533–540, 543, 573, 582–584, 605, 607f.
　Bildlich, bildhaft 217–219, 533–538, 626
　Ikonenverehrung 212
Das Böse 64, 101, 143, 181, 203–205, 207–209, 242, 245–247, 266–268, 344, 352f., 357, 370, 380, 386, 392f., 417, 459, 473f., 505, 541, 613
　Böser Geist 245

Buße 34, 50, 69, 74, 102, 157, 183, 204, 227, 236–238, 244, 268, 282, 399, 401, 403, 428, 497–501, 507, 638
　Büßer 196
　Bußdisziplin 69, 239
　Bußgewand 206
　Bußinstitut 498, 586
　Bußpraxis 183, 498, 501, 617
　Bußtag 440
　Bußübung, -leistung (satisfactio) 270, 498, 555
　Bußwerke 251, 498, 557
　Bußzeit 438f.
Calvinismus
　Calvinisten 253
　Calvinistisch 253, 279
Charismatische, Geistliche Gemeindeerneuerung 137, 305, 348
　Charismatiker, -in 48
　Charismatisch 303, 356
Choral 62f., 76, 79, 254f., 257, 264, 401, 445, 450, 459f., 472, 525, 541f.
　Choraldichtung(en) 254
Christologie 299
　Christologisch 84, 97, 211, 218, 231, 238, 435f., 474
　Christozentrisch 437, 484, 597
Cluny 213, 621–623
Conditio humana 62

Conformitas cum Christo (Christusförmigkeit) 387
Correctio fraterna 388
Dämonen 41, 291, 613
Dämonisch 385
- *siehe auch* Versuchung
Deismus 251
Demut (humilitas) 22, 34f., 56, 58, 103, 201f., 204, 207f., 226, 231–233, 239, 266–268, 272, 291, 387, 419, 422, 425, 482, 511, 520, 527, 531, 617
Demütig 55f., 201, 206, 226, 247, 314, 420, 428, 499, 519, 587, 619
Demütigen 204
Demütigend 169, 530
Demütiger 226
Demütigung 143, 226, 280
Desperatio (Verzweiflung an der Gnade) 98
Deus absconditus (verborgener/verhüllter Gott) 16, 51, 64f., 97, 112f., 527
Deus revelatus (offenbarer Gott) 64f., 112, 365
Deutscher Orden 215, 235
Devotio moderna 628
Diakonie, Diakonia 276, 311–315, 318, 320–325
 Diakon, -innen 313–315, 593
 Diakonisch 266, 310–316, 321–326, 348, 468, 479

Diakonissen(häuser) 303, 316–319, 323f., 479, 593
Dienst 25, 32, 318, 321, 403, 616, 619
Dienen 72, 317f., 418
Diener 352, 418
Discretio, Diakrisis 2, 34, 88, 99, 141, 284, 384f., 388, 408, 410, 420, 510, 513, 528f., 551, 579, 601
 Unterscheidung der Geister 2, 99, 207, 284f., 289f., 332, 370, 385–388, 408f., 421f., 543, 549, 613
 Unterscheidungskraft, -gabe, -vermögen 225, 388, 411, 491, 506, 593, 601
Disziplin 82, 88, 199f., 228, 272, 338, 424
- *siehe auch* Askese, Aszese
Disziplinierung 199, 315, 587
Dominikaner 117, 625
Dominikanisch 44
Dunkelheit 8, 51f., 59, 63, 65f., 373, 527, 531
 Dunkel (auch als Eigenschaft Gottes) 51, 55, 61, 64–66, 80, 431, 486
 - *siehe auch* Deus absconditus, Deus revelatus

Stichwortregister

Dunkle Nacht 55–65, 86, 88, 169, 206, 406, 532
Ekstase 170, 519
Ekstatisch 26, 43, 170, 180, 519
Engel 33, 41f., 95, 195, 200, 206, 228, 237, 240, 242f., 267f., 290, 332, 374f., 385, 394, 413, 446, 459, 473–475, 482, 484, 489, 532, 538, 573–578, 584, 590, 596
Entrückung 170–172
Entrückt werden 170
- *siehe auch* Ekstase
- *siehe auch* Himmelsreise
- *siehe auch* Mystik
Entsagung 34, 463
- *siehe auch* Aufopferung
Erbarmen 101–103
Göttliches 59, 203, 228–230, 284f., 291, 318, 485, 608
Menschliches 35, 103f.
Erbauung 277, 293, 462, 464
Erfahrung 133–136, 142, 146, 169–178, 202–204, 208f., 223, 226, 231, 233, 264f., 347, 355, 365, 369–372, 381–389, 395f., 405, 409, 411, 416, 430, 440, 451–453, 461, 470f., 479f., 486, 503, 506, 515, 518, 526–534, 543, 554f., 559–562, 564f., 567f., 573, 579, 600, 616
Erfahrbar(es) 132, 137, 446
Erfahrbarkeit 131, 421
Erfahren(d) 59, 146, 149, 227, 367, 521
Erfahrungswissen 431
- *siehe auch* Wissen
- *siehe auch* Erkenntnis, erkennen
Geistliche, religiöse, spirituelle 5f., 35f., 43f., 47–56, 81–84, 87f., 99, 104, 113, 120, 132–146, 151–153, 172–175, 178, 264, 285, 364, 369–371, 378, 381, 385, 389, 396, 476, 516, 531, 551, 561, 577, 579
Philosophische 135
Erinnerung 428, 431–435, 438, 450, 469, 478, 490
an das Heilshandeln Christi 64
Erkenntnis, erkennen 57f., 84, 105, 138, 142, 173, 196–198, 226, 231–233, 267, 281, 287, 298, 369f., 400, 410f., 414, 416, 432, 507, 515, 631, 633
Erkenntnisgewinn 146, 172
Erkenntnisvermögen 59
- *siehe auch* Gotteserkenntnis

als Weg der Vereinigung
mit Christus 44, 46
als Weg der Zuwendung zu
Gott 48
Erleuchtung 196, 198f., 286, 291,
388, 410, 486, 515, 562
Erleuchten(d) 196f.
Erleuchtete 196, 201
- *siehe auch* Licht
Erlösung 10, 38f., 48f., 64, 74,
77, 82, 97, 105f., 145,
230, 244, 263, 275,
291, 360, 400, 402,
417, 438, 500, 502,
545, 557, 584, 596f.
Erlöst (werden), erlösen 39,
70, 84, 106, 245, 398,
404, 407, 484, 504
Erlösungsbedürftigkeit 262,
465
Erlösungsgewißheit 275
Erlösungshandeln 152, 313,
403, 417, 426, 638
Erlösungszusage 63
- *siehe auch* Gottwerdung des Menschen
Errettung 284
Erotik
Erotica 257
Erotisch 44, 611
Eschatologie 476
Eschatologisch 151, 211,
241, 247, 255, 263,
278, 283, 297, 360,
383, 421, 433, 438,
451, 478, 481, 483,
495, 594f., 597

Eschatologischer Vorbehalt
87
- *siehe auch* Ewigkeit
Eschaton 224
Präsentische 293
Ethik 107, 130, 214, 320, 591,
597
Ethisch(es) 108, 118, 243–
245, 279, 297, 299,
312, 314, 320, 376,
563, 585, 589, 597
Ethische Mahnungen, Weisungen 75
Ethische Werte 90
Ethisierung 78, 272
Sozialethisch 441
Eucharistie, eucharistisch 20–22,
192, 196–200, 207,
210, 213, 268, 275,
291, 301, 305, 309,
323, 447–451, 494,
557, 582, 604f., 607,
637
Abendmahl, Mahl des
Herrn 197, 231, 253,
257, 275, 295–297,
328, 435, 439, 449–
451, 463, 469, 494f.,
502, 504, 506
Abendmahlsstreit 213f., 249
Eucharistiegebet 187
- *siehe auch* Gebet(e)
(oratio)
Eucharistische Frömmigkeit
211
- *siehe auch* Frömmigkeit
Gedächtnismahl 451

Stichwortregister

Kommunion 22, 296
Mahlgemeinschaft 160
Messe, Messfeier, Missa 11, 67, 72, 246, 359–364, 394, 457, 505, 606f., 618, 628, 632, 634
Nachtmahl 63
Ewigkeit 128, 233, 246, 256, 260, 263–265, 272, 283, 374, 391, 444, 487, 553
   Ewig 612, 618
   Das, der Ewige 612, 627, 631
Extra nos 461, 532
Fasten 7, 72, 205f., 402f., 435f., 439, 447, 611, 613, 615, 620
   Fastenzeit(en) 13, 107, 428, 439, 636
Fegefeuer 192
Feministische Theologie 147
Feministisch 117
Fest(e), Festtage, -zeiten 426–446, 451–455
   Festfreude(n) 428
     - *siehe auch* Freude(n)
   Festkalender 426, 435f.
   Festtheologie 433
   Festtheorie(n) 440f.
     - *siehe auch* Liturgie(n), Leiturgia
   Säkularisierte 437
   Übergangsfeste (rites de passage) 429
Finsternis 176, 394, 446, 459, 478
   - *siehe auch* Dunkelheit
Firmung 67, 494

Franziskaner 215, 249, 625
   Franziskanisch 624f.
Freiheit 58, 92, 124, 179, 357, 382f., 408, 415, 417–419, 422f., 430, 442f., 473, 487, 536, 542, 550, 573, 602
Freude(n) 20f., 29, 31f., 37, 45, 80, 87, 116, 127, 136, 140f., 162, 186f., 191, 205–208, 225f., 231, 237, 260–264, 269f., 283, 288, 293, 299f., 310, 382, 387, 391, 395f., 419, 428, 430, 434, 438f., 446, 451, 460, 473, 487, 489, 515
   Freudenschein 258, 261
   Osterfreude 245, 439
   Weltliche 68
Friede(n) 9, 18f., 32, 63, 101, 116, 124, 144, 173, 200, 203, 209, 229f., 279, 297, 309, 318, 323, 330, 339, 344, 346, 361, 391, 395f., 427, 446, 459, 486f., 515, 527, 562
Frömmigkeit 2, 37, 53–55, 97, 105, 109f., 117, 124f., 128, 139, 152, 210f., 216f., 223, 239, 247–249, 251, 256, 265–267, 271f., 297–301, 314–317, 320f., 323–326, 329, 346, 406f., 415, 425, 450, 457–

465, 472f., 475, 488, 490–493, 523, 526, 536, 545, 555, 557, 586, 591f., 603, 629f., 632, 634, 638

Frömmigkeitsausprägungen, -formen, -praxis, -gestaltung 217, 366, 402, 405, 463, 469, 491, 533, 546

Frömmigkeitsgeschichte 156, 404

Fromm 67, 95, 105, 109, 237, 266, 268–273, 278f., 283, 286, 296–298, 319, 323, 386, 390, 457f., 461–463, 516, 555, 588, 591, 596

Fromm-Sein 123

Fromme 273, 288

Volksfrömmigkeit 217, 533, 601–604, 635f., 639
- *siehe auch* Passionsfrömmigkeit
- *siehe auch* Praxis pietatis

Gebet(e) (oratio) 10–13, 20–22, 31–34, 41–43, 53, 57–59, 61, 67, 72, 76f., 82, 107, 155–157, 161–163, 165, 187, 192–194, 199–202, 204–209, 228, 233, 236, 251, 266–271, 274–276, 283, 286–301, 318, 328–330, 337, 347f., 379, 388, 401f., 407, 410, 412, 421, 434, 436, 440, 448f., 459–467, 469–487, 490, 499, 517f., 521–530, 532, 536, 557, 565, 578, 583, 587, 592f., 595–597, 605–607, 609, 612f., 615–618, 623, 629, 632–637

Anbetung 391

Beten 2, 10f., 22, 34–36, 61, 78, 94, 123, 187, 269, 280, 286–293, 330, 335–337, 347f., 384, 401, 407, 410, 421, 424, 453, 458, 461f., 474, 479–481, 484–487, 490, 495, 507, 517, 521, 527–529, 547f., 560, 566, 578, 581–584, 593, 605, 607, 611–613, 617f., 620, 625, 630, 632f., 635, 637–639

Bildloses Gebet 43, 291, 532
- *siehe auch* Hesychia

Fürbitte(n) 61, 77, 295, 348, 448f., 481, 486, 490, 547, 583–585, 592–597

Gebet der Stille 270

Gebetsgemeinschaft 141
- *siehe auch* Gemeinschaft(en), gemeinschaftlich

Gebetshaltung 522, 605
Gebetsleben 335
Gebetspraxis, Betweise 289, 478, 482, 638
Gebetsrhythmus 634
Gebetszeiten 335, 477–479, 633, 637
Geistiges Gebet 291f.
Immerwährendes, stetes, unablässiges Gebet/Beten 54, 67, 202, 286f., 290, 477, 612
 - *siehe auch* Herzensgebet
 - *siehe auch* Jesusgebet
Innerliches, inneres Gebet 286
Politisches Nachtgebet 329f., 333
Reines Gebet in Unmittelbarkeit zu Gott 42
Stoßgebete 269
Vollkommenes Gebet 22
Gebot(e) Gottes 32, 71–73, 92, 102, 131, 152, 203, 206f., 236, 238, 245f., 290–293, 313, 317, 326, 401, 403, 408, 419, 492, 507, 558, 583–585, 591–593
Doppelgebot der Liebe 16, 84f., 207, 233, 326, 412, 421, 486, 492f., 507, 554
Liebesgebot 16, 70, 74, 92, 210, 229, 276, 301, 418, 422, 457, 489f., 500
Nächstenliebegebot 205, 321, 491
 - *siehe auch* Liebe, lieben
Weisungen 33, 517
Geburt 183
Christi im Menschen 46
 - *siehe auch* Gottwerdung des Menschen
Geduld, geduldig 192, 204, 207, 266, 422, 583
Gefahren, Irrwege, Gefährdung 209, 355, 361, 415, 493, 511
der Gottsuche 6, 15, 36, 48–50, 54, 65, 81, 86, 96–98, 119
Gehorsam (oboedientia) 34f., 56, 70–73, 102, 188, 191, 202–204, 207f., 228, 233, 266f., 272, 283, 290f., 301, 317f., 369, 376, 388, 408, 411, 413, 416–422, 425, 457, 611, 617, 632
Gehorchen 191, 208, 290, 395, 419
Gehorsam 206, 317–319, 352, 367, 416, 609
Geist(er) 219, 349, 386–390, 476, 552, 575, 594, 611–613
Einheit des Geistes mit dem Willen Gottes 87
Geistesart 618
Geisteshaltung 139

Geistessammlung 271
Geistig 1, 181, 287, 348f., 351, 354–356, 395, 518, 609, 611, 613, 619
  Leben des Geistes 57
    - *siehe auch* Kontemplation
  Menschlicher 42f., 54, 57–59, 106, 115, 128, 131, 141–143, 145, 190, 199, 262, 265, 286–288, 291–293, 312, 348, 398, 514, 518f., 570, 635
  der Nachfolge 32
    - *siehe auch* Nachfolge
  des guten Willens 31
Geistliche(r), Geistlichkeit 73, 116, 240f., 478, 622, 627
  Geistliche(r/s), Religiös(e/r), Spirituelle(r/s) 366, 410, 622–624, 637f.
    Ämter 276, 304
    Aufstieg 199
    Autobiographie 279
    Begleiter, Begleitung, Beratung 7, 88, 265, 277, 300, 388, 408–416, 507, 609, 634
    Führer, Führung, Ratgeber, Unterweisung 202, 208–210, 228, 233, 266, 268, 277, 282, 285, 290, 292, 300f., 369, 384, 389, 395, 408–416, 419–422, 507–510, 611, 634
    Gehalt 279
    Gelassenheit 58
    Gemeinschaft(en), Bruderschaften 66, 215, 314, 619, 628, 633
    Leben, Lebensgestaltung, Praxis 2, 54, 74f., 78f., 101, 108, 146, 176, 269, 286, 410, 447, 455, 516, 600, 604, 608, 613, 615, 623f., 629–631, 634, 636f., 639
    Vater (Starze, Starez) 203, 205, 207, 285, 290f., 613
    Weg 41, 55–57, 94, 104, 106, 113, 119, 199, 210, 247, 268, 300, 333, 411, 413, 609
Gemeinschaft(en), gemeinschaftlich 1, 25–37, 40, 82f., 89, 94–96, 99, 123–131, 136, 178, 181, 188, 194, 206–210, 225, 228, 233, 238, 247, 255, 269, 274, 278, 281, 285, 301, 306, 309f., 312f., 325–330, 335–341, 354–356, 360, 367, 375–377, 380, 386–388, 400, 408, 412, 422, 424–426, 429–433,

437–443, 446, 452, 456f., 460–463, 466–477, 481, 489–491, 494, 497, 503, 511, 523, 545, 551, 560, 565–567, 580–582, 585f., 590, 592–597, 600, 605, 609, 611, 613–616, 619, 624, 626, 628, 633, 636f.
Betende 11
mit Christus 188, 198, 203
Feiernde 11
Gemeinde(n) (des Dreieinigen Gottes) 76f., 263f., 273–278, 296, 305, 313–315, 320f., 323, 325, 328–331, 335, 342f., 348, 358, 376–380, 386, 404, 409, 412, 417, 424, 427, 440, 448–455, 459, 462–465, 468–472, 476–480, 491, 502–507, 510, 512, 536, 549, 555f., 585f., 590, 594, 607, 625, 628, 634, 636, 639
Gemeinschaftsstiftend 432
der Glaubenden 152, 594, 611
der Güter 28, 160, 274, 337
der Heiligen 82, 103, 375, 400, 582, 594, 596
Klösterliche 33, 66, 204
  – *siehe auch* Kloster, klösterlich

Tischgemeinschaft 77
Gericht 69, 81, 103, 168, 187, 225–228, 230, 233, 237, 268, 280, 283, 299, 314, 373, 375, 377, 393, 438, 478, 587
Richten 35
Richter 151, 237, 510, 584
Richterspruch Gottes 167
Weltenrichter 160
Gesang, Gesänge 263f., 449, 477, 557
Gesangbuch (Evangelisches) 47, 256, 264, 462–464, 469–472, 527
Gregorianischer Gesang 240
Kirchengesangbuch, Evangelisches 255, 257
Singen 260, 264, 424, 458–460, 479, 495, 566, 570
Singstücke 241
Gewissen 206, 291, 329f., 403, 457, 464, 487, 496, 506f., 632
Gewissenserforschung 205–207, 269, 389, 474f., 509, 520, 632
Gewissensprüfung 79f., 507, 510f.
Glaube(n), Glaubender, Gläubige 2f., 99f., 108, 116f., 124–126, 129–131, 133, 136–143, 146, 150–153, 164, 168f., 175–177, 180–193, 207, 210, 216, 219f.,

222–227, 230–238, 246–248, 267, 271, 274f., 277–284, 290f., 297–301, 312–316, 324–327, 331, 333, 346–348, 352–362, 365f., 369, 371, 386, 396, 400–404, 407–409, 417–421, 423–428, 433, 437–440, 444, 447f., 457, 462f., 473, 479, 482–495, 499–502, 508–511, 526–529, 531–533, 536–543, 545, 549–553, 557, 560–565, 572, 578, 580–584, 587f., 590–597, 610f., 616, 620–622, 626f., 632, 638

Glaubensbekenntnis (Credo; Nicänum; Apostolicum) 38, 182, 243, 269, 291, 359–365, 375, 401, 426, 436, 439, 473f., 482, 521

Glaubensvorbild 193, 588

Gnade Gottes, Christi 9, 11, 22, 31f., 40, 49f., 60, 69f., 74, 76, 79, 81f., 87, 91, 101–104, 114, 128, 150, 170–173, 187, 198, 203–207, 225, 227–233, 237f., 245–248, 251, 258f., 262, 267, 271, 274f., 278, 283–287, 291–293, 298–300, 310f., 318, 345, 353–357, 373, 378, 382f., 398–407, 414, 417–421, 423, 451, 457–459, 474, 490, 494f., 498–501, 511, 519, 528, 532, 557, 583–585, 592, 596f., 601

Gnadenmittel 499f., 503

Gnädig 69, 101, 103, 109, 136, 284, 459, 474, 587

Gnosis 105f., 112, 128, 180

Gnostisch 105, 236

Gotik 218, 623, 625

Gottesbegegnung 84, 133, 176, 383, 398, 481, 525f., 529

Gottesbeziehung, -bindung, -verhältnis 4, 80, 82, 84, 87, 125, 166, 178, 247, 278, 291f., 378, 410, 457, 492, 569

Gottesbilder 5, 65, 80, 83, 95–97

Gottesdienst 3, 10, 26–33, 36, 66, 71f., 126, 129, 161, 166, 180f., 187, 240–242, 276, 285, 293, 296f., 305f., 318, 326–330, 348, 378f., 403, 422, 424, 434, 440f., 447–449, 452–458, 461–464, 468, 472, 476f., 480f., 490–492, 494f., 504–507, 525, 532, 536, 541, 543, 547, 555, 560, 566,

593, 604–607, 618,
629, 636–639
Gottesdienstbuch 449, 507
Gottesdienstlich 241, 276,
296, 328, 333, 340,
403, 441, 449, 453–
457, 460, 466, 469,
483, 494f., 540, 560,
572f., 592
- *siehe auch* Liturgie(n),
Leiturgia
Gotteserfahrung 4, 83, 87, 127,
133, 251, 365, 383,
386, 391, 421, 514,
516, 554, 560, 565, 600
- *siehe auch* Erfahrung,
geistliche, religiöse,
spirituelle
Gotteserkenntnis 21, 69, 78, 87,
101, 113, 225f., 631
- *siehe auch* Erkenntnis,
erkennen
Gottesfurcht, Furcht 101f., 128,
203–205, 225, 280,
291, 517, 585
als Weg zur Erkenntnis des
eigenen Selbst 226
Gottesfürchtig 101
Gotteslob 182, 540
als Zentrum des Lebens
(Regula Benedicti) 34
Gottesprinzip 195–197, 199
Gottesschau 41, 287, 291, 293,
519
Gottesverehrung 157f., 293–295,
298f., 464

Gottsuche 4–6, 10f., 14–86, 89,
272, 290, 293, 310,
365, 413, 516, 600,
616, 618–621, 629
Gottwerdung des Menschen 37,
43, 197
Einheit, Vereinigung mit
Gott 38, 48, 197–199,
230f., 519
Gottähnlich werden 197
Gottähnlichkeit 197
Theosis (Vergöttlichung,
Vergottung) 38–41,
44, 49, 97, 197–199,
209, 287, 293, 519
- *siehe auch* Unio mystica, Unión con Dios
- *siehe auch* Vereinigung
Vergottet werden (deificata)
48
Häresie 287
Häretiker 186, 215f.
Häretisch 251
- *siehe auch* Irrlehre, Irrlehrer
Haß 165–169, 194, 203, 346f.,
454, 515
Hedonismus, religiöser 54
Heil 34, 50, 54, 68–70, 165, 191,
209f., 213, 222–225,
227–232, 238f., 242,
246f., 271, 277, 297,
313, 353, 357, 361,
371, 373, 382, 386,
390, 397f., 403f., 407,
410, 428, 434, 498–

502, 537, 582f., 592, 596, 601

Ewiges Heil 68, 239, 247, 300, 428, 457

Heillosigkeit 428

Heilsam, heilvoll, heilwirkend 177f., 227, 232, 374, 425, 428, 450, 528, 537, 551, 556, 576, 580, 596

Heilsgeschehen, -ereignis 246, 426, 446f., 449f., 452, 494, 509

Heilsgewißheit 144, 245, 247, 279, 382, 453, 500f.

Heilsmittel 498

Heilsmittler, -vermittlung 357, 462, 591

Heilsnotwendigkeit 494

Heilswege 514

Heilszusagen 535

Heilige Schrift (Bibel) 10, 42, 62, 69f., 94, 111, 157, 200–202, 213, 216, 256, 276, 284, 286, 290, 304, 319, 331, 347, 359, 365, 372–374, 379, 385, 390f., 401, 408, 421, 424, 434, 462–464, 467–470, 475, 490, 497, 518–520, 524–529, 533, 538, 555, 566f., 574f., 584, 593f., 606, 613, 616–618, 629, 631, 638

Heilige/r 44, 68, 72, 75, 79, 81f., 94, 102f., 185, 193, 207, 211, 239, 241, 287, 331f., 375f., 385, 393, 402, 407, 426, 436, 516, 527, 537, 558, 581–597, 630, 636, 638f.

Geheiligt(e) 78, 120, 196–198, 379, 393, 402, 458, 481, 596

Heilig 55, 66, 70–72, 74f., 82, 91, 101f., 111, 196–199, 205, 215, 225, 231, 266, 274, 283, 286, 292, 296, 329–332, 371–380, 384, 390, 399, 401–404, 426, 446, 457, 464, 473f., 484, 511, 514, 532–535, 544, 554–559, 563f., 578, 581f., 585, 588, 595, 607, 612f.

Das, der Heilige(s) 68, 75, 102, 108, 114, 201, 331–333, 369–382, 385–398, 405–407, 425, 456, 537, 555–557, 560, 576, 581

Heiligengedenken 583

Heiligenkalender, -listen, -feste 185, 436, 589, 604

- *siehe auch* Fest(e), Festtage, -zeiten

Heiligenlegenden, -viten 185, 234f.

Heiligenverehrung 75, 332, 375, 425, 581f., 590–592, 596f., 638

Heiligsprechung 213

Nicht-Heiliges, Unheiliges 102, 393

Heiliger Geist 14, 26, 32, 125, 128, 137, 208, 225–228, 275–277, 291, 383, 386–389, 402–404, 406, 417, 421, 423–425, 440, 473, 478, 521f., 542, 594

Geistgabe(n) 116, 347, 355

Geistiges 198

Geistwirken Gottes, geistgewirkt 124f., 388, 457

Gottes Geist 10, 36, 105f., 115f., 126, 131, 133, 152, 173, 181, 230, 260–263, 278, 286–288, 347, 355, 376, 385–389, 402, 407, 417–421, 439, 452, 490, 500, 513, 518, 543, 594, 596

Lebendiger Geist 92

Reiner Geist 57

Heiligkeit 9, 21, 71, 78, 86, 101–103, 128, 157, 226, 232, 239, 283, 295, 297, 332, 360, 371, 373, 376, 379f., 393, 426, 457, 512, 585f., 590, 592, 595

Heiligung 2, 37, 50, 102f., 201, 206, 227, 232f., 247, 251, 275–278, 283f., 298, 300, 316, 369, 373, 378–383, 390, 396–408, 419–421, 423–425, 456–458, 490, 509, 581, 586, 588, 595

Heiligen 373, 376, 379, 393, 401–403, 481, 533, 560, 596

Heiligungsgeschehen 382, 406

Heilsgeschichte 179, 212, 241–247, 298, 426, 452, 484, 538

Heilsgeschichtlich 211, 240, 246, 429, 436, 447, 449

Heilung(en) 67f., 185, 347–357, 478, 555, 560f., 567, 573–576

Heil werden 50

Heilen 347, 351–356, 394, 396, 570, 573–587

Heilungsgabe(n), -charisma 26, 348–352, 355

Herrnhuter Brüdergemeine 252

Herzensgebet 202, 268, 285–293, 424, 458, 478, 517

- *siehe auch* Gebet(e) (oratio)
- *siehe auch* Jesusgebet

Hesychia, Ruhe 43, 287

- *siehe auch* Gebet(e) (oratio)
Hesychasmus 7, 43, 287, 300
Hesychast(en) 287f., 292
Hesychastisch 7, 612, 623
Heterodox 31, 179, 212, 215, 239, 250
Hierarchie(n) 195–200, 216, 291, 582, 602, 624, 630
Hierarchisch 201
Hierarchisierung 160
- *siehe auch* Ordnung
Himmelsreise 172, 177
- *siehe auch* Entrückung
Hingabe 24, 36, 50, 65, 81, 84, 95, 97, 105, 108f., 128, 131, 152, 230, 265, 514
Hinwendung, Zuwendung
- *siehe auch* Liebe, lieben
zu Gott 68, 207f., 518
zum anderen 123
Hölle 173, 243–248, 268, 280, 283, 439, 531
Hugenotten 251
Hybris (superbia) 232
Imago Dei (Gottebenbildlichkeit, Gottgleichheit) 8, 37, 41, 49, 97, 104, 406, 486
Imitatio Dei (Jesu) 25, 40, 47, 108, 191, 200, 209, 231, 265, 299
Individuum, individuell 1, 28, 82, 90, 97, 119, 233, 243, 247, 279, 321, 324f., 413, 424, 430, 444, 450, 456–458, 461, 466, 470f., 474f., 487, 507, 515, 520, 523f., 533, 543, 549, 560, 572, 579f., 630, 634
Individualisiert 356
Individualisierung, Individualismus 37, 81f., 263, 312, 366f., 414, 463
Inkarnation, Menschwerdung, menschgeworden 25, 37, 48, 82, 84, 96f., 203, 262, 265, 398, 439, 446, 483f., 530–535, 538, 626
Inkulturation, Aggiornamento 211
Inspiration 30, 197, 349
Irrlehre, Irrlehrer 180, 182
- *siehe auch* Häresie
Islam 103, 109, 194, 212
Islamisch 194, 349, 513
Moslem, muslimisch 194, 554, 556
Jansenisten 251
Jesuiten (Societas Jesu, Gesellschaft Jesu) 17, 51, 249–252, 304, 388, 513, 632f.
Jesuitisch 415, 633
Jesusgebet 202, 287–292, 458, 482, 517, 526
- *siehe auch* Herzensgebet
Kabbala 110–112, 114
Kabbalisten 111f.
Kabbalistisch 111

Kamaldulenser 623
Kampf, Kämpfe 117, 187f., 192, 206f., 268, 280, 285, 346, 360–366, 478, 613
   Bekämpfung 209
   des Glaubens 39, 361, 365
   - siehe auch Glaube
   Kämpfer, Kämpfender 289, 363
   Kirchenkampf 327
Kapuziner 267
   -statuten 249
Karmeliten, -innen 51, 60f., 625
   Reformorden der Unbeschuhten Karmeliten 52, 250
Karmelitisch 265
Kartäuserorden 214, 267, 623
Katechumenen, Katechumenat 188, 196f.
   Katechetisch 182, 296, 474, 502
   Katechismus 401, 462f., 466, 474, 501, 525, 536, 582
Katharer 212, 214f.
Kirche(n) 1–3, 181f., 190–193, 196, 211–217, 223–225, 229, 239–242, 245, 248f., 251–255, 263f., 269, 272–278, 293f., 305–310, 315f., 320, 323–336, 348f., 355–361, 375, 378, 385, 390, 394, 399–401, 409, 412f., 425–432, 434–444, 447–466, 470f., 474–480, 483f., 490, 494–505, 512, 521–523, 527f., 533–545, 549f., 564, 582–590, 593–597, 599–604, 606–610, 612–616, 619, 622f., 625–638
   Antikirchlich 252, 437
   Ekklesial 366
   Ekklesiologisch 238, 253, 597
   Kirchenraum 241, 528, 543
   Kirchlich 181f., 191, 196, 200, 213, 216, 223, 236, 249, 275, 278, 307, 310, 313, 315, 321, 323, 328, 331f., 335, 355, 360, 379, 415, 424, 437, 440–442, 456f., 460, 462–465, 472, 475, 479f., 489, 492, 500, 503–505, 533, 539, 549–551, 560, 582, 586, 593, 596, 602, 605, 613, 622, 628–630, 635
Kirchenjahr 255, 329, 425–431, 438–440, 444, 452–455, 470, 604, 636
   Kirchenjahreszeitliche Einordnung 255
Kirchentag (Dt. ev. [DEKT]/Ök.) 303, 308, 310, 316, 326–329, 332, 424, 451,

480, 485, 527, 545, 564, 637
Kirchenzucht 273, 275, 315, 399, 502f.
Kitsch, Kitschiges 533f., 537, 542, 545, 549f.
Klage 51, 65, 233, 265, 347, 448, 496, 542
Klarissen 47
- *siehe auch* Franziskaner
Kloster, klösterlich 12, 33, 37, 66, 181–183, 202, 205, 212–215, 223, 267, 314, 343, 374, 478, 523, 548, 609f., 615–617, 621–627, 630
Klugheit 226, 268, 388f., 410
Körper 113, 205f., 265, 332f., 348f., 353f., 356, 359, 365, 401, 514f., 523, 528, 530, 541, 566f., 572, 574–576, 580, 604f., 611
- *siehe auch* Geist, menschlicher
- *siehe auch* Seele(n), seelisch
Koinonia 313
Kommunikation 37, 113, 175, 302, 414, 468, 533, 540–542, 549f., 585, 591
Kommunion des Geistes mit Gott 42
- *siehe auch* Eucharistie, eucharistisch

Kommunität(en) 91, 117, 307, 334–341, 412, 424, 440, 503, 523
Evangelische, protestantische 33, 334, 503
Kommunitär 310, 334f., 341
Konformist(en) 81f.
Kontemplation 7, 11, 16, 22, 41, 58, 105, 108f., 117, 128, 200, 223, 366, 425, 476, 518–532
Contemplatio (Beschauung) 518
Kontemplativ 22, 28, 52, 226, 231, 287, 464, 514, 523, 525f., 530, 548, 623, 635, 638
Konversion 405f.
Kreuz 16, 20f., 48, 69, 84, 87, 146, 173, 218, 220–222, 230, 234, 242, 281f., 447–454, 469, 473f., 478, 482–484, 500, 508, 523, 527f., 535, 540, 542, 545, 555–557, 605f., 613
Gekreuzigter, gekreuzigt 536
Kreuzestheologie, kreuzestheologisch 421, 447
Kruzifix, Cruzifixus 218–220, 270, 525, 532, 536
- *siehe auch* Nachfolge
- *siehe auch* Theologia crucis, gloriae

Krieg(e) 249f., 252, 344–346, 436, 496, 587, 603
  auf dem Feld der Gedanken 41
  gegen Dinge und Taten 42
  Heiliger 377
  Jüdischer 160
Kultur(en) 81, 94, 111, 124, 212, 385, 431, 492, 495, 516, 540, 561, 619, 621, 625
  Kulturell 456, 464, 545, 550, 555, 563f., 614, 624
  Kulturkampf 304
  Kulturkreis 94, 371, 516, 567
Kunst, Künste 532–535, 537, 545f., 549–552, 571, 608, 621
Laienspiritualität 89f., 128, 327, 602, 608, 639
Lazaristen 250, 304
Leben 1–3, 49f., 64–68, 83f., 108f., 127, 139, 142–145, 150, 153, 176–180, 183, 188, 192–194, 200–202, 204, 207f., 210, 216, 222, 227f., 230f., 239, 265–268, 271–286, 290, 295–298, 300, 313–317, 330, 339–341, 347, 351f., 356, 361, 365, 372f., 376, 378, 382f., 385–387, 389f., 394–410, 414–432, 436, 439, 441–447, 459, 463–465, 469, 473, 485f., 489, 492–495, 498–500, 505f., 509–511, 515–517, 523, 527–531, 548–555, 562, 565, 573, 575, 580, 582–591, 594–597, 605, 608, 610–616, 619–622, 624, 626, 629–635, 639
  Aktives 41
  Ewiges 81, 106, 184, 191–194, 208, 254, 259f., 280, 297, 520, 618
  Gemeinschaftliches 181, 614, 633
    – *siehe auch* Gemeinschaft(en), gemeinschaftlich
  Inneres 110, 113, 133
Lebensbegleitung 441
Lebensform, -gestaltung, -vollzug 117–122, 125, 129–131, 150, 284, 385, 610, 613, 615, 617, 620, 629, 632f., 635
Lebensführung, -wandel, -praxis 127, 183, 241, 379, 457, 502, 596, 600
Lebensorientierung 528
Lebensumstände 476
Leere 10f., 58f., 86, 302, 388, 515, 594
Leerwerden 45

Leib 106, 127f., 170f., 187f., 204, 261f., 289–292, 315, 348, 403, 417, 473f., 527, 565, 570

   Leiblich 226, 382, 403, 405, 495, 528–530, 580

   Leiblichkeit 300, 347

Leid(en), Erleiden 20f., 31, 45, 51, 59, 61, 64, 87, 143f., 167f., 171, 175–177, 186–190, 192–194, 208f., 225, 229f., 283–285, 288, 300, 346f., 359, 376, 389, 394, 487, 515, 541, 545, 566, 586

Leidenschaft(en) 41f., 48, 106, 200, 203, 206–209, 287, 291, 611, 613

Leidenschaftlich 288

Leidenschaftslosigkeit

   Leidenschaftslos 192

   zugunsten des Handeln Gottes 42

Lernen 91, 517

   von außen nach innen 94

Licht 31f., 44, 59, 64–66, 77, 97, 106, 176, 196–198, 229, 236, 259, 277, 290, 373, 388 391, 394, 398, 407, 427, 434, 437f., 446–448, 459, 477, 481, 486, 531f., 637

   Licht, lichterfüllt, lichtreich 272, 286, 483

Liebe, lieben 8, 11, 19–22, 31f., 36, 44–46, 48f., 56, 59, 61, 82, 101–105, 112, 116, 131, 141, 148, 167f., 176, 189, 202, 207, 223, 225–232, 248, 260–264, 268, 274, 276, 280f., 292, 296f., 311–313, 317–319, 321f., 330, 343, 345, 361, 370, 386f., 400, 403, 407–410, 417–419, 469, 482, 486, 492f., 511, 522, 527, 531, 573, 583, 589, 595–597, 600, 617

   als Tun, als Handeln 24, 75, 293, 299

   Gottes, Christi 21, 46, 54, 58f., 64, 104, 167–169, 229f., 233, 258–266, 270–272, 289, 300f., 311–313, 316, 345, 399, 407, 418, 527, 586, 627, 631

   im Sinne einer Haltung 148

   Nächstenliebe 5, 15, 17, 23f., 52–56, 73f., 85, 90, 96, 103f., 152, 192–194, 207, 229–231, 248, 270–272, 278, 291f., 298–301, 312, 317, 321, 323f., 326, 403, 417, 424, 519, 547, 580, 595

   zu Gott, zu Jesus Christus 10f., 19f., 49, 52, 56,

59, 61, 74, 88, 101, 114, 152f., 157, 191, 197, 207, 226, 229f., 248, 254–259, 264–274, 284, 291, 298–301, 311, 318, 326, 403, 417f., 424, 493, 497, 595

zu Maria 236f.

- *siehe auch* Marienverehrung

zu sich selbst, zur eigenen Seele 74, 85, 88, 96, 191f., 248, 285, 326, 422, 424, 492

zum Feind 103, 192–194, 210, 229, 248, 353, 399

- *siehe auch* Gebot(e) Gottes

Lied(er) 29–32, 37, 47, 55, 77, 155–157, 161–164, 168, 211, 255–257, 259f., 263–265, 328, 340, 449, 462, 469, 472f., 475, 480f., 489, 523, 525, 527, 532, 545, 637

Lieddichtung 253

Literatur 3, 546, 551, 621

Liturgie(n), Leiturgia 33, 157, 199, 240, 253, 306, 308, 313, 340, 433, 447–450, 453, 476–481, 504, 507, 541, 556, 603f., 606f., 617–619, 623

- *siehe auch* Eucharistie, eucharistisch

Liturg 196

Liturgiegeschichtlich 450

Liturgiewissenschaft, -lich 330, 432, 453

Liturgik 330, 431, 479

Liturgisch 117, 182, 197–199, 240–243, 256, 299, 328–333, 349, 447–450, 468, 479f., 494, 498, 503f., 506, 523, 528, 535, 541, 547, 557, 564, 566, 602–606, 630, 636, 639

Liturgische Bewegung, Liturgiereform 305f., 308, 440, 478f., 503

Meßliturgie 220

Märtyrer, -in 47, 106, 172, 179, 185f., 190–194, 426, 435f., 532, 535, 556

Märtyrerakten 184, 187, 191–194

Märtyrerkult 184, 193

Martyrium, Martyrien, Martyria 106, 180, 184–187, 190–193, 227, 313, 342, 612

Martyriumsberichte, -zeugnisse 184, 193

Marienverehrung 211, 223, 234–238, 638

Gebet zu Maria 21, 639

Gottesgebärerin, Gottesmutter 211, 235–238, 484, 519, 528, 584

(Schutzmantel)Madonna 536
Marianische Kongregation 17
Mariendichtung 234
Marienerscheinungen 304, 306, 558
Marienfeste 436
- *siehe auch* Fest(e), Festtage, -zeiten
Marienglaube 236, 238
Marienleben, Marienvita 234
Marienlegenden 217, 234f.
Marienlied(er), -leich 234
Marienwallfahrt 557f., 638
Mittlerschaft Mariens 238
Rosenkranz(gebet) 20, 289, 458, 482–484, 525, 607, 637f.
Verehrung der Gottesmutter 52

Maß 33–35, 86f., 232, 248, 287, 301, 387, 422
Mäßigkeit 233
Mäßigung 227
Maßvoll 287, 314, 346, 499
Meditation 8, 11, 16, 57, 122, 328–330, 348f., 425, 449, 462, 475, 480–484, 512–520, 522–532, 546, 567, 571, 606, 632–634
Meditatio (Betrachtung, Aneignung) 107, 518, 520
Meditativ 10, 20, 384, 401, 466, 481, 515, 537, 543, 606f., 623
Meditieren 204, 331, 514–518, 521–531
Mennoniten 316
Mensch(en), menschlich 2f., 105f., 116, 124–134, 147–150, 153, 169–171, 176–178, 182–184, 191, 194, 200–203, 205f., 210, 213, 225–233, 238f., 243–249, 253f., 259–272, 275–277, 279–286, 288–300, 310f., 327, 331, 338, 341, 345f., 354–357, 361f., 366f., 369–429, 431–433, 435–439, 442–446, 452f., 455–457, 461, 466–468, 470f., 474f., 481, 485f., 489, 492–502, 504–511, 514, 519–533, 537, 539–567, 569–571, 573, 576–592, 595, 601, 605–608, 610f., 613f., 618–622, 624, 626f., 630–635, 637f.
als Ebenbild Gottes 8
als Einzelner 238, 247
als Gefäß des Geistes 103, 116
als Gerechtfertigter auf dem Weg der Heiligung 50
als Gleichnis Gottes 48

- *siehe auch* Imago Dei (Gottebenbildlichkeit, Gottgleichheit)
als Gottsuchender 4
als Mitmensch 131, 269, 292, 311, 409, 490, 493, 496, 500, 550, 595
als Nächster 85f., 131, 205, 207, 225, 313f., 316, 383, 418f., 492f., 504, 507–509, 530, 590
  - *siehe auch* Liebe, lieben
als Ort der Geburt Christi 48
als sich Heiligender 102, 228
  - *siehe auch* Heiligung
als Sünder 15, 49, 86
  - *siehe auch* Heiligung
  - *siehe auch* Simul iustus et peccator
in Christus 170, 177
in seiner Beziehung zu Gott 100–105, 110–116, 125, 147–153, 178
in seiner Beziehung zu sich selbst 100
in seiner Beziehung zum anderen, zur Gemeinschaft, mitmenschlich 100, 103, 178, 468
in seiner Beziehung zur Welt 153
  - *siehe auch* Liebe, lieben

Leidender, als Abbild Christi 24
Menschenbild 5, 83, 95, 97, 417
Menschenkenntnis 206, 410
Menschenwürde 502
Menschlichkeit, Unmenschlichkeit 117, 175, 438, 591
Mercedarier 624
Methode(n), Methodik 378, 402f., 405–407, 423–425, 491, 503, 512–517, 519, 526, 543, 547, 566f., 569, 571, 579, 605, 610, 613, 621, 631–633
Methodisch 272, 378, 398–401, 405, 493
Methodische Schritte 269
Methodisierung 269
Methodisten 26, 336
Methodismus 405
Methodistisch 252
Mission 27, 37, 160, 172, 181–184, 190f., 211–213, 306, 316, 353, 602, 620, 633
Missionare 620
Missionarisch 424, 464, 471, 621
Missionaries of Charity 17f., 315
Mönch(e) 9f., 41, 87, 182, 195–197, 202–205, 208, 242, 287–289, 292, 478, 553, 609f., 612–618, 620f., 623, 634

- *siehe auch* Kloster, klösterlich
Mönchisch 629, 634
Mönchsbewegung 614
Mönchsgemeinschaft(en) 33, 181
Mönchsleben 202, 615
Mönchtum 181, 609–616, 619f., 622f.
Monastische(s) Leben 67, 106
- *siehe auch* Kloster, klösterlich
Lebensregeln 40
Monastisch 117, 183, 202, 213, 223, 477, 513, 517, 548, 633
- *siehe auch* Orden, Ordensregel
- *siehe auch* Regula Benedicti
Theologie 223
Musik 29–32, 357–359, 362, 430, 445, 449–453, 455f., 459, 464, 525, 533, 540–546
Kirchenmusik 358f., 456, 460, 495
Musikhistorisch 156
Musizieren 29, 459
Neue Musik 357–359, 477, 543
Mystik 7, 43, 53, 90, 106, 110–114, 122, 127, 134, 155, 195, 211, 214–216, 519f., 522, 532
Braut- 44, 256, 261
Christus- 223

Minne- 44
Mystagogie 134, 146
Mystiker 44, 47, 49, 146, 250, 519
Mystikerinnen 44, 49
Mystisch 6, 55, 134, 145, 169–172, 175, 195, 214–216, 223–226, 231, 251, 385, 522
Passion- 223
Nachfolge (Jesu Christi) 12, 20f., 32, 76, 93, 106, 183, 186, 193, 201, 208, 296, 354, 552
Jüngerschaft 32
Kreuzesnachfolge 208
- *siehe auch* Kreuz
Nacht 76f., 169, 407, 459–461, 473f., 486, 489, 545
- *siehe auch* Dunkelheit
Natur 41, 144, 353, 461, 464, 523, 525, 561
als Hinweis auf Gott 42, 295, 298, 392
des Menschen 119, 271
Nichtexistenz Gottes 51
Nüchternheit 58, 107, 228, 286f.
Nüchtern 34f., 278, 428
Ohnmacht 166, 496
Opfer 14, 61, 66f., 106, 140, 143, 187, 193, 376, 418, 430, 433, 449, 451, 504, 560, 568, 625
- *siehe auch* Askese, Aszese
- *siehe auch* Märtyrer, -in
Opferhandlungen 182
Opfern 144, 189, 481

Oratorianer 249
Orden 7, 37, 214f., 223, 304, 315, 317, 334, 412, 424, 526, 601f., 608, 622, 624f., 632–635, 639
- *siehe auch* Kloster, klösterlich
- *siehe auch* Mönch(e)
- *siehe auch* Monastische(s) Leben
Ordensbewegung 609
Ordensgemeinschaft 523, 624, 633
Ordensgründer 179, 586
Ordensgründungen 215, 627
Ordensregel 33, 37, 610, 614–617, 620, 624
Ordenstheologie 117
Ordenswesen 610
Ordnung(en) 126, 195–201, 232, 313, 317, 403, 415, 541, 620, 626
- *siehe auch* Hierarchie(n)
Pachomiusregel 181
Paradies 191, 194, 245, 259f., 283, 285, 538, 540, 551
Pascha, Pessach 447, 449, 453, 477
Passion, Leiden Christi 21, 25, 48, 87, 95f., 176, 211, 234, 436, 439, 447f., 451, 453, 483f., 519, 527, 542
Passionisten 252
Passionsbericht, -geschichte 220, 453, 627
Passionsfrömmigkeit 87

- *siehe auch* Frömmigkeit
Passionsmusik 242, 450, 453
- *siehe auch* Musik
Passionszeit 439, 445, 455
Phänomenologie, phänomenologisch 99, 128, 359, 383, 443, 542, 600
Pietismus 109, 251, 254, 273, 279, 315, 405, 463, 502, 522, 585–588
Pietistisch 463, 475, 491, 502
Pilger, -innen 13, 211, 214–216, 282–289, 293, 448, 553, 556–565
Pilgerfahrt 67, 564f.
Pilgern 552–560, 563–566
Pilgerreise, Pilgerweg 278–280, 284, 523, 553f., 559f., 562f., 565
Pneumatologie 36
Pneumatologisch 84, 96, 360
Prädestination 144, 213, 499
Prämonstratenser 624
Präparation, Vorbereitung 378f., 406f., 428, 445, 507
auf die Begegnung mit dem Heiligen 378
- *siehe auch* Reinigung
Präparieren 102, 380, 393, 425
Praxis pietatis 105, 156, 233, 239, 248, 272, 289, 298–300, 332, 366f., 369, 398, 402, 404, 406, 411, 419f., 426,

458, 466, 488, 490, 493, 509, 513, 530, 532, 543, 549, 565, 590, 596, 601
Predigt(en) 13, 28, 193, 216–219, 222–224, 227, 239f., 246, 260, 264f., 275–277, 283, 295f., 330, 383, 447, 449f., 467, 471, 495, 498, 504, 518, 536, 546–548, 572, 577, 586–591, 594, 606, 627
Predigen 13, 277, 279, 402, 501, 522, 606
Prediger 223, 225, 272–274, 279, 295, 462, 606
Predigttexte 439, 606
Presbyterianisch 251, 307, 334
Priesterschaft, -tum aller 273f., 276, 300, 305f., 340, 412, 588
   aller Getauften 70f., 457, 490, 592
   aller Gläubigen 273, 457
   allgemeine Priestertum 70, 326
   Priesterschaft 630
Prophezeiung(en) 13, 386f.
   Prophetisch 180, 330, 342, 349, 377, 448, 622
Prozeß(charakter, -geschehen der Spiritualität), Spirituelle Prozesse 128f., 131f., 150–153, 197, 200, 369–371, 389f., 399f., 405f., 410, 518

Prozeßtheologie, -theologe 135, 151
Prüfung 188, 192, 205, 209, 267, 280
   des Menschen durch Gott 51, 68
   Prüfen 228
Puritaner 250, 278
   Puritanisch 272
   Puritanismus 405
Quäker 26–28
Quietismus 251, 522
   Quietistisch 9, 113
Räte, evangelische (Armut, Keuschheit, Gehorsam) 26, 33, 308, 316, 611, 633
Ratio (Verstand) 231, 414
   Nichtrational 139
   Rational 139, 142, 549, 563
   Rationalismus 142, 251
   Rationalität 111, 371, 550
   Über-, transrational 119
   – *siehe auch* Vernunft
Realität 101, 139f., 534
   Realistisch(er) 143
   Realitätsempfinden 140
Rechtfertigung 2, 50, 71, 76, 84, 102, 129, 230, 233, 238, 285, 316, 369, 383, 398–400, 403–406, 416, 423, 447, 457, 494, 501, 528, 557, 600f.
   Gerecht gemacht, gerechtfertigt, gerechtgesprochen 230, 369, 402–

404, 419, 423, 441,
    457, 501, 509, 540, 585
Gerechtfertigter 74, 81, 227,
    490
Gerechtsprechung 382
Rechtfertigen(d) 49, 69,
    129, 400, 405, 457, 499
Rechtfertigungsgewißheit
    144
Rechtfertigungsglaube 129
Rechtfertigungslehre 69f.,
    97, 309, 405, 582
Redemptoristen 252, 304
Reflexion 550, 600f.
    Ethische 312
    Theologische 128, 131, 134,
        341, 343, 607
Reform(en) 213, 223, 603f., 607,
    620–622, 624f., 627–
    630, 635
    des Theologiestudiums 276
    Reformbestreben, -versuche
        253, 615, 627
    Reformbewegung 213–216,
        278
    Reformzentrum 213
Regelmäßigkeit 421f.
    der Frömmigkeitsübungen
        248
    der religiösen Praxis 239
        - *siehe auch* Praxis pie-
            tatis
    des Gebets 269, 480f., 487
Regula Benedicti (Benediktusre-
        gel) 33, 182, 213, 517,
        616f., 619–621, 623
    - *siehe auch* Benediktiner

Regula Magistri 33, 614, 616
Reich Gottes 194, 208f., 227,
    279, 285, 300, 340,
    435, 500, 540, 553
    angebrochen auf Erden 26,
        28, 36, 53, 68, 74, 342
    Ewiges 245
    Himmelreich 191, 288
    Königreich Christi 278f.
    Verheißungen 157
    Verkündigung 160
    Zukünftiges 31–33, 37, 67,
        246
Reifung 411, 486
    als Prozeß 64, 200
Reinheit, rein 196, 201, 206, 210,
    373, 379f., 388, 393f.,
    403, 486
    Göttliche 102
    Kultische 106
    Reinigung 51, 102, 196,
        199, 207, 227, 268,
        277, 291, 379, 388f.,
        393, 401, 428, 445
    - *siehe auch* Heiligung
    - *siehe auch* Präparation,
        Vorbereitung
    Reinigen 103, 196, 203,
        291, 376, 393, 401,
        425, 631
    (zu) Reinigende 196
Reklusen, -innen 11
Reliquien 185, 220, 448, 535,
    556–558
Reue 14, 41, 49, 75, 79f., 96, 102,
    227, 268, 287, 401,
    463, 496–501, 506–508

Bereuen 81, 501
Reuiger, reuig 497f.
Ritual(e) 90–92, 200, 349, 406, 429f., 459f., 472, 488, 494–497, 533, 578, 603–606, 636
Rituell 122, 199, 449, 481, 489, 503, 512, 605f., 637, 639
Ritus, Riten 133, 196, 200, 431–434, 448, 450, 481, 494, 638
Romanik 218
Romanisch 218
Rüstung
mit göttlichen Mächten 103
Sakralisierung der Welt 75, 464
Sakral 122, 243
Sakralität 541
Sakrament(e) 28, 56, 67, 70, 306, 348, 401, 422, 433, 458, 469, 494, 501, 503, 533, 605f.
Sakramental 122
Sakramentsfrömmigkeit 557
 - *siehe auch* Frömmigkeit
Salesianerinnen 266
Sanftmut 266
Satan 188, 245
Satansengel 170–173
Teufel 167, 192f., 236–238, 244f., 279, 402, 614
Scholastik 69, 215, 626
Schuld, schuldig 164, 275, 345, 347, 403, 451, 486, 496–498, 501, 504–509, 582, 595, 605

Schuldanerkenntnis, -annahme 498
Schuldaufdeckung 498
Schuldbekenntnis 459, 496, 506
Schuldbewußtsein als Affekt der Reue 508
 - *siehe auch* Reue
Schuldgefühle 503, 507f.
Schuldhaft 495, 507
Verschuldung 505
Schwachheit 170–174
Schweigen 3, 5, 7, 14, 34, 199, 251, 379, 424, 428, 485, 525f., 548, 611, 617, 619, 623, 634
 - *siehe auch* Stille
Seele(n), seelisch 21f., 31f., 34f., 40, 45–47, 57, 62f., 68, 84, 106, 113, 127, 131, 143f., 185, 191, 203–206, 209, 224–229, 232f., 237f., 245, 251, 256, 259–268, 270, 279–281, 283f., 287–295, 348f., 355f., 359, 365, 381, 388f., 419, 459, 473f., 498, 518, 520, 523, 529, 537, 542, 570, 577, 580, 583, 588, 616, 636
Seelenforschung 268
Seelenführer 266–268
 - *siehe auch* Geistliche(r), Geistlichkeit, Führer, Führung, Ratgeber, Unterweisung

Seelenheil 210, 243, 247, 348, 471, 582
- *siehe auch* Heil
Seelenleben 271, 389
- *siehe auch* Leben
Seelenvermögen 57–59
Seelsorge 3, 108, 252f., 266, 273, 315, 325, 355, 468, 495, 503, 505, 532f., 610, 624, 633, 635
Beichtseelsorge 273
- *siehe auch* Beichte(n)
Mutuum colloquium et consolatio fratrum 511
Seelsorgebewegung 503
Seelsorgegespräch 502f.
Seelsorger 277, 323, 325, 504, 604
Seelsorglich 102, 239, 278, 282, 296, 468, 495, 503f., 507, 509, 576, 591
Segen, segnen 23, 31f., 50, 63, 75, 77, 86, 158, 268, 274, 277, 297, 317, 332, 342–346, 361f., 364, 391, 401, 434, 448f., 459, 461, 466, 473f., 486, 489, 495, 506, 547, 578f., 605, 624
Segensformeln 606
Segensgeste 220, 579
Segenswünsche, -sprüche 295, 297, 433, 467
Segnung 270, 328, 439, 533, 605, 636
Selbst-
behauptung 177
bestimmtheit 210, 418, 482
bewußtheit 210
disziplin 94, 563
- *siehe auch* Askese, Aszese
erfahrung(en) 84, 119, 137
erkenntnis 21, 42, 48f., 58, 70, 84, 94, 96f., 153, 207, 226, 231
findung 481, 489, 512, 528, 555
genügsamkeit 414
offenbarung 198
prüfung 86, 493
ruhm 169–171
sucht 199
tötung 379
überschätzung 355
verantwortung 408
verfluchung 164
verleugnung 106, 489
- *siehe auch* Askese, Aszese
verlust 361
verpflichtung 421
zucht 279
- *siehe auch* Zucht
Seligkeit 210, 251, 284, 391, 404, 497, 583, 610
(Gott)Selig(er) 275–277, 286, 297, 584, 588
Separatisten 273
Shaker 26–31, 36, 600
Simul iustus et peccator 80, 201, 485, 509

Gerechtfertigt und Sünder zugleich 74
Solus-Formeln (solus Christus, sola fide, sola gratia, sola scriptura) 129, 232, 238, 285, 382f., 399, 404, 474, 557f., 583, 591–593
Soteriologie 82
    Soteriologisch 75, 84, 222, 597
Spiritualisten 273
    Spiritualistisch 540
Stabilitas (loci) 33, 619
Stand, Stände 70–73
    Geistliche 87
    Weltliche 70
Sterben, Tod 59f., 62–64, 91, 151, 183–194, 206, 210, 220–222, 230, 235, 244–248, 254, 280, 283, 285, 353f., 361, 400, 407, 417, 430, 436, 439, 444, 447f., 450, 486, 510, 515, 536, 544, 553, 582, 584, 589, 597, 636
Stigmatisierung 48
Stille 9, 14, 20–22, 328, 384, 428, 480, 485, 506f., 512, 522f., 613, 623
    - *siehe auch* Schweigen
Strafe(n) 51, 238, 245, 276, 299
Stundenliturgie, -gebet, Tagzeitengebet 8, 11, 86f., 289, 306, 328, 392, 475–481, 494, 605, 632, 634
Styliten (Säulenheilige) 12, 331, 610
Sünde(n) 10f., 48, 63f., 69, 74, 76, 79, 82, 203, 205, 210, 225–231, 237, 242–246, 268, 275, 281, 283f., 288, 291–293, 299f., 380, 382, 389, 393f., 399–403, 417–419, 451, 473f., 496–505, 508f., 527, 554, 557f.
    Entsündigung, sündentilgend 497f.
    Erbsünde 251
Sündenbekenntnis 226, 296, 434, 474, 497, 499, 504, 506
Sündenerkenntnis 280, 291, 501
    - *siehe auch* Erkenntnis, erkennen
Sündenernst 451
Sündenfall 207
Sündenfolgen 299
Sündenlast 280, 499
Sündenlehre 69
Sündenstrafen 216, 557f.
Sündenvergebung 78, 450f., 500, 509
    - *siehe auch* Vergebung, vergeben
Sünder 48f., 74–76, 79–82, 96f., 236–238, 244f., 281, 284, 287, 403,

Stichwortregister

406, 419, 457, 497–501, 504, 509
Sündhaftigkeit, sündhaft 65, 227, 451, 458, 465
Sündig 64, 74, 84, 275, 402, 500, 554
Sündigen 203, 282, 380, 499
Sündlosigkeit 198
Todsünde 42
Symbol(e) 99, 197–200, 445f., 522–527, 538f., 545, 549, 572, 607, 622f.
Symbolhandlungen 494
Symbolisch 218, 240, 441, 514, 518, 550, 626
Symbolisieren 628
Symbolisierung 240
Symbolsprache 538
Taizé 33, 117, 307, 334, 477
Tanz, Tänze 26, 29f., 430, 445, 524, 528
Tanzen 30, 244, 446, 531
Taufe 50, 63, 66f., 70, 116, 196f., 199, 203, 207, 210, 231, 291, 294f., 299, 309, 383, 395, 399–401, 406, 417, 439, 472, 474, 486, 492–495, 498
 Erwachsenentaufe 296
 Getaufte, getauft 70, 74, 275, 457, 461, 585f.
 Kindertaufe 197
 Täuferreich (Münster) 249
 Tauferinnerung, -gedächtnis 474, 481, 486
 Taufgnade 71
 – *siehe auch* Gnade Gottes, Christi
 Taufhandlung 268
 Tauftag 430
 Zwangstaufen 212
Teilhabe des Menschen an Gott 53, 197
 – *siehe auch* Gottwerdung des Menschen
Templerorden 214
Terziarinnen des Dritten Ordens des Heiligen Franziskus 23
 – *siehe auch* Franziskaner
Theatinerorden 249
Theodizeefrage 64
Theologia crucis, gloriae 69
 – *siehe auch* Kreuz
Theosis *siehe* Gottwerdung des Menschen
Tradition 2, 88f., 92–94, 128–131, 136f., 227, 236, 248, 284, 290, 301, 356, 359–361, 365–369, 374, 379–388, 403, 408, 412, 419, 443, 453, 455, 464, 467, 476–480, 491, 497, 513, 516, 520, 527, 530, 535, 540f., 565f., 572, 588, 594f., 605, 616, 631f., 636
 Ausbruch aus der Tradition 92
 Traditionell 122, 243, 359, 390, 433, 439, 464,

466, 470, 472, 480, 564, 639
Traditionsabbruch 89–93, 490
Traditionsablehnung 92
Traditionsbindung 91
Traditionselemente 93
Traditionsgefangenschaft 92
Traditionsherrschaft 92
Traditionskritik 92f., 107
Traditionspflege 490f.
Traditionsvermittlung 89
Tränen 59, 95, 145, 229
Transzendenz 4, 61, 100, 122f., 148, 366, 370, 494, 534, 545, 573
Transzendent(es) 111, 146, 200, 590
Transzendieren 198, 200, 444
Transzendierung 356
Trappisten 7, 11, 251, 343
Trauer, trauern 283, 382, 497, 544, 566, 576
Traurigkeit 225, 267
Trinität, Dreieinigkeit 83, 198, 440
Dreieiniger Gott 529, 531
Trinitarisch 80, 83f., 97, 124, 147, 179, 459, 474
Trinitarier 624
Trost, Tröstung 225, 239, 247, 285, 289, 300, 424, 488, 532, 537, 544f.
Trösten 219, 230, 276, 511f.
Trostbuch 253
Trostlosigkeit 446

Tugend(en) 86f., 94, 109, 203, 207–209, 226, 232, 266, 270, 292, 295–299, 464, 523, 591, 613, 617
Tugendhaft 314
Tugendleben 286
„Tugendliebe" (Philokalie) 286
Tugendpraxis 291
Tun, Handeln, Tat 70, 119, 129–131, 151–153, 168–172, 227–229, 233, 238, 245–248, 267, 275f., 278, 281, 283f., 289–293, 296–299, 301, 310–313, 320, 325f., 330, 348, 378, 383, 387, 392f., 396, 398, 402–407, 411f., 414, 417, 423, 431, 433, 444, 461, 463, 473, 492, 496f., 502–504, 507–511, 517f., 537, 541, 550, 560, 580, 589f., 595, 597, 624, 633, 637
Handlungskonzept 168
- siehe auch Werk(e)
Tun-Ergehen-Zusammenhang 167
Umkehr, umkehren 34, 41, 160, 205, 238, 246, 276, 330, 352, 405, 419, 497, 499–501, 509
der Verhältnisse 167
Ungesichertheit 422

Unio mystica, Unión con Dios
44, 54, 519
- *siehe auch* Gottwerdung des Menschen
Unruhe 267
Unverfügbarkeit 357, 360, 423
Unvollkommenheit(en) 268, 389, 510f.
- *siehe auch* Vollkommenheit
Utilitarismus, religiöser 54
Utilitaristisch 595
Vereinigung
Einung 54f., 58
mit Christus 44, 48, 271, 300, 469
mit Gott 15, 24, 38, 225, 259f., 263
- *siehe auch* Gottwerdung im Menschen
- *siehe auch* Unio mystica, Unión con Dios
untereinander 469
Verfremdung 358, 360, 572
Vergebung, vergeben 50, 86, 97f., 230, 238, 246, 361, 393, 403, 450f., 459, 474, 493, 497–501, 508, 551, 554, 557
Vergebungsbereitschaft 508
Vergebungsvergewisserung 474
Vergegenwärtigung, vergegenwärtigen 424, 426, 431–450, 452f., 484, 488, 494, 527, 537, 542
Gegenwärtigkeit 509

Vergewisserung 360, 429, 435, 452, 474, 492–494, 537
Verkündigung, verkündigen 97, 160, 173, 179, 246, 276, 315, 330, 387, 458, 499f., 536–540, 551, 631
Verkündigungsverantwortung 278
Verneinung 199
- *siehe auch* Apophase, Apophatische(s)
des Begrifflichen 199
der Verneinung 199
Vernunft 112f., 142, 173, 216, 226, 229, 371, 415, 464, 516, 518
Vernünftig 463
Vernünftigkeit 257
Versuchung(en) 15, 58, 116, 145, 204, 207, 209, 228, 267, 291, 297, 486, 613
- *siehe auch* Dämonen
Versuchen 58, 210
Versucher 281, 613
Vertrauen 136, 143, 208, 222, 228, 245f., 267f., 295f., 351, 357, 367, 404, 408–413, 419f., 480, 490, 494, 505, 557, 579f., 584f.
Vertrauenswürdig 208
Vinzentinerinnen 250, 315
Vita Antonii 40, 612
Vollendung 102, 127, 173f., 196f., 199, 400, 428, 483, 586, 595

Vollenden, vollendet 199, 286, 483, 594

Vollendete 196

Vollkommenheit 54, 60, 101, 104f., 128, 232f., 267f., 275, 297, 299, 585, 610, 613
- *siehe auch* Unvollkommenheit(en)

Vervollkommnung 197

Vollkommen 104f., 380, 386, 393, 395, 399, 403, 511, 612

Wahrheit(en) 13, 31, 53, 79, 108, 119, 124, 126f., 135f., 144–146, 167, 170, 173–175, 197f., 225–228, 231f., 236, 258, 276, 278, 297f., 346, 366, 383, 387, 389–392, 421, 442, 469, 509, 523, 550–552, 631

Religiöse 94, 175

Wahr 2, 551, 562f.

Wahrheitsanspruch 145

Wahrheitsbegriff 349

Wahrheitsfrage 358

Wahrheitsgehalt 137, 236

Waldenser 215

Wallfahrt, -fahren, -fahrer 72, 215, 425, 432f., 462, 552–565, 637f.
- *siehe auch* Pilger, -innen

Wallfahrtsstätte(n), -orte 185, 304, 306, 348, 557f., 564, 608, 637f.

Weihe(n), Einweihung 67, 196f., 200, 376, 379, 409, 434, 439, 462, 494, 532

zum Priester 7, 70

Weisungen der Väter (Apophthegmata patrum; Collationes patrum) 12f.

Welt 4, 8, 66–68, 74–76, 93, 95, 100, 105f., 113f., 131f., 138, 143, 145, 169, 178, 183, 194–196, 207–212, 230f., 237, 244, 247–249, 258, 263–266, 271, 277–279, 281–284, 288–293, 295–297, 299f., 327, 337, 339, 341, 356, 358f., 365f., 370–373, 386, 392, 399, 417, 424, 428, 430, 435, 438, 442f., 446, 454–458, 463, 484, 487, 489, 493–495, 506, 516, 526f., 529–531, 537f., 541, 546, 550–553, 557, 565, 586, 594, 597, 602f., 609f., 619, 629, 632, 634

Abkehr, Aussonderung, Entfremden, Rückzug, Trennung 10, 14, 46, 67, 210, 238

als Gottes Schöpfung 74

als Ort des angebrochenen Gottesreiches 74

Andere 131, 191, 296, 597
Beziehung zur Welt, Zustimmung, Zuwendung, Bejahung 125, 129, 149, 442, 465
Entstehung der Welt 106
Gegenüber zur Welt 129
Leidende 31
Liebe zur Welt 87, 153
- *siehe auch* Liebe, lieben
Sündige 73f.
Überwindung der Welt 192
Umfassendere, größere 145
Verweltlichung 212, 436
Weg aus der Welt 31
Weltabgewandtheit 181
Weltbezug, -verhältnis 123, 149, 152, 365
Weltbild 349
Weltekel 11
Weltende 435
Welterkenntnis 101
- *siehe auch* Erkenntnis, erkennen
Weltferne 620
Weltflucht 11, 125, 550, 610
Weltklugheit 271
Weltlich(es) 66–68, 101, 239, 244, 248, 272, 274, 288, 293, 366, 379, 460, 499, 540
Weltverantwortung 152, 329, 333, 341, 490
Weltvergessenheit 491
Weltwahrnehmung 358, 550

Werk(e) 70, 207, 227, 230, 232, 237f., 267, 269, 285f., 290–292, 299, 383, 386, 402–404, 457, 478f., 527, 583
Werkerei 239, 398, 407, 629
Werkgerechtigkeit 107, 629
Wille(n)
  des Menschen 45–48, 87, 113–116, 143f., 190, 203f., 206f., 210, 228, 271, 281, 290, 299, 317, 352, 377, 393, 396, 417, 444, 531, 621
  Gottes 44, 66, 68, 74, 84, 191, 194, 201, 206, 209f., 220, 227, 271, 311, 317, 380, 398, 400, 423, 431, 529, 592
Willensfreiheit 182
Wissen 361, 398, 402, 410, 413, 416, 421, 423, 431, 445, 453, 476, 481, 489f., 493, 511, 513, 531, 550, 570, 580f., 621
  Geistliches, spirituelles 41, 105, 114, 198–200, 367
  - *siehe auch* Gnosis
  Intellektuelles 208, 212, 225f., 277, 331
  Nichtwissen 195, 198f., 514f.
  - *siehe auch* Apophase, Apophatische(s)
Wissenschaft 268, 410

Wissenschaftlich 248, 301, 406
Wüstenväter, (-mütter), Anachoreten 12–14, 202, 340, 517, 618
Wunder 13, 192, 560, 563, 565, 567
Zeitgeist 94, 281, 425, 590
Zisterzienser 7, 87, 214, 223, 242, 482, 622f.
Zölibat 26, 213
Zölibatär 27, 634f.
Zönobiten 12
Zorn 56, 205, 236, 238, 346f., 393
Zorn Gottes 10, 63, 282
Zornig 239
Zürnen 103
Zucht 77, 107, 225, 275
- *siehe auch* Kirchenzucht
Zweifel, zweifeln 281, 359, 419, 486, 551, 565, 593, 596

Printed in Great Britain
by Amazon.co.uk, Ltd.,
Marston Gate.